U0596424

中华经典名著

全本全注全译丛书

董志翘◎译注

大唐西域记

中華書局

图书在版编目(CIP)数据

大唐西域记/董志翘译注. —北京:中华书局,2012.1
(2025.2 重印)
(中华经典名著全本全注全译丛书)
ISBN 978-7-101-08296-8

Ⅰ. 大… Ⅱ. 董… Ⅲ. ①西域-历史地理-唐代②大唐西域记-译文③大唐西域记-注释 Ⅳ. ①K928.6②K935.06

中国版本图书馆 CIP 数据核字(2011)第 218658 号

书　　名　大唐西域记
译 注 者　董志翘
丛 书 名　中华经典名著全本全注全译丛书
责任编辑　王守青
装帧设计　毛　淳
责任印制　管　斌
出版发行　中华书局
　　　　　(北京市丰台区太平桥西里 38 号　100073)
　　　　　http://www.zhbc.com.cn
　　　　　E-mail:zhbc@zhbc.com.cn
印　　刷　北京盛通印刷股份有限公司
版　　次　2012 年 1 月第 1 版
　　　　　2025 年 2 月第 19 次印刷
规　　格　开本/880×1230 毫米　1/32
　　　　　印张 24¾　字数 450 千字
印　　数　146001-156000 册
国际书号　ISBN 978-7-101-08296-8
定　　价　55.00 元

目　录

卷第二　三国

卷第三　八国

卷第四　十五国

卷第五　六国

卷第六　四国

卷第十　十七国

卷第十一　二十三国

前言

金人飞天，白马驮经。东汉末年，佛教传入中国。为了瞻仰佛迹，寻求佛理，探索佛学堂奥，自三国直到明代，一千多年间，西行求法者不乏其人，他们“轻万死以涉葱河，重一言而之奈苑”。在数以千计的求法高僧中，三国时期的朱士行、东晋时期的法显、唐代的玄奘、义净堪称其突出代表。在此四人中，法显有《佛国记》，玄奘有《大唐西域记》，义净有《南海寄归内法传》传世。而这三部行记中，玄奘的《大唐西域记》又以其翔实、深入而著称。

玄奘是我国唐代著名的三藏法师，历史上杰出的佛学家、翻译家、旅行家，中国佛教法相宗创始人。法师生于隋文帝开皇二十年(600)，卒于唐高宗麟德元年(664)，俗姓陈，名祎，法号玄奘。洛州缑氏(今河南偃师缑氏镇陈河村)人。陈家本为儒学世家，乃东汉名臣陈寔之后，高祖陈湛曾任北魏清河太守，曾祖陈钦曾任东魏上党太守，祖父陈康为北齐国子博士，其父陈慧隋初曾任江陵县令，大业末年退隐居家，潜心儒学。玄奘自幼天资聪颖，勤奋好学，在这样的家庭中，又能饱受儒道百家的熏染。玄奘有兄三人，次兄陈素，早年于洛阳净土寺出家，以讲经说法闻名于世，法号长捷。后来玄奘因父母丧亡，家道困窘，便跟随其兄长捷法师住净土寺，学习佛经五年。在此期间，他涉猎了小乘和大乘佛教，而更偏好大乘，因此早年就熟读大乘要典《妙法莲华经》、《维摩诘经》。隋炀帝大业八年(612),年仅十三的玄奘,即被破格以沙弥的身份录入僧籍,于洛阳剃度出家。其时,他已初露头角,博得大众的钦敬。

隋唐之际,天下大乱,中原战火蔓延,玄奘与次兄长捷为避战乱,西入长安,后得知当时名僧多在蜀地,因而又同往成都,并于唐高祖武德五年(622),在成都大慈寺受具足戒。十数年间,他前后遍历陇、蜀、荆、赵诸地,参谒宿老,拜访名师,足迹所至,几及半个中国。他分别从景、严、空、慧景、道基、宝暹、道震、慧休、道深、道岳、法常、僧辩、玄会等师学《涅槃经》、《摄大乘论》、《阿毗昙论》、《迦延》、《婆沙》、《杂心》、《成实论》以及《俱舍论》等经论。唐太宗贞观元年(627),玄奘再次来到长安,此时他已通究诸部,造诣日深,誉满京师。然而在穷尽各家学说的过程中,玄奘亦深感各派学说纷歧,众师所论不一,验之圣典,亦隐显有异,无可适从。于是萌发亲游天竺,寻求经典,问惑辨疑之志。贞观三年(629,一说贞观元年,627)玄奘结约伴侣,向朝廷陈表,誓愿西行求法,可惜未获唐太宗批准。然而玄奘决心已定,乃孤身"冒越宪章,私往天竺",始自长安神邑,经凉州出玉门关西行,越阻涉险,历尽艰难,长途跋涉,到达天竺。初在那烂陁寺从戒贤受学。后又游学天竺各地,并与当地学者论辩,名震五天竺。贞观十七年(643),玄奘正式东归,经由今我国新疆南路的于阗、楼兰等地而回国,贞观十九年(645)春正月回到长安。这一西行求法的壮举,前后往返共历十七年,徒步行程五万余里,赍归经像舍利等凡数百件,其中除佛像及佛舍利一百五十粒之外,共请回佛经梵文原典五百二十夹六百五十七部。

史载玄奘归国后,"道俗奔迎,倾都罢市",受到朝野隆重欢迎,并为太宗、高宗所钦重,供养于大内,赐号"三藏法师"。虽太宗曾多次劝其还俗出仕,然玄奘均以"愿守戒缁门,阐扬遗法"而婉言推辞。太宗遵从其志,助建长安译经院,诏其主译新经。先后于弘福寺、大慈恩寺、西明寺、玉华宫开建译场,他"专精夙夜,不堕寸阴",主持译经凡十九年,共译出经论七十五部,一千三百三十一卷。既娴华言,又通梵语的玄奘一改古代译经家以“达意”为原则而信笔直译之译风，提倡忠于原典、逐字翻译、融会直（译）、意（译）之译经新规，被誉为“新译”，对后世译者影响甚大。译出之主要经典有：《大般若经》六百卷、《瑜伽师地论》一百卷、《大毗婆沙论》二百卷以及《俱舍论》、《成唯识论》、《摄大乘论》等。可以说那烂陁寺最盛时期的重要佛学经典，经玄奘译介，得以悉数传至中华。

在唐太宗的勉励敦促下，玄奘又将西行求法之所见所闻，撰成《大唐西域记》十二卷，经弟子辩机编次润饰，于归国的次年，即贞观二十年（646）进上，为我们留下了这部在佛教史及古代西域、印度、中亚、南亚之史地、文化上均富极高价值之巨著。

玄奘于唐高宗麟德元年（664）二月初五圆寂于长安玉华宫，世寿六十五。对于玄奘，唐太宗曾亲自撰写过一篇长达七百八十一字的《大唐三藏圣教序》，文中称赞玄奘“松风水月，未足比其清华；仙露明珠，讵能方其朗润”，足见评价之高。玄奘示寂后，高宗哀恸逾恒，为之罢朝三日，一再哀叹“朕失国宝矣”，并追谥“大遍觉”之号。先葬于白鹿原，后迁至樊川北原。墓地毁于黄巢起义，顶骨迁至终南山紫阁寺，宋太宗端拱元年（988）被僧人可政带回南京天禧寺供奉。抗日战争期间（1942年），日军在在南京原大报恩寺三藏殿遗址处掘出玄奘顶骨石函，由于玄奘顶骨闻名中外，各地都想迎请供奉，致使玄奘灵骨一分再分。后被分成三份，分别保藏于南京、北京和日本。后来各地又纷纷请求分舍利供奉，今日中国、印度、日本三国的九所寺院均有玄奘法师顶骨舍利接受供养。

玄奘的生平事迹可参唐代慧立、彦悰撰《大慈恩寺三藏法师传》及道宣《续高僧传·玄奘传》。由于他的求法精神感动朝野，西行事迹后来逐渐演变为传奇故事。唐中叶就有关于他的传说，晚唐五代出现《大唐三藏取经诗话》，明代吴承恩又有章回体小说《西游记》，皆使唐僧（玄奘）在中国、印度都成为妇孺皆知、家喻户晓的人物。

《大唐西域记》全书十二卷，共十余万字，书前冠以唐秘书著作佐郎敬播、尚书左仆射于志宁所撰两序。正文记载玄奘亲身经历和传闻得知的一百三十八个国家和地区、城邦（亲践者一百一十国，传闻者二十八国），包括今中国新疆维吾尔自治区和中亚地区吉尔吉斯斯坦、哈萨克斯坦、乌兹别克斯坦、阿富汗、伊朗、巴基斯坦、印度、尼泊尔、孟加拉、斯里兰卡等地的情况。书中各国的排列，基本上以行程先后为序：卷一所述从阿耆尼国到迦毕试国，即从中国新疆经中亚地区吉尔吉斯斯坦、哈萨克斯坦和乌兹别克斯坦抵达阿富汗，是玄奘到达印度前三十四国及相关地区的记录；卷二之首为印度总述，并记载了从滥波国到健驮罗国三国，即从阿富汗进入北印度；卷三至卷十一所述从乌仗那国至伐剌拿国，包括北、中、东、南、西五印度七十九国及传闻（其中摩揭陁一国情况占去卷八、卷九两整卷的篇幅，这是因为摩揭陁国那烂陁寺乃是当时全印度的文化中心，是玄奘西行求法的目的地，玄奘在那烂陁寺留学长达五年）；卷十二所述从漕矩吒国至瞿萨旦那国等，即玄奘返国途中经行的帕米尔高原和塔里木盆地南缘二十二国概况。该书内容异常丰富，书中对各国的记述繁简不一，通常包括国名、地理形势、幅员广狭、都邑大小、国王、族姓、宫室、农业、物产、货币、食物、衣饰、语言、文字、艺术、礼仪、兵刑、风俗、宗教信仰以及佛教圣迹、寺数、僧数、大小乘教的流行情况等内容。特别是对各地宗教寺院的状况和佛教的故事传说，都作了详细的记载。记事谨严有据，行文简洁流畅。正如玄奘在奏进表中所云："所闻所履百有三十八国。窃以章亥之所践藉，空陈广袤；夸父之所凌厉，无述土风；班超侯而未远，张骞望而非博；今所记述，有异前闻，虽未极大千之疆，颇穷葱外之境，皆存实录，匪敢雕华。"加上编次润饰者辩机学精内外典，文笔优美，更使全书增色不少。

《大唐西域记》面世已有一千三百多年，我们目前能够看到的较早传本为新疆吐峪沟石窟出土唐写本《大唐西域记》残卷。该本抄写于唐贞观二十年（646），系最早传入吐鲁番的《大唐西域记》写本，现藏吐鲁番地区博物馆。另外，敦煌遗书中亦有数种残卷，分别为：S. 2659（卷一）、P. 3814（卷二）、S. 0958（卷三）。可见当时流传之广泛。后来又被收入佛藏，主要刊刻本有北宋《崇宁藏》本残卷、金《赵城藏》本残卷（以上两种连同敦煌本残卷见向达辑《大唐西域记古本三种》，中华书局1981年版），另有收入南宋《资福藏》、《碛砂藏》、元《普宁藏》、明《洪武南藏》、《永乐北藏》、《嘉兴藏》、清《龙藏》、民国《频伽藏》以及国外的《高丽藏》、《卍字藏》、《大正藏》等历代刊本。而点校整理本又以1977年上海人民出版社出版的章巽点校本《大唐西域记》、1985年中华书局出版的季羡林等校注的《大唐西域记校注》最为精审。

随着时光的流逝，此书不仅没有被历史的风尘湮没，而是更加显示出其灿烂光辉。19世纪以来，《大唐西域记》先后被译成法、英、日、德等国文字，国内外的研究成果层出不穷，该书的研究已成为世界性的学问。它既是一部极为重要的历史、地理和考古文献，又是一部重要的佛教史、民俗史史料，它也被誉为东方三大旅行记之一（另外两种为马可波罗《东方见闻录》、日本圆仁《入唐求法巡礼行记》）在中外交通方面的记载和文学方面甚至语言文字方面的价值均不可小觑。《大唐西域记》的学术和文化影响，已远远超过了玄奘大师个人西行取经的主观目的和直接效果。更为重要的是其精神价值，正如赵朴初先生所云："我国古代忘身求法的高僧很多，尽力于翻译事业并取得成就的人物也不是少数。而目标的明确、意志的坚定、学识的丰赡、力行的彻底和成绩的宏富，则以玄奘法师为第一人。他这样伟大的人格赢得了一切佛教徒与非佛教徒的崇敬。一千多年来，他的形象一直流存在广大的群众当中。'大唐三藏法师'成了妇孺皆知的名字。他到西方取经的经历，甚至衍化为传奇故事，对于我国人民不向困难低头的精神，起着不小的激发作用。"玄奘这种为了寻求心目中的真理而坚忍不拔、锲而不舍的崇高精神，真正体现了中华民族的灵魂，显示了中华民族的高贵品格，不愧为中华民族的"脊梁"。如今，我们正在致力于建设中国特色社会主义事业，我们需要继承和弘扬这种精神。

《大唐西域记译注》作为中华书局“中华经典名著全本全注全译丛书”之一，我们选择季羡林先生等《大唐西域记校注》(中华书局2000年版，该书以日本京都帝国大学文科大学校印出版的《高丽新藏本》这一年代较早、内容较完整、校勘较精良的刊本为底本，又参酌诸本，择善而从，乃迄今校勘最为精审的本子)为工作底本，同时参考前贤时彦的一些研究成果，在个别文字及断句标点上略有改动(但遵循丛书体例，不另出校记)。在注释方面，因季先生等校注时着重于佛教术语及人名、地名等方面的注释考证，我们在兼顾佛教术语及人名、地名方面的注释而外，酌情对一些难理解的字词与文化常识性的内容进行注释。而通过译文可以理解的字词则不另出注，不做繁琐考证。译文力求晓畅通达。以直译为主，直译不顺畅之处适当加以意译。

囿于我们的水平，加之时间所限，译注中不如人意之处在所难免，我们诚恳期待专家学者和广大读者批评指正。

我的三位博士研究生张俊之、李颖、吴松为我做了不少前期工作，中华书局责任编辑王水涣同志为此书的出版付出了辛勤的劳动，在此一并表示诚挚的谢意。

董志翘

辛卯秋于金陵秦淮河畔、石头城下

序一

窃以穹仪方载之广[①]，蕴识怀灵之异[②]，谈天无以究其极[③]，括地讵足辩其原[④]？是知方志所未传声教所不暨者，岂可胜道哉！

详夫天竺之为国也[⑤]，其来尚矣。圣贤以之叠轸[⑥]，仁义于焉成俗。然事绝于曩代，壤隔于中土，《山经》莫之纪[⑦]，《王会》所不书[⑧]。博望凿空，徒置怀于邛竹[⑨]；昆明道闭，谬肆力于神池[⑩]。遂使瑞表恒星[⑪]，郁玄妙于千载；梦彰佩日[⑫]，秘神光于万里。暨于蔡愔访道[⑬]，摩腾入洛[⑭]，经藏石室[⑮]，未尽龙宫之奥[⑯]，像画凉台[⑰]，宁极鹫峰之美[⑱]？自兹厥后，时政多虞。阉竖乘權[⑲]，溃东京而鼎峙；母后成衅，剪中朝而幅裂[⑳]。宪章泯于函雒[㉑]，烽燧警于关塞，四郊因而多垒，况兹邦之绝远哉！然而钓奇之客，希世间至。颇存记注，宁尽物土之宜？徒采神经，未极真如之旨[㉒]。有隋一统，寔务恢疆，尚且眷西海而咨嗟[㉓]，望东离而杼轴[㉔]。扬旌玉门之表，信亦多人；利涉葱岭之源[㉕]，盖无足纪。曷能指雪山而长骛[㉖]，望龙池而一息者哉[㉗]！良由德不被物，威不及远。我大唐之有天下也，辟寰宇而创帝图，扫搀抢而清天步[㉘]，功侔造化，明等照临。人荷再生，肉骨豺狼之吻；家蒙锡寿，还魂鬼蜮之墟。总异类于藁街[㉙]，掩遐荒于舆地[㉚]，苑十洲而池环海[31],小五帝而鄙上皇。

【注释】

①穹仪:指天。古人认为天圆,故以穹庐为喻,又认为天是人的效法对象,故称之为仪。方载:指地。古人认为地方,且承载万物,故称。

②蕴识怀灵:有情感意识之物,泛指生物。

③谈天:讨论天文历象等。《史记·孟子荀卿列传》:“故齐人颂曰:‘谈天衍,雕龙奭,炙毂过髡。’”裴骃《集解》引刘向《别录》:“驺衍之所言,五德终始,天地广大,尽言天事,故曰‘谈天’。”

④括地:研究地理。汉代有纬书《河图括地象》,今佚。唐初李泰辑有《括地志》550卷。

⑤天竺:印度的古称。古伊朗语 Hindukahindukh 音译。

⑥叠轸(zhěn):相续,辈出。叠,重叠。轸,此当指车,叠车,犹“继轨”、“联晖”。

⑦《山经》:古代地理著作《山海经》。主要记载地理、物产、神话、宗教等,内容颇多奇诡,杂有神话。成书年代与作者均不详。学界一般认为约成书于战国,汉代有所增补,今存18篇。

⑧《王会》:《逸周书》中的一篇。记载周武王时,远方各国入朝之事。

⑨“博望”二句:指张骞在大夏国见到蜀地所产的邛竹杖、蜀布等,知可由西南通往印度,于是建议朝廷遣使,但使者都为昆明等西南夷劫杀。博望凿空,博望侯张骞打通西域之道。

⑩“昆明”二句:指汉武帝为打通西南通往印度的道路,欲征昆明,闻其地有大湖,于是在长安上林苑凿池以练水军。

⑪瑞表恒星:祥瑞表露于恒星,佛陀出生时有种种祥瑞,包括星辰异象。

⑫梦彰佩日：汉明帝梦中见到项环日月之光的神人。汉明帝由此派人学习佛教，佛教从此正式传入中国。“彰”本义明显，这里指明显地看到。

⑬蔡愔访道：据梁慧皎《高僧传》卷一《摄摩腾传》，汉明帝梦见金人后，派遣郎中蔡愔、博士弟子秦景等，往天竺寻求佛法。

⑭摩腾入洛：蔡愔等在西域遇见摄摩腾，于是邀请他共还汉地。摄摩腾志在传播佛教，远来洛阳，明帝为他在城西建造了寺庙。

⑮经藏石室：摄摩腾翻译了一卷《四十二章经》，藏在兰台石室第十四间中。

⑯龙宫之奥：佛教传说海底有龙王龙宫，龙王请佛陀等人至龙宫，大海中化出宫殿，以各种珍宝装饰，见《佛说海龙王经·请佛品》。

⑰像画凉台：据《高僧传》卷一《竺法兰传》，汉明帝派遣郎中蔡愔等西行求法，于西域得画释迦倚像，是阿育王檀木像的第四件作品，明帝令画工摹写，置于清凉台及自己的显节陵上。清凉台为汉明帝避暑读书之处。今洛阳白马寺后院有砖砌高台，相传即此清凉台。

⑱鹫峰：即灵鹫山，因山形似鹫头，山中多鹫而得名。此山是佛教圣地，如来曾在此讲解《法华》等经。详见卷九摩揭陀国“鹫峰及佛迹”部分。

⑲阉竖乘摧(quán)：宦官弄权。阉竖指宦官。“摧”，本同“拳”，此同“权(權)”，偏旁相近而混。

⑳剪中朝而幅裂：国家分裂如同布幅撕开。中朝，朝廷，国家。幅裂，如布幅撕裂。汉代应劭《〈风俗通〉序》：“今王室大坏，九州幅裂。”

㉑宪章：典章制度。《后汉书·袁绍传》：“触情放慝，不顾宪章。”函雒：函谷关和洛阳，泛指洛阳至长安一带。

㉒真如：梵文 Bhūtatathatā 的意译。谓永恒存在的实体、实性，亦即宇宙万有的本体。与实相、法界等同义。《成唯识论》卷九："真谓真实，显非虚妄；如谓如常，表无变易。谓此真实，于一切位，常如其性，故曰真如。"

㉓眷(juàn)西海而咨嗟：用甘英临西海而还的典故，班超遣部下甘英出使大秦(东罗马)，行至西海，听当地人说大海难渡，于是返回。所谓"西海"在此只是泛指西方，讥讽隋朝不能开疆。

㉔东离：《后汉书·西域传》："东离国，居沙奇城，在天竺东南三千余里，大国也。其土气、物类与天竺同。"丁谦认为是《法显传》中的多摩梨帝国，即本书卷十的耽摩栗底国。此处是为与"西海"对仗而用，并非确指。杼轴：此指思虑、遥想。本为织布机上的两个部件，杼是持纬线的梭子，轴是承经线的筘，《诗经·小雅·大东》："小东大东，杼柚其空。"后来引申为构思、考虑，陆机《文赋》："虽杼轴于予怀，怵他人之我先。"

㉕利涉葱岭之源：越过葱岭中的黄河源。利涉，顺利渡河。语出《周易·需》："贞吉，利涉大川。"古人有认为黄河源头出自葱岭的，本书下文玄奘自序即云发源葱岭的徙多河，从地下潜流至积石山，流出为黄河。《水经注》卷二引《凉土异物志》："葱岭之水，分流东西，西入大海，东为河源。"

㉖雪山：一般指今喜马拉雅山，但本书也常指兴都库什山脉。

㉗龙池：当指本书卷一迦毕试国西北二百余里大雪山顶之龙池，详见卷一该国。

㉘搀抢：又作"搀枪"，彗星名。即天搀，天抢。古人以搀抢为妖星，主兵祸。也引申指凶渠，即凶徒的首领。

㉙藁(gǎo)街：汉代长安街名。是少数民族居住的地方。蛮邸即设于此。

㉚舆地：舆地图，版图。

㉛菀:同“苑”。十洲:本是道教传说大海中神仙居住的十处名山胜境,此用以形容囊括范围极广远。《海内十洲记》:“汉武帝既闻王母说八方巨海之中有祖洲、瀛洲、玄洲、炎洲、长洲、元洲、流洲、生洲、凤麟洲、聚窟洲。有此十洲,乃人迹所稀绝处。”环海:四周的大海。

【译文】

臣私下以为天覆地载之广,各方人类的差异,漫谈天文等方面不能穷尽极致,检索《括地志》何足以弄清原委?因此可以说地理书籍未记载、皇朝教化未达到的地方,哪里说得尽呢!

详究天竺作为一个国家,已经有很久了。圣贤在这里辈出,仁义在这里成为习俗。然而事实不见于往代,国土远离中国,《山海经》没有记载,《王会》篇未曾写到。张骞想开辟道路去印度,只能对着邛地竹杖慨叹;昆明国阻闭道路,汉武帝只能在昆明池周费心机地操练水军。便使得恒星昭示的祥瑞,玄妙掩藏千年之久;梦中显现的项绕日光的神明,神光隐秘于万里之外。直到蔡愔等人远寻佛法,摄摩腾受邀来到洛阳,《四十二章经》藏入石室,未能尽获佛法奥秘,佛像挂上清凉台,怎么能穷尽灵鹫山之美?从这以后,时政多难。宦官弄权,东汉灭亡三国鼎立;后宫干政,四方分崩如同布幅裂开。函谷洛阳之间,典章制度沦亡,边关塞上,烽火台传出警报,京都郊外遍地战垒,谁还关注十分遥远的天竺国呢!不过猎奇之士,有的时代偶有抵达。虽有少许记载,哪能详尽当地物产?只是寻求佛经,未能穷究永恒的真理。隋朝统一中国,勉力开疆,只能顾西海而嗟叹,望东离而遥想。高扬战旗在玉门之外征战的,确实有不少人;翻越葱岭黄河源头的,却无可记载。哪里能指雪山而长驱,远望龙池准备在那小憩呢!实在是由于德化不能广覆,恩威不到远方。我大唐占有天下,开天辟地创立帝业,扫平战乱稳定国运,功劳齐于自然,光明等同日月。百姓得到再生,豺狼口下的枯骨生出新肉;家家获赐年寿,从险恶的世界中复苏过来。汇聚其他民族于京城,囊括边荒于版图中，以十洲为苑囿，将环绕的大海当作水池，小视五帝，傲对三皇。

法师幼渐法门，慨祇园之莫履[①]；长怀真迹，仰鹿野而翘心[②]。褰裳净境，实惟素蓄。会淳风之西偃[③]，属候律之东归[④]，以贞观三年杖锡遵路。资皇灵而抵殊俗，冒重险其若夷；假冥助而践畏途，几必危而已济。暄寒骤徙，展转方达。言寻真相，见不见于空有之间；博考精微，闻不闻于生灭之际。廓群疑于性海，启妙觉于迷津。于是隐括众经[⑤]，无片言而不尽；傍稽圣迹，无一物而不窥。周流多载，方始旋返。十九年正月，届于长安。所获经论六百五十七部，有诏译焉。

【注释】

①祇园：即祇树园，祇树给孤独园的简称，又作祇桓、祇洹，是印度佛教圣地，释迦成佛后，曾在此说法二十五年，详见本书卷六室罗伐悉底国。

②鹿野：即鹿野苑，是释迦成道后，说四谛之法，度憍陈如等五比丘，为古仙人说法之处。详见本书卷七婆罗痆斯国。

③淳风：指大唐淳厚的德教。西偃：以草受风吹倒下，比喻民众受教化，《论语·颜渊》："君子之德风，小人之德草。草上之风，必偃。"

④候律之东归：古人以律管候气，而最初的律管以西域之竹制成。《汉书·律历志》："黄帝使泠纶自大夏之西，昆仑之阴，取竹之解谷，生其窍厚均者，断两节间而吹之，以为黄钟之宫。制十二筒以听凤之鸣，其雄鸣为六，雌鸣亦六，比黄钟之宫，而皆可以生

之，是为律本。至治之世，天地之气合以生风；天地之风气正，十二律定。”此以律管再次东来，形容至高的德化再次降临中国，当世恩威远布、德教完美，堪比黄帝。

⑤隐括：本指用以矫正邪曲的器具。此当为概括、囊括之意。

【译文】

法师幼年受到佛法熏陶，慨叹不能亲履祇园；长期向往佛陀真迹，倾心想望鹿野苑。撩起衣摆前往印度净土，实在是由于素怀此心。恰逢大唐淳厚的德教覆盖西域，候气的律管来到中国，在贞观三年拄着锡杖上路。凭着皇天佑护抵达异域，经历重重险阻犹如平地；借着暗中的帮助踏上危险的旅途，几乎必死却已然通过。寒暑屡变，辗转多年才到达。于是寻求佛法原貌，在空有之间见到不能见到的；广泛考察佛法精微之处，在生灭之际听到不能听到的。在理性的海洋中廓清许多疑问，在迷惑处获得神妙的觉悟。于是概括了众多经书，没有一句遗漏；广求佛陀遗迹，没有一处不去瞻仰。周游多年，才启程回国。贞观十九年正月，抵达长安。所获得的经论共六百五十七部，有诏书命令译出。

亲践者一百一十国，传闻者二十八国，或事见于前典，或名始于今代。莫不餐和饮泽，顿颡而知归[①]；请吏革音，梯山而奉贶[②]。欢阙庭而相抃，袭冠带而成群。尔其物产风土之差，习俗山川之异，远则稽之于国典，近则详之于故老。邈矣殊方，依然在目。无劳握椠[③]，已详油素[④]，名为《大唐西域记》，一帙十二卷。窃惟书事记言，固已缉于微婉；琐词小道，冀有补于遗阙。秘书著作佐郎敬播序之云尔。

【注释】

①顿颡（sǎng）：屈膝下拜，额头触地，多表示归顺或请罪。颡，额头。

②梯山：攀登高山，也泛指远涉险阻。《陈书·高祖纪上》："楛矢素翚，梯山以至；白环玉玦，慕德而臻。"赆(jìn)：进贡的财物。南朝陈徐陵《与章司空昭达书》："百越之赆，不供王府，万里之民，不由国家。"

③握椠(qiàn)：原意为写作、校勘，此处意为草拟。椠，木简，书写用具。

④油素：光滑的白绢。多用于书画。古人写书，往往草稿写于廉价的竹简、木简上，定稿后誊录于珍贵的绢帛上。

【译文】

法师亲身到达的有一百一十个国家，听来的有二十八国，有的事迹见于前代典籍，有的名号现在才听说。无不沐浴德化，匍匐请求归附；恳请派员教授汉语，翻山越岭进献礼物。欣慕朝廷拍手欢笑，改穿汉服蔚然成群。对于他们物产风俗的差异，习俗地理的区别，远的查看典籍，近的详问博闻老者。遥远的异域，清晰地显现在眼前。没在木简上草拟，便已写定于丝帛之上，命名为《大唐西域记》，编为一套十二卷。私以为记载事情言语，自然已是搜罗细微了；琐碎的记载、浅陋的道理，希望能补充前人遗漏。秘书省著作佐郎敬播为序。

序二

尚书左仆射燕国公于志宁制

若夫玉毫流照[①]，甘露洒于大千[②]；金镜扬辉[③]，薰风被于有截[④]。故知示现三界[⑤]，粤称天下之尊；光宅四表[⑥]，式标域中之大[⑦]。是以慧日沦影[⑧]，像化之迹东归；帝猷宏阐[⑨]，大章之步西极[⑩]。

【注释】

①玉毫：佛祖眉间的白毛，佛祖三十二大人相中的最上相，在此实代指佛陀。

②大千："三千大千世界"、"大千世界"的省称。佛教认为以须弥山为中心，七山八海交绕之，更以铁围山为外郭，是谓一小世界，合一千个小世界为小千世界，合一千个小千世界为中千世界，合一千个中千世界为大千世界，总称为三千大千世界。

③金镜：比喻显明的正道。《太平御览》卷七一七引《尚书考灵曜》："秦失金镜，鱼目入珠。"郑玄注："金镜，喻明道也。"南朝梁刘孝标《广绝交论》："盖圣人握金镜，阐风烈。"

④薰风：和煦的南风，喻指德教。相传舜唱《南风歌》，有"南风之薰兮"句，《史记·乐书第二》："故舜弹五弦之琴，歌南风之诗而天下治"。有截：整齐貌。有，助词。《诗经·商颂·长发》："苞有三蘖，莫遂莫达，九有有截。"郑玄笺："九州齐一截然。"

⑤三界：佛教指众生轮回的欲界、色界和无色界。见《俱舍论·世分别品》。

⑥四表：指四方极远之地，亦泛指天下。《尚书·尧典》："光被四表，格于上下。"孔颖达疏："圣德美名，充满被溢于四方之外，又至于上天下地。"

⑦域中之大：指王者，《老子》原文为"道大，天大，地大，人亦大。域中有四大，而人居其一焉。"道教为迎合皇权，曾将"人"改为"王"。

⑧慧日沦影：佛陀去世。以智慧的太阳喻指佛陀。

⑨帝猷：帝王治国之道。《后汉书·蔡邕传》："皇道惟融，帝猷显丕；泜泜庶类，含甘吮滋。"

⑩大章：相传为尧时形容尧盛德的乐名，此以指中国德化。《礼记·乐记》："《大章》，章之也；《咸池》，备矣；《韶》，继也；《夏》，大也。殷周之乐尽矣。"郑玄注："尧乐名也。言尧德章明也。"

【译文】

佛陀法理放射光芒，甘露洒于大千世界；王道散扬光辉，德化广被天下。因而可知神妙现于三界，显扬天下之尊；光芒映彻四方，标榜出王者之位。因此智慧的太阳掩没光辉，佛法传播的踪迹来到东方；王道广布，圣明的道德布于西域。

有慈恩道场三藏法师，讳玄奘，俗姓陈氏，其先颍川人也。帝轩提象[①]，控华渚而开源[②]；大舜宾门[③]，基历山而耸构[④]。三恪照于姬载[⑤]，六奇光于汉祀[⑥]。书奏而承朗月[⑦]，游道而聚德星[⑧]。纵壑骈鳞[⑨]，培风齐翼[⑩]。世济之美[⑪]，郁为景胄[⑫]。

【注释】

①帝轩：黄帝轩辕的简称。提象：本谓人君观天象而立法治国，引申指即帝位。《左传·昭公十七年》“凤鸟氏，历正也”孔颖达疏：“《河纪》云：‘尧即政七十年，凤皇止庭。伯禹拜曰：昔帝轩提象，凤巢阿阁。’”

②华渚：古代传说中的地名。《金楼子·兴王篇》云黄帝之子少昊生时有异象：“黄帝时有大星如虹，下流华渚，意感生少昊于穷桑。”按，《史记·五帝本纪》，帝舜是少昊的后代，是陈氏的祖先。此下叙述陈氏祖先。

③大舜宾门：大舜迎接来朝诸侯，此指大舜成就王业。语出《史记·五帝本纪》：“宾于四门，四门穆穆，诸侯远方宾客皆敬。”

④历山：相传大舜微时曾耕于历山。

⑤三恪：周武王封黄帝之后于蓟，尧帝之后于祝，大舜之后于陈，是为三恪，取“恪”恭顺、服从之义。姬载：周朝，周王姬姓，故谓。

⑥六奇：指陈平，《史记·陈丞相世家》：“凡六出奇计，辄益邑，凡六益封。奇计或颇秘，世莫能闻也。”此处及以下形容陈氏历代光显，英贤相继。

⑦书奏而承朗月：可能指东汉陈宠、陈忠父子累上奏章，谏言断狱宜宽之事。朗月即明月。

⑧游道而聚德星：陈寔率子侄访友，天有德星相聚之象。《世说新语》卷一《德行》注引檀道鸾《续晋阳秋》：“陈仲弓从诸子侄造荀父子，于时德星聚，太史奏五百里贤人聚。”

⑨纵壑骈鳞：巨鱼双双游于大沟中，指贤臣辈出。语本王褒《圣主得贤臣颂》：“翼乎，如鸿毛遇顺风，沛乎，若巨鱼纵大壑。”

⑩培风齐翼：大鹏比翼而飞，形容人才之盛。《庄子·逍遥游》叙述大鹏起飞：“故九万里，则风斯在下矣，而后乃今培风”。

⑪世济之美：世代相承的美德，《左传·文公十八年》：“此十六族

也，世济其美，不陨其名。”

⑫景胄：大族。景有大义。胄，本指后裔。

【译文】

有慈恩道场三藏法师，尊名玄奘，俗家姓陈，祖先是颍川人。黄帝登上帝位，传出少昊一系；大舜掌四方来朝，从历山建起崇高基业。陈氏在周代是地位尊崇的三恪，汉代有陈平六献奇计。陈宠父子多次进谏忠言，陈寔父子德行崇高。贤臣辈出，大才竞起。世代承递光荣，成为盛美的大族。

法师籍庆诞生，含和降德，结根深而莸茂[①]，导源浚而灵长。奇开之岁，霞轩月举；聚沙之年，兰薰桂馥[②]。洎乎成立，艺殚坟素。九皋载响[③]，五府交辟[④]。以夫早悟真假，夙昭慈慧，镜真筌而延伫[⑤]，顾生涯而永息。而朱绂紫缨[⑥]，诚有界之徽网；宝车丹枕[⑦]，实出世之津途。由是摈落尘滓，言归闲旷。令兄长捷法师[⑧]，释门之栋干者也。擅龙象于身世[⑨]，挺鹙鹭于当年[⑩]。朝野挹其风猷[⑪]，中外羡其声彩。既而情深友爱，道睦天伦[⑫]。法师服勤请益，分阴靡弃。业光上首[⑬]，擢秀檀林[⑭]；德契中庸，腾芬兰室[⑮]。抗策平道[⑯]，包《九部》而吞梦[⑰]；鼓枻玄津[⑱]，俯《四韦》而小鲁[⑲]。自兹遍游谈肆[⑳]，载移凉燠[㉑]，功既成矣，能亦毕矣。至于泰初日月[㉒]，独耀灵台[㉓]；子云鞶帨[㉔]，发挥神府[㉕]。于是金文暂启[㉖]，伫秋驾而云趋；玉柄才㧑[㉗]，披雾市而波属。若会斫轮之旨[㉘]，犹知拜瑟之微。以泻瓶之多闻[㉙]，泛虚舟而独远。乃于镮辕之地[㉚]，先摧鍱腹之夸[㉛]；井络之乡[㉜]，遽表浮杯之异[㉝]。远迩宗挹，为之语曰：“昔闻荀氏八龙[㉞]，今见陈门双骥。”汝、颍多奇士[35],诚哉此言。

【注释】

①蕊(ruì):小草,喻指玄奘幼时。

②"聚沙"二句:聚沙之年,童年。语出《妙法莲华经》卷一《方便品》:"乃至童子戏,聚沙为佛塔,如是诸人等,皆已成佛道。"此两句形容玄奘幼年才高风美。

③九皋载响:指玄奘誉响世间,以鹤为喻,语出《诗经·小雅·鹤鸣》:"鹤鸣于九皋,声闻于野。"

④五府交辟:各官署争相征聘。五府为五个官署的合称,所指不确定。

⑤真筌:犹真谛。唐卢藏用《衡岳十八高僧序》:"然而年代攸邈,故老或遗;真诠缅微,后生何述?"

⑥朱绂(fú)紫缨:官员服饰,以此指为官。朱绂,礼服上的红色蔽膝,后多借指官服。紫缨,紫色帽带,贵官所用。

⑦宝车丹枕:以众宝装饰的大白牛车及其中的赤色枕头,借指佛教一乘之法,详见《法华经·譬喻品》。

⑧长捷法师:玄奘之兄陈素,法号长捷,住洛阳净土寺。

⑨龙象:梵语 Nāga 的意译,音译那伽。佛氏称罗汉之中,修行勇猛,有最大力者为龙象。水行龙力最大,陆行象力最大,故以为喻。

⑩鹙鹭:指鹙鹭子,即舍利子,是如来佛十大弟子之一,号称智慧第一。

⑪挹:推崇。《北史·裴文举传》:"为州里所推挹。"风猷:风采品格。南齐谢朓《奉和随王殿下》之七:"风猷冠淄邺 ,衽舄愧唐枚 。"

⑫天伦:天然伦次。指兄弟。《春秋穀梁传·隐公元年》:"兄弟,天伦也。"范宁注:"兄先弟后,天之伦次。"

⑬上首：指一座大众中的主位，后来也指寺院中的首座。此处泛指位尊德高。

⑭檀林：旃檀之林。佛寺的尊称。南齐王融《法乐辞九·右歌双树》："春山玉所府，檀林芳所栖。"

⑮兰室：亦指佛寺。兰，"阿兰若"缩略，"阿兰若"为梵语 Āranya 的音译，意译为寂静处或空闲处，原为比丘洁身修行之处，后亦用以称一般佛寺。

⑯抗策：扬起马鞭。抗，高举。策，马鞭。平道：佛家所谓"平等法"，一切众生平等成佛之法。此处当泛指佛法。

⑰《九部》：佛教按内容及题材对佛经作的九种分类。吞梦：吞下云梦，与下句均极言玄奘学问广大。古有云梦大泽，地处今湖北东北部江汉平原上，面积很广。司马相如《子虚赋》："吞若云梦者八九其于胸中，曾不蒂芥。"

⑱鼓枻(yì)：划桨。枻，船桨。

⑲《四韦》：即四《吠陀》，韦陀又译吠陀，是雅利安人最早的文献记录。小鲁：觉鲁国渺小，见解高远如同孔子登上泰山。《孟子·尽心上》："孔子登东山而小鲁。"

⑳谈肆：佛教徒聚集讲说辩论佛法之所。

㉑凉燠(yù)：冷暖，指寒暑。

㉒泰初日月：形容才俊有如夏侯玄。夏侯玄字太初("太"、"泰"通)，博学多闻，多才善辩，是早期玄学领袖。语出《世说新语·容止》："时人目夏侯泰初，朗朗如日月之入怀。"

㉓灵台：指心。《庄子·庚桑楚》："不可内于灵台。"郭象注："灵台者，心也。"

㉔子云鞶帨(pán shuì)：此指扬雄般的才情，扬雄为汉赋名家，当时大儒。语出扬雄《法言》："今之学者，非独为之华藻，又从而绣其鞶帨。"鞶，古人佩以盛手巾细物的小囊。帨，佩巾。

㉕神府:人的精神所聚,亦即心。

㉖金文:即“金言”,指佛所说教法、佛经。杨衒之《洛阳伽蓝记·融觉寺》:“虽石室之写金言,草堂之传真教,不能过也。”

㉗玉柄:代指魏晋谈者常执麈尾(似拂尘),麈尾有以玉为柄者。㧑:同“挥”。

㉘斫轮:形容意旨之精微。语出《庄子·天道》:轮扁善斫轮,而微妙之旨,不能传其子,故年将七十,仍须亲为。

㉙泻瓶之多闻:接受知识像空瓶受水泻入一样,多闻有如阿难。阿难在佛陀弟子中号称“多闻第一”。北本《涅槃经》卷四十记佛陀语:“自事我来,持我所说十二部经。一经于耳,曾不再问。如写瓶水,置之一瓶。”

㉚轘(huán)辕:轘辕山在今河南偃师(即玄奘故乡洛州缑氏县),山道险峻,古称轘辕道。

㉛鍱(yè)腹:以铜片箍着肚子。此用典,指狂妄善辩的非佛教徒。本书卷十羯罗拿苏伐剌那国记载,曾有一腹锢铜片的狂妄外道,自称腹中学问太多,若不锢铜片,恐怕撑裂,最终为沙门击败。鍱,金属锤成的薄片。

㉜井络:井宿区域,对应蜀地。左思《蜀都赋》:“岷山之精,上为井络。”

㉝浮杯之异:《高僧传》卷十记载刘宋时有僧人杯度,常以木杯渡河,云游四方,后来便以“浮杯”指云游。

㉞荀氏八龙:《后汉书》卷九二《荀淑传》载其八子“并有名称,时人谓八龙”。

㉟汝、颍多奇士:《三国志》卷一四《郭嘉传》记曹操与荀彧书信:“汝、颍固多奇士,谁可以继之?”

【译文】

法师生命随着祥瑞诞出,仁德含着和谐降下,根底深厚自幼出众,源泉深远灵气久长。年少之时，风姿如朝霞初生皓月映空；童幼之年，才气如兰花散香桂树含馥。到了成年，学艺穷尽典籍。声誉传播四方，各官署争相征聘。早就悟得真假之分，素来显出仁慈聪慧，明鉴真谛，引颈企望，纵观人生，长怀感叹。朱绂和紫缨，确实是尘世美好的罗网；宝车和丹枕，诚然是出世的门径。因此摈弃红尘，归于闲静。尊兄长捷法师，是佛家的栋梁。身为当代高僧，超出了当年的舍利子。在朝和在野的都钦慕他的风度品格，京城和外地都歆羡他的名声风采。而且又友爱情深，兄弟和睦。法师操持职事、求教求益，寸阴不弃。学业荣居首座，拔萃寺中；德行符合中庸，驰誉僧界。扬鞭猛进于平等大道上，并包九经如吞云梦；鼓桨速航于玄妙的津渡前，俯览四《韦陀》后眼界阔大如同登上泰山。从此遍游辩论场所，屡经寒暑，学业既成，才能也具备了。夏侯玄般的俊才，从心头闪耀；扬雄般的文采，自脑际挥发。于是刚翻开经文，等待法师大驾的听者像云朵一样聚集；才挥动拂尘的玉柄，扫清云雾的妙论就像波纹一样连绵而来。仿佛悟到了斫轮的妙旨，犹如通晓了琴瑟的微义。学问广博如同受瓶泻水，独乘扁舟飘向远方。在轘辕之地，摧败了狂妄的非佛教徒；在蜀中地区，显现了云游求法的高志。远近之人钦慕不已，形容他说："过去听说有荀氏八龙，今天目睹陈门双骥。"汝、颍多有奇士，这话确然不假。

法师自幼迄长，游心玄籍。名流先达，部执交驰[①]，趋末忘本，摭华捐实，遂有南北异学[②]，是非纷纠。永言于此，良用怃然[③]。或恐传译踳驳[④]，未能筌究[⑤]，欲穷香象之文[⑥]，将罄龙宫之目[⑦]。以绝伦之德，属会昌之期，杖锡拂衣，第如遐境。于是背玄灞而延望，指葱山而矫迹，川陆绵长，备尝艰险。陋博望之非远，嗤法显之为局[⑧]。游践之处，毕究方言，镌求幽赜[⑨]，妙穷津会。于是词发雌黄[⑩]，飞英天竺；文传贝叶⑪，聿归振旦⑫。

【注释】

①部执：固执于所在部派，佛陀寂灭后，佛教分裂为大乘小乘，后来又分裂出许多教派。

②南北异学：此指北方地论宗与南方摄论宗的对立，地论宗内部又有南北对立，玄奘对这些分歧不得其解，很是苦恼。

③怃(wǔ)然：怅然失意貌。

④踳(chuǎn)驳：亦作"踳驳"。错乱，驳杂。晋人左思《魏都赋》："非醇粹之方壮，谋踳驳于王义。"

⑤筌：同"诠"，解释。宋人唐庚《醉眠》诗："梦中频得句，拈笔又忘筌。"

⑥香象之文：泛指佛典，原指《俱舍论》，典出《俱舍论》，佛祖成此书后，令香象宣告，求人驳难。

⑦龙宫：比喻收藏一切佛法、经书之处。

⑧法显：东晋名僧，于隆安三年(399)越葱岭西行求法，义熙八年(412)从海路返国。携回梵本经多部，著有《法显传》(又称《佛国记》)，是玄奘之前的伟大旅行家。此文讥笑法显见闻不广，实属夸张之语。

⑨赜(zé)：幽深奥妙。

⑩雌黄：此处当指议论、评论，"词发雌黄"即"发雌黄之词"。唐无名氏《〈颜氏家训〉序》："北齐黄门侍郎颜之推，学优才赡，山高海深，常雌黄朝廷，品藻人物。"

⑪贝叶：贝多罗树之叶，印度古代以之作为书写材料，佛经即以之保存。

⑫振旦：古代印度对我国的称呼，梵语 Cīnasthāna 之音译，又作震旦、真丹等。

【译文】

法师从幼年至于成年，潜心钻研佛典。名僧前辈们，各自执着于自己的教派，讲究末节忘记根本，采择华藻不顾本质，于是有南北分歧，互言是非，一片纷乱。长念于此，很是怅然。又担心翻译错乱，不能解释探究，想尽览佛经原文，遍观印度佛迹。拥有超群的德行，恰逢国家昌盛之时，拄着锡杖，拂下衣裳，只管前往远方。于是背对着灞河遥望远方，指着葱岭迈开大步，路途遥远，历经艰辛。鄙视张骞探险不远，非笑法显见闻有限。行经之处，尽量掌握该地语言，刻苦探求佛法幽深，精妙地掌握了要理。于是辩论妙语，传诵于天竺；贝叶经文，携归于中土。

太宗文皇帝金轮纂御①，宝位居尊。载伫风徽，召见青蒲之上②；乃眷通识，前膝黄屋之间③。手诏绸缪④，中使继路⑤。俯摛睿思⑥，乃制《三藏圣教序》⑦，凡七百八十言。今上昔在春闱⑧，裁《述圣记》⑨，凡五百七十九言。启玄妙之津，尽揄扬之旨。盖非道映鸡林⑩，誉光鹫岳，岂能缅降神藻，以旌时秀？

奉诏翻译梵本，凡六百五十七部。具览遐方异俗，绝壤殊风，土著之宜，人伦之序，正朔所暨⑪，声教所覃，著《大唐西域记》，勒成一十二卷。编录典奥，综核明审，立言不朽，其在兹焉。

【注释】

①太宗文皇帝：李世民庙号太宗，谥号文皇帝。金轮：指帝位。佛教认为天子分四种，金轮王、银轮王、铜轮王、铁轮王，金轮王统御四大洲，最为尊贵。详见下文玄奘自序。

②青蒲：指天子内庭。《汉书·史丹传》："丹以亲密臣得侍视疾，候上间独寝时，丹直入卧内，顿首伏青蒲上。"颜师古注引应劭曰："以青规地曰青蒲，自非皇后不得至此。"

③前膝：形容倾心听受，不知不觉中膝盖前挪靠近。《史记》卷六八《商君列传》："卫鞅复见孝公。公与语，不自知𦢊之前于席也。语数日不厌。""𦢊"同"膝"。黄屋：帝王所居宫室。《太平御览》卷四三一引应劭《风俗通》："殷汤寐寝黄屋，驾而乘露舆。"

④绸缪：连绵不断。《文选·张衡〈思玄赋〉》："倚招摇、摄提以低佪剹流兮，察二纪、五纬之绸缪遹皇。"李善注："绸缪，连绵也。"

⑤中使：宫中使者，由宦官充任。

⑥摛（chī）：抒发，铺陈。

⑦《三藏圣教序》：唐太宗李世民应玄奘请求，为其所译经论所制序言。

⑧今上：指唐高宗李治。春闱：犹春宫，太子居所。

⑨《述圣记》：全称《述三藏圣教序记》。《圣教序》和《述圣记》有多处刻碑，弘福寺和尚怀仁集王羲之字所刻碑、慈恩寺大雁塔褚遂良楷书碑是书法名碑。

⑩鸡林：又称鸡园，梵文 Kukkuṭārāma 的意译，音译为屈屈吒阿滥摩寺，详见卷八摩揭陁国"鸡园僧伽蓝"部分。

⑪正（zhēng）朔：帝王所颁的历法，代指政令。正，一年之始。朔，一月之始。

【译文】

太宗文皇帝继位登基，居于宝位。钦慕法师风采，召见于卧室之中；赏识法师博学，亲切接谈于寝宫之内。皇上亲诏不断降来，宫中使者相继于路。俯身挥发圣明的思虑，制成《三藏圣教序》，共七百八十字。当今圣上过去在东宫，裁定《述圣记》，共五百七十九字。标明了玄妙的要理，尽显称扬之意。如果不是修为映照鸡园寺，声誉光耀灵鹫山，怎么能使圣上沉思，亲撰华美文章，以褒扬当世俊才？

接受诏令翻译梵文经书，共六百五十七部。详察远方的不同习俗，绝域的别样风情，当地适宜的物产，人伦次序，本朝政令所及，声威教化所布，著《大唐西域记》，编成十二卷。所编内容典雅深奥，全面检核、详细考查，创作著作能够不朽，也许就是本书吧。

卷第一　三十四国

【题解】

本卷的叙述，从玄奘离开高昌故地开始，到抵达和当时北印度境接近的迦毕试国为止，是玄奘到达印度前三十四国及相关地区的记录。该行程大致分为四个部分，第一段是从阿耆尼国到素叶水城。其地相当于从今新疆东部的吐鲁番盆地到吉尔吉斯斯坦北部的阿克贝欣。介绍了行经地区阿耆尼国（今新疆焉耆）、屈支国（旧译龟兹，今新疆库车）、跋禄迦国（旧译姑墨，今新疆阿克苏）、凌山（即冰山，在今新疆勃达岭）、大清池（古名阗池，即今伊塞克湖）的地理状况、风俗人情和宗教信仰及佛教遗迹传说等。在玄奘生活的年代，这一广阔的西域地区，仍处在西突厥政权控制范围之内。离开素叶水城后，玄奘大体上是向西南前行，进入了一个叫做窣利的大地区，这是他的第二段行程。其地位于锡尔河与阿姆河之间，是以泽拉夫善河为中心的一块地区。窣利地区是古代沟通欧亚大陆各大文明区域的丝绸之路主干线的必经之路。第三段行程是自铁门向南的睹货逻国故城十六国。其地大致相当于塔吉克斯坦共和国西部与阿富汗东北部阿姆河两岸一带。睹货逻即吐火罗，古代的大夏。该族的国王迦腻色迦曾建立一个盛大的贵霜王国，公元三、四世纪衰落。玄奘抵达时，已分裂为二十余个小国，都受西突厥的控制。玄奘在本卷（去路时）叙述了十六个国家，余下的在卷十二（归途中）叙述。第四段行程是梵衍那国和迦毕试国。梵衍那国，即今阿富汗喀布尔西北的巴米扬。该国有举世闻名的巴米扬大佛，高一百五十尺，东面还有铜铸立佛像，高一百尺，寺内有佛涅槃卧像，长一千尺，均极庄严精妙。随后到达迦毕试国，在今阿富汗西部兴都库什山以南的喀布尔河流域。该国是印度西北的一个大国，国王是属于刹帝利阶级，智勇兼备，统属十几个部落，都信奉佛法。该国都城之内，有佛寺一百多所。其中有一座小乘寺，名叫“沙落迦”，据说是从前中国汉朝皇帝有一位王子在此国时所造。

序 论

历选皇猷[①]，遐观帝录[②]，庖羲出震之初[③]，轩辕垂衣之始[④]，所以司牧黎元，所以疆画分野。暨乎唐尧之受天运，光格四表[⑤]；虞舜之纳地图[⑥]，德流九土。自兹已降，空传书事之册[⑦]；逖听前修[⑧]，徒闻记言之史。岂若时逢有道，运属无为者欤？我大唐御极则天，乘时握纪，一六合而光宅[⑨]，四三皇而照临。玄化滂流，祥风遐扇，同乾坤之覆载，齐风雨之鼓润[⑩]。与夫东夷入贡，西戎即叙[⑪]，创业垂统，拨乱反正，固以跨越前王[⑫]，囊括先代。同文共轨，至治神功，非载记无以赞大猷[⑬]，非昭宣何以光盛业？玄奘辄随游至，举其风土，虽未考方辨俗，信已越五逾三。含生之俦，咸被凯泽[⑭]；能言之类，莫不称功。越自天府，暨诸天竺，幽荒异俗，绝域殊邦，咸承正朔，俱沾声教。赞武功之绩，讽成口实[⑮]；美文德之盛，郁为称首[⑯]。详观载籍，所未尝闻；缅惟图牒，诚无与二。不有所叙，何记化洽？今据闻见，于是载述。

【注释】

①皇猷：帝王的谋略或教化。梁代沈约《齐太尉文宪王公墓铭》：“帝图必举，皇猷谐焕。”

②帝录：指历代王朝史实纪录之书。

③庖羲：即伏羲，古代传说中的三皇之一，风姓，相传其始画八卦，又教民渔猎，取牺牲以供庖厨。出震：震为八卦之一，对应东方，万物始于东方。《周易·说卦》："帝出乎震……万物出乎震。"

④垂衣：垂拱无为而治，《周易·系辞》："黄帝、尧、舜垂衣裳而天下治。"

⑤格：至。四表：指四方极远之地，亦泛指天下。

⑥虞舜之纳地图：《开元占经》卷一一三引《帝王世纪》："西王母慕舜之德，来献白环及贡益地图。"

⑦书事之册：《汉书·艺文志》有"左史记言，右史记事"的说法，因而此处先言记事，后对记言。

⑧逖(tì)听：在远处听到，表示恭敬。司马相如《封禅文》："率迩者踵武，听逖者风声。"逖，远。

⑨光宅：广有。《尚书·尧典序》："昔在帝尧，聪明文思，光宅天下。"曾运乾《正读》："光，犹广也。宅，宅而有之也。"

⑩鼓(gǔ)润：荡涤，滋润，"鼓"同"鼓"。语本《周易·系辞上》："鼓之以雷霆，润之以风雨。"

⑪即叙：就序，归顺。《尚书·禹贡》："织皮：昆仑、析支、渠搜、西戎即叙。"

⑫以：同"已"。

⑬大猷：治国的大道。《诗经·小雅·巧言》："奕奕寝庙，君子作之；秩秩大猷，圣人莫之。"郑玄笺："猷，道也；大道，治国之礼法。"

⑭凯泽：恩泽。凯指凯风，和暖的南风，比喻恩泽。《宋书·孝武帝纪》："加国庆民和，独隔凯泽，益以惭焉。可详所原宥。"

⑮口实：谓经常议论、诵读的内容。《尚书·仲虺之诰》："成汤放桀于南巢，惟有惭德，曰：'予恐来世以台为口实。'

⑯郁：多文采貌，文采盛貌。《论语·八佾》："周监于二代，郁郁乎

文哉！吾从周。”邢昺疏：“郁郁，文章貌。”

【译文】

历览先王治化，远观各代记录，伏羲成为领袖之初，黄帝垂拱而治之时，管理百姓，划分政区。等到尧帝接受天命，光辉充满天下；大舜受献地图，恩德遍流九州。从这以后，只传下书写事实的书籍；恭闻前贤，只听到记载言论的史册。哪比得上时逢有道之君，国运正当无为而治的呢？我大唐占有帝位效法上天，抓住时机掌握纲纪。一统六合广有天下，比肩三皇照耀宇内。圣明的教化广泛流布，祥瑞的和风吹向远方，覆盖承载万物，有如乾坤，荡涤润泽天下，等同风雨。东夷进贡，西戎归顺，创立帝统传下基业，治理乱世恢复常态，固然已经超越了此前的君王，囊括了先代的功绩。天下书同文，车共轨，创造盛世的伟大业绩，不载于书籍就无以赞美伟大的德化，不大力宣扬怎么能使盛大的功业更加光辉？玄奘就随着游方所至，列举当地风俗水土，虽然没有考察方位细辨习俗，但确信已经超越了三皇五帝。有生命之物，都蒙受恩泽；有口之人，无不称赞功绩。从大唐出发，至于天竺，荒远的不同风俗之国，极其遥远的其他国家，都秉承天朝历法，接受朝廷教化。称赞大唐军事业绩，传诵于人民口中。歌颂教化的盛美，繁荣当属第一。详细考察记载，是未曾听说过的；深切思索对比图表，的确无与伦比。不有所叙述，怎么记载和洽的教化？现在依据所闻所见，在此记述。

然则索诃世界[①]，旧曰娑婆世界，又曰娑诃世界，皆讹也。三千大千国土[②]，为一佛之化摄也。今一日月所临四天下者，据三千大千世界之中，诸佛世尊，皆此垂化，现生现灭，导圣导凡。苏迷卢山唐言妙高山[③]。旧曰须弥，又曰须弥娄，皆讹略也。四宝合成[④]，在大海中，据金轮上[⑤]，日月之所照回，诸天之所游舍[⑥]。七山七海[⑦]，环峙环列；山间海水，具八功德[⑧]。

七金山外，乃咸海也。海中可居者，大略有四洲焉。东毗提诃洲⑨，旧曰弗婆提，又曰弗于逮，讹也。南赡部洲⑩，旧曰阎浮提洲，又曰剡浮洲，讹也。西瞿陁尼洲⑪，旧曰瞿耶尼，又曰劬伽尼，讹也。北拘卢洲⑫。旧曰郁单越，又曰鸠楼，讹也。金轮王乃化被四天下⑬，银轮王则政隔北拘卢，铜轮王除北拘卢及西瞿陁尼，铁轮王则唯赡部洲。夫轮王者，将即大位，随福所感，有大轮宝浮空来应，感有金、银、铜、铁之异，境乃四、三、二、一之差，因其先瑞，即以为号。

【注释】

①索诃世界：梵文为 Sahālokadhātu，索诃是 Sahā 音译，又作索阿、娑婆等，意为“堪忍”、“忍土”，在印度传说中包括了三千世界，佛教用来指佛陀教化的范围。

②三千大千国土：即三千大千世界，佛教认为以须弥山为中心，七山八海交绕之，更以铁围山为外郭，是谓一小世界，合一千个小世界为小千世界，合一千个小千世界为中千世界，合一千个中千世界为大千世界，总称为三千大千世界。

③苏迷卢：梵文 Sumeru 音译，又作须弥、须弥楼等，意译有妙高、苗光、善积等，即今日之喜马拉雅山。佛教认为是南赡部洲的中心，山顶为帝释天所居。

④四宝：《俱舍论》卷一一：“妙高山王，四宝为体，谓如次四面，北东南西，金、银、吠琉璃、颇胝迦宝。”

⑤金轮：据《俱舍论》卷十一，世界最底层为风轮，风轮之上有水轮，水轮之上有金轮，由轮形金刚而成，故称金轮。金轮之上有九山八海，是为地轮。

⑥天：泛指天神，梵文 Deva，又作 Sura，有光明、自然、清净等义。

⑦七山七海：佛教宇宙观认为，环绕着苏迷卢山有七重金山，其间有七重大海。所谓七山为逾健达罗、伊沙驮罗、竭地洛迦、苏达黎舍那、频湿缚羯拏、毗那怛迦、尼民达罗。

⑧八功德：水的八种上好品质，据《俱舍论》卷一一，为一甘、二凉、三软、四轻、五清净、六不臭、七饮时不损喉、八饮已不伤腹。《称赞净土经》所载略同。

⑨毗提诃：梵文 Videha 音译，意为胜身。

⑩赡部：梵文 Jambū 的音译，又作阎浮、剡浮等。因赡部树得名，为人类等居处。

⑪瞿陁尼：梵文 Godānīya 的音译，意为牛货。

⑫拘卢：梵文 Kuru 的音译，又称俱卢等，意为高胜。

⑬轮王：即转轮王（梵文 Cakravartirāja），佛教传说轮王即位时天降宝轮，轮王转动之，降伏四方。

【译文】

然则那索诃世界，过去称娑婆世界，又称娑诃世界，都不正确。其中三千大千国土，都是佛陀教化的范围。如今同一个日月照临的四个天下，处在三千大千世界中央，诸佛和佛陀，都在这里留下教化，显示生灭，引导圣贤和凡人。苏迷卢山唐土称妙高山。过去称须弥，又称须弥娄，都是讹误或省略。是四种宝物合成的，处在大海之中，金轮之上，日月在此照耀轮回，诸神在此遨游居住。有七座山七个海，环绕着耸峙排列；山间的海水，具备八种品质。七座金山之外，是咸海。海中可以居住的，主要有四大洲。东面是毗提诃洲，旧称弗婆提，又称弗于逮，是错的。南面是赡部洲，旧称阎浮提洲，又称剡浮洲，是错的。西面是瞿陁尼洲，旧称瞿耶尼，又称劬伽尼，是错的。北面是拘卢洲。旧称郁单越，又称鸠楼，是错的。金轮王的政化囊括四个天下，银轮王的统治不及北面的拘卢洲，铜轮王除去北面拘卢洲及西面瞿陁尼洲，铁轮王就只有赡部洲。所谓轮王，将登上大位前，随其福分有所感应，会有巨大的轮宝悬空而来，感应有金、银、铜、铁的区别，统治的洲也有四、三、二、一的差异，根据事先的祥瑞，作为其名号。

则赡部洲之中地者，阿那婆答多池也[①]。唐言无热恼。旧曰阿耨达池，讹也。在香山之南[②]，大雪山之北[③]，周八百里矣。金、银、琉璃、颇胝饰其岸焉[④]。金沙弥漫，清波皎镜。八地菩萨以愿力故[⑤]，化为龙王，于中潜宅，出清泠水[⑥]，给赡部洲。是以池东面银牛口，流出殑巨胜反。伽河[⑦]，旧曰恒河，又曰恒伽，讹也。绕池一匝，入东南海。池南面金象口，流出信度河[⑧]，旧曰辛头河，讹也。绕池一匝，入西南海。池西面琉璃马口，流出缚刍河[⑨]，旧曰博叉河，讹也。绕池一匝，入西北海。池北面颇胝师子口，流出徙多河[⑩]，旧曰私陁河，讹也。绕池一匝，入东北海，或曰潜流地下，出积石山，即徙多河之流，为中国之河源云[⑪]。

【注释】

①阿那婆答多池：梵文 Anavatapta 音译，意为无热恼，佛教认为是殑伽河（恒河）、信度河（印度河）、缚刍河（喷赤河）、徙多河（叶尔羌河）四河之源。

②香山：梵文 Gandhamādana 意译，亦作香醉山，佛教认为是赡部洲最高处，可能指帕米尔高原。

③大雪山：此处当指兴都库什山脉。

④颇胝：梵文 Spha ṭika 的音译，又作颇黎、玻璃、颇胝迦等，一种状如水晶的宝石，为“七宝”之一。

⑤八地菩萨：“地”为梵文 P ṛthivī 或 Bhūmi 之意译，佛教指修持阶段及可以造就的智慧功德。菩萨梵文为 Bodhisattva，全译菩提萨

埵，菩提意为“觉”，萨埵意为“众生”。愿力：誓愿的力量。多指善愿功德之力。梁代沈约《千佛赞》：“先后参差，各随愿力。”

⑥清泠水：即具备上文所说水的八种优良品质（“八功德”）之一的水。

⑦殑（jìng）伽河：即今恒河，殑伽为梵文 Gaṅgā 音译，意译为“天堂来”，因见其从高处来，故名。发源于喜马拉雅山南麓，向东流经印度、孟加拉国，汇入孟加拉湾。

⑧信度河：即印度河，梵文 Sindhu 音译，又译辛头河。发源于西藏冈底斯山西麓，主要流经巴基斯坦，汇入阿拉伯海。

⑨缚刍河：指今阿姆河，确切说当指其中的一段喷赤河（Panj River）。阿姆河发源于帕米尔高原，汇合帕米尔河后称喷赤河，再向西汇合瓦赫什河后称阿姆河。

⑩徙多河：梵文Sītā 音译，又作私陀、私多，即今叶尔羌河，叶尔羌河是塔里木河四源之一。

⑪为中国之河源：古人认为黄河源于昆仑，从积石山潜出地面，《禹贡》、《山海经》、《水经注》等皆持此说，《水经注》卷一云：“迳积石而为中国河。”

【译文】

居赡部洲中央的，是阿那婆答多池。唐土称无热恼。旧称阿耨达池，是错的。在香山南面，大雪山北面，周长有八百里。金、银、琉璃、颇胝装饰着池岸。金色的沙子铺满岸边，澄清的池水皎洁如镜。八地菩萨运用法力，变成龙王，潜居其中，池中流出清凉的水，供给整个赡部洲。池的东面有银牛口，流出殑伽河，旧称恒河，又曰恒伽，是错的。绕池一周，汇入东南方大海；池的南面有金象口，流出信度河，旧称辛头河，是错的。绕池一周，汇入西南方大海；池的西面有琉璃马口，流出缚刍河，旧称博叉河，是错的。绕池一周，汇入西北方大海；池的北面有颇胝狮子口，流出徙多河，旧称私陁河，是错的。绕池一周，汇入东北方大海，有人说潜流于地下，从积石山出来的，就是徙多河河水，是中国黄河的源头。

时无轮王应运，赡部洲地有四主焉①。南象主则暑湿宜象，西宝主乃临海盈宝，北马主寒劲宜马，东人主和畅多人。故象主之国躁烈笃学，特闲异术，服则横巾右袒②，首则中髻四垂，族类邑居，室宇重阁。宝主之乡，无礼义，重财贿，短制左衽，断发长髭，有城郭之居，务殖货之利。马主之俗，天资犷暴，情忍杀戮，毳帐穹庐，鸟居逐牧。人主之地，风俗机慧，仁义昭明，冠带右衽，车服有序，安土重迁，务资有类。三主之俗，东方为上。其居室则东辟其户，旦日则东向以拜。人主之地，南面为尊。方俗殊风，斯其大概。至于君臣上下之礼，宪章文规之仪，人主之地无以加也。清心释累之训，出离生死之教，象主之国其理优矣。斯皆著之经诰，问诸土俗，博关今古，详考见闻。然则佛兴西方，法流东国，通译音讹，方言语谬，音讹则义失，语谬则理乖。故曰"必也正名乎"③，贵无乖谬也。

【注释】

①赡部洲地有四主：古印度对亚欧大陆已知世界的粗略划分，东方为中国，南方为印度次大陆，西方指大食、波斯、东罗马等，北方指游牧民族，如月氏、突厥等。这一划分见于不少典籍，如东晋来华印度僧人迦留陀伽(Kālodaka)所译《十二游经》："阎浮提中有十六大国，八万四千城，有八国王，四天子。东有晋天子，人民炽盛。南有天竺国天子，土地多名象。西有大秦国天子，土地饶

金银璧玉。西北有月氏天子,土地多好马。”

②袒(tǎn):露出臂膊。《汉书·高后纪》:“为吕氏右袒,为刘氏左袒。”

③“必也正名乎”:出自《论语·子路》:“子路曰:‘卫君待子而为政,子将奚先?’子曰:‘必也正名乎。’”

【译文】

现时没有轮王接受天命,赡部洲的大地上有四位君王。南方象主的土地暑热潮湿适宜大象,西方宝主的土地靠海多宝,北方马主的土地寒冷凄劲适宜马,东方人主的土地气候和畅人口繁多。象主的国家人民性格急躁刚烈,热爱学习,特别擅长奇能异术,穿着是横披巾布,光着右臂,发型是中间扎髻,四面下垂,按照种族类别各居聚落,房屋多是多层楼阁。宝主的国度,不讲礼义,重视财物,剃发留长须,穿短衣,衣襟左开,有城池居住,好追求经商利益。马主之国的风俗,天性粗犷凶暴,性格残忍好杀,居住在毡帐穹庐里,随水草迁徙,像鸟儿一样居无定所。人主的国土,人民聪慧,注重仁义,戴冠系带,衣襟向右。车辆服饰都有级别,安于故土不愿远迁,有些人专务财货。三主之地的习俗,都是以东方为尊。房屋的门都东向而开,早晨就向东而拜。人主之国,以南面为尊。各方的习俗,不同的风气,大致如此。至于君臣上下的礼节,典章制度的规定,没有超过人主之国的。清净心境排除烦恼的学问,脱离生死轮回的教理,象主之国最为优长。这些是根据经典所载,请教当地人,广泛涉猎古今,详细考察见闻所得。佛法自西方兴起,传播至东方,翻译会有语音讹误,有些语言本身谬误,语音讹误语义就失真,语言谬误就会背离原意。孔子说“必须先考定名称”,看重的是不能有讹误。

夫人有刚柔异性,言音不同,斯则系风土之气,亦习俗之致也。若其山川物产之异,风俗性类之差,则人主之地,国史详焉。马主之俗、宝主之乡，史诰备载，可略言矣。至于象主之国，前古未详，或书地多暑湿，或载俗好仁慈，颇存方志，莫能详举。岂道有行藏之致[①]，固世有推移之运矣。是故候律以归化，饮泽而来宾，越重险而款玉门[②]，贡方奇而拜绛阙者[③]，盖难得而言焉。由是之故，访道远游，请益之隙，存记风土。黑岭已来[④]，莫非胡俗。虽戎人同贯，而族类群分，画界封疆，大率土著。建城郭，务殖田畜，性重财贿，俗轻仁义。嫁娶无礼，尊卑无次，妇言是用，男位居下。死则焚骸，丧期无数。剺面截耳[⑤]，断发裂裳，屠杀群畜，祀祭幽魂。吉乃素服，凶则皂衣。同风类俗，略举条贯。异政殊制，随地别叙。印度风俗，语在后记。

【注释】

①道有行藏：大道的施行与隐没，本指人的出仕或隐退，《论语·述而》："用之则行，舍之则藏。"

②款：归顺。宋文帝《策命婆达国王》："皇风遐暨，荒服来款。"

③绛阙：宫殿寺观前的朱色门阙，此借指朝廷。陆机《五等论》："钲鼙震于阃宇，锋镝流乎绛阙。"

④黑岭：即今兴都库什山脉，此山南麓降雪少，相对于南面白雪皑皑的喜马拉雅山脉，自然就是黑色的。

⑤剺（lí）：割，划开。用刀划破脸、割去耳朵是游牧民族表示哀痛、发誓的一种习俗。

【译文】

人的性格有刚柔的差别，语言也有不同，这与水土气候有关，也是由习俗造成的。至于山川物产的差异，风俗性格的区别，对人主之国，我们本国史书有详载。马主之国、宝主之国，史籍也有详载，可以略而不讲。至于象主之国，前代并不清楚，有的写道大多暑热潮湿，有的记载风俗好仁慈，虽然地理志有些记载，但没人能详细叙说。难道是天道有显现、隐藏的区别所致？时世的命运本来就在变化发展。因此仰慕德化以归顺，沐浴恩泽来作客，越过重重险阻臣服于玉门关前，贡献当地奇物下拜于朝廷之下的，也少有叙述印度的。因为这样，我求法远游，请教学习的空隙，记下当地风土。从黑岭以来，都是胡人的习俗。虽然都是戎人，但各有不同族类，各分疆界，多为土著。建造城郭，致力耕种放牧，看重财物，习俗轻视仁义。嫁娶没有礼仪，尊卑没有次序，一切听从妇女，男子地位居下。死了火葬，丧期没有定数。剺面截耳，断发裂衣，屠杀牲畜，祭祀亡灵。有吉事穿白衣，有凶事穿黑衣。风俗类似的，大略举起纲要。不同的政治制度，则随其国叙述。印度的风俗，在下文记载。

出高昌故地[①]，自近者始，曰阿耆尼国。旧曰焉耆。

【注释】

①高昌：故地在今新疆维吾尔自治区吐鲁番东南六十余里。

【译文】

从昔日高昌城出发，从离它最近的国家开始，是阿耆尼国。旧称焉耆。

阿耆尼国

阿耆尼国东西六百余里[①]，南北四百余里。国大都城周六七里[②]，四面据山，道险易守。泉流交带，引水为田。土宜穈、黍、宿麦、香枣、蒲萄、梨、柰诸果[③]。气序和畅[④]，风俗质直。文字取则印度，微有增损。服饰毡褐[⑤]，断发无巾。货用金钱、银钱、小铜钱。王，其国人也，勇而寡略，好自称伐。国无纲纪，法不整肃。伽蓝十余所[⑥]，僧徒二千余人，习学小乘教说一切有部[⑦]。经教律仪[⑧]，既遵印度，诸习学者，即其文而玩之[⑨]。戒行律仪[⑩]，洁清勤励[⑪]，然食杂三净[⑫]，滞于渐教矣[⑬]。

从此西南行二百余里，逾一小山，越二大河，西得平川，行七百余里，至屈居勿反。支国。旧曰龟兹。

【注释】

①阿耆尼：梵文 Agni 的音译。该国在今新疆焉耆。

②国大都城：阿耆尼国首府，唐代故址在今焉耆四十里城子东四里。

③糜(méi)：即穄子，形状像黍子而子实不黏。黍：植物名。古代专指一种子实称黍子的一年生草本作物。宿麦：来年成熟的麦。即冬麦。柰(nài)：果树名。与“林檎”同类。

④气序：气候。和畅：温和舒畅。

⑤毡褐：用毛布所制之衣。

⑥伽蓝：梵文 Saṅghārāma 音译之略，意译为众园，寺院的通称。

⑦小乘：梵文 Hīnayāna(希那衍那)的意译。指小乘佛教。早期佛教的主要流派，注重修行、持戒，以求得“自我解脱”。说一切有部：梵文 Sarvāstivādah 的意译，音译为萨婆多(部)，简称为有部。小乘二十部之一，佛灭后三百年初，自根本之上座部分出，立有为无为一切诸法之实有，且一一说明其因由为宗，故称说一切有部。

⑧律仪：僧侣遵守的戒律和立身的仪则。《大乘义章》卷十：“言律仪者，制恶之法，说名为律，行依律戒，故号律仪。”

⑨即：按照；依据。玩：研讨；反复体会。

⑩戒行：佛教指恪守戒律的操行。

⑪洁清:廉洁,清白。勤励:亦作"勤厉",勤劳奋勉。

⑫三净:三种净肉。此谓一般佛教信徒难以立即断除肉食,故小乘戒中设变通之法,允许食用不见杀、不闻杀、不疑为我杀三种肉食。后因称这三种肉为"三净"。

⑬渐教:佛教各派对其教主释迦牟尼一生所说的教法,有不同的判教说,在我国如天台、法相、华严诸宗各异。一般以渐教和顿教判摄释迦一代的教法。渐,指说法的浅深阶梯。由渐到顿,即由小乘到大乘。

【译文】

阿耆尼国东西六百多里,南北四百多里。该国大都城方圆六七里,四面依靠着山,道路险阻,容易防守。泉水、溪流交织如带,引导水流浇灌田地。土地适宜种植糜、黍、宿麦、香枣、葡萄、梨、柰等作物水果。气候温和舒畅,风俗朴实正直。文字以印度语为规范,稍有增加或减少。服饰为毛布所织,剪短头发,不束头帻。通用货币为金钱、银钱和小铜钱。国王是本国人,勇敢但少谋略,喜欢表功夸耀。国家无法度,法律不严肃。佛寺十多所,僧徒两千多人,学习小乘教说一切有部。由于此地的佛经教义与戒律仪则都遵守印度,故学习者根据印度文字进行研习。僧侣恪守戒律仪则,持身清白,勤劳奋勉,但是食杂三种净肉,故僧徒所习教义停留在粗浅的阶段。

从这里向西南行走二百多里,翻过一座小山,渡过两条河流,西面是广阔平原,行七百多里,到达屈支国。旧称龟兹。

屈支国

屈支国东西千余里[①],南北六百余里。国大都城周十七八里。宜穈麦,有粳稻,出蒲萄、石榴,多梨、柰、桃、杏。土产黄金、铜、铁、铅、锡。气序和,风俗质。文字取则印度,粗有改变。管弦伎乐[②],特善诸国。服饰锦褐,断发巾帽。货用金钱、银钱、小铜钱。王,屈支种也,智谋寡昧[③],迫于强臣。其俗生子以木押头,欲其匾虒也[④]。伽蓝百余所,僧徒五千余人,习学小乘教说一切有部。经教律仪,取则印度,其习读者,即本文矣。尚拘渐教,食杂三净。洁清耽玩[⑤],人以功竞。

【注释】

①屈支:梵文 Kuci 的音译。即今我国新疆库车周近地区。

②管弦:管乐器与弦乐器。伎乐:音乐舞蹈。

③寡昧:知识浅陋,不明事理。

④匾虒(tī):扁薄貌。

⑤洁清:廉洁,清白。耽玩:专心研习。

【译文】

屈支国东西一千多里,南北六百多里。该国大都城方圆十七八里。土地适宜种植穈麦、粳稻,出产葡萄、石榴,盛产梨、柰、桃、杏。矿产有黄金、铜、铁、铅、锡。气候温暖,风俗淳朴。文字以印度语为规范,略有变化。管乐器、弦乐器、音乐、舞蹈在许多国家里是最好的。服饰为丝织品和毛麻织品,剪短头发,头戴巾帽。通用货币为金钱、银钱、小铜钱。国王是屈支人,才智不高,不明事理,受强臣的控制。当地风俗小孩儿出生后用木板箍扎着头,以使头形长得扁薄。佛寺一百多所,僧人五千多人,学习小乘教说一切有部。佛经教义和戒律仪则都效法印度,那些学习诵读的人也就依据印度原文了。他们还停留在粗浅的阶段,食杂三种净肉。但是僧人都持身清白,专心研习佛典,竞相以各自修行的功力比高低。

一、大龙池及金花王

国东境城北天祠前有大龙池[①]。诸龙易形，交合牝马[②]，遂生龙驹，㺀戾难驭[③]。龙驹之子，方乃驯驾。所以此国多出善马。闻诸先志曰：近代有王，号曰金花，政教明察，感龙驭乘。王欲终没，鞭触其耳，因即潜隐[④]，以至于今。城中无井，取汲池水。龙变为人，与诸妇会，生子骁勇[⑤]，走及奔马。如是渐染[⑥]，人皆龙种，恃力作威，不恭王命。王乃引构突厥，杀此城人，少长俱戮，略无噍类[⑦]。城今荒芜，人烟断绝。

【注释】

①天祠：供奉大自在天等天部之祠。

②交合：交配。

③㺀(lǒng)戾：凶猛而多恶。

④潜隐：隐藏。

⑤骁勇：勇猛。

⑥渐染：犹渐冉，延续。

⑦噍(jiào)类：活着的人。噍，指活着的人或动物。

【译文】

屈支国东部有座城池，其北天祠前有一个大龙池。池中众龙常常变化形态，与雌马交配，生下龙驹，这些龙驹凶猛多恶，很难驾驭。龙驹之子才能驯服驾驭。因此这个国家盛产良马。据先前的记载说：近代有个国王，名叫金花，政治清明，感动了龙，愿意为国王驾车。国王将要死时，用鞭触动了龙耳，于是龙马上就隐藏到池子里，一直到今天尚未现身。城内没有水井，居民需要到大龙池打水饮用。龙变成人形，与妇女们幽会，生的儿子很勇猛，跑起来赶得上奔马。就这样龙的血统延续下去，人人都是龙的后代，他们依恃自己的力量施展威风，不奉行国王的命令。于是国王招引突厥，杀害了城里人，无论老幼，没有活着的人。如今这座城池仍旧荒芜，没有人烟。

二、昭怙厘二伽蓝

荒城北四十余里，接山阿隔一河水①，有二伽蓝，同名昭怙厘②，而东西随称。佛像庄饰③，殆越人工。僧徒清肃④，诚为勤励⑤。东昭怙厘佛堂中有玉石，面广二尺余，色带黄白，状如海蛤。其上有佛足履之迹，长尺有八寸，广余六寸矣。或有斋日⑥，照烛光明⑦。

【注释】

①山阿：山的曲折处。

②昭怙厘：又作雀离大清净、雀梨大寺。此字似来自古代龟兹——焉耆语 Cakir（梵文 Cakra），意为“轮”，转义为“寺院”。其遗址在今库车北苏巴什地方铜厂河两岸。

③佛像：释迦牟尼佛的像。庄饰：妆饰，装饰。

④清肃：清净严肃。

⑤勤励：亦作“勤厉”。勤劳奋勉。

⑥斋日：斋戒的日子。佛教有六斋日、十斋日等，六斋日为每月八日、十四日、十五日、二十三日、二十九日、三十日，十斋日比六斋日多一日、十八日、二十四日、二十八日。

⑦照烛：照耀。

【译文】

荒城北边四十多里，接近山的曲折处，隔着一条河水，有两座佛寺，名字都叫昭怙厘，东西相对。寺内佛像装饰，几乎超过人力所为。僧徒清净严肃，勤劳奋勉。东昭怙厘的佛堂中有一块玉石，石面宽二尺，颜色呈黄白，形状像海蛤。玉石上有佛足踩过的痕迹，长一尺八寸，宽六寸多。若有斋戒的日子，佛足光芒照耀。

三、大会场

大城西门外路左右各有立佛像，高九十余尺。于此像前建五年一大会处①，每岁秋分数十日间，举国僧徒皆来会集。上自君王，下至士庶，捐废俗务②，奉持斋戒③，受经听法，渴日忘疲④。诸僧伽蓝庄严佛像⑤，莹以珍宝，饰之锦绮，载诸辇舆⑥，谓之行像⑦，动以千数，云集会所。常以月十五日晦日，国王大臣谋议国事，访及高僧，然后宣布。

【注释】

①五年一大会：即无遮大会，梵文 Pañcapariṣad，Pañcavarṣikū-pari ṣad 的意译。佛教举行的一种广结善缘，不分贵贱、僧俗、智愚、善恶都一律平等对待的大斋会。

②捐废：抛弃；废弃。俗务：世俗间的各种事务。

③奉持：奉行。

④渴(jié)日：尽日，终日。渴，“竭”的古字。

⑤庄严：装饰。

⑥辇舆：人抬的车。即后世轿子。

⑦行像：用宝车载着佛像巡行城市街衢的一种宗教仪式。也称行城。一般多在佛生日举行；西域也有在其他节日举行的。

【译文】

大城西门外道路左右各有立着的佛像，高九十余尺。在这佛像前建造了五年一次的无遮大会的会场，每年秋分几十天内，全国的僧徒都来聚会。上自君王，下到士人普通百姓，抛开世俗间的各种事务，来这里持斋受戒，听讲经说法，整日忘记疲劳。各个佛寺装饰佛像，都用珠玉宝石和锦绣罗绮装饰，载在车上游行，这叫做行像，车载的佛像，多到数以千计，从四面八方迅速聚集在会场。国王和大臣经常在每月十五日和月底谋划国家大事时，咨询高僧，然后宣布。

四、阿奢理贰伽蓝及其传说

会场西北，渡河至阿奢理贰伽蓝[①]，唐言奇特。庭宇显敞[②]，佛像工饰。僧徒肃穆[③]，精勤匪怠，并是耆艾宿德[④]，硕学高才[⑤]，远方俊彦，慕义至止。国王、大臣、士庶、豪右四事供养[⑥]，久而弥敬。闻诸先志曰：昔此国先王崇敬三宝[⑦]，将欲游方观礼圣迹[⑧]，乃命母弟摄知留事[⑨]。其弟受命，窃自割势，防未萌也。封之金函，持以上王。王曰："斯何谓也？"对曰："回驾之日，乃可开发。"即付执事，随军掌护。王之还也，果有构祸者曰："王令监国，淫乱中宫。"王闻震怒，欲置严刑。弟曰："不敢逃责，愿开金函！"王遂发而视之，乃断势也，曰："斯何异物，欲何发明[⑩]？"对曰："王昔游方，命知留事，惧有谗祸，割势自明。今果有征，愿垂照览！"王深惊异，情爱弥隆，出入后庭，无所禁碍。王弟于后行，遇一夫拥五百牛，欲事刑腐。见而惟念，引类增怀："我今形亏，岂非宿业[⑪]？"即以财宝赎此群牛，以慈善力，男形渐具。以形具故，遂不入宫。王怪而问之，乃陈其始末。王以为奇特也，遂建伽蓝，式旌美迹，传芳后叶。

从此西行六百余里，经小沙碛，至跋禄迦国。旧谓姑墨，又曰亟墨。

【注释】

①阿奢理贰伽蓝：奇特的佛寺。阿奢理，古龟兹语 Aśari 的音译，义为“奇特”。贰，古音为 ni，是古代龟兹语形容词字尾-ññe 的音译。遗址在今库车西部库木土拉河对岸的 Doaldour-agour 的地方。

②显敞：豁亮宽敞。

③肃穆：严肃恭敬。

④耆艾：尊长；师长。亦泛指老年人。宿德：年老有德者。

⑤硕学：学识渊博的人。高才：才智过人的人。

⑥四事供养：供奉三宝日常生活所需之四物，指衣服、饮食、卧具、医药，或指衣服、饮食、汤药、房舍等。

⑦三宝：梵文 Triratna 的意译。指佛宝、法宝、僧宝。

⑧游方：僧人为修行问道或化缘而云游四方。观礼：巡礼，指宗教信徒参拜庙宇或圣地。圣迹：有关某种宗教或其传说的遗迹。

⑨摄知：执掌。

⑩发明：说明。

⑪宿业：前世的善恶因缘。佛教相信众生有三世因果，认为过去世所作的善恶业因，可以产生今生的苦乐果报。

【译文】

从会场西北，渡河到达阿奢理贰伽蓝，唐土是奇特的意思。佛寺庭院宽敞，佛像装饰得精巧美观。僧徒严肃恭敬，勤奋不懈，都是年老有德，博学有才之人，致使远方俊杰倾慕他们投奔而来。国王、大臣、士人、百姓、富豪都对他们供给饮食、衣服、卧具、医药，时间越长，敬意越深。据先前的记载说：过去这个国家的国君崇敬佛教的佛宝、法宝、僧宝，将要云游四方，瞻仰佛祖遗迹，就命令同母之弟掌管国事。他的弟弟接受命令后，私下里割掉了自己的生殖器，以预防未发生的事情。把生殖器用金匣封好，拿着献给国王。国王问道：“这是什么？”回答说：

"返驾之后,才可打开。"国王随即将金匣交付给主管官吏,要他随军掌管保护。国王回来了,果然有制造祸乱的人,说道:"国王您命令他监管国家,他却淫乱内宫。"国王听后大怒,想要对弟弟实施严酷的刑罚。弟弟说:"不敢逃避罪责,希望您打开金匣看看!"于是国王打开金匣察看,是割断的生殖器,说道:"这是什么奇怪的东西,想要说明什么啊?"回答说:"国王过去云游四方,命令我掌管国事,我害怕遭受谗言之祸,就割掉了我的生殖器以表清白。现在果然有应验,愿国王明察此事!"国王感到很震惊,对弟弟的情义更加深厚,弟弟出入内宫,没有什么限制。国王的弟弟后来在行走的路上,遇到一个赶着五百头牛的男子,打算对牛割势。弟弟看见了深思,物伤其类,更加悲哀:"我现在形体亏损,难道不是前世的善恶因缘造成的吗?"随即用财宝赎回了这群牛,因为仁慈的力量,他的生殖器逐渐具备了。因为生殖器长出来了,就不再进宫。国王感到奇怪就问他,他叙述了事情的始末。国王感到这事不寻常,就兴建了佛寺,表彰弟弟的动人事迹,使他在后世流传美名。

从这里向西行走六百多里,经过小沙碛,到达跋禄迦国。旧名姑墨,又叫亟墨。

跋禄迦国

跋禄迦国东西六百余里[①],南北三百余里。国大都城周五六里。土宜、气序、人性、风俗、文字、法则同屈支国[②],语言少异。细毡细褐,邻国所重。伽蓝数十所,僧徒千余人,习学小乘教说一切有部[③]。

【注释】

①跋禄迦:梵文 Bālukā 或 Vālukā 的音译,义为"沙"。即今阿克苏。

②土宜：各地不同性质的土壤，对于不同的生物各有所宜。气序：气候。人性：犹人情。指礼节应酬等习俗。

③小乘：梵文 Hīnayāna（希那衍那）的意译。指小乘佛教。早期佛教的主要流派，注重修行、持戒，以求得“自我解脱”。说一切有部：梵文 Sarvāstivādaḥ的意译，音译为萨婆多(部)，简称为有部。小乘二十部之一，佛灭后三百年初，自根本之上座部分出，立有为无为一切诸法之实有，且一一说明其因由为宗，故称说一切有部。

【译文】

跋禄迦国东西六百多里，南北三百多里。该国大都城方圆五六里。土壤、气候、人情、风俗、文字、规范与屈支国相同，语言稍有不同。跋禄迦国盛产细毡细褐，受邻国珍视。佛寺几十所，僧徒一千多人，学习小乘教说一切有部。

凌山及大清池

国西北行三百余里，度石碛[①]，至凌山[②]，此则葱岭北原，水多东流矣。山谷积雪，春夏合冻，虽时消泮[③]，寻复结冰。经途险阻，寒风惨烈，多暴龙，难凌犯。行人由此路者，不得赭衣持瓠大声叫唤[④]，微有违犯，灾祸目睹。暴风奋发[⑤]，飞沙雨石，遇者丧没，难以全生。

山行四百余里至大清池[⑥]，或名热海，又谓咸海。周千余里，东西长，南北狭。四面负山，众流交凑[⑦]，色带青黑，味兼咸苦，洪涛浩汗，惊波汩淴[⑧]，龙鱼杂处，灵怪间起。所以往来行旅[⑨]，祷以祈福。水族虽多，莫敢渔捕。

【注释】

①石碛：多石的沙滩。引申为沙漠。

②凌山：即冰山。在今温宿之西 80 公里的乌什西北方的勃达岭，约高 4284 米。

③消泮(pàn)：融化。

④赭(zhě)衣：古代囚衣。因以赤土染成赭色，故称。赭，赤褐色。

⑤奋发：大发。形容气或风之发生猛迅而不可遏阻。

⑥大清池：一作阗池、热海，即今伊塞克湖。位于今吉尔吉斯斯坦共和国的东北部，天山山脉的西部。

⑦交凑：汇合。

⑧汩淴(yù hū)：水疾流貌。

⑨行旅：旅客。

【译文】

跋禄迦国向西北行走三百多里，渡过多石的沙漠，到达凌山，这是葱岭的北部平原，水大多向东流。山谷积雪，春夏不化，即使有时融化了，不久又结冰。经过的路程险要，寒冷的风刮着，气候寒冷，多凶猛的龙出没，难侵扰。经由这条路的旅人，不可以穿赤褐色衣服拿着葫芦大声喊叫，如果稍有违背触犯，灾祸就会发生在眼前。暴风大发，飞沙走石，遭遇此祸者丧失生命，很难保全。

在凌山上行走四百多里，到达大清池，或称热海，又叫咸海。方圆一千多里，东西宽广，南北狭窄。大清池四面靠山，许多河流汇合于此，池水颜色带有青黑，味道既咸又苦，波涛汹涌，水流迅疾，龙鱼混杂而居，时有神魔鬼怪出现。所以往来旅客，祈祷来求赐福。池里水生动物很多，但无人敢捕捞。

素叶水城

清池西北行五百余里，至素叶水城①。城周六七里，诸国商胡杂居也。土宜糜、麦、蒲萄②，林树稀疏。气序风寒，人衣毡褐。

素叶已西数十孤城，城皆立长，虽不相禀命，然皆役属突厥。

【注释】

①素叶水城：又作素叶城、碎叶城，因依傍素叶水而得名。其故址在今吉尔吉斯斯坦共和国托克马克城西南约5英里处的阿克贝欣。

②穈(méi)：穄子，一年生草本植物，状貌像黍子，但子实不黏。

【译文】

从大清池向西北行走五百多里，到达素叶水城。该城方圆六七里，是各国到中国经商的胡人杂居的地方。土地适宜种植穈、麦、葡萄，树木不稠密。气候寒冷多风，居民穿毛布制成的衣服。

素叶城西边有几十个孤立的城池，各城都立了君主，虽然互不接受命令，但都隶属突厥。

窣利地区总述

自素叶水城至羯霜那国[①]，地名窣利[②]，人亦谓焉。文字语言，即随称矣。字源简略，本二十余言，转而相生，其流浸广。粗有书记[③]，竖读其文，递相传授，师资无替[④]。服毡褐，衣皮氎[⑤]，裳服褊急[⑥]，齐发露顶，或总剪剃，缯彩络额[⑦]。形容伟大[⑧]，志性恇怯。风俗浇讹[⑨]，多行诡诈，大抵贪求，父子计利，财多为贵，良贱无差。虽富巨万，服食粗弊，力田逐利者杂半矣。

【注释】

①羯霜那：梵文 Kasanna 或 Kuśāna 的音译。该国位于撒马尔罕西南约 75 公里处。

②窣利：关于其语源，或以为是波斯语 Sūlik，或以为是突厥语 Suliq，义为“有水”。现今通常所说的窣利地区，主要是指锡尔河与阿姆河之间，以泽拉夫善河为中心的一块地区。

③书记：文字、书籍、文章等。

④师资：师生，师徒。

⑤氎(dié)：棉布。

⑥褊急：形容衣裳小而紧。

⑦络：缠绕；捆缚。

⑧形容：外貌；模样。

⑨浇讹：浮薄诈伪。

【译文】

从素叶水城到羯霜那国之间的地区，称作窣利，居民也叫窣利。其文字语言，也称作窣利。窣利文最初字母较少，只有二十多个，然而字母互相排列组合，辗转衍生，产生的词汇越来越多。略微有一些文章，需要竖着读，知识由师徒依次传授，从不间断。穿毛毡、粗毛布制成的衣服，上装为皮革和棉织品，衣裤都很窄小，头发剪齐，头顶裸露，或者全部剃光，用彩色丝带缠绕前额。窣利人身材高大，但是性格怯懦。人情轻薄，多行伪诈，大都贪财，父子之间也计较利益，钱财多者地位尊贵，门第高低并无差别。即使家有巨万财产，服饰饮食也很粗劣，居民之中，一半务农，一半经商。

千　泉

素叶城西行四百余里至千泉①。千泉者，地方二百余里，南面雪山，三陲平陆。水土沃润，林树扶疏②，暮春之月，杂花若绮，泉池千所，故以名焉。突厥可汗每来避暑[3]。中有群鹿，多饰铃环，驯狎于人[4]，不甚惊走。可汗爱赏，下命群属："敢加杀害，有诛无赦。"此群鹿得终其寿。

【注释】

①千泉：《慈恩传》卷二作屏聿，屏聿是 Bing－yul 的对音，为千泉的突厥语音译。位于今吉尔吉斯山脉北麓，伏龙芝城以西约 120 公里处的 Merke。

②扶疏：形容树木枝繁叶茂。

③突厥：古代民族名，国名。广义包括铁勒、突厥各部落，狭义指突厥汗国。可汗：亦作"可罕"。古代鲜卑、柔然、突厥、回纥、蒙古等民族中最高统治者的称号。

④驯狎：驯顺可亲近。

【译文】

从素叶城向西行走四百多里，到达千泉。千泉，土地方圆二百多里，南面是雪山，三面靠近平原陆地。水土肥沃润泽，树木繁茂，春末时分，各种花交簇在一起就像有花纹的丝织品，泉池千个，所以称作"千泉"。突厥可汗常来避暑。千泉这里有成群的鹿，大多用铃铛佩环装饰，群鹿已驯顺，可亲近人，不会受惊而逃。可汗喜爱群鹿，对属下命令道："有谁敢把群鹿杀死的，一律诛杀，不加宽赦。"所以这群鹿得以寿终正寝。

呾逻私城

千泉西行百四十五里，至呾逻私城[1]。城周八九里，诸国商胡杂居也。土宜气序[2]，大同素叶。

【注释】

①呾逻私:Talas的音译,故址在今哈萨克斯坦共和国的江布尔城。

②土宜:各地不同性质的土壤,对于不同的生物各有所宜。

【译文】

从千泉向西行走一百四五十里,到达呾逻私城。该城方圆八九里,是各国到中国做生意的胡人杂居的地方。这里的土质、气候状况,与素叶水城大抵相同。

小孤城

南行十余里有小孤城,三百余户,本中国人也[①],昔为突厥所掠,后遂鸠集同国[②],共保此城,于中宅居。衣裳去就[③],遂同突厥;言辞仪范,犹存本国。

【注释】

①本中国人也:在呾逻私城南之小孤城居住之中国人,未详何时移居此地。

②鸠集:聚集。

③去就:举止行动。

【译文】

从呾逻私城向南行走十多里,有座小孤城,三百多户人家,本是中原人,过去被突厥俘获于此,后来就把相同国家的人聚集在一起,共同占据这座城池,在城中建造房子,定居下来。他们的衣着和举止,已经和突厥相同;但是语言和道德观念,还保留着中原的风格。

白水城

从此西南行二百余里,至白水城[①],城周六七里。土地所产，风气所宜②，逾胜呾逻私。

【注释】

①白水：突厥语作 Isbījāb，在波斯阿拉伯语中意为白水，其地又名 Sayram，这即是后来《元经世大典图》、《元史》卷六三《地理志·西北地附录》中之赛兰城。故址在今塔什干东北，西距奇姆肯特约 15 公里。

②风气：气候。

【译文】

从小孤城向南行走二百多里，到达白水城，该城方圆六七里。土地出产丰富，气候条件良好，远远超过呾逻私城。

恭御城

西南行二百余里，至恭御城①，城周五六里。原隰膏腴②，树木蓊郁。

从此南行四五十里，至笯奴做反。赤建国。

【注释】

①恭御：恐为突厥语 Kūyu 的音译，义为“井、泉”。其地相当于今天锡尔河的支流 Chirchik 河和 Angren 河流域。

②原隰（xí）：广平与低湿之地。

【译文】

从白水城向西南行走二百多里，到达恭御城，该城方圆五六里。广平及低湿之地，都很肥沃，树木茂盛。

从这里向南行走四五十里，到达笯赤建国。

笯赤建国

笯赤建国周千余里[①]。地沃壤,备稼穑。草木郁茂,花果繁盛,多蒲萄,亦所贵也。城邑百数,各别君长,进止往来,不相禀命。虽则画野区分[②],总称笯赤建国。

从此西行二百余里,至赭时国。唐言石国。

【注释】

①笯(nú)赤建:Nujikath 或 Nūjkath 的对音,在今塔什干地区的汗阿巴德。

②画野区分:定疆界,分区域。

【译文】

笯赤建国方圆一千多里。土地肥沃,适宜耕种,草木茂盛,花果繁多,葡萄很多,但也很珍贵。城邑一百左右,分别有不同的君长,出入往来,互不听从命令。各城虽然划定疆域边界,但总称笯赤建国。

从这里向西行走二百多里,到达赭时国。唐土称石国。

赭时国

赭时国周千余里[①],西临叶河[②],东西狭,南北长。土宜气序,同笯赤建国。城邑数十,各别君长,既无总主,役属突厥。

从此东南千余里,至怖敷发反。捍国。

【注释】

①赭时：中古波斯语 Chach 的音译，义为“石”。“赭时”兼有地区名和城名。地区的大致范围在今锡尔河支流奇尔奇克河流域；古城称“旧塔什干”，在今塔什干城西（稍偏南）约 50 公里处，名 Binkath，是中世纪时锡尔河北的最大城市。

②叶河：中古波斯语 Jaxšarta 的音译，义为“珍珠”。今名“锡尔河”。该河发源于天山山脉，上流流经肥沃的费尔干纳盆地，下游经过克齐尔库姆沙漠的东缘，最终注入咸海，全长 1370 公里。

【译文】

赭时国方圆一千多里，西边临近叶河，东西狭窄，南北长。土质、气候情况与笯赤建国相同。城池几十座，各有君主长官，而无总的君主，都隶属突厥。

从这里向东南行走一千多里，到达怖捍国。

怖捍国

怖捍国周四千余里[①]，山周四境。土地膏腴，稼穑滋盛。多花果，宜羊马。气序风寒[②]，人性刚勇，语异诸国，形貌丑弊。自数十年无大君长，酋豪力竞[③]，不相宾伏[④]，依川据险，画野分都。

从此西行千余里，至窣堵利瑟那国。

【注释】

①怖（pèi）捍：Farghana 的音译，即今中亚费尔干纳盆地，部分属乌兹别克斯坦共和国，部分属吉尔吉斯斯坦共和国。

②气序：气候。

③酋豪：部落的首领。

④宾伏：归顺；服从。

【译文】

怖捍国方圆四千多里，群山环绕着四方边境。土地肥沃，庄稼很丰盛。花果很多，适宜喂养羊马。气候寒冷多风，居民性格刚强勇猛，语言与各国不同，外形容貌丑陋。几十年来，没有最高的君主长官，部落首领力争，互相不服从，凭借河流及险要的地方，划分自己的都城领地。

从这里向西行走一千多里，到达窣堵利瑟那国。

窣堵利瑟那国

窣堵利瑟那国周千四五百里①，东临叶河②。叶河出葱岭北原③，西北而流，浩汗浑浊，汩淴漂急④。土宜风俗，同赭时国⑤。自有王，附突厥。

【注释】

①窣堵利瑟那：梵文 Sutrsna 的音译，义为“干燥”。其地相当于今塔吉克斯坦共和国西北部的乌拉秋别城西南 35 公里左右的沙赫里斯坦。

②叶河：中古波斯语 Jaxšarta 的音译，义为“珍珠”。今名“锡尔河”。

③葱岭：主要指今帕米尔高原。其大部分位于今塔吉克斯坦共和国境内，另一部分则在新疆、查谟和克什米尔、印度、阿富汗的交界处。

④汩(yù)淴：水疾流貌。

⑤赭时：中古波斯语 Chach 的译音，义为“石”。“赭时”兼有地区名

和城名。地区的大致范围在今锡尔河支流奇尔奇克河流域。

【译文】

窣堵利瑟那国方圆一千四五百里,东界临近叶河。叶河发源于葱岭北边平原,向西北方向流淌,水势盛大,水色浑浊,水流湍急。物产、风俗,与赭时国相同。本国立有君主,但依附突厥。

大沙碛

从此西北,入大沙碛[①],绝无水草,途路弥漫,疆境难测,望大山,寻遗骨,以知所指,以记经途。行五百余里,至飒秣建国。唐言康国。

【注释】

①大沙碛(qì):大沙漠。碛,沙漠。

【译文】

从窣堵利瑟那国向西北行走,进入大沙碛,绝无水流和草,一片茫茫,无路可寻,疆界难知,只有遥望大山,寻找前人遗骸,来知方向,记住路径。行走五百多里,到达飒秣建国。唐土称康国。

飒秣建国

飒秣建国周千六七百里[①],东西长,南北狭。国大都城周二十余里,极险固,多居人。异方宝货,多聚此国。土地沃壤,稼穑备植,林树蓊郁,花果滋茂。多出善马。机巧之技[②],特工诸国。气序和畅,风俗猛烈[③]。凡诸胡国[④],此为其中,进止威仪,近远取则。其王豪勇,邻国承命,兵马强盛，多诸赭羯[5]。赭羯之人，其性勇烈，视死如归，战无前敌。

从此东南至弭秣贺国。唐言米国。

【注释】

①飒秣建：梵文 Sūma-gama 的音译，义为"辐辏之地"、"聚合成群"等。遗址在今撒马尔罕之北邻 Afrasiab，位于距泽拉夫善河南岸很近的一块高地上。

②机巧：奇巧的技艺。

③胡国：中亚的诸胡族城邦小国。

④猛烈：刚烈。

⑤赭羯：Čākar 的音译，义为战士。因该地多提供优秀战士，该地亦称赭羯。

【译文】

飒秣建国方圆一千六七百里，东西长，南北狭窄。该国大都城方圆二十余里，很险阻坚固，居民众多。不同地方的宝物，大多汇聚到这个国家。该国土地肥沃，种植各种庄稼，树木茂密，花果繁盛。多产好马。奇巧的手工技艺，在众多国家中最高超。气候温和舒适，风俗刚烈。所有的胡国，都以飒秣建国为中心。飒秣建国的举止、礼仪，远近各国都效法。国王豪迈英勇，邻国听命。军队强盛，大多属于赭羯。赭羯人，本性勇猛刚烈，视死如归，所向无敌。

从飒秣建国向东南行走，到达弭秣贺国。唐土称米国。

弭秣贺国

弭秣贺国周四五百里[1]，据川中，东西狭，南北长。

土宜风俗[2]，同飒秣建国。从此北至劫布呾那国。唐言曹国。

【注释】

①弭秣贺：Māymurgh的对音。故址当在今撒马尔罕东南约100公里处的麻坚。

②土宜：当地物产。

【译文】

弭秣贺国方圆四五百里，座落于狭谷之中，东西狭窄，南北长。物产、风俗与飒秣建国相同。从这里向北行走，到达劫布呾那国。唐土称曹国。

劫布呾那国

劫布呾那国周千四五百里[1]，东西长，南北狭。土宜风俗同飒秣建国。从此国西三百余里，至屈居勿反。霜去声。你迦国。唐言何国。

【注释】

①劫布呾那：Kapūtānā或kedud的对音。其都城故址今名Gubdan，在今泽拉夫善河北岸，距撒马尔罕约10公里左右。

【译文】

劫布呾那国方圆一千四五百里，东西长，南北狭窄。物产、风俗与飒秣建国相同。从这个国家向西行走三百多里，到达屈霜你迦国。唐土称何国。

屈霜你迦国

屈霜你迦国周千四五百里[①]，东西狭，南北长。土宜风俗同飒秣建国。从此国西二百余里，至喝捍国。唐言东安国。

【注释】

①屈霜你迦：梵语化词 Kuṣāṇika、中古波斯语 Kusānik 等的对音。其都城故址在今撒马尔罕西北约 100 公里的 Peishimbe 地区。

【译文】

屈霜你迦国方圆一千四五百里，东西长，南北狭窄。物产、风俗与飒秣建国相同。从这个国家向西行走二百多里，到达喝捍国。唐土称东安国。

喝捍国

喝捍国周千余里[①]。土宜风俗同飒秣建国。从此国西四百余里，至捕喝国。唐言中安国。

【注释】

①喝捍：其都城故址原名 kharghan，在今泽拉夫善河北岸，与南岸的今 Kermineh 城相距约 5 公里左右。

【译文】

喝捍国方圆一千多里。物产、风俗与飒秣建国相同。从这个国家向西行走四百多里，到达捕喝国。唐土称中安国。

捕喝国

捕喝国周千六七百里[①]，东西长，南北狭。土宜风俗同飒秣建国。从此国西四百余里，至伐地国。唐言西安国。

【注释】

①捕喝：Bukhārā 的音译。即今泽拉夫善河下游的布哈拉。

【译文】

捕喝国方圆一千六七百里，东西长，南北狭窄。物产、风俗，与飒秣建国相同。从这个国向西行走四百多里，到达伐地国。唐土称西安国。

伐地国

伐地国周四百余里[①]，土宜风俗同飒秣建国。从此西南五百余里，至货利习弥伽国。

【注释】

①伐地：都城故址在今布哈拉西南，阿姆河右岸的 Betik。

【译文】

伐地国方圆四百多里，物产、风俗与飒秣建国相同。从这个国家向西南行走五百多里，到达货利习弥伽国。

货利习弥伽国

货利习弥伽国顺缚刍河两岸[①]，东西二三十里，南北五百余里。土宜风俗同伐地国，语言少异。

从飒秣建国西南行三百余里，至羯霜去声。那国[②]。唐言史国。

【注释】

①货利习弥伽：梵文 Horiṣmīka 的音译。其地在阿姆河下游两岸一带。缚刍河：今阿姆河。

②羯霜那：梵文 Kasanna 或 Kuśāna 的音译。它位于撒马尔罕西南约 75 公里处。

【译文】

货利习弥伽国的疆界沿着缚刍河两岸，东西二三十里，南北五百多里。物产、风俗与伐地国相同，语言略有差异。

从飒秣建国向西南行走三百多里，到达羯霜那国。唐土称史国。

羯霜那国

羯霜那国周千四五百里。土宜风俗同飒秣建国。

从此西南行二百余里入山，山路崎岖，谿径危险[①]，既绝人里，又少水草。东南山行三百余里，入铁门[②]。

【注释】

①谿(xī)径：山间小路。

②铁门：故址在今乌兹别克斯坦共和国南部达尔本特西约 13 公里处。

【译文】

羯霜那国方圆一千四五百里。物产、风俗与飒秣建国相同。

从这里向西南行走二百多里进入山区，山路高低不平，山间小道危险，既没有人居住，又缺少水草。在山中向东南行三百多里，进入铁门。

铁　门

铁门者左右带山[①]，山极峭峻，虽有狭径，加之险阻，两傍石壁，其色如铁。既设门扉，又以铁锢[②]，多有铁铃，悬诸户扇，因其险固，遂以为名。

【注释】

①带山：环山。

②锢：加固。

【译文】

铁门这个地方，左右两侧都是山，山很高耸陡峭，虽有狭窄小路，但是仍然险要，两旁石壁，颜色如铁。已经设有大门，又用铁加固，有很多铁制铃铛，挂在大门上面，因为铁门险要坚固，于是用铁门作名字。

睹货逻国故地

出铁门至睹货逻国旧曰吐火罗国，讹也。故地[①]，南北千余里，东西三千余里，东厄葱岭[②]，西接波剌斯[③]，南大雪山[④]，北据铁门[⑤]，缚刍大河中境西流[⑥]。自数百年王族绝嗣，酋豪力竞，各擅君长，依川据险，分为二十七国。虽画野区分，总役属突厥。气序既温，疾疫亦众。冬末春初，霖雨相继[⑦]，故此境已南，滥波已北[⑧]，其国风土并多温疾。而诸僧徒以十二月十六日入安居[⑨]，三月十五日解安居，斯乃据其多雨，亦是设教随时也。其俗则志性恇怯[10]，容貌鄙陋。粗知信义，不甚欺诈。语言去就，稍异诸国；字源二十五言，转而相生，用之备物[11]。书以横读，自左向右，文记渐多，逾广窣利[12]。多衣氎，少服褐。货用金银等钱，模样异于诸国。

顺缚刍河北，下流至呾蜜国。

【注释】

①睹货逻：梵文 Tukhāra 的音译。大致在阿姆河以南及兴都库什山以北。

②葱岭：帕米尔高原。

③波剌斯：一作波斯，古波斯语 Pārasi、Pārsi、Pārsa 的音译。其辖境大致相当于今伊朗的地域范围。

④大雪山：兴都库什山脉。

⑤铁门：故址在今乌兹别克斯坦共和国南部达尔本特西约 13 公里处。

⑥缚刍河：今阿姆河。

⑦霖雨：连绵大雨。

⑧滥波：亦作岚婆、览波，梵文 Lampāka 的音译。在今阿富汗东北的拉格曼一带。

⑨安居：梵文 Vārṣika 的意译。又名坐夏或坐腊，即在夏季的三个月中，僧徒们不得随便外出，以便致力于坐禅和修习佛法。安居的日期，因各地气候不同，亦不一。安居开始叫入安居，安居结束叫解安居。

⑩恇怯：懦弱，胆怯。

⑪备物：称述事物。

⑫窣利：关于其语源，或以为是波斯语 Sūlik，或以为是突厥语 Suliq，义为“有水”。现今通常所说的窣利地区，主要是指锡尔河与阿姆河之间，以泽拉夫善河为中心的一块地区。

【译文】

出铁门到达睹货逻国过去称吐火罗国，是错误的。旧地，南北一千多里，东西三千多里，东境被葱岭阻隔，西境与波剌斯接壤，南境是大雪山，北境依靠着铁门，缚刍大河横贯中央向西而流。几百年来，王室没有后代，部族首领力争，各个擅自称君长，依靠着河流及险要的地方，分为二十七个国家。虽然各自划分了疆界，但都隶属突厥。气候温热，疾病瘟疫也随之增多。冬末春初，连绵大雨不断，所以这一地区以南，滥波以北，这片区域的各个地方都多瘟病。众僧徒在十二月十六日入安居，三月十五日解安居，这是根据该国多雨，因时制宜制定教规。当地风俗是居民性情懦弱胆怯，面貌丑陋。略知信义，不太会欺诈。他们的语言和举止，与其他国家略有不同；共有二十五个字母，辗转组合派生，用来表达一切事物。文章是横着读的，从左到右，文字记载逐渐增多，超过了窣利地区。居民多穿棉布衣服，少穿粗毛布衣。货币用金钱、银钱等，钱币式样不同于其他国家。

顺着缚刍河的北岸顺流而下，到达呾蜜国。

呾蜜国

呾蜜国东西六百余里[①]，南北四百余里。国大都城周二十余里，东西长，南北狭。伽蓝十余所，僧徒千余人。诸窣堵波即旧所谓浮图也，又曰鍮婆，又曰私鍮簸，又曰薮斗波，皆讹也。及佛尊像[②]，多神异，有灵鉴[③]。东至赤鄂衍那国。

【注释】

①呾蜜：Tirmidh 的音译。故址在今乌兹别克斯坦共和国最南部的阿姆河北岸的铁尔梅兹稍南。

②窣堵波：梵文 Stūpa 的音译，义为“方坟、圆冢、功德聚”等，即佛塔。窣堵波原是佛教徒用以供奉和安置舍利（释迦牟尼火化后结成的珠状物）、经文和各种法物的处所。

③灵鉴：灵应。

【译文】

呾蜜国东西六百多里，南北四百余里。该国大都城方圆二十余里，东西长，南北狭窄。佛寺十余座，僧徒一千多人。众窣堵波即过去所谓的浮图，又叫输婆，又叫私输簸，又叫薮斗波，都是错误的。和佛祖神像，多有神奇之事发生，颇有灵应。向东行走，到达赤鄂衍那国。

赤鄂衍那国

赤鄂衍那国东西四百余里①，南北五百余里。国大都城周十余里。伽蓝五所，僧徒鲜少。东至忽露摩国。

【注释】

①赤鄂衍那：Saghāniyān 的音译。其故址在今铁尔梅兹东北的迭瑙，义为“新村”。

【译文】

赤鄂衍那国东西四百多里，南北五百多里。该国大都城方圆十多里。佛寺五座，僧徒很少。向东行走，到达忽露摩国。

忽露摩国

忽露摩国东西百余里①，南北三百余里。国大都城周十余里。其王奚素突厥也。伽蓝二所，僧徒百余人。东至愉朔俱反。漫国。

【注释】

①忽露摩：阿拉伯文 Kharūn 的音译。其故址在今塔吉克斯坦共和国杜尚别略西。

【译文】

忽露摩国东西一百多里，南北三百多里。该国大都城方圆十多里。国王是奚素突厥人。佛寺二座，僧徒一百多人。向东行走，到达愉漫国。

愉漫国

愉漫国东西四百余里①，南北百余里。国大都城周十六七里。其王奚素突厥也。伽蓝二所，僧徒寡少。西南临缚刍河②，至鞠和衍那国。

【注释】

①愉漫：阿拉伯文 Shūmān 的音译。故址在今杜尚别附近。

②缚刍河：今阿姆河。

【译文】

愉漫国东西四百多里，南北一百多里。该国大都城方圆十六七里。国王是奚素突厥人。佛寺二座，僧徒极少。向西南行走至缚刍河，便到达鞠和衍那国。

鞠和衍那国

鞠和衍那国东西二百余里[①]，南北三百余里。国大都城周十余里。伽蓝三所，僧徒百余人。东至镬沙国。

【注释】

①鞠和衍那：梵文 Kuvāyāna 的音译。其故址在今塔吉克斯坦共和国西部的卡菲尼甘河下游西岸的卡巴第安。

【译文】

鞠和衍那国东西二百多里，南北三百多里。该国大都城方圆十多里。佛寺三座，僧徒一百多人。向东行走，到达镬沙国。

镬沙国

镬沙国东西三百余里[①]，南北五百余里。国大都城周十六七里。东至珂咄罗国。

【注释】

①镬(huò)沙：阿拉伯语 Waxš 的音译。其都城可能为洛瓦甘，故址在今塔吉克斯坦共和国西部瓦克什河下游的库尔干秋别之北。

【译文】

镬沙国东西三百多里，南北五百多里。该国大都城方圆十六七里。向东行走，到达珂咄罗国。

珂咄罗国

珂咄罗国东西千余里[①]，南北千余里。国大都城周二十余里。东接葱岭至拘谜莫闭反。陁国[②]。

【注释】

①珂咄罗：Khuttal 的音译。其都城可能为呼尔布克，故址在今库尔干秋别东北一带。

②葱岭：帕米尔高原。

【译文】

珂咄罗国东西一千多里，南北一千多里。该国大都城方圆二十多里。东境接壤葱岭，到达拘谜陀国。

拘谜陁国

拘谜陁国东西二千余里[①]，南北二百余里，据大葱岭中。国大都城周二十余里。西南邻缚刍河，南接尸弃尼国。南渡缚刍河，至达摩悉铁帝国、钵铎创那国、淫薄健国、屈浪拏国、呬火利反。摩呾罗国、钵利曷国、讫栗瑟摩国、曷逻胡国、阿利尼国、瞢健国。自活国东南至阔悉多国、安呾逻缚国，事在回记[②]。

活国西南至缚伽浪国。

【注释】

①拘谜陀:Kumādh 的音译。故址在今瓦克什河上游的苏尔霍勃河流域。

②事在回记:以上数国,本书十二卷俱有专条,可参见各条注。

【译文】

拘谜陀国东西二千多里,南北二百多里,全境在大葱岭中。该国大都城方圆二十多里。西南邻近缚刍河,南境接壤尸弃尼国。向南渡过缚刍河,到达达摩悉铁帝国、钵铎创那国、淫薄健国、屈浪拿国、呬摩呾罗国、钵利曷国、讫栗瑟摩国、曷逻胡国、阿利尼国、瞢健国。从活国向东南行走,到达阔悉多国、安呾逻缚国,事情在归途部分记述。

从活国向西南行走,到达缚伽浪国。

缚伽浪国

缚伽浪国东西五十余里[①],南北二百余里。国大都城周十余里。南至纥露悉泯健国。

【注释】

①缚伽浪:故址在今阿富汗东北部昆都士以南的巴格兰。

【译文】

缚伽浪国东西五十多里,南北二百多里。该国大都城方圆十多里。向南行走,到达纥露悉泯健国。

纥露悉泯健国

纥露悉泯健国周千余里[①]。国大都城周十四五里。西北至忽懔国。

【注释】

①纥露悉泯健：穆斯林地理文献中的 Rūb 与 Simingān 两相连城邦。其故址在今巴格林以西之艾巴克。

【译文】

纥露悉泯健国方圆一千多里。该国的大都城方圆十四五里。向西北行走，到达忽懔国。

忽懔国

忽懔国周八百余里[①]。国大都城周五六里。伽蓝十余所，僧徒五百余人。西至缚喝国。

【注释】

①忽懔：即 Khulm，遗址在今艾巴克以北的塔什库尔干城略北。

【译文】

忽懔国方圆八百多里。该国大都城方圆五六里。佛寺十余座，僧徒五百多人。向西行走，到达缚喝国。

缚喝国

缚喝国东西八百余里[①]，南北四百余里，北临缚刍河[②]。国大都城周二十余里，人皆谓之小王舍城也[③]。其城虽固，居人甚少。土地所产，物类尤多，水陆诸花，难以备举。伽蓝百有余所，僧徒三千余人，并皆习学小乘法教④。

【注释】

①缚喝：Balkh 的音译，即中国所谓的大夏国。其国都城故址在今阿富汗北部马扎里沙里夫西北约 19 公里处的巴里赫旧城。

②缚刍河：今阿姆河。

③小王舍城：是指该城犹如小的王舍城一般。王舍城，梵文 Rājagṛha 的意译，摩揭陀国的都城，详见卷九摩揭陀国“王舍城”部分。

④小乘：梵文 Hīnayāna（希那衍那）的意译。指小乘佛教。早期佛教的主要流派，注重修行、持戒，以求得“自我解脱”。

【译文】

缚喝国东西八百多里，南北四百多里，北境临近缚刍河。该国大都城方圆二十多里，人们都称它小王舍城。它的城池虽然坚固，但居民很少。物产种类繁多，水生、陆生的花，很难一一列举。佛寺一百多座，僧徒三千多人，都研习小乘佛教。

一、纳缚僧伽蓝

城外西南有纳缚唐言新。僧伽蓝①，此国先王之所建也。大雪山北作论诸师，唯此伽蓝美业不替。其佛像则莹以名珍，堂宇乃饰之奇宝，故诸国君长利之以攻劫②。此伽蓝素有毗沙门天像③，灵鉴可恃，冥加守卫。近突厥叶护可汗子肆叶护可汗倾其部落④，率其戎旅，奄袭伽蓝⑤，欲图珍宝。去此不远，屯军野次⑥。其夜梦见毗沙门天曰：“汝有何力，敢坏伽蓝？”因以长戟贯彻胸背。可汗惊悟。便苦心痛，遂告群属所梦咎征⑦，驰请众僧，方伸忏谢，未及返命，已从殒没。

【注释】

①纳缚：梵文 Nava 的音译，“新”义。

②攻劫：攻击掠夺。

③毗沙门天：梵文 Vaiśravaṇa－deva 的音义混译，又称多闻天，是四天王之一，佛教的护法天神。

④叶护可汗：是西突厥由盛而衰时期的统治者。

⑤奄袭：乘人不备突然袭击。

⑥野次：止宿于野外。

⑦咎征：灾祸应验。

【译文】

小王舍城西南有座纳缚唐土称新。寺，这是该国已故君主建造的。大雪山以北的撰述经论的高僧，只有在这所佛寺里的，代代相继，不曾间断。佛寺里的佛像用名贵珍宝制作，殿堂是用奇异宝物装饰的，所以各国君主贪图其利，都来攻击掠夺。这座佛寺原有毗沙门天塑像，灵验可靠，他暗中保卫着这座佛寺。最近突厥叶护可汗的儿子肆叶护可汗，率领由全部落组成的军队，突然袭击佛寺，想要图谋珍宝。在离佛寺不远处，驻扎下军队。当天夜里梦见毗沙门天说：“你有什么能力，敢破坏佛寺？”于是就用长戟穿透了可汗的胸背。可汗从睡梦中惊醒，便觉心痛，于是告诉属下梦所昭示的灾祸应验的情况，派人驰马迎请众僧，想要表示忏悔之意，还没等到使者复命，可汗即已丧命。

伽蓝内南佛堂中，有佛澡罐，量可斗余。杂色炫耀，金石难名。又有佛牙①，其长寸余，广八九分，色黄白，质光净。又有佛扫帚，迦奢草作也②，长余二尺，围可七寸，其把以杂宝饰之。凡此三物，每至六斋③，法俗咸会，陈设供养④，至诚所感，或放光明。

【注释】

①佛牙：即佛牙舍利。相传释迦牟尼圆寂之后，全身都变成细粒状舍利，但牙齿完整无损，佛教徒奉为珍宝，予以供奉，称佛牙。相传有一颗佛牙很早传入中国。

②迦奢草：迦奢，梵文kāśa的音译，学名Saccharum Spontaneum，一种茅草，常作坐具等用。

③六斋：指六斋日。阴历每月的八日、十四日、十五日、二十三日、二十九日、三十日。佛教认为此六日是"恶日"，应持斋修福。

④供养：佛教称以香花、明灯、饮食等资养三宝（佛、法、僧）为"供养"，并分财供养、法供养两种。香花、饮食等为财供养；修行、利益众生叫法供养。供养就是礼佛，或施舍僧人、斋僧的意思。

【译文】

佛寺内南边的佛堂中，有只佛澡罐，容量大约一斗多。多种颜色闪耀，很难说出是哪种金属或美石制成的。又有一颗佛牙，长一寸多，宽八九分，色呈黄白，质地明亮洁净。又有一把佛扫帚，用迦奢草捆扎成的，长二尺多，方圆大约七寸，扫帚把柄用各种珍宝装饰。这三种宝物，每逢六斋日，僧徒聚集的时候，都摆设出来供养，因礼拜者的诚心所感，有时宝物会发出光芒。

伽蓝北有窣堵波①，高二百余尺，金刚泥涂②，众宝厕饰③。中有舍利④，时烛灵光⑤。

伽蓝西南有一精庐⑥，建立已来，多历年所。远方辐凑⑦，高才类聚，证四果者⑧，难以详举。故诸罗汉将入涅槃⑨，示现神通，众所知识⑩，乃有建立诸窣堵波，基迹相邻，数百余矣。虽证圣果⑪，终无神变，盖亦千计，不树封记⑫。今僧徒百余人，夙夜匪懈，凡圣难测。

【注释】

①窣堵波：梵文 Stūpa 的音译，义为“方坟、圆冢、功德聚”等，即佛塔。窣堵波原是佛教徒用以供奉和安置舍利（释迦牟尼火化后结成的珠状物）、经文和各种法物的处所。

②金刚泥涂：用金刚石的粉末涂饰。金刚，梵文 Vajra 的意译，因其极坚利，佛家视为稀世之宝。

③厕饰：杂饰，交错装饰。厕，错杂。

④舍利：梵文Śarīra 的音译，意译为“身骨”。释迦牟尼佛遗体火化后结成的坚硬珠状物。又名舍利子。

⑤灵光：神异的光辉。

⑥精庐：精舍，佛徒修行之地。

⑦辐凑：同“辐辏”，集中、聚集。

⑧证：佛教称参悟、修行以取得果位为“证”。四果：佛教徒修习到圣果的四个阶段，即须陀洹果（预流果）、斯陀含果（一来界）、阿那含果（不还果）、阿罗汉果（无学果）。第一阶段指凡夫初入圣道，断绝三界见惑。第二阶段指断绝欲界九地中的前六品。第三阶段指断绝欲界九地中的后三品。第四阶段指断绝一切见思之惑，永入涅槃。

⑨罗汉：梵文 Arhat（阿罗汉）的省称。小乘的最高果位，称为“无学果”。谓已断烦恼，超出三界轮回，应受人天供养的尊者。涅槃：梵文 Nirvāṇa 的音译，佛教指没有烦恼、超脱生死的理想境界。

⑩知识：相知相识者，指朋友。

⑪圣果：佛教修行所达到的圆满境界。

⑫封记：封缄标记。

【译文】

佛寺北边有座佛塔，高二百多尺，用金刚石粉末涂饰，各种珍宝交错装饰。塔内有舍利，不时闪耀出神异的光辉。

佛寺西南有一精庐，建造以来，经历了很长岁月。远方的高僧大德都聚集到这里，其中证得四果的，难以列举。所以众罗汉将要圆寂之时，显示神通，道友们就为之建立佛塔，各塔的基址相接，数以百计。有的虽然证得圣果，但是最终未显示神通，这类人也约以千计，他们入灭后，没有留下佛塔标记。现在这里有僧徒一百多人，虽然昼夜不懈，勤于修行，但究竟哪些已经超凡入圣，哪些还是凡夫俗子，很难辨别。

二、提谓城及波利城

大城西北五十余里，至提谓城[①]。城北四十余里有波利城[②]。城中各有一窣堵波，高余三丈。昔者如来初证佛果[③]，起菩提树[④]，方诣鹿园[⑤]，时二长者遇被威光，随其行路之资，遂献麨蜜[⑥]，世尊为说人天之福[⑦]，最初得闻五戒十善也[⑧]。既闻法诲，请所供养，如来遂授其发爪焉。二长者将还本国，请礼敬之仪式，如来以僧伽胝旧曰僧祇梨，讹也。方叠布下[⑨]，次郁多罗僧[⑩]，次僧却崎[⑪]，旧曰僧祇支，讹也。又覆钵竖锡杖[⑫]，如是次第为窣堵波。二人承命，各还其城，拟仪圣旨，式修崇建，斯则释迦法中最初窣堵波也。

城西七十余里，有窣堵波，高余二丈，昔迦叶波佛时之所建也[⑬]。

从大城西南入雪山阿，至锐秣陀国。

【注释】

①提谓城：是以人名讹为城名。提谓，梵文 Trapṡa 的音译，意译作胡瓜，北印度商人，他与波利是释迦牟尼成道后最先受教的二人。

②波利城：也是以人名讹为城名。波利，梵文 Bhallika 的音译，意译作金挺。北印度商人，最先接受释迦牟尼教化者之一。

③如来：佛的别名。梵文 Tathāgata 的意译。“如”，谓如实。“如来”即从如实之道而来，开示真理的人。又为释迦牟尼的十种法号之一。

④菩提树：即贝多树，梵文 Bodhidruma 的音译，意译作“道树、觉树”。菩提，梵文 Bodhi 的音译。意译为“觉”、“智”、“道”等。佛教用以指豁然彻悟的境界，又指觉悟的智慧和觉悟的途径。

⑤鹿园：即鹿野苑，梵文作 Mrgadāva，在中天竺波罗奈国。释迦成道后，始来此说四谛之法，度憍陈如等五比丘，故名仙人论处。

⑥麨(chǎo)蜜：炒熟的米粉或麦粉和以蜜糖的食品。

⑦世尊：佛的尊号。梵文 Lokanātha 的意译，音译作路迦那他。因佛具万德、于世独尊，故名。

⑧五戒十善：佛教指在家信徒终身应遵守的五条戒律。即不杀生、不偷盗、不邪淫、不妄语、不饮酒。十善是相对于“十恶”的十种善行，即不杀生、不偷窃、不邪淫、不妄语、不两舌(挑拨离间)、不恶口(口出恶言)、不绮语(口出杂秽含淫意之语)、不贪欲、不嗔恚、不邪见。

⑨僧伽胝：梵文 Saṃghātī 的音译，又作僧伽胝、僧伽致、僧伽鵄、僧伽知。意译为重或合，因为是割截而更合重而成。为比丘三衣中最大者，故称为大衣；以其条数最多，称为杂碎衣；入王宫聚落乞食说法时必穿，故又称为入王宫聚落时衣。

⑩郁多罗僧：梵文 Uttarāsaṅga 的音译，意译为上衣，是僧徒僧衣之一，在礼诵、听讲、布萨时穿此衣。

⑪僧却崎：梵文 Saṃkakṣikā 的音译，意译为覆膊衣或掩腋衣。系长方形衣片，为袈裟的下挂。

⑫覆钵：倒置的钵盂。为塔顶的一种形制，即覆钵形，一般作为九

重金轮的基础。锡杖：梵文 Khakkhara 的意译，又作声杖、智杖、德杖等，得名于振动时锡锡作声。音译为吃弃罗、隙弃罗等。为僧人所持的禅杖，杖头有铁环，中段用木，下安铁纂，振时作声，用于乞食或驱虫兽。

⑬迦叶波佛：梵文 Kāśyapa 的音译，又作迦叶、迦摄、迦摄波，意译作饮光，是释迦佛以前之佛，于现世界人寿二万岁时出世而成正觉，为“过去七佛”之一。

【译文】

从都城向西北行走五十多里，到达提谓城。提谓城北边四十多里处，有座波利城。两个城池内各有一座佛塔，高三丈多。当初，如来刚刚悟道成佛，立即前去菩提树下，然后再到鹿园。当时两位年长之人遇到神威的灵光，就在追随他行路的时候，供奉炒麦粉和蜂蜜。世尊为他们阐释天人的福祉，这是第一次听到五戒十善的人。二位长者听到佛法教诲之后，向世尊请求供养的物品，如来于是给予他们自己的头发和指甲。二位长者即将返回本国时，向如来请教礼拜的仪式，如来用僧服中的大衣僧伽胝过去叫僧伽梨，是错误的。叠成四方，平铺地下，然后脱下上衣郁多罗僧，再脱下覆膊衣僧却崎，过去叫僧祇支，是错误的。都叠好铺平，上面倒覆食钵，竖立锡杖，按照这样的次序，建造佛塔。二人遵从如来命令，各自回到自己居住的城内，根据如来旨意，修建两座佛塔，这即是佛法中最初的塔。

都城西边七十多里处有座佛塔，高二丈多，是往昔迦叶波佛时代建造的。

从都城西南进入雪山山曲，到达锐秣陀国。

锐秣陁国

锐秣陁国东西五六十里[①]，南北百余里。国大都城周十余里。西南至胡寔健国。

【注释】

①锐秣陁：又作锐末陀，Zumathān 的音译。其地在今阿富汗的波尔克西南地区。

【译文】

锐秣陀国东西五六十里，南北一百多里。该国大都城方圆十多里。向西南行走，到达胡寔健国。

胡寔健国

胡寔健国东西五百余里[①]，南北千余里。国大都城周二十余里。多山川，出善马。西北至呾剌健国。

【注释】

①胡寔健：波斯语 Gūzgānān 的音译。其地在今阿富汗西北部席巴尔干以南。

【译文】

胡寔健国东西五百多里，南北一千多里。该国大都城方圆二十多里。山川很多，出良马。向西北行走，到达呾剌健国。

呾剌健国

呾剌健国东西五百余里[①]，南北五六十里。国大都城周十余里。西接波剌斯国界[②]。从缚喝国南行百余里[③]，至揭职国。

【注释】

①呾剌健:Ṭālaqān 的音译。其地在今阿富汗昆都士以东 65 公里处。

②波剌斯:一作波斯,古波斯语 Pārasi、Pārsi、Pārsa 之音译。其辖境大致相当于今伊朗的地域范围。

③缚喝:Balkh 的音译,即中国所谓的大夏国。其国都城故址在今阿富汗北部马扎里沙里夫西北约 19 公里处的巴里赫旧城。

【译文】

呾剌健国东西五百多里,南北五六十里。该国大都城方圆十多里。西境接壤波剌斯国界。从缚喝国向南行走一百多里,到达揭职国。

揭职国

揭职国东西五百余里[①],南北三百余里。国大都城周四五里。土地硗确[②],陵阜连属。少花果,多菽麦。气序寒烈,风俗刚猛。伽蓝十余所,僧徒三百余人,并学小乘教说一切有部。

大雪山

东南入大雪山[③],山谷高深,峰岩危险,风雪相继,盛夏合冻,积雪弥谷,蹊径难涉。山神鬼魅,暴纵妖祟。群盗横行,杀害为务。

行六百余里,出睹货逻国境[④],至梵衍那国。

【注释】

①揭职：Gachi 或 Gaz 的音译。其地在今阿富汗境内巴尔赫故城以南约 30 多公里的加兹谷。

②硗(qiāo)确：坚硬瘠薄的土地。

③大雪山：兴都库什山脉。该山脉自帕米尔高原向西南延伸而成，以东北至西南的方向斜贯今阿富汗，长约 960 公里，是伊朗高原与南亚次大陆分界处的大山脉。

④睹货逻：梵文 Tukhara 的音译。大致在阿姆河以南及兴都库什山以北。

【译文】

揭职国东西五百多里，南北三百多里。该国大都城方圆四五里。土地坚硬贫瘠，丘陵连绵相接。花果少，豆类、麦类多。气候极其寒冷，风俗刚强勇猛。佛寺十多座，僧徒三百多人，都研习小乘教说一切有部。

从东南进入大雪山，山高谷深，山峰岩石险峻，风雪不断，即使是盛夏时节，依然结冰霜冻，积雪填满山谷，小路很难通行。山里的神仙鬼怪，放纵无度，肆虐作祟。众多盗贼横行，专门从事杀害的事情。

行走六百多里，离开睹货逻国境，到达梵衍那国。

梵衍那国

梵衍那国东西二千余里[①]，南北三百余里，在雪山之中也。人依山谷，逐势邑居。国大都城据崖跨谷，长六七里，北背高岩。有宿麦，少花果。宜畜牧，多羊马。气序寒烈，风俗刚犷[②]。多衣皮褐，亦其所宜。文字风教，货币之用，同睹货逻国，语言少异，仪貌大同[③]。淳信之心[④]，特甚邻国，上自三宝[⑤],下至百神,莫不输诚竭心宗敬[⑥]。商估往来者,天神现征祥[⑦],示祟变,求福德[⑧]。伽蓝数十所,僧徒数千人,宗学小乘说出世部[⑨]。

【注释】

①梵衍那:Bāmīyān 的音译,其国都在今阿富汗喀布尔西北的巴米扬。

②刚犷:强悍粗犷。

③仪貌:外貌。

④淳信:敦厚诚实。

⑤三宝:梵文 Triratna 的意译。指佛宝、法宝、僧宝。

⑥输诚:献纳诚心。宗敬:尊敬。

⑦征祥:征兆。亦特指祥兆。

⑧福德:行善后所得的福利。

⑨说出世部:梵文 Lokottaravādin 的意译。小乘佛教的十八部派之一。据说是佛灭二百年后从根本大众部中分出,其基本观点认为世间诸法都是虚妄的,而出世法则为实体,故名为说出世部。

【译文】

梵衍那国东西两千多里,南北三百多里,在雪山之中。居民靠着山谷,随着山势的起伏聚邑而居。该国大都城建在山崖上,横跨峡谷,长六七里,北边背靠着高峻山岩。有冬小麦,花果少。适宜放养牲畜,羊马很多。气候极其冷烈,风俗强悍粗犷。多穿皮衣毛布,也符合当地情况。文字、风俗、教化,使用的货币,与睹货逻国相同,语言略有差异,仪态相貌大抵相同。居民敦厚诚实,远远超过邻近国家,上自佛教三宝,下至各类神仙,无不献纳诚心,尽心尊敬。往来此地的商人,天神显现祥兆,显示灾祸,致使他们祈求福德。佛寺几十座,僧徒几千人,宗奉研学小乘教的说出世部。

一、大立佛及卧佛像

王城东北山阿，有立佛石像，高百四五十尺，金色晃耀[①]，宝饰焕烂。东有伽蓝，此国先王之所建也。伽蓝东有鍮石释迦佛立像[②]，高百余尺，分身别铸，总合成立[③]。

城东二三里伽蓝中有佛入涅槃卧像[④]，长千余尺。其王每此设无遮大会[⑤]，上自妻子，下至国珍，府库既倾，复以身施。群官僚佐，就僧酬赎[⑥]。若此者以为所务矣。

【注释】

①晃耀：闪耀。

②鍮（tōu）石：铜与炉甘石（菱锌矿）共炼而成的黄铜。

③总合：汇集聚合。

④入涅槃：佛教中证果者的去世。

⑤无遮大会：梵文 Pañcapariṣad，Pañcavarṣikā－pariṣad 的意译。佛教举行的一种广结善缘，不分贵贱、僧俗、智愚、善恶都一律平等对待的大斋会。

⑥酬赎：出资赎回。

【译文】

梵衍那国都城东北处的山曲处，有座立佛石像，高一百四五十尺，金色闪烁，珍宝装饰得辉煌灿烂。立佛石像东边有座佛寺，这是已故君主建造的。佛寺东边有黄铜制作的释迦佛立像，高一百多尺，像身分段铸造，然后组合而成。

都城东边二三里的佛寺中有佛入灭时的卧像，长一千多尺。该国国王每次在这里开设无遮大会时，上自国王的妻子儿女，下至国家的珍宝，全部拿出来布施，在倾尽国库施舍完毕之后，国王又把自己的身体施舍出去。众官吏到僧人那里出钱赎回国王。像这样的事情已经是常事了。

二、小川泽僧伽蓝

卧像伽蓝东南行二百余里，度大雪山，东至小川泽，泉池澄镜，林树青葱。有僧伽蓝，中有佛齿及劫初时独觉齿①，长余五寸，广减四寸。复有金轮王齿②，长三寸，广二寸。商诺迦缚娑旧曰商那和修，讹也。大阿罗汉所持铁钵③，量可八九升。凡三贤圣遗物④，并以黄金缄封。又有商诺迦缚娑九条僧伽胝衣⑤，绛赤色，设诺迦草皮之所绩成也⑥。商诺迦缚娑者，阿难弟子也⑦，在先身中，以设诺迦草衣于解安居日持施众僧⑧。承兹福力，于五百身中阴生阴恒服此衣⑨。以最后身，从胎俱出，身既渐长，衣亦随广。及阿难之度出家也，其衣变为法服，及受具戒⑩，更变为九条僧伽胝。将证寂灭⑪，入边际定⑫，发智愿力，留此袈裟⑬，尽释迦遗法。法尽之后，方乃变坏，今已少损，信有征矣。

从此东行入雪山，逾越黑岭，至迦毕试国。

【注释】

①劫初："成劫"初期，因为佛教认为一"劫"包括"成"、"住"、"坏"、"空"四个时期。劫，梵文 Kalpa 的音译，指极为久远的时节。独觉：梵文 Pratyeka-buddha 的意译，又作缘觉，音译为辟支佛，为独自修行、自己觉悟而离生死者。

②金轮王：四种转轮王之一。佛教徒称拥有金轮宝的圣王为金轮王。金轮，据《俱舍论》卷十一，世界最底层为风轮，风轮之上有

水轮，水轮之上有金轮，由轮形金刚而成，故称金轮。

③商诺迦缚娑：梵文Śāṇakavāsa 的音译，是阿难的弟子。因传说他出生时穿设诺迦衣，故名。阿罗汉：梵文 Arhat 的音译。小乘的最高果位，称为“无学果”。谓已断烦恼，超出三界轮回，应受人天供养的尊者。

④三贤圣：大乘佛教的十住、十行、十回向三类菩萨。

⑤僧伽胝：梵文 Saṃghātī 的音译，又作僧伽胝、僧伽致、僧伽鵄、僧伽知。意译为重或合，因为是割截而更合重而成。为比丘三衣中最大者，故称为大衣；以其条数最多，称为杂碎衣；入王宫聚落乞食说法时必穿，故又称为入王宫聚落时衣。

⑥设诺迦：梵文Śāṇaka 的音译，即麻类，其纤维可以制衣。

⑦阿难：阿难陀(Ānanda)音译之略，意译为“欢喜、庆喜”，传说是斛饭王之子、提婆达多之弟，佛的堂弟，十大弟子中“多闻第一”。

⑧解安居：安居结束。安居，梵文 Vārṣika 的意译。又名坐夏或坐腊。僧徒每年在雨季三个月内不外出，静心坐禅修学。安居的日期，因各地气候不同，亦不一。

⑨中阴：佛教指轮回中死后生前的过渡状态。其间虽离形躯，仍有五阴(色、受、想、行、识)。生阴：佛教指于诸趣结生的一刹那，即诞生。

⑩具戒：即具足戒。佛教僧尼所受戒律之称，因谓戒条圆满充足，故名。其戒条数量，不尽一致，中国汉族僧尼依据《四分律》受戒，比丘戒有二百五十条，比丘尼戒有三百四十八条。

⑪寂灭：涅槃(Nirvāṇa)的意译，佛教指没有烦恼、超脱生死的理想境界。

⑫入边际定：入于禅定的境界。把心定于一处，停止身、口、意的活动。

⑬袈裟：梵文 Kaṣāya 的音译。原意为“不正色”，佛教僧尼的法衣。

佛制，僧人必须避免用青、黄、赤、白、黑五种正色，而用似黑之色，故称。

【译文】

从卧佛寺向东南行走二百多里，渡过大雪山，向东到达小川泽，泉流池水澄净如镜，树木青翠葱郁。那里有座佛寺，里面有佛牙和世界初成时独觉佛的牙齿，长五寸多，宽不到四寸。又有金轮王牙齿，长三寸，宽二寸。商诺迦缚娑过去叫商那和修，是错误的。大阿罗汉使用的铁钵，容量大约八九升。这三贤圣的遗物，都用黄金密封。又有商诺迦缚娑一件九条僧伽胝衣，暗红色，是用设诺迦草皮织成的。商诺迦缚娑是阿难的弟子，在前世中，用设诺迦草衣，在解安居之日施舍给众僧。因这福力，他在五百世的即将投生和诞生时，始终穿着这件法衣。他最后一世，与胎儿一起出来，随着身体的逐渐长大，衣也随之宽大。等到阿难度他出家时，他的衣服变成法服，等到受具足戒时，重新变为九条僧伽胝。他即将圆寂时，进入禅定的境界，基于其智愿力，留下这件袈裟，使之随同释迦遗法留存到最后。直至佛法灭尽之后，才会变坏，如今已经稍有损坏，看来此说确实有根据啊。

从这里向东行走进入雪山，翻越黑岭之后，到达迦毕试国。

迦毕试国

迦毕试国周四千余里①，北背雪山，三陲黑岭②。国大都城周十余里。宜谷麦，多果木。出善马、郁金香。异方奇货，多聚此国。气序风寒，人性暴犷③，言辞鄙亵，婚姻杂乱。文字大同睹货逻国④，习俗语言，风教颇异。服用毛氎，衣兼皮褐。货用金钱、银钱及小铜钱，规矩模样，异于诸国。王，窣利种也，有智略，性勇烈，威慑邻境，统十余国。爱育百姓，敬崇三宝[⑤]，岁造丈八尺银佛像，兼设无遮大会[⑥]，周给贫窭[⑦]，惠施鳏寡。伽蓝百余所，僧徒六千余人，并多习学大乘法教[⑧]。窣堵波、僧伽蓝崇高弘敞，广博严净。天祠数十所[⑨]，异道千余人，或露形[⑩]，或涂灰[⑪]，连络髑髅，以为冠鬘[⑫]。

【注释】

①迦毕试：梵文 Kāpiśa 的音译。其地在今阿富汗西部兴都库什山以南的喀布尔河流域。

②黑岭：兴都库什山脉。

③暴犷：粗暴犷悍。

④睹货逻：梵文 Tukhara 的音译。大致在阿姆河以南及兴都库什山以北。

⑤三宝：梵文 Triratna 的意译。指佛宝、法宝、僧宝。

⑥无遮大会：梵文 Pañcapariṣad，Pañcavarṣikā－pariṣad 的意译。佛教举行的一种广结善缘，不分贵贱、僧俗、智愚、善恶都一律平等对待的大斋会。

⑦贫窭(jù)：贫穷的人。窭，贫。

⑧大乘法教：佛教内部两大基本派别之一，与“小乘”相对而言。主张开一切智、尽未来际众生化益之教为大乘。

⑨天祠：供奉大自在天等天部之祠。

⑩露形：赤身裸体，为外道所持修行方法。露形，梵文 Nirgrantha 的意译，又作离系、不系、无结，音译作尼虔、尼干、尼健、尼犍陀等，即耆那教天衣派，为六大外道之一，此外道特修裸形涂灰等苦行。

⑪涂灰：即涂灰外道，梵文 Pāṃśupata 的意译。因其教徒周身涂灰

修苦行，以求升天而得名。该派崇拜湿婆神，故又称湿婆派、自在天派，是印度教中的一派。

⑫鬘（mán）：璎珞之类装饰品。印度风俗，男女多取花朵等物穿起来装饰身或头。

【译文】

迦毕试国方圆四千多里，北边背靠着雪山，其余三边靠近黑岭。该国大都城方圆十多里。适宜种植谷麦，水果树木很多。出产良马、郁金香。其他地区的珍奇货物，大多汇聚到这个国家。气候寒冷多风，居民性格粗暴犷悍，言语鄙陋轻慢，婚姻多而乱。文字与睹货逻国大致相同，习俗、语言、风俗教化稍有差异。衣服用细毛布、毛皮以及粗毛布。通用货币是金钱、银钱及小铜钱，标准模样与各国不同。国王是窣利种姓，有智慧谋略，性格勇敢刚烈，威望震慑邻近国家，统领十多个国家。爱护养育百姓，礼敬崇拜三宝，每年建造一丈八尺高的银佛像，同时召开无遮大会，接济贫困的人，布施鳏夫寡妇。佛寺一百多所，僧徒六千多人，大多研习大乘法教。佛塔、佛寺高大宽敞，庄严清净。天祠几十座，外道教徒一千多人，有的是露形派，有的是涂灰派，把死人头骨连在一起，用作环状头饰。

一、质子伽蓝

大城东三四里，北山下有大伽蓝，僧徒三百余人，并学小乘法教。闻诸先志曰：昔健驮逻国迦腻色迦王威被邻国①，化洽远方，治兵广地，至葱岭东②，河西蕃维③，畏威送质。迦腻色迦王既得质子④，特加礼命，寒暑改馆，冬居印度诸国，夏还迦毕试国⑤，春秋止健驮逻国。故质子三时住处，各建伽蓝。今此伽蓝，即夏居之所建也。故诸屋壁图画质子，容貌服饰，颇同中夏⑥。其后得还本国，心存故居，虽阻山川，不替供养[⑦]。故今僧众每至入安居、解安居，大兴法会[⑧]，为诸质子祈福树善，相继不绝，以至于今。

【注释】

①健驮逻：梵文 Gandhāra 的音译。其地在今阿富汗境内的库纳尔河与今巴基斯坦的印度河之间。

②葱岭：帕米尔高原。

③河西蕃维：中国河西地区以外的羁縻属国。

④质子：派往别国作抵押的人质。多为王子或世子。

⑤迦毕试：梵文 Kāpiśa 的音译，其地在今阿富汗西部兴都库什山以南的喀布尔河流域。

⑥中夏：中国。

⑦供养：佛教称以香花、明灯、饮食等资养三宝（佛、法、僧）为“供养”，并分财供养、法供养两种。香花、饮食等为财供养；修行、利益众生叫法供养。供养就是礼佛，或施舍僧人、斋僧的意思。

⑧法会：指供佛、施僧、说法等宗教集会。

【译文】

大都城东边三四里处的北山下，有座大佛寺，僧徒三百多人，都学习小乘法教。据先前的记载说：从前，健驮逻国迦腻色迦王威震邻近国家，教化遍及远方，出兵作战拓广疆界，直到葱岭东边，以致河西蕃国畏惧迦腻色迦王威势，送子作为抵押。迦腻色迦王得到质子以后，特加礼待，寒暑改变住所，冬天住在印度诸国，夏天回迦毕试国，春、秋在健驮逻国。所以质子三个时期的住处，都分别建了佛寺。如今这个佛寺，是夏天居住时建的。所以所有殿堂的壁上，都画有质子的像，容貌服饰，十分接近中国。后来质子得以回到本国，心中怀念故居，虽然远隔山川，供养从不间断。所以如今僧众，每逢到了入安居、解安居之日，都会举行盛大法会，为质子祈福行善，从不间断，直到今天。

伽蓝佛院东门南大神王像右足下，坎地藏宝，质子之所藏也。故其铭曰："伽蓝朽坏，取以修治。"近有边王贪婪凶暴，闻此伽蓝多藏珍宝，驱逐僧徒。方事发掘，神王冠中鹦鹉鸟像，乃奋羽惊鸣，地为震动。王及军人，僻易僵仆①，久而得起，谢咎以归②。

伽蓝北岭上有数石室，质子习定之处也③，其中多藏杂宝。其侧有铭，药叉守卫④。有欲开发取中宝者，此药叉神变现异形，或作师子，或作蟒蛇、猛兽、毒虫，殊形震怒，以故无人敢得攻发。

石室西二三里大山岭上，有观自在菩萨像⑤。有人至诚愿见者，菩萨从其像中出妙色身⑥，安慰行者。

【注释】

①僻(bì)易：退避。僵仆：倒地。僵、仆，都有"倒下"的意思，同义复词。

②谢咎：悔过；谢罪。

③习定：佛家修养之法，养静以止息妄念。定，定止心于一境，不使散动。

④药叉：梵文 Yakṣa 的音译。或译为"夜叉"、"野叉"。义为"勇捷"，佛教指恶鬼。后常比喻丑陋、凶恶的人。

⑤观自在菩萨：梵文 Avalokiteśvara 的意译，又作观音、观世音、光世音、观世自在等，因其观世人称彼菩萨名之音而垂救，故称观世音；又因观世界而自在拔苦与乐，故称观自在。观音有六观音、七观音乃至三十三观音，但通常所说的观音，指六观音中之圣观音。

⑥妙色身：美妙的色身。色身，三种身之一。佛教以四大（地、水、

风、火)五尘(色、身、香、味、触)等色法之身为色身。

【译文】

佛寺佛院的东门南边大神王像的右脚下,有一批掘地窖藏的珍宝,是由质子藏的。所以那上面的铭文写道:“当本寺朽坏之时,取这里宝藏修葺。”近来,边鄙之地有一国王,贪婪凶暴,听说该寺藏有大量珍宝,于是就用武力驱走了僧徒。当他正要发掘宝藏时,神王头上的鹦鹉像就鼓动翅膀,大声惊叫,以致大地震动。国王与其士兵,惊恐后退,扑倒于地,动弹不得,很久以后才能站起,于是谢罪而归。

佛寺以北山岭上几间石室,是质子修习禅定的地方,其中藏有大量珍宝。室旁刻有铭文,并由药叉守护。如果有人想要掘取室内宝物,这位药叉神就会变幻种种形象,或变作狮子,或变作蟒蛇、猛兽、毒虫,这些奇形怪状的动物全都震怒,因此无人敢发掘石室宝藏。

石室西边二三里处的大山岭上,有一尊观自在菩萨像。如果有人至诚求请,愿见菩萨,菩萨就会从其像中显现出美妙色身,安慰行者。

二、曷逻怙罗僧伽蓝

大城东南三十余里,至曷逻怙罗僧伽蓝[①],傍有窣堵波[②],高百余尺,或至斋日[③],时烛光明。覆钵势上石隙间[④],流出黑香油。静夜中时闻音乐之声。闻诸先志曰:昔此国大臣曷逻怙罗之所建也。功既成已,于夜梦中,有人告曰:“汝所建立窣堵波,未有舍利[⑤]。明旦有献上者,宜从王请。”旦入朝进请曰:“不量庸昧,敢有愿求!”王曰:“夫何所欲?”对曰:“今日有先献者,愿垂恩赐!”王曰:“然。”曷逻怙罗伫立宫门,瞻望所至。俄有一人持舍利瓶,大臣问曰:“欲何献上?”曰:“佛舍利。”大臣曰:“吾为尔守,宜先白王。”曷逻怙罗恐王珍贵舍利,追悔前恩,疾往伽蓝,登窣堵波,至诚所感，其石覆钵自开，安置舍利，已而疾出，尚拘衣襟[⑥]。王使逐之，石已掩矣。故其隙间流黑香油。

【注释】

①曷逻怙罗：梵文 Rāhula 的音译，人名。

②窣堵波：梵文 Stūpa 的音译，义为“方坟、圆冢、功德聚”等，即佛塔。窣堵波原是佛教徒用以供奉和安置舍利（释迦牟尼火化后结成的珠状物）、经文和各种法物的处所。

③斋日：斋戒的日子。佛教有六斋日、十斋日等，六斋日为每月八日、十四日、十五日、二十三日、二十九日、三十日，十斋日比六斋日多一日、十八日、二十四日、二十八日。

④覆钵：倒置的钵盂。为塔顶的一种形制，即覆钵形，一般作为九重金轮的基础。

⑤舍利：梵文Śarīra 的音译，意译为“身骨”。释迦牟尼佛遗体火化后结成的坚硬珠状物。又名舍利子。

⑥拘（gōu）：拉住。

【译文】

从大都城向东南行走三十多里，到达曷逻怙罗佛寺。佛寺旁有座佛塔，高一百多尺，有时到了斋日，常常放出光明。塔顶覆钵形石的缝隙间，流出黑色香油。夜静时分，能听到音乐的声音。据先前的记载说：这座佛塔是以前这个国家的大臣曷逻怙罗建造的。佛塔建成之后，夜晚梦中有人告诉他：“你所建立佛塔，没有舍利。明天早上有人会献给国王，你应该向国王请求恩赐。”一大早曷逻怙罗就入朝向国王请求道：“臣下自知资质愚钝，才识浅陋，冒昧有一个请求！”国王说：“你有什么请求？”他回答道：“今日第一个献给您的物品，愿能赏赐臣下！”国王说：“可以。”曷逻怙罗便在王宫门口守候，远望过来的人。不久，有一人拿着舍利瓶过来了，大臣问道：“想要献给国王什么？”回答说：“佛舍利。”

大臣说道："我为你先守护着，你应该先去禀告国王。"曷逻怙罗害怕国王珍爱舍利，后悔此前的恩赐，迅速地前往佛寺，登上佛塔，受其诚意感动，塔上的护石覆钵自动打开，大臣安置好舍利，马上出来，但是衣襟仍被石缝夹住。此时国王派人来追还舍利，塔石已经合拢了。因为夹着衣襟，所以石隙间会流出黑色香油。

三、霫蔽多伐剌祠城及阿路猱山

城南四十余里至霫胥立反。蔽多伐剌祠城[①]，凡地大震，山崖崩坠，周此城界无所动摇。霫蔽多伐剌祠城南三十余里，至阿路猱奴高反。山[②]，崖岭峭峻，岩谷杳冥[③]。其峰每岁增高数百尺，与漕矩吒国䅳士句反。下同。那呬罗山仿佛相望[④]，便即崩坠。闻诸土俗曰[⑤]："初䅳那天神自远而至[⑥]，欲止此山，山神震恐，摇荡溪谷。天神曰："不欲相舍，故此倾动，少垂宾主，当盈财宝。吾今往漕矩吒国䅳那呬罗山，每岁至我受国王大臣祀献之时，宜相属望[⑦]。"故阿路猱山增高既已，寻即崩坠。

【注释】

①霫(xí)蔽多伐剌祠：梵文Śvetavat-ālaya的音译，寺庙名。霫蔽多伐剌，印度西北部的一个俗语名词，或以为寺院地址在今阿富汗东南。

②阿路猱(náo)：梵文Aruṇācala的音译，山名。在今阿富汗盖拉莎山脉以西。

③杳冥：幽深。

④漕矩吒：梵文Jāguḍa的音译，即漕国。其都城在今阿富汗东部的加兹尼。䅳(chú)那呬罗山：梵文Śunā-sīra的音译，山名，在今加

兹尼东北。

⑤土俗：当地人。

⑥稸(chú)那天神：恐即是《隋书·漕国传》中的顺天神。

⑦属(zhǔ)望：注视。

【译文】

从大都城向南行走四十多里，到达霫蔽多伐剌祠城。每逢遇到大地震，陡立的崖壁就会倒塌坠落，但是环绕这座城池的区域，却没有动摇。从霫蔽多伐剌祠城向南行走三十多里，到达阿路猱山，悬崖陡峭，山谷幽深。山峰每年增高几百尺，和漕矩吒国的稸那呬罗山高度相仿时，就会倒塌坠落。听当地人说："当初，稸那天神从远方来，想要住在这座山上，但是山神恐惧，震荡山谷。天神说："不想让我留下，所以做此震荡山谷的事。你稍尽宾主之礼，我就会赐你大量财宝。我如今去漕矩咤国稸那呬罗山，每年到我接受国王、大臣祭祀进献的时候，应该相互看看。"所以阿路猱山增高后，不久就倒塌坠落。

四、大雪山龙池及其传说

王城西北二百余里，至大雪山，山顶有池，请雨祈晴，随求果愿[①]。闻诸先志曰："昔健驮逻国有阿罗汉，常受此池龙王供养，每至中食[②]，以神通力并坐绳床[③]，凌虚而往。侍者沙弥密于绳床之下攀缘潜隐[④]，而阿罗汉时至便往，至龙宫，乃见沙弥。龙王因请留食。龙王以天甘露饭阿罗汉，以人间味而馔沙弥。阿罗汉饭食已讫，便为龙王说诸法要[⑤]。沙弥如常为师涤器，器有余粒，骇其香味，即起恶愿，恨师忿龙："愿诸福力，于今悉现，断此龙命，我自为王。"沙弥发是愿时，龙王已觉头痛矣。罗汉说法诲谕[⑥]，龙王谢咎责躬[⑦]。沙弥怀忿，未从悔谢。既还伽蓝，至诚发愿，福力所致，是夜命终，为大龙王，威猛奋战。遂来入池，杀龙王，居龙宫，有其部属，总其统命。以宿愿故，兴暴风雨，摧拔树木，欲坏伽蓝。

【注释】

①果愿：实现愿望。

②中食：佛教徒于中午进斋食，过午则不进食，所以叫中食。

③神通力：神奇不可思议的力量。绳床：又称"胡床"、"交床"。一种可以折叠的轻便坐具。以板为之，并用绳穿织而成。

④沙弥：梵文Śrāmaṇera的音译略称，意译为息恶、行慈等，指初出家的男佛教徒。

⑤法要：佛法的要义。

⑥诲谕：教诲晓谕。

⑦责躬：反躬自责。

【译文】

从都城向西北行走二百多里，到达大雪山。山顶有个水池，人们向它请求下雨祈求晴天，都能按照请求实现愿望。据先前的记载说：从前，健驮逻国有位罗汉，经常享受这个池子龙王的供奉。每到吃午饭的时候，阿罗汉施展神通之力，乘坐绳床，凌空飞往龙池。有一次，侍奉罗汉的沙弥偷偷藏在绳床下面，攀附着绳床隐蔽身形跟随过来，罗汉到了时间前往龙宫，到达之后才发现沙弥。龙王于是也邀请他用餐。龙王拿上天的甘露款待罗汉，拿人间的食品招待沙弥。罗汉用餐完毕，便为龙王讲说佛法要旨。沙弥像往常一样为师父洗涤餐具，餐具上剩有残屑，沙弥惊骇上面的香味，便生恶念，怨恨师父，恼怒龙王："希望各种福力，现在全部显现，使这龙王断命，使我自己为王。"沙弥发这个愿望的时候，龙王已经感到头痛。罗汉说法教诲，龙王谢罪自责。沙弥却心怀忿恨，不接受教诲和谢罪。他回到佛寺以后，诚心发下誓愿，由于福力的作用，沙弥当夜死去，变为大龙王，威严凶猛。于是进入龙池，杀死龙王，占据龙宫，拥有龙王部属，总管一切命令。由于他原来发过誓，所以如今掀起狂风暴雨，摧毁拔起树木，意欲毁坏佛寺。

时迦腻色迦王怪而发问[①]，其阿罗汉具以白王。王即为龙于雪山下立僧伽蓝，建窣堵波，高百余尺。龙怀宿忿[②]，遂发风雨。王以弘济为心[③]，龙乘瞋毒作暴[④]，僧伽蓝、窣堵波六坏七成。迦腻色迦王耻功不成，欲填龙池，毁其居室，即兴兵众，至雪山下。时彼龙王深怀震惧，变作老婆罗门[⑤]，叩王象而谏曰："大王宿植善本[⑥]，多种胜因[⑦]，得为人王，无思不服。今日何故与龙交争？夫龙者畜也，卑下恶类，然有大威，不可力竞。乘云驭风，蹈虚履水，非人力所制，岂王心所怒哉？王今举国兴兵，与一龙斗。胜则王无伏远之威，败则王有非敌之耻。为王计者，宜可归兵。"迦腻色迦王未之从也，龙即还池，声震雷动，暴风拔木，沙石如雨，云雾晦冥，军马惊骇。王乃归命三宝[⑧]，请求加护，曰："宿殖多福，得为人王，威慑强敌，统赡部洲[⑨]，今为龙畜所屈，诚乃我之薄福也。愿诸福力，于今现前！"即于两肩起大烟焰，龙退风静，雾卷云开。王令军众人担一石，用填龙池。龙王还作婆罗门，重请王曰："我是彼池龙王，惧威归命。惟王悲愍，赦其前过！王以含育[⑩]，覆焘生灵[⑪]，如何于我独加恶害？王若杀我，我之与王俱堕恶道[⑫]。王有断命之罪，我怀怨仇之心，业报皎然[⑬]，善恶明矣。"王遂与龙明设要契[⑭]，后更有犯，必不相赦。龙曰："我以恶业[⑮]，受身为龙。龙性猛恶，不能自持，瞋心或起，当忘所制。王今更立伽蓝，不敢摧毁。每遣一人候望山岭[16]，黑云若起，急击犍椎[17]。我闻其声，恶心当息。”其王于是更修伽蓝，建窣堵波，候望云气，于今不绝。

闻诸先志曰：窣堵波中有如来骨肉舍利，可一升余。神变之事，难以详述。一时中窣堵波内忽有烟起，少间便出猛焰，时人谓窣堵波已从火烬。瞻仰良久，火灭烟消，乃见舍利，如白珠幡[18]，循环表柱，宛转而上，升高云际，萦旋而下。

【注释】

①迦腻色迦王：贵霜王朝的著名国王。

②宿忿：旧日的忿恨。

③弘济：广济。

④瞋毒：梵文 Krodha 的意译。“三毒”之一。三毒之中，此为最恶。

⑤婆罗门：梵文 Brūhmaṇa 的音译，古印度四种姓之一。居于种姓之首，世代以祭祀、诵经、传教为专业，是社会精神生活的统治者，享有种种特权。

⑥善本：善根。

⑦胜因：善因。

⑧归命：归顺，皈依。三宝：梵文 Triratna 的意译。指佛宝、法宝、僧宝。

⑨赡部：梵文 Jambū 的音译，又作阎浮、剡浮。佛教经典中所称的四大洲中的南部洲名，因赡部树得名，为人类等居处。

⑩含育：包容化育。

⑪覆焘：同“覆帱”，覆被、荫护。焘，覆盖、荫庇。

⑫恶道：指地狱、饿鬼、畜生三道。

⑬业报：梵文 Karma 的意译，业因与果报。谓一切行为都有果报，

善有善报，恶有恶报。

⑭要契：契约。

⑮恶业：与“善业”相对，指身、口、意所造乖理之行为，能招感现在与未来的苦果，通常指造五逆、十恶等业。

⑯候望：伺望。

⑰犍槌：梵文 Ghaṇṭā 的音译，义为“声鸣”。指寺院中的木鱼、钟、磬之类。槌，同“椎”。

⑱珠幡：饰珠的旗幡。

【译文】

当时迦腻色迦王感到奇怪而询问其中缘故，罗汉便将前因后果告诉国王。国王立即在大雪山之下为龙建造佛寺，修建佛塔，高达一百多尺。龙王心怀宿怨，便又兴起风雨。迦腻色迦王旨在普救众生，龙王则因瞋毒之念而行凶作恶，佛寺、佛塔被毁六次，到第七次才建成。迦腻色迦王大功不成，深以为耻，想要填平龙池，毁掉龙宫居所，于是发起军队，到达雪山下面。当时龙王大感恐惧，就变作年老婆罗门，勒住国王乘坐的象而劝说道：“陛下前世广植善本，多种胜因，因此成为人间君主，没有人敢不服从。但你现在为什么与龙争斗呢？龙，只是畜生而已，卑下低劣之类，然而威力很大，不可以与它斗力。它能腾云驾风，行空踏水，人力不可制伏，大王何必为它发怒呢？陛下如今集中全国兵力，而与一龙争斗。即使取胜也没有降伏远方的威风，如果失败更有不能取胜的耻辱。我为陛下考虑，您应收兵回朝。”迦腻色迦王并未听从这一劝告，龙王旋即返还水池，导致声响震天，电闪雷鸣，狂风大作，摧拔树木，沙石如下雨般坠落，云雾密布，天昏地暗，国王的军士马匹全都感到惊慌恐惧。迦腻色迦王于是下令全军心归三宝，祈求佛法保佑。他说：“我前世多种福德，今世得为人君，威风慑服强敌，统治南赡部洲，如今受制于这个畜生，确实是因为我的福德尚浅。但愿各种福力，如今立即显现！”他的两肩马上腾起大火焰，龙王只得退却，风雨平息，云散雾开。国王命令军士每人担运一石，用以填平龙池。龙王就又变作婆罗门，再次请求国王道："我是那水池中的龙王，恐惧你的威力而来归降。请您慈悲怜悯我，赦免我先前罪过！大王含养化育众生，庇护天下生灵，为何对我独加伤害呢？大王如果杀我，那么我与大王都会坠入恶道。您有杀害生灵之罪，我有忿怨仇恨之心，则因果报应毫厘不爽，善恶之分清楚明了。"迦腻色迦王便与龙王当众立下约定，如果龙王日后再有侵犯，一定不再赦免。龙王说道："我因前世恶业，今世转生为龙。而龙的秉性凶猛恶劣，不能自我约束，有时瞋心一起，便会忘记克制自己。故请大王另建佛寺，我绝对不敢再次摧毁。您派一人在山顶守望，如果发现黑云升起，就赶快敲击犍椎。当我听到犍椎之声时，恶念就会平息。"大王于是再造一座佛寺、一座佛塔，派人观望云气，至今从未间断。

据先前的记载说：佛塔中有如来的骨肉舍利，约有一升多。关于舍利神奇变化的事情，则难以详细记述。有时候，佛塔内忽然有烟升起，顷刻冒出熊熊火焰，人们都以为佛塔已被烈火烧成灰烬。但是仰望许久，却见烈火熄灭，浓烟消散，只见舍利犹如白珠装饰的旗帜，环绕着表柱，宛转上升，升到云端，然后又缓缓地盘旋而下。

五、旧王及旧王妃伽蓝

王城西北大河南岸旧王伽蓝[①]，内有释迦菩萨弱龄龀齿[②]，长余一寸。其伽蓝东南有一伽蓝，亦名旧王，有如来顶骨一片[③]，面广寸余，其色黄白，发孔分明。又有如来发，发色青绀[④]，螺旋右萦，引长尺馀，卷可半寸。凡此三事，每至六斋[⑤]，王及大臣散花供养。

顶骨伽蓝西南，有旧王妃伽蓝，中有金铜窣堵波，高百余尺。闻诸土俗曰："其窣堵波中有佛舍利升余，每月十五日，其夜便放圆光，烛耀露盘[6]，联晖达曙，其光渐敛，入窣堵波。

【注释】

①旧王伽蓝：遗址在今 Begrām 的古代街市遗迹北端。

②释迦菩萨：即释迦牟尼。弱龄：少年。龀(chèn)齿：儿童脱去的乳齿。

③顶骨：即头盖骨。

④青绀(gàn)：天青色。

⑤六斋：指六斋日。阴历每月的八日、十四日、十五日、二十三日、二十九日、三十日。佛教认为此六日是"恶日"，应持斋修福。

⑥露盘：佛寺宝塔平头上所立之轮盘形建筑物，又名相轮或轮相。

【译文】

都城西北方向大河南岸的旧王寺，内有释迦菩萨少年时代的乳牙，长一寸多。该寺东南有一佛寺，也叫旧王寺，其中有如来的顶骨一片，宽一寸多，呈黄白色，发孔清晰可见。又有如来头发，呈天青色，向右螺旋，拉长后达一尺多，卷曲后约半寸。每逢六斋期间，这三件圣物均由国王、大臣散花供养。

顶骨寺的西南有旧王妃寺，其中有金铜佛塔，高一百多尺。听当地居民说：该塔内有佛舍利一升多，每月十五日之夜，便放射光圈，照耀佛塔露盘，与月光交相辉映，直到黎明，光芒才逐渐收敛，没入佛塔之内。

六、比罗娑洛山及龙泉

城西南有比罗娑洛山[1]，唐言象坚。山神作象形，故曰象坚也。昔如来在世，象坚神奉请世尊及千二百大阿罗汉[2]。山颠有大磐石，如来即之，受神供养。其后无忧王即磐石上起窣堵波[③]，高百余尺，今人谓之象坚窣堵波也。亦云中有如来舍利，可一升余。

象坚窣堵波北山岩下有一龙泉。是如来受神饭已，及阿罗汉于中漱口嚼杨枝[④]，因即种根，今为茂林。后人于此建立伽蓝，名鞞铎佉[⑤]。唐言嚼杨枝。

自此东行六百余里，山谷接连，峰岩峭峻，越黑岭，入北印度境，至滥波国。北印度境。

【注释】

①比罗娑洛：Pīlusāra 的音译，义为“象坚”。

②世尊：佛的尊号。梵文 Lokanātha 的意译，音译作路迦那他。因佛具万德、于世独尊，故名。

③无忧王：即阿育王，古印度摩揭陁国孔雀王朝第三代国王，佛教护法名王。约公元前 268 年至前 232 年在位，初奉婆罗门教，后来改信佛教，成为大护法，于国内建八万四千大寺、八万四千宝塔，并派遣宣教师到四方传教。

④杨枝：梵文，译曰齿木。取杨柳等之小枝，将枝头咬成细条，用以刷牙，故又称杨枝。

⑤鞞(bǐng)铎佉(qū)：梵文 Piṇḍaka 的音译，义为“树丛、茂林”。

【译文】

都城西南有比罗娑洛山，唐土称象坚。山神呈现出象的形状，所以叫象坚。往昔如来在世之时，象坚神曾恭敬地邀请世尊和一千二百位大罗汉前来此山。山顶上有块大磐石，如来坐在上面，受山神的供奉。后来无忧王就在磐石上建造了佛塔，高一百多尺，当今人叫象坚塔。也有人说塔内有如来舍利，约一升多。

象坚塔北边山岩下有一个龙泉。这是如来接受山神供奉的饭食后，和阿罗汉们一起漱口、嚼杨枝的地方，于是随手就把杨枝插入土中，现在成为一片茂密树林。后人在这里建造佛寺，叫鞞铎佉。唐土称嚼杨枝。

从这里向东行走六百多里，山谷连绵不断，山峰高耸陡峭，翻越黑岭之后，便进入北印度境内，到达滥波国。在北印度境内。

卷第二　三国

【题解】

从本卷起,《大唐西域记》开始叙述印度区域内的各国。玄奘首先对印度进行了总述,包括释名、疆域、数量、岁历、邑居、衣食、文教、佛教、族姓、兵术、刑法、敬仪、病死、赋税、物产诸多方面。当时印度还没有统一,分为北、中、东、南、西五印度五部。玄奘进入印度,是先由北印度转入中印度,再由中印度转入东印度,又沿印度东海岸而南,到了南印度,然后又由南印度绕行西印度,最后又回到中印度。他所经历,共有七十多个国家。玄奘离开迦毕试国,越过黑岭(今兴都库什山脉),进入北印度的第一国家是滥波国,故址在今在今阿富汗东北的拉格曼一带。滥波国文化上完全属于印度的体系,风俗习惯也和印度大同小异。从此东南行百余里,到达那揭罗曷国。故址在今阿富汗南加哈尔省首府贾拉拉巴德。该国是一个小国,役属迦毕试国。居民大多信奉佛法,是北印度一个佛教发达的国家。玄奘先后拜访了该城附近诸遗迹、小石岭佛影窟和醯罗城。最后进入著名的健驮逻国。故址在今阿富汗境内的库纳尔河与今巴基斯坦的印度河之间。健驮逻国是古印度著名大国。阿育王曾派遣佛教徒在此传教,逐渐形成了举世闻名的健驮逻佛教艺术。古代不少圣贤,如那罗延天、无著、世亲等,都出生在此地。玄奘抵达时,该国已经邑里空虚,人居稀少,荒凉衰落,沦为迦毕试国的属国。

印度总述

一、释 名

详夫天竺之称[①]，异议纠纷，旧云身毒，或曰贤豆，今从正音，宜云印度[②]。印度之人，随地称国，殊方异俗，遥举总名，语其所美，谓之印度。印度者，唐言月[③]。月有多名，斯其一称。言诸群生轮回不息[④]，无明长夜[⑤]，莫有司晨，其犹白日既隐，宵月斯继[⑥]，虽有星光之照，岂如朗月之明！苟缘斯致，因而譬月。良以其土圣贤继轨[⑦]，导凡御物，如月照临。由是义故，谓之印度。印度种姓[⑧]，族类群分，而婆罗门特为清贵[⑨]，从其雅称，传以成俗，无云经界之别[⑩]，总谓婆罗门国焉。

【注释】

①天竺：印度的古称。古伊朗语 Hindukahindukh 音译。

②印度：梵文 Sindhu 的音译，本义为河流。

③唐言月：玄奘认为“印度”是梵文 indu（意为“月”）的音译。

④轮回：梵文 Saṃsara 的意译。佛教认为众生各依善恶业因，在天道、人道、阿修罗道、地狱道、饿鬼道、畜生道等六道中生死交替，有如车轮般旋转不停，故称。也称六道轮回、轮回六道。

⑤无明长夜：昏暗的漫漫长夜。

⑥宵月：夜晚的月亮。

⑦继轨：接继前人之轨迹。

⑧种姓：古印度一种世袭的社会等级。种姓分四等，即婆罗门（僧侣和学者）、刹帝利（武士和贵族）、吠舍（手工业者和商人）和首陀罗（农民、仆役）。

⑨婆罗门：梵文 Brāhmaṇa 的音译，古印度四种姓之一。居于种姓之首，世代以祭祀、诵经、传教为专业，是社会精神生活的统治者，享有种种特权。

⑩经界：土地、疆域的分界。

【译文】

仔细探讨天竺的称呼，各种说法纷扰杂乱，旧时称为身毒，有人称为贤豆，现在依从正确的发音，应该称为印度。印度的人，根据居住地来称呼其国，虽然各地风俗差别很大，但都使用一个总名称，表述他们所赞美的地方，称为印度。所谓印度，唐土称月亮。月亮有多种名称，印度是其中之一。意思是众生轮回永不停息，仿佛昏暗的漫漫长夜，而无报晓者，又好像白天太阳已落山，晚上月亮又升起，虽然有星光照耀，哪里赶得上明月的光亮！只是由于这个缘故，才把印度比喻成月亮。实在是因为该国圣人贤士接继前人事业，引导世人，统御万物，如同月亮照耀黑夜一般。出于这个含义，称之为印度。印度的种姓、家族分为很多集团，而婆罗门最为清高尊贵，人们根据这一美称，相互传颂而成习俗，不管地理上的差别，总的称为婆罗门国。

二、疆　域

若其封疆之域，可得而言。五印度之境[①]，周九万余里，三垂大海[②]，北背雪山[③]。北广南狭，形如半月。画野区分，七十余国。时特暑热，地多泉湿。北乃山阜隐轸[④]，丘陵舄卤[⑤]；东则川野沃润，畴陇膏腴[⑥]；南方草木荣茂；西方土地硗确[⑦]。斯大概也，可略言焉。

【注释】

①五印度：即“五天竺”，指古代印度以区划分为东、西、南、北、中五部分。

②大海：今印度洋。

③雪山：喜马拉雅山脉和兴都库什山脉。

④隐轸(zhěn)：众盛。隐，通“殷”。

⑤舄(xì)卤：含有盐碱的瘠土。

⑥畴陇：田亩。

⑦硗(qiāo)确：坚硬瘠薄的土地。

【译文】

至于印度的疆域，我们可以谈一谈。五印度的领土，方圆有九万多里，三面濒临大海，北面靠着雪山。北部广阔，南部狭窄，形状如同半月。全国分成许多区域，有七十多个国家。气候特别炎热，土地大多潮湿。北部山地众多，丘陵是含有盐碱的瘠土；东部多河流平原，土地肥沃滋润，农田也很肥沃；南部草木繁茂；西部土地瘠薄。这只是个大概情况，在此简略言及。

三、数　量

夫数量之称，谓逾缮那[①]。旧曰由旬，又曰逾阇那，又曰由延，皆讹略也。逾缮那者，自古圣王一日军程也。旧传一逾缮那四十里矣。印度国俗乃三十里，圣教所载唯十六里。穷微之数，分一逾缮那为八拘卢舍[②]。拘卢舍者，谓大牛鸣声所极闻，称拘卢舍。分一拘卢舍为五百弓[③]，分一弓为四肘[④]，分一肘为二十四指[⑤]，分一指节为七宿麦[⑥]，乃至虱、虮、隙尘、牛毛、羊毛、兔毫、铜水，次第七分，以至细尘；细尘七分为极细尘。极细尘者，不可复析，析即归空，故曰极微也[⑦]。

【注释】

①逾缮那:梵文 Yojana 的音译。古印度计程单位。其确切长度说法不一,但一般都有几十里。

②拘卢舍:梵文 Krośa 的音译。古印度计程单位。或作“俱卢舍”。意为“一牛吼地”。

③弓:梵文 Dhanus(驮怒沙)的意译。古印度长度名称。

④肘:梵文 Hasta 的意译。古印度长度单位。

⑤指:古印度长度单位,数额为大拇指的厚度。

⑥宿麦:古印度计量单位。宿麦以下为七进位的计量单位。

⑦极微:梵文 Aṇu 的意译,为最小的长度单位。指色的最小单位。

【译文】

数量的名称,叫做逾缮那。旧称由旬,又称逾阇那,又称由延,都是讹误或略称。所谓逾缮那,自古以来是指圣王一天行军的路程。从前传说一逾缮那为四十里。按照印度的习俗是三十里,而根据佛教记载则只有十六里。把这个长度再往小里分割,一逾缮那分为八拘卢舍。所谓拘卢舍,是指大牛叫声所能传到的最远距离,这便叫拘卢舍。分一拘卢舍为五百弓,分一弓为四肘,分一肘为二十四指,分一指为七宿麦,自宿麦到虱、虮、隙尘、牛毛、羊毛、兔毫、铜水,依次一分为七,直到细尘;细尘又一分为七,为极细尘。所谓极细尘,就是不能再分,再分就空无所有了,所以叫做极微。

四、岁 时

若乃阴阳历运,日月次舍[①],称谓虽殊,时候无异,随其星建,以标月名。时极短者,谓刹那也[②]。百二十刹那为一呾刹那[③],六十呾刹那为一腊缚[④],三十腊缚为一牟呼栗多[⑤],五牟呼栗多为一时[⑥],六时合成一日一夜[⑦]。昼三夜三。

居俗日夜分为八时[8]。昼四夜四，于一一时各有四分。月盈至满，谓之白分[9]；月亏至晦，谓之黑分[10]。黑分或十四日、十五日，月有小大故也。黑前白后，合为一月。六月合为一行。日游在内，北行也[11]；日游在外，南行也[11]。总此二行，合为一岁；又分一岁，以为六时[13]。

【注释】

①次舍：本义指止息之所，这里借指往返。

②刹那：梵文 Kṣaṇa 的音译。古印度最小的计时单位，本指妇女纺绩一寻线所用的时间，但一般用来表示时间之极短者，如一瞬间。

③呾刹那：梵文 Tatkṣaṇa 的音译。古印度计时单位，一呾刹那等于今一点六秒。

④腊缚：梵文 Lava 的音译。古印度计时单位，一腊缚等于今一分三十六秒。

⑤牟呼栗多：梵文 Muhūrta 的音译。古印度计时单位。一牟呼栗多等于等于今四十八分。

⑥时：梵文 kūla 的意译。古印度计时单位，一时等于今四小时。

⑦六时合成一日一夜：这是佛教的区分。印度古代的“时”，等于今四小时，故区分一天(二十四小时)为六时，昼三夜三。昼三时，分为朝日、日中、黄昏；夜三时分为初夜、中夜、后夜。

⑧居俗日夜分为八时：这是世俗的区分，但那烂陀寺也依照世俗的时制。这种时制与现代时间的对应关系是：昼四时从今上午九点到晚上二十二点；夜四时从晚上二十二点到次日早晨九点。

⑨白分：梵文为Śuklapakṣa。印度古代历法称每月的后半月。

⑩黑分：梵文为 Kṛṣṇapakṣa。印度古代历法称每月的前半月。

⑪北行：印度历法根据太阳的运行，也有十二宫说。据《宿曜经》，此处所谓"日游在内，北行也"，即自冬至到夏至。

⑫南行：据《宿曜经》，此处所谓的"日游在外，南行也"，即从夏至到冬至。

⑬六时：印度古代的民间习俗，将一年分为渐热、盛热、雨时、茂时、渐寒、寒时六个季节。

【译文】

至于星辰运行，昼夜往返，称谓虽然不同，时令却没有差别，随着星宿的位置，来标出月名。时间极为短暂的，称为刹那。一百二十刹那为一呾刹那，六十呾刹那为一腊缚，三十腊缚为一牟呼栗多，五牟呼栗多为一时，六时合为一日一夜。白昼三时，夜晚三时。世俗习惯把一昼夜分为八时。白昼四时，夜晚四时，每一时各有四分。月亮由盈到满这段时间，称为白分；月亮由亏到暗这段时间，称为黑分。黑分有时十四天，有时十五天，因为月份有大有小。黑分在前，白分在后，合成一个月。六个月合成一行。太阳运行在内，是北行；太阳运行在外，是南行。这二行加起来，合成一年；又分一年，为六个时节。

正月十六日至三月十五日，渐热也；三月十六日至五月十五日，盛热也；五月十六日至七月十五日，雨时也；七月十六日至九月十五日，茂时也；九月十六日至十一月十五日，渐寒也；十一月十六日至正月十五日，盛寒也。如来圣教，岁为三时。正月十六日至五月十五日，热时也；五月十六日至九月十五日，雨时也；九月十六日至正月十五日，寒时也。或为四时，春夏秋冬也。春三月谓制呾逻月、吠舍佉月、逝瑟吒月[①]，当此从正月十六日至四月十五日。夏三月谓頞沙荼月、室罗伐拿月、婆达罗钵陁月[②]，当此从四月十六日至七月十五日。秋三月谓频湿缚庾阇月、迦剌底迦月、末伽始罗月③，当此从七月十六日至十月十五日。冬三月谓报沙月、磨祛月、颇勒窭拿月④，当此从十月十六日至正月十五日。故印度僧徒，依佛圣教，坐雨安居⑤，或前三月，或后三月。前三月当此从五月十六日至八月十五日，后三月当此从六月十六日至九月十五日。前代译经律者，或云坐夏，或云坐腊，斯皆边裔殊俗，不达中国正音⑥，或方言未融，而传译有谬。又推如来入胎、初生、出家、成佛、涅槃日月，皆有参差⑦，语在后记。

【注释】

①制呾逻月：亦作制怛罗，梵文 Caitra 的音译，原系星名，因出现于正月，故用以命名正月。吠舍佉月：梵文 Vaiśākha 的音译，为二月之名，又为佛陀的生月。逝瑟吒月：梵文 Jyeṣṭha 的音译，为三月之名。

②频沙荼月：梵文 Āṣāḍha 的音译，为四月之名。室罗伐拿月：梵文 Śrāvaṇa 的音译，为五月之名。婆达罗钵陀月：梵文 Bhādrapada 的音译，为六月之名。

③频湿缚庾阇月：梵文Áśvayuja 的音译，为七月之名。迦剌底迦月：梵文 Kārttika 的音译，为八月之名。末伽始罗月：梵文 Mārgaśira 的音译，为九月之名。

④报沙月：梵文 Pauṣa 的音译，为十月之名。磨祛月：梵文 Māgha 的音译，为十一月之名。颇勒窭拿月：梵文 Phālguna 的音译，为十二月之名。

⑤雨安居：即安居，或称坐夏，指在夏季多雨的三个月中，僧徒们不得随便外出，以便致力于坐禅和修习佛法。

⑥中国：指恒河中流一带的中印度，佛教徒译称中国。

⑦参差：不一致。

【译文】

正月十六日至三月十五日，是渐热时节；三月十六日至五月十五日，是酷暑时节；五月十六日至七月十五日，是降雨时节；七月十六日至九月十五日，是草木繁茂时节；九月十六日至十一月十五日，是渐寒时节；十一月十六日至正月十五日，是盛寒时节。按照如来佛祖教理，一年分为三个时节。正月十六日至五月十五日，是炎热时节；五月十六日至九月十五日，是降雨时节；九月十六日至正月十五日，是寒冷时节。或者分为四个季节，就是春夏秋冬。春季三个月称为制呾逻月、吠舍佉月、逝瑟吒月，相当于我国的正月十六日至四月十五日。夏季三个月称为频沙荼月、室罗伐拿月、婆达罗钵陀月，相当于我国的四月十六日至七月十五日。秋季三个月称为频湿缚庚阇月、迦剌底迦月、末伽始罗月，相当于我国的七月十六日至十月十五日。冬季三个月称为报沙月、磨袪月、颇勒窭拿月，相当于我国的十月十六日至正月十五日。所以印度的僧徒，依照佛祖的教谕，在雨季坐安居，有的在前三月，有的在后三月。前三月相当于我国的五月十六日到八月十五日，后三月相当于我国的六月十六日到九月十五日。前代翻译经律的人，有的说坐夏，有的说坐腊，这都是边远地区的特殊风俗，不懂中印度的标准语音，或者是不理解方言，而致翻译有误。还有推算如来投胎、诞生、出家、成佛、涅槃的日期，意见都有出入，将在后面谈到。

五、邑　居

若夫邑里闾阎[①]，方城广峙；街衢巷陌，曲径盘迂[②]。阛阓当涂[③]，旗亭夹路[④]。屠、钓、倡、优、魁脍、除粪[⑤]，旌厥宅居[⑥]，斥之邑外，行里往来，僻于路左。至于宅居之制，垣郭之作，地势卑湿，城多叠砖，暨诸墙壁，或编竹木。室宇台观，板屋平头，泥以石灰，覆以砖墼[7]。诸异崇构[8]，制同中夏[9]。苫茅苫草[10]，或砖或板。壁以石灰为饰，地涂牛粪为净[11]，时花散布，斯其异也。诸僧伽蓝，颇极奇制。隅楼四起[12]，重阁三层。榱梠栋梁[13]，奇形雕镂；户牖垣墙，图画众彩。黎庶之居，内侈外俭。隩室中堂[14]，高广有异；层台重阁，形制不拘。门辟东户，朝座东面。至于坐止，咸用绳床[15]。王族、大人、士庶、豪右，庄饰有殊，规矩无异。君王朝坐，弥复高广，珠玑间错，谓师子床[16]，敷以细氎，蹈以宝机。凡百庶僚，随其所好，刻雕异类，莹饰奇珍。

【注释】

①邑里：乡里的人民。闾阎：里巷内外的门，后多借指里巷。

②盘迂：曲折迂回。

③阛阓(huán huì)：本义指街市，这里借指店铺。

④旗亭：市楼。古代观察、指挥集市的处所，上立有旗，故称。

⑤优：古代表演乐舞、杂戏的艺人。魁脍：刽子手。

⑥旌：旗帜，此处用为动词，用旗帜标示出各行业人员的住宅。

⑦墼(jī)：未烧的砖坯。

⑧崇构：犹言高筑。

⑨中夏：中国。

⑩苫(shàn)：覆盖，遮蔽。

⑪牛粪：梵文 Gomaya 的意译。印度风俗以牛粪为最清净，净物必用之。

⑫隅楼：角楼。用来瞭望和防守、建于城垣四角的城楼。

⑬榱梠(cuī lǚ)：架屋承瓦的木头。方的叫榱，圆的叫椽。梠，指屋檐。

⑭陾(yù)室中堂：暖室。陾，通“燠”。中堂，正室。

⑮绳床：一种可以折叠的轻便坐具。以板为之，并用绳穿织而成。又称“胡床”、“交床”。

⑯师子床：梵名 Siṃhāsana，即狮子床、狮子座。佛为人中之狮子，故其坐卧之具为狮子床、狮子座。

【译文】

至于城市聚居之地，方形城垣宽而又高；大街小巷，曲折环绕。交易场所遍布路口，楼店林立街道两旁。屠夫、渔夫、倡伎、戏子、厨子、清洁工，住处有特殊标志，被排斥在城外，如果在街市行走，只能躲在道路左边。至于住宅的构造，城垣的建筑，因为地势低下潮湿，城墙多用砖砌成，住宅的墙壁，有的编扎竹木。房屋、平台、楼观，用木头制作屋顶，涂上石灰，再盖上砖坯。有的非常高大，形制与中国相同。屋顶铺茅铺草，或用砖盖，或用板盖。墙壁上以涂石灰为装饰，地面上以涂牛粪为洁净，应时的鲜花撒在上面，这是和中国不同的地方。各个佛寺，结构格外奇特。四角建有高楼，楼阁达到三层。屋椽和屋梁，雕刻得奇形怪状；大门、窗户和墙壁上，画着各种彩色的图案。一般民众的房子，内部华丽而外表简朴。内室和中堂，高低宽窄不同；亭台楼阁，形制不拘一格。大门向东开，君王座位也面向东方。至于休息的座位，都用绳床。王室、大臣、士人、庶人、豪门大族，对床的装饰各有不同，样式却无差别。君王宝座，更加高大宽广，镶嵌着各种珠宝，称为师子床，上面铺有细毛布，一个珠宝装饰的凳子摆在前面。一般官员，都根据各自的喜好，在坐床上雕刻各种图案，上面装饰着奇珍异宝。

六、衣　饰

衣裳服玩[①]，无所裁制，贵鲜白，轻杂彩。男则绕腰络腋[②]，横巾右袒。女乃襜衣下垂[③]，通肩总覆。顶为小髻，余发垂下。或有剪髭，别为诡俗。首冠花鬘[④]，身佩璎珞[⑤]。其所服者，谓憍奢耶衣及氎布等[⑥]。憍奢耶者，野蚕丝也。菆摩衣[⑦]，麻之类也。顩𡅞严反。钵罗衣[⑧]，织细羊毛也。褐剌缡衣[⑨]，织野兽毛也。兽毛细耎[⑩]，可得缉绩，故以见珍而充服用。其北印度风土寒烈，短制褊衣[⑪]，颇同胡服。外道服饰，纷杂异制。或衣孔雀羽尾，或饰髑髅璎珞，或无服露形，或草板掩体，或拔发断髭，或蓬鬓椎髻，裳衣无定，赤白不恒。沙门法服，唯有三衣及僧却崎、泥缚些桑个反。那[⑫]。三衣裁制，部执不同。或缘有宽狭，或叶有小大。僧却崎唐言掩腋。旧曰僧祇支，讹也。覆左肩，掩两腋，左开右合，长裁过腰。泥缚些那唐言裙。旧曰涅槃僧，讹也。既无带襻[⑬]，其将服也，集衣为襵[⑭]，束带以绦。襵则诸部各异，色乃黄赤不同。刹帝利、婆罗门[⑮]，清素居简，洁白俭约。国王、大臣，服玩良异。花鬘宝冠，以为首饰；环钏璎珞[⑯]，而作身佩。其有富商大贾，唯钏而已。人多徒跣，少有所履。染其牙齿，或赤或黑。齐发穿耳，修鼻大眼，斯其貌也。

【注释】

①服玩：服饰器用玩好之物。

②络：缠绕；捆缚。

③襜（chān）衣：遮至膝前的短衣。即围裙。

④花鬘：古印度人用作身首饰物的花串。也有用各种宝物雕刻成花形，联缀而成的。

⑤璎珞（yīng luò）：用珠玉穿成的装饰物。多用作颈饰。

⑥憍奢耶衣：梵文 Kauśeya 的音译，即袈裟，佛教僧尼的法衣。

⑦菆(zōu)摩衣：麻制的衣服。菆摩，梵文 Kṣauma 的音译，义为“麻”。

⑧𩖖(yǎn)钵罗衣：细羊毛织的衣服。𩖖钵罗，梵文 Kambala 的音译，义为“羊毛”。

⑨褐剌缡衣：语原不详。似为兽毛织成的防雨衣。

⑩耎(ruǎn)：柔软，柔弱。

⑪褊(biǎn)衣：紧身衣。

⑫三衣：梵文 Tricīvara 的意译。佛教比丘穿的三种衣服。一种叫僧伽梨，即大衣或名众聚时衣，在大众集会或行授戒礼时穿着；一种叫郁多罗僧，即上衣，礼诵、听讲、说戒时穿着；一种叫安陀会，日常作业和安寝时穿用，即内衣。亦泛指僧衣。僧却崎：梵文 Samkaksikā 的音译，意译为覆膊衣或掩腋衣。系长方形衣片，为袈裟的下挂。泥缚些那：梵文 Nivāsana 的音译，意译作“禅裙。”是佛教僧徒系于腰间的方裙。

⑬襻(pàn)：扣住纽扣的环套。

⑭襵(zhě)：衣裙或头巾上的褶皱。

⑮刹帝利：梵文 Kṣātriya 的音译。亦省称“刹利”。古印度第二族姓，掌握政治和军事权力。为世俗统治者。婆罗门：梵文 Brāhmana 的音译，古印度四种姓之一。居于种姓之首，世代以祭祀、诵经、传教为专业，是社会精神生活的统治者，享有种种特权。

⑯环钏：手镯。

【译文】

内外服装，不用裁缝，崇尚鲜明洁白色，轻视杂色。男人在腰间围上一块布，直达腋下，横搭左肩，袒露右肩。女人穿一件围裙，下垂蔽膝，两肩全部遮盖起来。头顶梳成小髻，其余的头发下垂。有的人剪去胡须，另外还有其他奇异的习俗。头上戴着花环，身上佩着璎珞。穿的衣服，叫做憍奢耶衣和细毛布衣。所谓憍奢耶，就是野蚕丝。菆摩衣，属于麻布一类的衣服。颇钵罗衣，是细羊毛织成的衣服。褐剌缡衣，是野兽毛织成的衣服。这些兽毛又细又软，可以纺织，因此受人珍视，做衣服用。北印度气候极其寒冷，居民都穿短式的紧身衣，与胡人衣服差不多。外道人士的服饰，花样繁多，形制不同。有的身穿孔雀尾，有的以头骨项链作为装饰，有的不穿衣服裸露形体，有的用草和板子遮盖全身，有的拔去头发剪短胡须，有的鬃发蓬散在头顶上扎髻，衣裳没有定形，红色、白色也不固定。沙门的法服，只有三衣和僧却崎、泥缚些那。三衣的裁制，各部派不相同。镶边有宽有狭，褶页有大有小。僧却崎唐土称掩腋。旧称僧祇支，是错误的。覆盖左肩，掩蔽两腋，左边敞开右边合拢，长度才过腰下。泥缚些那唐土称裙。旧称涅槃僧，是错误的。因为没有扣套，穿的时候，将衣服收拢为褶子，再用丝带捆住。褶子的形状，各部派各不相同，颜色也有黄有红。刹帝利、婆罗门，清正廉洁，持身宽略，品行清白纯正，俭省节约。国王、大臣的服饰珍玩则迥然不同。以花环宝冠为头上装饰，以镯子璎珞为身上佩饰。有的富商、大贾，仅戴镯子而已。居民大多赤脚，很少穿鞋。把牙齿染成红色或黑色。头发剪齐，耳朵穿孔，高鼻子，大眼睛，这就是他们的相貌。

七、馔　食

夫其洁清自守[①]，非矫其志。凡有馔食[②]，必先盥洗，残宿不再，食器不传。瓦木之器，经用必弃。金银铜铁，每加摩莹。馔食既讫，嚼杨枝而为净[③]。澡漱未终，无相执触。每有溲溺，必事澡灌。身涂诸香，所谓旃檀、郁金也[④]。君王将浴，鼓奏弦歌。祭祀拜祠，沐浴盥洗。

【注释】

①洁清：清洁。

②馔(zhuàn)食:饮食。

③杨枝:梵文,译曰齿木。取杨柳等之小枝,将枝头咬成细条,用以刷牙,故又称杨枝。

④旃檀(zhān tán):梵文“栴檀那”(Candana)的省称。即檀香。郁金:草名,即郁金香,梵文 Kuṇkumaṃ的意译;音译作恭矩磨。

【译文】

他们自觉地保持清洁,并非出自于外力强迫。凡要饮食,一定先去盥洗,隔夜的剩饭菜不再食用,饮食器皿不相传用。瓦和木质器皿,用过后就丢弃。金银铜铁食器,经常擦拭得锃亮。饮食完毕,嚼杨枝来使口腔干净。洗澡漱口没完,不相互接触。每当大小便后,必定清洗。身上涂上各种香料,有檀香、郁金香。君王将要沐浴,就鼓乐齐鸣。祭祀礼拜,也须沐浴盥洗。

八、文　字

详其文字,梵天所制[①],原始垂则[②],四十七言[③]。遇物合成,随事转用,流演枝派,其源浸广。因地随人,微有改变,语其大较,未异本源。而中印度特为详正,辞调和雅,与天同音,气韵清亮,为人轨则。邻境异国,习谬成训,竞趋浇俗[④],莫守淳风。

至于记言书事,各有司存,史诰总称谓尼罗蔽荼[⑤],唐言青藏。善恶具举,灾祥备著。

【注释】

①梵天:梵文 Brahman,为色界之初禅天。据佛经,此天离欲界之淫欲,寂静清净,故称梵天(梵,净也)。其中有三天:第一梵众天、第二梵辅天、第三大梵天,一般所说的梵天,指大梵天。

②垂则:垂示法则。

③四十七言:梵文所用四十七字母,其中元音十四个,辅音三十三个。

④浇俗:浮薄的社会风气。

⑤尼罗蔽荼:梵文 Nilapiṭa 的音译,义为"青色文藏",为古印度史书和官方文书的总称。

【译文】

细究印度文字,是梵天创造的,最初制定的规则,共四十七个字母。字母依据事物而组合起来,随着事物的不同而辗转运用,流变过程,枝派渐生,用途更广。由于地区和居民的不同,文字略有变化,但大体而言,没有离开本源。而中印度语言特别详备纯正,辞调谐和雅顺,与天神语言相同,气韵清晰洪亮,是人们的典范。相邻地区和外国,对谬误习以为常,竞相趋向庸俗,不遵守淳朴的风尚。

至于记言记事,各有专职负责,史书文告总称为尼罗蔽荼,唐土称青藏。善事恶行,全都列举,灾祸吉祥,也都著录。

九、教　育

而开蒙诱进,先导十二章①。七岁之后,渐授五明大论②。一曰声明③,释诂训字,诠目流别;二工巧明④,伎术机关,阴阳历数;三医方明⑤,禁咒闲邪,药石针艾;四谓因明⑥,考定正邪,研核真伪;五曰内明⑦,究畅五乘⑧,因果妙理⑨。

【注释】

①十二章:即悉昙章(Siddham)。为儿童初学的课本,讲述字母、拼法、连声等基本语文知识。

②五明：梵文 Pañca-vidyā 的意译。佛教所说的古印度五种学问。即：声明、工巧明、医方明、因明、内明。

③声明：梵文Śabda-vidyā 的意译。五明之一。古印度的文法、声韵之学。

④工巧明：梵文Śilpakarmasthāna-vidyā 的意译。印度古代教育科目五明之一。工艺、数学、天文、星象、音乐、美术等科学技术和艺术的总称。

⑤医方明：梵文 Cikitsā-vidyā 的意译。药石、针灸、禁咒等治疗之学。古印度学生所习五明之一。

⑥因明：梵文 Hetu-vidyā 的意译。古代印度五明之一。"因"指原因、根据、理由；"明"义为"学问"。因明即关于逻辑推理的学说，随佛教传入中国。

⑦内明：梵文 Adhyātma-vidyā 的意译。印度佛教称佛学为"内明"。明，义为"学问"。明自家之宗旨，即是研究佛教哲学的学问。

⑧五乘：使人到达其果地的五种教法。包括人乘、天乘、声闻乘、缘觉乘、菩萨乘(或云佛乘)。

⑨因果：因缘和果报。根据佛教轮回之说，种什么因，结什么果，《十住毗婆娑论》十二："因以得知，得者成就。果者从因有，事成名为果。"

【译文】

儿童的启蒙教育，引导入门，首先教授悉昙十二章。七岁以后，逐渐讲授五明大论。一是声明，解释字义，把条目梳理清楚；二是工巧明，教授技艺方术，器械制造，天文历算；三是医方明，利用咒语制邪，研究医药针灸；四是因明，考定学说的正邪，研讨判断理论的真假；五是内明，研究五乘的因果和精微道理。

其婆罗门学四《吠陀论》[①] 旧曰毗陀，讹也。一曰寿，谓养生缮性；二曰祠，谓享祭祈祷；三曰平，谓礼仪、占卜、兵法、军阵[2]；四曰术，谓异能、伎数、禁咒、医方。

师必博究精微，贯穷玄奥，示之大义，导以微言，提撕善诱[3]，雕朽励薄。若乃识量通敏[4]，志怀逋逸，则拘縶反关，业成后已。

年方三十，志立学成，既居禄位，先酬师德。其有博古好雅，肥遁居贞[5]，沉浮物外，逍遥事表，宠辱不惊，声问以远，君王雅尚，莫能屈迹[6]。然而国重聪睿，俗贵高明，褒赞既隆，礼命亦重。故能强志笃学，忘疲游艺，访道依仁，不远千里。家虽豪富，志均羁旅，口腹之资，巡匃以济[7]。有贵知道，无耻匮财。娱游惰业[8]，偷食靡衣[9]，既无令德，又非时习，耻辱俱至，丑声载扬。

【注释】

①吠陀：梵文 Veda 的音译，义为"知识"。古印度婆罗门教的早期文献，包括《黎俱》、《夜柔》、《娑摩》和《阿闼婆》四部本集及《森林书》、《奥义书》、《法经》等。"吠陀"用古梵文写成，是印度宗教、哲学及文学之基础。

②占卜：中国古代用龟甲、蓍草等，后世用铜钱，牙牌等推断吉凶祸福。此处用以类比印度术士相关活动。

③提撕(xī)：本义为拉扯，引申为教导、点拨。

④识量：识见与度量。

⑤肥遁：隐居。

⑥屈迹：犹屈身。

⑦巡匃(gài)：谓逐地求乞。匃，同"丐"。

⑧娱游：犹游乐。

⑨偷食：苟且度日。食，食禄。

【译文】

婆罗门要学习四《吠陀论》旧称毗陀，是错误的。一是寿，讲养生修性之道；二是祠，指的是祭祀祈祷；三是平，指的是礼仪、占卜、兵法、军阵；四是术，指的是奇异技能、技艺方术、驱邪念咒、医药处方。

老师必须广泛钻研精微义理，深入探讨玄妙的奥旨，向学生揭示佛教要义，用微妙的言语引导他们，提醒他们，循循善诱，如同把朽木雕琢成器，把薄片磨成利刃。如果他们识见度量通达敏捷，立志想要隐遁避世，他们就把自己拘禁反锁在屋里，直到学成为止。

学生到了三十岁，志向已立，学业已成，当官受禄后，首先酬答老师的恩德。有的学生有广博的古代文化知识，喜欢清雅，向往隐遁，保持坚贞的品性，沉浮于俗务之外，逍遥于世事之表，受宠受辱都不惊慌，声名远扬，即使君王十分欣赏他们，不能使他们屈身就职。然而国家重视聪明明智之人，世俗尊敬崇高明睿之士，对其褒扬赞美都很隆重，礼敬有加。所以人们能志向坚定，刻苦求学，忘记疲劳，努力学艺，访求有道之人，归依仁爱之士，不以千里为遥远。家中虽然很富有，却都立志远游，日常饮食，靠沿途乞讨而获取。他们以获知真理为可贵，不以贫穷为耻辱。至于游乐懒惰，荒废学业，苟且度日，贪图佳衣，既没有美好的德行，又不符合当时的习俗，就会受到各种耻辱，臭名远扬。

十、佛　教

如来理教①，随类得解。去圣悠远，正法醇醨②，任其见解之心，俱获闻知之悟。部执峰峙③，诤论波涛，异学专门，殊途同致。十有八部④，各擅锋锐。大小二乘⑤，居止区别。其有宴默思惟⑥，经行住立⑦，定慧悠隔⑧，喧静良殊，随其众居，各制科防⑨。无云律论，绖是佛经⑩，讲宣一部，乃免僧知事[11];二部,加上房资具;三部,差侍者祗承;四部,给净人役使[12];五部,则行乘象舆;六部,又导从周卫。道德既高,旌命亦异。时集讲论,考其优劣,彰别善恶,黜陟幽明。其有商榷微言,抑扬妙理,雅辞赡美,妙辩敏捷,于是驭乘宝象,导从如林。至乃义门虚辟,辞锋挫锐,理寡而辞繁,义乖而言顺,遂即面涂赭垩[13],身坌尘土[14],斥于旷野,弃之沟壑。既旌淑慝[15],亦表贤愚。人知乐道,家勤志学。出家归俗,从其所好。罹咎犯律,僧中科罚,轻则众命诃责,次又众不与语,重乃众不共住。不共住者,斥摈不齿,出一住处,措身无所,羁旅艰辛,或返初服[16]。

【注释】

①理教:佛教探讨表面难以认识而在本体却有一定不变的"理",以"理"为真谛,故称理教。

②醇醨(chún lí):本义指酒味的厚与薄,这里用以比喻佛法的深、浅。

③部执:佛教分裂后的不同部派。

④十有八部:释迦牟尼逝世后,原始佛教逐渐分为许多派系,统称为十八部。小乘十八部是指一说部、说出世部、鸡胤部、多闻部、说假部、制多山部、西山住部、北山住部、说一切有部、犊子部、化地部、饮光部、经量部、法上部、贤胄部、正量部、密林山部、法藏部。

⑤大小二乘:大乘佛教和小乘佛教。大乘,梵文 Mahāyāna(摩诃衍那)的意译。小乘,梵文 Hīnayāna(希那衍那)的意译。小乘佛教为早期佛教的主要流派,注重修行、持戒,以求得"自我解脱"。西元一世纪左右,佛教中出现了主张"普度众生"的新教派,自称"大乘",而称原有的教派为"小乘"。

⑥宴默：安居静穆。

⑦经行：佛教指旋绕往返或径直来回于一定之地。佛教徒作此行动，为防坐禅而欲睡眠，或为养身疗病，或表示敬意。

⑧定慧：定学与慧学的并称。定，禅定；慧，智慧。

⑨科防：佛教教团所制定的约束预防教徒的条规。

⑩絓(guà)：连及；联结。

⑪僧知事：僧人在寺院中除修行之外所从事的杂务。

⑫净人：供比丘僧役使的俗人。因其为僧作净、免僧有过，故名。

⑬赭垩(è)：红白粘土。

⑭坌(bèn)：尘埃等粉状物粘着于他物。

⑮淑慝(tè)：犹善恶。

⑯初服：佛教指俗装，与"僧衣"相对。

【译文】

如来的佛法教义，不同的人根据自己根性的利钝差异对其理解不同。现在离圣人的时代已经久远，对纯正佛法理解的深浅，取决于各自的内在见解来获得解悟。现在各部派坚持己见，各立门户，争论如波涛翻涌，虽专主一论，却都殊途同归。十八部派，各逞锋利的辨辞。大小二乘，教义也有区别。有的人冥思苦想，有的人行走站立，禅定与智慧相距甚远，喧嚣和寂静差别很大，于是僧团各自制立条规戒律加以防范。无论是律还是论，只要属于佛经，能讲解其中一部的，可以免除劳役事务；能讲解其中二部的，赐予上等房舍用具；能讲解其中三部的，派遣侍者供差遣；能讲解其中四部的，派遣净人供其役使；能讲解其中五部的，就可出入乘象舆；能讲解其中六部的，乘象车之外再安排侍从护卫。道德高尚的人，表彰也不同。僧人时常集会演讲评论，考定理论的优劣，分辨行为的善恶，贬黜愚昧者，提升贤明者。如果有人能够探讨精微的言语，评议精妙义理，文雅的言辞富丽优美，圆融无碍的论辩思路敏捷，则能坐在宝象上，前导后卫如林。至于有人义理空虚邪僻，辩论时被人驳倒，道理少而废话多，乖背义理而用言语取悦他人，就会在他脸上涂抹红白粘土，在他身上撒上尘土，驱赶到荒野中，抛弃到沟壑里。既表彰美好与贤明，又贬斥邪恶与愚昧。于是人们都乐于修道，在家中勤勉地专心学习。无论出家还是在家，听凭各人的喜好。如果违犯戒律，寺院对其处罚，轻的众人厉声叱责，进而大家不与他讲话，重的大家不与他住在一起。如果没有人和他共住，他就遭众人排斥，为人所不齿，如果被逐出住处，无处可居，就流浪受苦，有的人因此而还俗。

十一、族 姓

若夫族姓殊者，有四流焉：一曰婆罗门[①]，净行也[②]，守道居贞，洁白其操。二曰刹帝利[③]，王种也，旧曰刹利，略也。奕世君临[④]，仁恕为志。三曰吠奢[⑤]，旧曰毗舍，讹也。商贾也，贸迁有无，逐利远近。四曰戍陀罗[⑥]，旧曰首陀，讹也。农人也，肆力畴垄，勤身稼穑。凡兹四姓，清浊殊流，婚娶通亲，飞伏异路[⑦]，内外宗枝，姻媾不杂。妇人一嫁，终无再醮[⑧]。自余杂姓，实繁种族，各随类聚，难以详载。

【注释】

①婆罗门：梵文 Brāhmana 的音译。古印度四种姓之一。居于种姓之首，世代以祭祀、诵经、传教为专业，是社会精神生活的统治者，享有种种特权。

②净行：修婆罗门行者的通称，即梵志。

③刹帝利：梵文 Kṣātriya 的音译。亦省称“刹利”。古印度第二族姓，掌握政治和军事权力。为世俗统治者。

④奕世：累世，代代。君临：作国君、主宰。

⑤吠奢：梵文 Vaiśya 的音译，又作鞞舍、毗舍、吠舍、毘舍，古印度四种姓之一，属第三级，多经商。

⑥戍陀罗：梵文Śūdra 的音译。古印度四种姓之一。属第四级，没有任何权利，仅从事“低贱”、“卑微”的劳动，或为高级种姓服役。其实际地位无异于奴隶。

⑦飞伏：社会地位的高低。

⑧再醮(jiào)：再嫁。古代行婚礼时，父母给子女酌酒的仪式称“醮”。因称男子再娶或女子再嫁为“再醮”。

【译文】

关于不同的种姓，共有四个类别：第一类称为婆罗门，是外道修行者，坚守正道，操守清白纯正。第二类称为刹帝利，是王室种族，旧称刹利，是略称。世代统治天下，志在仁慈宽恕。第三类称为吠奢，旧称毗舍，是错误的。是商人，贩运商品，沟通有无，追逐利润，不计远近。第四类称为戍陀罗，旧称首陀，是错误的。是农民，尽力耕田，勤于种植收获。这四个种姓的优劣、善恶、高下、社会地位有别，互不通婚，即使在同一种姓内，父系与母系的亲属，也不通婚。妇人一旦出嫁，终身不得再婚。其余繁杂种姓，名称繁多，各自分类而聚，难以详细记载。

十二、兵　术

君王奕世，惟刹帝利[①]。弑篡时起，异姓称尊。国之战士，骁雄毕选，子父传业，遂穷兵术。居则宫庐周卫，征则奋旅前锋。凡有四兵，步马车象。象则被以坚甲，牙施利距[②]，一将安乘，授其节度，两卒左右，为之驾驭。车乃驾以驷马，兵帅居其乘，列卒周卫，扶轮挟毂。马军散御，逐北奔命。步军轻捍，敢勇充选，负大橹[③]，执长戟[④]，或持刀剑，前奋行阵。凡诸戎器，莫不锋锐，所谓矛、楯、弓、矢、刀、剑、钺、斧、戈、殳、长矟、轮索之属[5]，皆世习矣。

【注释】

①刹帝利：梵文 Kṣātriya 的音译。亦省称"刹利"。古印度第二族姓，掌握政治和军事权力。为世俗统治者。

②距：钩钜；倒钩。

③大橹：大的盾牌。

④长戟：古兵器名。长柄的戟。

⑤长矟(shuò)：长矛。轮索：绳索。

【译文】

世代治理国家的君王，只有刹帝利。弑君篡位之事时常发生，其他种姓也有称王的。国家的战士，是从勇猛雄武之士中挑选出来，子承父业，因此精通兵法。平时为国王守卫宫殿，出征则充任英勇部队的前锋。共有四个军种，即步军、马军、车军、象军。象身上披上坚甲，牙齿上安置锋利的曲钩，上面坐着一个将领，指挥战斗，左右有两个战士，为他驾驭大象。战车由四匹马拉动，军官坐在战车上，在车轮旁边，有士卒卫护。马军分散御敌，追逐逃跑的敌军。步军轻装上阵，选自勇敢的兵士，扛着大盾，手执长戟，或者拿着刀剑，在前冲锋陷阵。各种兵器，无不锋利，这就是矛、盾、弓、箭、刀、剑、钺、斧、戈、殳、长矟、绳索之类，都是世代传习。

十三、刑　法

夫其俗也，性虽狷急[1]，志甚贞质[2]，于财无苟得，于义有余让，惧冥运之罪，轻生事之业[3]，诡谲不行[4]，盟誓为信。政教尚质，风俗犹和。凶悖群小，时亏国宪，谋危君上，事迹彰明，则常幽囹圄，无所刑戮，任其生死，不齿人伦。犯伤礼义，悖逆忠孝，则劓鼻、截耳、断手、刖足，或驱出国，或放荒裔。自余咎犯，输财赎罪。理狱占辞[5]，不加刑朴，随问款对[6]，据事平科[7]。拒违所犯，耻过饰非。欲究情实，事须案者，凡有四条：水、火、称、毒。水则罪人与石，盛以连囊，沈之深流，校其真伪。人沉石浮则有犯，人浮石沉则无隐。火乃烧铁，罪人踞上，复使足蹈，既遣掌案，又令舌舐，虚无所损，实有所伤。懦弱之人不堪炎炽，捧未开花，散之向焰，虚则花发，实则花焦。称则人石平衡，轻重取验，虚则人低石举，实则石重人轻。毒则以一羖羊[8]，剖其右髀[9]，随被讼人所食之分，杂诸毒药置右髀中，实则毒发而死，虚则毒歇而苏。举四条之例，防百非之路。

【注释】

①狷(juàn)急：褊急。

②贞质：正直质朴。

③生事：尘俗之事。

④诡谲(jué)：阴谋诡计。

⑤占(zhàn)辞：口述言辞。

⑥款对：缓缓对答。

⑦平科：公正地断罪。

⑧羖(gǔ)羊：黑色的公羊。

⑨髀(bì)：大腿。

【译文】

印度人的习俗，性子虽然褊急，但心地正直质朴，对于财产不苟且获得，对于仁义则谦让有余，他们惧怕阴间的科罪，轻视尘俗的事务，不搞阴谋诡计，相信盟约誓言。政治教化崇尚质朴，风俗和顺。凶恶悖逆的小人，有时违犯国法，阴谋危害君王，事迹暴露，往往关在监狱里，而不杀戮，听凭他们自生自灭，为人所不齿。如有人触犯伤害礼义，违背忠孝之道，就割鼻、截耳、断手、断足，或者驱逐出国，流放到边远地区。其余罪犯，可以出钱赎罪。审理案件，听取供词，不用刑杖逼供，官方提问，罪犯缓缓回答，然后根据事实公正地定罪。如果有人拒绝承认罪行，耻于认罪，粉饰错误。官方要追究事情真相，事情必须验证，共有四种办法：水判、火判、称判、毒判。水判是把罪人与石头分别装在两个相连的袋中，沉入深水，来判定真伪。如果人沉石浮，就表明此他犯了罪，人浮石沉就表明他没有隐瞒罪过。火判是烧红铁块，让罪犯蹲在上面，并让他用脚踩，用手掌按，用舌头舔，没有罪过的就不受伤，有罪过的就会受伤。身体柔弱的人受不了炎热，就让他捧着没有开放的花蕾，撒在火焰上，没有罪过的就花朵开放，有罪过的就花蕾焦枯。称判是人和石头一起称，以轻重来验证罪案，没有罪的就人低石高，有罪的就石重人轻。毒判是用一只黑色公羊，割下它的右腿，按被告人吃的那一份，把各种毒药放在右腿中，吃过后有罪的就毒发而死，没有罪的就会毒性消散而苏醒。采用这四种判罪方式，可以防止种种邪恶之事。

十四、敬　仪

致敬之式，其仪九等：一发言慰问，二俯首示敬，三举手高揖，四合掌平拱①，五屈膝，六长跪，七手膝踞地，八五轮俱屈②，九五体投地③。凡斯九等，极唯一拜。跪而赞德，谓之尽敬。远则稽颡拜手④，近则舐足摩踵⑤。凡其致辞受命，褰裳长跪⑥，尊贤受拜，必有慰辞。或摩其顶，或拊其背，善言诲导，以示亲厚。出家沙门⑦，既受敬礼，唯加善愿，无止跪拜。随所宗事，多有旋绕⑧，或唯一周，或复三匝。宿心别请⑨，数则从欲。

【注释】

①合掌:又名合十,即把双掌及十指合拢于胸前,以示诚心诚意的一种敬礼。

②五轮俱屈:屈双膝、屈双臂、俯首,是致敬的隆重礼节。

③五体投地:双手、双膝及头一起着地,是古印度最敬重的礼节。

④稽颡(qǐ sǎng):梵文 Vandana 或 Vandi 的意译。古代一种跪拜礼,屈膝下拜,以额触地,表示极度的虔诚。拜手:古代男子跪拜礼的一种。跪后两手相拱,俯头至手。

⑤舐(shì)足:吻舔人足。古代印度对人表示崇敬的一种仪节。摩踵:古印度诸国的风俗礼节,朝见尊敬者时用手抚摩其脚跟,以示崇敬。

⑥褰(qiān)裳:提起衣裳。

⑦沙门:梵文Śramaṇa 的音译。一说,"沙门"等非直接译自梵文,而是吐火罗语的音译。原为古印度反婆罗门教思潮各个派别出家者的通称,佛教盛行后专指佛教僧侣。

⑧旋绕:环绕,用于礼佛祈请。

⑨宿心:向来的心愿。

【译文】

致敬的仪式,分为九等:一是发言慰问,二是低头致敬,三是高举双手作揖,四是双掌合于胸前鞠躬,五是下跪,六是直身而跪,七是双手双膝跪地,八是双臂双膝和头触地,九是双臂双膝和头趴跪在地上。这九等仪式,最多也只是一拜而已。跪在地上,盛赞功德,叫做最高的礼敬。离得远就屈膝下拜,以额触地,两手相拱,俯头至手,离得近就用舌头舔对方的脚,用手摸对方的脚跟。凡是传达使命,接受命令,都撩起衣服长跪在地上,尊贵贤明的人受别人礼拜,必说几句慰问的话。或者按摩头顶,或者手拍其背,用善言教诲引导,以表示关系亲密,感情深厚。出家僧侣受人礼敬后,就给以良好祝愿,不劝阻别人跪拜。各人对其崇拜者，多用绕行表示敬意，有的绕一圈，有的向右绕三圈。如果心有所求，可随意增减圈数。

十五、病　死

凡遭疾病，绝粒七日，期限之中，多有痊愈。必未瘳差[①]，方乃饵药。药之性类，名种不同。医之工伎，占候有异[②]。

终没临丧，哀号相泣，裂裳拔发，拍额椎胸。服制无闻，丧期无数。送终殡葬，其仪有三：一曰火葬，积薪焚燎；二曰水葬，沉流漂散；三曰野葬，弃林饲兽。国王殂落[③]，先立嗣君，以主丧祭，以定上下。生立德号，死无议谥。丧祸之家，人莫就食。殡葬之后，复常无讳。诸有送死，以为不洁，咸于郭外浴而后入。至于年耆寿耄[④]，死期将至，婴累沈疴[⑤]，生崖恐极，厌离尘俗，愿弃人间，轻鄙生死，希远世路。于是亲故知友，奏乐饯会，泛舟鼓棹，济殑伽河[⑥]，中流自溺[⑦]，谓得生天[⑧]。十有其一，未尽鄙见。出家僧众，制无号哭，父母亡丧，诵念酬恩。追远慎终，寔资冥福[⑨]。

【注释】

①瘳(chōu)差：病愈。

②占候：诊断。

③殂(cú)落：死亡。

④耆(qí)：古称六十岁曰耆。耄(mào)：年老；高龄。古称大约七十至九十岁的年纪。

⑤婴累：遭罹罪累。沈疴(kē)：重病；久治不愈的病。

⑥殑伽：梵文 Gaṅgā 的音译，意译为“天堂来”，因见其从高处来，故名，此河即今恒河。

⑦中流：江河的中央。

⑧生天：佛教称行十善者死后转生天道。

⑨冥福：死人的资福。

【译文】

凡是染上疾病的人，就绝食七天，这段时间中，很多人就康复了。确实没有病愈的，才可服用药物。药物的性质种类，各有不同。医生的医术和预测疾病的本领也有差异。

亲人死后，发丧出殡，哀痛地哭泣，撕衣裳、拔头发，拍额头、打胸口。没有听说穿孝服的制度，丧期也没有固定天数。送终殡葬，形式有三种：第一种是火葬，堆积柴火，焚烧尸体；第二种是水葬，把尸体沉入水中漂走；第三种是野葬，把尸体抛弃在树林中喂野兽。国王死了，先让太子继位，以便主持丧祭，决定上下的位次。生前立有歌颂功德的名号，死后就没有谥号。死了人的家庭，别人不去吃饭。安葬之后，就又没有忌讳了。凡是送葬的人，被认为不洁净，都在郊外洗浴以后再进城。至于年岁高的人，死期将到，又染重病，生命垂危，厌倦尘世，愿望离开人间，看轻生死，希望远离世路。于是亲戚朋友，奏乐宴会，将他载在船上，游到殑伽河，在河中央投水自杀，说是升了天。十人中仅有一人这样做，但我还没亲眼看见。出家的僧人，按规定不能号哭，父母死后，只是念经来酬答恩情。追念远古的祖先，要依礼尽哀，要恭敬虔诚，希望父母在阴间得福。

十六、赋　税

政教既宽，机务亦简。户不籍书，人无徭课。王田之内，大分为四：一充国用祭祀粢盛①；二以封建辅佐宰臣②；三赏聪睿硕学高才；四树福田③，给诸异道。所以赋敛轻薄，徭税俭省，各安世业，俱佃口分[④]。假种王田，六税其一。商贾逐利，来往贸迁，津路关防，轻税后过。国家营建，不虚劳役，据其成功，酬之价直。镇戍征行，宫庐营卫，量事招募，悬赏待人。宰牧、辅臣、庶官、僚佐，各有分地，自食封邑。

【注释】

①粢(zī)盛：古代盛在祭器内以供祭祀的谷物。

②封建：封邦建国。古代帝王把爵位、土地分赐亲戚或功臣，使之在各该区域内建立邦国。

③福田：佛教语。佛教以为供养布施，行善修德，能受福报，犹如播种田亩，有秋收之利，故称。

④口分：每口人应分得之田。

【译文】

政治教化宽松，机要事务也精简。不设户口册，人民没有劳役赋税。国王田地，大致分为四类：一是充当国家费用，提供祭祀物品；二是用来分封辅佐的重臣；三是奖赏聪明博学的杰出人才；四是设置福田，供给不同的教派。所以赋税很轻，劳役极少，按人口分田，世袭耕种。租种国王田地，租税为收获的六分之一。商人追逐利润，来往贩运商品，在渡口、关卡，缴纳少量税收后就可通过。国家营建，不无偿征用劳力，据各人完成的进程，给予报酬。镇守关防，从军出征，或者保卫宫廷，都根据不同情况来招募兵士，标明赏金等人来。宰相、辅佐之臣、一般官员、僚属，都有分地，靠封邑养活自己。

十七、物　产

风壤既别，地利亦殊。花草果木，杂种异名，所谓庵没罗果、庵弭罗果、末杜迦果、跋达罗果、劫比他果、阿末罗果、镇杜迦果、乌昙跋罗果、茂遮果、那利蓟罗果、般榱娑果[①]。凡厥此类，难以备载，见珍人世者，略举言焉。至于枣、栗、椑、柿[②]，印度无闻。梨、柰、桃、杏、蒲萄等果，迦湿弥罗国已来[③]，往往间植。石榴、甘桔，诸国皆树。

垦田农务，稼穑耕耘，播植随时，各从劳逸。土宜所出，稻麦尤多。

蔬菜则有姜、芥、瓜、瓠、荤陀菜等[④]。葱蒜虽少，啖食亦希，家有食者，驱令出郭。

【注释】

①庵没罗：梵文 Āmra 的音译，今称芒果。庵弭罗：梵文 Āmla 的音译，今称罗望子。末杜迦：梵文 Madhūka 的音译，其花和果实可以酿酒。跋达罗：梵文 Badara 的音译，今称滇刺桑。酸枣树的一种，落叶乔木，果实形小。劫比他：梵文 Kapittha 的音译，果实似苹果，属于芸香科植物。阿末罗：梵文 Āmalaka 的音译，其果酸而有回甘，我国古称余甘子。镇杜迦：梵文 Tinduka 的音译，属柿科柿属乔木或灌木，其果汁性粘，可用作涂料。乌昙跋罗：梵文 Udumbara 的音译，属桑科榕属乔木。茂遮：梵文 Moca 的音译，学名 Musa Sapientum，巴蕉科，果实香甜。那利蓟罗：梵文 Nārikela 的音译，即椰子。般榱(nuó)娑：梵文 Panasa 的音译，属桑科常绿乔木。

②椑(bēi)：果木名。柿之短而小者。实似柿而青，汁可制漆，常用于染渔网，漆雨伞等。

③迦湿弥罗：梵文 Kāsmīra 的音译。即今克什米尔。

④荤陀：梵文 Kandu 的音译。是甜菜的变种，原产西亚伊朗各地。

【译文】

印度各地自然环境和土壤有区别，土地所产也不相同。花草果木，种类繁杂，名称各异。例如有庵没罗果、庵弭罗果、末杜迦果、跋达罗果、劫比他果、阿末罗果、镇杜迦果、乌昙跋罗果、茂遮果、那利蓟罗果、般橠娑果。凡是这一类的，难以一一列举，为世人珍视的，略举出一些。至于枣、栗、椑、柿，在印度人们不知道。梨、柰、桃、杏、葡萄等水果，从迦湿弥罗国往南，往往种植。石榴、柑橘，各国都种植。

耕田务农，种植收获，按时播种，劳逸自己掌握。土地所产，稻子、麦子特别多。

蔬菜有姜、芥、瓜、葫芦、荤陀菜等。葱和蒜虽然少，也不怎么吃，家中有人吃，就会被驱逐出城。

至于乳酪、膏酥、沙糖、石蜜、芥子油、诸饼麨[①]，常所膳也。鱼、羊、獐、鹿，时荐肴胾[②]。牛、驴、象、马、豕、犬、狐、狼、师子、猴、猿，凡此毛群，例无味啖。啖者鄙耻，众所秽恶，屏居郭外，希迹人间。

若其酒醴之差，滋味流别。蒲萄、甘蔗，刹帝利饮也[③]；麴糵醇醪[④]，吠奢等饮也[⑤]。沙门、婆罗门，饮蒲萄甘蔗浆[⑥]，非酒醴之谓也。杂姓卑族，无所流别。

然其资用之器，巧质有殊。什物之具[⑦]，随时无阙，虽釜镬斯用，而炊甑莫知，多器坯土，少用赤铜。食以一器，众味相调，手指斟酌，略无匙箸，至于老病，乃用铜匙。

若其金、银、鍮石、白玉、火珠[⑧]，风土所产，弥复盈积。奇珍杂宝，异类殊名，出自海隅，易以求贸。然其货用，交迁有无，金钱、银钱、贝珠、小珠。

印度之境，疆界具举，风壤之差，大略斯在。同条共贯，粗陈梗概。异政殊俗，据国而叙。

【注释】

①乳酪：用牛、羊等动物乳汁提炼而成。沙糖：甘蔗煎熬而成的颗粒状的糖。石蜜：加牛乳熬炼成的硬糖块。芥子油：芥菜的种子榨成的油。饼麨（chǎo）：面粉制成的干粮。

②肴胾（zì）：鱼肉等比较丰盛的菜肴。

③刹帝利：梵文 Kṣātriya 的音译。亦省称"刹利"。古印度第二族姓，掌握政治和军事权力。为世俗统治者。

④麴糵（niè）：酒曲。酿酒的发酵剂。醇醪（chún láo）：味厚的美酒。醇，味道淳正浓厚的酒。醪，汁渣混合的酒，又称浊酒。

⑤吠奢：梵文 Vaiśya 的音译，又作鞞舍、毗舍、吠舍、毘舍，古印度四种姓之一，属第三级，多经商。

⑥沙门：梵文Śramaṇa 的音译。一说，"沙门"等非直接译自梵文，而是吐火罗语的音译。原为古印度反婆罗门教思潮各个派别出家者的通称，佛教盛行后专指佛教僧侣。婆罗门：梵文 Brāhmana 的音译，古印度四种姓之一。居于种姓之首，世代以祭祀、诵经、传教为专业，是社会精神生活的统治者，享有种种特权。

⑦什物：各种物品器具。多指日常生活用品。

⑧鍮（tōu）石：铜与炉甘石（菱锌矿）共炼而成的黄铜。火珠：一种水晶石。

【译文】

至于乳酪、膏酥、沙糖、石蜜、芥子油、各种面粉制成的干粮，是经常吃的食品。鱼、羊、獐、鹿，是有时进用的肉食。牛、驴、象、马、猪、狗、狐、狼、狮子、猴、猿，这类长毛的牲畜，照例是不吃的。食用者会受人鄙视，众人认为他不净，驱逐出城外，不得与人交往。

至于酒和饮料，滋味随种姓有别。葡萄酒、甘蔗酒，是刹帝利饮用的；优劣不等的烈性酒，是吠奢等种姓饮用的。沙门、婆罗门，饮用葡萄浆、甘蔗浆，这不算酒。其他低级种姓，没有一定的饮料。

家庭使用的器具，用途和质地有差别。各种器物，随时都不缺，虽然也使用锅，但不知道用甑蒸饭，器具多用土坯制成，很少用赤铜。仅用一件器皿进食，各种味道调在一起，用手指抓食，没有勺子筷子，直到生病了，才用铜匙。

至于金、银、鍮石、白玉、火珠，都是当地所产，积存很多。奇珍异宝，种类繁多，出自海边，用来交换商品。但是在做买卖时，沟通有无，就使用金钱、银钱、贝珠、小珠。

印度地区，疆界已经谈及，风俗土壤的差别，大体是这样。相同的类别，就贯穿在一起，略陈梗概。至于各国不同的政治、相异的习俗，则依国别而叙述。

滥波国

滥波国周千余里[①]，北背雪山[②]，三垂黑岭[③]。国大都城周十余里。自数百年，王族绝嗣，豪杰力竞，无大君长，近始附属迦毕试国[④]。宜粳稻，多甘蔗，林树虽众，果实乃少。气序渐温，微霜无雪。国俗丰乐，人尚歌咏。志性怯弱，情怀诡诈，更相欺诮[⑤]，未有推先。体貌卑小，动止轻躁。多衣白氎，所服鲜饰。伽蓝十余所，僧徒寡少，并多习学大乘法教[⑥]。天祠数十[⑦]，异道甚多。

从此东南行百余里，逾大岭，济大河，至那揭罗曷国。北印度境。

【注释】

①滥波:梵文 Lampāka 的音译。在今阿富汗东北的拉格曼一带。

②雪山:印度北部边区靠着喜马拉雅山脉和兴都什山脉的南麓地区。

③黑岭:兴都库什山脉。

④迦毕试:梵文 Kāpiśa 的音译,其地在今阿富汗西部兴都库什山以南的喀布尔河流域。

⑤欺诮:欺诈讥讽。

⑥大乘法教:佛教内部两大基本派别之一,与"小乘"相对而言。主张开一切智、尽未来际众生化益之教为大乘。

⑦天祠:供奉大自在天等天部之祠。

【译文】

滥波国方圆一千多里,北部依傍雪山,三面靠近黑岭。该国大都城方圆十多里。几百年来,王族子嗣断绝,豪门大族力争,没有最高君主,最近才隶属迦毕试国。境内适宜种植粳稻,盛产甘蔗,树木虽然多,果实却很少。气候较温暖,有时稍微降点霜,却不下雪。该国物产丰裕,百姓安乐,人们喜爱歌咏。但生性怯懦,内心诡诈,互相欺骗,不能推荐比自己强的人。居民体形矮小,举止轻率浮躁。人们多穿白色毛布衣服,衣饰鲜艳。佛寺十多所,僧徒很少,大都学习大乘佛教。还有天祠几十所,外道教徒特别多。

从滥波国向东南行走一百多里,越过一座大山,渡过一条大河,到达那揭罗曷国。在北印度境内。

那揭罗曷国

那揭罗曷国东西六百余里[①],南北二百五六十里,山周四境,悬隔危险。国大都城周二十余里。无大君长主令,役属迦毕试国[2]。丰谷稼，多花果。气序温暑，风俗淳质。猛锐骁雄[3]，轻财好学。崇敬佛法，少信异道。伽蓝虽多，僧徒寡少，诸窣堵波荒芜圮坏[4]。天祠五所，异道百余人。

【注释】

①那揭罗曷：梵文 Nagarahāra 的音译。在今阿富汗南加哈尔省首府贾拉拉巴德，位于喀布尔河南岸，西起亚格达拉克山隘，东至开伯尔山隘，南对沙费德岭。

②迦毕试：梵文 Kāpiśa 的音译，其地在今阿富汗西部兴都库什山以南的喀布尔河流域。

③猛锐：勇猛而富有锐气。骁雄：勇猛威武。

④圮（pǐ）坏：坍塌。

【译文】

那揭罗曷国东西六百多里，南北二百五六十里，群山环绕四境，与外界隔绝，地势险要。该国大都城方圆二十多里。没有最高君主发号施令，隶属迦毕试国。庄稼茂盛，花果很多。气候温热，风俗淳厚质朴。人们刚猛骁勇，轻视财物。崇尚学问，崇敬佛法，不大信仰外道。佛寺虽然多，僧徒却很少，众多佛塔荒芜倒塌。天祠有五所，外道一百多人。

一、城附近诸遗迹

城东二里有窣堵波，高三百余尺，无忧王之所建也[1]。编石特起，刻雕奇制，释迦菩萨值然灯佛敷鹿皮衣布发掩泥得受记处[2]。时经劫坏[3]，斯迹无泯。或有斋日[4]，天雨众花[5]，群黎心竞，式修供养。其西伽蓝，少有僧徒。次南小窣堵波，是昔掩泥之地，无忧王避大路，遂僻建焉。

城内有大窣堵波故基。闻诸先志曰：昔有佛齿，高广严丽[6]。今既无齿，唯余故基。其侧有窣堵波，高三十余尺。彼俗相传，不知源起，云从空下，峙基于此。既非人工，实多灵瑞[7]。

城西南十余里有窣堵波，是如来自中印度凌虚游化[8]，降迹于此，国人感慕，建此灵基。其东不远有窣堵波，是释迦菩萨昔值然灯佛于此买花。

【注释】

①无忧王：即阿育王，古印度摩竭陀国孔雀王朝第三代国王，佛教护法名王。约公元前268年至前232年在位，初奉婆罗门教，后来改信佛教，成为大护法，于国内建八万四千大寺、八万四千宝塔，并派遣宣教师到四方传教。

②释迦菩萨：即释迦牟尼。值然灯佛：遇见然灯佛。然灯佛，梵文Dīpaṃkara-Buddha的意译。过去世诸佛之一。佛经说他生时周身光明如灯，故名。受记：佛教语。称佛记弟子来生因果及将来成佛之事为记别，接受记别，叫做受记。

③劫坏：佛教以天地的形成至毁坏为一劫。一劫之中又分成、住、坏、空四个时期。这里当泛指极长的时间。

④斋日：斋戒的日子。佛教有六斋日、十斋日等，六斋日为每月八日、十四日、十五日、二十三日、二十九日、三十日，十斋日比六斋日多一日、十八日、二十四日、二十八日。

⑤天雨众花：天上落下众多鲜花。佛教将其视为祥瑞。

⑥严丽：庄严华丽。

⑦灵瑞：灵异的现象或事物。

⑧游化：云游教化。

【译文】

都城以东二里处有座佛塔,高三百多尺,是无忧王建造的。塔垒石砌成,雕刻神奇,是释迦菩萨遇见燃灯佛,把鹿皮大衣铺在地上,解下头发来掩盖泥泞,从而获得成佛预言的地方。虽然经过了劫坏时期,但是这个圣迹没有泯灭。斋日期间,天上落下众多鲜花,百姓心怀敬意,竞相朝拜供养。佛塔西边的寺院里,僧徒很少。再往南有座小佛塔,是从前释迦掩盖泥泞的地方,无忧王为了避开大路,就在这一偏僻处建塔。

都城内有一座大佛塔的故基。据先前的记载说:从前塔内有颗佛牙,高大美丽。现在没有了佛牙,只剩下故基。故基旁边有座佛塔,高三十多尺。当地民众传说,不知道这座塔的来源,据说是从空中坠下来,定基在这里。不是人力所建,是祥瑞征兆。

都城西南十多里处有座佛塔,是如来佛从中印度凌空遨游云游教化降下的地方,人们感念仰慕,于是在这儿建立灵塔。在此以东不远处有座佛塔,是从前释迦菩萨遇见燃灯佛,购买莲花的地方。

二、小石岭佛影窟

城西南二十余里至小石岭,有伽蓝,高堂重阁,积石所成。庭宇寂寥,绝无僧侣。中有窣堵波,高二百余尺,无忧王之所建也。

伽蓝西南,深涧峭绝,瀑布飞流,悬崖壁立。东岸石壁有大洞穴,瞿波罗龙之所居也[①]。门径狭小,窟穴冥暗,崖石津滴[②],蹊径余流。昔有佛影,焕若真容,相好具足[③],俨然如在。

【注释】

①瞿波罗:梵文 Gopāla 的音译,义为“牧牛人”。

②津滴：渗出水滴。

③相(xiàng)好具足：佛像的形态极为佳妙。相好，梵文 Lakṣana Vyañjana 的意译，就佛之身体而言，微妙之相状，可了别者，叫做"相"，细相之可爱乐者，叫做"好"。佛身有三十二相，八十种好。具足，具备，具有。

【译文】

从都城向西南行走二十多里，到达小石岭，岭上有座佛寺，殿堂高大，楼阁重重，是堆积石头建成的。庙宇寂静，没有僧人居住。寺院中有座佛塔，高二百多尺，是无忧王建造的。

佛寺西南，有条深涧，非常陡峭，瀑布飞流而下，悬崖直立如壁。东岸的石壁上有个大洞穴，是瞿波罗龙居住的地方。洞口狭小，窟穴昏暗，岩石缝中山水滴落，流淌在石径上。从前窟中有佛影，容光焕发，犹如佛的真身，形态佳妙之极，仿佛真人在场。

近代已来，人不遍睹，纵有所见，仿佛而已。至诚祈请，有冥感者①，乃暂明视，尚不能久。昔如来在世之时，此龙为牧牛之士，供王乳酪，进奉失宜。既获谴责，心怀恚恨，即以金钱买花，供养受记窣堵波②，愿为恶龙，破国害王。即趣石壁③，投身而死。遂居此窟，为大龙王，便欲出穴，成本恶愿。适起此心，如来已鉴，愍此国人为龙所害，运神通力④，自中印度至。龙见如来，毒心遂止，受不杀戒⑤，愿护正法⑥。因请如来："常居此窟，诸圣弟子，恒受我供。"如来告曰："吾将寂灭，为汝留影。遣五罗汉常受汝供。正法隐没，其事无替。汝若毒心奋怒，当观吾留影，以慈善故，毒心当止。此贤劫中⑦，当来世尊，亦悲愍汝，皆留影像。"影窟门外有二方石，其一石上有如来足蹈之迹，轮相微现⑧，光明时烛。影窟左右多诸石室，皆是如来诸圣弟子入定之处[9]。影窟西北隅有窣堵波，是如来经行之处。其侧窣堵波，有如来发爪。邻此不远有窣堵波，是如来显畅真宗[10]，说蕴界处之所也[11]。影窟西有大盘石，如来尝于其上濯浣袈裟，文影微现。

【注释】

①冥感：至诚而感通神灵。

②受记：佛教语。称佛记弟子来生因果及将来成佛之事为记别，接受记别，叫做受记。

③趣：赴，前往。

④神通力：神奇不可思议的力量。

⑤受不杀戒：接受不杀害生命的禁制。

⑥正法：释迦牟尼所说的教法。别于外道而言。

⑦贤劫：梵文为 Bhadrakalpa，指有释迦佛等千佛出世的现在劫。与过去庄严劫、未来星宿劫并称为三大劫，为佛教宏观的时间观念之一，又名“善劫”。劫，梵文 Kalpa 音译“劫波”（或“劫簸”）的略称。意为极久远的时节。古印度传说世界经历若干万年毁灭一次，重新再开始，这样一个周期叫做一“劫”。

⑧轮相：佛教称佛三十二相之一，谓佛足掌有千辐轮形印纹。

⑨入定：佛教修行方式之一，即入于禅定，使心定于一处、止息身口意三业称入定。

⑩真宗：真正的宗旨。

⑪蕴界处：即五蕴、十八界、十二处的略称，合称三科。五蕴是色、受、想、行、识；十八界包括六根（眼、耳、鼻、舌、身、意）、六境（色、声、香、味、触、法）、六识（眼识、耳识、鼻识、舌识、身识、意识）；十二处指六根与六境的十二法。

【译文】

近代以来，不是人人都能看见，即使有人看见，也是隐隐约约罢了。真心诚意祈祷请求，足以感动神明的，才能暂时看清佛影，但是不能长久。从前如来在世之时，这条龙是放牛的人，供给国王乳酪，进奉之时有失礼仪。受到国王的谴责后，他心怀怨恨，就用金钱买鲜花，供养受记佛塔，发愿变成恶龙，破坏国家谋害国王。随即奔向石壁，投身自杀而死。于是住在这个窟穴中，成为大龙王，便想走出窟穴，实现当初的恶愿。刚刚生了这个想法，如来已经了解，怜悯该国人民受龙王伤害，就运用神通力，自中印度赶到龙王住所。龙王见到如来，恶毒的心就消失了，接受不杀生戒，愿意保护正法。因而请求如来："你要常住窟穴中，各个圣贤弟子，也永久受我供养。"如来告诉它："我将要涅槃，为你留下身影。并派遣五个罗汉，时常受你供养。即使正法消亡，这件事也不改变。你如果毒心又起，应该看我留下的身影，因为慈善的缘故，毒心就会停止。在这一贤劫之中，将来的世尊，也会怜悯你，都会留下影像。"影窟门外有两块方石，其中一块石头上有如来脚踩的痕迹，轮相隐约显现，时常发出光辉。佛影窟左右有很多石室，都是如来众圣贤弟子禅定的地方。佛影窟的西北角有座佛塔，是如来散步的地方。在其旁边的佛塔藏有如来的头发指甲。离这不远有座佛塔，是如来阐扬真如法性，论说五蕴、十八界、十二处的地方。佛影窟西有块大磐石，如来曾经在上面洗涤袈裟，袈裟的印痕依稀可见。

三、醯罗城

城东南三十余里，至醯罗城[①]，周四五里，坚峻险固。花林池沼，光鲜澄镜。城中居人，淳质正信。复有重阁，画栋丹楹[②]。第二阁中有七宝小窣堵波[③]，置如来顶骨。骨周一尺二寸，发孔分明，其色黄白，盛以宝函，置窣堵波中。欲知善恶相者，香末和泥以印顶骨，随其福感，其文涣然。又有七宝小窣堵波，以贮如来髑髅骨。状若荷叶，色同顶骨，亦以宝函缄络而置[④]。又有七宝小窣堵波，有如来眼睛，睛大如柰，光明清彻，皦映中外[⑤]。又以宝函缄封而置。如来僧伽胝袈裟[⑥]，细氎所作，其色黄赤，置宝函中，岁月既远，微有损坏。如来锡杖[⑦]，白铁作环，栴檀为笴[⑧]，宝筒盛之。近有国王闻此诸物并是如来昔亲服用，恃其威力，迫胁而归。既至本国，置所居宫，曾未浃辰[⑨]，求之已失。爰更寻访，已还本处。斯五圣迹，多有灵异。迦毕试王令五净行给侍香花[⑩]。观礼之徒，相继不绝。诸净行等欲从虚寂以为财用人之所重，权立科条[⑪]，以止喧杂。其大略曰："诸欲见如来顶骨者，税一金钱。若取印者，税五金钱。"自余节级[⑫]，以次科条。科条虽重，观礼弥众。

重阁西北有窣堵波，不甚高大，而多灵异。人以指触，便即摇震，连基倾动，铃铎和鸣。

从此东南山谷中行五百余里，至健驮逻国。旧曰乾陁卫，讹也。北印度境。

【注释】

①醯(xī)罗：梵文 Haḍḍa 的音译，义为"骨"。在今阿富汗贾拉拉巴德以南约 5 英里处的 Hiḍḍa。

②画栋丹楹：梁上有彩色图画，柱子漆成红色。楹，柱子。

③七宝：七种宝物，不过诸经论所说少异：《法华经·受记品》为"金、银、琉璃、砗磲、玛瑙、真珠、玫瑰"；《无量寿经》上为"金、银、琉璃、玻璃、珊瑚、玛瑙、砗磲"；《智度论》十为"金、银、毗琉璃、颇

梨、车渠、马瑙、赤真珠”等等。

④宝函：盛佛经、典册及贵重物品等的匣子。缄络：封好并捆扎。

⑤曒(jiǎo)映：清晰地映射着。

⑥僧伽胝：梵文 Saṃghātī 的音译，又作僧伽胝、僧伽致、僧伽鵄、僧伽知。意译为重或合，因为是割截而更合重而成。为比丘三衣中最大者，故称为大衣；以其条数最多，称为杂碎衣；入王宫聚落乞食说法时必穿，故又称为入王宫聚落时衣。

⑦锡杖：梵文 Khakkhara 的意译，又作声杖、鸣杖等，得名于振动时锡锡作声。音译为吃弃罗、隙弃罗等。为僧人所持的禅杖，杖头有铁环，中段用木，下安铁环，振时作声，用于乞食或驱虫(如蛇)。

⑧笴(gǎn)：杆。

⑨浃(jiā)辰：十二天。古代以干支纪日，称从子至亥一个周期的十二日为浃辰。

⑩净行：修婆罗门行者的通称，即梵志。

⑪权：佛教用语，方便，权且。适于一时之法曰权。

⑫节级：次第，顺序。

【译文】

从都城向东南行走三十多里，到达醯罗城，该城方圆四五里，高峻险要而坚固。花果、林木和池塘，鲜明光亮，清澄如镜。城中居民，淳厚质朴，笃信佛法。还有楼阁，梁上有彩色图画，柱子漆成红色。第二层楼上有座七宝小塔，放置如来的顶骨。顶骨圆周一尺二寸，发孔清晰可见，颜色呈黄白色，盛在宝盒之内，放在佛塔里。如果有人想了解吉凶，就可用香末和泥，印在顶骨上，根据个人的福德，印出来的纹样就会清晰可见。又有座七宝小塔，用来贮藏如来的髑髅骨。样子像荷叶，颜色和顶骨相同，也用宝盒装着，放置在佛塔里。还有一座七宝小塔，贮藏着如来的眼睛，眼睛如柰子那么大，光亮透明，内外辉映。也用宝盒封装，放在佛塔里。如来的僧伽胝袈裟，是用细毛布制成，颜色黄红，放置在宝盒中，岁月久远，已经略有损坏。如来的锡杖，是用白铁作环，檀香作杆，装在宝箱中。近来有个国王，听说这些宝物都是如来从前亲自使用过的，就凭借自己的威力，抢夺而归。回到本国后，放在自己住的宫廷中，还不到十二天，宝物就不见了。于是再去寻找，宝物已回原处。这五件圣物，有很多灵异之事。迦毕试国王派遣五个外道修行者供奉香花。观看礼拜的人，络绎不绝。外道修行者想保持寂静，认为人们看重财物，就订下条规，来制止喧哗杂乱。其大意是："如果想看如来顶骨，需交纳一个金钱。如果想取得顶骨泥印，需交纳五个金钱。"其余依次类推，依例纳钱。条规订的税金虽重，观看礼拜的人却更多。

楼阁西北有座佛塔，不太高大，但多灵异之事。人们用手指一碰，塔就摇晃震动，地基都摇晃起来，塔上的铃铛也随之响起来。

从这里向东南山谷中行走五百多里，到达健驮逻国。旧称乾陁卫，是错误的。在北印度境内。

健驮逻国

健驮逻国东西千余里[①]，南北八百余里，东临信度河[②]。国大都城号布路沙布逻[③]，周四十余里。王族绝嗣，役属迦毕试国[④]。邑里空荒，居人稀少，宫城一隅有千余户。谷稼殷盛，花果繁茂，多甘蔗，出石蜜[⑤]。气序温暑，略无霜雪。人性恇怯，好习典艺[⑥]，多敬异道，少信正法。自古已来，印度之境。作论诸师则有那罗延天、无著菩萨、世亲菩萨、法救、如意、胁尊者等本生处也[⑦]。僧伽蓝十余所，摧残荒废，芜漫萧条。诸窣堵波颇多颓圮。天祠百数，异道杂居。

王城内东北有一故基，昔佛钵之宝台也。如来涅槃之后，钵流此国，经数百年，式遵供养，流转诸国，在波剌斯[⑧]。

【注释】

①健驮逻:梵文 Gandhāra 的音译,其地在今阿富汗境内的库纳尔河与今巴基斯坦的印度河之间。

②信度河:印度河。

③布路沙布逻:梵文 Puruṣapura 的音译,义为“丈夫宫”。故址在今巴基斯坦喀布尔河南岸白沙瓦市的西北地区。

④迦毕试:梵文 Kāpiśa 的音译,其地在今阿富汗西部兴都库什山以南的喀布尔河流域。

⑤石蜜:加牛乳熬炼成的硬糖块。

⑥典艺:古代传下来的典籍和技艺。

⑦那罗延天:梵文 Nārāyaṇadeva 的音义混译,原为天上力士之名,或梵天王的异名。无著:梵文 Asaṅga 的意译。约为西元四五世纪人,是古印度大乘佛教瑜伽行派的创始人之一。世亲:梵文 Vasubandhu 的意译。是无著的弟弟,也是古印度大乘佛教瑜伽行派的创始人之一。法救:梵文 Dharmatrāta 的意译。与世友、妙音、觉天同为健驮逻小乘佛教有部的四大论师之一。如意:梵文 Manoratha 的意译。为世亲的老师。胁尊者:梵文 Pārśva 的意译。为小乘佛教有部的大师,付法藏的第十祖。

⑧波剌斯:一作波斯,古波斯语 Pārasi、Pārsia、Pārsa 之音译。其辖境大致相当于今伊朗的地域范围。

【译文】

健驮逻国东西一千多里,南北八百多里,东境濒临信度河。该国大都城叫布路沙布逻,方圆四十多里。王族子嗣断绝,隶属迦毕试国。城内荒凉,居民稀少,只有宫城一角有一千多户人家。庄稼茂盛,花果繁多,盛产甘蔗,又出石蜜。气候温热,毫无霜雪。人们性格怯懦,爱好典籍技艺,大多崇敬外道,很少信仰佛教。自古以来,印度境内作论大师如那罗延天、无著菩萨、世亲菩萨、法救、如意、胁尊者等人都出生于这里。佛寺有十多所，都已毁坏荒废，荒芜衰落。许多佛塔也已倒塌。天祠有一百多所，外道信徒杂居其中。

都城内东北有一故基，是从前安置佛钵的宝台。如来涅槃以后，佛钵流落到这个国家，经过了几百年，人们遵循旧俗，虔诚供奉，后又流传到其它各国，现在在波剌斯国。

一、卑钵罗树及迦腻色迦王大窣堵波

城外东南八九里有卑钵罗树[①]，高百余尺，枝叶扶疏[②]，荫影蒙密。过去四佛已坐其下[③]，今犹现有四佛坐像，贤劫之中九百九十六佛皆当坐焉[④]。冥祇警卫[⑤]，灵鉴潜被。释迦如来于此树下南面而坐，告阿难曰[⑥]："我去世后，当四百年，有王命世，号迦腻色迦[⑦]，此南不远起窣堵波，吾身所有骨肉舍利，多集此中。"

【注释】

①卑钵罗：梵文 Pippala 的音译，即菩提树。

②扶疏：形容树木枝繁叶茂。

③过去四佛："过去七佛"中的后四佛，即拘留孙佛、拘那含牟尼佛、迦叶佛和释迦牟尼佛。

④贤劫：梵文 Bhadrakalpa 的意译，指有释迦佛等千佛出世的现在劫。与过去庄严劫、未来星宿劫并称为三大劫，为佛教宏观的时间观念之一，又名"善劫"。劫，梵文 Kalpa 音译"劫波"（或"劫簸"）的略称。意为极久远的时节。古印度传说世界经历若干万年毁灭一次，重新再开始，这样一个周期叫做一"劫"。

⑤冥祇（qí）：冥间的神。

⑥阿难：阿难陀（Ānanda）音译之略，意译为"欢喜、庆喜"，是斛饭王

之子、提婆达多之弟，佛的从弟和十大弟子之一。

⑦迦腻色迦：贵霜王朝的著名国王。

【译文】

都城外东南方八九里处，有棵卑钵罗树，高一百多尺，枝叶繁茂，浓荫密布。过去四佛曾经在树下坐过，现在还显现出四佛坐像，在此贤劫中，还有九百九十六佛都将要坐到这里。这里有冥神护卫，灵应潜伏。释迦如来在这棵树下朝南而坐，告诉阿难说："我去世之后，到四百年时，有一个国王闻名于当世，叫迦腻色迦，在距此南边不远处建造佛塔，我身体所化所有的骨舍利和肉舍利，大多藏在这座塔里。"

卑钵罗树南有窣堵波，迦腻色迦王之所建也。迦腻色迦王以如来涅槃之后第四百年，君临膺运[①]，统赡部洲[②]，不信罪福，轻毁佛法。畋游草泽，遇见白兔，王亲奔逐，至此忽灭。见有牧牛小竖于林树间作小窣堵波[③]，其高三尺。王曰："汝何所为？"牧竖对曰："昔释迦佛圣智悬记[④]，当有国王于此胜地建窣堵波，吾身舍利多聚其内。大王圣德宿殖，名符昔记，神功胜福，允属斯辰[⑤]，故我今者先相警发。"说此语已，忽然不现。王闻是说，喜庆增怀，自负其名大圣先记，因发正信，深敬佛法。周小窣堵波，更建石窣堵波，欲以功力弥覆其上，随其数量，恒出三尺。若是增高，逾四百尺。基趾所峙，周一里半。层基五级，高一百五十尺。方乃得覆小窣堵波。王因喜庆，复于其上更起二十五层金铜相轮[⑥]，即以如来舍利一斛而置其中，式修供养。营建才讫，见小窣堵波在大基东南隅下傍出其半，王心不平，便即掷弃，遂住窣堵波第二级下石基中半现，复于本处更出小窣堵波。王乃退而叹曰："嗟夫，人事易迷，神功难掩，灵圣所持，愤怒何及！"惭惧既已，谢咎而归。其二窣堵波今犹现在。有婴疾病欲祈康愈者[7]，涂香散花，至诚归命，多蒙瘳差[8]。

【注释】

①膺运：受天命为帝王。

②赡部：梵文 Jambū 的音译，又作阎浮、剡浮。佛教经典中所称的四大洲中的南部洲名，因赡部树得名，为人类等居处。

③牧牛小竖：放牛娃。竖，童仆。

④悬记：佛遥记修行者未来证果、成佛的预言。

⑤允属（zhǔ）斯辰：确实是正当这个时候。允，确实。属，正当。

⑥相（xiàng）轮：即露盘。塔刹的主要部分。贯串在刹杆上的圆环。多与塔的层数相应，为塔的表相，故称。

⑦婴：缠绕。

⑧瘳差：病愈。

【译文】

卑钵罗树南面有座佛塔，是迦腻色迦王建造的。迦腻色迦王在如来涅槃以后的第四百年，受天命当上国君，统领赡部洲，他不相信罪福之说，轻蔑诋毁佛法。有一次他在草泽中打猎，遇见了一只白兔，他亲自追逐，但是到了这里，白兔忽然消失。看到一个放牛娃，在树林间建小佛塔，塔高三尺。迦腻色迦王问道："你在干什么？"放牛娃回答说："从前释迦佛以其聪明睿智预言，将有国王在这一圣地上建造佛塔，佛身舍利大多聚集塔内。大王前世积下圣德，名字符合释迦佛的预言，神一般的功绩，巨大的福德，确实要在这时实现了，所以我现在先给您提个醒。"说完这段话，忽然不见了。迦腻色迦王听到这段话，心中万分高兴，自恃名字是释迦佛预言的，因而心里产生正法信仰，深深崇敬佛法。他在小佛塔周围，再建石塔，想用自己的功德力量把小塔盖住，但是随着石塔增高，小塔始终高出三尺。像这样不断地增高，塔高四百多尺。石塔地基面积，方圆有一里半。塔基有五层，高一百五十尺。这才盖住小佛塔。迦腻色迦王因此大喜，又在佛塔上面建造二十五层金铜露盘，把一斛如来舍利放置其中，礼拜供奉。兴建刚结束，发现小佛塔在大塔地基的东南角下伸出一半，迦腻色迦王心中不高兴，就把小塔毁弃，小塔却又在大塔第二层的石基中露出一半，并在原处又长出了小佛塔。迦腻色迦王于是罢手叹息道："唉，人心容易迷惘，神功难以遮盖，既然有神灵护持，愤怒有什么用呢！"惭愧恐惧之余，谢罪而归。这两座佛塔现在仍保存着，患病的人如果要祈求康复痊愈，便可涂香撒花，诚心皈依佛教，多数病人蒙神保佑痊愈。

二、大窣堵波周近诸佛像

大窣堵波东面石陛南，镂作二小窣堵波，一高三尺，一高五尺，规摹形状，如大窣堵波。又作两躯佛像，一高四尺，一高六尺，拟菩提树下加趺坐像①。日光照烛，金色晃曜。阴影渐移，石文青绀②。闻诸耆旧曰：数百年前，石基之隙有金色蚁，大者如指，小者如麦，同类相从，啮其石壁，文若雕镂。厕以金沙，作为此像，今犹现在。

【注释】

①加趺(fū)坐：通常作"结跏趺坐"。为佛教徒坐禅法，即交迭左右足背于左右股上而坐。分降魔坐与吉祥坐两种：前者先以右趾押左股，后以左趾押右股，手亦左在上，诸禅宗多传此坐；后者先以左趾押右股，后以右趾押左股，令二足掌仰放于二股之上，手亦右押左，安仰跏趺之上，相传即如来成正觉时坐法。

②青绀(gàn)：天青色。

【译文】

大佛塔东面石阶之南，有两座雕刻而成的小佛塔，一座高三尺，一座高五尺，尺寸模样，如同大佛塔。又雕刻了两尊佛像，一尊高四尺，一尊高六尺，是模拟释迦在菩提树下盘腿打坐像。阳光照射上面，便金光闪闪。阴影渐渐移去，石头上纹印呈青绀色。听年高望重者讲：几百年前，石基的缝隙中有金色蚂蚁，大的像指头，小的如麦粒，群蚁聚集在一起，咬啮石壁，咬过的纹理如同雕刻一样。人们在蚁咬处嵌上金沙，就制成了这两尊佛像，现在还保存着。

大窣堵波石陛南面有画佛像，高一丈六尺。自胸已上，分现两身；从胸已下，合为一体。闻诸先志曰：初有贫士，佣力自济①，得一金钱，愿造佛像。至窣堵波所，谓画工曰："我今欲图如来妙相②，有一金钱，酬工尚少，宿心忧负③，迫于贫乏。"时彼画工鉴其至诚，无云价直，许为成功。复有一人事同前迹，持一金钱求画佛像。画工是时受二人钱，求妙丹青④，共画一像。二人同日俱来礼敬，画工乃同指一像示彼二人，而谓之曰："此是汝所作之佛像也。"二人相视，若有所怀。画工心知其疑也，谓二人曰："何思虑之久乎？凡所受物，毫厘不亏。斯言不谬，像必神变。"言声未静，像现灵异，分身交影，光相照著⑤。二人悦服，心信欢喜。

【注释】

①佣力自济：出卖劳力来养活自己。

②妙相：庄严的相貌。

③宿心忧负：发愁不能实现夙愿。

④丹青：丹砂和青雘，可作颜料。

⑤光相照著：佛像显著。

【译文】

大佛塔石阶的南面，有一幅佛陀画像，高一丈六尺。胸膛以上，显现出两个身躯；胸膛以下，合为一体。据先前的记载说：从前有个穷人，靠卖力气来维持生计，赚得一个金钱后，发愿造一尊佛像。他来到佛塔处，对画工说："我现在想绘画如来妙相，但只有一个金钱，酬金还不够，发愁不能实现夙愿，出于贫困无可奈何。"当时那位画工看到他至诚之心，就不再讨论价钱，答应为他画成佛像。后又有一人，同先前那人一样，拿着一个金钱，来请求绘画佛像。画工当时收下了二人的钱，设法找到上好颜料，总共画成一幅画像。二人在同一天前来拜佛，画工于是指着同一幅画像给那二人看，并对二人说："这是为你们所作的佛像。"二人相互看着，好像有些迷惑。画工心中知道二人的疑惑，对二人说："为什么思虑那么久呢？我收了你们的钱，丝毫不会私吞。如果我的话不是谎话，佛像一定会发生神异变化的。"话音未落，佛像显现灵异，身躯分开，身影相连，佛像显著。二人心悦诚服，坚定了信念，十分喜悦。

大窣堵波西南百余步，有白石佛像，高一丈八尺，北面而立，多有灵相[①]，数放光明。时有人见像出夜行，旋绕大窣堵波。近有群贼欲入行盗，像出迎贼，贼党怖退，像归本处，住立如故。群盗因此改过自新，游行邑里，具告远近。

大窣堵波左右，小窣堵波鱼鳞百数。佛像庄严[②]，务穷工思[③]，殊香异音，时有闻听，灵仙圣贤，或见旋绕。此窣堵波者，如来悬记[④]，七烧七立，佛法方尽。先贤记曰：成坏已三。初至此国，适遭火灾。当见营搆，尚未成功。

【注释】

①灵相：灵怪奇异的现象。

②庄严：佛菩萨像端庄威严。

③务穷工思：致力于使构思设计达到极其工巧的程度。

④悬记：佛遥记修行者未来证果、成佛的预言。

【译文】

大佛塔西南方一百多步处，有一尊白石佛像，高一丈八尺，朝北站立，多有灵异，常常放射光芒。不时有人看见佛像在夜晚出来围绕大佛塔行走。近来有一群盗贼想进去偷窃，佛像出来迎盗贼，盗贼们害怕逃跑了，佛像复归原位，像从前一样站立。盗贼因此改过自新，在城乡游行，向远近的人详细地告诉这件事。

大佛塔的左右两侧，有一百多座小塔，如鱼鳞般地紧挨着。佛像端庄威严，构思设计费尽了心思，特殊的香味和音乐，时常可以闻到听到，仙人和圣贤绕塔而行，时常可见。这座佛塔，按如来的预言，焚烧七次建造七次之后，佛法方才消失。据先世的贤人说：此塔已三毁三建。我刚到这个国家，塔刚被火烧。现在正在营造，尚未建成。

三、迦腻色迦王伽蓝与胁尊者、世亲、如意遗迹

大窣堵波西有故伽蓝，迦腻色迦王之所建也①。重阁累榭，层台洞户，旌召高僧②，式昭景福③。虽则圮毁，尚曰奇工。僧徒减少，并学小乘。自建伽蓝，异人间出，诸作论师及证圣果④，清风尚扇⑤，至德无泯。

【注释】

①迦腻色迦王：贵霜王朝的著名国王。

②旌(jīng)召：同“旌招”，以旌招之，指征召贤士。旌，旗子。

③景福：洪福，大福。语出《诗经·周颂·潜》："以享以祀，以介景福。"

④圣果：佛教修行所达到的圆满境界。

⑤清风：高洁的品格。

【译文】

大佛塔的西边有座旧佛寺，是迦腻色迦王建造的。寺内有重重楼阁，层层台榭上房屋幽深，这是用来征召高僧，以显扬修建佛寺的大福。屋宇虽已倒塌，还称得上工艺精巧。寺内僧徒很少，都研习小乘佛教。自从佛寺建立后，经常出现有异才的人，众多作论大师以及证得圣果的人，高洁的品格至今尚存，盛德没有泯灭。

第三重阁，有波栗湿缚唐言胁。尊者室，久已倾顿，尚立旌表①。初尊者之为梵志师也②，年垂八十，舍家染衣③。城中少年便诮之曰："愚夫朽老，一何浅智！夫出家者，有二业焉，一则习定，二乃诵经。而今衰耄④，无所进取，滥迹清流⑤，徒知饱食。"时胁尊者闻诸讥议，因谢时人而自誓曰："我若不通三藏理⑥，不断三界欲⑦，得六神通⑧，具八解脱⑨，终不以胁而至于席。"自尔之后，唯日不足，经行宴坐⑩，住立思惟，昼则研习理教，夜乃静虑凝神。绵历三岁，学通三藏，断三界欲，得三明智⑪，时人敬仰，因号胁尊者焉。

胁尊者室东有故房，世亲菩萨于此制《阿毗达磨俱舍论》⑪，人而敬之，封以记焉。

【注释】

①旌表：本指官府颁赐用以表彰的牌坊匾额等，这里指标志。

②梵志师：婆罗门教徒。师，对僧尼等出家修行者的尊称。

③染衣：僧人穿着用木兰色等坏色染成的衣服，因以“染衣”代指出家僧人。

④衰耄(mào)：衰老。

⑤滥迹：厕身其间。滥，指身在其位而力不能胜任，谦词。清流：本喻指德行高洁负有名望的士大夫。这里借指佛门弟子。

⑥三藏理：三藏的道理。三藏，梵文 Tripiṭaka 的意译，佛典的总称。即经藏(Sūtrapiṭaka)、律藏(Vinayapiṭaka)、论藏(Abhidharmapiṭaka)。

⑦三界欲：三界的贪欲。三界，佛教指众生轮回的欲界、色界和无色界。

⑧六神通：六种神通力，即神境智证通(亦云神足通)、天眼智证通(亦云天眼通)、天耳智证通(亦云天耳通)、他心智证通(亦云他心通)、宿命智证通(亦云宿命通)、漏尽智证通(亦云漏尽通)。神足通，谓其游涉往来非常自在；天眼通，谓得色界天眼根，能透视无碍；天耳通，谓得色界天耳根，能听闻无碍；他心通，谓能知他人之心念而无隔碍；宿命通，谓知自身及六道众生宿世行业而无障碍；漏尽通，谓断尽一切烦恼得自在无碍。前五通，凡夫亦能得之，而第六通，唯圣者始得。

⑨八解脱：能摆脱烦恼业障的系缚而复归自在的八种解脱，即观内有色外亦观色解脱；观内无色外亦观色解脱；内外诸色解脱；空无边处解脱；识无边处解脱；无所有处解脱；非想非非处解脱；灭受想处解脱。解脱，梵文 Mokṣa 的意译，音译作木叉。指脱离束缚而得自在，解惑业之系缚，脱三界之苦果。

⑩宴坐：坐禅。《维摩诘所说经・弟子品》：“夫宴坐者，不于三界现身意，是为宴坐。”

⑪三明智：三明的智慧。三明，梵文 Trividyā 的意译。佛教所称的三种智慧，即宿命明、天眼明、漏尽明。宿命明是明白自己和他

人一切宿世的事；天眼明是明白自己和他人一切未来世的事；漏尽明是以圣智断尽一切的烦恼。以上三者，在阿罗汉叫做"三明"，在佛即叫做"三达"。

⑫世亲：梵文 Vasubandhu 的意译。是无著的弟弟，也是古印度大乘佛教瑜伽行派的创始人之一。《阿毗达磨俱舍论》：梵文 Abhidharma-kośa-śāstra 的音译合译，简称俱舍论。是小乘向大乘过渡的名著。

【译文】

第三层楼阁上，有波栗湿缚唐土称为胁。尊者的居室，已经倾倒损毁很久了，仍立有牌子表彰。当初，尊者是婆罗门教徒，年近八十，出家为僧。城里的年轻人讥笑他道："愚蠢的老头，浅陋到如此地步！出家的人，有两件事，一是禅定，二是诵经。而你已经衰老了，没有办法再进取，却要混在佛门弟子中充数，只知道吃饱肚子罢了。"当时胁尊者听到这些讥讽后，就向在场的人解释，并且自己立誓说："如果我不通晓三藏道理，不断绝三界欲念，不得到六神通，不具备八解脱，绝不让自己的胁肋挨到席子。"从这以后，胁尊者只感到时间不够用，散步静坐站立，无时不在思维，白天研习教义，夜晚静思凝神。经过三年时间，学问贯通三藏，断绝了三界贪欲，获得了三明的智慧，当时人敬仰他，因此称他为胁尊者。

胁尊者居室的东面有间旧房，世亲菩萨曾在这里撰写《阿毗达磨俱舍论》，人们敬仰他，就将这间旧房封存起来，并作了标记。

世亲室南五十余步第二重阁，末笯曷剌他唐言如意。论师于此制《毗婆沙论》[①]。论师以佛涅槃之后一千年中利见也[②]。少好学，有才辩，声问遐被[③]，法俗归心。时室罗伐悉底国毗讫罗摩阿迭多王唐言超日。威风远洽[④]，臣诸印度，日以五亿金钱周给贫窭孤独[5]。主藏臣惧国用乏匮也，乃讽谏曰："大王威被殊俗，泽及昆虫，请增五亿金钱，以赈四方匮乏。府库既空，更税有土，重敛不已，怨声载扬，则君上有周给之恩，臣下被不恭之责。"王曰："聚有余，给不足，非苟为身侈靡国用。"遂加五亿，惠诸贫乏。其后畋游，逐豕失踪，有寻知迹者，赏一亿金钱。如意论师一使人剃发[6]，辄赐一亿金钱。其国史臣依即书记。王耻见高，心常怏怏，欲众辱如意论师。乃招集异学德业高深者百人而下令曰："欲收视听，游诸真境，异道纷杂，归心靡措。今考优劣，专精遵奉。"洎乎集论[7]，重下令曰："外道论师并英俊也，沙门法众宜善宗义，胜则崇敬佛法，负则诛戮僧徒。"于是如意诘诸外道，九十九人已退飞矣，下席一人，视之蔑如也。因而剧谈，论及火烟，王与外道咸喧言曰："如意论师辞义有失。夫先烟而后及火，此事理之常也。"如意虽欲释难，无听览者，耻见众辱，齰断其舌[8]。乃书诫告门人世亲曰："党援之众[9]，无竞大义。群迷之中，无辩正论。"言毕而死。居未久，超日王失国，兴王膺运，表式英贤。世亲菩萨欲雪前耻，来白王曰："大王以圣德君临，为含识主命[10]。先师如意学穷玄奥，前王宿憾，众挫高名。我承导诱，欲复先怨。"其王知如意哲人也，美世亲雅操焉，乃召诸外道与如意论者。世亲重述先旨，外道谢屈而退。

【注释】

①末笯曷剌他论师：即如意论师。《毗婆沙论》：梵文 Abhidharma-ma hāvibhāṣā-śāstra，共 200 卷，详细地论释，系统地总结说一切

有部的理论主张，并对大众部、法藏部、化地部等部派以及数论、胜论等外道观点予以批驳。

②利见：降生。

③声问：名声。亦作“声闻”。

④室罗伐悉底：见卷六专条下注。毗讫罗摩阿迭多：梵文 Vikramāditya 的音译，意译为超日王。4 世纪笈多王朝旃陀罗笈多二世。

⑤贫窭（jù）：贫穷的人。窭，贫。

⑥如意：梵文 Manaratha 的意译。为世亲的老师。

⑦洎（jì）乎：等到，待及。

⑧齰（zé）：咬啮。

⑨党援：结党相助。这里含贬义，如同说内外勾结。

⑩含识：佛教称有意识、有感情的生物，即众生。

【译文】

世亲菩萨居室南面五十多步第二层楼上，末笯曷剌他唐土称如意。论师曾在这里撰写《毗婆沙论》。论师是在佛祖涅槃一千年后诞生的。他年少便好学，有才善辩，声名远扬，僧俗人士都诚心归附。当时室罗伐悉底国的毗讫罗摩阿迭多王唐土称超日。威风远扬，统治印度各国，每天用五亿金钱接济贫穷的孤儿孤老。主管财政的大臣担心国家费用不足，就婉言相劝道：“大王威风遍及异邦，恩泽惠及昆虫，请求增加五亿金钱，来救济四方贫乏的人。这样府库空虚后，再向有钱人征税，这样不断地征敛，必将怨声四起，君王有救济穷人的恩德，臣下则遭受不尽职守的责骂。”国王说：“聚敛富人多余的财产，赏给财产不足的人，不是我自己奢侈浪费国家费用。”于是又加了五亿，赐给贫穷困乏的人。以后出去打猎，追赶一头野猪，野猪失踪了，有寻找到野猪踪迹的人，赏一亿金钱。但如意论师请人剃一次头，就赏赐一亿金钱。该国史官依据事实把这件事记载下来。国王见他胜过自己，感到羞耻，心中时常闷闷不乐，就想当众侮辱如意论师。于是他招集一百位德高博识的各派学者，下令说："我现在要整顿宗教各说，到真境中遨游，但是现在部派纷纭复杂，不知归向哪一家。现在要考定优劣，以便专心遵照奉行一说。"到了聚集要讨论时，又下令说："外道论师都是才智出众之人，佛教僧徒应该精通教义，如果佛教僧徒胜了，我就崇敬佛法，败了我就诛杀僧徒。"于是如意论师向外道论辩，九十九人都败下阵去，席上只有一人了，如意瞧不起地看着他。于是激烈争辩，话中提及"火烟"一词，国王和外道人士都起哄说："如意论师的语义有错。先有烟而后有火，这是常见的道理。"如意虽然想要解释疑难，但没有人肯听，他以当众受辱为耻，就咬断了自己的舌头。写下文字告诫门人世亲说："在结成朋党的众人当中，不要争论重要义理。在迷失本性的众生中，不要讨论真正的学说。"写完以后就死了。没过多久，超日王失去王位，继位之君受天命为帝王，表彰德才杰出的人。世亲菩萨想要洗刷从前的耻辱，前来禀报国王说："大王以圣明的德行统治天下，请为天下生灵做主。先师如意学问穷极玄妙义理，已故国王以往日怨恨，聚众挫伤他的高名。我蒙先师教导，想要报过去的仇恨。"新君知道如意是一位智慧卓越的人，欣赏世亲高尚的操守，于是召集那些与如意论辩过的外道论师。世亲重述了一遍如意先前的论旨，外道认输退出。

四、布色羯逻伐底城及诸遗迹

迦腻色迦王伽蓝东北行五十余里，渡大河，至布色羯逻伐底城[①]，周十四五里。居人殷盛，闾阎洞连[②]。城西门外有一天祠，天像威严，灵异相继。

城东有窣堵波，无忧王之所建也[③]，即过去四佛说法之处[④]。古先圣贤自中印度降神导物，斯地实多，即伐苏蜜呾罗唐言世友。旧曰和须蜜多，讹也。论师于此制《众事分阿毗达磨论》[⑤]。

城北四五里有故伽蓝，庭宇荒凉，僧徒寡少，然皆遵习小乘法教，即达磨呾逻多唐言法救。旧曰达摩多罗，讹也。论师于此制《杂阿毗达磨论》⑥。

【注释】

①布色羯逻伐底：梵文 Puṣkalāvatī 的音译，是健驮罗国的故都。即今巴基斯坦白沙瓦东北 17 英里，位于斯瓦特河与喀布尔河的交汇口的东岸，今名却尔沙达。

②闾阎：里巷内外的门，后多借指里巷。

③无忧王：即阿育王，古印度摩竭陀国孔雀王朝第三代国王，佛教护法名王。约西元前 268 年至前 232 年在位，初奉婆罗门教，后来改信佛教，成为大护法，于国内建八万四千大寺、八万四千宝塔，并派遣宣教师到四方传教。

④过去四佛："过去七佛"中的后四佛，即拘留孙佛、拘那含牟尼佛、迦叶佛和释迦牟尼佛。

⑤伐苏蜜呾罗：梵文 Vasumitra 的音译，意译为世友。西元 1、2 世纪人，是说一切有部的大师。《众事分阿毗达磨论》：梵文名 Abhidharmaprakaraṇapāda-śāstra。是小乘佛教说一切有部的七部论中的第三部。

⑥达磨呾逻多：即法救论师。梵文 Dharmatrāta 的意译。与世友、妙音、觉天同为健驮逻小乘佛教有部的四大论师之一。《杂阿毗达磨论》：梵文名 Saṃyuktābhidharmahṛdaya-śāstra。十一卷，南朝刘宋僧伽跋摩译。

【译文】

从迦腻色迦王佛寺向东北行走五十多里，渡过大河，到达布色羯逻伐底城，该城方圆十四五里。城内人口稠密，里巷连接相通。城西门外有座天祠，神像威严，灵异之事不断。

城东有座佛塔，是无忧王建造的，是过去四佛说法的地方。古代圣贤从中印度来到这里，使神灵降临，引导众人，这个地方很多，伐苏蜜呾罗唐土称世友，旧称和须蜜多，是错误的。论师在这里撰写《众事分阿毗达磨论》。

该城北边四五里处，有座旧佛寺，庭院荒凉，僧徒很少，然而都遵从并学习小乘法教，达磨呾逻多唐土称法救。旧称达磨多罗，是错误的。论师在这里撰写《杂阿毗达磨论》。

伽蓝侧有窣堵波，、高数百尺，无忧王之所建也，雕木文石，颇异人工。是释迦佛昔为国王，修菩萨行，从众生欲，惠施不倦，丧身若遗，于此国土千生为王①，即斯胜地千生舍眼②。

舍眼东不远有二石窣堵波，各高百余尺，右则梵王所立③，左乃天帝所建④，以妙珍宝而莹饰之。如来寂灭，宝变为石。基虽倾陷，尚曰崇高。

梵释窣堵波西北行五十余里，有窣堵波，是释迦如来于此化鬼子母⑤，令不害人，故此国俗祭以求嗣。

化鬼子母北行五十余里，有窣堵波，是商莫迦菩萨旧曰睒摩菩萨，讹也。恭行鞠养⑥，侍盲父母，于此采果，遇王游猎，毒矢误中。至诚感灵，天帝傅药，德动明圣，寻即复苏。

【注释】

①千生为王：连续千世为王。

②千生舍眼：连续千世把眼睛施舍出去。

③梵王：即大梵天王，梵文 Brahman，佛经称色界之初禅天脱离欲界的淫欲，寂静清净，其中有三天：梵众天、梵辅天、大梵天，梵王即

大梵天之主。

④天帝：也称天帝释、帝释、帝释天，梵名释迦提桓因陀罗(Śakra-devānām-indra)，略称释提桓因，为忉利天之主，居须弥山顶喜见城，统领三十三天。

⑤鬼子母：梵名 Hāritī，意译欢喜、暴恶等。释迦牟尼曾经将鬼母的幼子傧迦罗覆于钵下，借以劝导鬼母皈依佛教，不杀人子女，不破杀戒。

⑥商莫迦菩萨：梵文Śyāmaka 的音译，义为“善”。鞠(jū)养：赡养。鞠，生养、抚育。

【译文】

佛寺旁边有座佛塔，高几百尺，是无忧王建造的。雕刻木头，纹绘石头，与人工所造大不相同。就在这里，释迦佛曾做国王，修菩萨行，为了满足众生的愿望，不厌倦地布施，丧失生命如同丢失东西一样，在这个国家为王一千世，也在这个胜地施舍眼睛一千次。

舍眼塔东面不远处，有二座石塔，各高一百多尺。右塔是梵王所立，左塔是天帝所建，都是用上好奇珍异宝装饰成的。如来涅槃后，珍宝变为石头。塔基虽然倒塌，仍显得很高大。

从梵王塔、天帝塔向西北行走五十多里，有座佛塔，是释迦如来教化鬼子母，让她不再害人的地方，所以该国风俗是到这里祭祀求赐子嗣。

从教化鬼子母塔向北行走五十多里，有座佛塔。当初，商莫迦菩萨旧称睒摩菩萨，是错误的。恭行孝道，侍侯眼瞎的父母，当他在这里采集果实时，遇到国王打猎，误中毒箭。由于他的诚心感动了神灵，天帝为他涂上药，他的德行感动了神明，不久就死而复生了。

五、跋虏沙城

商莫迦菩萨被害东南行二百余里，至跋虏沙城①。城北有窣堵波，是苏达拿太子唐言善牙。以父王大象施婆罗门②，蒙谴被摈，顾谢国人，既出郭门，于此告别。其侧伽蓝，五十余僧，并小乘学也。昔伊湿伐逻唐言自在。论师于此制《阿毗达磨明灯论》[③]。

跋虏沙城东门外有一伽蓝，僧徒五十余人，并大乘学也。有窣堵波，无忧王之所建立。昔苏达拏太子摈在弹多落迦山[④]，旧曰坛特山，讹也。婆罗门乞其男女，于此鬻卖。

【注释】

①跋虏沙：梵文 Palusha 的音译，一作佛沙伏。其故址，按沙畹说，在今白沙瓦东北偏东 65 公里处的沙巴士·格希；按康宁翰说，则在布色羯逻伐底城之西 40 英里处，即今巴罗村。

②苏达拏太子：传说太子乐善好施，因将战象须檀延施与敌国而被放逐到弹多落迦山十二年。苏达拏，梵文 Sudanta 的音译。

③伊湿伐逻：梵文 Īśvara 的音译，意译为自在。《阿毗达磨明灯论》：无汉藏译本。其梵文原本可能是我国民族图书馆收藏的梵文写本第 24 号《Abhidharmadīpa》。

④弹多落迦：梵文 Daṇḍaloka 的音译，义为“刑罚处”。

【译文】

从商莫迦菩萨被害塔处向东南行走二百多里，到达跋虏沙城。城的北面有座佛塔，当初苏达拏太子唐土称善牙。把父王的大象施舍给婆罗门，遭到谴责，被放逐出城，他感谢国人为他送行，出了城门，在这里告别国人。佛塔旁有座佛寺，有五十多位僧人，都学习小乘佛教。从前，伊湿伐逻唐土称自在。论师在这里撰写《阿毗达磨明灯论》。

跋虏沙城东门外有座佛寺，僧徒五十多人，都学习大乘佛教。有一座佛塔，是无忧王建造的。从前苏达拏太子被放逐在弹多落迦山，旧称坛特山，是错误的。婆罗门向他讨取其子女，便在这里卖掉。

六、弹多落迦山及其他诸遗迹

跋虏沙城东北二十余里至弹多落迦山，岭上有窣堵波，无忧王所建。苏达拿太子于此栖隐[①]。其侧不远有窣堵波，太子于此以男女施婆罗门，婆罗门捶其男女，流血染地，今诸草木犹带绛色。岩间石室，太子及妃习定之处。谷中林树，垂条若帷，并是太子昔所游止。其侧不远有一石庐，即古仙人之所居也。

仙庐西北行百余里，越一小山至大山。山南有伽蓝，僧徒鲜少，并学大乘。其侧窣堵波，无忧王之所建也，昔独角仙人所居之处[②]。仙人为淫女诱乱，退失神通，淫女乃驾其肩而还城邑。

跋虏沙城东北五十余里至崇山。山有青石大自在天妇像[③]，毗摩天女也[④]。闻诸土俗曰：此天像者，自然有也。灵异既多，祈祷亦众。印度诸国，求福请愿，贵贱毕萃，远近咸会。其有愿见天神形者，至诚无贰，绝食七日，或有得见，求愿多遂。山下有大自在天祠，涂灰外道式修祠祀[⑤]。

【注释】

①栖隐：隐居。

②独角仙人：又作一角仙人。梵文 Ekaśṛṅga 的意译。据称仙人在波罗奈山中由鹿腹所生，头有一角，故名。成年后修禅定得神通力，因惑于淫女，失去神通力，出山为国家大臣。

③大自在天：自在天外道之主神。梵文 Maheśvara 的意译，音译作摩醯湿伐罗等，在色界之顶，为三千界之主。

④毗摩：梵文 Bhīmā 的音译，大自在天妻子的称号。

⑤涂灰：梵文 Pāṃśupata 的意译。因其教徒周身涂灰修苦行，以求升天而得名。该派崇拜湿婆神，故又称湿婆派、自在天派，是印度教中的一派。

【译文】

从跋虏沙城向东北行走二十多里，到达弹多落迦山。山岭上有座佛塔，是无忧王建造的。苏达拿太子曾在这里隐居。旁边不远处又有座佛塔，太子曾在这里把子女施舍给婆罗门，婆罗门殴打他的孩子，流血染红了大地，草木至今仍带红色。山岩之间有一石室，是太子和妃子养静以止息妄念的地方。山谷中的树木，枝条下垂如帷帐，都是太子从前游览休息过的地方。旁边不远处有座石屋，是古仙人居住过的地方。

从仙人石屋向西北行走一百多里，越过一座小山，到达一座大山。山南有座佛寺，僧徒很少，都学习大乘佛教。佛寺旁边有座佛塔，是无忧王建造的，是从前独角仙人居住过的地方。独角仙人被淫女诱惑而迷乱，失去了神通力，于是淫女骑在他的肩上，回到城里。

从跋虏沙城向东北行走五十多里，到达一座高山。山上有青石雕刻成的大自在天妻子的雕像，就是毗摩天女。听当地居民讲：这个神像，是天然生成的。灵异的事情很多，祈祷的人也很多。印度各国，求福许愿的，无论贵贱远近都聚集到这里。如有人想见天神形貌，极其虔诚，极其专一，绝食七天，就有可能看见，祈求的东西也多能实现。山下有座大自在天祠，涂灰外道在这里祭祀礼拜。

七、乌铎迦汉荼城

毗摩天祠东南行百五十里，至乌铎迦汉荼城[①]。周二十余里，南临信度河[②]。居人富乐，宝货盈积，诸方珍异，多集于此。

【注释】

①乌铎迦汉荼:Udaka-khaṇḍa 的音译。故址在今喀布尔河流入印度河处东北的俄欣特,是印度河的重要渡口。

②信度河:印度河。

【译文】

从毗摩天祠向东南行走一百五十里,到达乌铎迦汉荼城。该城方圆二十多里,南面濒临信度河。居民富裕安乐,堆满了宝物,各地的奇珍异宝,大多汇集到这里。

八、娑罗睹逻邑及波你尼仙

乌铎迦汉荼城西北行二十余里,至娑罗睹逻邑①,是制《声明论》波你尼仙本生处也②。遂古之初,文字繁广,时经劫坏③,世界空虚,长寿诸天④,降灵导俗。由是之故,文籍生焉。自时厥后,其源泛滥。梵王、天帝,作则随时⑤,异道诸仙,各制文字,人相祖述,竞习所传,学者虚功,难用详究。人寿百岁之时,有波你尼仙,生知博物,愍时浇薄⑥,欲削浮伪,删定繁猥,游方问道,遇自在天⑦,遂申述作之志。自在天曰:"盛矣哉,吾当佑汝!"仙人受教而退,于是研精覃思⑧,捃摭群言⑨,作为字书,备有千颂,颂三十二言矣。究极今古,总括文言,封以进上。王甚珍异,下令国中,普使传习,有诵通利,赏千斤钱。所以师资传授,盛行当世。故此邑中诸婆罗门硕学高才,博物强识。

【注释】

①娑罗睹逻:梵文Śalātura 的音译。在今俄欣特附近的拉霍尔。

②《声明论》：是波你尼撰写的梵文文法著作。波你尼：梵文 Pāṇini 的音译。西元前 4 世纪末，印度最杰出的梵文语法学家。

③劫坏：佛教以天地的形成至毁坏为一劫。一劫之中又分成、住、坏、空四个时期。

④长寿诸天：天神之长寿者。

⑤梵王：即大梵天王，梵文 Brahman，佛经称色界之初禅天脱离欲界的淫欲，寂静清净，其中有三天：梵众天、梵辅天、大梵天，梵王即大梵天之主。天帝：也称天帝释、帝释、帝释天，梵名释迦提桓因陀罗（Śakra-devānām-indra），略称释提桓因，为忉利天之主，居须弥山顶喜见城，统领三十三天。

⑥浇薄：社会风气浮薄。

⑦自在天：自在天外道之主神。梵文 Maheśvara 的意译，音译作摩醯湿伐罗等，在色界之顶，为三千界之主。

⑧覃（tán）思：深思。覃，深。

⑨捃摭（zhí）：搜集。

【译文】

从乌铎迦汉荼城向西北行走二十多里，到达娑罗睹逻邑，这是撰写《声明论》的波你尼仙的诞生地。远古之初，文字繁多复杂，经过坏劫以后，世界空旷荒芜，众长寿天神，降临人间教导凡人。由于这个缘故，就产生了文字书籍。从这以后，文字源流如洪水泛滥越来越多。梵王、天帝，顺应时俗制订规则，外道仙人各自创造文字，人们互相传袭，竞相学习文字，学者白花功夫，难以详细探究。人寿一百岁时，有个波你尼仙，他生而知之，博通万物，怜悯世风浮薄，想要削除浮浅虚伪，删掉繁琐之处，云游四方，访求有道人士，遇到了大自在天，告诉他自己著作的志向。大自在天说："真是太好了，我要保佑你！"仙人接受教导而返回，于是专心深思，搜集各种词语，写作语法专著，共有一千颂，每颂三十二个音节。他穷尽探索古今，概括文字语言，封缄后进献朝廷。国王十分重视，下令国中，使人民都去学习，有能流利背诵的，赏一千金钱。所以师生传授，盛行于世。因此，这个城中的婆罗门都博学才智过人，通晓众物，记忆力强。

娑罗睹逻邑中有窣堵波，罗汉化波你尼仙后进之处[①]。如来去世，垂五百年，有大阿罗汉，自迦湿弥罗国游化至此[②]，乃见梵志捶训稚童[③]。时阿罗汉谓梵志曰："何苦此儿？"梵志曰："令学《声明论》[④]，业不时进。"阿罗汉逌尔而笑[⑤]，老梵志曰："夫沙门者，慈悲为情，愍物伤类。仁今所笑，愿闻其说！"阿罗汉曰："谈不容易，恐致深疑。汝颇尝闻波你尼仙制《声明论》，垂训于世乎？"婆罗门曰："此邑之子，后进仰德，像设犹在[⑥]。"阿罗汉曰："今汝此子，即是彼仙，犹以强识，玩习世典，唯谈异论，不究真理，神智唐捐[⑦]，流转未息。尚乘余善，为汝爱子。然则世典文辞，彼疲功绩，岂若如来圣教，福智冥滋。曩者南海之滨有一枯树，五百蝙蝠于中穴居。有诸商侣止此树下，时属风寒，人皆饥冻，聚积樵苏[⑧]，蕴火其下。烟焰渐炽，枯树遂燃。时商侣中有一贾客，夜分已后，诵《阿毗达磨藏》[⑨]，彼诸蝙蝠虽为火困，爱好法音，忍而不去，于此命终。随业受生，俱得人身，舍家修学，乘闻法声，聪明利智，并证圣果[⑩]，为世福田。近迦腻色迦王与胁尊者招集五百贤圣于迦湿弥罗国，作《毗婆沙论》[⑪]，斯并枯树之中五百蝙蝠也。余虽不肖，是其一数。斯则优劣良异，飞伏悬殊[⑫]。仁今爱子，可许出家。出家功德，言不能述。"时阿罗汉说此语已，示神通事，因忽不现。婆罗门深生敬异。叹善久之，具告邻里，遂放其子出家修学。因即回信,崇重三宝。乡人从化,于今弥笃。

【注释】

①罗汉:梵文 Arhat(阿罗汉)的省称。小乘的最高果位,称为“无学果”。谓已断烦恼,超出三界轮回,应受人天供养的尊者。

②迦湿弥罗:梵文 Kāsmīra 的音译,即今克什米尔。

③梵志:梵文 Brahmacārin 的意译,即古印度四种姓之一的婆罗门,也是一切外道出家者的通称。

④《声明论》:是波你尼撰写的梵文文法著作。

⑤逌(yóu)尔:笑貌。

⑥像设:所祠祀的人、神、佛等的供像。

⑦唐捐:虚耗。

⑧樵苏:柴草。苏,草,柴火。

⑨《阿毗达磨藏》:一切论部的总部,是解释经义的论著总集。

⑩圣果:佛教修行所达到的圆满境界。

⑪《毗婆沙论》:梵文名 Abhidharma-ma hāvibhā ṣā-śāstra,共 200 卷,详细地论释,系统地总结说一切有部的理论主张,并对大众部、法藏部、化地部等部派以及数论、胜论等外道观点予以批驳。

⑫飞伏:社会地位的高低。

【译文】

婆罗睹逻邑中有座佛塔,是罗汉教化波你尼仙的地方。如来佛去世后,将近五百年时,有一个大阿罗汉,从迦湿弥罗国云游教化到这里,看到一个婆罗门在捶打教训幼童。这时,阿罗汉问婆罗门道:“为什么让这个孩子受苦?”婆罗门说:“让他学习《声明论》,学业没有随时进步。”阿罗汉笑了起来,老婆罗门说:“出家之人,以慈悲为怀,怜悯万物,伤及同类。你现在笑什么,愿意听听是何缘故!”阿罗汉说:“说起来很难,恐怕会引起你深深疑虑。你曾经听说过波你尼仙写作《声明论》，教育后世的事情吗？”婆罗门说：“他是本城人，后人仰慕他的德行，给他设像纪念，现在还在。”阿罗汉说：“现在你这个孩子，就是那个仙人。他因记忆力强，玩味研习世俗典籍，只谈论异说，不探究真理，精神智慧白白荒废，轮回不息。现还剩一点善德，成为你的爱子。然而世俗典籍文辞，只会浪费他的功力，哪里比得上如来圣教，暗中滋生福乐智慧呢？从前，南海之滨有一棵枯树，五百只蝙蝠住在树洞里。一群商人在树下歇息，当时遇上风大天寒，人们又饿又冷，于是聚集柴草，在树下点燃火堆。火焰逐渐旺盛，枯树就燃起来。当时其中一个商人，午夜以后诵念《阿毗达磨藏》，那些蝙蝠虽被火困住，因爱好诵经之声，强忍着不离开，就在那里被烧死了。后随功德而获得转生，都成为了人，他们全都出家修行，由于前世曾闻诵经之声，所以如今聪明睿智，全都证得圣果，成为世间的福田。近来迦腻色迦王和胁尊者召集五百圣贤之士在迦湿弥罗国，撰写《毗婆沙论》，这些就是枯树中的五百只蝙蝠。我虽然不才，也是其中一员。这便说明优劣差别很大，社会地位高低悬殊。现在你的爱子，可让他出家。出家的功德，不是语言所能表达的。”当时阿罗汉说完这些话，显示了自己的神通，忽然就不见了。婆罗门非常尊敬和信任。赞叹羡慕不已，遍告邻里，允许儿子出家修道。并立即改变信仰，尊崇佛教三宝。同乡之人受其感化，至今越来越虔诚。

从乌铎迦汉荼城北逾山涉川①，行六百余里，至乌仗那国。唐言苑，昔轮王之苑囿也。旧曰乌场，或曰乌荼，皆讹。北印度境。

【注释】

①乌铎迦汉荼：Udaka-khaṇḍa 的音译。故址在今喀布尔河流入印度河处东北的俄欣特，是印度河的重要渡口。

【译文】

从乌铎迦汉茶城向北翻山渡水，行走六百多里，到达乌仗那国。唐土称为苑，是从前轮王的苑囿。旧称乌场，或者称乌茶，都是错误的。在北印度境内。

卷第三　八国

【题解】

本卷叙述了同属于北印度的八个国家的地理、民俗和佛教圣迹等情况。首先进入的是印度北部边境山国乌仗那国，故址在今印度河上游及斯瓦特河地区。该国从前佛教极为发达，有佛寺一千四百所，僧徒一万八千余人，可是玄奘去时，佛教已经衰落，寺宇大多荒芜，僧徒大大减少。但还是保留了很多佛教遗迹和传说，如忍辱仙遗迹、如来化暴龙处、如来舍身处、上军王塔、赤塔、奇特塔等。下一个国家是钵露罗国，故地相当于今达地斯坦以东和以北的巴尔帖斯坦。接下来的呾叉始罗国、僧诃补罗国、乌剌尸国、迦湿弥罗国、半笯蹉国、曷逻阇补罗国皆役属于迦湿弥罗国。其中的迦湿弥罗国是北印度的一个大国，国王崇奉佛教，听说中国有位高僧到来，礼敬有加。念玄奘远道取经，至今没有经本，于是派遣了二十名抄书手，为玄奘抄经；一切所用文书纸墨材料，概由公家供给。玄奘自此有了梵文经藏，学习不倦，这在日后中印文化交流上，起到了很大作用。该国有五百罗汉僧传说、迦腻色迦王第四次结集三藏、雪山下王护法、佛牙寺院、象食罗汉等遗迹。从卷二滥波国始，到曷逻阇补罗国，玄奘认为这些国家在形貌、性情、礼仪等方面比较粗陋，不是印度本土，属于印度边境地区。

乌仗那国

乌仗那国周五千余里[①]，山谷相属，川泽连原。谷稼虽播，地利不滋，多蒲萄，少甘蔗。土产金铁，宜郁金香。林树蓊郁，花果茂盛。寒暑和畅[②]，风雨顺序。人性怯懦，俗情谲诡，好学而不功，禁咒为艺业[③]。多衣白氎，少有余服。语言虽异，大同印度。文字礼仪，颇相参预。崇重佛法，敬信大乘。夹苏婆伐窣堵河[④]，旧有一千四百伽蓝，多已荒芜。昔僧徒一万八千，今渐减少，并学大乘，寂定为业[⑤]。喜诵其文，未究深义。戒行清洁，特闲禁咒[⑥]。律仪传训，有五部焉：一法密部[⑦]，二化地部[⑧]，三饮光部[⑨]，四说一切有部[⑩]，五大众部[⑪]。天祠十有余所，异道杂居。坚城四五，其王多治曹揭厘城[⑫]。城周十六七里，居人殷盛。

【注释】

①乌仗那：梵文 Udyāna 的音译，义为“花园”。在今印度河上游及斯瓦特河地区。

②和畅：温和舒适。

③禁咒：梵文 Dhāraṇī 的意译，即能持善法而不使恶法有所起。

④苏婆伐窣堵：梵文Śubhavastu 的音译。现名斯瓦特河，为印度河支流之一，在巴基斯坦西北边境。

⑤寂定：佛经称脱离妄心、妄想叫寂定。《无量寿经》上：“广普寂定深入菩萨法藏。”

⑥闲：通“娴”，熟悉。

⑦法密部：也叫法藏部，小乘十八部之一。梵文 Dharmaguptaka 的意译。从化地部分出，认为佛虽在僧中，但佛布施的功德大于施僧。

⑧化地部：梵文 Mahīśāsaka 的意译，音译作沙弥塞部。从说一切有部分出，认为过去、未来是无，现在无为是有等观点。

⑨饮光部：梵文 Kāśyapūya 的意译。从说一切有部分出，认为烦恼未断或业果未熟，即是过去有体；若烦恼已断或业果已熟，过去其体即无。

⑩说一切有部：梵文 Sarvāstivāda 的意译，音译为萨婆多(部)，简称为有部。小乘二十部之一，佛灭后三百年初，自根本之上座部分出，立有为无为一切诸法之实有，且一一说明其因由为宗，故称说一切有部。

⑪大众部：梵文 Mahāsaṃghika 的意译，音译作摩诃僧祇。从古印度佛教最早分裂出来的一个重要部派，后又分裂出不少部派。据说此部首先由大天比丘所传出，佛灭后众弟子在王舍城灵鹫山七叶窟内外结集经典，在窟内结集的，名“上座部”，在窟外结集的，名“大众部”。此部主张戒律可以方便开禁，取得大多数僧众的支持，故名大众部。

⑫瞢揭厘：Mangalaor 的音译。故址在今斯瓦特河中游东岸 Mangalaor 西南约 5 公里处的 Mingora。

【译文】

乌仗那国方圆五千多里，山峰谷地相连，河流湖泊相接。虽然也种植庄稼，但是土地不肥沃，盛产葡萄，甘蔗很少。矿产有金铁，适宜种郁金香。树林郁郁葱葱，花草果木茂密旺盛。气候温和舒畅，风调雨顺。居民生性怯懦，世俗崇尚诡诈，好学而不刻苦钻研，以念咒为业。多穿白色毛布，少有其它衣服。语言虽然奇特，但与印度大致相同，文字和礼仪，相互有关系。重视佛法，敬信大乘。沿苏婆伐窣堵河两岸，原有一千四百座佛寺，大多已经荒废。从前有一万八千位僧徒，现在逐渐减少，都研习大乘佛教，专门修习禅定。喜爱诵读经文，却不深究义理。恪守戒律的操行洁净无尘，特别擅长念咒。关于佛教的戒律、法度的阐述解释有五个部派：一是法密部，二是化地部，三是饮光部，四是说一切有部，五是大众部。天祠有十多所，外道教徒混杂居住。坚固的城池有四五座，国王常住在瞢揭厘城。该城方圆十六七里，居民众多。

一、忍辱仙遗迹

瞢揭厘城东四五里有大窣堵波，极多灵瑞，是佛在昔作忍辱仙[①]，于此为羯利王唐言斗诤。旧云哥利，讹也。割截支体[②]。

【注释】

①忍辱仙：释迦佛的前身之一，当时为忍辱行的修行者。

②羯利：梵文 Kali 的音译，义为"斗诤、恶生"。支体：指整个身体。支，"肢"的古字。

【译文】

瞢揭厘城以东四五里处，有座大佛塔，极有灵验，从前佛陀做忍辱仙时，在这里被羯利王唐土称斗诤，旧称哥利，是错误的。截断肢体。

二、阿波逻罗龙泉及佛遗迹

瞢揭厘城东北二百五六十里入大山，至阿波逻罗龙泉[①]，即苏婆伐窣堵河之源也[②]。派流西南，春夏含冻，晨夕飞雪。雪霏五彩，光流四照。此龙者，迦叶波佛时生在人趣[③]，名曰殑祇[④]，深闲咒术[⑤]，禁御恶龙，不令暴雨。国人赖之，以稸余粮。居人众庶感恩怀德，家税斗谷以馈遗焉。既积岁时，或有逋课[⑥]，殑祇含怒，愿为毒龙，暴行风雨，损伤苗稼。命终之后，为此地龙，泉流白水，损伤地利。释迦如来大悲御世，愍此国人独遭斯难，降神至此，欲化暴龙。执金刚神杵击山崖[⑦]，龙王震惧。乃出归依，闻佛说法，心净信悟。如来遂制勿损农稼。龙曰:"凡有所食,赖收人田。今蒙圣教,恐难济给。愿十二岁一收粮储!"如来含覆⑧,愍而许焉。故今十二年一遭白水之灾。

【注释】

①阿波逻罗:梵文 Apalāla,义为"无苗"。阿波逻罗龙泉在今斯瓦特河源头。

②苏婆伐窣堵:梵文 Śubhavastu 的音译。现名斯瓦特河,为印度河支流之一,在巴基斯坦西北边境。

③迦叶波佛:梵文 Kāśyapa 的音译,又作迦叶、迦摄、迦摄波,意译作饮光,是释迦佛以前之佛,于现世界人寿二万岁时出世而成正觉,为"过去七佛"之一。人趣:人界,为佛家所说的众生轮回于六趣中的一趣。趣,梵文 Gati 的意译,指灵魂在轮回中的归趣。

④殑祇:梵文 Gaṇgi 的音译,龙名。

⑤咒术:禁咒之术。

⑥逋课:逃税。

⑦执金刚神:梵文 Vajradhara 的意译,即手持金刚杵护法的神祇。

⑧含覆:含容庇护。

【译文】

从瞢揭厘城向东北行走二百五六十里,进入一座大山,到达阿波逻罗龙泉,这里是苏婆伐窣堵河的源头。河水向西南流出,春夏时节都寒冷结冰,终日雪花飞扬。犹如五色彩虹,光辉照射四方。这里的龙,在迦叶波佛时代转生为人,名叫殑祇,精通咒术,能控制恶龙,使它不下暴雨。国人依靠他,有余粮积蓄。民众感念他的恩德,每户出一斗谷物作为馈赠。多年以后,就有人逃税,因此殑祇心怀怒气,发愿成为毒龙,用狂风暴雨,来损坏庄稼。他死之后,成为这个地方的龙,使得泉中流出白水，损伤土质和庄稼。释迦如来以大慈大悲治理世界，怜悯这个国家的人民独遭这样的灾难，就降临到这里，要感化暴龙。执金刚神用杵敲击山崖，龙王震惊恐惧。于是出来归依佛陀，它听到佛陀说法，消除了杂念，心地明净，领悟并坚信佛法。如来于是命令他不再损坏庄稼。龙王说："我的饮食，都依赖民众田地。现在承蒙教诲，但恐今后生活难以自足。希望十二年收一次粮食！"如来宽宏大量，出于怜悯答应了它。因此现在每隔十二年遭受一次白水之灾。

阿波逻罗龙泉西南三十余里，水北岸大磐石上有如来足所履迹，随人福力①，量有短长。是如来伏此龙已，留迹而去，后人于上积石为室，遐迩相趋，花香供养。顺流而下三十余里，至如来濯衣石②，袈裟之文焕焉如镂。

【注释】

①福力：神明赐予的福佑之力。

②濯(zhuó)衣：洗衣。濯，洗涤。

【译文】

阿波逻罗龙泉西南三十多里处，河水北岸的大磐石上，有如来脚踩的痕迹，随着各人福力的大小，丈量的尺寸有长有短。这是如来降伏这个地方的恶龙后，离开前留下的足迹。后人在上面垒石建室，远近的人都来瞻仰，奉献花香，以资供奉。顺着河流向下走三十多里，到达如来洗衣石，石头上袈裟的纹样光亮鲜明，如同雕刻一般。

三、醯罗山

瞢揭厘城南四百余里至醯罗山①，谷水西派。逆流东上，杂花异果，被涧缘崖。峰岩危险，溪谷盘纡②，或闻喧语之声，或闻音乐之响。方石如榻，宛若工成，连延相属，接布崖谷。是如来在昔为闻半颂旧曰偈，梵文略也。或曰偈他，梵音讹也。今从正音，宜云伽他。伽他者，唐言颂，颂三十二言。之法[3]，于此舍身命焉。

【注释】

①醯罗：Hiḍḍa 或 Heḍḍa 的音译，源于梵文 Haḍḍa，义为“骨”。

②盘纡（yū）：回绕曲折。

③颂：偈颂，梵文 Gāthā 的音译。佛经中的唱颂词。通常以四句为一偈。

【译文】

从蔷揭厘城向南行走四百多里，到达醯罗山，谷水向西流去。再逆流向东走，只见各种花果，盖满了山涧，攀援着悬崖。山峰岩石险要，山谷曲折迂回，有时听到喧闹言语声，有时听到音乐之声。方石像床一样，好像人工制成，绵延不断，布满了山崖河谷。这里是如来从前为了听到半颂旧称偈，是梵文的略写。有人称偈他，是梵音误译。现在根据正确发音，应该称作伽他。伽他，唐土称为颂，每颂有三十二个梵文。的佛法，而施舍生命的地方。

四、摩诃伐那伽蓝

蔷揭厘城南二百余里大山侧，至摩诃伐那唐言大林。伽蓝[1]。是如来昔修菩萨行，号萨缚达多王[2]，唐言一切施。避敌弃国，潜行至此，遇贫婆罗门方来乞丐[3]。既失国位，无以为施，遂令羁缚[4]，擒往敌王，冀以赏财，回为惠施。

【注释】

①摩诃伐那：梵文 Mahāvana 的音译，义为“大森林”。

②萨缚达多：梵文 Sarvadatta 的音译，义为“一切施”。

③婆罗门：梵文 Brāhmana 的音译，古印度四种姓之一。居于种姓之首，世代以祭祀、诵经、传教为业，是社会精神生活的统治者，享有种种特权。

④羁缚：捆绑。

【译文】

从曹揭厘城向南行走二百多里，在大山之侧，到达摩诃伐那唐土称大林。佛寺。从前如来修菩萨行，名萨缚达多王，唐土称一切施。为躲避敌人，放弃政权，悄悄来到这里，遇到一个贫穷的婆罗门前来乞讨。如来已经失去王位，没有物品布施，于是让那个婆罗门捆绑自己，送到敌国君王那里，以期得到赏金，回来作布施用。

五、摩愉伽蓝

摩诃伐那伽蓝西北，下山三四十里，至摩愉唐言豆。伽蓝[①]。有窣堵波高百余尺，其侧大方石上有如来足蹈之迹。是佛昔蹈此石，放拘胝光明[②]，照摩诃伐那伽蓝，为诸人天说本生事。其窣堵波基下有石，色带黄白，常有津腻[③]。是如来在昔修菩萨行，为闻正法，于此析骨书写经典。

【注释】

①摩愉：梵文 Mayū 的音译。

②拘胝(zhī)：梵文 Koṭi 的音译，又作拘利、俱利、俱致等，义为百万、亿，为极大的数目。

③津腻：黏液。

【译文】

从摩诃伐那佛寺往西北，下山行走三四十里，到达摩愉唐土称为豆。佛寺。寺内有座佛塔，高一百多尺，佛塔旁边的大方石上，有如来脚踩的痕迹。从前佛陀脚踩这块石头，放射出无限的光芒，照亮摩诃伐那寺，为人神讲其本生故事。佛塔地基下面有块石头，颜色呈黄白色，常有黏液。从前如来修菩萨行，为了闻听正法，曾在这里析出自己的骨头来书写佛经。

六、尸毗迦王本生故事

摩愉伽蓝西六七十里，至窣堵波，无忧王之所建也。是如来昔修菩萨行，号尸毗迦王①，唐言与。旧曰尸毗王，讹。为求佛果②，于此割身，从鹰代鸽。

【注释】

①尸毗迦：梵文Śivika或Śibika的音译，义为“安稳”。

②佛果：佛教认为成佛是持久修行所得之果，故名之为“佛果”。

【译文】

从摩愉寺向西行走六七十里，到一座佛塔，这是无忧王建造的。从前如来修菩萨行，名为尸毗迦王，唐土称与。旧称尸毗王，是错误的。为了求得佛果，在这里割自己身体的肉，从老鹰那里赎回鸽子。

七、萨裒杀地僧伽蓝等及佛本生故事

代鸽西北二百余里，入珊尼罗阇川①，至萨裒杀地唐言蛇药。僧伽蓝②。有窣堵波高八十余尺。是如来昔为帝释③，时遭饥岁，疾疫流行，医疗无功，道死相属。帝释悲愍，思所救济，乃变其形为大蟒身，僵尸川谷，空中遍告。闻者感庆，相率奔处，随割随生，疗饥疗疾。其侧不远有苏摩大窣堵波④。是如来昔为帝释，时世疾疫，愍诸含识⑤，自变其身为苏摩蛇，凡有啖食，莫不康豫⑥。珊尼罗阇川北石崖边，有窣堵波，病者至求，多蒙除差⑦。如来在昔为孔雀王，与其群而至此，热渴所逼，求水不获。孔雀王以嘴啄崖，涌泉流注，今遂为池，饮沐愈疾。石上犹有孔雀踪迹。

【注释】

①珊尼罗阇：梵文 Sanirāja 的音译，义为"酬报王"。该川即斯瓦特河。

②萨裒杀地：梵文 Sarpauṣadhi 的音译，义为"蛇药"。

③帝释：也称天帝释、天帝、帝释天，梵名释迦提桓因陀罗（Śakra-devānām-indra），略称释提桓因，为忉利天之主，居须弥山顶喜见城，统领三十三天。

④苏摩：梵文 Sūma 的音译，义为"水蛇"。

⑤含识：佛教称有意识、有感情的生物，即众生。

⑥康豫：犹康健。

⑦除差：除去疾病，病愈。差，通"瘥"。

【译文】

从赎鸽塔向西北行走二百多里，进入珊尼罗阇河流，到达萨裒杀地唐土称蛇药。佛寺。佛寺内有座佛塔，高八十多尺。从前如来为帝释时，遭遇荒年，瘟疫流行，医治没有效果，路上死人相连。帝释慈悲怜悯，考虑救济的方法，于是变化形状成为一条大蟒蛇，死后尸骨留在河谷中，在空中遍告人们。听到的人都感到庆幸，竞相奔往河谷，蟒蛇身上的肉随割随生,既可充饥又可治病。佛塔旁边不远处,有座苏摩大佛塔。从前如来为帝释时,遭遇瘟疫,怜悯生灵,将自己变为苏摩蛇,只要吃了蛇肉的,没有不康复的。珊尼罗阇河流北边的石崖边,有座佛塔,病人来求,大多痊愈。从前如来为孔雀王时,和很多孔雀飞到这里,又热又渴,找不到水。孔雀王用嘴啄山崖,泉水便从石中喷涌流淌出来,现在已经变成水池,饮水、沐浴可以治疗疾病。现在石头上还有孔雀的爪痕。

八、上军王窣堵波

瞢揭厘城西南行六七十里,大河东有窣堵波,高六十余尺,上军王之所建也[①]。昔如来将寂灭[②],告诸大众:“我涅槃后,乌仗那国上军王宜与舍利之分[③]。”及诸王将欲均量,上军王后来,遂有轻鄙之议。是时天人大众重宣如来顾命之言[④],乃预同分,持归本国,式遵崇建。窣堵波侧大河滨有大石,状如象。昔上军王以大白象负舍利归,至于此地,象忽蹎仆[⑤],因而自毙,遂变为石,即于其侧起窣堵波。

【注释】

①上军:梵文 Uttarasena 的意译。上军王是释迦牟尼去世前后乌仗那国国王。

②寂灭:涅槃(Nirvāna)的意译,佛教指没有烦恼、超脱生死的理想境界。

③乌仗那:梵文 Udyāna 的音译,义为“花园”。在今印度河上游及斯瓦特河地区。

④顾命:临终遗命。

⑤蹎(diān)仆:跌倒。

【译文】

从瞢揭厘城向西南行走六七十里，大河的东面有座佛塔，高六十多尺，是上军王建造的。从前如来将要涅槃时，告诉众人："我涅槃以后，乌仗那国的上军王应参与舍利的分配。"等到各国国王将要平均分配舍利时，上军王后到，众人就对他有轻视的议论。这时天界神人再次宣布如来的临终遗言，上军王才参与分配舍利，带回本国，建塔供奉。塔旁的大河之滨有块大石头，形状似象。从前上军王用大白象驮着舍利回来，到了这个地方，大白象忽然倒地，随即死去，就变成了石头，上军王就在石头旁建造佛塔。

九、赤塔、奇特塔及观自在菩萨精舍

瞢揭厘城西五十余里，渡大河，至卢醯呾迦唐言赤。窣堵波[①]，高五十余尺，无忧王之所建也。昔如来修菩萨行，为大国王，号曰慈力[②]，于此刺身血以饲五药叉[③]。旧曰夜叉，讹也。

瞢揭厘城东北三十余里，至遏部多唐言奇特。石窣堵波[④]，高四十余尺。在昔如来为诸人天说法开导，如来去后，从地踊出，黎庶崇敬，香花不替。

石窣堵波西渡大河三四十里，至一精舍[⑤]，中有阿缚卢枳低湿伐罗菩萨像[⑥]，唐言观自在。合字连声，梵语如上；分文散音，即阿缚卢枳多，译曰观，伊湿伐罗，译曰自在。旧译为光世音，或云观世音，或观世自在，皆讹谬也。威灵潜被，神迹昭明，法俗相趋，供养无替。

【注释】

①卢醯呾迦：梵文 Rohitaka 的音译，义为"赤"。

②慈力:梵文 Maitrībala 的意译。慈力王是佛陀前身之一。

③药叉:梵文 Yakṣa 的音译。或译为“夜叉”、“野叉”。义为“勇捷”,佛教指恶鬼。后常比喻丑陋、凶恶的人。

④遏部多:梵文 Adbhuta 的音译,义为“奇特”。

⑤精舍:佛徒修行之地。

⑥阿缚卢枳低湿伐罗:梵文 Avalokiteśvara 的音译,即观自在菩萨。慈悲的化身,救苦救难之神。

【译文】

从瞢揭厘城向西行走五十多里,渡过一条大河,到达卢醯呾迦唐土称为赤。佛塔,高五十多尺,是无忧王建造的。从前如来修菩萨行,做大国王,名叫慈力,在这里刺身出血,来喂食五个药叉。旧称夜叉,是错误的。

从瞢揭厘城向东北行走三十多里,到达遏部多唐土称奇特。石塔,高四十多尺。从前如来为众人神说法引导,如来离开后,石塔从地下冒出来,百姓崇拜敬仰,供奉香花从不间断。

从石塔向西渡过大河,行走三四十里,到达一座精舍,里面有阿缚卢枳低湿伐罗菩萨像,唐土称观自在。合起音节连声诵读,就像上面的梵文;断开音节来诵读,就是阿缚卢枳多,译成观,伊湿伐罗,译成自在。旧译为光世音,或观世音,或观世自在,都是错误荒谬的。神灵的威力暗中作用,灵异的现象都能看到,僧俗人士竞相前往,供养从不间断。

十、蓝勃卢山龙池及乌仗那国王统传说

观自在菩萨像西北百四五十里至蓝勃卢山①。山岭有龙池,周三十余里,渌波浩汗②,清流皎镜。

【注释】

①蓝勃卢:Lanpolu 的音译。

②渌波浩汗：清波浩浩茫茫。

【译文】

从观自在菩萨像向西北行走一百四五十里，到达蓝勃卢山。山岭上有个龙池，方圆三十多里，清波浩浩茫茫，池水明洁如镜。

昔毗卢择迦王前伐诸释[①]，四人拒军者，宗亲摈逐，各自分飞。其一释种[②]，既出国都，跋涉疲弊，中路而止。时有一雁飞趣其前，既以驯狎，因即乘焉。其雁飞翔，下此池侧。释种虚游[③]，远适异国，迷不知路，假寐树阴[④]。池龙少女游览水滨，忽见释种，恐不得当也，变为人形，即而摩拊[⑤]。释种惊寤，因即谢曰："羁旅羸人[⑥]，何见亲拊？"遂款殷勤，凌逼野合。女曰："父母有训，祗奉无违。虽蒙惠顾，未承高命[⑦]。"释种曰："山谷杳冥，尔家安在？"曰："我此池之龙女也，敬闻圣族流离逃难，幸因游览，敢慰劳弊。命有燕私，未闻来旨。况乎积祸，受此龙身，人畜殊途，非所闻也。"释种曰："一言见允，宿心斯毕。"龙女曰："敬闻命矣，唯所去就。"释种乃誓心曰："凡我所有福德之力，令此龙女举体成人！"福力所感，龙遂改形，既得人身，深自庆悦，乃谢释种曰："我积殃运，流转恶趣[⑧]，幸蒙垂顾，福力所加，旷劫弊身[⑨]，一旦改变。欲报此德，糜躯未谢。心愿陪游，事拘物议[⑩]。愿白父母，然后备礼。"

【注释】

①毗卢择迦：梵文 Viḍūḍabha 的音译，又名琉璃王、流离王等，毗卢择迦王继父钵逻犀那恃多王（胜军王）为憍萨罗国国王以后，曾

兴兵扫荡释迦族的故乡劫比罗伐窣堵。

②释种：指释迦族或释迦族人。

③虚游：在空中行走。

④假寐：和衣打盹。

⑤摩拊：抚摩。

⑥羸人：困惫的人。

⑦高命：父母之命。

⑧流转：梵文 Saṁsāra 的意译，指因果相续而生起的一切世界现象，包括众生生死在内，即生死轮回。流，相续。转，生起。恶趣：即恶道，指地狱、饿鬼、畜生三道。

⑨旷劫：久远之劫；过去的极长时间。

⑩物议：众人的议论。

【译文】

从前，毗卢择迦王前来攻打释迦族人，有四人抗拒来军，亲族都被驱逐，各自分头逃亡。有一释迦族人，逃出国都后，长途跋涉，疲惫不堪，半路上停下来休息。这时一只大雁飞到他面前，他见大雁驯服可亲，于是骑坐在它身上。大雁飞了起来，降落在这个龙池旁边。释迦族人遨游空中，远到他国，迷失了道路，就在树荫下和衣打盹。龙池中的少女正在岸边游览，忽然看见释迦族人，恐怕以龙身相见不妥当，就变为人形，随即上去抚摸他。释迦族人惊醒过来，于是马上道谢说："我是远游疲惫的人，你为何这样亲近我呢？"于是大献殷勤，强迫少女交合。少女说道："父母有教导，我要恭敬尊奉，不敢违背。虽然蒙你垂青，但没有得到父母允诺。"释迦族人说："山谷幽深，你的家在哪里？"少女说："我是这个池中龙王之女。听说您的家族流离逃难，我却正好在游览时，冒昧慰问您的疲惫。您让我与您交合，却不知父母意见。况且我由于前世积祸，今身为龙，人畜不同类，从未听说可以结合的。"释迦族人说："你只要答应，我的心愿才能实现。"龙女说："我听从您的命令，按您的吩咐去做。”释迦族人于是在心中发誓道：“我愿用我所有福德之力，让这个龙女变成人形！”由于他的福力感动了神，龙女便改变了形状，获得人身，十分欢庆喜悦，就感谢释迦族人道：“我积下祸殃，转身恶趣，幸而蒙您的眷顾，福力施加于我，使我历经多世的丑恶身躯，一下子就改变了。我要报答这个恩德，粉身碎骨也报不过来。心中愿意陪您远游，但担心遭人议论。所以希望回去禀报父母，然后举行婚礼。”

龙女还池，白父母曰：“今者游览，忽逢释种，福力所感，变我为人。情存好合[①]，敢陈事实！”龙王心欣人趣，情重圣族，遂从女请。乃出池而谢释种曰：“不遗非类，降尊就卑，愿临我室，敢供洒扫！”释种受龙王之请，遂即其居。于是龙宫之中，亲迎备礼，燕尔乐会[②]，肆极欢娱。释种睹龙之形，心常畏恶，乃欲辞出。龙王止曰：“幸无远舍，邻此宅居，当令据疆土，称大号，总有臣庶，祚延长世。”释种谢曰：“此言非冀。”龙王以宝剑置箧中，妙好白氎而覆其上，谓释种曰：“幸持此氎以献国王，王必亲受远人之贡，可于此时害其王也。因据其国，不亦善乎？”释种受龙指诲，便往行献。乌仗那王躬举其氎[③]，释种执其袂而刺之。侍臣卫兵喧乱阶陛，释种麾剑告曰：“我所仗剑，神龙见授，以诛后伏，以斩不臣。”咸惧神武，推尊大位。于是沿弊立政，表贤恤患。已而动大众，备法驾[④]，即龙宫而报命，迎龙女以还都。龙女宿业未尽[⑤]，余报犹在[⑥]，每至燕私，首出九龙之头。释种畏恶，莫知图计，伺其寐也，利刃断之。龙女惊寤曰：“斯非后嗣之利，非徒我命有少损伤，而汝子孙当苦头痛。”故此国族常有斯患，虽不连绵，时一发动。释种既没，其子嗣位，是嗢呾罗犀那王⑦。唐言上军。

【注释】

①好合：男女结合、成亲。

②燕尔：新婚。

③乌仗那：梵文 Udyāna 的音译，义为花园。在今印度河上游及斯瓦特河地区。

④法驾：天子车驾的一种。天子的卤簿分大驾、法驾、小驾三种，其仪卫之繁简各有不同。

⑤宿业：前世的善恶因缘。佛教相信众生有三世因果，认为过去世所作的善恶业因，可以产生今生的苦乐果报。

⑥余报：依然存在的报果。

⑦嗢呾罗犀那王：即上军王。梵文 Uttarasena 的音译。

【译文】

龙女回到龙池，禀报父母说："今天出外游玩，忽然遇上释迦族人，由于他的福力感应，使我变成了人。我想与他结为夫妻，特禀报父母！"龙王心中喜欢人趣，仰慕释迦家族，于是答应了女儿的请求。于是出池向释迦族人道谢："你若不嫌弃我们这非人种类，屈尊就下，请光临我家，我女儿愿为你洒扫庭除！"释迦族人接受龙王的邀请，前往龙宫。于是在龙宫里，举行婚礼，新婚夫妇，极其欢快。释迦族人见到龙的形状，心中总是觉得可怕厌恶，于是打算离开龙宫。龙王制止他说："希望你不要远离，就在附近住下来吧，我能使你拥有疆土，称尊号，统领百官庶民，国祚永远延续。"释迦族人辞谢道："这不是我所希望的。"龙王把宝剑放在盒子中，并用上等的白毛布覆盖在上面，对释迦族人说："希望你拿上这块布献给国王，国王必定亲自接受远方来人的贡品，你可在这时刺杀国王。乘机占有这个国家，这不是很好的事吗？"释迦族人接受了龙王的教导，就前往进献贡品。当乌仗那国王亲自举起白毛布时，释迦族人抓住他的衣袖刺杀了他。侍臣和卫兵在宫殿里喧闹乱作一团，释迦族人挥着剑告诉他们说："我手里拿的剑，是神龙赐予的，用来诛杀后降伏和不肯臣服的人。"众人畏惧他的神勇威武，推尊他为国王。于是他革除弊政，树立新政，表彰贤士，抚恤穷人。不久率领众人，置备车马，到龙宫复命，迎接龙女回都城。龙女往世的业果没有完结全消失，剩余的报果还在，每到交欢之时，头上就长出九个龙头。释迦族人畏惧厌恶，不知如何是好，等到龙女睡着后，用利刀割断了龙头。龙女惊醒后说："这对后代不利，不只是我的生命稍有损伤，你的子孙也将患头痛病。"所以该国王族常有头痛病，虽不长久持续，却时而发作。释迦族人死后，他的儿子继位，就是嗢呾罗犀那王。唐土称上军。

上军王嗣位之后，其母丧明。如来伏阿波逻罗龙还也[①]，从空下其宫中。上军王适从游猎，如来因为其母，略说法要。遇圣闻法，遂得复明。如来问曰："汝子我之族也，今何所在？"母曰："旦出畋游，今将返驾。"如来与诸大众寻欲发引[②]，王母曰："我惟福遇，生育圣族，如来悲愍，又亲降临，我子方还，愿少留待！"世尊曰："斯人者我之族也，可闻教而信悟，非亲诲以发心。我其行矣。还语之曰：'如来从此往拘尸城娑罗树间入涅槃[③]，宜取舍利，自为供养。'"如来与诸大众凌虚而去。上军王方游猎，远见宫中光明赫奕，疑有火灾，罢猎而返。乃见其母复明，庆而问曰："我去几何，有斯祥感，能令慈母复明如昔！"母曰："汝出之后，如来至此，闻佛说法，遂得复明。如来从此至拘尸城娑罗树间，当入涅槃，召汝速来，分取舍利。"时王闻已，悲号顿躄[④]，久而醒悟，命驾驰赴，至双树间，佛已涅槃。时诸国王轻其边鄙，宝重舍利，不欲分与。是时天人大众重宣佛意，诸王闻已，遂先均授。

【注释】

①阿波逻罗：梵文 Apalāla，义为“无苗”。

②发引：启程，出发。

③拘尸城：梵文 Kuśinagara 的音义混译，义为“角城、茅城”等。娑罗树：梵文Śāla 的音译。植物名。即柳安。原产于印度、东南亚等地。常绿大乔木，木质优良。

④顿躄（bì）：跺脚。

【译文】

上军王继位以后，他的母亲失明了。如来在降伏阿波逻罗龙后返回的途中，从空中降临到宫中。上军王正好出去打猎，如来便为他的母亲简略地讲说佛法要义。上军王的母亲遇上圣人，又听到佛法，眼睛复明。如来问她说：“你的儿子是我的族人，现在在什么地方？”王母答道：“他早上出去打猎，一会儿就要回来了。”如来和众贤圣就要动身，王母说：“我因有福德际遇，得以生育圣族后代，如来慈悲怜悯，亲自降临王宫，我儿子马上就回，请稍留等待！”世尊说：“这个国王是我的族人，可以听到法教而虔信觉悟，用不着我亲自教诲来启发他的心。我就要走了。待他回来后告诉他：‘如来从这里到拘尸城娑罗树间，将入涅槃，可以去取舍利，自己供奉。’”如来和众贤圣腾空而去。上军王正在打猎，远远望见宫中光芒炫耀，疑心有火灾，结束狩猎回来。见到母亲复明，高兴地问道：“我去不久，怎会有这样的吉祥之事，能使母亲双眼复明如初？”母亲说：“你出城后，如来降临这里，我听佛陀说法，眼睛就复明了。如来从这里前往拘尸城娑罗树间，将入涅槃，要你快去分取舍利。”国王听说后，痛哭跺脚，昏迷很久才苏醒过来，立即下令驾车奔赴拘尸城，但到了双树间，佛陀已经涅槃。当时各国国王轻视上军王来自边远地方，珍视舍利，不想分给他。这时，神人贤圣再次宣布佛陀旨意，各国国王听到后，就首先分给他一份。

十一、达丽罗川

瞢揭厘城东北，逾山越谷，逆上信度河。途路危险，山谷杳冥，或履絙索[①]，或牵铁锁。栈道虚临，飞梁危构，椽杙蹑蹬[②]，行千余里，至达丽罗川[③]，即乌仗那国旧都也。多出黄金及郁金香。达丽罗川中大伽蓝侧，有刻木慈氏菩萨像[④]，金色晃昱[⑤]，灵鉴潜通，高百余尺，末田底迦旧曰末田地，讹略也。阿罗汉之所造也[⑥]。罗汉以神通力，携引匠人升睹史多天[⑦]，旧曰兜率他也，又曰兜术他，讹也。亲观妙相。三返之后，功乃毕焉。自有此像，法流东派[⑧]。

从此东行，逾岭越谷，逆上信度河，飞梁栈道，履危涉险，经五百余里，至钵露罗国。北印度境。

【注释】

①絙(gēng)索：粗大的绳索，这里指索桥。

②椽杙蹑蹬(chuán yì niè dēng)：小心翼翼地行走。

③达丽罗：梵文 Darada 的音译，义为“山”。是印度河西岸河谷。

④慈氏：即弥勒菩萨，梵文 Maitreya 意译为慈，因其为姓，故称慈氏。生于南天竺婆罗门家，继释迦如来之佛位，为补处之菩萨。

⑤晃昱(yù)：亦作“晃煜”。明亮；辉煌。

⑥末田底迦：梵文 Madhyāntika 的音译，意译为日中或水中。是阿难的弟子。

⑦睹史多天：梵文 Tuṣita 的音译，意译作妙足天等，是佛教所说欲界六天中的第四天。

⑧法流东派：佛法向东流传。

【译文】

从瞢揭厘城向东北行走，翻过山岭，越过河谷，沿信度河逆流而上。道路险要，山谷幽深，有时走索桥，有时攀铁链。栈道悬在空中，飞桥高高筑起，小心翼翼地在栈道的木条上前行，走一千多里后，到达达丽罗川，就是乌仗那国的旧都。该地盛产黄金和郁金香。达丽罗川的大佛寺旁，有一木雕的慈氏菩萨像，金光闪闪，灵应暗通，高一百多尺，是末田底迦旧称末田地，是音译的讹误和省略。阿罗汉建造的。罗汉凭借神通力，带领工匠升到睹史多天，旧称兜率他，又称兜术他，是错误的。亲眼观看菩萨妙相。往返三次，才雕刻成功。自从有了这个菩萨像，佛法向东流传。

从这里向东行走，翻过山岭，越过山谷，沿信度河逆流而上，走过飞桥栈道，历尽险阻，走过五百多里，到达钵露罗国。在北印度境内。

钵露罗国

钵露罗国周四千余里[①]，在大雪山间，东西长，南北狭。多麦豆，出金银，资金之利，国用富饶。时唯寒烈，人性犷暴[②]，薄于仁义，无闻礼节。形貌粗弊，衣服毛褐。文字大同印度，言语异于诸国。伽蓝数百所，僧徒数千人，学无专习，戒行多滥。

从此复还乌铎迦汉荼城南渡信度河[③]。河广三四里，西南流，澄清皎镜，汩淴漂流[④]，毒龙恶兽，窟穴其中。若持贵宝奇花果种及佛舍利渡者，船多飘没。渡河至呾叉始罗国。北印度境。

【注释】

①钵露罗：Balūra 或 Balora 的音译。故地相当于今达地斯坦以东和以北的巴尔帖斯坦。

②人性：人的本性。

③乌铎迦汉荼：Udaka-khanda 的音译。故址在今喀布尔河流入印度河处东北的俄欣特，是印度河的重要渡口。

④汩(yù)淴：水疾流貌。

【译文】

钵露罗国方圆四千多里，在大雪山里面，东西长，南北窄。盛产麦豆，出产金银，因资产金属丰富，国家富饶。气候严寒凛冽，居民本性粗犷暴躁，仁义观念淡薄，没有听说过礼仪规矩。相貌粗俗鄙陋，穿毛皮衣服。文字与印度大抵相同，语言与各国有别。佛寺有几百所，僧徒几千人，不专门研习一种学说，恪守戒律的操行不严格。

从钵露罗国返回乌铎迦汉荼城，向南渡过信度河。河面宽三四里，向西南流去，清澈明洁如镜，流速湍急，毒龙和恶兽在河中筑有窟穴。如有人携带珍贵宝器、奇花异果和佛舍利渡河，船只大多沉没。渡河后，到达呾叉始罗国。在北印度境内。

呾叉始罗国

呾叉始罗国周二千余里[①]。国大都城周十余里。酋豪力竞，王族绝嗣，往者役属迦毕试国[②]，近又附庸迦湿弥罗国[③]。地称沃壤，稼穑殷盛，泉流多，花果茂。气序和畅，风俗轻勇。崇敬三宝[④]，伽蓝虽多，荒芜已甚。僧徒寡少，并学大乘。

【注释】

①呾叉始罗：梵文 Takṣaśilā 的音译。故址在今巴基斯坦共和国伊斯兰堡西部拉瓦尔品第附近一带。

②迦毕试：梵文 Kāpiśa 的音译，其地在今阿富汗西部兴都库什山以南的喀布尔河流域。

③迦湿弥罗：梵文 Kāsmīra 的音译，即今克什米尔。

④三宝：梵文 Triratna 的意译，指佛、法、僧。

【译文】

呾叉始罗国方圆二千多里。该国的大都城方圆十多里。部落首领力争，王族子嗣断绝，从前隶属迦毕试国，近来又依附迦湿弥罗国。土地肥沃，庄稼茂盛，水流众多，花果繁茂。气候温和舒畅，风俗轻视勇猛。崇奉佛教，佛寺虽然多，已十分荒芜。僧徒数量很少，都研习大乘佛教。

一、医罗钵呾罗龙王池

大城西北七十余里，有医罗钵呾罗龙王池①，周百余步。其水澄清，杂色莲花同荣异彩。此龙者，即昔迦叶波佛时坏医罗钵呾罗树苾刍者也②。故今彼土请雨祈晴，必与沙门共至池所，弹指慰问③，随愿必果。

【注释】

①医罗钵呾罗：梵文 Elāpattra 的音译，又作医那钵呾罗、医罗钵呾逻等，“医罗”为一种臭树，“钵呾罗”为“树叶”或“极端”义，盖因龙王曾损坏此树叶，而使头上生此极臭之树而得名。

②迦叶波佛：梵文 Kāśyapa 的音译，又作迦叶、迦摄、迦摄波，意译作饮光，是释迦佛以前之佛，于现世界人寿二万岁时出世而成正觉，为“过去七佛”之一。苾刍：即比丘，梵文 Bhikṣu 的音译，出

家为佛弟子，受具足戒者。

③弹指：捻弹手指作声。原为印度风俗。用以表示欢喜、许诺、警告等含义。

【译文】

都城西北七十多里处，有医罗钵呾罗龙王池，周围有一百多步。池水清澈，各色莲花同时开花争艳。池中的龙，就是从前迦叶波佛时代，损坏医罗钵呾罗树的比丘。所以如今这里的人祈求下雨或放晴，一定要和僧徒一起来到龙王池，弹指以示慰问，愿望定会实现。

二、四宝藏之一所

龙池东南行三十余里，入两山间，有窣堵波，无忧王之所建也，高百余尺。是释迦如来悬记当来慈氏世尊出兴之时[①]，自然有四大宝藏[②]，即斯胜地，当其一所。闻诸先志曰：或时地震，诸山皆动，周藏百步，无所倾摇。诸有愚夫妄加发掘，地为震动，人皆蹎仆。傍有伽蓝，圮损已甚，久绝僧徒。

【注释】

①悬记：指佛遥记修行者未来证果、成佛的预言。慈氏世尊：即弥勒菩萨，梵文 Maitreya 意译为慈，因其为姓，故称慈氏。生于南天竺婆罗门家，继释迦如来之佛位，为补处之菩萨。

②四大宝藏：乾陀卫国伊罗钵龙王宝藏、蜜缔罗国斑稠龙王宝藏、须赖咤国宾伽罗龙王宝藏、婆罗榇国蠰佉龙王宝藏。

【译文】

从龙池向东南行走三十多里，进入两山之间，有座佛塔，是无忧王建造的，高一百多尺。当初释迦如来预言，将来慈氏世尊出世时，自然产生四大宝藏,这个胜地,便是其中之一。据先前的记载说:有时地震,众山都摇动,唯独宝藏周围百步以内,丝毫不摇晃。有些愚昧的人,妄图发掘宝藏,大地为之震动,人都跌倒在地。佛塔旁有座佛寺,蹋毁得十分严重,已经很久没有僧徒了。

三、舍头窣堵波

城北十二三里有窣堵波,无忧王之所建也。或至斋日①,时放光明,神花天乐,颇有见闻。闻诸先志曰:近有妇人,身婴恶癞②,窃至窣堵波,责躬礼忏③。见其庭宇有诸粪秽,掬除洒扫④,涂香散花,更采青莲⑤,重布其地。恶疾除愈,形貌增妍,身出名香,青莲同馥。斯胜地也,是如来在昔修菩萨行,为大国王,号战达罗钵剌婆⑥,唐言月光。志求菩提⑦,断头惠施。若此之舍,凡历千生。

【注释】

①斋日:斋戒的日子。佛教有六斋日、十斋日等,六斋日为每月八日、十四日、十五日、二十三日、二十九日、三十日,十斋日比六斋日多一日、十八日、二十四日、二十八日。

②恶癞:恶疮。

③礼忏,礼拜佛菩萨,诵念经文,以忏悔所造罪恶。

④掬除:两手捧着清除。

⑤青莲:青色莲花。瓣长而广,青白分明。

⑥战达罗钵剌婆:梵文 Candraprabha 的音译,义为“月光”。是释迦佛的前身之一。

⑦菩提:梵文 Bodhi 的音译。意译为“觉”、“智”、“道”等。佛教用以指豁然彻悟的境界,又指觉悟的智慧和觉悟的途径。

【译文】

都城北面十二三里处，有座佛塔，是无忧王建造的。到了斋日期间，常常放射光芒，神花天乐，也常常可以见到听到。据先前的记载说：近来有个妇女，身患恶疮，偷偷来到佛塔前，反躬自责，礼拜忏悔。当她见到庭院中有粪便垃圾时，就双手捧走，洒水扫地，涂上香料，撒上花朵，又采来青莲，铺在地上。随之恶疮痊愈，相貌更加漂亮，身上散发着名贵香气，如同青莲香气。这个胜地，从前如来修菩萨行，为大国王，名叫战达罗钵剌婆，唐土称月光。一心想求得菩提之果，就割断头颈施舍与人。像这样的施舍，已经经历了一千世。

四、童受论师制论处

舍头窣堵波侧有僧伽蓝，庭宇荒凉，僧徒减少。昔经部拘摩罗逻多唐言童受。论师于此制述诸论[①]。

【注释】

①拘摩罗逻多：梵文 Kumāralāta 的音译，意译作童受。

【译文】

在舍头塔旁有座佛寺，庭院荒凉，僧徒很少。从前经部的拘摩罗逻多唐土称童受。法师曾在这里撰写各种论著。

五、南山窣堵波及拘浪拏太子故事

城外东南南山之阴，有窣堵波，高百余尺，是无忧王太子拘浪拏为继母所诬抉目之处[①]，无忧王所建也。盲人祈请，多有复明。

【注释】

①拘浪拏：梵文 Kuṇāla 的音译。是无忧王太子法益的别号。抉：挖。

【译文】

都城外的东南方，南山的北麓，有座佛塔，高一百多尺，是无忧王的太子拘浪拏遭继母诬陷而被挖去双眼的地方，塔是无忧王建造的。盲人来此祈求，往往重见光明。

此太子正后生也，仪貌妍雅[①]，慈仁夙著。正后终没，继室憍淫，纵其昏愚，私逼太子。太子沥泣引责[②]，退身谢罪。继母见违，弥增忿怒，候王闲隙，从容言曰："夫呾叉始罗[③]，国之要领，非亲子弟，其可寄乎？今者太子仁孝著闻，亲贤之故，物议斯在。"王惑闻说，雅悦奸谋，即命太子而诫之曰："吾承余绪[④]，垂统继业，唯恐失坠，忝负先王。呾叉始罗国之襟带[⑤]，吾今命尔作镇彼国。国事殷重，人情诡杂，无妄去就，有亏基绪[⑥]。凡有召命，验吾齿印。印在吾口，其有谬乎？"于是太子衔命来镇。岁月虽淹，继室弥怒，诈发制书，紫泥封记，候王眠睡，窃齿为印，驰使而往，赐以责书。辅臣跪读，相顾失图。太子问曰："何所悲乎？"曰："大王有命，书责太子，抉去两目，逐弃山谷，任其夫妻，随时生死。虽有此命，尚未可依。今宜重请，面缚待罪[⑦]。"太子曰："父而赐死，其敢辞乎？齿印为封，诚无谬矣。"命旃荼罗抉去其眼[⑧]。

【注释】

①妍雅：美丽高雅。

②沥泣：流泪。

③呾叉始罗：梵文 Takṣaśilā 的音译。故址在今巴基斯坦共和国伊斯兰堡西部拉瓦尔品第附近一带。

④余绪：遗业。

⑤襟带：谓山川屏障环绕，如襟似带。比喻险要的地理形势。

⑥基绪：犹基业。

⑦面缚：双手反绑于背而面向前。古代用以表示投降。

⑧旃荼罗：梵文 Caṇḍāla 或 Cāṇḍāla 的音译，意译作屠者。为印度种姓四大等级之外的下等阶层，以屠杀为业。

【译文】

这位太子是正宫王后所生，仪貌美丽高雅，慈悲仁爱，久已闻名。正宫王后去世后，继室骄奢淫荡，放纵自己昏愚之心，逼太子和她私通。太子流泪自责，引退请求原谅。继母遭到拒绝，更增怨恨之心，等待无忧王闲暇时，坦然地对他说："呾叉始罗，是国家的要害地区，如果不是王室亲属子弟，怎能委以重任？现在太子以仁孝闻名，既亲且贤，众望所归。"无忧王被她的言论所迷惑，欣然接受了她的奸谋，立即召来太子，告诫他说："我继承祖先遗业，要把它留传给后世，唯恐失去政权，辜负了先代君王。呾叉始罗是国家的险要地带，我现在命令你镇守该地。国家大事十分繁重，而人心诡谲复杂，不能轻易作决定，而有负国家根本大业。凡是有召唤命令，可验证我的齿印。印章既然在我口中，难道还会有错吗？"于是太子奉命出外镇守。虽然岁月流逝，但继室更为愤怒，伪造发出诏书，用紫色印泥封缄，等待无忧王睡着，偷用其齿盖下印痕，派人快马赶到呾叉始罗，赐给太子谴责他的诏书。辅佐之臣跪着宣读，互相看着，不知所措。太子问他们说："为何如此悲痛？"臣属答道："大王有命令，写信谴责太子，命挖去双眼，驱逐到山谷中，听凭太子夫妻流浪，随时可能死去。虽然有这个命令，还未必马上执行。现在请太子再加请求，反绑自己，等待处分。"太子说："父亲赐死，我怎敢逃避呢？有他的齿印封记，肯定不会有错。"就命令旃荼罗挖去自己的双眼。

眼既失明，乞贷自济，流离展转，至父都城。其妻告曰："此是王城。嗟乎，饥寒良苦！昔为王子，今作乞人，愿得闻知，重申先责！"于是谋计入王内厩，于夜后分，泣对清风，长啸悲吟，箜篌鼓和[①]。王在高楼，闻其雅唱，辞甚怨悲，怪而问曰："箜篌歌声，似是吾子。今以何故而来此乎？"即问内厩："谁为歌啸？"遂将盲人而来对旨。王见太子，衔悲问曰："谁害汝身，遭此祸衅[②]！爱子丧明，犹自不觉，凡百黎元，如何究察？天乎，天乎，何德之衰！"太子悲泣，谢而对曰："诚以不孝，负责于天，某年日月，忽奉慈旨。无由致辞，不敢逃责。"其王心知继室为不轨也，无所究察，便加刑辟。时菩提树伽蓝有瞿沙唐言妙音。大阿罗汉者[③]，四辩无碍[④]，三明具足[⑤]。王将盲子陈告其事，惟愿慈悲，令得复明。时彼罗汉受王请已，即于是日宣令国人："吾于后日欲说妙理，人持一器，来此听法，以盛泣泪也。"于是远近相趋，士女云集。是时阿罗汉说十二因缘[⑥]，凡厥闻法，莫不悲耿，以所持器盛其沥泣。说法既已，总收众泪，置之金盘，而自誓曰："凡吾所说，诸佛至理[⑦]，理若不真，说有纰缪，斯则已矣；如其不尔，愿以众泪洗彼盲眼，眼得复明，明视如昔！"发是语讫，持泪洗眼，眼遂复明。王乃责彼辅臣，诘诸僚佐，或黜或放，或迁或死。诸豪世禄移居雪山东北沙碛之中。

从此东南越诸山谷，行七百余里，至僧诃补罗国。北印度境。

【注释】

①箜篌：古代拨弦乐器名。有竖式和卧式两种。

②祸亹(mén)：灾祸。

③瞿沙：梵文 Ghoṣa 的音译，意译为妙音。

④四辩无碍：讲述佛法能够做到"四无碍"，分别是：法无碍、义无碍、辞无碍、乐说无碍。无碍，佛教谓通达自在，没有障碍。

⑤三明：梵文 Trividyā 的意译。佛教所称的三种智慧，即宿命明、天眼明、漏尽明。宿命明是明白自己和他人一切宿世的事；天眼明是明白自己和他人一切未来世的事；漏尽明是以圣智断尽一切的烦恼。以上三者，在阿罗汉叫做"三明"，在佛即叫做"三达"。

⑥十二因缘：梵文 Dvādaśanidāna 的意译，亦称十二缘起，是佛教"三世轮回"的基本观点。

⑦至理：最精深的道理。

【译文】

眼睛失明后，太子以乞讨养活自己，到处流浪，到了父亲的都城。他的妻子告诉他说："这是大王的都城。唉，实在是饥寒交迫，很辛苦啊！从前是王子，今日作乞丐，希望能让大王知道你的现状，重新申述当初的责罚！"于是谋划计策进入国王马厩，等到深更半夜，对着清风哭泣，长声吁叹，悲哀吟咏，用箜篌伴奏。无忧王在高楼上，听到优美的歌声，歌辞怨恨悲伤，就奇怪地询问说："箜篌伴奏着歌唱，声音好像是我的儿子。现在因为什么来到了这里呢？"立即询问掌管马厩的人："是谁在歌唱？"臣下于是带着盲人来复命。无忧王见到太子，满含悲痛地问道："是谁害你，使你遭受这个祸殃！爱子失明，我尚且不知道，对于黎民百姓，我怎能体察呢？天哪，天哪！我的德行竟衰落到如此地步！"太子悲伤地哭泣，向父亲谢罪道："实在是因为我不孝顺，得罪了上天，某年某月某日，忽然接到圣旨。无法向您申述，不敢逃避罪责。"无忧王心中知道是继室作坏事，便不再审问追查，就对她处以极刑。当时菩提树佛寺，有位瞿沙唐土称妙音。大阿罗汉，四辩都无滞碍，又具备宿命明、天眼明、漏尽明。无忧王带着瞎眼太子，向他陈述这件事实，希望他大发慈悲，使太子眼睛得以复明。当时，那位罗汉接受了国王请求，立刻在当天宣告国人："我在后天将要讲解精微的佛理，每人可带一个器皿，到这里来听法，用器皿承接泪水。"于是远近的人竞相赶到佛寺，士女如云彩般聚集。阿罗汉讲说十二因缘，凡是听讲的人，无不悲伤哭泣，用所带的器皿盛装眼泪。说法结束后，收集起众人眼泪，放到金盘内，然后自己发誓说："凡是我所说的，都是佛法最高真理。如果道理不正确，解说有错误，这就算了。如果不是这样的，希望能用众人的眼泪，来洗太子的瞎眼，使他眼睛复明，像以前一样看得清楚！"罗汉说完这段话后，拿着众人泪水，让太子洗眼睛，眼睛马上就重见光明了。无忧王责备那些辅臣，诘问众属官，有的罢免，有的流放，有的降职，有的处死。还有很多豪门大族迁居到雪山东北的沙碛之中。

从呾叉始罗国向东南，越过很多山谷，行走七百多里，到达僧诃补罗国。在北印度境内。

僧诃补罗国

僧诃补罗国周三千五六百里[①]，西临信度河[②]。国大都城周十四五里，依山据岭，坚峻险固。农务少功，地利多获。气序寒，人性猛，俗尚骁勇[③]，又多谲诈[④]。国无君长主位，役属迦湿弥罗国[⑤]。

【注释】

①僧诃补罗：梵文 Siṃhapura 的音译。其国故地在今萨尔特山脉北麓的开达斯及其附近一带。

②信度河：印度河。

③骁勇：勇猛。

④谲(jué)诈：狡诈。

⑤迦湿弥罗：梵文Kāsmīra的音译，即今克什米尔。

【译文】

僧诃补罗国方圆三千五六百里，西界濒临信度河。该国的大都城方圆十四五里，依傍着山岭，坚固高峻而险阻。农事投入功力少，土地收成却很多。气候寒冷，性格凶猛，风俗崇尚勇猛，又多狡诈。国内没有君主统辖，隶属迦湿弥罗国。

一、城附近寺塔及白衣外道本师初说法处

城南不远有窣堵波，无忧王之所建也，庄饰有亏[①]，灵异相继[②]。傍有伽蓝，空无僧侣。

城东南四五十里至石窣堵波，无忧王建也，高二百余尺。池沼十数，映带左右[③]。雕石为岸，殊形异类。激水清流，汩淴漂注[④]，龙鱼水族，窟穴潜泳。四色莲花，弥漫清潭。百果具繁，同荣异色。林沼交映，诚可游玩。傍有伽蓝，久绝僧侣。

【注释】

①庄饰：装饰。

②灵异：灵验。

③映带：景物互相衬托。

④汩(yù)淴：水疾流貌。

【译文】

都城以南不远处，有座佛塔，是无忧王建造的，外部装饰已有破损，

灵验神迹却不断出现。佛塔旁有座佛寺,空空的没有僧人居住。

从都城向东南行走四五十里,到达石塔,是无忧王建造的,高二百多尺。有十多个水池,在石塔左右映衬。池岸是用石雕垒成的,形状各不相同。清澈的池水,湍急如注,龙鱼之类水族,在池中穴居潜游。四种颜色的莲花,布满了清潭。各种花果繁茂,五光十色,树木池水互相映照,的确是游玩佳地。旁边有座佛寺,很久没有僧徒了。

窣堵波侧不远,有白衣外道本师悟所求理初说法处①,今有封记。傍建天祠。其徒苦行②,昼夜精勤,不遑宁息③。本师所说之法,多窃佛经之义,随类设法,拟则轨仪,大者谓苾刍④,小者称沙弥⑤,威仪律行,颇同僧法。唯留少发,加之露形,或有所服,白色为异。据斯流别,稍用区分。其天师像,窃类如来,衣服为差,相好无异⑥。

【注释】

①白衣外道:耆那教中的一个支派。

②苦行:梵文 Duṣkara-carya,又 Tapas,也叫难行苦行,专以苦行为出离解脱之道,本属外道,但佛教行者,于正法之下,亦须修习种种苦行。

③不遑宁息:没有时间安定休息。不遑,无暇,没有闲暇。

④苾刍:即比丘,梵文 Bhikṣu 的音译,出家为佛弟子,受具足戒者。

⑤沙弥:梵文Śrāmaṇera 的音译略称,意译为息恶、行慈等,指初出家的男佛教徒。

⑥相(xiàng)好:梵文 Lakṣana Vyañjana 的意译,就佛之身体而言,微妙之相状,可了别者,叫做"相",细相之可爱乐者,叫做"好"。佛身有三十二相,八十种好。

【译文】

在佛塔旁不远处，有白衣外道本师领悟到真理而初次说法的地方，现在有封缄标记指示。旁边还建有天祠。他的信徒，都修苦行，日夜专心勤勉，没有时间休息。本师所说之法，大多窃取佛经义理，根据不同的对象，制定教义，效法佛教的戒律修行，年长的称苾刍，年少的称沙弥，种种律仪规范，与佛教差不多。只留少量头发，并裸露形体，也有穿衣服的，也以白色为特点。根据这些不同，稍微可以区分。他们的天师像，也偷偷仿效如来，衣服有些区别，相貌没有不同。

二、大石门及王子舍身饲虎处

从此复还呾叉始罗国北界[①]，渡信度河，东南行二百余里，度大石门，昔摩诃萨埵王子于此投身饲饿乌檡[②]。音徒。其南百四五十步有窣堵波，摩诃萨埵愍饿兽之无力也，行至此地，干竹自刺，以血啖之，于是乎兽乃啖焉。其中地土洎诸草木[③]，微带绛色，犹血染也。人履其地，若负芒刺，无云疑信，莫不悲怆。

舍身北有石窣堵波，高二百余尺，无忧王之所建也。雕刻奇制，时烛神光。小窣堵波及诸石龛动以百数[④]，周此茔域[⑤]。其有疾病，旋绕多愈。

【注释】

①呾叉始罗：梵文 Takṣaśilā 的音译。故址在今巴基斯坦共和国伊斯兰堡西部拉瓦尔品第附近一带。

②摩诃萨埵：梵文 Mahāsattva 的音译，意译作大众生等。乌檡(tù)：虎的别称。原作“於菟”，於音“乌”，故也作“乌菟”。檡、菟通用。

③洎(jì)：通“暨”。和，与。

④石龛：供奉神像或神主的小石阁。

⑤茔(yíng)域：墓地。

【译文】

从这里再回到呾叉始罗国的北界，渡过信度河，向东南行走二百多里，经过大石门，从前摩诃萨埵王子就在这里献身喂饿虎。此地南面一百四五十步处有座佛塔，摩诃萨埵怜悯饿兽没有力气，走到这里，用干竹片刺自己，用血喂饿兽，此后饿兽又把他吃了。这里的土地以及草木，都略带红色，犹如血染一般。人们踩在上面，仿佛芒刺在背，不论是怀疑者还是相信者，没有不悲伤的。

在舍身塔以北，有座石塔，高二百多尺，是无忧王建造的。雕刻奇特，时常发出神光。小塔和石龛有一百多个，环绕着这片墓地。患有疾病的人，环绕它行走，大多可以痊愈。

三、孤山中伽蓝

石窣堵波东有伽蓝，僧徒百余人，并学大乘教[①]。从此东行五十余里，至孤山，中有伽蓝，僧徒二百余人，并学大乘法教。花果繁茂，泉池澄镜。傍有窣堵波，高二百余尺，是如来在昔于此化恶药叉令不食肉[②]。

从此东南山行五百余里，至乌剌尸国。北印度境。

【注释】

①大乘教：佛教内部两大基本派别之一，与“小乘”相对而言。主张开一切智、尽未来际众生化益之教为大乘。

②药叉：梵文 Yakṣa 的音译。或译为“夜叉”、“野叉”。义为“勇捷”，佛教指恶鬼。后常比喻丑陋、凶恶的人。

【译文】

在石塔东面有所佛寺，僧徒有一百多人，都研习大乘佛教。从这里向东行走五十多里，到达一座孤山，山中有所佛寺，僧徒有二百多人，都研习大乘佛教。花果繁密茂盛，泉水清澈如镜。佛寺旁有座佛塔，高二百多尺，如来曾在这里教化恶药叉，使它不再吃肉。

从这里向东南方的山中行走五百多里，到达乌剌尸国。在北印度境内。

乌剌尸国

乌剌尸国周二千余里[1]，山阜连接，田畴隘狭。国大都城周七八里。无大君长，役属迦湿弥罗国。宜稼穑，少花果。气序温和，微有霜雪。俗无礼义，人性刚猛，多行诡诈，不信佛法。大城西南四五里，有窣堵波，高二百余尺，无忧王所建也。傍有伽蓝，僧徒寡少，并皆学大乘法教。从此东南，登山履险，度铁桥，行千余里，至迦湿弥罗国。旧曰罽宾，讹也。北印度境。

【注释】

①乌剌尸：梵文 Uraśā 的音译。其地在今克什米尔的哈查拉地方，都城在今哈里浦尔。

【译文】

乌剌尸国方圆二千多里，山岭互相衔接，田地险要狭窄。该国大都城方圆七八里。没有大君主，隶属迦湿弥罗国。境内适宜种植庄稼，只有少量花果。气候温和，略有霜雪。风俗不懂礼义，性格刚强勇猛，多行欺诈之事，不信仰佛法。都城西南方四五里处，有座佛塔，高二百多尺，是无忧王建造的。旁边有所佛寺，僧徒很少，都研习大乘佛教。从都城向东南行走，翻过山岭，经过险阻，渡过铁桥，走一千多里后，到达迦湿弥罗国。旧称罽宾，是错误的。在北印度境内。

迦湿弥罗国

迦湿弥罗国周七千余里①，四境负山。山极陗峻，虽有门径，而复隘狭，自古邻敌无能攻伐。国大都城西临大河，南北十二三里，东西四五里。宜稼穑，多花果。出龙种马及郁金香、火珠、药草②。气序寒劲，多雪少风。服毛褐，衣白氎。土俗轻僄③，人多怯懦。国为龙护，遂雄邻境。容貌妍美④，情性诡诈，好学多闻，邪正兼信⑤。伽蓝百余所，僧徒五千余人。有四窣堵波，并无忧王建也，各有如来舍利升余。

【注释】

①迦湿弥罗：梵文 Kāśmīra 或 Kaśmīra 的音译，即今克什米尔。

②龙种马：骏马。火珠：一种水晶石。

③轻僄(piào)：亦作“轻剽”。轻浮，躁急。

④妍美：美丽。

⑤邪正：佛教徒称本教为正教，佛教以外的宗教及思想为邪教。

【译文】

迦湿弥罗国方圆七千多里，四面环山。山岭极为高耸陡峭，虽然有路可通，但很狭窄，自古以来邻近敌人没有能攻打进去的。该国大都城的西面濒临大河，南北十二三里，东西四五里。境内适宜种植庄稼，花果很多。出产龙种马和郁金香、火珠、药草。气候寒冷，多雪少风。人们穿白色毛布和棉布。风俗轻浮，性格胆小懦弱。国家受龙的保护，故能称雄于邻国。容貌美丽，性格狡诈，爱好学问，闻见广达，正教邪教都信奉。佛寺有一百多所，僧徒有五千多人。有四座佛塔，都是无忧王建造的，各塔中都收藏如来舍利一升多。

一、开国传说

《国志》曰：国地本龙池也。昔佛世尊自乌仗那国降恶神已[①]，欲还中国[②]，乘空当此国上，告阿难曰："我涅槃之后，有末田底迦阿罗汉当于此国建国安人[③]，弘扬沸法。"如来寂灭之后第五十年，阿难弟子末田底迦罗汉者，得六神通[④]，具八解脱[⑤]，闻佛悬记，心自庆悦，便来至此，于大山岭，宴坐林中，现大神变。龙见深信，请资所欲。阿罗汉曰："愿于池内惠以容膝！"龙王于是缩水奉施。罗汉神通广身，龙王纵力缩水，池空水尽，龙飜请地[⑥]。阿罗汉于此西北为留一池，周百余里，自余枝属，别居小池。龙王曰："池地总施，愿恒受供！"末田底迦曰："我今不久无余涅槃[⑦]，虽欲受请，其可得乎？"龙王重请："五百罗汉常受我供，乃至法尽[⑧]；法尽之后，还取此国，以为居池。"末田底迦从其所请。时阿罗汉既得其地，运大神通力，立五百伽蓝，于诸异国买鬻贱人，以充役使，以供僧众。末田底迦入寂灭后，彼诸贱人自立君长。邻境诸国鄙其贱种，莫与交亲，谓之讫利多[⑨]。唐言买得。今时泉水已多流滥。

【注释】

①乌仗那：梵文 Udyāna 的音译，义为花园。在今印度河上游及斯瓦特河地区。

②中国：中印度。

③末田底迦阿罗汉：梵文 Madhyān-tika 的音译，意译为日中、水中等。是阿难的弟子。

④六神通：六种神通力，即神境智证通（亦云神足通）、天眼智证通（亦云天眼通）、天耳智证通（亦云天耳通）、他心智证通（亦云他心通）、宿命智证通（亦云宿命通）、漏尽智证通（亦云漏尽通）。神足通，谓其游涉往来非常自在；天眼通，谓得色界天眼根，能透视无碍；天耳通，谓得色界天耳根，听闻无碍；他心通，谓能知他人之心念而无隔碍；宿命通，谓知自身及六道众生宿世行业而无障碍；漏尽通，谓断尽一切烦恼得自在无碍。前五通，凡夫亦能得之，而第六通，唯圣者始得。

⑤八解脱：能摆脱烦恼业障的系缚而复归自在的八种解脱，即内有色相观外色解脱；骨无色相观外色解脱；内外诸色解脱；空无边处解脱；识无边处解脱；天所有处解脱；非想非非想处解脱；灭受想处解脱。解脱，梵文 Mokṣa 的意译，音译作木叉。指脱离束缚而得自在，解惑业之系缚，脱三界之苦果。

⑥飜：同“翻”。副词，反而。

⑦无余涅槃：梵文 Anupadhiśeṣa-nivāṇa 的意译。指身智都灰灭的涅槃。

⑧法尽：佛教认为天下一切事物终会灭尽，佛法也不例外。

⑨讫利多：梵文 Krīta 的音译，义为“买来的”。

【译文】

《国志》记载：迦湿弥罗国本来是一个龙池。从前佛世尊在乌仗那国降伏恶神后，将要回到中印度，腾空经过此国上空时，告诉阿难说：“我涅槃以后，有个末田底迦阿罗汉，将在这里建立国家，安抚民众，弘扬佛法。”如来寂灭之后第五十年，阿难的弟子末田底迦罗汉获得了六神通，并具备了八解脱，听到佛陀的预言，心中欢庆喜悦，就来到这里，在一大山岭上，静坐在树林中，显现出巨大神通。龙王见到后十分信仰佛法，请求阿罗汉提出需要。阿罗汉说："希望在龙池中，让我放置双膝。"龙王于是缩减池水，腾出干地施舍罗汉。罗汉施展神通增大身躯，龙王尽力缩减池水，以致池空水尽，龙王反倒请罗汉赐地。阿罗汉就在西北为它留下一个池子，方圆一百多里，龙王的其它枝属，另外住在小池中。龙王说："池子的地都施舍给您了，愿您永远受我的供养。"末田底迦说："我不久就将进入无余涅槃，虽然想接受你的请求，但是怎么办得到呢？"龙王再次请求："希望五百罗汉长久受我的供养，直到大法灭尽；大法灭尽后，我再取回这个国家，作为居住的池子。"末田底迦接受了它的请求。当时阿罗汉得到这片土地以后，运用巨大神通之力，建立五百所佛寺。在其它各国买来贱民，充当仆役，侍候僧徒。末田底迦涅槃以后，那些贱民自立君王。邻近各国鄙视他们出身卑贱，不与他们亲近交往，称之为讫利多。唐土称买得。现在泉水已经多处泛滥。

二、五百罗汉僧传说

摩揭陁国无忧王以如来涅槃之后第一百年[①]，命世君临，威被殊俗，深信三宝[②]，爱育四生[③]。时有五百罗汉僧、五百凡夫僧，王所敬仰，供养无差。有凡夫僧摩诃提婆唐言大天。阔达多智[④]，幽求名实，潭思作论[⑤]，理违圣教。凡有闻知，群从异议。无忧王不识凡圣，因情所好，党援所亲[⑥]，召集僧徒赴殑伽河[⑦]，欲沈深流，总从诛戮。时诸罗汉既逼命难，咸运神通，凌虚履空，来至北国，山栖谷隐。时无忧王闻而悔惧，躬来谢过，请还本国。彼诸罗汉确不从命。无忧王为罗汉建五百僧伽蓝，总以此国持施众僧。

【注释】

①摩揭陁：梵文 Magadha 的音译，意译作无害等。该国疆域大致相当于今印度比哈尔邦的巴特那和加雅地区。这是古印度的十六个大国之一。

②三宝：梵文 Triratna 的意译。指佛宝、法宝、僧宝。

③四生：佛教分世界众生为四大类：一、胎生，如人畜；二、卵生，如禽鸟鱼鳖；三、湿生，如某些昆虫；四、化生，无所依托，唯借业力而忽然出现者，如诸天与地狱及劫初众生。

④摩诃提婆：梵文 Mahādeva 的音译，意译为大天，与佛经中的一位比丘同名异人（本书卷三即有）。关于大天王本生故事，详见《增一阿含经》卷四八、《中阿含经》卷一等。闳达：形容广博贯通，深远明彻。

⑤潭思：深思。

⑥党援：袒护帮助。党，这里用作动词，偏袒。

⑦殑伽：梵文 Gaṅgā 的音译，意译为"天堂来"，因见其从高处来，故名。古印度河名，即恒河。

【译文】

摩揭陁国的无忧王在如来涅槃后的第一百年，统治天下，著名于当世，声威远播外邦，深信佛教，爱护生灵。当时有五百罗汉僧、五百凡夫僧，都受到无忧王敬仰，供养没有差别。有个凡夫僧摩诃提婆唐土称大天。广博贯通，富于智慧，暗中探索名实关系，沉思后写作论著，道理违背佛法。凡是他所认识的人，都追随这种异说。无忧王不能识别凡僧、圣僧的差异，凭着感情偏爱，袒护帮助凡夫僧，召集僧徒，前往殑伽河，想把他们沉入深水中，全部杀害。当时众罗汉面临生命危险，都运用神通，凌空飞翔，来到这个国家，隐居山谷中。无忧王听说后，感到后悔恐惧，亲自前来谢罪，请求回到本国。那些罗汉拒不从命。无忧王于是为罗汉建立起五百所佛寺，并把这个国家施舍给僧徒。

三、迦腻色迦王第四结集

健驮逻国迦腻色迦王以如来涅槃之后第四百年，应期抚运，王风远被，殊俗内附，机务余暇，每习佛经。日请一僧入宫说法，而诸异议部执不同①。王用深疑，无以去惑。时胁尊者曰②："如来去世，岁月逾邈。弟子部执，师资异论，各据闻见，共为矛盾。"时王闻已，甚用感伤，悲叹良久，谓尊者曰："猥以余福③，聿遵前绪④，去圣虽远，犹为有幸。敢忘庸鄙，绍隆法教，随其部执，具释三藏。"胁尊者曰："大王宿殖善本⑤，多资福佑⑥，留情佛法⑦，是所愿也！"王乃宣令远近，召集圣哲。于是四方辐凑，万里星驰，英贤毕萃，睿圣咸集。七日之中，四事供养⑧。

【注释】

①部执：各部所执的有关教义的见解。

②胁尊者：梵文 Pārśva 的意译。为小乘佛教有部的大师，付法藏的第十祖。

③猥（wěi）：副词。犹辱、承。谦词。

④聿（yù）遵前绪：继承前辈的大业。聿，本为助词，后多训为继承。绪，前人未竟之业。

⑤善本：善根。屏居：退隐；屏客独居。

⑥资：凭仗。

⑦留情：倾心。

⑧四事供养：供奉三宝日常生活所需之四物，指衣服、饮食、卧具、医药，或指衣服、饮食、汤药、房舍等。

【译文】

健驮罗国的迦腻色迦王，在如来涅槃之后第四百年，顺应时运，登上王位，教化远播，异国都来归附。处理政事之余，常常研习佛经，每天请一位僧人进宫说法，但是不同部派说法不同。国王因此深表怀疑，无法消除迷惑。这时胁尊者说："如来去世，岁月已经久远。弟子各分部派，论师也异议纷纭，各自依据自己的闻见，互相矛盾。"国王听说后，十分悲伤，悲叹了很久，对胁尊者说："我有幸凭剩余的福德，继承前辈的大业，距离圣人时代虽远，还算是有幸。我不顾自己的平庸鄙俗，继承发扬佛法，根据不同的部执，解释三藏学说。"胁尊者说："大王前世种下善根，各方面都得到神明的保佑，一心想着佛法，这正是我的愿望。"国王于是传令远近各地，召集高僧。于是，各地僧徒从四面八方、万里之外聚集在一起，群贤高僧都聚齐了。七天之中，均受四事供养。

既欲法议，恐其喧杂，王乃具怀白诸僧曰："证圣果者住[1]，具结缚者还[2]。"如是尚众。又重宣令："无学人住[3]，有学人还[4]。"犹复繁多。又更下令："具三明、备六通者住[5]，自余各还。"然尚繁多。又更下令："其有内穷三藏、外达五明者住[6]，自余各还。"于是得四百九十九人。王欲于本国，苦其暑湿，又欲就王舍城大迦叶波结集石室[7]。胁尊者等议曰："不可。彼多外道，异论纠纷，酬对不暇，何功作论？众会之心，属意此国。此国四周山固，药叉守卫[8]，土地膏腴，物产丰盛，贤圣之所集往，灵仙之所游止。"众议斯在，佥曰："允谐[9]。"其王是时与诸罗汉自彼而至，建立伽蓝，结集三藏，欲作《毗婆沙论》[10]。

【注释】

①圣果:佛教修行所达到的圆满境界。

②具结缚:具有烦恼的人,即凡夫。结缚,烦恼。佛教认为烦恼系缚身心,故名。

③无学:即阿罗汉果。阿罗汉为梵文 Arhāñ 的音译,意译为无学,证得此果位者断尽色界、无色界思惑,四智已圆,已出三界,已证涅槃,无法可学,故名“无学”。

④有学:学道未圆满,需再行修学。

⑤三明:梵文 Trividyā 的意译。佛教所称的三种智慧,即宿命明、天眼明、漏尽明。宿命明是明白自己和他人一切宿世的事;天眼明是明白自己和他人一切未来世的事;漏尽明是以圣智断尽一切的烦恼。以上三者,在阿罗汉叫做“三明”,在佛即叫做“三达”。六通:六种神通力,即神境智证通(亦云神足通)、天眼智证通(亦云天眼通)、天耳智证通(亦云天耳通)、他心智证通(亦云他心通)、宿命智证通(亦云宿命通)、漏尽智证通(亦云漏尽通)。

⑥三藏:梵文 Tripiṭaka 的意译,佛典的总称。即经藏(Sūtrapiṭaka)、律藏(Vinayapiṭaka)、论藏(Abhidharmapiṭaka)。五明:梵文 Pañcavidyā 意译。佛教所说的古印度五种学问。即:声明、工巧明、医方明、因明、内明。

⑦王舍城:梵文 Rājagṛha 的意译,摩揭陀国的都城。大迦叶波:即摩诃迦叶波(Mahākāśyapa,摩诃意译为“大”),为婆罗门种之一姓,名毕波罗(Pippala),其父母祷于毕波罗树神而生,故名毕波罗,为大富长者之子,能舍大财与大姓,修头陀之行,为佛十大弟子之一,号称“头陀第一”。结集:梵文 Saṇgīti 的意译。释迦牟尼生时随机说法,无文字记载。涅槃后,弟子们集会,各诵所闻,汇集成为法藏,故称。相传现有佛经经过四次结集:(1)佛灭后不久,以大迦叶为首的五百比丘在王舍城结集;(2)佛灭后百年,以

耶舍陁为首的七百比丘在吠舍厘结集；(3)阿育王时代，以目犍连子帝须为首的一千比丘在华氏城结集；(4)迦腻色迦王时代，以胁比丘为首的五百比丘在迦湿弥罗结集。"重结集"即指第二次结集。

⑧药叉：梵文 Yakṣa 的音译。或译为"夜叉"、"野叉"。义为"勇捷"，佛教指恶鬼。后常比喻丑陋、凶恶的人。

⑨允谐：诚然合适。

⑩《毗婆沙论》：梵文 Abhidharma-māhavibhasa-śāstra，共 200 卷，详细地论释，系统地总结说一切有部的理论主张，并对大众部、法藏部、化地部等部派以及数论、胜论等外道观点予以批驳。

【译文】

既然想讨论大法，又恐怕喧闹杂乱。国王就把心里想的完全告诉众僧徒："已经证得圣果的留下来，烦恼未尽的请回去。"这样留下来的还很多。国王又重新宣布命令说："无需再修学的留下来，还需修学的请回去。"留下来的僧徒还是很多。国王又下令："具备三明、六通的留下来，其余的请回去。"然而留下来还是较多。国王再下令："有在内穷究三藏、在外通达五明的留下来，其余的各自请回去。"于是得到四百九十九人。国王想在本国集会，而苦于炎热潮湿，又想前往王舍城大迦叶波结集的石室。胁尊者等人议论说："不可以。那里外道多，异说纷纭，同他们应对都来不及，哪有功夫撰写经论？众僧聚会的心意，是在迦湿弥罗国。这个国家四周山岭坚固，有药叉守卫，土地肥沃，物产丰富，是贤圣集中前往之地，神仙游乐止息之所。"众僧议论都是这样，都说："这里的确合适。"国王这时同众罗汉从外地来到这里，建立佛寺，结集三藏，打算作《毗婆沙论》。

是时尊者世友户外纳衣①，诸阿罗汉谓世友曰："结使未除②，诤议乖谬，尔宜远迹，勿居此也。"世友曰："诸贤于法无疑，代佛施化，方集大义，欲制正论。我虽不敏，粗达微言，三藏玄文，五明至理，颇亦沉研，得其趣矣。”诸罗汉曰：“言不可以若是，汝宜屏居，疾证无学，已而会此，时未晚也。”世友曰：“我顾无学，其犹涕唾。志求佛果，不趋小径。掷此缕丸[③]，未坠于地，必当证得无学圣果。”时诸罗汉重诃之曰：“增上慢人[④]，斯之谓也。无学果者，诸佛所赞，宜可速证，以决众疑。”于是世友即掷缕丸空中，诸天接缕丸而请曰：“方证佛果，次补慈氏[⑤]，三界特尊[⑥]，四生攸赖[⑦]，如何于此欲证小果？”时诸罗汉见是事已，谢咎推德，请为上座[⑧]，凡有疑义，咸取决焉。是五百圣贤，先造十万颂《邬波第铄论》[⑨]，旧曰优波提舍论，讹也。释素呾缆藏[⑩]。旧曰修多罗藏，讹也。次造十万颂《毗奈耶毗婆沙论》，释毗奈耶藏[⑪]。旧曰毗那耶藏，讹也。后造十万颂《阿毗达磨毗婆沙论》，释阿毗达磨藏[⑫]。或曰阿毗昙藏，略也。凡三十万颂，九百六十万言，备释三藏，悬诸千古，莫不穷其枝叶，究其浅深，大义重明，微言再显，广宣流布，后进赖焉。迦腻色迦王遂以赤铜为镤[⑬]，镂写论文，石函缄封，建窣堵波，藏于其中。命药叉神周卫其国，不令异学持此论出。欲求习学，就中受业。于是功既成毕，还军本都。出此国西门之外，东面而跪，复以此国总施僧徒。

【注释】

①世友：梵文 Vasumitra 的意译。西元 1、2 世纪人，是说一切有部的大师。纳衣：即衲衣。取人弃去之布帛缝衲之僧衣。也称百衲衣。纳，通“衲”。

②结使：烦恼。

③缕丸：线团。

④增上慢人：佛家用来指狂妄自大，未证得圣果而自称已证圣果的人。增上，自负持强。慢，轻视。

⑤慈氏：即弥勒菩萨，梵文 Maitreya 意译为慈，因其为姓，故称慈氏。生于南天竺婆罗门家，继释迦如来之佛位，为补处之菩萨。

⑥三界：佛教指众生轮回的欲界、色界和无色界。

⑦四生：佛教分世界众生为四大类：一、胎生，如人畜；二、卵生，如禽鸟鱼鳖；三、湿生，如某些昆虫；四、化生，无所依托，唯借业力而忽然出现者，如诸天与地狱及劫初众生。

⑧上座：寺僧的职位名，位在住持之下，除了住持以外，因为更无人高出其上，故称“上座”。

⑨《邬波第铄论》：梵文 Upadeśa 的音译，义为“论议”。

⑩素呾缆藏：梵文 Sūtra-piṭaka，佛经中的经藏。

⑪毗奈耶藏：梵文 Vinaya-piṭaka，佛经中的律藏。

⑫阿毗达磨藏：梵文 Abhidharma-piṭaka，佛经中的论藏。

⑬鍱（yè）：锤成的金属薄片。

【译文】

这时尊者世友穿着衲衣站在门外，众罗汉对世友说：“你烦恼没有消除，议论荒谬，应远远避开，不要留在这里。”世友说：“各位贤士对于佛法，没有疑惑之处，代佛祖施行教化，正在集中讨论大义，想要撰写正论。我虽然不聪明，但也粗通精微道理，三藏的深奥文字，五明的最高真理，也曾研究过，得到了其中的旨趣。”众罗汉说：“话不能这样说。你要屏客独居，赶快证得无学之果，然后再到这里来，为时也不算晚。”世友说：“我视证得无学之果，犹如流涕、吐唾沫一样简单。我立志求得佛果，不走小路。我将这个丝团抛起，在它未落地时，必定证得无学圣果。”这时各罗汉又责备他说：“狂妄自大，就是这样。无学果是诸佛所赞美的事物，你应该赶快证得，来消除众人的怀疑。”于是世友就将丝团掷向空中，众天神接住丝团说：“你应该证得佛果，然后接弥勒之位，三界中最为尊贵，一切生灵有所依赖，为什么在这里证得小果呢？”当时众罗汉看到这种情形，就承认错误，推崇他的德行，请他为上座，只要有疑义，都由他裁决。这五百个贤圣，首先撰写《邬波第铄论》十万颂，旧称优波提舍论，是错误的。解释素呾缆藏。旧称修多罗藏，是错误的。其次撰写《毗奈耶毗婆沙论》十万颂，解释毗奈耶藏。旧称毗那耶藏，是错误的。最后撰写《阿毗达磨毗婆沙论》十万颂，解释阿毗达磨藏。或者称阿毗昙藏，是简略的称呼。一共三十万颂，九百六十万字，完整解释三藏，永存于千古，对教义的主体和分支，无不彻底研究，对教义的深奥和浅显，无不深入探讨，大义重新指明，微言再次显示，广泛流传，后学者依赖于此。迦腻色迦王于是用赤铜铸成金属薄片，上面镂刻论文，并用石函封缄，建造佛塔，藏在其中。命令药叉在迦湿弥罗国四周守卫，不让外道带走经论。想要学习的，就在塔内接受教诲。于是大功告成之后，迦腻色迦王率军回到本国首都。走到该国西门之外时，他面向东方跪拜，又把这个国家全部施舍给僧徒。

四、雪山下王讨罪故事

迦腻色迦王既死之后，讫利多种复自称王[①]，斥逐僧徒，毁坏佛法。睹货逻国呬摩呾罗王[②]，唐言雪山下。其先释种也，以如来涅槃之后第六百年，光有疆土，嗣膺王业[③]，树心佛地[④]，流情法海[⑤]。闻讫利多毁灭佛法，招集国中敢勇之士，得三千人，诈为商旅，多赍宝货，挟隐军器，来入此国。此国之君，特加宾礼。商旅之中，又更选募得五百人，猛烈多谋，各袖利刃，俱持重宝，躬赍所奉，持以献上。时雪山下王去其帽，即其座，讫利多王惊慑无措，遂斩其首，令群下曰：“我是睹货逻国雪山下王也。怒此贱种，公行虐政，故于今者诛其有罪。凡百众庶，非尔之辜。”然其国辅宰臣迁于异域。既平此国，召集僧徒，式建伽蓝，安堵如故⑥。复于此国西门之外，东面而跪，持施众僧。

其讫利多种，屡以僧徒覆宗灭祀，世积其怨，嫉恶佛法。岁月既远，复自称王，故今此国不甚崇信。外道天祠，特留意焉。

【注释】

①讫利多：梵文 Krīta 的音译，义为“买来的”。

②睹货逻：梵文 Tukhara 之音译。今阿富汗的北部地区。呬摩呾罗：梵文 Himatala 的音译，义为“雪山下”。其国位于兴都库什山之北，靠近阿姆河的主要源头。

③嗣膺：谓继前人而当受。

④佛地：谓超脱生死、灭绝烦恼的境界。

⑤法海：佛教语。喻佛法。谓佛法深广如海。

⑥安堵：安居。

【译文】

迦腻色迦王死后，讫利多种族再次自称为王，驱逐僧徒，毁坏佛法。睹货逻国的呬摩呾罗王，唐土称雪山下王。他的先辈是释迦族，在如来涅槃之后第六百年，拥有领土，继承王业，倾心于佛地，寄情于佛法。听说讫利多人毁灭佛法，于是招集国内勇士，得到三千人，伪装成商人，携带大量珍宝，暗藏兵器，来到这个国家。这个国家的君主，特别客气地礼敬宾客。在伪装的商人之中，雪山下王再加以挑选，得到五百人，都勇猛多谋略，各在袖内藏下利刃，都拿着贵重宝物，雪山下王亲自拿着这些宝物，献给讫利多王。当时，雪山下王脱去帽子，接近宝座，讫利多王惊惶失措，雪山下王于是斩下他的头，并下令群臣说：“我是睹货逻国的雪山下王。气愤这个贱种，公然施行暴政，所以今天诛杀这个有罪之人。百官民众，你们没有罪过。”不过该国的宰辅大臣，都被迁徙到国外。平定这个国家后，雪山下王召集僧徒，建造佛寺，居民又同从前一样安居乐业。雪山下王又在都城西门外，面向东跪拜，把这个国家施舍给僧徒。

讫利多种族，屡次由于僧徒的缘故毁灭宗族祭祀，世代积累仇恨，嫉妒、憎恶佛法。岁月久远，又自称为王，所以直到现在该国还不太尊崇信仰佛教。而对外道、天祠，特别重视。

五、佛牙伽蓝及传说

新城东南十余里，故城北大山阳，有僧伽蓝，僧徒三百余人。其窣堵波中有佛牙，长可寸半，其色黄白，或至斋日[①]，时放光明。昔讫利多种之灭佛法也，僧徒解散，各随利居。有一沙门游诸印度[②]，观礼圣迹，申其至诚。后闻本国平定，即事归途，遇诸群象横行草泽，奔驰震吼[③]。沙门见已，升树以避。是时群象相趋奔赴，竞吸池水，浸渍树根，互共排掘，树遂蹎仆[④]。既得沙门，负载而行，至大林中，有病象疮痛而卧。引此僧手，至所苦处，乃枯竹所刺也。沙门于是拔竹傅药[⑤]，裂其裳，裹其足。别有大象持金函授与病象，象既得已，转授沙门。沙门开函，乃佛牙也。诸象环绕，僧出无由。明日斋时，各持异果，以为中馔。食已，载僧出林数百里外，方乃下之，各跪拜而去。沙门至国西界，渡一驶河[⑥]，济乎中流，船将覆没。同舟之人互相谓曰：“今此船覆，祸是沙门。必有如来舍利，诸龙利之。”船主检验，果得佛牙。时沙门举佛牙俯谓龙曰：“吾今寄汝，不久来取。”遂不渡河，回船而去，顾河叹曰："吾无禁术[7]，龙畜所欺。"重往印度，学禁龙法。三岁之后，复还本国，至河之滨，方设坛场[8]，其龙于是捧佛牙函以授沙门。沙门持归，于此伽蓝而修供养。

【注释】

①斋日：斋戒的日子。佛教有六斋日、十斋日等，六斋日为每月八日、十四日、十五日、二十三日、二十九日、三十日，十斋日比六斋日多一日、十八日、二十四日、二十八日。

②沙门：梵文Śramana的音译。或译为"娑门"、"桑门"、"丧门"等。一说，"沙门"等非直接译自梵文，而是吐火罗语的音译。原为古印度反婆罗门教思潮各个派别出家者的通称，佛教盛行后专指佛教僧侣。

③震吼：怒吼。

④蹎(diān)仆：倒下。

⑤傅药：涂抹药物。傅，通"敷"。

⑥驶河：急流。

⑦禁术：禁咒术。

⑧坛场：法坛，佛家讲经说法之所。

【译文】

新城东南十多里，故城以北的大山南面，有所佛寺，僧徒三百多人。寺内佛塔中藏有佛牙，长约一寸半，颜色呈黄白色，斋日期间，往往放射光芒。从前讫利多种族毁灭佛法时，僧徒离散，各寻居处。有一个僧人，游览印度诸国，瞻仰礼拜圣迹，表达出至诚的心意。后来听说本国平定，就踏上了归途，路上遇到群象，横行于草泽中，奔跑怒吼。僧人见此情形，爬上树顶躲避。这时群象奔跑到树下，争相吸取池水，浸湿了树根，一起推拔、挖掘，树就倾倒了。得到僧人后，驮着他走到了大树林中，有头病象因生疮疼痛卧在地上。病象拉着僧人的手，到它疼痛之处，是枯竹刺了进去。僧人于是为它拔出枯竹，敷上药，撕下自己的衣裳，裹住病象的脚。另有一头大象拿来金盒给病象，病象接到后，转而送给僧人。僧人打开盒子，原来是佛牙。众象围绕着他，他没办法出去。明日吃斋的时候，大象都携来异果，作为他的中餐。吃过后，象载着僧人走出树林，载到树林几百里外，才放下他，各自跪拜后离开。僧人到了本国西界，渡过一条湍急的河流，到了河中间，船马上就要翻。同船的人互相说："今天这条船将翻，祸根在僧人。僧人一定有如来舍利，龙想得到。"船主检验，果然得到佛牙。这时僧人举着佛牙，低下身去对龙说："我现在把佛牙寄存你处，不久将会来取。"于是不渡河，调回船头而离开，回头望着河流叹息说："我因没有禁咒之术，竟遭龙这畜生欺侮。"又前往印度，学习禁龙之术。三年后，再回本国，来到河边，正要搭设坛场，那条龙已经捧着佛牙盒，交给僧人。僧人带回佛牙，在这所佛寺中恭敬地供奉。

六、小伽蓝及众贤论师遗迹

伽蓝南十四五里，有小伽蓝，中有观自在菩萨立像。其有断食誓死为期愿见菩萨者[①]，即从像中出妙色身[②]。

小伽蓝东南三十余里，至大山，有故伽蓝，形制宏壮[③]，芜漫良甚[④]。今唯一隅，起小重阁。僧徒三十余人，并学大乘法教。昔僧伽跋陀罗唐言众贤。论师于此制《顺正理论》[⑤]。伽蓝左右诸窣堵波，大阿罗汉舍利并在。野兽山猿采花供养，岁时无替，如承指命。然此山中多诸灵迹，或石壁横分，峰留马迹。凡厥此类，其状谲诡[⑥]，皆是罗汉沙弥[⑦]，群从游戏，手指摩画，乘马往来。遗迹若斯，难以详述。

【注释】

①断食:断绝食物。为佛教修行祈请之法,一为表至诚,二为停便利之不净。

②妙色身:美妙的色身。色身,三种身之一。佛教以四大(地、水、风、火)五尘(色、身、香、味、触)等色法之身为色身。

③形制:形状。宏壮:宏大雄伟。

④芜漫:荒芜;荒凉。

⑤僧伽跋陀罗:梵文 Saṅghabhadra 的音译,义为"众贤"。《顺正理论》:是《阿毗达磨顺正理论》的略称,共 80 卷,玄奘译。此书宣扬有部教义,驳斥世亲的《阿毗达磨俱舍论》。

⑥谲诡:怪诞。

⑦罗汉:梵文 Arhāñ(阿罗汉)的省称。小乘的最高果位,称为"无学果"。谓已断烦恼,超出三界轮回,应受人天供养的尊者。沙弥:梵文Śrāmaṇera 的音译略称,意译为息恶、行慈等,指初出家的男佛教徒。

【译文】

佛牙寺南面十四五里,有所小佛寺,里面有观自在菩萨的站立像。如果有人绝食誓死见到菩萨,菩萨就会从像中展现出美妙的色身。

从小佛寺向东南行走三十多里,到达一座大山,有一所旧佛寺,形状宏大雄伟,已经十分荒芜。现只有一个角上筑有小楼阁。僧徒三十多人,都学习大乘佛教。从前僧伽跋陀罗唐土称众贤。论师在这里撰写《顺正理论》。佛寺两旁佛塔内,藏有大阿罗汉舍利。野兽山猴采花供奉,从不间断,就如同受人指令一般。不过这座山中,有很多灵异的事迹,或者是石壁横着断裂,或者是山峰上留下马的足迹。凡是这类事情,极为怪异,都是罗汉、沙弥在一起游戏,用手指画写石头、骑马往来的痕迹。诸如此类的遗迹,难以详尽叙述。

七、索建地罗论师及象食罗汉遗迹

佛牙伽蓝东十余里，北山崖间有小伽蓝，是昔索建地罗大论师于此作《众事分毗婆沙论》[①]。

小伽蓝中有石窣堵波，高五十余尺，是阿罗汉遗身舍利也。先有罗汉，形量伟大[②]，凡所饮食，与象同等。时人讥曰："徒知饱食，安识是非？"罗汉将入寂灭也，告诸人曰："吾今不久当取无余[③]，欲说自身所证妙法[④]。"众人闻之，相更讥笑，咸来集会，共观得失。时阿罗汉告诸人曰："吾今为汝说本因缘[⑤]，此身之前报受象身，在东印度，居王内厩。是时此国有一沙门，远游印度，寻访圣教诸经典论。时王持我施与沙门，载负佛经，而至于此。是后不久，寻即命终。乘其载经福力所致，遂得为人，复钟余庆[⑥]，早服染衣[⑦]，勤求出离，不遑宁居，得六神通，断三界欲。然其所食，余习尚然，每自节身，三分食一。"虽有此说，人犹未信。即升虚空，入火光定[⑧]，身出烟焰，而入寂灭。余骸坠下，起窣堵波。

【注释】

①索建地罗：梵文 Skandhila 的音译，义为"悟入"。是说一切有部的学者，众贤的老师。《众事分毗婆沙论》：梵名 Vibhāṣāprakaraṇapādaśāstra。此书不见于现存经录。

②形量：身材。

③无余：即无余涅槃，梵文 Anupadhiśesa-nivāna 的意译。指身智都灰灭的涅槃。

④妙法：佛教称义理深奥的佛法。

⑤本因缘：本身的因缘，即本身的果报。

⑥复钟余庆：还积有余福。钟，汇聚。余庆，尚未受到果报的余善。

⑦染衣：僧人穿着用木兰色等坏色染成的衣服，因以“染衣”代指出家僧人。

⑧火光定：即第四禅定，入定后自焚。

【译文】

佛牙寺以东十多里处，北山崖间有所小佛寺，是索建地罗大论师撰写《众事分毗婆沙论》的地方。

小佛寺中有座石塔，高五十多尺，这里是收藏阿罗汉遗身舍利的地方。早先有位罗汉，身材魁梧，饭量极大，与象相等。当时人讥笑他说：“只知道吃饱，怎么会知道是非？”罗汉将要涅槃时，告诉众人说：“我现在不久就要进入无余涅槃的境界了，想说一说自己证得的妙法。”众人听说后，更加讥笑他，都来集会，一起看看结果怎样。这时阿罗汉告诉众人说：“我现在为你们说我本身的因缘。我在这个身躯之前，由于业报而得象身，在东印度，住在国王的马舍内。当时该国有个僧人，远游到印度，寻访佛教众多经典论著。国王把我施舍给僧人，我驮着佛经，来到这里。此后不久，我就死了。凭借驮经的福力，得以投身为人，又因还积有余德，早早出家为僧，勤奋修行，以求超越脱离轮回，没有安居过，因而获得六神通，断绝三界欲望。不过我的饭量，仍然如同前世，时时节制自己，只吃到三分饱。”虽然他这样讲，人们还是不相信。他便升至空中，入火光禅定，身上冒出火焰，从而归于涅槃。剩余的骨骸坠落下来，人们为之建立佛塔。

八、圆满与觉取论师遗迹

王城西北行二百余里，至商林伽蓝，布刺拿唐言圆满。论师于此作《释毗婆沙论》[①]。

城西行百四五十里，大河北接山南，至大众部伽蓝，僧徒百余人。佛地罗唐言觉取。论师于此作《大众部集真论》[②]。

从此西南，逾山涉险，行七百余里，至半笯奴故反。蹉国。北印度境。

【注释】

①布剌拿：梵文 Pūrṇa 的音译，义为“圆满”。《释毗婆沙论》：该书旨在解释《毗婆沙论》。

②佛地罗：梵文 Bodhila 的音译，义为“觉取”。《大众部集真论》：梵文 Tattvasaṃcaya-śāstra 的音译，此书不见于现存经录。

【译文】

从都城向西北行走二百多里，到达商林佛寺，布剌拿唐土称圆满。论师曾在这里撰写《释毗婆沙论》。

从都城向西行走一百四五十里，大河之北，连接大山之南处，到达大众部佛寺，僧徒一百多人。从前佛地罗唐土称觉取。论师曾在这里撰写《大众部集真论》。

从都城向西南翻过山岭，经历险阻，行走七百多里，到达半笯蹉国。在北印度境内。

半笯嗟国

半笯嗟国周二千余里[①]，山川多，畴垄狭。谷稼时播，花果繁茂，多甘蔗，无蒲萄。庵没罗果、乌淡跋罗、茂遮等果[②]，家植成林，珍其味也。气序温暑，风俗勇烈。裳服所制，多衣氎布。人性质直，淳信三宝[③]。伽蓝五所，并多荒圮[④]。无大君长，役属迦湿弥罗国[5]。城北伽蓝，少有僧徒。伽蓝北有石窣堵波，寔多灵异。

从此东南行四百余里，至曷逻阇补罗国。北印度境。

【注释】

①半笯嗟：梵文 Parṇotsa 的音译。其故地在今斯利那加西南的布恩契。

②庵没罗：梵文 Āmra 的音译，今称芒果。乌淡跋罗：梵文 Udumbara 的音译，属无花果类。茂遮：梵文 Moca 的音译，学名 Musa Sapientum，巴蕉科，果实香甜。

③三宝：梵文 Triratna 的意译。指佛宝、法宝、僧宝。

④荒圮(pǐ)：荒芜坍塌。圮，坍塌、毁坏。

⑤迦湿弥罗：梵文 Kāsmīra 的音译，即今克什米尔。

【译文】

半笯嗟国方圆二千多里，山岳江河多，畦田狭窄。按时种植庄稼，花果繁密茂盛，盛产甘蔗，没有葡萄。庵没罗果、乌淡跋罗、茂遮等果类，家家种植成林，因为人们珍爱这些果实的美味。气候温热，风俗勇猛刚烈。衣服穿着，多用毛布。居民禀性质朴正直，深信佛教。佛寺有五所，全都荒芜倾倒。没有大君主，隶属迦湿弥罗国。都城北的佛寺，僧徒很少。佛寺北有石塔，有很多灵异之事。

从这里向东南行走四百多里，到达曷逻阇补罗国。在北印度境内。

曷逻阇补罗国

曷逻阇补罗国周四千余里[1]。国大都城周十余里，极险固，多山阜。川原隘狭，地利不丰，土宜气序，同半笯嗟国。

风俗猛烈，人性骁勇[②]。国无君长，役属迦湿弥罗国。伽蓝十所，僧徒寡少。天祠一所，外道甚多。自滥波国至于此土[③]，形貌粗弊，情性犷暴，语言庸鄙，礼义轻薄，非印度之正境，乃边裔之曲俗[④]。

从此东南，下山渡水，行七百余里，至磔迦国。北印度境。

【注释】

①曷逻阇补罗：梵文 Rājapura 的音译。其故地在今克什米尔南部的拉加奥利一带。

②骁勇：勇猛。

③滥波：亦作岚婆、览波，梵文 Lampāka。在今阿富汗东北的拉格曼一带。

④曲俗：鄙陋的习俗。

【译文】

曷逻阇补罗国方圆四千多里。该国大都城方圆十多里，境内地势极为险阻坚固，山陵较多。平原狭窄，物产不丰富，土质和气候，同于半笯嗟国。风俗刚烈，居民性格勇猛。国内没有君主，隶属迦湿弥罗国。佛寺十所，僧徒很少。天祠有一所，外道信徒很多。从滥波国到这个国家，相貌粗鲁丑陋，性格凶暴，语言平庸鄙俗，礼义观念微薄，不是印度本土，而是边境居民鄙陋的习俗。

从曷逻阇补罗国向东南方，下山渡水，行走七百多里，到达磔迦国。在北印度境内。

卷第四　十五国

【题解】

本卷记述了北印度五个国家和中印度十个国家的地理、风俗和佛教圣迹等情况。玄奘从曷逻阇补罗国东南山行七百余里，到达磔迦国。磔迦国和下面的至那仆底国、阇烂达罗国、屈露多国、设多图卢国四个国家，同属于北印度境。磔迦国是北印度的一个大国，但在印度来说，是一个边区，佛教不大发达，佛寺非常少。从磔迦国向东行走五百多里，到达至那仆底国。“至那仆底”，印度话即是“中国城”。传说这里是迦腻色迦国王时汉质子冬季居住的地方，因而得名。从波理夜呾罗国到劫比他国十个国家，同属于中印度境。中印度是释迦牟尼成道说法之处，佛教最盛、遗迹最多。其中重点叙述了秣菟罗国的过去四佛、近护寺、猕猴献蜜及释迦弟子等遗迹；萨他泥湿伐罗国的尸骨福地、佛舍利塔及俱昏荼僧寺；窣禄勤那国的如来及罗汉发爪塔、恒河源福水及提婆诱化故事；秣底补罗国的德光寺、大寺院及众贤与世亲故事、无垢友故事等；劫比他国的大寺院三宝阶、莲花色尼见佛处等。

磔迦国

磔迦国周万余里[①]，东据毗播奢河[②]，西临信度河。国大都城周二十余里。宜粳稻，多宿麦，出金、银、鍮石、铜、铁[③]。时候暑热[④]，土多风飙[⑤]。风俗暴恶，言辞鄙亵。衣服鲜白，所谓憍奢耶衣、朝霞衣等[⑥]。少信佛法，多事天神。伽蓝十所，天祠数百。此国已往多有福舍[⑦]，以赡贫匮。或施药，或施食，口腹之资，行旅无累。

【注释】

①磔迦：梵文Ṭakka的音译。其地大致在今巴基斯坦的整个旁遮普平原。

②毗播奢：梵文Vipāśā的音译。即今旁遮普的比阿斯河。

③鍮(tōu)石：铜与炉甘石(菱锌矿)共炼而成的黄铜。

④时候：季节。

⑤风飙(biāo)：暴风。

⑥憍奢耶：梵文Kauśeya的音译，即袈裟，佛教僧尼的法衣。朝霞衣：极薄的绵布制成的衣服，薄如朝霞，故名。形制似袈裟。

⑦福舍：梵文Puṇyaśālā的意译。佛教所设布施修福的处所。

【译文】

磔迦国方圆一万多里，东界紧靠毗播奢河，西界濒临信度河。该国大都城方圆二十多里。适宜种植粳稻，宿麦很多，出产金、银、鍮石、铜、铁。季节炎热，暴风很多。风俗残暴凶恶，语言鄙陋轻慢。衣服喜爱鲜明洁白，有所谓的憍奢耶衣、朝霞衣等。居民很少信仰佛教，大多敬奉天神。佛寺十多所，天祠几百座。自这个国家开始，以后各国多有福舍，用来救济贫穷的人。有的施舍药物，有的施舍食品，资助人们饮食，让远行的人没有麻烦。

一、奢羯罗故城及大族王兴灭故事

大城西南十四五里，至奢羯罗故城[①]。垣堵虽坏[②]，基址尚固[③]，周二十余里。其中更筑小城，周六七里。居人富饶，即此国之故都也。

【注释】

①奢羯罗：梵文Śākala的音译。其故址在今巴基斯坦东北部的锡亚尔科特。

②垣堵：墙。

③基址：建筑物的地基。

【译文】

从大城向西南行走十四五里，到达奢羯罗故城。城墙虽然已毁坏，地基还算坚固，方圆二十多里。里面又筑有小城，方圆六七里。居民富足，这里是该国的故都。

数百年前，有王号摩醯逻矩罗[①]，唐言大族。都治此城，王诸印度。有才智，性勇烈，邻境诸国，莫不臣伏。机务余闲，欲习佛法，令于僧中推一俊德[②]。时诸僧徒莫敢应命。少欲无为，不求闻达[③]。博学高明，有惧威严。是时王家旧僮染衣已久[④]，辞论清雅，言谈赡敏[⑤]，众共推举，而以应命。王曰："我敬佛法，远访名僧，众推此隶，与我谈论。常谓僧中贤明肩比[⑥]，以今知之，夫何敬哉！"于是宣令五印度国[⑦]，继是佛法并皆毁灭，僧徒斥逐，无复孑遗[⑧]。

【注释】

①摩醯逻矩罗：梵文Mahirakula的音译，义为"日族"，原注解中释为"大族"不确。大约在公元515年继其父为印度白匈奴帝国之王。

②俊德：才德杰出的人。

③闻达：显达。

④染衣：僧人穿着用木兰色等坏色染成的衣服，因以"染衣"代指出

家僧人。

⑤赡敏：形容词语丰富，文思敏捷。

⑥肩比：肩并着肩，形容人多。

⑦五印度：即“五天竺”，指古代印度以区划分为东、西、南、北、中五部分。

⑧孑(jié)遗：遗留；残存。

【译文】

几百年前，有个国王名叫摩醯逻矩罗，唐土称大族。把这座城作为国都，统治印度各国。他有才能智慧，性格勇敢刚烈，相邻各国，没有不称臣的。他在处理完国事后的闲暇时间，想要研习佛法，于是下令在僧徒中推举一位才德杰出的人。当时所有僧徒都不敢从命。因为这些僧徒没有什么欲望，不求显达。而博学明睿的人，又惧怕国王威严。这时王府中一个老仆人，出家已久。他言论清新雅致，谈吐内容丰富，对答敏捷，众人一起推举他，让他去回复命令。国王说：“我敬仰佛法，到处访求有名的僧人，众人却推举这个奴才，来与我谈论。我常认为僧人中贤明者比比皆是，现在看来，有什么值得尊敬的呢？”于是发布命令给五印度国，今后佛法都要毁灭，僧徒要被放逐，一个也不能留。

摩揭陁国婆罗阿迭多王①，唐曰幼日。崇敬佛法，爱育黎元。以大族王淫刑虐政，自守疆场，不恭职贡②。时大族王治兵将讨，幼日王知其声问，告诸臣曰：“今闻寇至，不忍斗其兵也，幸诸僚庶赦而不罪，赐此微躯，潜行草泽！”言毕出宫，依缘山野③。国中感恩慕从者数万余人，栖窜海岛④。大族王以兵付弟，浮海往伐。幼日王守其阨险，轻骑诱战，金鼓一震，奇兵四起，生擒大族，反接引见⑤。大族王自愧失道，以衣蒙面。幼日王踞师子床⑥，群官周卫，乃命侍臣告大族曰:“汝露其面,吾欲有辞。”大族对曰:“臣主易位,怨敌相视,既非交好,何用面谈?”再三告示,终不从命。于是宣令数其罪曰:“三宝福田,四生攸赖,苟任豺狼倾毁胜业。福不佑汝,见擒于我。罪无可赦,宜从刑辟。”

【注释】

①婆罗阿迭多:梵文 Bālāditya 的音译,义为“幼日”。印度笈多王朝晚期的一个皇帝,大约在公元6世纪初即位。

②职贡:古代称藩属或外国对于朝廷按时的贡纳。

③依缘:依靠;凭借。

④栖窜:逃匿,逃窜。

⑤反接:反绑两手。

⑥师子床:梵名 Siṃhāsana,即狮子床、狮子座。佛为人中之狮子,故其坐卧之具为狮子床、狮子座。

【译文】

摩揭陀国的婆罗阿迭多王,唐土称幼日。敬仰佛法,爱护百姓。因为大族王滥施刑法暴政,所以自守边界,不再向大族王按时纳贡。当时大族王召集军队,将要讨伐。幼日王得知消息后,告诉众臣说:“现在听说敌寇将至,我不忍心两军交战。希望百官赦免我的罪过,留我性命,躲藏到草泽中!”说完后出宫,托身山野之中。国内感念他的恩德而慕名追随他的人多达几万,他们一起逃窜到海岛上。大族王把军队交给他的弟弟,渡海前往讨伐。幼日王守卫险要之处,利用轻装的骑兵诱战,锣鼓一响,奇兵四面出动,活捉大族王,他被反绑着去见幼日王。大族王惭愧自己有失王道,用衣服蒙住脸。幼日王坐在狮子床上,百官在四周护卫,于是命令侍臣告诉大族王说:“你露出脸来,我有话跟你说。”大族王回答说:“君臣地位已经改变,现在如仇敌相见,既然不是友好交往,何必还要露面谈话?”幼日王再三告诫指示,大族王始终不从命。幼日王于是下达命令，列举他的罪状说："佛教三宝的福德之田，是一切生灵所依赖的。你却任凭恶人破坏，毁弃佛教的光辉业绩。上天不保佑你，被我活捉。罪恶不可赦免，应处以死刑。"

时幼日王母博闻强识，善达占相，闻杀大族也，疾告幼日王曰："我尝闻大族奇姿多智，欲一见之。"幼日王命引大族至母宫中，幼日母曰："呜呼，大族，幸勿耻也！世间无常[①]，荣辱更事，吾犹汝母，汝若吾子。宜去蒙衣，一言面对。"大族曰："昔为敌国之君，今为俘囚之虏，隳废王业，亡灭宗祀，上愧先灵，下惭黎庶，诚耻面目。俯仰天地，不胜自丧，故此蒙衣。"王母曰："兴废随时，存亡有运，以心齐物，则得丧俱忘；以物齐心，则毁誉更起。宜信业报[②]，与时推移。去蒙对语，或存躯命。"大族谢曰："苟以不才，嗣膺王业，刑政失道，国祚亡灭[③]，虽在缧绁之中[④]，尚贪旦夕之命。敢承大造[⑤]，面谢厚恩！"于是去蒙衣，出其面。王母曰："子其自爱，当终尔寿。"已而告幼日王曰："先典有训，宥过好生。今大族王积恶虽久，余福未尽。若杀此人，十二年中，菜色相视。然有中兴之气，终非大国之王，当据北方，有小国土。"幼日王承慈母之命，愍失国之君，娉以稚女[⑥]，待以殊礼，总其遗兵，更加卫从。来出海岛。

【注释】

①世间无常：人世间的事，没有固定不变的。无常，梵文 Anitya 的意译，谓世间一切事物不能久住，都处于生灭变异之中。

②业报：业因与果报。谓一切行为都有果报，善有善报，恶有恶报。

③国祚：国运。祚，君位或国统。

④缧绁(léi xiè)：囚禁。

⑤大造：大恩德。

⑥娉(pìn)：婚配。

【译文】

当时幼日王的母亲见闻广博，记忆力强，善于看面相。她听说要杀大族王，急忙告诉幼日王说："我曾听说大族王相貌奇特，智慧丰富，想要见一见他。"幼日王命令带大族王到母亲宫中，幼日王母亲说："唉，大族王，请不要感到羞耻啊！世间人事变化无常，尊荣耻辱交替出现，我就像你的母亲，你就像我的儿子。应该去掉蒙面的衣服，跟我们当面谈一谈。"大族王说："我从前是敌国君主，今天成为俘虏，败坏了先王基业，毁坏了宗祠，上有愧祖先英灵，下有负黎民百姓。仰观苍天，俯视大地，实在无脸见人，不能以身谢罪，所以用衣蒙面。"幼日王母亲说："国家兴衰随时变化，存在灭亡各有运数。若对万物荣辱等同视之，得失就会忘记；若被荣辱左右你心，则毁誉相继产生。你应该相信因果报应，随着时间变化。去掉蒙着的衣服对话，或许可以保全性命。"大族王答谢说："我没有才能，却继承先王基业，治理国家丧失正道，弄得国破家亡，虽遭囚禁，还贪图短暂的生命。承蒙您活命大恩，我当面感谢您厚重的恩德。"于是去掉了蒙着的衣服，露出脸来。幼日王母亲说："你当珍惜自己，我会使你善终。"随后她告诉幼日王说："祖先法典早有训示，要宽恕他人罪过，爱惜众生性命。如今大族王虽然长期作恶，他的福分还未丧失尽。如果杀了这个人，十二年内，人民会饿得面带菜色。不过，他虽有转衰为盛的气度，但终究不是大国君王，应当占据北方，拥有一小块国土。"幼日王遵从慈母的命令，怜悯亡国君王，把小女儿许配给他，以特殊的礼仪待他，集中大族王的遗留兵卒，另外给他多派了些侍卫人员。让他们离开了海岛。

大族王弟还国自立。大族失位，藏窜山野，北投迦湿弥罗国[①]。迦湿弥罗王深加礼命，愍以失国，封以土邑。岁月既淹，率其邑人，矫杀迦湿弥罗王[②]，而自尊立。乘其战胜之威，西讨健驮逻国[③]，潜兵伏甲，遂杀其王。国族大臣，诛锄殄灭[④]。毁窣堵波，废僧伽蓝，凡一千六百所。兵杀之外，余有九亿人[⑤]，皆欲诛戮，无遗噍类[⑥]。时诸辅佐咸进谏曰："大王威慑强敌，兵不交锋，诛其首恶[⑦]。黎庶何咎？愿以微躬，代所应死。"王曰："汝信佛法，崇重冥福[⑧]，拟成佛果，广说本生，欲传我恶于未来世乎？汝宜复位，勿有再辞！"于是以三亿上族临信度河流杀之，三亿中族下沈信度河流杀之，三亿下族分赐兵士。于是持其亡国之货，振旅而归。曾未改岁，寻即徂落。于时云雾冥晦，大地震动，暴风奋发。时证果人愍而叹曰："枉杀无辜，毁灭佛法，堕无间狱[⑨]，流转未已[⑩]！"

【注释】

①迦湿弥罗：梵文 Kāsmīra 的音译，即今克什米尔。

②矫杀：假托君命以杀人。

③健驮逻：梵文 Gandhāra 的音译，其地在今阿富汗境内的库纳尔河与今巴基斯坦的印度河之间。

④殄(tiǎn)灭：消灭；灭绝。

⑤亿：数词。佛经中或以十万为亿、百万为亿、千万为亿、万万为亿。

⑥噍类：活着的人。

⑦首恶：元凶，罪魁祸首。

⑧冥福：迷信谓死者在阴间所享之福。

⑨无间狱：即无间地狱、阿鼻地狱，梵文阿鼻旨(Avīci)，为八热地狱

之一。佛经称造五逆罪之一者，即堕于此，一劫之间，受苦无间，故名无间地狱。

⑩流转：梵文 Saṁsāra 的意译，佛教指因果相续而生起的一切世界现象，包括众生生死在内。流，相续。转，生起。

【译文】

大族王的弟弟回国以后自立为王。大族王便丢失了王位，躲藏逃窜到山野中，向北投奔迦湿弥罗国。迦湿弥罗国王对他厚礼相待，怜悯他失去国家，封赐他土地城邑。过了一些年，大族王率领其封地中的人，假托君命杀死了迦湿弥罗国王，而自己尊称为王。后又乘着胜利的威风，向西征讨健驮逻国，暗中埋伏兵士武器，于是杀死了健驮逻国王。该国的王族大臣，都被诛杀光了。又摧毁佛塔，废除佛寺，共一千六百所。除了战争中杀死的人之外，余下的九亿人，都想要诛杀，不留下活口。当时辅佐他的臣属都进谏说："大王威风慑服强敌，军队还未交锋，就诛杀了首领。但是百姓有什么罪过？我们愿以微贱的身躯，代他们受死。"大族王说："你们相信佛法，重视阴间的福德，想要成就佛果，多方宣讲佛陀本生故事，是想把我的罪恶传到未来之世吗？你们应退回原位，不要再多说了！"于是他把三亿望族在信度河畔杀害，把三亿中等族人沉死在信度河，把三亿下等族人分赐给兵士们。然后带着灭亡国家的钱财，凯旋而归。但还没过上一年，大族王就死去了。当时云雾昏暗，大地震动，狂风大作。当时已证得佛果的人怜悯地叹息说："他滥杀无罪的人，毁灭佛法，所以坠入无间地狱，将在轮回中流转不息。"

二、世亲制论及其它遗迹

奢羯罗故城中有一伽蓝[①]，僧徒百余人，并学小乘法。世亲菩萨昔于此中制《胜义谛论》[②]。其侧窣堵波，高二百余尺，过去四佛于此说法[③]，又有四佛经行遗迹之所[④]。伽蓝西北五六里有窣堵波，高二百余尺，无忧王之所建也，是过去四佛说法之处。

新都城东北十余里，至石窣堵波，高二百余尺，无忧王之所建也，是如来往北方行化中路止处⑤。《印度记》曰⑥：窣堵波中有多舍利，或有斋日，时放光明。

从此东行五百余里，至至那仆底国。北印度境。

【注释】

①奢羯罗：梵文Śākala的音译。其故址在今巴基斯坦东北部的锡亚尔科特。

②世亲菩萨：梵文Vasubandhu的意译。是无著的弟弟，也是古印度大乘佛教瑜伽行派的创始人之一。《胜义谛论》：梵文Paramārthasatyaśāstra的意译。此书不见于汉译藏经。

③过去四佛："过去七佛"中的后四佛，即拘留孙佛、拘那含牟尼佛、迦叶佛和释迦牟尼佛。

④经行：佛教指旋绕往返或径直来回于一定之地。佛教徒作此行动，为防坐禅而欲睡眠，或为养身疗病，或表示敬意。

⑤行化：施行教化。

⑥《印度记》：或为古代印度书名（也可能是略名），或为古印度传说，现无可考。

【译文】

奢羯罗故城中有所佛寺，僧徒一百多人，都学习小乘佛教。世亲菩萨曾在这里撰写《胜义谛论》。佛寺旁的佛塔，高二百多尺，过去四佛曾在这里说法，又有四佛散步场所的遗迹。佛寺西北五六里处，有座佛塔，高二百多尺，是无忧王建造的，这里是过去四佛说法的地方。

从新都城向东北行走十多里，到达一座石塔，高二百多尺，是无忧王建造的，这里是如来佛前往北方施行教化途中休息的地方。《印度记》中说：佛塔中有很多舍利，斋日期间，时时放射光芒。

从这里向东行走五百多里，到达至那仆底国。在北印度境内。

至那仆底国

至那仆底国周二千余里[①]。国大都城周十四五里。稼穑滋茂，果木稀疏。编户安业[②]，国用丰赡[③]。气序温暑，风俗怯弱。学综真俗[④]，信兼邪正。伽蓝十所，天祠八所。

【注释】

①至那仆底：梵文 Cīnabhukti 的音译，义为“中国领地”。其故地在今印度旁遮普邦费罗兹浦尔附近一带。

②编户：编入户籍的普通人家。

③丰赡：丰富；充足。

④真俗：因缘所生之事理曰俗，不生不灭之理性曰真。

【译文】

至那仆底国方圆二千多里。该国大都城方圆十四五里。庄稼茂密繁盛，果实树木稀少。编入户籍的居民安居乐业，国家用度充足。气候温热，民风怯弱。真俗二谛同时学习，佛教外道全都信仰。有佛寺十所，天祠八所。

一、国号由来

昔迦腻色迦王之御宇也[①]，声振邻国，威被殊俗，河西蕃维，畏威送质。迦腻色迦王既得质子[②]，赏遇隆厚，三时易馆，四兵警卫[③]。此国则冬所居也，故曰至那仆底。唐言汉封。质子所居，因为国号。此境以往洎诸印度，土无梨、桃，质子所植，因谓桃曰至那你[4]，唐言汉持来。梨曰至那罗阇弗呾逻[5]。唐言汉王子。故此国人深敬东土[6]，更相指语："是我先王本国人也。"

【注释】

①御宇：统治天下。

②质子：古代派往别处或别国去作抵押的人质。多为王子或世子。

③四兵：也称"四军"，即象、马、车、步四个兵种。

④至那你：梵文 Cīnanī 的音译，义为"中国传来的"。

⑤至那罗阇弗呾逻：梵文 Cīnarājaputra 的音译，义为"中国王子"。

⑥东土：古代称中国。对西方而言。

【译文】

从前，迦腻色迦王统治天下，声望震慑邻国，威风远及异邦，河西地区的羁縻之国，畏其声威而送去质子。迦腻色迦王得到质子后，赏赐丰厚，礼遇隆重，一年三季改变住所，派步、马、车、象四种军队警戒保卫。这个国家就是质子冬天居住的地方，所以叫做至那仆底。唐土称汉封。因为质子住在这里，故而使用作为国号。从这里一直到印度各国，土地上不种植梨、桃，都是质子来后种植的，于是称桃子为至那你，唐土称汉持来。梨子为至那罗阇弗呾逻。唐土称汉王子。所以该国民众深深地敬重东方大国中国，相互指着我说："这是我们先代君王的同国之人。"

二、暗林伽蓝及迦多衍那论师遗迹

大城东南行五百余里，至荅秣苏伐那僧伽蓝[1]。唐言暗林。僧徒三百余人，学说一切有部，众仪肃穆，德行清高。小乘之学，特为博究[2]。贤劫千佛[3]，皆于此地集天人众，说深妙法。释迦如来涅槃之后，第三百年中，有迦多衍那旧曰迦旃延，讹也。论师者[4]，于此制《发智论》焉。暗林伽蓝中有窣堵波，高二百余尺，无忧王之所建也，其侧则有过去四佛坐及经行遗迹之处。小窣堵波、诸大石室，鳞次相望[5]，不详其数，并是劫初已来诸果圣人于此寂灭，差难备举，齿骨犹在。绕山伽蓝周二十里，佛舍利窣堵波数百千所，连隅接影[6]。

从此东北行百四五十里，至阇烂达罗国。北印度境。

【注释】

①荅秣苏伐那：梵文 Tamasāvana 的音译，义为“暗林”。

②博究：广泛深入地查考研究。

③贤劫：梵文 Bhadrakapa 的意译，指有释迦佛等千佛出世的现在劫。与过去庄严劫、未来星宿劫并称为三大劫，为佛教宏观的时间观念之一，又名“善劫”。劫，梵文 Kalpa 音译“劫波”（或“劫簸”）的略称。意为极久远的时节。古印度传说世界经历若干万年毁灭一次，重新再开始，这样一个周期叫做一“劫”。

④迦多衍那：梵文 Kātyāyana 的音译。是萨婆多部的鼻祖。

⑤鳞次相望：像鱼鳞那样整齐有序地排列。

⑥连隅接影：墙接墙，影连影，形容很多。隅，墙角。

【译文】

从大都城向东南行走五百多里，到达荅秣苏伐那佛寺。唐土称暗林。僧徒三百多人，学习说一切有部，众僧礼仪严肃，德操高尚。对于小乘佛学，广泛深入地查考研究。贤劫中的千佛，都在这里聚集天神、民众，讲说深奥绝妙的佛法。释迦如来涅槃以后，第三百年间，有个论师叫迦多衍那，旧称迦旃延，是错误的。在这里撰写《发智论》。暗林佛寺内有座佛塔，高二百多尺，是无忧王建造的，佛塔旁边有过去四佛的座位和散步的遗迹。小佛塔、各大石室，犹如鱼鳞般排列，不计其数，都是劫初以来证果圣人在这里去世后兴建的，如今难以详备列举，齿骨还在。环绕山岭的佛寺方圆二十里内，佛舍利塔有成百上千座，院墙相连，塔影相接。

从这里向东北行走一百四五十里，到达阇烂达罗国。在北印度境内。

阇烂达罗国

阇烂达罗国东西千余里[①]，南北八百余里。国大都城周十二三里。宜谷稼，多粳稻，林树扶正，花果茂盛。气序温暑，风俗刚烈，容貌鄙陋，家室富饶。伽蓝五十余所，僧徒二千余人，大小二乘，专门习学。天祠三所，外道五百余人，并涂灰之侣也。此国先王，崇敬外道，其后遇罗汉，闻法信悟，故中印度王体其淳信，五印度国三宝之事，一以总监[②]。混彼此，忘爱恶，督察僧徒，妙穷淑慝[③]。故道德著闻者，竭诚敬仰；戒行亏犯者，深加责罚。圣迹之所，并皆旌建[④]，或窣堵波，或僧伽蓝，印度境内无不周遍。

从此东北，逾峻岭，越洞谷，经危途，涉险路，行七百余里，至屈居勿反。露多国。北印度境。

【注释】

①阇烂达罗：梵文 Jūlaṃdhara 的音译。其地在今印度旁遮普邦贾朗达尔。

②一以总监：一概由他管理监督。

③淑慝(tè):善恶。

④旌建:兴建供人礼拜的建筑物。

【译文】

阇烂达罗国东西一千多里,南北八百多里。该国大都城方圆十二三里。适宜种植谷物,盛产粳稻,枝叶繁茂分披,花果繁密茂盛。气候温热,风俗刚毅勇烈,容貌粗鄙丑陋,居民富足有余。佛寺五十多所,僧徒二千多人,大小二乘,都专门研习。天祠有三所,外道五百多人,都是涂灰外道教徒。这个国家的前代君王,敬仰外道,后来遇到一位罗汉,听他讲说佛法后,信佛悟道,所以中印度王体察到他的信仰真诚,便将五印度国有关三宝之事情,全部委托他管理监督。他打破国家界线,忘记个人爱憎,监督僧徒,细致分清善恶。所以德高望重的僧徒,受到诚心的敬仰;违犯戒律的僧徒,就严厉地加以惩罚。凡是有圣人遗迹的地方,都建造纪念性建筑,有的是佛塔,有的是佛寺,遍及印度境内。

从这里向东北行走,翻越连绵的高山,跨过山洞河谷,经历艰险的道路,行走七百多里,到达屈露多国。在北印度境内。

屈露多国

屈露多国周三千余里[①],山周四境。国大都城周十四五里[②]。土地沃壤,谷稼时播,花果茂盛,卉木滋荣。既邻雪山,遂多珍药,出金、银、赤铜及火珠、雨石。气序逾寒,霜雪微降。人貌粗弊,既瘿且尰[③],性刚猛,尚气勇[④]。伽蓝二十余所,僧徒千余人,多学大乘,少习诸部。天祠十五,异道杂居。依岩据岭,石室相距,或罗汉所居,或仙人所止。国中有窣堵波,无忧王之建也,在昔如来曾至此国说法度人,遗迹斯记。

从此北路千八九百里，道路危险，逾山越谷，至洛护罗国[⑤]。

此北二千余里，经途艰阻，寒风飞雪，至秣逻娑国[⑥]。亦谓三波诃国。

自屈露多国南行七百余里，越大山，济大河，至设多图卢国。北印度境。

【注释】

①屈露多：梵文 Kulūta 的音译。其地在今比阿斯河流域上游西姆拉西北的屈露地区。

②国大都城：今屈露的首府为苏丹浦尔，旧都至今仍称为那迦尔。

③既瘿(yǐng)且尰(zhǒng)：既患大脖子病又患脚肿病。瘿，囊状肿瘤。多生于颈部，包括甲状腺肿大等。尰，足部水肿。

④气勇：犹勇气。

⑤洛护罗：Lāhul 的音译。其地在今克什米尔东南部。

⑥秣逻娑：藏文 Mar-sa 的音译，义为“低地”。是拉达克地区古今通名。

【译文】

屈露多国方圆三千多里，群山环绕四境。该国大都城方圆十四五里。土地肥沃，庄稼按时播种，花果茂密繁盛，树木繁荣。由于濒临雪山，珍贵药草很多，出产金、银、赤铜和火珠、雨石。气候逐渐寒冷，略有霜雪。居民形貌粗陋，患大脖子病和足肿病的人很多，性格刚强猛烈，崇尚勇气。佛寺二十多所，僧徒一千多人，大多学习大乘佛教，少数人学习其它部派。天祠十五所，异道混杂居住。依靠着岩崖山岭，石室相距不远，有的是罗汉居住的地方，有的是仙人休息的场所。国内有一佛塔，是无忧王建造的，从前如来曾到这个国家讲经说法，超度众人，遗址都有记载。

从屈露多国向北行走一千八九百里，道路危险，翻山越谷，到达洛护罗国。

从这里向北行走二千多里，经过艰难险阻，顶着寒风大雪，到达秣逻娑国。也称为三波诃国。

从屈露多国向南行走七百多里，翻过大山，渡过大河，到达设多图卢国。在北印度境内。

设多图卢国

设多图卢国周二千余里①，西临大河。国大都城周十七八里。谷稼殷盛，果实繁茂。多金银，出珍珠。服用鲜素②，裳衣绮靡③。气序暑热，风俗淳和④，人性善顺，上下有序。敦信佛法，诚心质敬。

王城内外伽蓝十所，庭宇荒凉，僧徒鲜少。

城东南三四里，有窣堵波，高二百余尺，无忧王之所建也，傍有过去四佛坐及经行遗迹之所⑤。

复从此西南，行八百余里，至波理夜呾罗国。中印度境。

【注释】

①设多图卢：梵文Śatadru的音译，义为“百川汇流”。其地在今印度旁遮普邦莎特累季河流域。

②鲜素：鲜洁。

③绮靡：侈丽；浮华。

④淳和：质朴温和。

⑤过去四佛："过去七佛"中的后四佛，即拘留孙佛、拘那含牟尼佛、迦叶佛和释迦牟尼佛。

【译文】

设多图卢国方圆二千多里，西界濒临大河。该国大都城方圆十七八里。庄稼丰盛，果实茂密。盛产金银，也出珍珠。服饰和器具鲜洁，衣裙浮华。气候炎热，风俗质朴温和，性格善良温顺，上下等级井然。笃信佛法，虔诚礼敬。

都城内外有佛寺十多所，庭院荒凉，僧徒特别少。

都城东南三四里处，有座佛塔，高二百多尺，是无忧王建造的，塔旁有过去四佛的座位和散步场所的遗迹。

再从这里向西南行走八百多里，到达波理夜呾罗国。在中印度境内。

波理夜呾罗国

波理夜呾罗国周三千余里[①]。国大都城周十四五里。宜谷稼，丰宿麦，有异稻，种六十日而收获焉。多牛羊，少花果。气序暑热，风俗刚猛，不尚学艺，信奉外道。王，吠奢种也[②]，性勇烈，多武略[③]。伽蓝八所，倾毁已甚，僧徒寡少，习学小乘。天祠十余所，异道千余人。

从此东行五百余里，至秣菟罗国。旧名摩偷罗国。中印度境。

【注释】

①波理夜呾罗：梵文 Pāriyātra 的音译。其都城故址在今印度拉贾斯坦邦斋浦尔以北的贝拉特。

②吠奢：梵文 Vaiśya 的音译，又作鞞舍、毗舍、吠舍、毘舍，古印度四种姓之一，属第三级，多经商。

③武略：军事谋略。

【译文】

波理夜呾罗国方圆三千多里。该国大都城方圆十四五里。适宜种植谷物，盛产冬小麦，有一种特殊的水稻，播种六十天后就可收获。牛羊多，花果少。气候炎热，风俗刚强勇猛，不重视学术技艺，信奉外道。国王是吠奢种姓，性格勇敢刚烈，善于军事谋略。佛寺有八所，毁坏得已很严重，僧徒很少，研习小乘佛教。天祠十多所，外道一千多人。

从波理夜呾罗国向东行走五百多里，到达秣菟罗国。旧称摩偷罗国。在中印度境内。

秣菟罗国

秣菟罗国周五千余里[①]。国大都城周二十余里。土地膏腴，稼穑是务。庵没罗果家植成林[②]，虽同一名而有两种，小者生青熟黄，大者始终青色。出细班氎及黄金[③]。气序暑热，风俗善顺，好修冥福，崇德尚学。伽蓝二十余所，僧徒二千余人，大小二乘兼功习学。天祠五所，异道杂居。

【注释】

①秣菟罗：梵文 Mathurā 的音译，意译作孔雀。其地在今印度北方邦恒河支流朱姆那河流域。

②庵没罗：梵文 Āmra 的音译，今称芒果。

③细班氎：细小花纹的毛布。

【译文】

秣菟罗国方圆五千多里。该国大都城方圆二十多里。土地肥沃，勤于耕种。家家栽种庵没罗果，形成树林，虽然果名相同，却有两个品种：小果生长时是青色，成熟后为黄色，大果始终是青色。出产细花毛布和黄金。气候炎热，风俗善良温顺，喜欢修持冥福，崇尚道德学问。佛寺二十多所，僧徒二千多人，大小二乘佛教，一起学习。天祠有五所，异道信徒混杂居住在一起。

一、释迦弟子等遗迹

有三窣堵波，并无忧王所建也。过去四佛遗迹甚多。释迦如来诸圣弟子遗身窣堵波，谓舍利子、旧曰舍梨子，又曰舍利弗，讹略也。没特伽罗子、旧曰目乾连，讹也。布刺拿梅呾丽衍尼弗呾罗、唐言满慈子。旧曰弥多罗尼子，讹略也。邬波厘、阿难陀、罗怙罗、旧曰罗睺罗，又曰罗云，皆讹略也。曼殊室利唐言妙吉祥。旧曰濡首，又曰文殊师利，或言曼殊尸利，译曰妙德，讹也。诸菩萨窣堵波等①。每岁三长及月六斋②，僧徒相竞，率其同好③，赍持供具，多营奇玩，随其所宗，而致像设。阿毗达磨众供养舍利子④，习定之徒供养没特伽罗子，诵持经者供养满慈子，学毗奈耶众供养邬波厘⑤，诸苾刍尼供养阿难⑥，未受具戒者供养罗怙罗，其学大乘者供养诸菩萨。是日也，诸窣堵波竞修供养，珠幡布列，宝盖骈罗⑦，香烟若云，花散如雨，蔽亏日月，震荡溪谷。国王大臣，修善为务。

【注释】

①舍利子：梵文Śāriputra的音义混译。如来佛十大弟子中智慧第

一。没特伽罗子：梵文 Maudgalaputra 的音义混译，意译作取绿豆。如来佛十大弟子中神通第一。布刺拿梅呾丽衍尼弗呾罗：梵文 Pūrṇamaitrūyaṇīputra 的音译，意译作满慈子。如来佛十大弟子中说法第一。邬波厘：梵文 Upāli 的音译，意译作近取。如来佛十大弟子中持律第一。阿难陀：即阿难，梵文 Ānanda 之音译。如来佛十大弟子中多闻第一。罗怙罗：梵文 Rāhula 的音译。如来佛十大弟子中密行第一。曼殊室利：梵文 Mañjuśrī 的音译，意译作妙吉祥。是大乘菩萨之一，塑像多骑狮子，居左，和普贤菩萨共侍释迦牟尼。

②三长：又名三斋月，指每年的一月、五月、九月长斋。月六斋：指每月的八、十四、十五、二十三、二十九、三十共六天持斋。

③同好：志趣相同的人。

④阿毗达磨：梵文 Abhidharma 的音译。佛经中的论藏。

⑤毗奈耶：梵文 Vinaya 的音译，又作鼻那夜、毗那耶、毗尼、鞞尼迦等，传说为佛所说的戒律。

⑥苾刍尼：比丘尼的异译，出家僧人男性为苾刍(比丘)、女性为苾刍尼(比丘尼)。

⑦宝盖：饰以宝物、用作仪仗的伞盖。骈罗：骈比罗列。

【译文】

共有三座佛塔，都是无忧王建造的。过去四佛留下的遗迹很多。释迦如来众多贤圣弟子的遗身佛塔中，包括舍利子、旧称舍梨子，又称舍利弗，是错误或简略之称。没特伽罗子、旧称目乾连，是错误的。布刺拿梅呾丽衍尼弗呾罗、唐土称为满慈子。旧称弥多罗尼子，是错误或简略之称。邬波厘、阿难陀、罗怙罗、旧称罗睺罗，又称罗云，都是错误或简略之称。曼殊室利唐土称为妙吉祥。旧称濡首，又称为文殊师利，有人称为曼殊尸利，翻译为妙德，是错误的。等菩萨的佛塔。每年的三斋月和每月的六斋日，僧徒竞相率领志趣相同的人，携带供奉的器具，收罗奇珍异宝，根据各自的崇尚，设像供养。信奉论藏者供养舍利子，修习禅定者供养没特伽罗子，诵习经藏者供养满慈子，学习律藏者供养邬波厘，尼姑们供养阿难，没有受戒者供养罗怙罗，研习大乘教者供养众菩萨。在此期间，各座佛塔都被人竞相供养，缀有珠饰的旗幡遍布，镶有宝物的伞盖列满，名香烟雾如云，鲜花散落似雨，遮盖了太阳月亮，声音震荡溪水河谷。国王和大臣，都致力于行善。

二、邬波毱多遗迹

城东行五六里，至一山伽蓝，疏崖为室，因谷为门，尊者邬波毱多[①]唐言近护。之所建也。其中则有如来指爪窣堵波。

伽蓝北岩间有石室，高二十余尺，广三十余尺。四寸细筹[②]，填积其内。尊者近护说法[③]，化导夫妻俱证罗汉果者，乃下一筹，异室别族，虽证不记。

【注释】

①邬波毱多：梵文 Upagupta 的音译，意译作近护。是付法藏的第四祖或第五祖。

②筹：记数用的竹制细签。

③近护：梵文 Upagupta 的意译，音译作邬波毱多。是付法藏的第四祖或第五祖。

【译文】

从都城向东行走五六里，到达一座山寺，该寺凿崖为室，依凭山谷作大门，是尊者邬波毱多唐土称近护。建造的。其中有放置如来指甲的佛塔。

山寺北边岩石间有个石室，高二十多尺，宽三十多尺。四寸长的细竹签，堆积其中。尊者近护讲经说法，度化众生时，如果夫妻二人都证得罗汉果位，就投下一签；而非夫妻关系的男女，虽证得罗汉果位，也不投签记录。

三、猕猴献蜜及释迦等遗迹

石室东南二十四五里，至大涸池，傍有窣堵波。在昔如来行经此处，时有猕猴持蜜奉佛，佛令水和，普遍大众。猕猴喜跃，堕坑而死；乘兹福力①，得生人中。

池北不远大林中，有过去四佛经行遗迹，其侧有舍利子、没特伽罗子等千二百五十大阿罗汉习定之处②，并建窣堵波，以记遗迹。如来在世，屡游此国，说法之所并有封树③。

从此东北行五百余里，至萨他泥湿伐罗国。中印度境。

【注释】

①福力：神明赐予的福佑之力。

②舍利子：梵文Śāriputra的音义混译。如来佛十大弟子中智慧第一。没特伽罗子：梵文Maudgalaputra的音义混译，意译作取绿豆。如来佛十大弟子中神通第一。

③封树：堆土为坟，植树为饰，作为纪念。

【译文】

从石室向东南行走二十四五里，来到一个干涸的大池，旁边有座佛塔。从前如来经过这里时，当时有只猕猴捧着蜜献给如来佛，佛陀命令它用水拌和，向大众普遍施舍。猕猴高兴得跳起来，跌入坑中摔死；后凭借这一福力，得以转生为人。

在涸池北边不远的大树林中，有过去四佛散步的遗迹，旁边有舍利子、没特伽罗子等一千二百五十位大阿罗汉修习禅定的地方，都建有佛塔，来标记遗迹。如来在世时，多次游历这个国家，说法的地方都有标志指示。

从秣菟罗国向东北行走五百多里，到达萨他泥湿伐罗国。在中印度境内。

萨他泥湿伐罗国

萨他泥湿伐罗国周七千余里①。国大都城周二十余里。土地沃壤，稼穑滋盛。气序温暑，风俗浇薄②。家室富饶，竞为奢侈。深闲幻术③，高尚异能。多逐利，少务农，诸方奇货多聚其国。伽蓝三所，僧徒七百余人，并皆习学小乘法教。天祠百余所，异道甚多。

【注释】

①萨他泥湿伐罗：梵文 Sthānesvara 的音译，义为“自在之国”。其都城故址在今印度旁遮普邦的塔内沙尔。

②浇薄：社会风气浮薄。

③幻术：方士、术士用来眩惑人的法术。

【译文】

萨他泥湿伐罗国方圆七千多里。该国大都城方圆二十多里。土地肥沃，庄稼茂盛。气候温热，人情浮薄。家庭富裕，互比奢侈。人们精通幻术，崇尚特异技能。大多追逐利润，少数耕田种地，各地珍奇的物品多聚集在这个国家。佛寺有三所，僧徒七百多人，都研习小乘佛教。天祠一百多所，外道教徒特别多。

一、福　地

大城四周二百里内，彼土之人谓为福地。闻诸先志曰：

昔五印度国二王分治，境壤相侵，干戈不息[①]。两主合谋，欲决兵战，以定雌雄，以宁氓俗[②]。黎庶胥怨[③]，莫从君命。王以为众庶者难与虑始也，神可动物，权可立功。时有梵志素知高才[④]，密赍束帛，命入后庭，造作法书，藏诸岩穴。岁月既久，树皆合拱。王于朝坐，告诸臣曰："吾以不德，忝居大位，天帝垂照，梦赐灵书，今在某山，藏于某岭。"于是下令营求，得书山林之下。群官称庆，众庶悦豫[⑤]，宣示远近，咸使闻知。其大略曰："夫生死无崖，流转无极，含灵沦溺[⑥]，莫由自济。我以奇谋，令离诸苦。今此王城周二百里，古先帝世福利之地。岁月极远，铭记堙灭。生灵不悟，遂沈苦海。溺而不救，夫何谓欤？汝诸含识[⑦]，临敌兵死，得生人中，多杀无辜，受天福乐。顺孙孝子，扶侍亲老，经游此地，获福无穷。功少福多，如何失利？一丧人身，三途冥漠[⑧]。是故含生各务修业[⑨]！"于是人皆兵战，视死如归。王遂下令招募勇烈，两国合战，积尸如莽[⑩]。迄于今时，遗骸遍野。时既古昔，人骸伟大，国俗相传，谓之福地。

【注释】

①干戈：战争。

②氓（méng）俗：百姓。

③胥：都。

④梵志：梵文 Brahmacārin 的意译，即古印度四种姓之一的婆罗门，也是一切外道出家者的通称。

⑤悦豫：喜悦，愉快。

⑥含灵：众生、具有灵性的人类。

⑦含识：佛教称有意识、有感情的生物，即众生。

⑧三途：又称三恶道或三恶趣。即火途（地狱道）、血途（畜生道）、刀途（饿鬼道）。

⑨含生：一切有生命者。多指人类。

⑩莽：草丛。

【译文】

都城四周二百里内，当地居民称为福地。据先前的记载说：从前五印度国由两个国王分别统治，互相侵犯边境，战争不断。两个国王共同谋议，想通过交战，定出胜负，从此使民众安宁。然而民众互相怨恨，没有人听从君王命令。国王认为，民众是很难在谋事之初同他们商议的，而只有神能打动人心，只有权威才能建立功业。当时有位婆罗门教徒，久以才能出众著称，国王派人秘密地带着一束帛，召他进入内宫，撰写佛的旨意，藏在岩洞中。许多年后，树木都长得要两人合抱那么粗了。国王坐在朝堂上，告诉臣属说："我没有德行，愧居国王之位，受到天帝的眷顾，梦中赐给我神书，现在藏在某山某岭中。"于是下令寻找，在山林之中得到了神书。百官齐声庆贺，百姓十分高兴，向远近宣传，使人人都知道。神书的内容大致是："生死没有边际，轮回没有休止，生灵都沉沦在轮回不息的苦海中，没有办法渡到彼岸。我有奇特的谋略，可使你们脱离苦海。现在这座王城方圆二百里内，是古代先帝世代相传的福地。由于时代久远，铭刻记载都已湮没。众生不能觉悟，因此沉溺苦海。沉溺苦海而不救助，怎么行呢？你们众人，应该对敌交战而身死战场，将会转生为人，多杀无罪者，将会受到上天的赐福。又有孝顺子孙服侍亲人长辈，经过此地，便可获得无穷的幸福。出力少而得福多，怎能错过机会？一旦丧失人身，便在三恶道中流转不息。所以你们众人，要尽力去完成这一功业！"于是人们都学习打仗，视死如归。国王于是下令招募勇猛之士，两国交战，堆积的尸体多得像茂密的丛林。直到现在，到处是尸骨。由于那是古代的人，所以骨骸又长又大，民间相传成俗，称这里为福地。

二、佛舍利窣堵波及俱昏荼僧伽蓝

城西北四五里，有窣堵波，高二百余尺，无忧王之所建也。砖皆黄赤色，甚光净[1]。中有如来舍利一升，光明时照，神迹多端。

城南行百余里，至俱昏去声。荼僧伽蓝，重阁连甍[2]，层台间峙。僧徒清肃，威仪闲雅[3]。

从此东北行四百余里，至窣禄勤那国。中印度境。

【注释】

①光净：明亮洁净。

②甍（méng）：屋脊。

③闲雅：形容举止情趣娴静文雅。

【译文】

都城西北四五里处，有一座佛塔，高二百多尺，是无忧王建造的。塔砖都是黄赤色的，十分明亮洁净。塔内有如来舍利一升，常常放射光芒，灵异的现象很多。

从都城向南行走一百多里，到达俱昏荼寺，重重楼阁，座座相连，层层亭台，间隔峙立。僧徒清净严肃，仪容举止文雅。

从萨他泥湿伐罗国向东北行走四百多里，到达窣禄勤那国。在中印度境内。

窣禄勤那国

窣禄勤那国周六千余里[1]，东临殑伽河[2]，北背大山，阎牟那河中境而流[3]。国大都城周二十余里,东临阎牟那河,荒芜虽甚,基趾尚固。土地所产,风气所宜,同萨他泥湿伐罗国[4]。人性淳质[5],宗信外道。贵艺学,尚福慧[6]。伽蓝五所,僧徒千余人,多学小乘,少习余部。商榷微言,清论玄奥。异方俊彦,寻论稽疑[7]。天祠百所,异道甚多。

【注释】

①窣禄勤那:梵文 Srughna 的音译。其地故址在今印度北方邦西北部的台拉登及喜马偕尔区南部的西木耳一带。

②殑伽:古印度河名,即恒河,梵文 Gaṅgā 的音译,意译为"天堂来",因见其从高处来,故名。

③阎牟那:梵文 Yamunā 的音译,即今朱木那河,是恒河最长的支流。

④萨他泥湿伐罗:梵文 Sthāneśvara 的音译,义为"自在之国"。其都城故址在今印度旁遮普邦的塔内沙尔。

⑤淳质:敦厚质朴。

⑥福慧:福德与智慧。

⑦稽疑:考察疑事。

【译文】

窣禄勤那国方圆六千多里,东界濒临殑伽河,北界背靠大山,阎牟那河从国家中部流过。该国大都城方圆二十多里,东面紧靠阎牟那河,虽已十分荒芜,城基还算坚固。物产、气候条件,与萨他泥湿伐罗国相同。居民性格敦厚质朴,信仰外道。重视技艺学术,崇尚福德智慧。佛寺有五所,僧徒一千多人,大多研习小乘佛教,少数学习其它部派。他们探讨精微言辞,评论深奥理论。各地杰出人士,都来寻求释疑的理论。天祠有一百来所,异教徒特别多。

一、如来及罗汉发爪窣堵波

大城东南阎牟那河西，大伽蓝东门外有窣堵波，无忧王之所建也。如来在昔曾于此处说法度人。其侧又一窣堵波，中有如来发爪也。舍利子、没特伽罗诸阿罗汉发爪窣堵波周其左右①，数十余所。如来寂灭之后，此国为诸外道所诖误焉②，信受邪法，捐废正见③。今有五伽蓝者，乃异国论师与诸外道及婆罗门论义胜处，因此建焉。

【注释】

①舍利子：梵文Śāriputra的音义混译。如来佛十大弟子中智慧第一。没特伽罗：梵文Maudgalaputra的音义混译，意译作取绿豆。如来佛十大弟子中神通第一。

②诖(guà)误：贻误。

③正见：八正道之一。意为具有“四谛”理的见解，亦即关于人生真理的彻底领悟。

【译文】

都城东南阎牟那河的西岸，大寺东门外有座佛塔，是无忧王建造的。如来曾在这里说法度化世人。旁边又有一座佛塔，里面藏有如来的头发、指甲。舍利子、没特伽罗等阿罗汉的头发、指甲纪念塔，环绕它的周围，有几十座。如来涅槃之后，这个国家被一些外道所贻误，信仰邪说，放弃具有“四谛”理的见解。现在有五座佛寺，是外国论师和各外道及婆罗门辩论获胜的地方，因此作为纪念而建造。

二、殑伽河源及提婆诱化故事

阎牟那河东行八百余里，至殑伽河。河源广三四里，东南流，入海处广十余里。水色沧浪[①]，波流浩汗，灵怪虽多，不为物害。其味甘美，细沙随流，彼俗书记谓之福水[②]。罪咎虽积，沐浴便除。轻命自沈，生天受福。死而投骸，不堕恶趣[③]。扬波激流，亡魂获济。时执师子国提婆菩萨深达实相[④]，得诸法性[⑤]，愍诸愚夫，来此导诱。当是时也，士女咸会，少长毕萃，于河之滨，扬波激流。提婆菩萨和光汲引[⑥]，俯首反激，状异众人。有外道曰："吾子何其异乎？"提婆菩萨曰："吾父母亲宗在执师子国，恐苦饥渴，冀斯远济。"诸外道曰："吾子谬矣，曾不再思，妄行此事。家国绵邈[⑦]，山川辽敻[⑧]，激扬此水，给济彼饥，其犹却行以求前及，非所闻也。"提婆菩萨曰："幽途罪累[⑨]，尚蒙此水。山川虽阻，如何不济？"时诸外道知难谢屈，舍邪见，受正法，改过自新，愿奉教诲。

渡河东岸，至秣底补罗国。中印度境。

【注释】

①沧浪：青苍色。

②福水：梵文 puṇyodaka 的意译。印度习俗以殑伽河（恒河）为福德之水。

③恶趣：即恶道，指地狱、饿鬼、畜生三道。

④执师子：音译作僧伽罗国。即今天的斯里兰卡。提婆：梵文 Deva 的音译，义为"天"。约生活在公元 3 世纪，龙树的弟子，古印度佛教哲学家。实相：指宇宙事物的真相或本然状态。

⑤法性：真实不变、无所不在的体性。各宗所说不一。

⑥和光：才华内蕴，不露锋芒。汲引：引导，开导。

⑦和光：才华内蕴，不露锋芒。汲引：引导，开导。

⑧辽敻（xiòng）：辽阔宽广貌。

⑨幽途：幽冥之途。指六道轮回中的地狱、饿鬼、畜生等三恶道。

【译文】

从阎牟那河向东行走八百多里，到达殑伽河。源头那里水面宽三四里，水向东南流，入海处宽十多里。水色是青苍色，波涛浩浩荡荡，水怪虽然多，但不为害。河水味道甜美，细沙随水漂流，当地民间记载称之为福水。即使有许多罪恶，到水中一清洗就除净了。轻生投水，死后会升天享受幸福。死后投尸河中，不会坠入恶道之中。用手拍击湍急的水流，能使亡魂获得超度。当时执师子国提婆菩萨深通实相，获得各种法性，怜悯愚昧的众人，到这里来引导启发。这个时候，男女老少都来聚集，在河水边拍击湍急的水流。提婆菩萨不露锋芒，和大家一起拍击湍急的水流，借以引导大家，但是低头把水引向反方向，方式不同于众人。有个外道问："先生为什么与众人不同？"提婆菩萨说："我的父母亲属都在执师子国，我恐怕他们饥渴，希望这水能流到那里，救济他们。"外道们说："先生您错了，怎么不多考虑一下，就做这种荒唐事呢？家国遥远，山川辽阔，拍击这里的河水，救济他们的饥渴，就如同往后退而要求到达前方，这是我们从没听说过的事情。"提婆菩萨说："阴间的种种罪恶，还可用这里的河水洗除。山川虽然阻隔，怎么会不能救济呢？"外道们这时才知道难以取胜，就承认错误，舍弃邪说，接受正法，改过自新，愿意听从菩萨的教诲。

渡过阎牟那河而到其东岸，到达秣底补罗国。在中印度境内。

秣底补罗国

秣底补罗国周六千余里[①]。国大都城周二十余里。宜谷麦，多花果。气序和畅，风俗淳质[②]。崇尚学艺，深闲咒术[3]，信邪正者，其徒相半。王，戍陀罗种也[4]，不信佛法，敬事天神。伽蓝十余所，僧徒八百余人，多学小乘教说一切有部。天祠五十余所，异道杂居。

【注释】

①秣底补罗：梵文 Matipura 的音译。其地故址在今印度北方邦西北部比杰诺尔之北约 13 公里的曼达瓦尔。

②淳质：敦厚质朴。

③咒术：禁咒之术。

④戍陀罗种：梵文 Sūdra 的音译。古印度四种姓之一。属第四级，没有任何权利，仅从事“低贱”、“卑微”的劳动，或为高级种姓服役。其实际地位无异于奴隶。也称首陀罗。

【译文】

秣底补罗国方圆六千多里。该国大都城方圆二十多里。适宜种植谷麦，花果很多。气候温和舒畅，风俗敦厚质朴。居民崇尚学术技艺，精通咒术，信仰异教和佛教的人，各占一半。国王，是戍陀罗种姓，不相信佛法，敬奉天神。佛寺十多所，僧徒八百多人，大多研习小乘教说一切有部。天祠五十多所，异道信徒混杂居住。

一、德光伽蓝及传说

大城南四五里，至小伽蓝，僧徒五十余人。昔瞿拿钵剌婆唐言德光。论师于此作《辩真》等论[1]，凡百余部。论师少而英杰，长而弘敏[2]，博物强识，硕学多闻。本习大乘，未穷玄奥，因览《毗婆沙论》[3]，退业而学小乘，作数十部论，破大乘纲纪，成小乘执着[4]。又制俗书数十余部，非斥先进所作典论[5]，覃思佛经，十数不决。研精虽久，疑情未除。时有提婆犀那唐言天军。罗汉往来睹史多天[6]，德光愿见慈氏，决疑请益。天军以神通力接上天宫。既见慈氏，长揖不礼。天军谓曰："慈氏菩萨次绍佛位[7]，何乃自高，敢不致敬！方欲受业，如何不屈？"德光对曰："尊者此言，诚为指诲[8]。然我具戒苾刍、出家弟子，慈氏菩萨受天福乐，非出家之侣，而欲作礼，恐非所宜。"菩萨知其我慢心固[9]，非闻法器[10]，往来三返，不得决疑。更请天军重欲觐礼，天军恶其我慢，蔑而不对。德光既不遂心，便起恚恨，即趣山林，修发通定[11]，我慢未除，不证道果。

【注释】

①瞿拿钵剌婆：梵文 Guṇaprabha 的音译，意译作德光。西元 6 世纪北印度钵伐多国人，深通律学。《辩真》：梵文 Tattvasatya-śāstra 的意译。说一切有部的论著，共二万五千颂。

②弘敏：旷达敏捷。

③《毗婆沙论》：梵文 Abhidharma-māhavibhasa-śāstra，共 200 卷，详细地论释，系统地总结说一切有部的理论主张，并对大众部、法藏部、化地部等部派以及数论、胜论等外道观点予以批驳。

④执着：对某一事物坚持不放，不能超脱。

⑤先进：前辈。

⑥提婆犀那：梵文 Devasena 的音译，意译作天军。罗汉名，生平不详。睹史多天：梵文 Tuṣita 的音译，意译作知足天等，是佛教所说欲界六天中的第四天。

⑦次绍佛位：依次在佛陀之后继承佛位。

⑧指诲：指教。

⑨我慢：梵文 Asminūma 的意译，佛教称固执我见而矜倨傲慢。

⑩法器：具有学佛、弘法善根的人。

⑪发通定：发愿能获得神通的禅定。

【译文】

都城南面四五里处，到达一座小佛寺，僧徒五十多人。瞿拏钵刺婆唐土称德光。论师曾在这里撰写《辩真》等论著，共一百多部。论师年少时才华出众，长大后旷达敏捷，博通万物，记忆力强，学问深厚，见识很广。他本来研习大乘佛教，未能尽悟其深奥义理，于是阅读《毗婆沙论》，放弃大乘而改学小乘，撰写了几十部论著，驳斥大乘佛教的主要理论，坚持小乘佛教学说。又撰写非佛教书籍几十部，非难排斥前辈的经典论著，他深思佛经义理，十几遍后还不领悟。虽然长期研究，疑难之处还不能消除。当时有位提婆犀那唐土称天军。罗汉来往于睹史多天，德光想见慈氏菩萨，以解决疑难，请求指教。天军用神通力把德光接到天宫。德光见到慈氏菩萨后，只作长揖而不行礼。天军说："慈氏菩萨按位次在佛陀之后继承佛位，你为何如此自高自大，竟敢不致敬！你既然听他教导，为什么不顺从？"德光回答说："尊者的这番话，的确是对我的指教。不过我是受戒比丘、出家弟子，而慈氏菩萨享受上天的福乐，不是出家僧侣，要我对他行礼，恐怕不合适。"慈氏菩萨知道德光轻慢之心根深蒂固，不是具有弘法善根的人，所以德光往返了三次，不能消除疑惑。德光又请求天军，想要重新觐见行礼。天军厌恶他的轻慢，轻蔑地不加理睬。德光达不到目的，便生怨恨之心，走进山林中，修习发愿能获得神通的禅定，却因轻慢之心未消除，不能证得道果。

二、大伽蓝及众贤与世亲故事

德光伽蓝北三四里，有大伽蓝，僧徒二百余人，并学小乘法教，是众贤论师寿终之处[①]。论师迦湿弥罗国人也，聪敏博达，幼传雅誉，特深研究说一切有部《毗婆沙论》[②]。时有世亲菩萨一心玄道，求解言外，破毗婆沙师所执，作《阿毗达磨俱舍论》[3]。辞义善巧[4]，理致精高。众贤循览，遂有心焉，于是沈研钻极十有二岁，作《俱舍雹论》二万五千颂[5]，凡八十万言矣。所谓言深致远，穷幽洞微。告门人曰："以我逸才[6]，持我正论，逐斥世亲，挫其锋锐，无令老叟独擅先名！"于是学徒四三俊彦持所作论，推访世亲[7]。世亲是时在磔迦国奢羯罗城，远传声闻众贤当至。世亲闻已，即治行装。门人怀疑，前进谏曰："大师德高先哲，名擅当时，远近学徒，莫不推谢。今闻众贤，一何惶遽？必有所下，我曹厚颜。"世亲曰："吾今远游，非避此子。顾此国中无复监达[8]。众贤后进也，诡辩若流。我衰耄矣，莫能持论，欲以一言颓其异执，引至中印度，对诸髦彦[9]，察乎真伪，详乎得失。"寻即命侣负笈远游。

【注释】

①众贤论师：即僧伽跋陀罗论师，梵文 Sanghabhadra 的意译。著有《阿毗达磨顺正理论》80 卷，玄奘译。

②《毗婆沙论》：梵文 Abhidharma-māhavibhasa-śāstra，共 200 卷，详细地论释，系统地总结说一切有部的理论主张，并对大众部、法藏部、化地部等部派以及数论、胜论等外道观点予以批驳。

③《阿毗达磨俱舍论》：梵文 Abhidharmakośaśāstra 的音译合译，简称俱舍论。是小乘向大乘过渡的名著。

④善巧：精巧；巧妙。

⑤《俱舍雹论》：其语源为 Kośaśilāśāstra 或 Kośakarakāśāstra。义为摧毁世亲《阿毗达磨俱舍论》的一切允诺和希望。

⑥逸才：出众的才能。

⑦推访：查访。

⑧监达：明鉴通达事理的人。监，通“鉴”。

⑨髦彦：杰出的人才。

【译文】

德光寺以北三四里处，有座大佛寺，僧徒二百多人，都学习小乘佛教，这里是众贤论师去世的地方。论师是迦湿弥罗国人，聪明机敏，博学通达，自幼就传布良好的声望，尤其对说一切有部的《毗婆沙论》进行了深入的研究。当时有位世亲菩萨专心研究佛教的玄奥道理，求解字面以外的深刻含义，破除毗婆沙论师的观点，撰写了《阿毗达磨俱舍论》。这部书辞采和文义精巧，义理情致精到高妙。众贤论师仔细阅读后，决心与之论辩。于是深入研究钻研十二年，撰写出《俱舍雹论》二万五千颂，共八十多万字。论著语言深刻，思想深远，探求玄理，洞察精微。写成后对门人说：“凭我出众的才能，用我的正确见解，可以驳倒世亲，挫败他的锋芒，不要让这老头子一人独享最好的声誉！”于是三四个才智出众的学徒，拿着众贤的论著，到处打听问询世亲。世亲当时在磔迦国奢羯罗城，远处传来消息说，众贤将来到。世亲听说后，马上整理行装。弟子心中疑惑，上前规劝道：“大师道德高于先代贤哲之人，在当代名声远播，远近学者，没有不推崇而自愧不如的。现在听说众贤将到，为何这样惊慌？您必定有不如众贤处，我们感到没脸见人。”世亲说：“我现在要去远游，并非躲避这个人。只是考虑到这个国家中，不再有明鉴通达事理的人。众贤是后辈，善于混淆黑白的议论，对答如流。我已年老体衰，不能提出主张。我想用一句话挫败他的异说，引诱他到中印度，让他面对众多英俊杰出之士，明察真伪，详论得失。”不久就命令僧徒，背上书箱出游。

众贤论师当后一日至此伽蓝，忽觉气衰。于是裁书谢世亲曰[①]：“如来寂灭，弟子部执，传其宗学，各擅专门，党同道，疾异部。愚以寡昧，猥承传习，览所制《阿毗达磨俱舍论》，破毗婆沙师大义，辄不量力，沈究弥年，作为此论，扶正宗学。智小谋大，死其将至！菩萨宣畅微言，抑扬至理，不毁所执，得存遗文，斯为幸矣，死何悔哉！”于是历选门人有辞辩者[②]，而告之曰：“吾诚后学，轻凌先达，命也如何，当从斯没。汝持是书及所制论，谢彼菩萨，代我悔过。”授辞适毕，奄尔云亡。门人奉书，至世亲所而致辞曰：“我师众贤已舍寿命，遗言致书，责躬谢咎，不坠其名，非所敢望！”世亲菩萨览书阅论，沈吟久之，谓门人曰：“众贤论师聪敏后进，理虽不足，辞乃有余。我今欲破众贤之论，若指诸掌[③]。顾以垂终之托，重其知难之辞，苟缘大义，存其宿志。况乎此论发明我宗。”遂为改题为《顺正理论》[④]。门人谏曰：“众贤未没，大师远迹。既得其论，又为改题。凡厥学徒，何颜受愧？”世亲菩萨欲除众疑而说颂曰：“如师子王[⑤]，避豕远逝。二力胜负，智者应知。”众贤死已，焚尸收骨，于伽蓝西北二百余步庵没罗林中，起窣堵波，今犹现在。

【注释】

①裁书：裁笺作书，写信。

②历选：挑选。

③若指诸掌：比喻对事情非常熟悉。这里含有极其容易的意思。

④《顺正理论》：是《阿毗达磨顺正理论》的略称，共 80 卷，玄奘译。此书宣扬有部教义，驳斥世亲的《阿毗达磨俱舍论》。

⑤师子王：比喻佛菩萨无一切畏者。

【译文】

众贤论师在这之后的一天到了这所佛寺，忽然感到气力衰竭。于是写信向世亲道歉说："如来涅槃之后，弟子们各执异端，传习所宗的义理，各自专擅一门，同道结成党派，憎恨不同派别。我孤陋寡闻，勉强继承先业，阅读您所撰写的《阿毗达磨俱舍论》，见您破除毗婆沙论师的义旨，便自不量力，深入研究多年，写出这部论著，以期确立本宗学说。然而我的智慧少而目标大，死期就要到来了！世亲菩萨您宣扬微言大义，称扬最高理论，如您能不诋毁我的论著，使其留存于世，这就是我的幸运了，死有什么后悔！"于是挑选能言善辩的弟子，对他们说："我的确是个晚辈，而轻慢凌辱先辈，命运怎么样呢？马上就要去世了。你们拿着这封信和我的论著，去向菩萨道歉，替我悔过。"刚说完这番话，马上就死了。弟子捧着书信，到了世亲所在之处而恭敬地说："我们的老师众贤已经去世，遗言送呈书信，自责谢罪，承认过错。不使他落个身败名裂的下场，我们不敢这样期望！"世亲菩萨看过众贤的书信论著，沉吟良久，对弟子说："众贤论师是个聪慧的后辈，理论虽有不足，言辞还是锋利有余。我现在要破除众贤的论说，易如反掌。念及他临终的托付，重视他辩难的言辞，姑且为了大义，成全他的夙愿。何况他的论著也能阐明我们大乘佛教的义理呢？"于是把众贤的论著改名为《顺正理论》。弟子规劝说："众贤没死前，大师要远游躲避他。得到他的论著后，又为他更改题目。凡是您的学生，谁还有脸承受羞愧？"世亲菩萨想解除众人的疑惑，就说颂一首："如同狮子王，避猪而远逝。二力比胜负，智者自应知。"众贤死后，他的徒弟焚烧他的尸体，收集骨骸，并在佛寺西北二百多步的庵没罗林中，建造一座佛塔，众贤骨骸至今仍在塔内。

三、无垢友故事

庵没罗林侧有窣堵波[①]，毗末罗蜜多罗唐言无垢友。论师之遗身[②]。论师迦湿弥罗国人也，于说一切有部而出家焉。博综众经[3]，研究异论，游五印度国，学三藏玄文，名立业成，将归本国。途次众贤论师窣堵波也，拊而叹曰："惟论师雅量清高，抑扬大义[4]，方欲挫异部，立本宗业也，如何降年不永[5]！我无垢友猥承末学，异时慕义，旷代怀德。世亲虽没，宗学尚传。我尽所知，当制诸论，令赡部洲诸学人等[6]，绝大乘称，灭世亲名，斯为不朽，用尽宿心。"说是语已，心发狂乱，五舌重出，热血流涌。知命必终，裁书悔曰："夫大乘教者，佛法之中究竟说也[7]。名味泯绝，理致幽玄。轻以愚昧，驳斥先进，业报皎然，灭身宜矣。敢告学人，厥鉴斯在。各慎尔志，无得怀疑！"大地为震，命遂终焉。当其死处，地陷为坑。同旅焚尸，收骸旌建。时有罗汉见而叹曰："惜哉！苦哉！今此论师任情执见，毁恶大乘，堕无间狱[8]！"

【注释】

①庵没罗：梵文Āmra的音译，今称芒果。

②毗末罗蜜多罗：梵文Vimalamitra的音译，意译作无垢友。遗身：舍身。

③博综：博通。

④抑扬：称扬。

⑤降年：上天赐予人的年龄，寿命。

⑥赡部：梵文Jambū的音译，又作阎浮、剡浮。佛教经典中所称的四大洲中的南部洲名，因赡部树得名，为人类等居处。

⑦究竟：犹言至极，即佛典里所指的最高境界。《大智度论》卷七二："究竟者，所谓诸法实相。"

⑧无间狱：即无间地狱、阿鼻地狱，梵文阿鼻旨(Avīci)，为八热地狱之一。佛经称造五逆罪之一者，即堕于此，一劫之间，受苦无间，

故名无间地狱。

【译文】

庵没罗林旁有座佛塔，是毗末罗蜜多罗唐土称无垢友。论师舍身的地方。论师是迦湿弥罗国人，在说一切有部中出家。他博通各种经论，研究各种论说，游历五印度国，学习三藏深奥的经文，名声树立，学业完成，将要返回本国。途中停留在众贤论师的塔边，抚摸着塔身而叹息道："论师气度宏大，纯洁高尚，称扬佛经要旨，正要挫败异部，确立本派大业，为什么会寿命不长啊！我无垢友有幸学到肤浅无本的知识，在不同时代倾慕高义，永远怀念论师大德。世亲虽然去世，其学说还在流传。我要用自己知道的一切，撰写各种论著，使赡部洲众学者，灭绝大乘的称呼，消除世亲的名字，这是不朽的事业，我要尽力完成这个夙愿。"刚说完这番话，忽然心智狂乱，各种病症反复出现，热血不断涌出。无垢友自知寿命将终，写信忏悔道："大乘佛教，是佛法中最高深的学说。对世俗名利的意趣已经消灭干净，思想情趣幽深玄妙。我却轻率地以愚昧见解，驳斥先贤的论说，报应明明白白，我的死是应得的。恳切地告诫各位学人，前车之鉴就在我这里。各人要慎重坚定自己的志向，不要再生怀疑！"随后，大地为之震动，无垢友寿命终结。在他死的地方，大地陷成一个坑。同伴焚烧他的尸体，收集骨骸，建塔纪念。当时有位罗汉，见到后叹息说："可惜呀！真苦呀！这位论师顽固坚持己见，诋毁大乘佛教，结果坠入无间地狱！"

四、摩裕罗城

国西北境殑伽河东岸有摩裕罗城[①]，周二十余里，居人殷盛。清流交带，出鍮石、水精宝器。去城不远，临殑伽河，有大天祠，甚多灵异。其中有池，编石为岸，引殑伽水为浦[②]，五印度人谓之殑伽河门[③]，生福灭罪之所。常有远方数百千人集此澡濯[④]。乐善诸王建立福舍[⑤]，备珍羞[⑥]，储医药，惠施鳏寡，周给孤独。

从此北行三百余里，至婆罗吸摩补罗国。北印度境。

【注释】

①摩裕罗：梵文 Mayūra 的意译，义为“孔雀”。其故址在今恒河运河尽头的摩耶补罗。

②浦：人工修的向江河排水的沟渠。

③殑伽河门：梵文 Gaṅgādvāra，又称 Haridvār，义为“诃利（遍入天）之门”。其地在今印度北方邦哈尔德瓦。

④澡濯（zhuó）：洗澡。

⑤福舍：梵文 Puṇyaśala 的意译。佛教所设布施修福的处所。

⑥珍羞：亦作“珍馐”。珍美的肴馔。

【译文】

秣底补罗国的西北界，殑伽河东岸，有座摩裕罗城，方圆二十多里，居民众多。清澈的河水交织，出产鍮石、水精宝器。离城不远，靠近殑伽河，有座大天祠，灵异的事情很多。里面有个水池，垒石砌成河岸，通过沟渠引来殑伽水，五印度人称之为殑伽河门，是产生福德、消除罪过的地方。经常有成百上千来自远方的人，汇集到这里洗澡。乐善好施的国王设立福舍，准备珍美的肴馔，储备医药，施舍给鳏夫寡妇，救济孤儿孤老。

从这里向北行走三百多里，到达婆罗吸摩补罗国。在北印度境内。

婆罗吸摩补罗国

婆罗吸摩补罗国周四千余里[①]，山周四境。国大都城周二十余里。居人殷盛,家室富饶。土地沃壤,稼穑时播。出输石、水精[②]。气序微寒,风俗刚猛,少学艺,多逐利。人性犷烈,邪正杂信。伽蓝五所,僧徒寡少。天祠十余所,异道杂居。

此国境北大雪山中,有苏伐剌拿瞿呾罗国[③],唐言金氏。出上黄金,故以名焉。东西长,南北狭,即东女国也[④]。世以女为王,因以女称国。夫亦为王,不知政事。丈夫唯征伐、田种而已。土宜宿麦,多畜羊马。气候寒烈,人性躁暴[⑤]。东接吐蕃国[⑥],北接于阗国[⑦],西接三波诃国[⑧]。

从秣底补罗国东南行四百余里,至瞿毗霜那国。中印度境。

【注释】

①婆罗吸摩补罗:梵文 Brahmapura 的音译。其地在今印度北方邦西北部之迦尔瓦尔地区。

②水精:水晶。无色透明的结晶石英,是一种贵重矿石。

③苏伐剌拿瞿呾罗:梵文 Suvarṇa-gotra 的音译,义为"黄金氏族"。

④东女国:古代西藏西北部地区的一个小国,在今喜马拉雅山以北,于阗以南,拉达克以东。当初处在母系氏族制度时期。

⑤躁暴:暴躁,粗豪。

⑥吐蕃国:西元七至九世纪,我国古代藏族所建政权。

⑦于阗(tián)国:古西域国名,在今新疆和田一带。

⑧三波诃国:即秣罗娑国。藏文 Mar-sa 的音译,义为"低地"。是拉达克地古今通名。

【译文】

婆罗吸摩补罗国方圆四千多里,群山环绕四周。该国大都城方圆二十多里。居民众多,家家富裕。土地肥沃,按时播种庄稼。出产鍮石、水精。气候微凉,风俗刚强勇猛,很少学习技艺,大多追逐利润。性格暴躁,兼信邪教正教。佛寺有五所,僧徒很少。天祠十多所,异道信徒混杂居住。

这个国家国界以北的大雪山中,有个苏伐剌拿瞿呾罗国,唐土称金氏。出产上等黄金,所以用为国名。疆界东西长,南北窄,就是东女国。世代以女子为王,因此以女为国名。丈夫也称王,但不执掌政事。男子只是打仗和耕种而已。适宜种植冬小麦,畜养大量羊马。气候寒冷,性格暴躁。疆土东界临近吐蕃国,北界与于阗国接壤,西界紧靠三波诃国。

从秣底补罗国向东南行走四百多里,到达瞿毗霜那国。在中印度境内。

瞿毗霜那国

瞿毗霜那国周二千余里[①]。国大都城周十四五里,崇峻险固。居人殷盛。花林池沼,往往相间。气序土宜,同秣底补罗[②]。风俗淳质,勤学好福,多信外道,求现在乐[③]。伽蓝二所,僧众百余人,并皆习学小乘法教。天祠三十余所,异道杂居。

大城侧故伽蓝中,有窣堵波,无忧王之所建也,高二百余尺。如来在昔于此一月说诸法要。傍有过去四佛坐及经行遗迹之处。其侧有如来发爪二窣堵波,各高一丈余。

自此东南行四百余里,至垩醯掣呾逻国。中印度境。

【注释】

①瞿毗霜那:梵文 Govisanna 的音译。其地在今印度北方邦卡昔浦

尔之东约2公里处。

②秣底补罗：梵文 Matipura 的音译。其地故址在今印度北方邦西北部比杰诺尔之北约13公里的曼达瓦尔。

③现在：现世，今生。

【译文】

瞿毗霜那国方圆二千多里。该国大都城方圆十四五里，崇山峻岭，险阻坚固。居民众多。花果、树林、水池、湖泊，常常是一个隔着一个。气候与物产情况，与秣底补罗国相同。风俗敦厚质朴，勤奋学习，乐于积福，大多信奉外道，追求现世的欢乐。佛寺有二所，僧侣一百多人，全都研习小乘佛教。天祠有三十多所，异道信徒混杂居住。

都城旁的旧佛寺内，有座佛塔，是无忧王建造的，高达二百多尺。如来佛曾在这里讲说佛法要旨，历时一个月。塔旁有过去四佛的坐处和散步场所的遗迹。旁边又有如来头发、指甲佛塔，各高一丈多。

从这里向东南行走四百多里，到达垩醯掣呾逻国。在中印度境内。

垩醯掣呾逻国

垩醯掣呾逻国周三千余里[①]。国大都城周十七八里，依据险固。宜谷麦，多林泉。气序和畅，风俗淳质。玩道笃学，多才博识。伽蓝十余所，僧徒千余人，习学小乘正量部法[②]。天祠九所，异道三百余人，事自在天[③]，涂灰之侣也。

城外龙池侧，有窣堵波，无忧王之所建也，是如来在昔为龙王七日于此说法。其侧有四小窣堵波，是过去四佛坐及经行遗迹之所。

自此南行二百六七十里，渡殑伽河西南至毗罗删拿国。中印度境。

【注释】

①垩醯掣呾逻：梵文 Ahicchattra 的音译，意译为蛇盖。其地在今印度北方邦罗希尔甘德东部的阿希查特拉地区。

②正量部法：梵文名 Sammatiya 或 Sammitiya，小乘十八部之一。佛灭后三百年自犊子部流出四部，此为其中第三部。刊定是非名为量，量无邪谬名为正，因此部之所立刊定无误，故名。

③自在天：自在天外道之主神。梵文 Maheśvara 的意译，音译作摩醯湿伐罗等，在色界之顶，为三千界之主。

【译文】

垩醯掣呾逻国方圆三千多里。该国大都城方圆十七八里，依据险阻坚固而建。适宜种植谷、麦，树林、泉水很多。气候温和舒适，风俗敦厚质朴。研习教义，勤奋学习，富于才智，学识广博。佛寺十多所，僧徒一千多人，研习小乘佛教正量部法。天祠有九所，异道三百多人，侍奉自在天，属于涂灰一派。

都城外的龙池旁，有座佛塔，是无忧王建造的。从前如来受龙王之请，曾在这里说法七天。塔旁有四座小塔，是过去四佛的坐处和散步场所的遗迹。

从这里向南行走二百六七十里，渡过殑伽河，再往西南走，到达毗罗删拿国。在中印度境内。

毗罗删拿国

毗罗删拿国周二千余里①。国大都城周十余里。气序土宜同垩醯掣呾逻国。风俗猛暴②，人知学艺，崇信外道，少敬佛法。伽蓝二所，僧徒三百人，并皆习学大乘法教。天祠五所，异道杂居。

大城中故伽蓝内，有窣堵波，基虽倾圮，尚百余尺，无忧王之所建也，如来在昔于此七日说《蕴界处经》之所③。其侧则有过去四佛座及经行遗迹斯在。

从此东南行二百余里，至劫比他国。旧谓僧迦舍国，中印度境。

【注释】

①毗罗删拿：Vilaśāṇa 的音译。其地在今印度北方邦西北的艾塔区的比尔沙尔。

②猛暴：凶残暴戾。

③《蕴界处经》：今梵、汉、藏文《藏经》中均无此经。蕴界处，即五蕴、十八界、十二处的略称，合称三科。

【译文】

毗罗删拿国方圆二千多里。该国大都城方圆十多里。气候、物产情况，与垩醯掣呾逻国相同。风俗凶残暴戾，人民懂得学术技艺，尊崇信仰外道，不大敬奉佛法。佛寺有二所，僧徒三百人，都研习大乘佛教。天祠有五所，异道信徒混杂居住。

都城中的旧佛寺内，有座佛塔，塔基虽然倒塌，还有一百多尺高，是无忧王建造的，也是如来佛曾在这里历时七天讲说《蕴界处经》的地方。塔旁有过去四佛的坐处和散步场所的遗迹。

从这里向东南行走二百多里，到达劫比他国。旧时称僧迦舍国，在中印度境内。

劫比他国

劫比他国周二千余里①。国大都城周二十余里。气序土宜,同毗罗删拏国。风俗淳和[②],人多学艺。伽蓝四所,僧徒千余人,并学小乘正量部法[③]。天祠十所,异道杂居,同共遵事大自在天[④]。

【注释】

①劫比他:梵文 Kapitha 的音译。其地在今印度北方邦法鲁迦巴德城西约 40 公里处的桑基萨村。

②淳和:质朴温和。

③正量部法:梵文名 Sammatiya 或 Sammitiya,小乘十八部之一。佛灭后三百年自犊子部流出四部,此为其中第三部。刊定是非名为量,量无邪谬名为正,因为此部之所立刊定无误,故名。

④大自在天:自在天外道之主神。梵文 Maheśvara 的意译,音译作摩醯湿伐罗等,在色界之顶,为三千界之主。

【译文】

劫比他国方圆二千多里。该国大都城方圆二十多里。气候和物产情况,与毗罗删拏国相同。风俗质朴温和,民众大多学习技艺。佛寺有四所,僧徒一千多人,都研习小乘佛教正量部佛法。天祠有十所,异道信徒混杂居住,共同遵奉大自在天。

一、大伽蓝三宝阶及其传说

城东二十余里,有大伽蓝,经制轮奂[①],工穷剞劂[②]。圣形尊像,务极庄严[③]。僧徒数百人,学正量部法。数万净人宅居其侧[④]。

【注释】

①经制轮奂:修建得又高又大。经制,营造。轮奂,形容屋宇高大

众多，语出《礼记·檀弓下》："美哉轮焉，美哉奂焉"。

②工穷剞劂（jī jué）：雕刻得极其精巧。剞劂，雕琢刻镂。

③庄严：端庄威严。

④净人：供比丘僧役使的俗人。因其为僧作净、免僧有过，故名。

【译文】

在都城以东二十多里处，有所大佛寺，修建得又高又大，雕刻得极其精巧。佛陀与菩萨的塑像，装饰得极为端庄威严。僧徒几百人，学习正量部佛法。有几万为寺院服侍的俗人，居住在佛寺旁边。

伽蓝大垣内有三宝阶，南北列，东面下，是如来自三十三天降还所也[①]。昔如来起自胜林[②]，上升天宫，居善法堂[③]，为母说法。过三月已，将欲下降，天帝释乃纵神力[④]，建立宝阶。中阶黄金，左水精，右白银。如来起善法堂，从诸天众，履中阶而下。大梵王执白拂[⑤]，履银阶而右侍；天帝释持宝盖[⑥]，蹈水精阶而左侍。天众凌虚，散花赞德。数百年前犹有阶级，逮至今时，陷没已尽。诸国君王悲慨不遇，叠以砖石，饰以珍宝，于其故基，拟昔宝阶。其高七十余尺，上起精舍[⑦]，中有石佛像，而左右之阶，有释梵之像，形拟厥初，犹为下势。傍有石柱高七十余尺，无忧王所建。色绀光润，质坚密理。上作师子蹲踞向阶，雕镂奇形。周其方面，随人罪福，影现柱中。

【注释】

①三十三天：即忉利天（Trayastriṃśa）。为欲界之第二天，在须弥山顶上，中央为帝释天，四方各有八天，故称三十三天。

②胜林：梵文 Jetavana 的意译。是逝多太子的林园。

③善法堂：帝释天的讲堂名。在须弥山顶喜见城外之西南角。

④天帝释：也称天帝、帝释、帝释天，梵名释迦提桓因陀罗(Śakra-devānām-indra)，略称释提桓因，为忉利天之主，居须弥山顶喜见城，统领三十三天。

⑤大梵天：梵文 Brahman，为色界之初禅天。据佛经，此天离欲界之淫欲，寂静清净，故称梵天(梵，净也)。其中有三天：第一梵众天、第二梵辅天、第三大梵天，一般所说的梵天，指大梵天。白拂：白色的拂尘。拂，拂尘，古代用以掸拭尘埃和驱赶蚊蝇的器具，也用作仪仗。

⑥宝盖：饰以宝物、用作仪仗的伞盖。

⑦精舍：佛徒修行之地。

【译文】

佛寺大墙内，有三宝台阶，南北排列，向东而下，这里是如来佛从三十三天降还人间的地方。从前，如来从胜林起身，升到天宫，居住在善法堂，为母亲说法。过了三个月，将要返回人间，天帝释于是施展神通力，建立宝阶。中间的台阶是用黄金制成，左边用水晶制成，右边用白银制成。如来从善法堂起身，众天神跟从，从中间台阶而下。大梵王拿着白拂，踏着白银台阶在右侧侍候；天帝释拿着宝盖，踏着水晶台阶在左侧侍候。众天神腾身虚空，洒落香花，赞美如来功德。几百年前，还有台阶存在，到了今天，已经全部陷没。各国君王悲叹没有亲眼看见，就在故基之上，堆积砖石，装饰上珍宝，模拟从前的宝阶的模样，建造新的。宝阶高达七十多尺，上面再建精舍。精舍中有石佛像，而左右台阶上，有天帝释、大梵王的像，形态模拟当初，还是作下阶的姿势。旁边有根石柱，高七十多尺，是无忧王建造的。色呈红青，光亮润泽，质地坚硬，纹理细密。柱顶有一狮子，面朝着宝阶踞伏。柱子的四周，雕刻着各种奇特的形象，依照各人的祸福，在柱子中间显现出相应的影子。

宝阶侧不远，有窣堵波，是过去四佛坐及经行遗迹之所。其侧窣堵波，如来在昔于此澡浴①。其侧精舍，是如来入定之处。精舍侧有大石基，长五十余步，高七尺，是如来经行之处，足所履迹，皆有莲花之文。基左右各有小窣堵波，帝释、梵王之所建也②。

【注释】

①澡浴：洗澡。

②梵王：即大梵天王，梵文 Brahman，佛经称色界之初禅天脱离欲界的淫欲，寂静清净，其中有三天：梵众天、梵辅天、大梵天，梵王即大梵天之主。

【译文】

宝阶旁边不远处，有座佛塔，是过去四佛的坐处和散步场所的遗迹。旁边又有座佛塔，如来曾在这里洗澡。旁边的精舍，是如来入定的地方。精舍旁有个大石基，长五十步，高七尺，是如来散步的地方，踩出来的脚印上，都有莲花状的纹样。石基两旁各有小塔，是帝释、梵王建造的。

二、莲花色尼见佛处及传说

释梵窣堵波前，是莲花色苾刍尼欲先见佛①，化作转轮王处②。如来自天宫还赡部洲也③，时苏部底唐言善现。旧曰须扶提，或曰须菩提，译曰善吉，皆讹也。宴坐石室④，窃自思曰：“今佛还降，人天导从，如我今者何所宜行？尝闻佛说，知诸法空⑤，体诸法性⑥。是则以慧眼观法身也⑦。”时莲花色苾刍尼欲初见佛，化为转轮王，七宝导从⑧，四兵警卫，至世尊所，复苾刍尼。如来告曰："汝非初见。夫善现者，观诸法空，是见法身。"

圣迹垣内，灵异相继。其大窣堵波东南有一池龙，恒护圣迹，既有冥卫[9]，难以轻犯。岁久自坏，人莫能毁。

从此东南行减二百里，至羯若鞠阇国。唐言曲女城国。中印度境。

【注释】

①莲花色苾刍尼：莲花色比丘尼，因姿色美而出名。苾刍尼，比丘尼的异译，出家僧人男性为苾刍（比丘）、女性为苾刍尼（比丘尼）。

②转（zhuàn）轮王：梵文 Cakravarti-raja 的意译，又作遮迦越罗、轮王。此王身具三十二相，即位时，由天感得轮宝，转其轮宝，而降伏四方。佛教认为世界到一定时期，有金、银、铜、铁四轮王先后出现，金轮王统治四大部洲，银轮王统治三洲，铜轮王统治二洲，铁轮王统治一洲。他们各御宝轮，转游治境，故名。

③赡部：梵文 Jambū 的音译，又作阎浮、剡浮。佛教经典中所称的四大洲中的南部洲名，因赡部树得名，为人类等居处。

④苏部底：梵文 Subhūti 的音译，意译作善现。佛陀十大弟子之一，号称"解空第一"。

⑤法空：诸法（物质与精神现象的总和）由因缘而生，并无独立存在的实体。

⑥法性：真实不变、无所不在的体性。各宗所说不一。

⑦慧眼：五眼之一。指二乘的智慧之目。法身：佛经称佛以法为身，清净如虚空，故名法身。为佛三身（法身、报身、化身）之一。

⑧七宝：七种宝物，不过诸经论所说少异：《法华经·受记品》为

“金、银、琉璃、砗磲、玛瑙、真珠、玫瑰”;《无量寿经》上为“金、银、琉璃、玻璃、珊瑚、玛瑙、砗磲”;《智度论》十为“金、银、毗琉璃、颇梨、车渠、马瑙、赤真珠”等等。

⑨冥卫:神灵的庇佑。

【译文】

帝释、梵王塔前,是莲花色比丘尼想要先见到佛,而变化成转轮王的地方。如来从天宫回到赡部州,当时苏部底唐土称善现。旧称须扶提,有人称须菩提,译为善吉,都是错误的。静坐在石室中,暗自思量道:“现在佛陀返回人间,众天神随从,像我现在这样,该做些什么?曾听佛陀说过,若要懂得诸法由因缘而生,并无独立存在的实体,体会到真实不变、无所不在的体性,这就要用慧眼观看佛身。”当时莲花色比丘尼想要先拜见佛陀,就变为转轮王,七种宝物伴随左右,四个兵种警戒保卫,到世尊处所,才恢复为比丘尼。如来告诉她说:“你不是首先见我的人。善现这个人,观察到诸法皆空,这就是见到了我的真身。”

圣迹墙内,灵异之事不断出现。大塔东南有一池中之龙,经常护卫圣迹。既然有神灵的庇佑,所以很难轻易冒犯它。岁月久远,圣迹自然损坏,但没有人能摧毁它。

从这里向东南行走不到二百里,到达羯若鞠阇国。唐土称曲女城国。在中印度境内。

卷第五　六国

【题解】

本卷记述了羯若鞠阇国、阿逾陁国、阿耶穆佉国、钵逻耶伽国、憍赏弥国以及鞞索迦国等六国。其中羯若鞠阇国为印度有名的古都，《法显传》、《往五天竺国传》等书都记载了它的繁华。玄奘经过该国时，正值戒日王称霸印度、崇奉佛教的时期。戒日王的父兄为金耳国设赏迦王诱杀，戒日王受菩萨指点，最终报仇雪耻，于是广建佛寺，设无遮大会。玄奘受受拘摩罗王之邀，从摩揭陁国前往迦摩缕波国，在羯朱嗢祇逻国受到了戒日王的接见，后在恒河西岸大花林中举行法会，当时有二十多国国王率领本国高僧、婆罗门、官员及兵士参会，盛况空前。世亲菩萨在阿逾陁国几十年中制作了大小乘诸异论，无著菩萨也于此国宣讲《瑜伽师地论》、《庄严大乘经论》、《中边分别论》等。据《慈恩传》卷三载，玄奘刚到阿耶穆佉国便被强盗劫去，准备将他杀掉来祭祀难近母神，觉使论师于此国制作并宣讲一切有部《大毗婆沙论》。钵逻耶伽国有著名的大施场，至今仍为婆罗门教和印度教的圣地。憍赏弥国的刻檀佛像为栴檀佛像的源头，护法菩萨年轻时曾于此国降伏外道。鞞索迦国曾有两派争论不休，即“说无我人”与“说有我人”。

羯若鞠阇国

羯若鞠阇国周四千余里[①]。国大都城西临殑伽河[②]，其长二十余里，广四五里。城隍坚峻[③]，台阁相望。花林池沼，光鲜澄镜。异方奇货，多聚于此。居人丰乐，家室富饶。花果具繁，稼穑时播。气序和洽，风俗淳质。容貌妍雅，服饰鲜绮。笃学游艺，谈论清远。邪正二道[4]，信者相半。伽蓝百余所，僧徒万余人，大小二乘兼功习学。天祠二百余所，异道数千余人。

【注释】

①羯若鞠阇：梵文 Kanyākubja 的音译，意译为曲女城国，位于中印度恒河与卡里河合流处，是印度有名的古都。

②殑伽：梵文 Gaṅgā 的音译，意译为“天堂来”，因见其从高处来，故名。古印度河名，即恒河。

③城隍：城墙和护城河，泛指城池。

④邪正二道：佛教徒称本教为正道，佛教以外的宗教及思想为外道或邪道。

【译文】

羯若鞠阇国方圆四千多里。该国大都城西临恒河，长二十余里，宽四五里。城池坚固高峻，城内亭台楼阁相向林立。花木光鲜，池塘澄静。很多来自四面八方的奇珍异宝汇聚在这里。百姓安居乐业，家庭富足。花果品种繁多，庄稼适时收种。气候温和，民风淳朴。当地人容貌俊美端庄，服饰鲜艳华丽。专心于学问和技艺，谈吐清明，见解高远。佛教和外道的信众各占一半。有一百多所寺院，一万多僧人，大乘和小乘都学习。有二百多所天祠，各类信徒数千人。

一、国号由来

羯若鞠阇国人长寿时，其旧王城号拘苏磨补逻[1]唐言花宫，王号梵授，福智宿资，文武允备，威慑赡部[2]，声震邻国。具足千子，智勇弘毅。复有百女，仪貌妍雅。时有仙人居殑伽河侧，栖神入定[3]，经数万岁，形如枯木。游禽栖集，遗尼拘律果于仙人肩上[4]。暑往寒来，垂荫合拱。多历年所，从定而起，欲去其树，恐覆鸟巢。时人美其德，号大树仙人。

仙人寓目河滨，游观林薄，见王诸女相从嬉戏，欲界爱起[5]，染著心生[6]。便诣花宫，欲事礼请[7]。王闻仙至，躬迎慰曰："大仙栖情物外[8]，何能轻举？"仙人曰："我栖林薮，弥积岁时。出定游览，见王诸女，染爱心生，自远来请！"王闻其辞，计无所出，谓仙人曰："今还所止，请俟嘉辰。"仙人闻命，遂还林薮。王乃历问诸女，无肯应娉。王惧仙威，忧愁毁悴。其幼稚女候王事隙，从容问曰："父王千子具足，万国慕化，何故忧愁，如有所惧？"王曰："大树仙人幸顾求婚，而汝曹辈莫肯从命。仙有威力，能作灾祥，倘不遂心，必起瞋怒，毁国灭祀，辱及先王。深惟此祸[9]，诚有所惧。"稚女谢曰："遗此深忧，我曹罪也。愿以微躯，得延国祚[10]！"

王闻喜悦，命驾送归[11]。既至仙庐，谢仙人曰："大仙俯方外之情[12]，垂世间之顾，敢奉稚女，以供洒扫[13]。"仙人见而不悦，乃谓王曰："轻吾老叟[14]，配此不妍！"王曰："历问诸女，无肯从命，唯此幼稚，愿充给使。"仙人怀怒，便恶咒曰："九十九女，一时腰曲[15]，形既毁弊，毕世无婚！"王使往验，果已背伛。从是之后，便名曲女城焉。

【注释】

①拘苏磨补逻：梵文 Kusumapura 的音译，又作瞿苏摩补罗、拘苏磨补罗等，意译为花宫、香花宫城等。

②赡部：梵文 Jambū 的音译，又作阎浮、剡浮。佛教经典中所称的

四大洲中的南部洲名，因赡部树得名，为人类等居处。

③入定：佛教修行方式之一，即入于禅定，使心定于一处、止息身口意三业称入定。

④尼拘律：梵文 Nyagrodha 的音译，树名，汉译为“无节”或“纵广”，即榕树。

⑤欲界：佛教所称三界（欲界、色界、无色界）之一。包括地狱、人间和六欲天等。以贪欲炽盛为其特征。后用以指尘世，人世。

⑥染著：佛教语，指爱慕、贪恋女色。著，爱恋。下“染爱”同。

⑦礼请：以礼聘请。这里指求婚。

⑧物外：世外，尘世之外。

⑨惟：思虑。这里是担心的意思。

⑩国祚（zuò）：国运。祚，君位或国统。

⑪送归：送女子出嫁。归，古代指女子出嫁。

⑫方外：世外，指仙境或僧道的生活环境。

⑬洒扫：本指洒水扫地，多为奴仆所作，这里是谦敬的说法，意思是供人驱使。

⑭叜（sǒu）：同“叟”，男性老人。

⑮一时：一齐，全部。

【译文】

羯若鞠阇国人长寿的时候，它的旧王城叫拘苏磨补逻唐土称花宫。国王名叫梵授，前世修德，多福多智，文武兼备，威名震慑赡部洲和邻国。他有上千个儿子，个个机智勇敢，宽宏坚毅。还有一百个女儿，个个漂亮端庄。当时有一个仙人住在恒河边，他凝神入定几万年了，形体如同枯树。飞鸟歇宿在他身上，尼拘律果核随鸟粪排泄在仙人肩上。春去秋来，仙人身上绿树成荫，枝干粗大。多少年又过去了，仙人脱离禅定。他想去掉大树，又怕弄翻了鸟窝。当时人们都赞美仙人的德行，称为“大树仙人”。

大树仙人在河边树林观赏游览，看见国王的女儿们在追逐嬉戏，爱欲之心顿起。于是他来到王城花宫，求聘国王的女儿。国王听说仙人来了，亲自迎候，说："大仙寄情凡尘之外，怎劳大驾光临？"仙人回答说："我在林中已经住了很多年，现在脱离禅定出来游览，看到了大王的女儿们，顿生爱慕之心，所以特意远道前来求婚。"国王听仙人如此一说，无计可施，只好对他说："大仙先暂回住所，请等候吉日良辰吧。"仙人听了，就回到他的住处。于是国王逐一询问女儿，可是没有一个肯嫁给仙人的。国王惧怕仙人的威力，成天忧心忡忡，面容憔悴。国王的小女儿趁父亲空闲随意问道："父王有一千个儿子，许多国家仰慕归化，为什么还愁眉不展、好象有什么担心的事呢？"国王说："承蒙大树仙人前来求婚，可是你们没有一个肯答应。仙人神通广大，能招致灾祸，倘若不能满足他的心愿，必定会发怒，毁灭我们国家和宗祀，使祖先受辱。我唯恐招来此祸，确实有所害怕。"小女儿内疚地说："给父王带来如此深的忧虑，是我们的罪过。我愿用微贱的身躯许配仙人，使国运延续下去。"

国王听了非常高兴，传命备车，亲自送小女儿出嫁。到了仙人的住所以后，向仙人赔罪说："大仙寄情世外，而顾念凡世之情，今冒昧献上小女，供您驱使。"仙人见了幼女以后，很不高兴，对国王说："你看不起我这个老头子，竟然许配给我这样一个丑女！"国王回答说："我问遍了我所有的女儿，都不肯从命，只有这个小女儿，愿意听您使唤。"仙人非常愤怒，便恶狠狠地诅咒道："那九十九个女子，全部弯腰驼背，容貌毁伤丑陋，一辈子不得嫁人！"国王赶紧派人回去查验，果然个个都变成驼背了。从此以后，花宫就改名为曲女城了。

二、戒日王世系及即位治绩

今王本吠奢种也[①]，字曷利沙伐弹那[②]唐言喜增，君临有土，二世三王。父字波罗羯罗伐弹那[③]唐言光增。兄字曷逻阇伐弹那[④]唐言王增。王增以长嗣位，以德治政。时东印度羯罗拿苏伐剌那唐言金耳国设赏迦王唐言月，每谓臣曰[⑤]："邻有贤主，国之祸也。"于是诱请，会而害之。人既失君，国亦荒乱。

时大臣婆尼唐言辩了，职望隆重，谓僚庶曰："国之大计，定于今日。先王之子，亡君之弟，仁慈天性，孝敬因心[⑥]，亲贤允属，欲以袭位。于事何如？各言尔志。"众咸仰德，尝无异谋。于是辅臣执事咸劝进曰："王子垂听。先王积功累德，光有国祚[⑦]。嗣及王增，谓终寿考，辅佐无良，弃身雠手，为国大耻，下臣罪也。物议时谣[⑧]，允归明德[⑨]。光临土宇[⑩]，克复亲雠，雪国之耻，光父之业，功孰大焉，幸无辞矣！"王子曰："国嗣之重，今古为难。君人之位，兴立宜审。我诚寡德，父兄遐弃[⑪]，推袭大位，其能济乎？物议为宜，敢忘虚薄！今者殑伽河岸有观自在菩萨像，既多灵鉴，愿往请辞！"即至菩萨像前断食祈请[⑫]。

【注释】

①吠奢：梵文 Vaiśya 的音译，又作鞞舍、毗舍、吠舍、昆舍，古印度四种姓之一，属第三级，多经商。

②曷利沙伐弹那：梵文 Harṣavardhana 的音译，意译为喜增，即位后号尸罗阿迭多（Śilāditya，也作尸罗迭多），意译为戒日，所以称为戒日王。为佛教护法名王，印度塔内萨尔王国普湿婆提王族第六代国王。西元 606 年嗣位，后以首都曲女城为中心，征伐四方，当时领土包括恒河流域，旁遮普和拉其普特的大部分地区，直到西印度卡提阿瓦尔半岛一带。

③波罗羯罗伐弹那：梵文 Prabhākaravardhana 的音译，意译为光增，为萨他泥湿伐罗国布湿波普蒂王朝的一位重要国王，大约于西

元580年即位，于西元606年病死。

④曷逻阇伐弹那：梵文Rājya-vardhana的音译，Rājya义为王国，此处玄奘注“唐言王增”，则以之为国王。据与玄奘同时的印度梵文作家波那跋吒的《戒日王传》，波罗羯罗伐弹那死后，摩腊婆国王提婆笈多与高达国王设赏迦联合进攻羯若鞠阇国，曷逻阇伐弹那率军击溃提婆笈多的军队，后被设赏迦设计杀害。

⑤羯罗拿苏伐剌那：梵文Karṇasvarṇa的音译，意译为金耳，其国详见本书卷十。设赏迦：梵文Śaśāṅka的音译，意译为月，西元六世纪末至七世纪前期为王，仇视佛教，本书卷六、八有详细记载。

⑥因心：亲善仁爱之心。语出《诗经·大雅·皇矣》：“维此王季，因心则友。”

⑦光：通“广”，广阔。

⑧物议：众人的议论。

⑨明德：指才德兼备的人，这里指王子喜增。

⑩光临土宇：君临天下，即作国君。光临，犹君临；土宇，疆土、国土。

⑪遐弃：远相离弃，婉称帝王归天。

⑫断食：断绝食物。为佛教修行祈请之法，一为表至诚，二为停便利之不净。

【译文】

羯若鞠阇国现在的国王，出身于吠奢种姓，名字叫曷利沙伐弹那唐土称喜增。他两代有三个君主统治这里。他的父亲名叫波罗羯罗伐弹那唐土称光增。哥哥叫曷逻阇伐弹那唐土称为王增。王增以长子的身分继承王位以后，以仁德治国。当时东印度的羯罗拿苏伐剌那唐土称金耳国的设赏迦王唐土称月，常常对大臣们说：“邻国有位贤明的君主，是我们国家的祸害。”于是把王增骗去，在见面时将他杀害。羯若鞠阇国的百姓没了国君，整个国家陷入混乱之中。

当时有位大臣叫婆尼唐土称辩了，位职高，名望也重，他对同僚众人说："国家的大事，今天就要决定了。先王的次子、亡君的弟弟喜增，天性仁慈，孝敬父母，敬重长者，亲近贤人，对下属公平，我想请他继承王位。诸位意下如何？请各抒己见。"大家都敬仰王子的美德，没有什么异议。于是大臣官员都劝喜增继承王位，他们说："愿王子听臣下一言：先王积累功德，广有国运。传位给王增后，本以为会长寿而终，但是由于没有好的辅佐之人，以致惨遭仇人谋害，这既是国家的奇耻大辱，也是我们这些臣下的罪过。现在人们的议论和歌谣，都认为您应该继承王位。如果您君临天下，报杀兄之仇，雪国家之耻，光复先王帝业，还有什么功德比这更大呢？希望您不要再推辞了。"王子说："继承王位，责任重大，从古到今都是难事。兴立君主，应当审慎。我确实无德，父兄去世，大家推举我继袭王位，我哪能担此重任呢？既然大家认为我合适，我又怎敢忘记自己的空虚浅薄呢？现在恒河岸边有一尊观自在菩萨像，非常灵验，我想前去求愿。"随即来到菩萨像前，断食祈祷。

菩萨感其诚心，现形问曰："尔何所求，若此勤恳？"王子曰："我惟积祸，慈父云亡，重兹酷罚[①]，仁兄见害。自顾寡德，国人推尊，令袭大位，光父之业。愚昧无知，敢希圣旨！"菩萨告曰："汝于先身，在此林中为练若苾刍[②]，而精勤不懈。承兹福力，为此王子。金耳国王既毁佛法，尔绍王位，宜重兴隆，慈悲为志，伤愍居怀，不久当王五印度境。欲延国祚，当从我诲，冥加景福[③]，邻无强敌。勿升师子之座[④]，勿称大王之号！"于是受教而退，即袭王位，自称曰王子，号尸罗阿迭多唐言戒日。

于是命诸臣曰："兄雠未报，邻国不宾，终无右手进食之期[⑤]。凡尔庶僚，同心戮力！"遂总率国兵，讲习战士。象军五千，马军二万，步军五万，自西徂东，征伐不臣。象不解鞍，人不释甲，于六年中，臣五印度。既广其地，更增甲兵，象军六万，马军十万。垂三十年，兵戈不起，政教和平，务修节俭，营福树善，忘寝与食。

【注释】

①酷罚：父母之丧。古人认为，丧失父母是对人的最大惩罚，故言。

②练若苾刍：住在山林中的比丘。练若，梵文 Āraṇya 的音译，意译为寂静处或空闲处，寺院的总称，是比丘之住处。苾刍，即比丘，梵文 Bhikṣu 的音译，出家为佛弟子，受具足戒者。

③景福：洪福，大福。语出《诗经·周颂·潜》："以享以祀，以介景福。"

④师子之座：师子于兽中独步无畏，佛为人中师子，故凡佛所坐，皆名师子座。这里指帝王的宝座。师子，即狮子。

⑤右手进食：印度古代食法，只用右手，且以右为尊。戒日王父兄之仇未报，欲以自勉，所以说"终无右手进食之期"。

【译文】

菩萨被他的诚心所感动，现出本相，问道："你有什么要求吗？竟如此诚挚恳切。"王子回答道："我遭受了很多灾祸，父王去世，又加之兄长被害。我自念无才无德，可是国人一定要推我为王，以光大父业。我愚昧无知，斗胆祈求菩萨指点迷津！"菩萨告诉他说："你前世是住在这个山林里的比丘，精心苦修，从不懈怠。凭借你修来的福分，得以转世为王子。金耳国王既然破坏佛法，你继承王位后，要重修佛法，使之兴盛，只要以慈悲为志，以怜悯为怀，不久你就可以在五印度称王。要想使国运昌盛，就要听从我的教诲，神明就会赐你大福，天下无敌。你不要登上国王的宝座，也不要号称大王。"王子听了菩萨的教诲，回去以后就继承了王位，自称王子，号为尸罗阿迭多唐土称戒日。

于是他命令大臣们说:"我兄长的仇还没报,邻国也不肯归顺,还不能过安适的生活。你们所有的大臣幕僚,应当同心协力!"于是统率国家的军队,训练士兵。凭借五千象兵,两万骑兵和五万步兵,从西往东,讨伐不肯臣服的国家。象没有卸下过鞍鞯,人没有解下过盔甲,经过六年奋战,终于征服了全印度。领土扩大了,又补充了军队。象兵增加到六万,骑兵达到十万。此后近三十年,没有战争,政局稳定,社会和谐。王子厉行节约,行善造福,废寝忘食。

令五印度不得啖肉,若断生命,有诛无赦。于殑伽河侧建立数千窣堵波,各高百余尺。于五印度城邑、乡聚、达巷、交衢,建立精庐,储饮食,止医药,施诸羁贫,周给不殆。圣迹之所,并建伽蓝。五岁一设无遮大会[①],倾竭府库,惠施群有[②]。惟留兵器,不充檀舍[③]。岁一集会诸国沙门,于三七日中,以四事供养[④],庄严法座[⑤],广饰义筵,令相搉论[⑥],校其优劣,褒贬淑慝,黜陟幽明。若戒行贞固,道德淳邃,推升师子之座,王亲受法;戒虽清净,学无稽古[⑦],但加敬礼,示有尊崇;律仪无纪,秽德已彰,驱出国境,不愿闻见。

邻国小王,辅佐大臣,殖福无殆,求善忘劳,即携手同座,谓之善友[⑧]。其异于此,面不对辞,事有闻议,通使往复。而巡方省俗[⑨],不常其居,随所至止,结庐而舍。唯雨三月,多雨不行。每于行宫日修珍馔,饭诸异学,僧众一千,婆罗门五百。每以一日分作三时,一时理务治政,二时营福修善,孜孜不倦,竭日不足矣。

【注释】

①无遮大会：梵文 Pañcapariṣad，Pañcavarṣikā-pariṣad 的意译。佛教举行的一种广结善缘，不分贵贱、僧俗、智愚、善恶都一律平等对待的大斋会。

②群有：许多的“有”。众生的果报叫做“有”，这里指众生。

③檀舍：施舍。檀，梵文 Dāna 的省译，意译为布施、施与，与“舍”同义并列。

④四事供养：供奉三宝日常生活所需之四物，指衣服、饮食、卧具、医药，或指衣服、饮食、汤药、房舍等。

⑤庄严法座：装饰法师的座位。法座，法师坐着说法的位子。

⑥搉(què)论：研讨、辩论。搉，一本作“推”、“摧”。

⑦学无稽古：所学知识与古事不合，这里含学业不精之意。

⑧善友：佛教称随顺于我而起善行的人为善友。

⑨巡方：天子出巡四方。

【译文】

他下令五印度人不准吃肉，有杀生者，格杀勿论。又在恒河沿岸建立了几千座佛塔，都高一百多尺。在五印度的城镇乡村和主要的街巷道路，建立精舍，储藏饮食和医药，以施舍给外乡人和穷人，普施不懈。在有佛祖遗迹的地方，都广建寺院。每五年召开一次无遮大会，倾其所有，施舍众生。只留兵器，不用来施舍。每年还召集一次各国佛教徒大会，在二十一天之中，供给他们衣服、卧具、饮食、汤药等，装饰法座，大备筵席，让他们研讨辩论，从而比较优劣，评论善恶，黜退昏愚，晋升贤明。如果是恪守戒律、信仰坚定、佛道精深、品德纯正的教徒，就推举他坐狮子座，戒日王亲自听他讲授佛法；对于那些虽然戒行清净、但学识不精的，也以礼相待，以示尊重；对不守佛规、道德败坏、丑恶昭彰的教徒，就驱逐出境，不想再听到和见到他们。

对于邻近小国的国王和辅佐他的大臣，凡是能修福求善而从不懈急的，就与他们携手并坐，称之为善友。如果不是这样，则拒不面谈，有事需要告知或商议的话，只通过使者往来。王子还到各地巡视，察访民情，居处不定，所到之处就盖起茅屋居住。每年只有三个月的雨季不去巡游。这期间他常在行宫里摆设山珍海味，请其他各派教徒吃饭，共有僧侣一千人，婆罗门五百人。他常把一天分成三部分：用三分之一的时间处理政务，用三分之二的时间造福行善，孜孜不倦，尽日犹嫌不足。

三、玄奘会见戒日王

初，受拘摩罗王请白[①]，自摩揭陀国往迦摩缕波国[②]。时戒日王巡方在羯朱嗢祇逻国[③]，命拘摩罗王曰："宜与那烂陁远客沙门速来赴会[④]。"于是遂与拘摩罗王往会见焉。戒日王劳苦已曰[⑤]："自何国来，将何所欲？"对曰："从大唐国来，请求佛法。"王曰："大唐国在何方？经途所亘[⑥]，去斯远近？"对曰："当此东北数万余里，印度所谓摩诃至那国是也[⑦]。"

王曰："尝闻摩诃至那国有秦王天子，少而灵鉴，长而神武。昔先代丧乱，率土分崩，兵戈竞起，群生荼毒，而秦王天子早怀远略，兴大慈悲，拯济含识[⑧]，平定海内，风教遐被，德泽远洽，殊方异域，慕化称臣。氓庶荷其亭育[⑨]，咸歌《秦王破阵乐》[⑩]。闻其雅颂[⑪]，于兹久矣。盛德之誉，诚有之乎？大唐国者，岂此是耶？"

对曰："然。至那者，前王之国号；大唐者，我君之国称。昔未袭位，谓之秦王，今已承统，称曰天子。前代运终，群生无主，兵戈乱起，残害生灵。秦王天纵含弘[⑫]，心发慈愍，威风鼓扇，群凶殄灭，八方静谧，万国朝贡。爱育四生[⑬]，敬崇三宝[⑭]，薄赋敛，省刑罚，而国用有余，氓俗无宄[⑮]，风猷大化[16]，难以备举。”戒日王曰：“盛矣哉！彼土群生，福感圣主！”

【注释】

①拘摩罗：梵文 Kumāra 的音译，又作矩么罗、鸠摩罗。

②摩揭陀：梵文 Magadha 的音译，详见本书卷八。迦摩缕波：梵文 Kāmarūpa 的音译。国名，在东印度，详见本书卷十。

③羯朱嗢(wà)祇逻：梵文 Kajughira 的音译，国名，在中印度，详见本书卷十。

④那烂陀远客沙门：这里指玄奘。那烂陀，梵文 Nālanda 的音译，那烂陀僧伽蓝是玄奘赴印度的目的地，他曾在该寺留学五年。沙门，和尚。

⑤劳苦：慰劳。这里有见面寒暄之意。

⑥经途所亘：所经之地。经途，所历路程；亘，经历。

⑦摩诃至那：梵文 Mahācina 的音译，印度人称呼汉地曰“摩诃至那”，“摩诃”意为“大”，是尊称，“至那”即“支那”，或作“真丹”、“震旦”等，为汉地之称。

⑧含识：佛教语，指有意识、有感情的生物，即众生。

⑨亭育：养育，培育。

⑩《秦王破阵乐》：唐代著名乐舞，或名《秦王破阵舞》，又称《七德舞》。《新唐书·礼乐志》：“《七德舞》者，本名《秦王破阵乐》。太宗为秦王，破刘武周，军中相与作《秦王破阵乐》曲。及即位，宴会必奏之。”

⑪雅颂：本为《诗经》内容和乐曲分类的名称，雅乐为朝廷的乐曲，颂为宗庙祭祀的乐曲，后也指盛世之乐。这里指百姓对秦王李世民的歌颂。

⑫天纵含弘：上天赋予包容博厚的美德。天纵，天所放任，意谓上

天赋予，后常用来称美帝王。含弘，包容博厚，语出《易·坤》："含弘光大，品物咸亨。"

⑬四生：佛教分世界众生为四大类：一、胎生，如人畜；二、卵生，如禽鸟鱼鳖；三、湿生，如某些昆虫；四、化生，无所依托，唯借业力而忽然出现者，如诸天与地狱及劫初众生。

⑭三宝：梵文 Triratna 的意译。指佛宝、法宝、僧宝。

⑮氓俗：民俗。宄（guǐ）：偷盗作乱的人。

⑯风猷（yóu）：风教德化。

【译文】

当初，我受拘摩罗王邀请，从摩揭陀国前往迦摩缕波国。当时戒日王正在羯朱嗢祇逻国巡视，他命令拘摩罗王说："请你与从那烂陀远道而来的和尚迅速来参加大会。"于是，我就同拘摩罗王一起去谒见戒日王。见面一番寒暄之后，戒日王问："从哪个国家来？打算做什么？"我回答说："从大唐国来，是来求法取经的。"戒日王问："大唐国在哪儿？途经哪些地方？离这里有多远？"我回答说："在印度东北方向，离这儿有几万里，也就是印度所说的摩诃至那国。"

戒日王说："曾听说摩诃至那国有位秦王天子，少年时代见识非凡，成年之后英明威武。当年前朝天下大乱，整个国家分崩离析，战事频仍，生灵涂炭。而秦王天子从小胸怀大志，发大慈大悲之心，拯救众生，平定天下，风俗教化和美德恩泽遍布四海。四方仰慕，俯首称臣。黎民百姓感恩戴德，都奏唱《秦王破阵乐》。我们听到对他的赞颂，已经很久了。他果真有如此崇高的声誉吗？所谓大唐国，指的就是秦王天子的国家吗？"

我回答道："正是。所谓至那，是前一个王朝的称号；大唐，是我们现在君主的国号。以前还没有继承王位时，他被封为秦王；现在已经继承大统，所以称为天子。前朝国运衰败，百姓无主，因而战乱纷起，残害黎民。秦王天性包容博厚，发仁慈怜悯之心，大振威风，消灭顽敌。从此天下安宁，各国朝拜进贡。他爱护抚育众生，崇敬佛法僧三宝，轻税赋，减刑罚，而国家财政充裕，百姓也不偷盗作乱，风教德化，难以尽举。”戒日王赞叹说：“真伟大啊！大唐国百姓多福，应当感激圣明的君主！”

四、曲女城法会

时戒日王将还曲女城设法会也①，从数十万众，在殑伽河南岸。拘摩罗王从数万之众，居北岸。分河中流，水陆并进。二王导引，四兵严卫②，或泛舟，或乘象，击鼓鸣螺，拊弦奏管。经九十日，至曲女城，在殑伽河西大花林中。是时诸国二十余王先奉告命③，各与其国髦俊沙门及婆罗门、群官、兵士，来集大会。王先于河西建大伽蓝。伽蓝东起宝台，高百余尺，中有金佛像，量等王身。台南起宝坛，为浴佛像之处④。从此东北十四五里，别筑行宫⑤。

【注释】

①法会：佛教指供佛、施僧、说法等宗教集会。

②四兵：也称“四军”，即象、马、车、步四个兵种。

③告命：帝王的诏令。

④浴佛像：相传农历四月（或二月）八日为释迦牟尼的生日，每逢该日，佛教信徒用拌有香料的水灌洗佛像，谓“浴佛”，又称“灌佛”。

⑤行宫：古代京城以外供帝王出行时居住的宫室。

【译文】

这时戒日王要返回曲女城召开法会，带领着几十万人，在恒河南岸行进。拘摩罗王恒在河北岸，也带领着几万人。两队人马以河心为界，水陆并进。两位国王在前引导，四兵严密保卫，有的乘船，有的骑象，击鼓吹号，弹琴鸣笛。经过了九十天，终于到达了曲女城，在恒河西岸的大花林中驻扎。这时，另外二十多个国家的国王，因先前奉了戒日王的命令，各自率领本国杰出的僧侣及婆罗门、官员和士兵等来参加法会。戒日王事先已在恒河西岸修建了一座大寺院。寺院东边筑起宝台，有一百多尺高，其中供有金身佛像，大小与戒日王相同。宝台南边又筑起宝坛，是专供浴佛的地方。从这里往东北十四五里，又另外建了行宫。

是时仲春月也，从初一日以珍味馔诸沙门、婆罗门，至二十一日。自行宫属伽蓝，夹道为阁，穷诸莹饰，乐人不移，雅声递奏[①]。王于行宫出一金像，虚中隐起[②]，高余三尺，载以大象，张以宝幰[③]。戒日王为帝释之服[④]，执宝盖以左侍[⑤]；拘摩罗王作梵王之仪[⑥]，执白拂而右侍[⑦]。各五百象军，被铠周卫，佛像前后各百大象，乐人以乘，鼓奏音乐。戒日王以真珠杂宝及金银诸花，随步四散，供养三宝。先就宝坛，香水浴像。王躬负荷，送上西台，以诸珍宝、憍奢耶衣数十百千[⑧]，而为供养。是时唯有沙门二十余人预从，诸国王为侍卫。馔食已讫，集诸异学，商搉微言，抑扬至理。日将曛暮[⑨]，回驾行宫。如是日送金像，导从如初，以至散日。

【注释】

①递：轮流，交替。

②隐起：多用以描状雕刻镶嵌物品的阳文部分，有“凸现出”、“浮现出”的意思。

③宝幰(xiǎn)：饰以宝物的车帷。

④帝释：梵名释迦提桓因陀罗(Śakra-devānām-indra)，略称释提桓

因，为忉利天之主，居须弥山顶喜见城，统领三十三天。

⑤宝盖：饰以宝物、用作仪仗的伞盖。

⑥梵王：色界初禅天的大梵天王，亦泛指此界诸天之王。

⑦白拂：白色的拂尘。拂，拂尘，古代用以掸拭尘埃和驱赶蚊蝇的器具，也用作仪仗。

⑧憍奢耶：梵文 Kauśeya 的音译，即袈裟，佛教僧尼的法衣。

⑨曛(xūn)暮：黄昏。

【译文】

当时正是二月，从初一开始，用美食招待众僧侣和婆罗门，直到二十一日。从行宫到寺院，道路两旁都盖起楼阁，并饰以无数琼玉。乐手并不走动，轮流奏着高雅的音乐。戒日王从行宫中请出一尊金像。金像浮现在虚空，高三尺多，用大象驮载，周围张着镶满宝物的帷幔。戒日王穿上帝释的服装，手持华盖，在左边侍奉；拘摩罗王装扮成梵王，手持白色拂尘，在右边侍奉。二王各有五百象兵，身披铠甲在周围护卫。佛像前后各有一百头大象，上面坐着乐手，演奏音乐。戒日王拿着金银珠宝和鲜花，边走边撒，供养三宝。首先来到宝坛前，用香水浴佛。然后戒日王亲自把金佛像送上西台，并用许多奇珍异宝和成百上千件袈裟供奉金佛。这时只有二十多个僧人跟随戒日王，各国国王作为侍卫。饭后召集各种不同学派的人，辩难精微之论，称扬精深的佛理。到黄昏时，戒日王回到行宫。就这样每天护送金佛，前导和随从都同先前一样，直到法会结束。

其大台忽然火起，伽蓝门楼烟焰方炽。王曰："罄舍国珍①，奉为先王建此伽蓝，式昭胜业。寡德无祐，有斯灾异！咎征若此②，何用生为！"乃焚香礼请而自誓曰："幸以宿善，王诸印度，愿我福力，禳灭火灾！若无所感，从此丧命。"寻即奋身跳履门阃[3]，若有扑灭，火尽烟消。诸王睹异，重增祇惧。已而颜色不动，辞语如故，问诸王曰："忽此灾变[4]，焚烬成功[5]，心之所怀[6]，意将何谓？"诸王俯伏悲泣，对曰："成功胜迹，冀传来叶，一旦灰烬，何可为怀！况诸外道，快心相贺[7]。"王曰："以此观之，如来所说诚也。外道异学守执常见；唯我大师，无常是诲[8]。然我檀舍已周，心愿谐遂，属斯变灭[9]，重知如来诚谛之说。斯为大善，无可深悲。"

【注释】

①罄(qìng)：尽。

②咎征：灾祸应验。

③门阃(kǔn)：门槛。

④忽：如果。

⑤成功：已经成就的功业，既成之功。这里指建成的僧伽蓝。

⑥所怀：心中所想。

⑦快心：称心，感到满足或畅快。

⑧无常是诲：即"诲无常"，佛教语认为世间一切事物不能久住，都处于生灭变异之中，称为"无常"。

⑨属：适逢，遇上。

【译文】

那个大台忽然起火，寺院门楼烟火弥漫。戒日王说："我倾尽所有的国宝，谨为先王建造了这座寺院，想以此宣扬他的伟业。哪知我无德少福，带来这场灾难。灾祸既然这样应验了，我还活着做什么呢！"于是烧香礼敬，并发誓说："我有幸凭借前世的善业，统治了全印度，但愿以我的福德力量，消除火灾！如果我的祈求不灵验，就让我现在丧命吧。"说着就奋力跳到门槛上，烟火就好像被扑灭的一样消失了。各位国王目睹这一神异情景，对戒日王更加敬畏。而戒日王面不改色，言语如故，问诸王说："如果这场火灾，真的把这座寺院烧成灰烬，你们的想法如何呢？"诸王伏地痛哭，说："建成这所寺院，希望传给后世，一旦化为灰烬，心中怎么受得了呢？何况外道会幸灾乐祸。"戒日王说："由此看来，如来佛所说的真是很对。外道异学固守一成不变的见解，唯有如来大师教诲无常。这样，我施舍已经周到，心愿都实现了。赶上这场灾难，我又懂得了如来佛说法的真谛。这是大好事，你们不必为此过分悲伤。"

于是从诸王东上大窣堵波，登临观览。方下阶陛，忽有异人持刃逆王。王时窘迫，却行进级[①]，俯执此人，以付群官。是时群官惶遽[②]，不知进救。诸王咸请诛戮此人。戒日王殊无忿色[③]，止令不杀。王亲问曰："我何负汝，为此暴恶？"对曰："大王德泽无私，中外荷负[④]。然我狂愚，不谋大计，受诸外道一言之感[⑤]，辄为刺客，首图逆害。"王曰："外道何故兴此恶心？"对曰："大王集诸国，倾府库，供养沙门，熔铸佛像。而诸外道自远召集，不蒙省问，心诚愧耻。乃令狂愚，敢行凶诈。"于是究问外道徒属，有五百婆罗门，并诸高才，应命召集，嫉诸沙门蒙王礼重，乃射火箭焚烧宝台，冀因救火，众人溃乱，欲以此时杀害大王，既无缘隙[⑥]，遂雇此人趋隘行刺。是时诸王大臣请诛外道，王乃罚其首恶[⑦]，余党不罪。迁五百婆罗门出印度之境。于是乃还都也。

【注释】

①却行：倒退。

②惶遽(jù):恐惧慌张。

③殊无:一点也没有。

④荷负:本指承受恩德,引申为感激。

⑤惑:迷惑。

⑥缘隙:本为乘隙,乘机。这里是名词,犹机会。

⑦首恶:元凶,罪魁祸首。

【译文】

于是戒日王率领诸王来到东边的大塔,登高观赏。正下台阶时,突然有一个外道持刀迎面刺向戒日王。戒日王当时处境十分危急,他倒退几级,俯身抓住这人,把他交给随行官吏。当时官员们由于恐惧慌张,不知上前救戒日王。诸王都请求处死这人。戒日王却没有一点怒色,下令不要杀他。戒日王亲自审问:"我哪儿对不住你?你竟做出这样残暴凶恶的事?"那人回答说:"大王的恩德没有私心,国内外的人都感恩戴德。可是我轻狂愚蠢,不顾大局,受外道们一句话的迷惑,就做了刺客,首先做出这种大逆不道的事。"戒日王又问:"外道为什么会产生这种凶恶之心呢?"刺客回答说:"大王召集各国之人,倾尽府库的财物,供养佛徒,铸造佛像,而诸外道被您从老远的地方召来,却没人理睬,心里的确感到羞愧耻辱。于是让我这个轻狂愚昧的人,贸然行凶。"于是彻底追查外道的同伙,共有五百个婆罗门和一些很有才智的人,奉命参加法会,因为嫉妒佛教徒们受到国王的礼遇和尊重,就发射火箭焚烧宝台,企图趁众人救火一片混乱时刺杀戒日王。由于没有找到机会,便雇了这人在险要处行刺。此时诸王和大臣都请求诛杀外道,而戒日王只惩罚了罪魁祸首,其他同党并不问罪。把那五百个婆罗门驱逐出印度国境。于是就返回都城。

五、曲女城附近诸佛迹

城西北窣堵波,无忧王之所建也。如来在昔于此七日说诸妙法[1]。其侧则有过去四佛座[2]，及经行遗迹之所[3]。复有如来发爪小窣堵波。

说法窣堵波南，临殑伽河，有三伽蓝，同垣异门[4]。佛像严丽，僧徒肃穆，役使净人数千余户[5]。

【注释】

①妙法：佛教称义理深奥的佛法。

②过去四佛：指“过去七佛”中的后四佛，即拘留孙佛、拘那含牟尼佛、迦叶佛和释迦牟尼佛。

③经行：佛教指旋绕往返或径直来回于一定之地。佛教徒作此行动，为防坐禅而欲睡眠，或为养身疗病，或表示敬意。

④垣：围墙。

⑤净人：供比丘僧役使的俗人。因其为僧作净、免僧有过，故名。

【译文】

曲女城西北的佛塔，是无忧王建造的。如来佛从前在这里用七天时间讲述种种妙法。塔旁则有过去四佛的法座和经行场所的遗迹。还有供奉如来头发和指甲的小塔。

说法塔的南面，靠近恒河边，有三所寺院。同一堵围墙，只是不同一个门。寺内佛像庄严华丽，僧人整肃静穆。使唤着几千户净人。

精舍宝函中有佛牙[1]，长余寸半，殊光异色，朝变夕改。远近相趋，士庶咸集，式修瞻仰，日百千众。监守者繁其喧杂，权立重税[2]，宣告远近，欲见佛牙，输大金钱[3]。然而瞻礼之徒，寔繁其侣[4]。金钱之税，悦以心竞[5]。每于斋日，出置高座，数百千众烧香散花。花虽盈积，牙函不没。伽蓝前左右各有精舍，高百余尺，石基砖室。其中佛像，众宝庄饰，或铸金银,或熔鍮石[⑥]。二精舍前各有小伽蓝。

【注释】

①宝函:盛佛经、典册及贵重物品等的匣子。

②权:佛教用语,方便,权且。适于一时之法曰权。

③金钱:金属铸成的钱。

④寔繁其侣:形容信徒众多。寔,同“实”,语气词。

⑤心竞:暗自争胜。

⑥鍮石:指黄铜或自然铜。

【译文】

精舍内的宝匣中有佛牙,长有一寸半多,泛着奇异的光泽,还随时在不断变化。远近的的士人和百姓都争相来这里朝拜瞻仰,每天都有成百上千人。守护佛牙的人觉得太过喧闹,便权且规定了重税,向远近之人宣称:如果想瞻仰佛牙,必须缴纳很多金钱。然而瞻仰和礼拜佛牙的人,依然络绎不绝。至于金钱之税,他们还很高兴地暗自争胜。每逢斋日,请出宝函放在高处的佛座上,成百上千的人烧香散花,花即使堆满了,宝函也不会被遮没。寺院前左右各有一座精舍,高一百多尺,都是以石头作地基的砖房。舍内佛像,用各式珠宝装饰,有金的银的,也有黄铜的。两座精舍前各有小寺。

伽蓝东南不远,有大精舍,石基砖室,高二百余尺。中作如来立像,高三十余尺,铸以鍮石,饰诸妙宝[①]。精舍四周石壁之上,雕画如来修菩萨行所经事迹,备尽镌镂[②]。

石精舍南不远,有日天祠[③]。祠南不远,有大自在天祠[④]。并莹青石,俱穷雕刻,规摹度量,同佛精舍。各有千户,充其洒扫,鼓乐絃歌,不舍昼夜。

大城东南六七里，殑伽河南，有窣堵波，高二百余尺，无忧王之所建也，在昔如来于此六月说身无常苦空不净[5]。其侧则有过去四佛坐及经行遗迹之所。又有如来发爪小窣堵波，人有染疾，至诚旋绕[6]，必得痊愈，蒙其福利。

【注释】

①妙宝：奇珍异宝。

②镌(juān)镂：雕刻。

③日天："日天子"之略，梵文Sūrya，音译为苏利耶、修利、修野等。又称宝光天子、宝意天子。为观世音菩萨之变化身，住于太阳中，太阳为其宫殿，故名。

④大自在天：自在天外道之主神。梵文Maheśvara的意译，音译作摩醯湿伐罗等，在色界之顶，为三千界之主。

⑤不净：佛教术语，指污秽、鄙陋、丑恶、罪过等。

⑥旋绕：环绕，用于礼佛祈请。

【译文】

寺院东南不远处，有一座大精舍，石基砖房，两百多尺高。其中有如来佛站立之像，高三十多尺，用黄铜铸成，上面装饰着各种奇珍异宝。精舍四周的石墙上，雕刻着如来修菩萨行时所经历的事迹，刻画得非常详备。

石精舍南边不远处，有一所日天祠。日天祠南面不远，又有一所大自在天祠。两所祠堂都是用晶莹的青石建成，上有异常精美的雕刻，规模大小同佛精舍一样。各有一千户净人供两祠役使，音乐歌赞，昼夜不停。

在曲女城东南六七里的恒河南岸，有一座佛塔，高二百多尺，是无忧王建造的。过去如来在这里讲了六个月的无常、苦、空、不净等佛理。旁边有过去四佛的法座和经行场所的遗迹。还有供奉如来头发、指甲的小塔，人一旦生了病，只要虔诚地围绕小塔祈请，就会痊愈，蒙受它的恩泽。

六、纳缚提婆矩罗城

大城东南行百余里，至纳缚提婆矩罗城[①]，据殑伽河东岸，周二十余里。花林清池，互相影照[②]。

纳缚提婆矩罗城西北，殑伽河东，有一天祠，重阁层台，奇工异制。城东五里，有三伽蓝，同垣异门。僧徒五百余人，并学小乘说一切有部。伽蓝前二百余步，有窣堵波，无忧王之所建也。基虽倾陷，尚高百余尺，是如来昔于此处七日说法。中有舍利，时放光明。其侧则有过去四佛坐及经行遗迹之所。

伽蓝北三四里，临殑伽河岸，有窣堵波，高二百余尺，无忧王之所建也。昔如来在此七日说法，时有五百饿鬼来至佛所[③]，闻法解悟[④]，舍鬼生天[⑤]。说法窣堵波侧有过去四佛坐及经行遗迹之所，其侧复有如来发爪窣堵波。

自此东南行六百余里，渡殑伽河，南至阿逾陁国中印度境。

【注释】

①纳缚提婆矩罗城：梵文 Navadevakula 的音译，意译为“新天城”。《释迦方志》作纳缚提缚城。

②影照：映照，“影”与“照”同义复合。

③饿鬼：为佛教所称三涂（地狱、饿鬼、畜生）之一，又为六趣之一。佛经谓人生前做了坏事，死后要堕入饿鬼道，常受饥渴之苦。五

百饿鬼受佛教化生天的故事见《根本说一切有部毘奈耶药事》卷十一。

④解悟：领会，领悟。

⑤生天：佛教称行十善者死后转生天道。

【译文】

从曲女城往东南走一百多里，就到了纳缚提婆矩罗城，它在殑伽河南岸，方圆二十多里。这里花草树木和清泉池塘相映成趣。

纳缚提婆矩罗城西北面，恒河东岸，有一座天祠，楼阁高台，层层叠叠，工艺和样式都很奇特。城东五里处，有三所寺院，同一堵围墙，门户不同。有僧徒五百多人，都学习小乘佛法《说一切有部》。在寺院前二百多步远处，有一座塔，是无忧王建造的，塔基虽已倾斜下陷，但仍有一百多尺高。这里是如来从前七日说法之处。塔中有如来舍利子，不时大放光明。塔旁有过去四佛的法座和经行场所的遗迹。

寺院北边三四里，靠近恒河岸边，有一座佛塔，高二百多尺，是无忧王建造的。从前如来在这里说法七天，当时有五百个饿鬼来到佛前，听了佛法之后而领悟了真谛，最终脱离鬼身，转生天道。在说法塔旁边有过去四佛的法座和经行场所的遗迹。旁边还有供奉如来头发、指甲的佛塔。

从这里往东南走六百多里，渡过恒河往南，就到了阿逾陁国在中印度境内。

阿逾陁国

阿逾陁国周五千余里①。国大都城周二十余里。谷稼丰盛，花果繁茂。气序和畅，风俗善顺，好营福，勤学艺。伽蓝百有余所，僧徒三千余人，大乘小乘，兼功习学②。天祠十所，异道寡少。

【注释】

①阿逾陁：梵文 Ayodhyā 的音译，意译为不可战国，为印度佛教胜地之一。

②功：通“攻”，努力学习或研究。

【译文】

阿逾陁国方圆五千多里。该国大都城方圆二十多里。庄稼丰盛，花果繁茂，气候温和舒畅，风俗善良恭顺，喜欢修善积福，勤奋学习技艺。寺院有一百多所，僧人达三千多人，大乘和小乘佛法都学习研究。有十所天祠，外道信众很少。

一、世亲、胜受及佛遗迹

大城中有故伽蓝，是伐苏畔度菩萨唐言世亲。旧曰婆薮盘豆，译曰天亲，讹谬也。数十年中于此制作大小乘诸异论[①]。其侧故基，是世亲菩萨为诸国王、四方俊彦、沙门、婆罗门等讲义说法堂也[②]。

城北四五里，临殑伽河岸大伽蓝中，有窣堵波，高二百余尺，无忧王之所建也，是如来为天人众于此三月说诸妙法。其侧窣堵波，过去四佛坐及经行遗迹之所。

伽蓝西四五里，有如来发爪窣堵波。发爪窣堵波北，伽蓝余趾，昔经部室利逻多唐言胜受。论师于此制造经部《毗婆沙论》[③]。

【注释】

①伐苏畔度：梵文 Vasubandhu 的音译，意译为世亲菩萨，是大乘佛教瑜珈行派的创始人之一。

②俊彦：杰出的人才。

③室利逻多：梵文Śrīlabdha 的音译，意译为胜受，佛教著名的经部论师。

【译文】

大城中有一座旧的寺庙，伐苏畔度菩萨唐土称世亲。旧称婆薮盘豆，译为天亲，误。在这里用了几十年的时间来撰写大乘、小乘各种不同的论著。该寺旁边还有一片旧基址，以前是世亲菩萨为各国国王、才智出众的人、僧侣和婆罗门等讲解义理、阐说佛法的法堂。

大城往北四五里，靠近殑伽河岸的一所大寺院中，有一座佛塔，高二百多尺，是无忧王建造的。如来曾在此用三个月时间为天神和大众说种种妙法。该塔旁边另有一座塔，有过去四佛的法座和经行场所的遗迹。

大寺往西四五里处，有供奉如来头发、指甲的佛塔。该塔北面有一处寺院遗址，从前经部论师室利逻多唐土称胜受。在这里撰写了经部《毗婆沙论》。

二、无著与世亲故事

城西南五六里，大庵没罗林中有故伽蓝[①]，是阿僧伽唐言无著。菩萨请益导凡之处[②]。无著菩萨夜升天宫，于慈氏菩萨所受《瑜伽师地论》、《庄严大乘经论》、《中边分别论》等[③]，昼为大众讲宣妙理。庵没罗林西北百余步，有如来发爪窣堵波。其侧故基，是世亲菩萨从睹史多天下见无著菩萨处[④]。无著菩萨健驮逻国人也，佛去世后一千年中，诞灵利见[⑤]，承风悟道，从弥沙塞部出家修学[⑥]，顷之回信大乘。其弟世亲菩萨于说一切有部出家受业，博闻强识[⑦]，达学研机[⑧]。无著弟子佛陁僧诃唐言师子觉。者，密行莫测[⑨]，高才有闻。二三贤哲每相谓曰[⑩]："凡修行业，愿覲慈氏，若先舍寿[⑪]，得遂宿心，当相报语，以知所至。"其后师子觉先舍寿命，三年不报。世亲菩萨寻亦舍寿，时经六月，亦无报命。

【注释】

①庵没罗：梵文 Āmra 的音译，今称芒果。

②阿僧伽：梵文 Asaṅga 的音译，无著菩萨的梵名，为法相宗之祖。请益：本为请求老师再讲一遍，后泛指请教。导凡：引导俗人。

③慈氏菩萨：即弥勒菩萨，梵文 Maitreya 意译为慈，因其为姓，故称慈氏。《瑜伽师地论》：梵名 Yogācāryabhāmiśāstra，一百卷，弥勒菩萨说，唐玄奘译；三乘之行人，谓为瑜伽师，瑜伽师所依所行之境界有十七聚，谓为瑜伽师地，此论明瑜伽师所行之十七地，故名。《庄严大乘经论》：即《大乘庄严经论》，梵名 Mahāyānasūtrālaṃkāra，无著撰，唐代波罗颇蜜多罗译，共十三卷，内容解说菩萨发心、修行以及应修习之各种法门。《中边分别论》：梵名 Madyāntavibhāgaśāstra，此为陈真谛汉译本名，玄奘译本名《辩中边论》，皆题为世亲撰。

④睹史多：梵文 Tuṣita 的音译，意译作妙足天等，是佛教所说欲界六天中的第四天。

⑤诞灵：佛教称高僧、佛祖的诞生。

⑥弥沙塞：梵文 Mahī-śāsaka 的音译，弥沙塞罗汉部宗之律藏，即五分律。

⑦博闻强识(zhì)：见闻广博，记忆力强。识，记住。

⑧达学：通晓多种学问。研机：穷究精微之理。

⑨密行：佛教小乘指持戒严密的修行，大乘指蕴善于内而不外著的修行。

⑩二三：不定数，相当于几。

⑪舍寿：舍去寿命，即去世。

【译文】

在大城西南五六里的大庵没罗林中有一座旧寺院，是阿僧伽唐土称无著。菩萨请教贤哲和教导俗人的地方。无著菩萨夜里升到天宫，从慈氏菩萨处听受《瑜伽师地论》、《庄严大乘经论》、《中边分别论》等，白天为大众宣讲精妙的佛理。庵没罗林西北一百多步远处，有供奉如来头发和指甲的佛塔。旁边一处旧址，是世亲菩萨从睹史多天下凡会见无著菩萨的地方。无著菩萨是健驮逻国人，他在佛去世一千年后诞生，接受教化而悟道，最初在弥沙塞部出家修行，不久转而信奉大乘教。他的弟弟世亲菩萨在说一切有部出家修行，见闻广博，记忆力强，通晓多种学问，穷究精微之理。无著有一名弟子叫佛陁僧诃唐土称师子觉，持戒严密，高深莫测，才学高妙，闻名遐迩。这几个高僧彼此间常常说："所有修行的人，都希望能觐见慈氏菩萨，谁若先行离世，实现夙愿，就应当回来说一声，以让在世之人知道他的去处。"后来师子觉先去世，但三年也未见音信。世亲菩萨不久也去世了，过了六个月，也没有消息。

时诸异学咸皆讥诮[①]，以为世亲菩萨及师子觉流转恶趣[②]，遂无灵鉴。其后无著菩萨于夜初分，方为门人教授定法[③]，灯光忽翳[④]，空中大明，有一天仙乘虚下降，即进阶庭，敬礼无著。无著曰："尔来何暮！今名何谓[⑤]？"对曰："从此舍寿命往睹史多天慈氏内众莲花中生，莲花才开，慈氏赞曰：'善来广慧[⑥]，善来广慧。'旋绕才周，即来报命。"无著菩萨曰："师子觉者，今何所在？”曰：“我旋绕时，见师子觉在外众中，耽著欲乐⑦，无暇相顾，讵能来报？”无著菩萨曰：“斯事已矣。慈氏何相⑨？演说何法？”曰：“慈氏相好，言莫能宣。演说妙法，义不异此，然菩萨妙音，清畅和雅，闻者忘倦，受者无厌。”

【注释】

①讥诮(qiào)：嘲讽。诮，嘲笑，讽刺。

②流转恶趣：转生恶道。流转，佛教指因果相续而生起的一切世界现象，包括众生生死在内。恶趣，又称恶道，即地狱、饿鬼、畜生三道。

④定法：禅定之法，佛教禅宗修行方法之一。

⑤翳：本为遮蔽，这里指灯光暗淡。

⑥何谓：干什么。谓，通“为”。

⑦善来：表示欢迎的问候语，为梵文 Susvāgata 的意译。

⑧耽著：沉溺。

⑨相：所指与下文“相好”同。相好，梵文 Lakṣana Vyañjana 的意译，就佛之身体而言，微妙之相状，可了别者，叫做“相”，细相之可爱乐者，叫做“好”。佛身有三十二相，八十种好。

【译文】

当时异教各派信徒都嘲讽他们，认为世亲菩萨和师子觉都转生恶道，所以没有灵验。后来的一天初夜时分，无著菩萨正为弟子们讲授禅定之法，灯光忽然变暗了，空中大放光明，有一位仙人从天而降，然后上阶至堂上向无著行礼。无著问：“你为什么来得这么晚？现在来干什么？”仙人答道：“我在这里去世之后，就去睹史多天慈氏菩萨处的众多莲花中投生，莲花刚一开放，慈氏就说：‘你好，广慧；你好，广慧。’只绕了慈氏一周，我就赶紧来向你报告。”无著菩萨说：“师子觉现在在哪儿呢？”仙人说：“我绕佛时，看见师子觉在俗人中，他沉溺于爱欲享乐，顾不上看我一眼，岂能来这里报告？”无著菩萨说：“这事算了吧。慈氏之相如何？演说什么佛法？”仙人说：“慈氏之相好，用语言是不能描述的。所演说的精妙佛法，其义理与这里无异，只是菩萨美妙的声音清丽流畅、柔和高雅，听受的人忘记了疲劳，从不会感到厌倦。”

无著讲堂故基西北四十余里，至故伽蓝，北临殑伽河，中有砖窣堵波，高百余尺，世亲菩萨初发大乘心处[①]。世亲菩萨自北印度至于此也，时无著菩萨命其门人，令往迎候[②]，至此伽蓝，遇而会见。无著弟子止户牖外，夜分之后，诵《十地经》[③]。世亲闻已，感悟追悔，“甚深妙法，昔所未闻，诽谤之愆[④]，源发于舌，舌为罪本，今宜除断。”即执铦刀[⑤]，欲自断舌。乃见无著住立告曰：“夫大乘教者，至真之理也，诸佛所赞，众圣攸宗[⑥]。吾欲诲尔，尔今自悟。悟其时矣，何善如之！诸佛圣教，断舌非悔。昔以舌毁大乘，今以舌赞大乘，补过自新，犹为善矣！杜口绝言，其利安在？”作是语已，忽不复见。世亲承命，遂不断舌。旦诣无著，谘受大乘[⑦]。于是研精覃思[⑧]，制大乘论，凡百余部，并盛宣行。

从此东行三百余里，渡殑伽河，北至阿耶穆佉国中印度境。

【注释】

①大乘心：依大乘之道而求佛之心。

②迎候：提前出迎，等候到来。

③《十地经》：计九卷，唐尸罗达摩译。

④愆（qiān）：罪过，过失。

⑤铦(xiān)刀：锋利的刀。铦，锋利。

⑥攸宗：所尊重崇尚的。攸，所。宗，尊重。

⑦谘受：请教，承受。

⑧覃(tán)思：深思。覃，深。

【译文】

从无著讲堂故址往西北四十多里，就来到一座旧寺院，北临恒河，其中有一座砖砌佛塔，高一百多尺，这里是世亲菩萨最初发愿修习大乘的地方。世亲菩萨从北印度来到这里，当时无著菩萨派他的弟子提前出迎，等候世亲的到来。世亲到了这座寺院后，两人见面。无著的弟子侍立于外，半夜之后，念诵《十地经》，世亲听后，感化领悟，对以前所为追悔莫及："多么高深精妙的佛法啊，我以前从来没有听到过，诽谤的罪过，源自于我的舌头，舌头是罪过的根源，现在应该除去。"于是手拿利刃，准备自己割断舌头。这时只见无著站在他的面前说："大乘教是最真的佛理，所有的佛都赞美它，所有的圣人都尊崇它。我正要教导你，你而今已自己觉悟了。觉悟得正是时候，还有什么比这更好呢？在众佛和圣教看来，割舌不是真正的悔悟。从前用舌头诽谤大乘教，如今用舌头赞美大乘教，悔过自新，已经很好了。闭口不言，有何好处？"说完这些话，忽然消失不见了。世亲听了无著的教诲，就不再割舌了。第二天早上拜见无著，请教并承受大乘佛法。于是精研深思，撰写大乘论，共有一百多部，都广为宣讲流传。

从这里往东走三百多里，渡过恒河往北，就到了阿耶穆佉国在中印度境内。

阿耶穆佉国

阿耶穆佉国周二千四五百里①。国大都城临殑伽河，周二十余里。其气序土宜，同阿踰陁国。人淳俗质，勤学好福。伽蓝五所，僧徒千余人，习学小乘正量部法[②]。天祠十余所，异道杂居。

城东南不远，临殑伽河岸，有窣堵波，无忧王之所建也，高二百余尺，是如来昔于此处三月说法。其侧则有过去四佛座及经行遗迹之所，复有如来发爪青石窣堵波。其侧伽蓝，僧徒二百余人，佛像庄饰，威严如在[③]。台阁宏丽，奇制郁起[④]。是昔佛陀驮娑唐言觉使。论师于此制说一切有部《大毗婆沙论》[⑤]。

从此东南行七百余里，渡殑伽河南、阎牟那河北[⑥]，至钵逻耶伽国中印度境。

【注释】

①阿耶穆佉(qū)：梵文 Ayamukha 的音译，在中印度，僧徒多学小乘之正量部法，佛陀驮娑论师于此国撰写了说一切有部的《大毗婆娑论》。

②正量部：梵文名 Sammatiya 或 Sammitiya，小乘十八部之一。佛灭后三百年自犊子部流出四部，此为其中第三部。刊定是非名为量，量无邪谬名为正，因为此部之所立刊定无误，故名。

③如在：像活着一样。在，在世，活着。

④郁起：林立。

⑤佛陀驮娑：梵文 Buddhadāsa 的音译。《大毗婆沙论》：全称《阿毗达磨大毗婆沙论》(Abhidharma - māhavibhasa-śāstra)，其中列举大众部、法藏部、化地部、饮光部、犊子部、分别说部等部派以及数论、胜论、顺世论、离系论等“外道”的观点，加以批驳；以《发智论》为基础，并参考《发智论》的各种注释，同时摄取六足论中的教义，以弥补《发智论》的不足，为说一切有部理论全面、系统的

总结，此论对印度佛学的发展起了颇大的推动作用。

⑥阎牟那：梵文 Yanunā 的音译，即今朱木那河，为恒河最长的支流。

【译文】

阿耶穆佉国方圆二千四五百里。该国大都城临恒河，方圆二十多里。这里的气候和物产，与阿逾陁国相同。百姓淳厚、民俗质朴，勤于学习、爱好修福。有寺院五所，僧人一千多人，学习小乘佛教的正量部法。有天祠十多所，各外道教派杂居。

大都城东南不远、临近恒河岸边，有一座佛塔，是无忧王建造的，高二百多尺，如来曾在此说法三个月。旁边有过去四佛的法座和经行场所的遗迹。还有供奉如来头发、指甲的用青石砌成的佛塔。塔旁一座寺院里有僧人二百多人，佛像装饰精美，威仪庄严，如同活佛一般。亭台楼阁林立，恢宏壮丽，形制奇特，这里是佛陀驮娑唐土称觉使。论师撰写说一切有部《大毗婆沙论》的地方。

从这里往南走七百多里，渡过恒河往南，至阎牟那河北面，就到了钵逻耶伽国在中印度境内。

钵逻耶伽国

钵逻耶伽国周五千余里[①]。国大都城据两河交，周二十余里。稼穑滋盛[②]，果木扶疏[③]。气序和畅，风俗善顺。好学艺，信外道。伽蓝两所，僧徒寡少，并皆习学小乘法教。天祠数百，异道寔多[④]。

【注释】

①钵逻耶伽：梵文 Prayāga 的音译，该国位于恒河与阎牟那河交汇

处，为印度有名的佛教胜地。

②稼穑(sè)：庄稼，农作物。

③扶疏：形容树木枝繁叶茂。

④寔：同“实”，加强语气的语气词。

【译文】

钵逻耶伽国方圆五千余里。该国大都城处于两条河流交汇处，方圆二十多里，庄稼繁盛，果树枝繁叶茂。气候温和舒畅，民风善良和顺。喜欢学术技艺，崇信外道异教。有寺院两座，僧人很少，都学习小乘佛教。还有天祠几百所，异教信众很多。

一、如来遗迹及提婆故事

大城西南瞻博迦花林中[①]，有窣堵波，无忧王之所建也。基虽倾陷，尚百余尺。在昔如来于此处降伏外道。其侧则有发爪窣堵波、经行遗迹。

发爪窣堵波侧，有故伽蓝，是提婆唐言天。菩萨作《广百论》挫小乘，伏外道处[②]。初提婆菩萨自南印度至此伽蓝，城中有外道婆罗门，高论有闻，辩才无碍[③]，循名责实[④]，反质穷辞[⑤]。雅知提婆博究玄奥，欲挫其锋，乃循名问曰：“汝为何名？”提婆曰：“名天。”外道曰：“天是谁？”提婆曰：“我。”外道曰：“我是谁？”提婆曰：“狗。”外道曰：“狗是谁？”提婆曰：“汝。”外道曰：“汝是谁？”提婆曰：“天。”外道曰：“天是谁？”提婆曰：“我。”外道曰：“我是谁？”提婆曰：“狗。”外道曰：“谁是狗？”提婆曰：“汝。”外道曰：“汝是谁？”提婆曰：“天。”如是循环，外道方悟。自时厥后，深敬风猷[⑥]。

【注释】

①瞻博迦：梵文 Campaka 的音译，又作占婆、瞻婆、瞻匐、瞻博、旃波迦、瞻博迦、睒婆等。树名，意译为金色花树，其花香气清远。

②提婆：梵文 Deva 的音译，义为“天”。约生活在西元 3 世纪，龙树的弟子，古印度佛教哲学家。《广百论》：共一卷，唐玄奘译，皆五言偈颂，为破我见等之一切法。

③无碍：佛教谓通达自在，没有障碍。

④循名责实：按其名而求其实，要求名实相符。循，按、根据。责，求。

⑤反质穷辞：反复质问，直至对方无言以对。

⑥风猷：这里指人的风采品格。

【译文】

大都城西南瞻博迦花树林中，有一座寺院，是无忧王建造的。地基虽然倾颓下沉了，但仍有一百多尺高。从前如来佛在这里降服过外道异教。旁边则有供奉如来头发、指甲的佛塔和经行场所的遗迹。

在供奉头发指甲的佛塔旁，有一座旧寺院，是提婆唐土称天。菩萨撰写《广百论》以挫败小乘、降服外道的地方。当初，提婆菩萨从南印度来到这座寺院，城中有个外道婆罗门，善谈论，有名声，机辩技能通达自在，根据事物的名而求其实，反复质问，直至对方无言以对。他深知提婆广泛地探究玄妙深奥的佛理，就想挫挫他的锐气，于是从名开始发难：“你叫什么名字？”提婆答：“名叫天。”外道问：“天是谁？”提婆答：“天是我。”外道问：“我是谁？”提婆答：“我是狗。”外道问：“狗是谁？”提婆答：“狗是你。”外道问：“你是谁？”提婆答：“你是天。”外道又问：“天是谁？”提婆答：“天是我。”外道问：“我是谁？”提婆答：“我是狗。”外道问：“狗是谁？”提婆答：“狗是你。”外道问：“你是谁？”提婆答：“你是天。”如此循环往复，外道方才领悟。从此以后，对提婆的风采品格深加礼敬。

二、天祠及传说

城中有天祠，莹饰轮焕[①]，灵异多端。依其典籍，此处是众生植福之胜地也。能于此祠捐舍一钱，功逾他所惠施千金。复能轻生，祠中断命，受天福乐，悠永无穷。天祠堂前有一大树，枝叶扶疏，阴影蒙密[②]。有食人鬼依而栖宅，故其左右多有遗骸。若人至此祠中，无不轻舍身命，既怵邪说[③]，又为神诱，自古迄今，习谬无替[④]。近有婆罗门，族姓子也[⑤]，阔达多智[⑥]，明敏高才，来至祠中，谓众人曰："夫曲俗鄙志[⑦]，难以导诱。吾方同事[⑧]，然后摄化[⑨]。"亦既登临，俯谓友曰："吾有死矣！昔谓诡妄，今验真实，天仙伎乐，依空接引，当从胜境，捐此鄙形。"寻欲投身，自取殒绝。亲友谏喻，其志不移。遂布衣服遍周树下，及其自投，得全躯命。久而醒曰："惟见空中诸天召命，斯乃邪神所引，非得天乐也。"

【注释】

①轮焕：美轮美奂。形容屋宇高大众多，语出《礼记·檀弓下》："美哉轮焉，美哉奂焉"。焕，通"奂"。

②蒙密：形容草木茂密。

③怵(xù)：诱惑。一本作"訹"，二字通。

④替：废，停止。

⑤族姓子：梵文 Kulaputra 的意译，原指如来家庭中的人，后来泛指出身于高贵家族的男子。

⑥阔达：形容广博贯通，深远明彻。

⑦曲俗鄙志：邪僻浅陋的风俗和德行。

⑧同事：做相同的事情。

⑨摄化：佛教称以佛慈悲之光明感化救苦众生。

【译文】

大都城中有一所天祠，装饰得美轮美奂，有很多神奇怪异之事。根据其典籍记载，这里是众生修福的好地方。能在这所天祠施舍一个铜钱，其功德胜过在别的地方施舍千金。如果还能不重生命，在天祠中绝命，就会享受天堂的幸福快乐，永不穷尽。天祠堂前有一棵大树，枝叶繁茂，树荫浓密。有吃人鬼居住在树上，所以大树附近有很多尸骨。如果人们到了这所天祠中，无不轻生舍命，既为邪说所惑，又为鬼神所诱，从古至今，相沿成习，从未停止。近来有一位婆罗门，本是贵族子弟，广博贯通，深远明彻，足智多谋，聪明有高才，来到祠中，对众人说："邪僻浅陋的风俗和德行，难以引导教诲。我只有作同样的事情，然后才会感化众生。"而爬上树以后，却俯身对树下的朋友说："我要死了！先前我认为的虚妄之事，现在通过检验是真实的，天仙和歌舞之伎，在空中接我，我要跟他们进入妙境，舍弃我这鄙陋的身形。"眼看就要跳下，自己断送生命，亲友们都规劝开导，可他态度坚决。于是亲友们在树下周围全都铺满衣服，这样等他跳下以后，得以保全性命。过了很久他终于苏醒过来，说："只见空中众多天神向我召唤，这其实是邪神在引诱，并不是真正得到了天界的快乐。"

三、大施场及修苦行者

大城东，两河交，广十余里，土地爽垲[①]，细沙弥漫。自古至今，诸王豪族，凡有舍施，莫不至此，周给不计，号大施场。今戒日王者，聿修前绪[②]，笃述惠施[③]，五年积财，一旦倾舍。于其施场，多聚珍货。初第一日，置大佛像，众宝庄严，即持上妙奇珍而以奉施。次常住僧[④]，次见前众[⑤]，次高才硕学、博物多能，次外道学徒、隐沦肥遁[⑥]，次鳏寡孤独、贫穷乞人。备极珍玩，穷诸上馔。如是节级[⑦]，莫不周施。府库既倾，服玩都尽，髻中明珠，身诸璎珞，次第施与，初无所悔。既舍施已，称曰："乐哉！凡吾所有，已入金刚坚固藏矣[⑧]。"从此之后，诸国君王各献珍服，尝不逾旬，府库充仞[⑨]。

【注释】

①爽垲(kǎi)：高爽干燥。垲，干燥。

②聿修前绪：继承发扬前人的功业。聿，本为助词，后多训为继承。绪，前人未竟之业。

③笃述：切实继承。笃，专一、切实。述，继承。

④常住僧：指得道的、寺里主事的高僧。佛教称法无生灭变迁为"常住"。

⑤见前众：当指一般僧众。见前，当前。见，通"现"。

⑥隐沦肥遁：隐士。隐沦、肥遁，均为隐居、隐退之义。

⑦节级：次第，顺序。

⑧金刚坚固藏：即金刚藏，处胎经所说八藏之一，《三藏法数》三十一："金刚藏者，谓佛所说等觉菩萨修因感果法，以其破惑之智最为坚利，能断极后微细无明之惑，故名等觉菩萨，为金刚心是也。"

⑨充仞：充盈，丰足。

【译文】

大都城东边两河交汇处，方圆十多里，土地高爽干燥，细沙遍布。从古至今，各国国王和豪门大族，但凡有所施舍，无不来到这里，遍施财物不计其数，因此这里被称为"大施场"。现在的戒日王，发扬前人的功业，切实继承乐善好施的美德，五年所积的资财，一日施舍干净。在这大施场上，堆积了很多珍宝。在最初的第一天，供奉一尊大佛像，用众多宝物装饰，然后拿上等的奇珍异宝献佛。其次布施高僧大德，接着是一般僧众，然后是有才能和博学多能之人，还有外道信徒和隐逸之士，最后是鳏寡孤独和穷人乞丐。珍玩之物、上等佳肴，无所不有。按照以上顺序，无不一一施舍。国库散空了，佳肴珍宝施完了，就拿出头上戴的、身上佩的珠宝璎珞，一一施舍，一点也不吝惜。施舍完毕后，便称扬道："真高兴啊！凡是我所有的东西，都已经进入坚固的金刚藏了。"从此以后，各国君王都献出珍宝服玩，常常不过旬日之间，国库又充盈了。

大施场东合流口，日数百人自溺而死。彼俗以为，欲求生天，当于此处绝粒自沈①，沐浴中流②，罪垢消灭③。是以异国远方，相趋萃止，七日断食，然后绝命。至于山猿野鹿，群游水滨，或濯流而返，或绝食而死。当戒日王之大施也，有一猕猴，居河之滨，独在树下，屏迹绝食④，经数日后，自饿而死。故诸外道修苦行者⑤，于河中立高柱，日将旦也，便即升之。一手一足，执柱端、蹑傍杙⑥；一手一足，虚悬外申，临空不屈；延颈张目⑦，视日右转，逮乎曛暮，方乃下焉。若此者其徒数十，冀斯勤苦，出离生死⑧，或数十年未尝懈息。

从此西南入大林中，恶兽野象，群暴行旅，非多徒党，难以经涉。行五百余里，至憍赏弥国旧曰拘睒弥国，讹也。中印度境。

【注释】

①绝粒：绝食，与下文"断食"义同，为佛教修行祈请之法，一为表至诚，二为停便利之不净。沈：沉，没入水中。

②中流：江河的中央。

③罪垢：佛教指罪孽，因其如污垢而玷污人的本性。

④屏迹：隐匿，敛迹，这里指不去大施场接受布施。

⑤苦行：梵文 Duṣkara-carya，又 Tapas，也叫难行苦行，专以苦行为出离解脱之道，本属外道，但佛教行者，于正法之下，亦须修习种种苦行。

⑥傍杙（yì）：树杈。

⑦延颈：伸长脖子。

⑧出离生死：脱离生死轮回之苦。

【译文】

大施场东边两河交汇处，每天都有几百人自己沉河而死。当地的风俗认为，要想生于天界，应当在这里绝食投河，在河中洗浴，然后才能消除罪孽。所以异国他乡的人争相聚集在这里，绝食七天，然后沉河自尽。甚至山里的猿猴和野鹿，也成群结队地在河边游荡，有的在水中洗濯后回去了，有的在这里绝食饿死。当戒日王大施之日，有一只猕猴，独自在河边树下敛迹绝食，多日以后自行饿死。所以各外道修苦行的人，在河中立一根高高的木杆，太阳要升起的时候，就爬上去。一只手捉住杆头，一只脚踩在树杈上，而另外的一手一脚，则悬空伸在外面，也不弯曲；伸长脖子睁大眼睛，跟着太阳向右偏转，直至黄昏时才从杆上下来。像这样的僧人有几十个，他们希望通过这样的苦行，脱离生死轮回之苦，有的人几十年也没有懈怠停歇。

从这里往西南走，进入一大片森林之中，凶恶的野兽、野象之类，成群结队地攻击旅客，如果没有很多人结伴而行，是难以通过的。前行五百多里，就到了憍赏弥国以前称拘睒弥国，误。在中印度境内。

憍赏弥国

憍赏弥国周六千余里[①]。国大都城周三十余里。土称沃壤，地利丰植，粳稻多，甘蔗茂。气序暑热，风俗刚猛。好学典艺[②]，崇树福善。伽蓝十余所，倾顿荒芜[③]，僧徒三百余人，学小乘教。天祠五十余所，外道寔多。

【注释】

①憍赏弥：梵文 Kauśāmbī 的音译，又译作俱舍弥、拘尸弥、憍闪毗等，古印度十六大国之一。

②典艺：古代传下来的典籍和技艺。

③倾顿：建筑物倾倒损毁。

【译文】

憍赏弥国方圆六千多里。该国大都城方圆三十多里。土地肥沃，利于种植，粳稻和甘蔗普遍而繁茂。气候炎热，民风刚烈勇猛。喜欢学习典籍和技艺，崇尚修福积善。寺院有十多所，大多倾倒荒芜，僧人三百多人，研习小乘教。天祠五十多所，外道信徒很多。

一、刻檀佛像

城内故宫中有大精舍，高六十余尺，有刻檀佛像[①]，上悬石盖，邬陀衍那王唐言出爱。旧云优填王，讹也。之所作也[②]。灵相间起[③]，神光时照。诸国君王恃力欲举，虽多人众，莫能转移，遂图供养[④]，俱言得真，语其源迹[⑤]，即此像也。初如来成正觉已[⑥]，上升天宫为母说法，三月不还，其王思慕，愿图形像。乃请尊者没特伽罗子以神通力接工人上天宫[⑦]，亲观妙相，雕刻栴檀。如来自天宫还也，刻檀之像起迎世尊。世尊慰曰："教化劳耶？开导末世[⑧]，寔此为冀！"

精舍东百余步，有过去四佛坐及经行遗迹之所。其侧不远，有如来井及浴室。井犹充汲，室以颓毁。

【注释】

①刻檀：用栴檀木雕刻。檀为梵文“栴檀那”(Candana)的省称，即檀香木。

②邬陀衍那：梵文 Udayana 的音译，也译作忧填、于阗、优陀延等，意译作出爱、出光等。为㤭赏弥国国王，与释迦牟尼佛同时，为古印度名王之一。

③灵相：佛教称神、佛的妙相。

④图：描画，佛典中也指雕刻佛像。

⑤源迹：最初的来源。

⑥成正觉：成佛。正觉，梵文三菩提 Sambodhi 的意译。如来为一切诸法之真正觉智者，故成佛曰成正觉。

⑦尊者：梵文 Ārya 的意译，音译为阿梨耶，罗汉之尊称。没特伽罗子：梵文 Maudgalaputra 的音义混译，意译作取绿豆。如来佛十大弟子中神通第一。

⑧末世：风俗浇薄的时代。佛教称释迦入灭后五百年为正法时，次一千年为像法时，后万年为末法时。末世，即末法时。

【译文】

大都城内的旧王宫中有一座大精舍，高六十多尺，里面有一尊栴檀雕刻的佛像，顶上悬着石制伞盖，是邬陀衍那王唐土称出爱。旧称优填王，误。建造的。妙相常常出现，神光不时闪耀。各国国王想依靠气力抬起他，虽然人力众多，也不能移动，于是描画图像供养，都称得到了真容，但说到最初的来源，却是这尊佛像。当初如来成佛以后，升到天宫为母亲演说佛法，三个月没有回来，邬陀衍那王很想念他，希望能描画佛的形象。于是请尊者没特伽罗子凭借神通力量把工匠接上天宫，亲眼目睹如来妙相，然后用栴檀木雕刻出来。如来从天宫回来以后，栴檀佛像起身迎接世尊，世尊慰劳说：“教化世人很累吗？开导末世之人，这正是我所希望的。”

精舍以东百多步处，有过去四佛的法座和经行场所的遗迹。旁边不远处，有如来用过的水井和浴室，水井仍然充盈、可以打水，但浴室已经倒塌了。

二、具史罗、世亲、无著及诸遗迹

城内东南隅有故宅余址，是具史罗旧云瞿师罗，讹也。长者故宅也[①]，中有佛精舍及发爪窣堵波。复有故基，如来浴室也。

城东南不远，有故伽蓝，具史罗长者旧园也。中有窣堵波，无忧王之所建立，高二百余尺，如来于此数年说法。其侧则有过去四佛座及经行遗迹之所，复有如来发爪窣堵波。伽蓝东南重阁上，有故砖室，世亲菩萨尝住此中作《唯识论》[②]，破斥小乘，难诸外道。伽蓝东庵没罗林中，有故基，是无著菩萨于此作《显扬圣教论》[③]。

【注释】

①具史罗：梵文 Ghoṣila 的音译，本为好声鸟之名，因为此长者好声似此鸟，故名。他曾将自家所有的园林施为寺院。长者，佛教称积财具德者或年高位尊者。

②《唯识论》：世亲著，又名《唯识二十颂》，梵名 Vijñaptimātratāsiddhi，主张万法唯识，驳斥小乘有部教理及古代印度六派哲学之一胜论。

③《显扬圣教论》：无著撰，玄奘译，凡二十卷。此为显扬《瑜伽师地论》的要义，古称瑜伽论十支之一，又为法相宗十一论之一。

【译文】

大都城内东南角有一处旧宅遗址，是具史罗旧称瞿师罗，误。长者的故居，里面有如来精舍和供奉其头发指甲的佛塔。还有一处旧基，是如来的浴室。

大都城东南不远处，有旧寺院，是具史罗长者的旧园。园里有佛塔，是无忧王建造的，高二百多尺，如来曾在这里演说佛法很多年。旁边则有过去四佛和经行场所的遗迹，还有供奉如来头发指甲的佛塔。寺院东南边楼阁上有砖砌旧室，当年世亲菩萨住在里面写成了《唯识论》，以批判驳斥小乘教，责难各外道。寺院东边的庵没罗林中，有一处旧基，无著菩萨曾在这里写成《显扬圣教论》。

城西南八九里毒龙石窟①，昔者如来伏此毒龙于中留影。虽则传记②，今无所见。其侧有窣堵波，无忧王之所建也，高二百余尺。傍有如来经行遗迹及发爪窣堵波，病苦之徒，求愿多愈。

释迦法尽③，此国最后。故上自君王，下及众庶，入此国境，自然感伤，莫不饮泣悲叹而归④。

【注释】

①毒龙：关于如来降伏毒龙的传说，可参看《佛本行集经》卷四十。

②虽则：虽然。传记：文字记载。

③法尽：佛教认为天下一切事物终会灭尽，佛法也不例外。

④饮泣：眼泪流入口中，形容极度悲痛。

【译文】

大都城西南八九里有毒龙石窟，从前如来在这里降伏毒龙，于石窟中留下影像。虽然有文字记载，但现在什么也看不到。旁边有佛塔，是无忧王建造的，高二百多尺。塔旁有如来经行遗迹和供奉其头发指甲的佛塔，得病之人来这里求愿，大多得以痊愈。

佛法灭尽,憍赏弥国在最后。所以上自国君,下至百姓,凡进入此国国境,感伤之情油然而生,无不泪流满面,悲哀叹息而回。

三、迦奢布罗城及护法伏外道遗迹

龙窟东北大林中,行七百余里,渡殑伽河,北至迦奢布罗城[①],周十余里,居人富乐。城傍有故伽蓝,惟余基址,是昔护法菩萨伏外道处[②]。此国先王扶于邪说,欲毁佛法,崇敬外道。外道众中召一论师,聪敏高才明达幽微者,作伪邪书千颂,凡三万二千言,非毁佛法[③],扶正本宗。于是召集僧众,令相榷论。外道有胜,当毁佛法;众僧无负,断舌以谢。是时僧徒惧有退负[④],集而议曰:"慧日已沈[⑤],法桥将毁[⑥],王党外道[⑦],其可敌乎?事势若斯,计将安出?"众咸默然,无竖议者[⑧]。

【注释】

①迦奢布罗:梵文 Kāśapura 的音译,其故址不详。

②护法:梵文 Dharmapāla 的意译,音译为达磨波罗,约西元六世纪人,为大乘瑜伽行派大理论家,曾主持那烂陀寺,玄奘曾受业于其弟子戒贤。

③非毁:诽谤,诋毁。非,通"诽"。

④退负:失败,败退。

⑤慧日:佛的智慧。佛教称佛智能照世之盲冥,故比作日。

⑥法桥:佛法。佛教谓佛法如桥梁,能使人渡生死之大河。

⑦党:偏私,偏袒。

⑧竖议:立议,建议。

【译文】

从毒龙石窟东北大森林中穿过，前行七百多里，渡过恒河往北，到达迦奢布罗城，此城方圆十多里，居民富足安乐。城边有一旧寺，只有残留的旧基，是从前护法菩萨降伏外道的地方。该国先前的国王惑于邪说，将要毁灭佛法，崇信外道。从外道信徒中召来一位论师，聪明机智，才学高深，洞察深奥精妙的义理，他写成了一部邪书，有一千首偈颂，共三万二千字，以诋毁佛法，扶持外道本派。国王于是召集僧人，让他们与外道辩论。如果外道取胜，就要毁灭佛法；如果僧人不败，外道割断舌头谢罪。这时僧人害怕失败，聚在一起讨论说："佛智之日已经西沉，佛法之桥即将倾毁，国王又偏袒外道，我们怎能与之对抗？形势如此，有何良策？"众人都沉默不言，没有人能提出好的建议。

护法菩萨年在幼稚，辩慧多闻，风范弘远[①]。在大众中扬言赞曰[②]："愚虽不敏[③]，请陈其略。诚宜以我疾应王命。高论得胜，斯灵祐也。微议堕负，乃稚齿也[④]。然则进退有辞，法僧无咎。"佥曰："允谐[⑤]"。如其筹策，寻应王命，即升论座。外道乃提顿纲网[⑥]，抑扬辞义，诵其所执，待彼异论。护法菩萨纳其言而笑曰："吾得胜矣！将覆逆而诵耶？为乱辞而诵耶[⑦]？"外道怃然而谓曰[⑧]："子无自高也！能领语尽，此则为胜，顺受其文，后释其义。"护法乃随其声调，述其文义，辞理不谬，气韵无差。于是外道闻已，欲自断舌。护法曰："断舌非谢，改执是悔[⑨]。"即为说法，心信意悟。王舍邪道，遵崇正法。

护法伏外道侧有窣堵波，无忧王所建也，基虽倾陷，尚高二百余尺，是如来昔于此处六月说法。傍有经行之迹及发爪窣堵波。

自此北行百七八十里，至鞞索山格反。迦国。中印度境。

【注释】

①风范：风度气派。

②扬言：高声讲话。

③愚虽不敏：我虽然不聪慧。愚，自称的谦词。

④稚齿：年纪小。齿，年龄。

⑤佥：都，皆。表总括的范围副词。允谐：表示赞同，略相当于“好”。

⑥提顿纲网：提纲挈领，抓住要义。

⑦将……为……：相当于“是……还是……”，为古汉语表选择的常用句式。

⑧怃然：怅然若失的样子。

⑨改执：改变从前固守的邪见异说。

【译文】

当时护法菩萨尚在幼年，聪明善辩，见识广博，风度气派恢弘深远。他在众人之中高声说道：“在下虽然并不聪慧，但请允许我谈谈自己的想法。确实应当让我赶紧接受国王的召命。如果我辩论得胜，这是佛祖的保祐；如果浅议告负，只是因为我年幼。这样进退有据，于法于僧都无损害。”众人都表示赞同，依照他的计策，不久接受国王召命，当即坐上辩论席。外道于是提纲挈领，称扬文辞义旨，陈述所执教义，等待护法的异议。护法菩萨听了他的言论以后笑道：“我稳操胜券了！我是倒着背诵呢，还是打乱文辞背诵呢？”外道若有所失地说：“你不要自视太高！你若能全部领悟我所讲的，就算你胜，请先顺着复述文句，然后解释文义。”护法于是依照外道的腔调节奏，陈述其文句和文义，言辞义理和声调节奏均无差错。外道听了以后，于是准备自己割断舌头。护法说:“割断舌头并不能谢罪,改变你固守的邪说才是悔悟。”于是为外道演说佛法,使他们心悦诚服。国王也舍弃了邪道,崇信佛法。

护法菩萨降伏外道故址旁有一座佛塔,是无忧王建造的,地基虽然倾斜沉陷,但仍有二百多尺高,如来佛从前在这里说法六个月。旁边有经行的遗迹和供奉如来头发指甲的佛塔。

从这里往北走一百七八十里,就到了鞞索迦国。在中印度境内。

鞞索迦国

鞞索迦国周四千余里[①]。国大都城周十六里。谷稼殷盛,花果具繁。气序和畅,风俗淳质,好学不倦,求福不回[②]。伽蓝二十余所,僧众三千余人,并学小乘正量部法。天祠五十余所,外道甚多。

【注释】

①鞞索迦:或为梵文 Viṣaka 的音译,其具体位置尚待考证。

②不回:不改变,形容信念、意志坚定。

【译文】

鞞索迦国方圆四千多里。该国大都城方圆十六里。这里庄稼和花果都丰盛繁茂。气候温和舒畅,民风淳朴,好学而不厌倦,求福信念坚定。有寺院二十多所,僧人三千多名,都研习小乘正量部法。有天祠五十多所,外道信徒很多。

一、大城附近诸遗迹

城南道左有大伽蓝,昔提婆设摩阿罗汉于此造《识身论》[①],说无我人[②];瞿波阿罗汉作《圣教要实论》[③],说有我人[④]。因此法执[⑤]，遂深诤论[⑥]。又是护法菩萨于此七日中摧伏小乘一百论师。伽蓝侧有窣堵波，高二百余尺，无忧王所建也，如来昔日六年于此说法导化。说法侧有奇树，高六七尺，春秋递代，常无增减，是如来昔尝净齿[⑦]，弃其遗枝，因植根柢，繁茂至今。诸邪见人及外道众竞来残伐[⑧]，寻生如故。其侧不远，有过去四佛座及经行遗迹之所，复有如来发爪窣堵波。灵基连隅[⑨]，林沼交映。

从此东北行五百余里，至室罗伐悉底国。旧曰舍卫，讹也。中印度境。

【注释】

①提婆设摩：梵文 Devakṣema 的音译，意译为贤寂、天寂，小乘教说一切有部论师。《识身论》：《阿毗达磨识身足论》的略名，玄奘译，十六卷，为说一切有部“六足论”之一。

②无我人：梵文 Anātman 的意译，又译作非我、无我、非身等。其主张是，人身不外乎是由色、受、想、形、识等“五蕴”和合而成，所以人身实际上并没有一个自我的实体。

③瞿波：梵文 Gopa 的音译，其主张“有我人”，与《识身论》的“无我人”相左。

④有我人：持此论者主张，人身虽然是由“五蕴”和合而成，但因其具有六根（眼、耳、鼻、舌、身、意）的身相，在诸趣结生，所以人身还是具体而“有”的。

⑤法执：执著于“法”的有实性，而不懂得“法”本身也如幻如化、是“因缘”和合而成的假象，从而生出“所知障”，妨碍对佛法真谛的理解。

⑥诤论：争论。诤，通“争”。

⑦净齿：清洁牙齿，犹剔牙。

⑧残伐：砍伐。

⑨连隅：边界相连。隅，边，侧。

【译文】

大都城南边的道路旁有一座大寺院。从前提婆设摩罗汉在这里写成《识身论》，主张“无我人”；瞿波罗汉写成《圣教要实论》，主张“有我人”。两派因各自执著于有无，所以争论得非常激烈。这里又是护法菩萨在七天内挫败、降服小乘教一百位论师的地方。寺院旁有一座佛塔，高二百多尺，是无忧王建造的，从前如来在这里演说佛法、引导教化众生达六年之久。说法塔边有一株奇特的树，高六七尺，年深月久，树的高度保持不变。本是如来从前剔牙后丢弃的树枝，结果生根发芽，至今枝繁叶茂。许多持有邪见的人和外道信徒竞相前来砍伐，然而此树不久又长成从前的样子。旁边不远处，有过去四佛的法座及经行的遗迹。还有供奉如来头发指甲的佛塔。圣迹故基边界相连，树木池沼交相辉映。

从这里往东北走五百多里，就到了室罗伐悉底国。旧称舍卫，误。在中印度境内。

卷第六 四国

【题解】

本卷记室罗伐悉底国、劫比罗伐窣堵国、蓝摩国和拘尸那揭罗国四国，均在中印度境内，与佛陀有非常密切的关系，但到玄奘经过时都破败不堪了。室罗伐悉底国首都即佛教史上著名的舍卫城，佛陀曾在此度过了长达二十五年的时间，许多重要的教义也是在这里宣讲的。其中最为有名的佛教胜迹便是位于城南五六里的祇园精舍，此由胜军王大臣善施买地、太子逝多舍林而建。劫比罗伐窣堵国为佛陀本生城，传说为日族英雄乔答摩所建，佛陀时代的释迦族分居十城，其故乡劫比罗城为诸城之首。阿育王曾亲到此地瞻仰，并于佛诞生处立碑纪念。其遗迹有太子掷象处、逾城处及成正觉后归见父王处等。蓝摩国为佛陀早期修行之地，太子逾城后在这里换上鹿皮衣并剃发出家。拘尸那揭罗国居民为笃信佛教的末罗人，佛陀自吠舍离到王舍城时途中生病，于此城娑罗双树下涅槃，所以拘尸那揭罗历来被视为佛教圣地，是众多虔诚的佛教徒巡礼必去的地方。

室罗伐悉底国

室罗伐悉底国周六千余里①。都城荒颓，疆埸无纪②。宫城故基周二十余里，虽多荒圮③，尚有居人。谷稼丰，气序和。风俗淳质，笃学好福。伽蓝数百，圮坏良多。僧徒寡少，学正量部。天祠百所，外道甚多。

【注释】

①室罗伐悉底：梵文Śrāvastī的音译，旧称为“舍卫”，本为城名，其国本名为憍萨罗国，为别于南方的憍萨罗国，故以城名为国名。又有别名为舍婆提城、尸罗跋提、舍罗婆悉帝夜城，佛在世时，波斯匿王居于此，城内有祇园精舍，佛陀在此地度过二十五年。其地位于阿契罗伐替(Aciravatī)河畔，为古印度十六大国之一。

②疆埸(yì)无纪：边界没有治理。疆埸，边界。纪，治理，修整。

③荒圮(pǐ)：荒芜坍塌。圮，坍塌、毁坏。

【译文】

室罗伐悉底国方圆六千多里。都城荒芜颓败，边界没有治理。王宫城墙旧基方圆有二十多里，虽然很多处都荒芜坍塌了，但还有一些居民。这里庄稼丰茂，气候温和。民风淳朴质直，笃志好学，喜欢修福。有数百座寺院，大多坍塌毁坏了。僧人很少，研习正量部。天祠有一百多所，外道信徒很多。

一、胜军王

此则如来在世之时，钵逻犀那恃多王唐言胜军。旧曰波斯匿，讹略也。所治国都也[①]。故宫城内有故基，胜军王殿余址也。次东不远，有一故基，上建小窣堵波，昔胜军王为如来所建大法堂也。法堂侧不远故基上有窣堵波，是佛姨母钵逻阇钵底唐言生主。旧云波阇波提，讹也。苾刍尼精舍[②]，胜军王之所建立。次东窣堵波，是苏达多唐言善施。旧曰须达，讹也。故宅也[③]。

【注释】

①钵逻犀那恃多：梵文Prasenajit的音译，意译为和悦、月光、胜军、

胜光等。梵授王之子，与佛同日生，为西元前六世纪憍萨罗国王，敬信佛教，为佛教的发展作出很大的贡献。

②钵逻阇钵底：梵文 Prajāpatī 的音译，又作波阇钵提，波阇波提等；或为 Mahāprajāpatī，音译作摩诃钵剌阇钵底。意译为（大）爱道，（大）生主。释迦牟尼出生七天后，生母摩耶夫人病故，由姨母钵逻阇钵底抚养成人，所以尊称她为“生主”。后为净饭王王妃，并皈依佛教，最终成为佛的弟子，是为最早的比丘尼。苾刍尼：比丘尼的异译，出家僧人男性为苾刍（比丘）、女性为苾刍尼（比丘尼）。

③苏达多：梵文 Sudatta 的音译，又作须达（多），意译为善施、善给、善授、善与等（即下文“善施长者”）。室罗伐悉底国长者，家富好施，故称为“给孤独”。后皈依佛教，从祇陀太子手中买来林园，于其中建立祇洹精舍以献佛。

【译文】

这就是如来在世的时候，钵逻犀那恃多王唐土称胜军。旧称波斯匿，是错误的略称。所建立的国都。旧宫城内有旧基，是胜军王宫殿的遗址。东边不远处，有一旧址，上面建有小佛塔，是从前胜军王为如来建造的大法堂。法堂边不远处的旧基上有佛塔，是释迦牟尼佛姨母、比丘尼钵逻阇钵底唐土称生主。旧称波阇波提，误。的精舍，为胜军王所建。东边有佛塔，是苏达多唐土称善施。旧称须达，误。的故居。

二、指鬘舍邪处

善施长者宅侧有大窣堵波，是鸯窭利摩罗唐言指鬘。旧曰央掘摩罗，讹也。舍邪之处[①]。鸯窭利摩罗者，室罗伐悉底之凶人也，作害生灵，为暴城国，杀人取指，冠首为鬘[②]。将欲害母，以充指数。世尊悲愍，方行导化[③]。遥见世尊，窃自喜曰：“我今生天必矣。先师有教，遗言在兹，害佛杀母，当生梵天④。”谓其母曰：“老今且止，先当害彼大沙门。”寻即仗剑往逆世尊。如来于是徐行而退，凶人指鬘疾驱不逮。世尊谓曰：“何守鄙志⑤，舍善本，激恶源？”时指鬘闻诲，悟所行非，因即归命⑥，求入法中。精勤不怠，证罗汉果。

【注释】

①鸯窭利摩罗：梵文 Aṅgulimālya 的音译，又作央掘摩罗，央仇魔罗，央崛鬘，因其“杀人取指，冠首为鬘”，故意译为指鬘。佛陀在世时，鸯窭利摩罗住于舍卫城，信奉杀人为得涅槃，于是出市杀害九百九十九人，切取各人之指，戴于首为鬘，第千人，欲害其亲生之母，佛怜愍之，为说正法，即改过忏悔而入佛门，后得罗汉果。舍邪：放弃邪见邪行。

②鬘(màn)：璎珞之类装饰品。印度风俗，男女多取花朵等物穿起来装饰身或头。

③方：将。

④梵天：梵文 Brahmadeva，为色界之初禅天。据佛经，此天离欲界之淫欲，寂静清净，故称梵天(梵，净也)。其中有三天：第一梵众天、第二梵辅天、第三大梵天，一般所说的梵天，指大梵天。

⑤鄙志：这里指浅陋邪恶的信仰。

⑥归命：归顺，皈依。

【译文】

善施长者故居旁有一座大寺院，是鸯窭利摩罗唐土称指鬘。旧称央掘摩罗，误。放弃邪见邪行的地方。鸯窭利摩罗本是室罗伐悉底国的恶人，残害百姓，到处作恶，杀人后割下手指，戴在头上作为装饰品。打算杀害他的亲生母亲，以凑足手指数目。世尊慈悲怜悯，将去开导教化他。远远看见世尊走来，他不免暗自高兴：“我今天一定会生天了。已故导师教诲过，并留下遗言：杀害佛祖和母亲，就可以转生梵天。”对他母亲说:“今天暂且不杀你老,先杀那个出家人。”立刻提剑冲世尊而去。如来于是缓慢后退,恶人指鬘快跑追赶,但总追不上。世尊对他说:“你为什么要固守邪恶的信仰,而放弃为善的根本、兴起作恶的动机?”当时指鬘听了佛陀的教诲,明白了从前所作所为的罪过,于是当即皈依佛门,请求修行佛法。由于他专心勤苦、毫不懈怠,最终证得罗汉果位。

三、逝多林给孤独园

城南五六里有逝多林①,唐言胜林。旧曰祇陁,讹也。是给孤独园。胜军王大臣善施为佛建精舍。昔为伽蓝,今已荒废。东门左右各建石柱,高七十余尺。左柱镂轮相于其端②,右柱刻牛形于其上③,并无忧王之所建也。室宇倾圮,唯余故基,独一砖室岿然独在,中有佛像。昔者如来升三十三天为母说法之后④,胜军王闻出爱王刻檀像佛,乃造此像。

【注释】

①逝多林:本为逝多的林园,后为善施买来献佛。逝多,梵文 Jeta 的音译,又作誓多,旧称祇陀,室罗伐悉底国(舍卫国)钵逻犀那恃多王(波斯匿王)太子之名,意译为战胜。

②轮相:佛教称佛三十二相之一,谓佛足掌有千辐轮形印纹。

③牛形:牛的形像。佛经中常以牛喻佛。《胜鬘经》:“如牛王,形色无比胜一切牛。”《涅槃经》卷十八叹佛:“人中象王,人中牛王,人中龙王。”《无量寿经》下赞佛:“犹如牛王,无能胜故。”

④三十三天:即忉利天(Trayastriṃśa)。为欲界之第二天,在须弥山顶上,中央为帝释天,四方各有八天,故称三十三天。

【译文】

都城南边五六里处有逝多林,唐土称胜林。旧称祇陁,误。就是给孤独园。是胜军王大臣善施长者为佛建造的精舍。从前是寺院，现在已经荒芜废弃了。城东门左右各立有石柱，高七十多尺。左边石柱上端雕有佛的轮相，右边石柱上端刻有牛形，都是无忧王建造的。房屋楼宇多倒塌了，只剩下旧基，唯独一间砖室高耸独立，里面有一尊佛像。从前如来去三十三天为母亲说法之后，胜军王听说出爱王雕刻了栴檀佛像，于是也就塑造了这尊佛像。

善施长者仁而聪敏，积而能散①，拯乏济贫，哀孤恤老，时美其德，号给孤独焉。闻佛功德，深生尊敬，愿建精舍，请佛降临。世尊命舍利子随瞻揆焉②，唯太子逝多园地爽垲。寻诣太子，具以情告。太子戏言："金遍乃卖。"善施闻之，心豁如也③，即出藏金，随言布地。有少未满，太子请留，曰："佛诚良田，宜植善种④。"即于空地建立精舍。世尊即之，告阿难曰⑤："园地善施所买，林树逝多所施，二人同心，式崇功业⑥。自今已去，应谓此地为逝多林给孤独园。"

【注释】

①积而能散：善于积财，同时又能散财、乐善好施。

②舍利子：梵文Śāriputra的音义混译。如来佛十大弟子中智慧第一。瞻揆：观察、考察。为"瞻星揆地"之省，指上观天候，下察地形。

③豁如：形容心胸开阔旷达，这里指毫无吝惜之心。

④"佛诚"二句：这是佛经中常见的比喻说法。佛经称佛即为众生生福之田地，众生向佛而植善根，则生无量之福果。如《智度论》三十："佛田者，一切三世诸佛……虽有种种福田，佛为第一福田。"

⑤阿难：阿难陀（Ānanda）音译之略，意译为“欢喜、庆喜”，传说是斛饭王之子、提婆达多之弟，佛的堂弟，十大弟子中“多闻第一”。

⑥式崇功业：用以推动佛教事业。式，用，以。

【译文】

善施长者仁慈而聪敏，善于积财又乐善好施，救济贫穷、无依无靠的人和老人，当时的人赞美他高尚的德行，称他为“给孤独”。他听说了佛的功德，深为景仰，希望能建造精舍，请佛降临。世尊于是命舍利子随善施长者前往考察，结果只有逝多太子的园地高爽干燥。长者旋即晋见太子，把实情详细地告知了他。太子开玩笑说：“你如果能用金币布满此园，我就卖给你。”善施长者听了，心中毫不吝惜，随即拿出所有金钱，按太子吩咐铺在地上。有一小片地方尚未铺满，太子请他罢手，说：“佛的确是良田，我也应该播下善行的种子。”于是在空地上建立起精舍。世尊到了以后，告诉阿难说：“园地是善施买的，树林是逝多施舍的，这两个人同心推动佛教事业。从今以后，应该把这个地方叫做‘逝多林给孤独园’。”

四、如来洗病比丘处

给孤独园东北有窣堵波，是如来洗病苾刍处[①]。昔如来之在世也，有病苾刍含苦独处。世尊见而问曰：“汝何所苦？汝何独居？”曰：“我性疏懒，不耐看病[②]，故今婴疾[③]，无人瞻视。”如来是时愍而告曰：“善男子[④]，我今看汝。”以手拊摩，病苦皆愈。扶出户外，更易敷蓐[⑤]，亲为盥洗，改着新衣。佛语苾刍：“当自勤励。”闻诲感恩，心悦身豫[⑥]。

【注释】

①苾刍：即比丘，梵文 Bhikṣu 的音译，出家为佛弟子，受具足戒者。

②不耐：不愿意。

③婴疾：疾病缠身，患病。

④善男子：佛因赞美人信佛闻法，称呼在家或出家修持五戒和十善的男子为“善男子”、女人为“善女人”。

⑤敷蓐：所铺的草席。

⑥豫：安乐、舒适。

【译文】

给孤独园东北有座佛塔，是如来为生病的苾刍盥洗之处。从前如来在世的时候，有一位生病的苾刍痛苦地独自生活。世尊见了问道：“你的痛苦是什么？为什么一人独自居住？”苾刍回答说：“我生性疏懒，不愿意去看病，所以现在疾病缠身，也没人来看望。”如来这时很是同情地对他说：“善男子，我现在来为你看病。”用手抚摩之后，苾刍的疾病痛苦全没有了。然后将他扶到门外，为他换了坐卧的草席，亲自为他洗浴，换上新的衣服。佛对苾刍说：“你自己要勤劳奋勉。”听了佛的教诲，苾刍感激不已，心情愉快，身体安乐。

五、舍利弗与目连试神通处及诸佛迹

给孤独园西北有小窣堵波，是没特伽罗子运神通力举舍利子衣带不动之处①。昔佛在无热恼池②，人天咸集，唯舍利子不时从会③。佛命没特伽罗往召来集。没特伽罗承命而往，舍利子方补护法衣。没特伽罗曰：“世尊今在无热恼池，命我召尔。”舍利子曰：“且止，须我补竟④，与子偕行。”没特伽罗曰：“若不速行，欲运神力举尔石室，至大会所。”舍利子乃解衣带置地，曰：“若举此带，我身或动。”时没特伽罗运大神通，举带不动，地为之震。因以神足还诣佛所，见舍利子已在会坐。没特伽罗俯而叹曰：“乃今以知神通之力不如智慧之力矣。”

举带窣堵波侧不远有井，如来在世，汲充佛用。其侧有窣堵波，无忧王之所建也，中有如来舍利。经行之迹，说法之处，并树旌表⑤，建窣堵波。冥祇警卫⑥，灵瑞间起，或鼓天乐，或闻神香。景福之祥，难以备叙。

【注释】

①没特伽罗子：梵文 Maudgalaputra 的音义混译，意译作取绿豆。如来佛十大弟子中神通第一。舍利子：梵文Śāriputra 的音义混译。如来佛十大弟子中智慧第一。

②无热恼：梵文 Anavatapta 的意译，音译作阿耨达、阿那婆答多。此池在赡部洲之中心，香山之南、大雪山之北，方圆八百里，金银琉璃、颇黎饰其岸，金沙弥漫，清波皎镜，八地菩萨以愿力之故，化为龙王，中有潜宅，出清泠水供给赡部洲。详见本书卷一。

③不时从会：没有按时到会。不时，不及时。

④须我补竟：待我缝补完毕。须，待。竟，完毕。

⑤旌表：本指官府颁赐用以表彰的牌坊匾额等，这里指标志。

⑥冥祇(qí)：冥间的神。

【译文】

给孤独园西北面有一座小佛塔，这是没特伽罗子运用神通力而举不起舍利子衣带的地方。从前佛在无热恼池，众人、天神齐集，只有舍利子没按时到会。佛命没特伽罗去召他来聚会。没特伽罗受命去舍利子处，当时舍利子正在缝补护法袈裟。没特伽罗说：“世尊现在在无热恼池，命我来召唤你。”舍利子说：“稍等，待我缝补完毕，就与您一起去。”没特伽罗说：“你若不赶紧出发，我就要运用神通之力，举起你的石室到集会的地方。”舍利子于是解下衣带放在地上，说：“你如果能举起这条衣带，我就动身。”当时没特伽罗运用大神通力，却举不动衣带，大地为之震动。于是奋起神足回到佛那里，只见舍利子早已坐在会场上了。没特伽罗低头叹道：“如今才知道神通之力不如智慧之力啊。”

举带塔边不远处有一口水井，如来在世的时候，从中汲水供其使用。井边有佛塔，是无忧王建造的，塔中供有如来舍利。凡佛经行的遗迹、说法的地方，都设置了标志，并建有佛塔。神灵保卫，不时出现灵异的景象。有时演奏天乐，有时散发异香。洪福吉兆，难以一一描述。

六、伽蓝附近三坑传说

伽蓝后不远，是外道梵志杀淫女以谤佛处①。如来十力无畏②，一切种智③，人天宗仰，圣贤遵奉。时诸外道共相议曰：“宜行诡诈，众中谤辱。”乃诱雇淫女，诈为听法，众所知已，密而杀之，埋尸树侧，称怨告王。王命求访，于逝多园得其尸焉。是时外道高声唱言：“乔答摩大沙门常称戒忍④，今私此女⑤，杀而灭口。既淫既杀，何戒何忍？”诸天空中随声唱道：“外道凶人，为此谤耳。”

【注释】

①梵志：梵文 Brahmacārin 的意译，即古印度四种姓之一的婆罗门，也是一切外道出家者的通称。

②十力：梵文 Daśabalāi 的意译，指如来所具有的十种智力：一、知觉处非处智力，二、知三世业报智力，三、知诸禅解脱三昧智力，四、知诸根胜劣智力，五、知种种解智力，六、知种种界智力，七、知一切至所道智力，八、知天眼无碍智力，九、知宿命无漏智力，十、知永断习气智力。无畏：梵文 Vaiśāradya 的意译，又称无所畏、四无畏，指佛于大众中说法，泰然无畏之德，有四种：一、一切智无

所畏，二、漏尽无所畏，三、说障道无所畏，四、说尽苦道无所畏。

③一切种智：佛经称佛智知一切种种之法，名为一切种智。

④乔答摩大沙门：指释迦牟尼。乔答摩为梵文 Gautama 的音译，佛姓。戒忍：佛教谓持戒不犯禁制为戒忍。

⑤私：通奸，有私情。

【译文】

寺院后面不远，是外道婆罗门杀害淫女以诽谤佛陀的地方。如来有十种智力、四种无畏，知一切种种之法，受到所有人、天的推崇景仰和圣贤的崇拜信奉。当时众外道一起谋划道："应该用欺诈的方法，在众人中诽谤侮辱他。"于是通过诱骗雇请了一位淫女，假意听佛说法，众人知道以后，秘密将其杀害，把尸体埋在树边，然后向国王称冤告状。国王下令搜寻，在逝多园找到了淫女的尸体。这时外道高声说道："乔答摩大和尚平常主张戒忍，现在与此女通奸，并杀人灭口。先奸后杀，他戒什么？忍什么？"众位天神在空中应声叫道："这是外道凶恶之人，做了这事来诽谤佛陀。"

伽蓝东百余步有大深坑，是提婆达多欲以毒药害佛①，生身陷入地狱处。提婆达多，唐言天授。斛饭王之子也，精勤十二年，已诵持八万法藏②。后为利故，求学神通，亲近恶友，共相议曰："我相三十，减佛未几③。大众围绕，何异如来？"思惟是已，即事破僧④。舍利子、没特伽罗子奉佛指告，承佛威神，说法诲喻，僧复和合⑤。提婆达多恶心不舍，以恶毒药置指爪中，欲因作礼以伤害佛。方行此谋，自远而来，至于此也，地遂坼焉⑥，生陷地狱。

【注释】

①提婆达多：梵文 Devadatta 的音译，旧译作调达等，意译为天授。净饭王弟斛饭王（Droṇodana）之子，阿难之兄，佛的堂兄弟。在阿阇世王的支持下，从事破坏佛法的活动。

②八万法藏：此取其大数而言，实为八万四千法藏，佛教认为众生有八万四千烦恼，所以佛为说八万四千经典。法藏，又叫佛法藏、如来藏，因法性藏有无量之性德，故名。

③减佛未几：佛教以佛有三十二相，所以提婆达多的三十相与之相差不多。减，少、差。

④破僧：一指破法轮僧，即与佛法对立，分裂佛教僧团；二指破羯磨僧，即破和合僧，使佛教内部不团结。破僧为佛教五逆重罪之一。

⑤和合：梵文 Sañgha（僧伽）的意译，即有组织的佛教教团，凡三僧共处，即同持戒奉佛。

⑥坼（chè）：裂开。

【译文】

寺院东边百多步远处有一个大深坑，是提婆达多想用毒药毒害佛陀、而活生生地坠入地狱之处。提婆达多，唐土称天授。是斛饭王的儿子，勤奋钻研十二年，已经能背诵八万法藏了。后来利欲熏心，去学习神通，亲近一些品行很坏的朋友，与他们商议道："我已具备三十福相，与佛相差无几。同样受大众拥戴，与如来有什么不同？"有了这种想法之后，就从事分裂僧团的活动。舍利子、没特伽罗子在佛的授意下，凭借佛的声威，演说佛法、教育开导，僧团又重新团结了。提婆达多恶心不改，把毒药藏在指甲中，企图在行礼时伤害佛陀。当他实施这一罪恶计划时，从远处刚来到这里，大地一下子裂开了，他就活生生地坠入了地狱。

其南复有大坑，瞿伽梨苾刍毁谤如来①，生身陷入地狱。

瞿伽梨陷坑南八百余步，有大深坑，是战遮婆罗门女毁谤如来②，生身陷入地狱之处。佛为人天说诸法要，有外道弟子遥见世尊，大众恭敬，便自念曰："要于今日辱乔答摩，败其善誉，当令我师独擅芳声③。"乃怀系木盂④，至给孤独园，于大众中扬声唱曰："此说法人与我私通，腹中之子，乃释种也。"邪见者莫不信然，贞固者知为讪谤⑤。时天帝释欲除疑故，化为白鼠，啮断盂系。系断之声，震动大众，凡诸见闻，增深喜悦。众中一人起持木盂，示彼女曰："是汝儿耶？"是时也，地自开坼，全身坠陷，入无间狱⑥，具受其殃。凡此三坑，洞无涯底。秋夏霖雨，沟池泛溢，而此深坑尝无水止。

【注释】

①瞿伽梨：梵文 Kokālika 的音译，又作高迦离伽，孤迦梨迦等。据《智度论》，他是提婆达多的弟子，诽谤如来及舍利弗、目连等。

②战遮：梵文 Ciñcā 的音译，又作栴阇、栴遮。为婆罗门之女，因谤佛与其私通而陷入地狱。

③芳声：美好的声誉。与前文"善誉"义同。

④木盂：木制的用以盛食的圆口器皿。

⑤贞固：守持正道而坚定不移。

⑥无间狱：即无间地狱、阿鼻地狱，梵文阿鼻旨（Avīci），为八热地狱之一。佛经称造五逆罪之一者，即堕于此，一劫之间，受苦无间，故名无间地狱。

【译文】

提婆达多陷坑南侧还有一个大坑，是瞿伽梨苾刍毁谤如来而活生生陷入地狱的地方。

瞿伽梨陷坑南边八百多步远处，有一个大深坑，是战遮婆罗门女人毁谤如来而生入地狱之处。佛为众人和天神演说种种佛法时，有一名外道弟子，从老远处看见世尊受到大众的尊敬，便暗自道："我要在今天辱没乔答摩，败坏他的名声，让我的老师专享美好的声誉。"于是在怀里拴了一个木盂，来到给孤独园，在大庭广众之下高声叫道："这个说法的人与我私通，我肚子里怀的孩子，就是释迦牟尼的。"持邪见的信以为真，坚守正道的知道是毁谤。这时天帝释为了除去众人的疑惑，就化作一只白鼠，咬断了系木盂的绳子。绳子断了，木盂坠地的声音震动了众人，所有耳闻目睹的人，莫不高兴万分。有一人从众人中走出来，拿起木盂给女子看，问道："这是你的孩子吗？"这时，大地自然开裂，女人全身坠落，陷入了无间地狱，遭受种种痛苦。所有这三个坑，都深不见底。秋夏两季雨水充沛，沟壑湖泊洪水泛滥，而这些深坑却没有积水。

七、影覆精舍

伽蓝东六七十步有一精舍，高六十余尺，中有佛像，东面而坐。如来在昔于此与诸外道论议。次东有天祠，量等精舍[①]。日旦流光，天祠之影不蔽精舍；日将落照[②]，精舍之阴遂覆天祠。

影覆精舍东三四里有窣堵波，是尊者舍利子与外道论议处。初，善施长者买逝多太子园，欲为如来建立精舍，时尊者舍利子随长者而瞻揆，外道六师求角神力[③]，舍利子随事摄化[④]，应物降伏。

其侧精舍前，建窣堵波，如来于此摧诸外道，又受毗舍佉母请[⑤]。

【注释】

①量:规模、大小。

②落照:夕阳的余晖。

③外道六师:也称六师外道。释迦牟尼时异说繁多,争论不休,在中印度境内有六个主要的学派,佛教称为外道六师或六师外道,即富兰那师、末伽梨师、删阇夜师、阿耆多翅舍师、迦鸠驮师和尼犍陀师。角:较量、争胜。

④摄化:佛教语称以佛慈悲之光明感化、拯救众生。

⑤毗舍佉母:梵文 Viśākhā 的音译,为室罗伐悉底国弥伽罗长者之母,因弥伽罗即鹿,所以又称其为鹿子母、鹿母,曾在逝多林东北三四里处建立精舍并请释迦牟尼为之说法。

【译文】

寺院东边六七十步远处有一所精舍,高六十多尺,其中有一尊佛像,面向东边而坐。如来从前在这里与众外道进行过辩论。东边有一座天祠,大小与精舍一样。早晨太阳光芒万道,天祠的阴影不会遮蔽精舍;太阳将要落山时,余晖从西边照过来,精舍的阴影却能遮蔽天祠。

影覆精舍东边三四里处有一座佛塔,是尊者舍利子与外道辩论的地方。当初,善施长者买了逝多太子的林园,准备为如来建造精舍,当尊者舍利子随善施长者考察地形的时候,外道六师要求较量神通之力,舍利子根据实际情况采取措施,感化降伏了外道。

塔侧精舍前,建有一座佛塔,如来曾在此降伏众外道,并接受毗舍佉母的邀请。

八、毗卢择迦王传说

受请窣堵波南,是毗卢择迦王旧曰毗琉离王,讹也。兴甲兵诛释种①,至此见佛归兵之处。毗卢择迦王嗣位之后,追怨前辱②,兴甲兵,动大众,部署已毕,申命方行。时有苾刍闻以白佛。世尊于是坐枯树下，毗卢择迦王遥见世尊，下乘礼敬，退立言曰："茂树扶疏，何故不坐？枯株朽蘖[③]，而乃游止[④]？"世尊告曰："宗族者，枝叶也。枝叶将危，庇荫何在？"王曰："世尊为宗亲耳，可以回驾。"于是睹圣感怀，还军返国。

还军之侧，有窣堵波，是释女被戮处。毗卢择迦王诛释克胜，简五百女充实宫闱。释女愤恚，怨言不逊，詈其王"家人之子也"。王闻发怒，命令诛戮。执法者奉王教，刖其手足[⑤]，投诸坑阱。时诸释女含苦称佛[⑥]，世尊圣鉴，照其苦毒，告命苾刍，摄衣而往，为诸释女说微妙法，所谓羁缠五欲[⑦]，流转三途[⑧]，恩爱别离，生死长远。时诸释女闻佛指诲，远尘离垢[⑨]，得法眼净[⑩]，同时命终，俱生天上。时天帝释化作婆罗门，收骸火葬。后人记焉。

诛释女窣堵波侧不远，有大涸池，是毗卢择迦王陷身入地狱处。世尊观释女已，还给孤独园，告诸苾刍："今毗卢择迦王却后七日，为火所烧。"王闻佛记[⑪]，甚怀惶惧。至第七日，安乐无危。王用欢庆[⑫]，命诸宫女往至池侧，娱游乐饮。犹惧火起，鼓棹清流[⑬]，随波泛滥。炽焰飙发[⑭]，焚轻舟，坠王身，入无间狱，备受诸苦。

【注释】

①毗卢择迦：梵文 Viḍūḍabha 的音译，又名琉璃王、流离王等，毗卢择迦王继父钵逻犀多那恃多王（胜军王）为憍萨罗国国王以后，曾兴兵扫荡释迦族的故乡劫比罗伐窣堵。释种：指释迦族或释迦族人。

②前辱：指毗卢择迦王的父亲胜军王即位后，求与释迦族联姻。释迦族人因看不起此王族，就以家奴之女聘其为妻并被立为王后，于是生下毗卢择迦王。下文被骂“家人之子”即指此。

③蘖(niè)：本为草木砍伐后长出的新芽，这里与“株”(树干)连文，意指树枝。

④游止：本为游玩和休息，这里是偏义复词，义为止息。

⑤刖：割，砍断。

⑥称佛：口中念佛，称念佛的法号。佛教认为佛陀慈悲，能救人苦厄，信徒在遇到危难时，只要口称佛号，就会得到救助。

⑦五欲：佛教称色、声、香、味、触五境生起的情欲，也指财欲、色欲、饮食欲、名欲、睡眠欲。

⑧三途：又称三恶道或三恶趣。即火途(地狱道)、血途(畜生道)、刀途(饿鬼道)。

⑨尘、垢：佛经称贪、欲、嗔、恚、愚、痴等诸惑，烦心恼身，谓为烦恼，也称尘垢。

⑩法眼净：指以智慧能清楚地认识“真谛”。大小乘均可得法眼净，小乘为于初果见四真谛之理，大乘为于初地得无生法忍。

⑪佛记：佛的悬记或记别。预言将来之事，谓之悬记；就弟子身上分别未来之果报，谓之记别。这里指佛的悬记，即佛的预言。

⑫用：因此，因而。

⑬鼓棹(zhào)：划船。棹，船桨。

⑭飙发：势头迅猛地发生。

【译文】

受请佛塔南边，是毗卢择迦王旧称毗琉离王，误。兴兵诛杀释迦族，到这里遇见佛陀而还军之处。毗卢择迦王继承王位以后，为了报复以前所受的侮辱，于是大兴军队、动员民众，作战部署完毕以后，命令军队进发。当时有一位苾刍听到了消息后就去告诉佛陀。世尊便坐在一棵枯树下面，毗卢择迦王从远处望见世尊，便下马行礼，退立一边后问道："茂密的大树枝叶繁盛，你为什么不坐？此树枝叶干枯朽败，你反而坐在下面呢？"世尊回答说："宗族就如同树的枝叶。枝叶都将受到危害，哪儿还有可以遮蔽的树阴呢？"国王说："世尊是为了同宗的亲属啊，我们应该回去了。"国王瞻仰圣贤，受到感化，于是班师还朝。

还军遗迹旁边，有一座佛塔，是释迦族女人被杀之处。毗卢择迦王攻打释迦族得胜后，挑选了五百个女子以充实后宫。释迦族女人愤恨不已，出言不逊，骂毗卢择迦王是"家奴之子"。国王听了大怒，下令全部诛杀。执法者按照国王的旨意，砍断了她们的手脚，扔进坑井中。当时众位释迦族女子强忍痛苦，口称佛号。世尊鉴察圣明，知道了她们所受的痛苦，于是告诉苾刍，赶紧前去为她们演说精妙的佛法：如果受五欲羁绊困扰，就会辗转投生在三恶道中，受生离死别之苦，生死轮回而没有尽头。当时众女听了佛陀的教诲后，远离烦恼，得到了法眼净，同时命尽之后，都转生在天界。这时天帝释变作婆罗门，收拾她们的尸骨进行了火葬。后人把这事记载了下来。

诛释女塔边不远处，有一口干枯的大池，是毗卢择迦王陷入地狱之处。世尊看过释女以后，回到给孤独园，告诉众苾刍说："毗卢择迦王今天过后的第七天，将被火烧死。"国王听了佛的预言，感到极度恐惧。到了第七天，却安然无恙。国王因而欢乐地庆祝，命众位宫女来到池边，欢娱游玩，饮酒作乐。仍然担心起火，于是在池中划船，随波逐流。谁料大火突然猛烈地燃起来，烧毁了小船，国王身体坠入到无间地狱，遭受种种痛苦。

九、得眼林

伽蓝西北三四里，至得眼林[1]。有如来经行之迹，诸圣习定之所[2]，并树封记[3]，建窣堵波。昔此国群盗五百，横行邑里，跋扈城国。胜军王捕获已，抉去其眼，弃于深林。群盗苦逼[4]，求哀称佛。是时如来在逝多精舍，闻悲声，起慈心，清风和畅，吹雪山药，满其眼已，寻得复明。而见世尊在其前住，发菩提心[5]，欢喜顶礼[6]，投杖而去，因植根焉。

【注释】

①得眼林：梵文 Āptanetravana 的意译，因盲人得眼后掷杖而生，故名。

②习定：佛家修养之法，养静以止息妄念。定，定止心于一境，不使散动。

③封记：封缄标记。

④苦逼：形容极度痛苦。

⑤菩提心：寻求真道、正觉之心。菩提，梵文 Bodhi 的音译，意译为道或觉。

⑥顶礼：双膝下跪，两手伏地，以头顶尊者之足，是佛教徒最崇敬的礼节。

【译文】

从寺院朝西北前行三四里，就到了得眼林。这里有如来经行的遗迹，及众圣贤习定的场所，都有封缄标记，并建造了佛塔。从前该国有五百个强盗，在乡里城国间横行强暴。胜军王抓捕到他们以后，剜去他们的眼睛，然后扔到深山老林之中。这群强盗痛苦不堪，口称佛号，哀求不已。这时如来在逝多园精舍，听到他们哀号的声音，大发慈悲之心，用一股柔和清畅的清风，将雪山的神药吹满他们的眼中，这些人随即恢复了视力。看见世尊站在面前，他们顿发菩提之心，欢天喜地，顶礼膜拜，丢下拐杖离开了，这些拐杖于是生根发芽，长成了这片树林。

十、故　城

大城西北六十余里有故城，是贤劫中人寿二万岁时迦叶波佛本生城也[①]。城南有窣堵波，成正觉已初见父处[②]。城北有窣堵波，有迦叶波佛全身舍利。并无忧王所建也。

从此东南行五百余里，至劫比罗伐窣堵国。旧曰迦毗罗卫国，讹。中印度境。

【注释】

①贤劫：梵文 Bhadrakalpa，指有释迦佛等千佛出世的现在劫。与过去庄严劫、未来星宿劫并称为三大劫，为佛教宏观的时间观念之一，又名“善劫”。劫，梵文 Kalpa 音译“劫波”（或“劫簸”）的略称。意为极久远的时节。古印度传说世界经历若干万年毁灭一次，重新再开始，这样一个周期叫做一“劫”。迦叶波：梵文 Kāśyapa 的音译，又作迦叶、迦摄、迦摄波，意译作饮光，是释迦佛以前之佛，于现世界人寿二万岁时出世而成正觉，为“过去七佛”之一。

②成正觉：成佛。正觉，梵文三菩提 Sambodhi 的意译。如来为一切诸法之真正觉智者，故成佛曰成正觉。

【译文】

大都城西北六十多里处有一旧城，是贤劫期间人寿二万岁时迦叶波佛的诞生地。城南有佛塔，是他成佛后初次与父亲见面的地方。城北有一座佛塔，供有迦叶波佛全身舍利。两塔都是无忧王建造的。

从这里往东南方向前行五百多里，就到了劫比罗伐窣堵国。旧称迦毗罗卫国，误。在中印度境内。

劫比罗伐窣堵国

劫比罗伐窣堵国周四千余里[①]。空城十数，荒芜已甚。

王城颓圮[②]，周量不详。其内宫城周十四五里，垒砖而成，基址峻固[③]。空荒久远，人里稀旷[④]。无大君长，城各立主。土地良沃，稼穑时播。气序无愆[⑤]，风俗和畅。伽蓝故基千有余所，而宫城之侧有一伽蓝。僧徒三十余人，习学小乘正量部教。天祠两所，异道杂居。

【注释】

①劫比罗伐窣堵：梵文 Kapilavastu 的音译，又作劫比罗伐窣都、迦毗罗、迦毗罗卫、迦维、迦维罗阅等。是释迦如来降生之地，净饭王所治之境。

②王城：都城。

③峻固：高大坚固。

④人里：人口和居民聚落。

⑤无愆：无失、适宜。愆，违失、违背。

【译文】

劫比罗伐窣堵国方圆四千多里。空城有十多座，都已经荒芜不堪了。都城倒塌，规模不详。其内宫城方圆十四五里，以砖垒砌而成，墙基高大坚固。该国空疏荒芜很久了，人口和居民聚落稀少，国家没有最高的国王，各城自立君王。土地肥沃，庄稼适时播种。气候适宜，民风温和。寺院故址有一千多处，而宫城旁有一座寺院。有僧人三十多人，研习小乘正量部法。有两所天祠，外道各派杂居。

一、释迦为太子时传说

宫城内有故基，净饭王正殿也[①]，上建精舍，中作王像。其侧不远有故基，摩诃摩耶唐言大术。夫人寝殿也[②]，上建精舍，中作夫人之像。其侧精舍，是释迦菩萨降神母胎处[③]，中作菩萨降神之像。上座部菩萨以嗢呾罗頞沙荼月三十日夜降神母胎[4]，当此五月十五日[5]；诸部则以此月二十三日夜降神母胎，当此五月八日。

【注释】

①净饭王：梵文Śuddhodana的意译，又作白净王，劫比罗伐窣堵国国王，释迦牟尼的父亲。

②摩诃摩耶：即摩耶夫人。梵文Mahā-māyā的音译，意译为大术、大幻，释迦牟尼的母亲。天臂城善觉长者的长女，净饭王的夫人，生悉达多太子七日而亡。

③降神：神灵降临，这里指释迦牟尼投胎。佛教传说释迦牟尼从兜率天乘六牙白象而下，从睡眠中的摩耶夫人右肋入胎。

④上座部：小乘十八部之一。嗢呾罗頞沙荼：梵文的音译。頞沙荼为印度佛历夏天第一个月，所以称嗢呾罗（义为“上”）頞沙荼。

⑤此：在汉译佛经中常称与汉地有关的事物为“此”，本处即指唐历。

【译文】

宫城内有一处旧基，原是净饭王的正殿，上面建有精舍，其中有净饭王像。旁边不远处的旧基，原是摩诃摩耶唐土称大术。夫人的寝殿，上面建有精舍，其中有夫人像。旁边的精舍，是释迦菩萨降生入于母胎之处，其中有菩萨投胎之像。上座部认为菩萨在嗢呾罗頞沙荼月三十日晚上降生母胎，相当于唐历五月十五日；其余各部认为是嗢呾罗頞沙荼月二十三日晚上降生母胎，相当于唐历五月八日。

菩萨降神东北有窣堵波，阿私多仙相太子处[1]。菩萨诞灵之日[2]，嘉祥辐凑。时净饭王召诸相师而告之曰：“此子生也，善恶何若？宜悉乃心，明言以对。”曰：“依先圣之记，考吉祥之应，在家作转轮圣王[③]，舍家当成等正觉[④]。”是时阿私多仙自远而至，叩门请见。王甚庆悦，躬迎礼敬，请就宝座，曰：“不意大仙今日降顾。”仙曰：“我在天宫，安居宴坐，忽见诸天群从蹈舞，我时问言：‘何悦豫之甚也？’曰：‘大仙当知，赡部洲中，释种净饭王第一夫人今产太子，当证三菩提[⑤]，圆明一切智[⑥]。’我闻是语，故来瞻仰。所悲朽耄，不遭圣化。”

【注释】

①阿私多：梵文 Asita 的音译，又作阿私陀、阿斯陀、阿夷等，意译为不白、无比、端严。佛经称其为具有五神通、出入三十三天的大仙。

②诞灵：佛教对佛祖、高僧诞生的敬称。

③转轮圣王：梵文 Cakravarti-raja 的意译，又作遮迦越罗、转轮王、轮王。此王身具三十二相，即位时，由天感得轮宝，转其轮宝，而降伏四方。佛教认为世界到一定时期，有金、银、铜、铁四轮王先后出现，金轮王统治四大部洲，银轮王统治三洲，铜轮王统治二洲，铁轮王统治一洲。他们各御宝轮，转游治境，故名。

④等正觉：梵文 Samyak-saṁbodhi 的意译，又作正等觉，音译为三藐三菩提，为如来十号之一。《大经》净影疏曰：“等正觉者，余经中亦名正遍知也。正是理，于理究照，故名遍知。今言等者，是彼遍也。称理名等。正者，还是余经正也。言其觉者，是彼知也。”

⑤三菩提：阿耨多罗三藐三菩提（Anuttara-samyak-saṁbodhi）的简称，即等正觉，佛号之一。

⑥一切智：即一切种智，佛经称佛智知一切种种之法，故名。

【译文】

菩萨投胎处东北面有一座佛塔，是阿私多仙人为太子看相之处。菩萨诞生那天，种种祥瑞集中出现。当时净饭王召集众多相师说："这个儿子出生了，吉凶如何？你们要用心推敲，坦诚相告。"相师们说："根据先前圣人的预言，考察吉祥的征兆，在家当作转轮圣王，出家则成佛。"这时阿私多仙人从远方赶来，叩门求见。国王非常高兴，亲自迎接，很是恭敬，请他在宝座就坐，说："没想到大仙今天大驾光临。"大仙说："我本来在天宫安居闲坐，忽然看见众位天神群起舞蹈，我当时便问：'为什么这么高兴啊？'他们回答说：'大仙有所不知，在赡部洲中，释迦族净饭王第一夫人今天生下了太子，此子将证得佛果，通晓一切种智。'我听了这话，所以前来瞻仰。我伤心的是自己已经老朽了，赶不上他的圣德教化。"

城南门有窣堵波，是太子与诸释角力掷象之处。太子伎艺多能，独拔伦匹[1]。净饭大王怀庆将返，仆夫驭象，方欲出城，提婆达多素负强力，自外而入，问驭者曰："严驾此象[2]，其谁欲乘？"曰："太子将还，故往奉驭。"提婆达多发愤引象[3]，批其颡[4]，蹴其臆[5]，僵仆塞路，杜绝行途，无能转移，人众填塞。难陁后至而问之曰："谁死此象？"曰："提婆达多。"即曳之避路。太子至，又问曰："谁为不善，害此象耶？"曰："提婆达多害以杜门，难陁引之开径。"太子乃举象高掷，越度城堑，其象堕地，为大深坑，土俗相传为象堕坑也。其侧精舍中作太子像。其侧又有精舍，太子妃寝宫也，中作耶输陀罗[6]，并有罗怙罗像[7]。宫侧精舍作受业之像，太子学堂故基也。

【注释】

①独拔伦匹：出类拔萃。伦匹，流辈、同辈。

②严驾：整备车马（这里指大象）。

③发愤：奋发，奋力。愤，犹“奋”。

④批其颡：用手击打象的头部。批，手击；颡，头部。

⑤蹴其臆：踢象的胸部。蹴，踢；臆，胸。

⑥耶输陀罗：梵文 Yaśodharā 的音译，又作耶输多罗、耶戍达罗、耶维檀等，意译为持称、持誉、具称等。悉达太子的夫人，罗怙罗的生母。后随摩诃波阇婆提出家为比丘尼。

⑦罗怙罗：梵文 Rāhula 的音译。如来佛十大弟子中密行第一。

【译文】

都城南门有一座佛塔，是悉达多太子与众释族人比试力量而抛掷大象之处。太子多才多艺，出类拔萃。净饭大王很高兴太子即将返回，仆人们驾着大象，正准备出城，提婆达多一向以力大自负，从城外进来，问驾象的人道：“整备好这头大象，谁要乘坐？”仆人回答说：“太子将要回来了，所以驾象出城迎接。”提婆达多奋力牵过大象，击打它的头部，蹬踢它的胸部，大象倒在地上，挡住了道路，没人能够搬动它，人群堵塞不通。后来难陀来了，问道：“是谁杀死了这头大象？”人们回答说：“是提婆达多。”难陀当下把大象拖到路边。太子来了，又问：“谁作坏事，杀害了这头大象？”人们答道：“提婆达多杀死大象，使城门堵塞，难陀把它拖开，使道路畅通。”太子于是举起大象高高抛起，大象飞过城墙和壕沟，然后坠落在地，砸成了一个大深坑，这就是民间相传的象堕坑。旁边精舍中有太子之像。旁边还有一所精舍，是太子妃的寝宫，里面有耶输陀罗和罗怙罗像。寝宫旁边的精舍中有太子学习之像，这是太子学堂旧址。

二、太子逾城处

城东南隅有一精舍，中作太子乘白马凌虚之像，是逾城处也[①]。城四门外各有精舍，中作老、病、死人、沙门之像[②]，是太子游观，睹相增怀，深厌尘俗，于此感悟，命仆回驾。

【注释】

①逾城：指释迦牟尼十九岁时为出家修行而半夜骑马出城一事。

②老、病、死、沙门：据《方广大庄严经》，悉达多太子出城游观，在东门见老人“发白体羸，肤色枯槁，扶杖伛偻，喘息低头，皮骨相连，筋肉销耗，牙齿缺落，涕唾交流，或住或行，乍伏乍偃”；在南门见病人“困笃萎黄，上气喘息，骨肉枯竭，形貌虚羸”；在西门见死人“卧于舆上，香花布散，室家号哭而随送之”、于北门见沙门“着坏色衣，剃除须发，手执锡杖，视地而行，形貌端严，威仪庠序”。从而厌恶世俗，意欲出家。《佛本行集经》等诸经均有记载。

【译文】

城东南角有一所精舍，里面有太子乘白马凌空飞越之像，是太子越城而出之处。城四门外各有一所精舍，里面有老人、病人、死人和沙门之像，是太子出城浏览时，看到世间苦相而心生悲叹，从而厌恶世俗，顿生感悟，命令仆人驾车回城之处。

三、二古佛本生处

城南行五十余里，至故城，有窣堵波，是贤劫中人寿六万岁时迦罗迦村驮佛本生城也[①]。城南不远，有窣堵波，成正觉已见父之处。城东南窣堵波，有彼如来遗身舍利。前建石柱，高三十余尺，上刻师子之像，傍记寂灭之事[②]，无忧王建焉。

迦罗迦村驮佛城东北行三十余里，至故大城，中有窣堵波，是贤劫中人寿四万岁时迦诺迦牟尼佛本生城也[③]。东北不远，有窣堵波，成正觉已度父之处。次北窣堵波，有彼如来遗身舍利。前建石柱，高二十余尺，上刻师子之像，傍记寂灭之事，无忧王建也。

【注释】

①迦罗迦村驮：梵文 Krakucchanda 的音译，又作迦罗鸠忖驮、拘留秦、拘留孙等，意译为钦持、灭累、成就美妙、所应断已断等。为过去七佛之第四佛、现在劫一千佛中之第一佛。

②寂灭：涅槃（Nirvāna）的意译，佛教指没有烦恼、超脱生死的理想境界。

③迦诺迦牟尼：梵文 Kanakamuni 的音译，又作拘那含牟尼、拘那牟尼，意译为金寂。为过去七佛中之第五佛。

【译文】

从城南行五十多里，到了一处旧城，有一座佛塔，是贤劫中人寿六万岁时迦罗迦村驮佛的诞生地。城南不远有一座佛塔，是他成佛之后会见父亲的地方。城东南有一座佛塔，其中有如来涅槃后的舍利。前面建有一根石柱，高三十多尺，上面刻有狮子像，旁边记载有涅槃的事迹，是无忧王建造的。

从迦诺迦牟尼佛城东北前行三十多里，来到一座旧的大城，城中有一座佛塔，是贤劫中人寿四万岁时迦诺迦牟尼佛的诞生地。东北不远处有佛塔，是他成佛后超度父亲的地方。再往北又有佛塔，里面有如来涅槃后的舍利。前面建有一根石柱，高二十多尺，上面刻有狮子像，旁边记载有涅槃的事迹，是无忧王建造的。

四、太子坐树阴处

城东北四十余里有窣堵波，是太子坐树阴[①]，观耕田[②]，于此习定而得离欲。净饭王见太子坐树阴入寂定，日光回照，树影不移，心知灵圣，更深珍敬。

【注释】

①坐树阴：悉达多太子坐树阴而树影不移之事，佛经多有记载。如《佛本行集经》卷十二："在彼阎浮树阴之下，思惟坐禅，复见一切树影悉移，唯阎浮阴独覆太子。"

②观耕田：太子观耕田而得离欲事亦多见于佛经。如《佛本行集经》卷十二载太子见"人牛并皆困乏饥渴，又复身体羸瘦连骸，而彼犁伤土坺之下，皆有虫出。人犁过后，时诸鸟雀，竞飞下来，食此虫豸"，而感叹"呜呼！呜呼！世间众生，极受诸苦，所谓生老及以病死，兼复受于种种苦恼，展转其中，不能得离。云何不求舍是诸苦？云何不求厌苦寂智？云何不念免脱生老病死苦因？"

【译文】

城东北四十多里处有一座佛塔，是太子坐在树阴下修行及观看农夫耕田，在这里坐禅入定而脱离五欲之处。净饭王看见太子坐在树阴下入定时，日光返照，树阴始终不动地遮蔽太子，心中明白太子乃是圣人，更加爱护礼敬。

五、释种诛死处

大城西北有数百千窣堵波，释种诛死处也[①]。毗卢择迦王既克诸释，虏其族类[②]，得九千九百九十万人，并从杀戮，积尸如莽，流血成池。天警人心，收骸瘗葬[③]。

诛释西南有四小窣堵波，四释种拒军处。初，胜军王嗣位也，求婚释种。释种鄙其非类，谬以家人之女，重礼娉焉。胜军王立为正后，其产子男，是为毗卢择迦王。毗卢择迦欲就舅氏请益受业，至此城南，见新讲堂，即中憩驾。诸释闻之，逐而詈曰："卑贱婢子，敢居此室！此室诸释建也，拟佛居焉。"毗卢择迦嗣位之后，追复先辱，便兴甲兵，至此屯军。释种四人躬耕畎亩，便即抗拒，兵寇退散。已而入城，族人以为承轮王之祚胤，为法王之宗子[④]，敢行凶暴，安忍杀害，污辱宗门，绝亲远放。四人被逐，北趣雪山[⑤]，一为乌仗那国王，一为梵衍那国王，一为呬摩呾罗国王，一为商弥国王[⑥]，奕世传业[⑦]，苗裔不绝。

【注释】

①释种诛死：指毗卢择迦王因记前仇而诛杀释种，事已见前，并见下文。

②族类：同族。类，族。下文"非类"即指非同族人。

③瘗(yì)葬：埋葬。瘗，埋。

④法王：佛教对释迦牟尼的尊称。《释迦方志》卷上："凡人极位名曰轮王，圣人极位名曰法王。"

⑤趣：赴，前往。

⑥"一为"四句：乌仗那、梵衍那、呬摩呾罗、商弥四国分别见本书卷三、一、三、十二。

⑦奕世：累世，代代。

【译文】

大城西北有成百上千座佛塔，是释迦族人被诛杀的地方。毗卢择迦王战胜释迦族以后，虏获释迦族人，一共有九千九百九十万人，全部加以杀害，尸体堆积如山，血流成河。上天为人心所惊动，收拾埋葬了尸骨。

诛释处西南有四座小佛塔，是四名释迦族人抗敌之处。当初，胜军王继位后，向释迦族求婚。释迦族因他不是同族人而鄙视他，用仆人的女儿欺骗他，并让他用重金聘娶。胜军王立仆人之女为王后，并产下一男，这就是毗卢择迦王。毗卢择迦想到舅父家请教求学，到了城南，看见一座新讲堂，就到里面歇息。释迦族人听说后，把他赶出去，并骂道："你这个卑贱奴仆的儿子，竟敢住在这间屋里！这屋子是我们释迦族人建造的，准备让佛陀居住。"毗卢择迦继位以后，要报复从前所受的侮辱，于是兴兵讨伐，到这里后军队驻扎下来。有四名释迦族人在这里耕种，于是进行了抵抗，敌兵溃退逃散。不久回城之后，释迦族人认为作为轮王和法王的子孙，竟然作如此暴虐之事，残忍地屠杀生灵，有辱宗族门阀，应当断绝宗亲关系并流放远方。四人被驱逐以后，往北奔赴雪山，后来一人为乌仗那国国王，一人为梵衍那国国王，一人为呬摩呾罗国国王，一人为商弥国国王，累世王业相传，后代繁衍不绝。

六、释迦证法归见父王处

城南三四里尼拘律树林有窣堵波[①]，无忧王建也，释迦如来成正觉已，还国见父王为说法处。净饭王知如来降魔军已[②]，游行化导[③]，情怀渴仰，思得礼敬。乃命使请如来曰："昔期成佛[④]，当还本生。斯言在耳，时来降趾[⑤]。"使至佛所，具宣王意。如来告曰："却后七日，当还本生。"使臣还以白王，净饭王乃告命臣庶洒扫衢路[⑥]，储积花香，与诸群臣四十里外伫驾奉迎。

【注释】

①尼拘律：梵文 Nyagrodha 的音译，即下文尼拘卢陁，意译为"无节"或"纵广"，即榕树。

②降魔军：佛陀降魔之事佛经多有记载，如《大方广庄严经》卷九、

《普曜经》卷六等。

③化导：教化开导。

④期：约定。

⑤降趾：屈尊降临。

⑥衢路：大道。衢，四通八达的道路。

【译文】

城南三四里的尼拘律树林中有一座佛塔，是无忧王建造的，这里是释迦如来成佛以后，回国参见父王并为其说法之处。净饭王得知如来降伏了魔军，四处教化开导俗众，于是心怀景仰，希望对佛礼敬。于是派使者请求如来说："从前约定过，成佛以后要回诞生地。言犹在耳，请及时屈尊降临。"使者来到佛陀这里，一一传达了国王的旨意。如来告诉使者说："七天以后，我会回到出生地。"使臣回去后报告了国王，净饭王于是令群臣百姓清扫道路，积聚花、香，与众多臣下到四十里外停车迎候。

是时如来与大众俱，八金刚周卫[①]，四天王前导[②]，帝释与欲界天侍左[③]，梵王与色界天侍右[④]，诸苾刍僧列在其后。维佛在众，如月映星，威神动三界，光明逾七曜[⑤]，步虚空，至本生国。王与从臣礼敬已毕，俱共还国，止尼拘卢陁僧伽蓝。其侧不远，有窣堵波，是如来于大树下东面而坐受姨母金缕袈裟[⑥]。次此窣堵波，是如来于此度八王子及五百释种处[⑦]。

【注释】

①八金刚：金刚为梵文 Vajra 的意译，佛陀的八位侍从力士手持金刚杵，因称八金刚。又作八大金刚、八大明王、八大金刚明王。

八金刚之名为：降三世、大威德、大笑、大轮、马头、无能胜、不动、步掷。

②四天王：即护世四天王，为天帝释外将，住在须弥山半腰的犍陀罗山，此山有四头，四王各居之，各护一天下。《长阿含经》："东方天王，名多罗吒，领乾闼婆及毗舍阇神将，护弗婆提人。南方天王名毗琉璃，领鸠槃荼及薜荔神，护阎浮提人。西方天王名毗留博叉，领一切诸龙及富单那，护瞿耶尼人。北方天王名毗沙门，领夜叉罗刹将，护郁单越人。"

③帝释：梵名释迦提桓因陀罗(Śakra-devānām-indra)，略称释提桓因，为忉利天之主，居须弥山顶喜见城，统领三十三天。欲界天：欲界为梵文 Kāmadhātu 的意译，三界之一，因其为具有淫欲、食欲的有情世界，故名。欲界天指欲界诸神。

④梵王：即大梵天王，佛经称色界之初禅天脱离欲界的淫欲，寂静清净，其中有三天：梵众天、梵辅天、大梵天，梵王即大梵天之主。色界天：色界为三界之一，在欲界之上，虽脱离淫欲和食欲，但仍属有形质的世界，共四禅十八天。色界天指色界诸神。

⑤七曜：指日、月和金、木、水、火、土五星。

⑥受姨母金缕袈裟：佛姨母名钵逻阇钵底(Prajāpatī)，已见前。据《智度论》卷二十二载，佛姨母"以金色上下宝衣奉佛"，此宝衣即金缕袈裟。

⑦度八王子及五百释种：八王子指阿那律、跋提、难提、金毗罗、难陀、跋难陀、阿难陀、提婆达等八位释迦族人。《根本说一切有部毗奈耶破僧事》卷九载有五百释种出家事："今见贤王及五百释子，悉舍王位国城妻子，无量无边珍宝衣服，今皆弃舍出家修道。"

【译文】

这时如来与大众一起，由八大金刚贴身护卫，四大天王前边开路，天帝释和欲界天神侍从在左，大梵天王和色界天神侍从于右，众多比丘僧跟随在后。佛在众神之中，犹如明月照耀群星，威严惊动三界，光明超过七曜，行步虚空之中，来到诞生之国。净饭王与随行大臣礼敬以后，一同回到本国，住在尼拘卢陀寺中。旁边不远处有一座佛塔，是如来在大树下面向东而坐、接受姨母金缕袈裟之处。该塔旁边的佛塔，是如来度八王子及五百释迦族人出家之处。

七、自在天祠及箭泉

城东门内路左有窣堵波，昔一切义成太子于此习诸技艺[①]。门外有自在天祠，祠中石天像，危然起势，是太子在襁褓中所入祠也。净饭王自腊伐尼园迎太子还也[②]，途次天祠。王曰："此天祠多灵鉴，诸释童稚求祐必效，宜将太子至彼修敬。"是时傅母抱而入祠，其石天像起迎太子，太子已出，天像复坐。

城南门外路左有窣堵波，是太子与诸释角艺，射铁鼓[③]。从此东南三十余里，有小窣堵波，其侧有泉，泉流澄镜，是太子与诸释引强校能[④]，弦矢既分，穿鼓过表[⑤]，至地没羽，因涌清流。时俗相传，谓之箭泉。夫有疾病，饮沐多愈。远方之人，持泥以归，随其所苦，渍以涂额，灵神冥卫，多蒙痊愈。

【注释】

①一切义成太子：梵文 Sarvārthasiddha 的意译，即悉达多太子，释迦牟尼少年时期的美称。

②腊伐尼：梵文 Lumdini 的音译，又作蓝毗尼、岚鞞尼、留毗尼、流毗尼、流弥尼、林毗尼、林微尼、楼毗等，此花园在迦毗罗城之东，为摩耶夫人生佛之处。

③射铁鼓:悉达多太子与诸释角艺射铁鼓的故事见于《因果经》卷二、《方广大庄严经》卷四等,《佛本行集经》卷十三亦有记载:"尔时戏场为阿难陀童子置立安施铁鼓,去于射所二拘卢奢,以为其表;提婆达多童子所射,安置铁鼓四拘卢奢……为于悉达太子,安置十拘卢奢,牢刚铁鼓以为射表……是时太子施张彼弓右手执箭,出现如是微妙身力,牵挽彼箭,平胸而射,过阿难陀及提婆达乃至大臣摩诃那摩三人等鼓,其箭射逮十拘卢奢所安置处,皆悉洞过,没于虚空。"

④引强校能:挽拉强弓以比试(射箭)技艺。

⑤表:本为标记,这里以鼓作为"射表",即为箭靶。

【译文】

城东门内路边有一座佛塔,从前一切义成太子在这里学习各种技艺。门外有一座大自在天祠,祠中的石雕天神像,形貌端庄,作起身欲立的姿态,这是太子还在襁褓中时进入过的天祠。净饭王从腊伐尼园迎接太子回宫时,半路上在这所天祠停留。净饭王说:"这所天祠多有灵异,众多释迦族儿童祈求保佑都有效验,应当带太子去里面礼敬。"这时负责保育的老妇人抱着太子进入天祠,那尊石像起身迎接太子,太子出去以后,天神像才又坐下。

城南门外路边有一座佛塔,是太子与众释迦子弟比试技艺,射穿铁鼓之处。从这里往东南三十多里处,有一座小佛塔,旁边有一眼泉井,泉水明亮如镜,当年太子与众释迦子弟挽拉强弓以比试射箭技艺,箭离弦后,穿过作为箭靶的铁鼓,箭羽没入地下,于是涌出清泉。流俗相传,称之为"箭泉"。人们若有疾病,饮用此泉或用来洗浴,一般都会痊愈。远方的人,取泉井中的泥土带回去,不论所患何病,只要将泥土浸湿涂在额头上,神灵就会暗中相护,病痛多会痊愈。

八、腊伐尼林及释迦诞生传说

箭泉东北行八九十里,至腊伐尼林,有释种浴池。澄清皎镜，杂花弥漫。其北二十四五步，有无忧花树，今已枯悴，菩萨诞灵之处[①]。菩萨以吠舍佉月后半八日[②]，当此三月八日，上座部则曰以吠舍佉月后半十五日，当此三月十五日[③]。次东窣堵波，无忧王所建，二龙浴太子处也。菩萨生已，不扶而行于四方，各七步，而自言曰："天上天下，唯吾独尊。今兹而往，生分已尽[④]。"随足所蹈，出大莲花。二龙踊出，住虚空中而各吐水，一冷一暖，以浴太子。

【注释】

①诞灵之处：据《因果经》卷一，佛母摩耶夫人出园林游观，"既入园已，诸根寂静；十月满足，于二月八日日初出时，夫人见彼园中，有一大树，名曰无忧，花色香鲜，枝叶分布，极为茂盛；即举右手，欲牵摘之，菩萨渐渐从右胁出。"

②吠舍佉：梵文 Vaiśākha 的音译，为二月之名，又为佛陀的生月。

③三月十五日：关于佛诞日，除三月八日、三月十五日之外，还有二月八日、四月七日、四月八日等多种说法，中国和日本的佛教都以四月八日为佛诞日，即"浴佛节"。

④生分：投胎转生的缘分，"生分已尽"指已脱离生死轮回，不再转生。

【译文】

从箭泉往东北前行八九十里，就来到腊伐尼林，这里有释迦族人浴池。池水清澈，明亮如镜，各种鲜花五彩缤纷。北边二十四五步远处，有株无忧花树，现在已经干枯了，这儿就是菩萨降生之处。菩萨出生于吠舍佉月下半月第八日，相当于唐历三月八日，上座部则认为出生于吠舍佉月下半月第十五日，相当于唐历三月十五日。东边的佛塔，是无忧王建造的，是二龙为太子洗浴之处。菩萨出生以后，不用人扶持而自己行走，朝四方各行七步，口中念道："天下天下，唯我独尊。从此以后，不再转生。"随着他足迹所到之处，地上长出巨大莲花。二龙从地下跃出，停在虚空中各自吐水，一冷一热，为太子洗浴。

浴太子窣堵波东，有二清泉，傍建二窣堵波，是二龙从地踊出之处。菩萨生已，支属宗亲莫不奔驰[①]，求水盥浴。夫人之前，二泉涌出，一冷一暖，遂以浴洗。其南窣堵波，是天帝释捧接菩萨处。菩萨初出胎也，天帝释以妙天衣跪接菩萨[②]。次有四窣堵波，是四天王抱持菩萨处也。菩萨从右胁生已，四大天王以金色氎衣捧菩萨[③]，置金机上[④]，至母前曰："夫人诞斯福子，诚可欢庆！诸天尚喜，况世人乎？"

【注释】

①奔驰：这里指飞速赶来。

②天衣：佛教称诸天人所着之衣。

③氎(dié)衣：以细毛布或细棉布制成的大衣或披风。

④机：通"几"，用以搁置物件或倚靠的几案、小桌子。

【译文】

浴太子佛塔东面，有两眼清泉，旁边建有两座佛塔，是二龙从地下跃出之处。菩萨出生以后，亲戚和族人无不飞速赶来，四处找水为太子洗浴。摩耶夫人身前，两眼泉水从地上涌出，一冷一热，于是为太子洗浴。南边的佛塔，是天帝释捧接菩萨之处。菩萨刚出生时，天帝释跪在地上用精美的天衣接住菩萨。还有四座佛塔，是四大天王怀抱菩萨之处。菩萨从摩耶夫人右胁出生以后，四大天王用金色的氎衣捧着菩萨，放在金质的几案上，来到佛母前说道："夫人生下这位多福的儿子，实在值得庆贺！各位天神尚且欢喜，更何况世俗之人呢？"

四天王捧太子窣堵波侧不远，有大石柱[①]，上作马像，无忧王之所建也。后为恶龙霹雳[②]，其柱中折仆地。傍有小河，东南流，土俗号曰油河[③]。是摩耶夫人产孕已，天化此池，光润澄净，欲令夫人取以沐浴，除去风虚[④]。今变为水，其流尚腻。

从此东行旷野荒林中，二百余里，至蓝摩国。中印度境。

【注释】

①石柱：1897 年此石柱被发现，上有铭文："天爱善见王，即位二十年，因释迦牟尼佛诞生于是地，亲来敬礼上。王命刻石，上作一马。是为世尊诞生地。故免蓝毗尼村之一切租税，以示惠泽。"

②霹雳：本为震雷、响雷，这里作动词，震击的意思。

③油河：《方广大庄严经》卷三："菩萨生已，圣母右胁平复如故。于一井中出三种泉，浴菩萨母，又于池中出妙香油，圣后涂身。"

④风虚：指产后身体虚弱、易受外感疾病。虚，一本作"尘"。

【译文】

四大天王捧太子佛塔旁不远处，有一根大石柱，上面刻有马的形像，是无忧王建造的。后来为恶龙所击，石柱从中间折断后倒在地上。旁边有一条小河，朝东南流去，当地称之为"油河"。当初摩耶夫人产下太子后，天神幻化出此池，光鲜润泽，清澈明净，用以让夫人取来沐浴，除去风虚之疾。现在已经变成水了，不过水流还有一些滑腻。

从这里往东，在旷野荒林中穿行二百多里，就来到了蓝摩国。在中印度境内。

蓝摩国

蓝摩国空荒岁久[①]，疆埸无纪[②]，城邑丘墟[③]，居人稀旷。

【注释】

①蓝摩：梵文 Rāma 的音译，又作罗摩伽、蓝莫，意译作村社、聚落。

②纪：治理。

③丘墟：形容荒凉残破。

【译文】

蓝摩国空虚荒废很多年了，疆界没有治理，城镇荒凉残破，居民稀少。

一、佛舍利窣堵波

故城东南有砖窣堵波，高减百尺[①]。昔者如来入寂灭已，此国先王分得舍利，持归本国，式遵崇建。灵异间起，神光时烛。

窣堵波侧有一清池，龙每出游，变形蛇服[②]，右旋宛转，绕窣堵波。野象群行，采花以散，冥力警察，初无间替。昔无忧王之分建窣堵波也[③]，七国所建，咸已开发[④]，至于此国，方欲兴功，而此池龙恐见陵夺，乃变作婆罗门，前叩象曰："大王情流佛法，广树福田，敢请纡驾[⑤]，降临我宅。"王曰："尔家安在，为近远乎？"婆罗门曰："我，此池之龙王也，承大王欲建胜福，敢来请谒。"王受其请，遂入龙宫。坐久之，龙进曰："我惟恶业[⑥]，受此龙身，供养舍利，冀消罪咎。愿王躬往，观而礼敬。"无忧王见已，惧然谓曰："凡诸供养之具，非人间所有也。"龙曰："若然者，愿无废毁！"无忧王自度力非其畴，遂不开发。出池之所，今有封记。

【注释】

①减:不足,少于。

②服:本指服饰穿着,这里指外形。

③分建窣堵波:八国王分佛身舍利起塔供养之事,可参《长阿含经》卷四:“诸国王即命香姓:‘汝为我等分佛舍利,均作八分。’……拘尸国人得舍利分,即于其土起塔供养。波婆国人、遮罗国、罗摩伽国、毘留提国、迦维罗卫国、毘舍离国、摩竭国阿阇世王等,得舍利分已,各归其国,起塔供养。”

④开发:这里指开始动工兴建佛塔。与下文“兴功”义近。

⑤纡驾:枉驾、屈驾,为请人或称人来访的敬辞。

⑥恶业:与“善业”相对,指身、口、意所造乖理之行为,能招感现在与未来的苦果,通常指造五逆、十恶等业。

【译文】

旧城东南有一座佛塔,高不足一百尺。从前如来涅槃之后,该国国王分得如来舍利,带回本国,于是虔诚隆重地建造了这座佛塔。灵异常常出现,神光不时显照。

佛塔旁边有一口清池,龙王时常出来游观,变作蛇的形象,围着佛塔向右旋绕。野象成群结队,采摘鲜花散布,神力暗中警戒监察,从来没有间断停止过。从前无忧王分佛身舍利给八国,分别建立佛塔供养,七个国家所建佛塔均已动工,到该国正要破土动工时,池中龙王因为担心所住之处被侵凌劫夺,于是变作一位婆罗门,到国王所乘之象前叩头问道:“大王痴情于佛法,广泛修造福田,斗胆请您屈尊,光临我的宅舍。”国王说:“你家在哪里?离这里有多远?”婆罗门回答说:“我是这口池塘的龙王,承闻大王将在这里建造佛塔,于是斗胆前来谒见。”国王接受了邀请,于是进入龙宫。坐了一阵后,龙王进言道:“只因我前世所造恶业,所以转生为龙,我供养佛舍利,希望以此消除我的罪过。唯愿大王亲自前往,观佛礼敬。”无忧王见了以后,吃惊地说:“这里所有的供养之物，都是人间所没有的啊。”龙王说：“既然如此，希望大王不要毁掉！”无忧王自料能力不能与龙王相比，于是不再动工了。国王从池中出来之处，现在还有封缄标记。

二、沙弥伽蓝

窣堵波侧不远，有一伽蓝，僧众尠矣[①]，清肃皎然，而以沙弥总任众务。远方僧至，礼遇弥隆，必留三日，供养四事。闻诸先志曰：昔有苾刍，同志相召，自远而至，礼窣堵波。见诸群象相趋往来，或以牙芟草，或以鼻洒水，各持异花，共为供养。时众见已，悲叹感怀。有一苾刍便舍具戒[②]，愿留供养，与众辞曰：“我惟多福，滥迹僧中[③]，岁月亟淹[④]，行业无纪[⑤]。此窣堵波有佛舍利，圣德冥通，群象践洒。遗身此地，甘与同群。得毕余龄，诚为幸矣。”众告之曰：“斯盛事也，吾等垢重，智不谋此。随时自爱，无亏胜业[⑥]。”亦既离群，重申诚愿，欢然独居，有终焉之志[⑦]。于是葺茅为宇，引流成池，采掇时花，洒扫莹域[⑧]。绵历岁序，心事无怠。邻国诸王闻而雅尚，竞舍财宝，共建伽蓝。因而劝请，屈知僧务。自尔相踵，不泯元功，而以沙弥总知僧事。

【注释】

①尠(xiǎn)：同“鲜”，少。

②具戒：即具足戒。佛教僧尼所受戒律之称，因谓戒条圆满充足，故名。其戒条数量，不尽一致，中国汉族僧尼依据《四分律》受戒，比丘戒有二百五十条，比丘尼戒有三百四十八条。

③滥迹：厕身其间。滥，指身在其位而力不能胜任，谦词。

④亟淹:急速流逝。

⑤行(xíng)业:德行功业,佛教指恪守戒律的操行。

⑥胜业:高妙之行业。

⑦终焉之志:在此安身终老的意愿。焉,于此。

⑧茔域:墓地,这里当指供有舍利的佛塔。茔,通"茔"。

【译文】

佛塔旁不远处,有一座寺院,僧人很少,清静肃穆,秩序井然,由沙弥总管一切事务。远方的僧徒来到,以礼相待,很是隆重,一定挽留住上三天,以四事供养。据先前的记载说:从前有一群比丘,志同道合,呼朋引伴,从远方来礼敬佛塔。只见一群大象奔走往来,有的用牙除草,有的用鼻洒水,各自拿来鲜花,一同供养佛塔。当时那些比丘见了,悲伤叹息,深为感动。其中有一位比丘便放弃受具足戒的机会,希望留下来供养佛塔,向同伴道别说:"我因为有福,所以能厕身僧人之中,岁月流逝,而我德行功业一无所成。这座佛塔里有佛身舍利,冥冥之中有圣灵感召,所以有这群大象在此供养。我要留在这里,愿意与它们为伍。能如此度过余年,实在是三生有幸。"众人告诉他说:"这是好事啊,我等俗心太重,智力低下,没有考虑到这一点。希望时时自我珍重,不要有损高妙的行业。"与众人分别以后,重申虔诚的心意,高兴地一个人住下来,愿欲在此安身终老。于是用茅草盖起房屋,引来流水作成池塘,采集四季的鲜花,洒扫供养佛塔。经历了漫长的岁月,用心供养,从未懈怠。邻国国王们听了后极为仰慕,竞相施舍财宝,共同建起了寺院。于是劝说、请求他主持僧务。从此代代相继,为了不埋没这位僧人的首功,此寺一直由沙弥总管一切僧务。

三、太子解衣剃发处

沙弥伽蓝东大林中,行百余里,至大窣堵波,无忧王之所建也。是太子逾城至此解宝衣去璎珞命仆还处。太子夜半逾城，迟明至此[①]，既允宿心，乃形言曰："是我出笼樊，去羁锁，最后释驾之处也[②]。"于天冠中[③]，解末尼宝[④]，命仆夫曰："汝持此宝还白父王，今兹远遁，非苟违离[⑤]，欲断无常，绝诸有漏[⑥]。"阐铎迦旧曰车匿，讹也。曰[⑦]："讵有何心，空驾而返？"太子善言慰喻，感悟而还。回驾窣堵波东，有赡部树，枝叶虽凋，枯株尚在。

【注释】

①迟明：黎明，天快亮的时候。

②释驾：解下车驾，这里指放弃所乘之马，也含有与过去的太子生活决裂之意。

③天冠：宝冠，对帝王所戴冠冕的美称。

④末尼：梵文 Maṇi 的音译，又作摩尼，意译作珠、宝、离垢、如意，为珠的总称。

⑤苟：随便，轻率，不审慎。

⑥有漏：漏为烦恼(Āsrava)的异名，凡有烦恼的事物，称为有漏。佛教认为一切世间之事体，尽为有漏法；离烦恼之出世间事体，尽为无漏法。

⑦阐铎迦：梵文 Chandaka 的音译，又作阐陀、车匿、阐那、阐怒等，意译为乐欲，为悉达多太子出城时的仆人，后皈依佛教。

【译文】

在沙弥寺东边的森林中前行一百多里，来到一座大佛塔，是无忧王建造的。这里是太子越城而出后，脱下宝衣、摘下璎珞、命仆人回城之处。太子半夜越过城池，黎明时分来到这里，已经实现了夙愿，喜悦之情溢于言表："这里就是我摆脱樊篱、除去枷锁、最后放弃乘马之处了。"又从天冠中解下末尼珠宝，对仆人说："你带着这些珠宝回去告诉父王，从今以后我将远走他方，不是轻率地离别，而是要断绝无常和种种烦恼。”阐铎迦旧称车匿，误。说：“我哪有什么心思空着您的坐骑回去呢？”太子好言相劝，阐明道理，阐铎迦最终感动醒悟，就返回去了。在回驾佛塔东边，有一棵赡部树，枝叶虽然凋零了，但干枯的树干还在。

其傍复有小窣堵波，太子以余宝衣易鹿皮衣处。太子既断发易裳①，虽去璎珞，尚有天衣。曰：“斯服太侈，如何改易？”时净居天化作猎人②，服鹿皮衣，持弓负羽。太子举其衣而谓曰：“欲相贸易，愿见允从。”猎人曰：“善。”太子解其上服，授与猎人。猎人得已，还复天身，持所得衣，凌虚而去。

太子易衣侧不远，有窣堵波，无忧王之所建也，是太子剃发处。太子从阐铎迦取刀自断其发，天帝释接上天宫，以为供养。时净居天子化作剃发人，执持铦刀，徐步而至。太子谓曰：“能剃发乎？幸为我净之。”化人受命，遂为剃发。逾城出家时亦不定③，或云菩萨年十九，或曰二十九，以吠舍佉月后半八日逾城出家，当此三月八日，或云以吠舍佉月后半十五日，当此三月十五日。

【注释】

①易裳：换了下装。因为此后才用天衣与猎人换了鹿皮衣，所以此处的“裳”当只指下身穿的衣裙。

②净居天：梵文Śuddhāvāsa的意译，为三界中色界的第四禅天，为证得阿那含果的圣者所生之处。其处共有五天：无烦天、无热天、善现天、善见天和色究竟天，故又称五净居天。这里指居住于此的天神。

③逾城出家时：悉达多太子逾城出家时的年龄，佛经记载有二说，持十九岁说的有《瑞应本起经》、《因果经》、《修行本起经》等；持二十九岁说的有《长阿含经》、《中阿含经》、《增一阿含经》等。

【译文】

树边还有一座小佛塔，是太子用剩下的宝衣换鹿皮衣之处。太子断发并换了下装之后，虽然摘下了璎珞，但还穿着天衣。心想："这件衣服太奢侈了，如何能换一换？"这时净居天神化作一位猎人，穿着鹿皮作的衣服，手里拿着弓、背上背着箭。太子举着自己的宝衣对猎人说："我想跟你交换，希望你能允许。"猎人说："好吧。"太子解下上衣，交给猎人。猎人得到宝衣，恢复天神本相，拿着换来的衣服，凌空飞走了。

太子换衣塔边不远处，有一座佛塔，是无忧王建造的，这里是太子剃发之处。太子从阐铎迦那里找来刀子自行剃发后，天帝释将剃下的头发接到天宫中供养。这时净居天神化作剃发人，手持利刃，缓步前来。太子对他说："会剃头吗？请将我的头发剃干净。"净居天所化的剃发人接受请求，于是为他剃发。关于太子越城出家的时间也不确定，有的说是在菩萨十九岁时，有的说是二十九岁时；有的说是在吠舍佉月后半月第八日越城出家，相当于唐历三月八日，有的说是在吠舍佉月后半月第十五日出家，相当于唐历三月十五日。

四、灰炭窣堵波

太子剃发窣堵波东南，旷野中行百八九十里，至尼拘卢陁林，有窣堵波，高三十余尺。昔如来寂灭，舍利已分，诸婆罗门无所得获，于涅叠般那唐言焚烧。旧云阇维，讹也。地收余灰炭[①]，持至本国，建此灵基[②]，而修供养。自兹已降，奇迹相仍[③]，疾病之人，祈请多愈。灰炭窣堵波侧故伽蓝中，有过去四佛座及经行遗迹之所。故伽蓝左右，数百窣堵波。其一大者，无忧王所建也，崇基虽陷，高余百尺。

自此东北大林中行，其路艰险，经途危阻[④]，山牛、野象、群盗、猎师，伺求行旅[⑤]，为害不绝。出此林已，至拘尸那揭罗国。中印度境。

【注释】

①涅叠般那：梵文当为 Nidhāpana，义为焚烧、火化。阇维：梵文 Jhāpita 的音译，又作阇毗，阇鼻多、耶维、耶旬等，意译为焚烧，犹言火葬，指僧死而焚其尸。

②灵基：这里指舍利佛塔。

③相仍：接连不断。

④经途：所经过的路途。

⑤伺求：伺机谋求。

【译文】

从太子剃发佛塔往东南走，在旷野中行进一百八九十里，来到一片尼拘卢陁树林，这里有一座佛塔，高三十多尺。从前如来涅槃，舍利分发完毕以后，众婆罗门一无所获，于是在涅叠般那唐土称焚烧。旧称阇维，误。之处收拾起地上剩下的灰炭，带回本国，并建起这座佛塔加以供养。从此以后，奇迹不断，凡是有病之人，前来求福则多有痊愈的。灰炭佛塔边的旧寺院中，有过去四佛法座和经行的遗迹。旧寺院左右两边，有数百座佛塔。其中一座大的，是无忧王建造的，高高的地基虽然有些下陷，仍高百尺有余。

从这里往东北走，在大森林中穿行，一路上尽是艰难险阻，山牛、野象、盗贼、猎人，全都在伺机谋求过往行人，为害不断。出了这片森林，就来到拘尸那揭罗国。在中印度境内。

拘尸那揭罗国

拘尸那揭罗国城郭颓毁①，邑里萧条。故城砖基，周十余里。居人稀旷，闾巷荒芜②。

【注释】

①拘尸那揭罗：梵文 Kuśinagara 的音译，又作俱尸那、拘尸那、拘夷那竭、究施、拘尸那竭等。意译为角城、茅城等。释迦牟尼自吠舍离赴王舍城时，途中得病，于此城娑罗双树下涅槃，所以此城被佛教徒视为圣地。

②闾巷：里巷、街巷。

【译文】

拘尸那揭罗国的城墙已经倒塌了，城镇十分萧条。旧城砖砌的地基，方圆有十多里。居民稀疏，街巷荒凉。

一、准陁故宅

城内东北隅有窣堵波，无忧王所建，准陁旧曰纯陁，讹也。之故宅也①。宅中有井，将营献供，方乃凿焉。岁月虽淹②，水犹清美。

【注释】

①准陁：梵文 Cunda 的音译，又作周那、淳陁、纯陁、准他、准提、淳菟等，义译为妙义、稚小等。为拘尸那揭罗国工巧师之子，佛陀在他那里受最后的供养。

②淹：久、久远。

【译文】

城内东北角有一座佛塔，是无忧王建造的，是准陁旧称纯陁，误。的故居所在地。宅舍中有一口水井，是准陁将要供养佛陀时才开凿的。虽然岁月久远，水却仍然清美。

二、娑罗林及释迦涅槃处

城西北三四里，渡阿恃多伐底河[①]，唐言无胜，此世共称耳。旧云阿利罗跋提河，讹也。典谓言之尸赖拏伐底河，译曰有金河。西岸不远，至娑罗林[②]。其树类槲[③]，而皮青白，叶甚光润。四树特高，如来寂灭之所也。其大砖精舍中，作如来涅槃之像，北首而卧。傍有窣堵波，无忧王所建，基虽倾陷，尚高二百余尺。前建石柱，以记如来寂灭之事，虽有文记，不书日月。闻诸先记曰：佛以生年八十，吠舍佉月后半十五日入般涅槃[④]，当此三月十五日也。说一切有部则佛以迦剌底迦月后半八日入般涅槃[⑤]，当此九月八日也。自佛涅槃，诸部异议，或云千二百余年，或云千三百余年，或云千五百余年，或云已过九百、未满千年。

【注释】

①阿恃多伐底河：梵文 Ajitavati 的音译，又作阿利罗跋提、阿夷罗拔提、阿夷罗婆底、阿尔多嚩底、阿脂罗婆提等，意译为无胜。又名尸赖拏伐底、尸罗拿伐底、希连禅、熙连禅等，为梵文 Hiraṇyavatī 的音译，意译为有金。玄奘认为阿恃多伐底河与尸赖拏伐底是同一条河流，事实上可能是两条河流。

②娑罗林：梵文Śūlavana，拘尸那揭罗城阿利罗跋提河边，娑罗树四

方各二株双生，佛在中间入灭，故佛入灭处谓之娑罗林。娑罗，梵文Śāla的音译，槲树类，高可达三四十米。

③槲：木名，即柞栎，落叶乔木，树形高大，木材坚实，果实为圆形。

④般涅槃：即涅槃，为梵文 Nirvāṇa 的音译，佛教指没有烦恼、超脱生死的理想境界。

⑤迦剌底迦：梵文 Kārttika 的音译，为八月之名。

【译文】

从城西北三四里处，渡过阿恃多伐底河，唐土称无胜，这是世人的通称。旧称阿利罗跋提河，误。典籍称尸赖拏伐底河，译作有金河。其西岸不远处有一片娑罗树林。这种树像槲树，而皮呈青白色，树叶很光滑润泽。其中有四棵树特别高大，这就是如来涅槃之处。在砖砌的大精舍中，有如来涅槃像，头朝北方而卧。旁边有一座佛塔，是无忧王建造的，地基虽然倾斜沉陷，仍有二百多尺高。塔前建有石柱，用来记载如来涅槃之事，虽然有文字记载，但没有写上日期。从先前的记载可知：佛陀在八十岁时，于吠舍佉月后半月第十五日涅槃，相当于唐历三月十五日。说一切有部则认为佛于迦剌底迦月后半月第八日涅槃，相当于唐历九月八日。从佛陀涅槃至今的时间，各部说法不一，有的说一千二百多年，有的说一千三百多年，有的说一千五百多年，还有的说已超过九百、但不到一千年。

1.雉王本生故事

精舍侧不远，有窣堵波，是如来修菩萨行时为群雉王救火之处。昔于此地有大茂林，毛群羽族[①]，巢居穴处。惊风四起[②]，猛焰飙急。时有一雉，有怀伤愍[③]，鼓濯清流[④]，飞空奋洒。时天帝释俯而告曰：“汝何守愚，虚劳羽翮[⑤]？大火方起，焚燎林野，岂汝微躯所能扑灭？”雉曰：“说者为谁？”曰：“我天帝释耳。”雉曰：“今天帝释有大福力，无欲不遂，救灾拯难，若指诸掌[6]，反诰无功，其咎安在？猛火方炽，无得多言！”寻复奋飞，往趣流水[7]。天帝遂以掬水泛洒其林，火灭烟消，生类全命，故今谓之救火窣堵波也。

【注释】

①毛群羽族：飞禽走兽。兽长毛、鸟生羽，喜欢群居，所以兽为“毛群”、鸟为“羽族”。

②惊风：猛烈、强劲的风，狂风。

③伤愍：哀痛、哀怜。

④鼓濯：这里指雉王振翅入河打湿身体以取水。濯，洗，浴。

⑤羽翮(hé)：这里指代鸟的身体或体力。翮，羽茎下段不生羽瓣而中空的部分。

⑥若指诸掌：比喻对事情非常熟悉。这里含有极其容易的意思。

⑦趣：同“取”。

【译文】

精舍旁不远处，有一座佛塔，是如来修菩萨行时化作野鸡之王救火之处。从前这里有一大片茂密的树林，飞禽走兽在此筑巢打洞居住。一日狂风大作，烈火猛烈燃烧。这时有一只野鸡，深怀哀怜之情，振翅入河取水，然后飞到树林上空奋力洒水。这时天帝释俯身对它说：“你为什么如此顽愚，徒劳体力？大火正旺，焚烧树林原野，岂是你小小野鸡所能扑灭的？”野鸡问道：“说话的人是谁？”答道：“我是天帝释。”野鸡说：“天帝释有很大的神力，想作的事没有不成功的，拯救灾难，易如反掌，反而对我说徒劳无功，罪过在谁呢？烈火正猛，不跟你多说了。”立即又奋力飞去，取水灭火。天帝释于是捧水遍洒树林，于是烟火熄灭，林中生物保全了性命，所以现在称为之“救火塔”。

2. 救生鹿本生故事

雉救火侧不远，有窣堵波，是如来修菩萨行时为鹿救生之处。乃往古昔，此有大林，火炎中野[①]，飞走穷窘[②]，前有驶流之阨[③]，后困猛火之难，莫不沈溺，丧弃身命。其鹿恻隐，身据横流，穿皮断骨，自强拯溺。蹇兔后至，忍疲苦而济之，筋力既竭，溺水而死。诸天收骸，起窣堵波。

【注释】

①中野：原野之中。

②飞走：飞禽走兽。穷窘：处境艰难急迫。

③驶流：急流。驶，同“快”。

【译文】

野鸡救火塔边不远处，有一座佛塔，是如来修菩萨行时化身作鹿而拯救生灵之处。从前这里有大片树林，原野之中突发大火，飞禽走兽的处境十分危急，前面有急流阻扼，后面有烈火之灾，鸟兽溺水丧命。鹿深为同情，于是亲自站在急流之中，虽然皮破骨折，仍然勉力搭救溺水的鸟兽。一只跛脚的兔子最后到来，鹿强忍疲劳和痛苦而渡它过河，最终精疲力竭，溺水而死。众天神收拾它的尸骨，建起佛塔供养。

3. 善贤证果处

鹿拯溺西不远，有窣堵波，是苏跋陁罗唐言善贤。旧曰须跋陁罗，讹也。入寂灭之处[①]。善贤者本梵志师也[②]，年百二十，耆旧多智。闻佛寂灭，至双树间[③]，问阿难曰：“佛世尊将寂灭，我怀疑滞，愿欲请问。”阿难曰：“佛将涅槃，幸无扰也。”曰：“吾闻佛世难遇[④]，正法难闻[⑤]，我有深疑，恐无所请。”善贤遂入，先问佛言：“有诸别众，自称为师，各有异法，垂训导俗，乔答摩旧曰瞿昙，讹略也。能尽知耶[⑥]？”佛言：“吾悉深究。”乃为演说。

【注释】

①苏跋陁罗：梵文 Subhadra 的音译，又作须跋陀罗、须跋陀等，意译为善贤，一百二十岁时来拘尸那揭罗城，临佛入灭，出家得道，是佛最后的弟子。

②梵志师：婆罗门教徒。师，对僧尼等出家修行者的尊称。

③双树：即佛入灭之处的娑罗树林，因其娑罗树双生，故有此名。

④佛世难遇：佛教称诸佛不常出世，众生悬远难遇，况且众生不修胜因、不行众善，虽佛出世，亦不得遇，故称佛世难遇。

⑤正法难闻：佛教称虽值佛出世，或缘有违逆、身有障难、根有愚钝，不能听受；又若佛灭后，或有说正法处，身为他人制伏，不能往听，或生邪见，虽听不能信受，故称正法难闻。正法，真正之道法，这里即指佛法。

⑥乔答摩：梵文 Gautama 的音译，又作瞿昙、俱谭、具谭等。为释迦牟尼的姓。

【译文】

鹿拯溺塔西边不远处，有一座佛塔，是苏跋陁罗唐土称善贤。旧称须跋陁罗，误。涅槃之处。善贤本来是婆罗门教徒，年龄一百二十岁，是德高望重、富于智慧的长者。听说佛即将涅槃，就来到娑罗树林，问阿难道："佛世尊将要涅槃，我心中有一些疑问，希望能向他请教。"阿难说："佛即将涅槃，还是不要打扰他的好。"善贤说："我听说人难以遇上佛陀出世，难以听到真正的佛法，我有很深的疑问，担心此后没处请教啊。"善贤于是进去，先问佛道："有很多别派的教众，自称为师，各自有不同的道法，教诲引导俗众，乔答摩旧称瞿昙，误且略。能全部知晓吧？"佛道："我全都作过深入研究。"于是为他讲说。

善贤闻已，心净信解①，求入法中受具足戒。如来告曰："汝岂能耶？外道异学修梵行者②，当试四岁③，观其行，察其性，威仪寂静，辞语诚实，则可于我法中净修梵行。在人行耳，斯何难哉！”善贤曰：“世尊悲愍，含济无私。四岁试学，三业方顺[④]。”佛言：“我先已说，在人行耳。”于是善贤出家，即受具戒，勤励修习，身心勇猛[⑤]。已而于法无疑，自身作证，夜分未久，果证罗汉。诸漏已尽，梵行已立，不忍见佛入大涅槃，即于众中入火界定[⑥]，现神通事，而先寂灭。是为如来最后弟子，乃先灭度，即昔后渡蹇兔是也。

【注释】

①信解：佛教称对佛法心无疑虑、明见其理为信解。

②梵行：清净的行为，即断绝淫欲的行为。梵为“清净”义，断淫欲之法为梵行，修梵行则生梵天。

③当试四岁：据《四分律》、《五分律》，决定是否授与外道出家者具足戒，先使受四个月的试验学习，根据其行为、悟性等来确定，这里称四岁，未知何据。

④三业：身业、口业和意业，即身之所作、口之所语、意之所思。

⑤勇猛：佛经常以“勇猛精进”连言，指修习一切善法、化导众生而无退转之心。

⑥火界定：梵文 Agnidhātu-samādhi 的意译，即第四禅定、火光定，指自焚而涅槃。

【译文】

善贤听了，心中明净，没有疑虑，佛理全明，请求入佛门受具足戒。如来告诉他：“你难道能行么？外道异教中修习梵行的人，都要考察四年，观察他的行为和品性，如果举止清静，言辞诚实，才可以在佛门中修习梵行。不过事在人为，这有什么困难呢？”善贤说：“世尊慈悲为怀，宽容普渡，没有偏私。我将经受四年考察修习，三业才会合乎佛理。”佛说道："我刚才已经说过了，事在人为啊。"于是善贤当即出家，受具足戒，勤勉修行学习，身心勇猛精进。很快对佛法再也没有疑问，努力修行正果，半夜之后不久，终于证得罗汉果位。一切烦恼除尽，清净的梵行已经具备，不忍看见佛陀涅槃，于是在众人前入火光定，显现神通之事，先于佛陀涅槃。他是如来最后的弟子，先行涅槃，即是当年最后渡河的那只跛兔。

4. 执金刚躃地处

善贤寂灭侧有窣堵波，是执金刚躃地之处[①]。大悲世尊随机利见[②]，化功已毕，入寂灭乐，于双树间，北首而卧。执金刚神密迹力士见佛灭度，悲恸唱言："如来舍我入大涅槃，无归依，无覆护[③]！"毒箭深入，愁火炽盛，舍金刚杵，闷绝躃地[④]。久而又起，悲哀恋慕[⑤]，互相谓曰："生死大海，谁作舟楫？无明长夜，谁为灯炬？"

【注释】

①执金刚：梵文 Vajra-pāṇi 的意译，又称持金刚、金刚手、执金刚夜叉、金刚力士等。本为手执金刚杵而护帝释天宫门之夜叉神，遇佛出世，即降于阎浮提，卫护世尊，防守道场。下文"密迹力士"即为执金刚神之一。

②利见：语出《易・乾》："飞龙在天，利见大人。"后因称得见君主为"利见"。这里当指世尊在世时接见、教化信徒。

③覆护：保佑，庇护。

④闷绝躃(bì)地：因极度愁苦而昏倒在地。躃，仆倒。

⑤恋慕：思念。

【译文】

善贤涅槃地旁有一座佛塔，是执金刚仆地之处。大悲世尊根据机缘接见信徒,教化功业完成后,将入涅槃安乐之中,在双树林中,头朝北面而卧。执金刚神密迹力士见佛涅槃,悲痛地号哭道:“如来离开我们而入涅槃,我们从此无处皈依、无人庇护了!”力士犹如毒箭深入体内,愁苦如烈火燃烧一般,丢下金刚杵,然后昏倒在地上。很久方才又苏醒过来,悲痛哀伤,思念世尊,互相说道:“在生死轮回的茫茫苦海里,谁来作渡船?在黑暗的漫漫长夜里,谁来作明灯火把?”

5.释迦寂灭诸神异传说

金刚蹦地侧有窣堵波,是如来寂灭已七日供养之处。如来之将寂灭也,光明普照,人天毕会,莫不悲感,更相谓曰:“大觉世尊今将寂灭,众生福尽,世间无依!”如来右胁卧师子床[①],告诸大众:“勿谓如来毕竟寂灭[②],法身常住[③],离诸变易。当弃懈怠,早求解脱。”诸苾刍等歔欷悲恸。时阿泥𠧧卢骨反。陁旧曰阿那律,讹也。告诸苾刍[④]:“止,止,勿悲!诸天讥怪。”时末罗众供养已讫[⑤],欲举金棺,诣涅叠般那所。时阿泥𠧧陁告言:“且止。诸天欲留七日供养。”于是天众持妙天花,游虚空,赞圣德,各竭诚心,共兴供养。

【注释】

①师子床:梵名 Siṃhāsana,即狮子床、狮子座。佛为人中之狮子,故其坐卧之具为狮子床、狮子座。

②毕竟:到底、终归,这里是“完全”的意思。

③法身:佛经称佛以法为身,清净如虚空,故名法身。为佛三身(法身、报身、化身)之一。

④阿泥𠧧陁:梵文 Aniruddha 的音译,又作阿那律、阿那律陀、阿泥卢豆、阿楼驮、阿泥噜多等,意译为如意无贪、无灭如意等。为甘

露饭王之子，佛的堂弟，出家为佛十大弟子之一，号为“天眼第一”。

⑤末罗：梵文 Malla 的音译，拘尸那揭罗城之人种名，意译为力士。据《长阿含经》卷四记载，佛临涅槃时，遣阿难去拘尸那揭罗城告诉末罗人，并受其供养。

【译文】

金刚仆地处旁有一座佛塔，是如来涅槃后受七天供养之处。如来即将涅槃时，放大光明，普照四方，人众和天神都聚集在这里，无不悲痛感伤，互相说道：“大觉世尊如今就要涅槃，众生福缘将尽，世间再无皈依之处了。”如来右侧卧于狮子床上，告诉大家说：“不要认为我如来完全寂灭了，我的法身永远存在，只是没有各种化身而已。你们应当放弃懈怠之心，尽早求得解脱。”众比丘等悲泣哀痛。这时阿泥律陁旧称阿那律，误。对比丘们说：“不要哭了，不要哭了，不要悲痛！免得各位天神讥笑责怪。”当时众末罗人供养完毕，准备抬起金棺，到火葬之处。这时阿泥律陁告诉他们说：“先停一下。众位天神要留下佛陀供养七天。”于是众天神手持精美的天花，行走于虚空之中，赞颂佛陀的美德，都竭尽虔诚之心，一起供养佛陀。

停棺侧有窣堵波，是摩诃摩耶夫人哭佛之处。如来寂灭，棺殓已毕，时阿泥律陁上升天宫，告摩耶夫人曰：“大圣法王今已寂灭。”摩耶闻已，悲哽闷绝，与诸天众至双树间，见僧伽胝、钵及锡杖[①]，拊之号恸[②]，绝而复声曰：“人、天福尽，世间眼灭，今此诸物，空无有主。”如来圣力，金棺自开，放光明，合掌坐[③]，慰问慈母：“远来下降，诸行法尔[④]，愿勿深悲。”阿难衔哀而请佛曰[⑤]：“后世问我，将何以对？”曰：“佛已涅槃，慈母摩耶自天宫降，至双树间。如来为诸不孝众生，从金棺起，合掌说法。”

【注释】

①僧伽胝：梵文 Saṃghātī 的音译，又作僧伽胝、僧伽致、僧伽鵄、僧伽知。意译为重或合，因为是割截而更合重而成。为比丘三衣中最大者，故称为大衣；以其条数最多，称为杂碎衣；入王宫聚落乞食说法时必穿，故又称为入王宫聚落时衣。锡杖：梵文 Khakkhara 的意译，又作声杖、鸣杖等，得名于振动时锡锡作声。音译为吃弃罗、隙弃罗等。为僧人所持的禅杖，杖头有铁环，中段用木，下安铁纂，振时作声，用于乞食或驱虫（如蛇）。

②拊：抚摸。

③合掌：又名合十，即把双掌及十指合拢于胸前，以示诚心诚意的一种敬礼。

④诸行法：即“诸行无常”，为三法印之一，意思是世间的一切事物变化无常、不能常在。

⑤衔哀：心怀哀痛、强忍悲痛。

【译文】

停棺处旁边有一座佛塔，是摩诃摩耶夫人哭佛之处。如来涅槃后，装棺入殓结束时，阿泥揵陁升上天宫，告诉摩耶夫人说：“大圣法王而今已涅槃了。”摩耶夫人听了，悲痛哽咽，顿时昏倒，旋即与众天神来到双树林中，看见佛的僧伽胝、钵和锡杖，抚摸着它们悲痛号哭，昏倒之后又醒来，说：“世人和天神的福缘都没有了，世间法眼也消失了，现在这些物品，徒然在此，没有主人。”如来显示神力，金棺自行打开，大放光明，如来双手合十而坐，慰问慈母道：“您从天界远道降临这里，世间万物，不能常在，希望您不要太悲伤了。”阿难强忍悲痛请教佛陀：“后世如果有人向我问及此事，我将如何回答呢？”佛陀道：“佛已涅槃，慈母摩耶夫人从天宫降临，来到双树林中。如来为那些不孝之人，从金棺中坐起，双手合十说法。”

城北渡河三百余步，有窣堵波，是如来焚身之处。地今黄黑，土杂灰炭，至诚求请，或得舍利。如来寂灭，人天悲感，七宝为棺[①]，千氎缠身，设香花，建幡盖[②]，末罗之众奉舆发引[③]，前后导从，北渡金河，盛满香油，积多香木，纵火以焚。二氎不烧，一极衬身，一最覆外。为诸众生分散舍利，惟有发爪，俨然无损[④]。

【注释】

①七宝：七种宝物，不过诸经论所说少异：《法华经·受记品》为“金、银、琉璃、砗磲、玛瑙、真珠、玫瑰”；《无量寿经》上为“金、银、琉璃、玻璃、珊瑚、玛瑙、砗磲”；《智度论》十为“金、银、毗琉璃、颇梨、车渠、马瑙、赤真珠”等等。

②幡盖：幡幢、华盖之类，用以装饰佛寺或道场。

③发引：出殡，灵车启行。

④俨然：完整、整齐而井然有序的样子。

【译文】

从城北渡河，前行三百多步，有一座佛塔，是如来焚身之处。土地至今仍然呈黄黑色，泥土中夹杂着灰炭，如果诚心诚意地祈求，还有可能得到舍利。如来涅槃后，人神悲痛，用七宝装饰棺材，用千层细布缠裹身体，置放香花，树立幡幢华盖，末罗族人抬着金棺出殡，前有导引，后有随从，向北渡过金河，装满香油，堆积很多香木，点火焚烧。有两层细布没烧，一是贴身一层，一是最外一层。众人分发舍利，只有头发和指甲完好无损。

焚身侧有窣堵波，如来为大迦叶波现双足处[①]。如来金棺已下，香木已积，火烧不然[②]，众咸惊骇。阿泥律陁言："待迦叶波耳。"时大迦叶波与五百弟子自山林来，至拘尸城，问阿难曰："世尊之身，可得见耶？"阿难曰："千氎缠络，重棺周殓，香木已积，即事焚烧。"是时佛于棺内为出双足，轮相之上[③]，见有异色。问阿难曰："何以有此？"曰："佛初涅槃，人天悲恸，众泪迸染，致使异色。"迦叶波作礼，旋绕兴赞。香木自然，大火炽盛。故如来寂灭，三从棺出：初出臂，问阿难治路[④]；次起坐，为母说法；后现双足，示大迦叶波。

【注释】

①大迦叶波：即摩诃迦叶波（Mahākāśyapa，摩诃意译为"大"），为婆罗门种之一姓，名毕波罗（Pippala），其父母祷于毕波罗树神而生，故名毕波罗，为大富长者之子，能舍大财与大姓，修头陀之行。为佛十大弟子之一，号称"头陀第一"。

②然："燃"的古字。

③轮相：佛教称佛三十二相之一，谓佛足掌有千辐轮形印纹。

④治路：平整道路。此事可参《经律异相》卷四："如来三从金棺里，出金色臂，问阿难至，平治道路、洒扫烧香未？"

【译文】

焚身塔边还有一座佛塔，是如来为大迦叶波示现双足之处。如来金棺已经置于地上，香木也已经堆积好了，却点不燃火，众人都十分惊恐。阿泥律陁说："佛在等待迦叶波啊。"这时大迦叶波与五百名弟子正从山林赶来，到达拘尸城后，问阿难道："世尊的遗体，我还能见见吗？"阿难说："已经缠上了千层细布，两重棺材已经装殓，香木已经堆积起来，马上就要焚烧了。”这时佛从棺材中为大迦叶波示现双足。足掌轮相上面，现出奇异的颜色。大迦叶波问阿难：“为什么会这样？”阿难回答道：“佛刚涅槃时，众人和天神都悲痛万分，大家的泪水溅到佛的足底，因此被染成这样奇异的颜色。”迦叶波为佛行礼，向右旋绕赞美。香木自行燃烧起来，大火十分旺盛。所以如来涅槃后，三次从棺中露出身体：首次是伸出手臂，向阿难询问平治道路的情况；第二次坐起来，为生母演说佛法；最后示现双足，给大迦叶波看。

6.八王分舍利传说

现足侧有窣堵波，无忧王所建也，是八王分舍利处。前建石柱，刻记其事。佛入涅槃后，涅叠般那已，诸八国王备四兵至[①]，遣直性婆罗门[②]，谓拘尸力士曰[③]：“天人导师，此国寂灭，故自远来，请分舍利。”力士曰：“如来降尊，即斯下土，灭世间明导，丧众生慈父，如来舍利，自当供养。徒疲道路，终无得获。”时诸大王逊辞以求，既不相允，重谓之曰：“礼请不从，兵威非远。”

直性婆罗门扬言曰：“念哉！大悲世尊忍修福善，弥历旷劫，想所具闻。今欲相凌，此非宜也。今舍利在此，当均八分，各得供养，何至兴兵？”诸力士依其言，即时均量，欲作八分。帝释谓诸王曰：“天当有分，勿恃力竞。”阿那婆答多龙王、文邻龙王、医那钵呾罗龙王复作是议[④]：“无遗我曹，若以力者，众非敌矣。”直性婆罗门曰：“勿喧诤也，宜共分之。”即作三分，一诸天，二龙众，三留人间，八国重分。天、龙、人王，莫不悲感。

【注释】

①八国王备四兵:《长阿含经》卷四:"时遮罗颇国诸跋离民众、及罗摩伽国拘利民众、毘留提国婆罗门众、迦维罗卫国释种民众、毘舍离国离车民众,及摩竭王阿阇世,闻如来于拘尸城双树间而取灭度,皆自念言:'今我宜往,求舍利分。'时诸国王阿阇世等,即下国中,严四种兵——象兵、马兵、车兵、步兵,进渡恒水。"

②直性婆罗门:梵文 Droṇa,又作香姓婆罗门、姓烟婆罗门,汉译与原文并不对应,不知何据(音译作突路奈,意译作斛)。佛火葬毕,诸国王求舍利,他平分佛舍利止诸国之争。

③拘尸力士:指拘尸那揭罗城的末罗族人,即佛涅槃后抬棺材的人。这里的"力士"为末罗(malla)的意译,与"金刚力士"不同。

④阿那婆答多龙王:八大龙王之一,住于阿耨达池,分出四大河以润阎浮洲。阿那婆答多,梵文 Anavatapta 的音译,又作阿耨达、阿那陀答多、阿那阿达多、阿那婆达多,意译为无热恼。文邻:梵文 Mucilinda 的音译之略,又作目脂邻陀、目真邻陀、目邻、母真邻那、母止邻那、文真邻陀等,意译为解脱。住于金刚座侧之池中及目真邻陀山之目真邻陀窟。医那钵呾罗:梵文 Elāpattra 的音译,又作医罗钵呾逻、医罗钵呾罗等,"医那"为一种臭树,"钵呾罗"为"树叶"或"极端"义,盖因龙王曾损坏此树叶,而使头上生此极臭之树而得名。

【译文】

现足处旁边有一座佛塔,为无忧王所建,是八国国王分得舍利之处。前面建有石柱,刻文记载了此事。佛入涅槃之后,火葬结束,有八国国王各率四军赶来,派直性婆罗门对拘尸城的末罗人说:"天神、世人的导师,在此国涅槃,所以我们从远方赶来,请求分得一分舍利。"末罗人说:"如来屈尊降驾,来到这个偏远地方,如今世上圣明的导师去世,众生丧失慈父,如来的舍利,自当由我们供养。你们徒然奔波,终究一无所获。”当时各位国王低声下气地恳求，在得不到应允之后，又对他们说：“既然以礼相求不答应，就只有动用武力了。”

直性婆罗门高声说道：“想想吧！大悲世尊坚韧地修福积善，经历了多少岁月，想必你们听说过。现在要以武力相欺，这实在不应该啊。而今舍利在这里，可以平均分作八份，各自都能够供养，如何至于动武？”众末罗人听从他的建议，当时称量，准备平均分成八份。天帝释对各位国王说：“天界也应当有一份，请不要逼我们靠武力争夺。”阿那婆答多龙王、文邻龙王、医那钵呾罗龙王也这样说：“不要漏掉了我们，如果真要依仗武力，你们也不是对手。”直性婆罗门说：“不要吵闹争夺了，应当一起平分。”于是先分作三份，一份给众天神，一份给众龙王；还有一份留给人间，再由八国平分。天神、龙王和国王，无不悲伤哀痛。

三、大邑聚及罗怙罗神迹传说

分舍利窣堵波西南行二百余里，至大邑聚[1]。有婆罗门，豪右巨富[2]，确乎不杂[3]，学究五明[4]，敬崇三宝。接其居侧，建立僧坊，穷诸资用，备尽珍饰。或有众僧，往来中路，殷勤请留，罄心供养，或止一宿，乃至七日。其后设赏迦王毁坏佛法[5]，众僧绝侣，岁月骤淹，而婆罗门每怀恳恻。经行之次，见一沙门，庬眉皓发[6]，杖锡而来。婆罗门驰往迎逆，问所从至，请入僧坊，备诸供养，旦以淳乳煮粥进焉。沙门受已，才一哜齿[7]，便即置钵，沈吟长息。婆罗门持食，跪而问曰：“大德惠利随缘[8]，幸见临顾，为夕不安耶？为粥不味乎？”沙门愍然告曰：“吾悲众生福祐渐薄。斯言且置，食已方说。”

【注释】

①邑聚:村落,村寨。

②豪右:豪门望族,世家大户。

③确乎:刚毅持重。

④五明:梵文 Pañca-vidyā 的意译。佛教所说的古印度五种学问。即:声明、工巧明、医方明、因明、内明。

⑤设赏迦王毁坏佛法:设赏迦,梵文Śaśāṅka 的音译,意译为月,西元六世纪末至七世纪前期为高达国国王,信奉湿婆,仇视佛教,其毁佛事详见卷八摩揭陀国"菩提树垣"部分。

⑥庬(máng)眉皓发:浓眉白发。庬,粗大、浓厚。

⑦哜(jì)齿:微微尝一点,形容吃得极少。哜,浅尝。

⑧大德:梵文 Bhadanta 的意译,音译为婆檀陀,本为佛的别号,后为对精通佛法的高僧的尊称。

【译文】

从分舍利塔往西南走二百多里,来到一处大村落。这里曾有一位婆罗门,是豪门巨富,刚毅持重,没有杂念,精通五明,崇敬三宝。在紧邻其居室的旁边,建造僧舍,设施一应俱全,用大量珍宝装饰。只要有过往的僧人,他都殷勤地请求住下,尽心供养,有的只住一夜,有的多达七天。后来设赏迦王破坏佛法,几乎看不见僧人,时间飞快地流逝,而婆罗门常常深为痛惜。有一天他经行的时候,看见一位沙门,浓眉白发,手拄锡杖而来。婆罗门赶紧上前迎接,问他从什么地方来、到什么地方去。然后请他住进僧舍,备办好各种奉养的物品,早上用纯净的牛奶煮粥奉上。沙门接过以后,只是尝了一点,便放下食钵,沉思长叹。婆罗门在一边侍奉进食,跪下问道:"您对有缘的人施加恩惠,您的光临是我的荣幸,是晚上没有休息好呢,还是我煮的粥没有味道呢?"沙门感伤地说:"我是为众生悲伤,他们的福缘越来越少了。这话暂且不说,饭后再谈吧。"

沙门食讫，摄衣即路[1]。婆罗门曰：“向许有说，今何无言？”沙门告曰：“吾非忘也，谈不容易，事或致疑。必欲得闻，今当略说。吾向所叹，非薄汝粥，自数百年不尝此味。昔如来在世，我时预从[2]，在王舍城竹林精舍，俯清流而涤器，或以澡漱，或以盥沐。嗟乎！今之淳乳，不及古之淡水！此乃人天福减，使之然也。”婆罗门曰：“然则大德乃亲见佛耶？”沙门曰：“然。汝岂不闻佛子罗怙罗者[3]，我身是也。为护正法，未入寂灭。”说是语已，忽然不见。婆罗门遂以所宿之房，涂香洒扫，像设仪肃[4]，其敬如在。

复大林中行五百余里，至婆罗痆女黠反。斯国旧曰波罗奈国，讹也。中印度境。

【注释】

①摄衣：整饬衣衫。

②预从：跟随。预，参与其中。

③罗怙罗：梵文 Rāhula 的音译。如来佛十大弟子中密行第一。

④像设：所祠祀的人、神、佛等的供像，这里指罗怙罗像。

【译文】

沙门吃完饭后，整饬衣衫就要起程。婆罗门说：“刚才你说过有话要讲，现在为什么一言不发呢？”沙门告诉他道：“我并不是忘了我说的话，只是谈起来并不那么简单，还有可能引起误会。如果你一定要听，现在只能简单说说。我刚才之所以叹气，不是嫌你的粥不好，其实几百年以来，我都没有吃过这些东西。从前如来在世的时候，我就跟随着他，当时住在王舍城的竹林精舍之中，在清澈的河水边俯身洗涤器物，有时也用清水洗澡漱口，有时用来洗手沐浴。唉！而今纯净的牛奶，赶不上那时候的清水！这是人众天神的福分骤减造成的啊。”婆罗门问道:“如此说来,您是亲眼见过佛陀的了?”沙门回答说:“是的。你难道没有听说过佛陀的儿子罗怙罗吗?我就是啊。为了护卫真正的佛法,所以还没有入涅槃。”说完这些话,忽然不见了踪影。婆罗门于是将罗怙罗所住过的僧舍,涂满香料,打扫得干干净净,供像庄严,恭敬得如同罗怙罗还在这里一样。

在大森林中再前行五百多里,就来到婆罗痆斯国旧称波罗奈国,误。在中印度境内。

卷第七　五国

【题解】

本卷记述了中印度境内的婆罗痆斯国、战主国、吠舍厘国及北印度境内的弗栗恃国和尼波罗国。婆罗痆斯国为古印度十六大国之一，为水陆交通枢纽，人口众多，佛陀一生中相当一部分时间在此度过，著名的阿育王佛塔也在这里。佛教传说佛陀在这里受成佛记，初转法轮度憍陈如等五人。穿耳并戴上金属耳环为印度人习俗，而战主国有“不穿耳伽蓝”，乃是国王专为睹货逻国来印度的佛教徒所建，如来寂灭之后，八国大王用来分舍利的瓶子亦在此国起塔供养。佛陀曾在吠舍厘国说《毗摩罗诘经》和《普门陁罗尼经》等，在佛陀寂灭一百年后，这里出现了佛教史上很重要的第二次结集，直接导致了佛教大众部与上座部的分裂。尼波罗国本在北印度境，而玄奘误记为中印度境，并且据《慈恩传》，玄奘离开吠舍厘后即南渡恒河到了摩揭陁国，可见他并未亲历此国，所记当为传闻，也很简略。

婆罗痆斯国

婆罗痆斯国周四千余里[1]。国大都城西临殑伽河，长十八九里，广五六里。闾阎栉比[2]，居人殷盛，家积巨万，室盈奇货。人性温恭，俗重强学。多信外道，少敬佛法。气序和，谷稼盛，果木扶疏，茂草靃靡[3]。伽蓝三十余所，僧徒三千余人，并学小乘正量部法。天祠百余所，外道万余人，并多宗事大自在天[4]，或断发，或椎髻，露形无服，涂身以灰[5]，精勤苦行,求出生死。

大城中天祠二十所,层台祠宇,雕石文木。茂林相荫,清流交带。鍮石天像量减百尺,威严肃然,懔懔如在。

大城东北婆罗痆河西,有窣堵波,无忧王之所建也,高百余尺。前建石柱,碧鲜若镜,光润凝流⑥,其中常现如来影像。

【注释】

①婆罗痆斯:梵文 Vārāṇasi、Bārāṇasi 的音译,又作波罗那斯、波罗痆斯、波罗奈等,此国即古代的迦尸国(Kāśi),为古印度十六大国之一。婆罗痆斯为其首都,佛陀初转法轮之处。

②栉比:像梳篦齿那样密密地排列。

③靃(suǐ)靡:形容草木茂盛。

④大自在天:自在天外道之主神。梵文 Maheśvara 的意译,音译作摩醯湿伐罗等,在色界之顶,为三千界之主。

⑤"或断"四句:断发、椎髻、露形、涂灰指拔除头发、梳椎形发髻、赤身裸体、以灰涂身,四种均为外道所持修行方法。

⑥凝流:流水凝结成冰。

【译文】

婆罗痆斯国方圆四千多里。该国大都城西临恒河,长十八九里,宽五六里。里巷鳞次栉比,居民殷实富足,家中积财极多,奇珍异宝满屋。人民性格温良恭顺,民风重视努力学习。大多信奉外道,很少崇敬佛法。气候温和,庄稼繁盛,果树浓密,草木茂盛。寺院有三十多所,僧徒有三千多人,都学习小乘正量部法。天祠有一百多所,外道一万多人,大多都供奉大自在天,有的拔除头发,有的梳椎形发髻,赤身裸体不穿衣服,用灰涂抹全身,专心勤奋地修习苦行,以求出离生死轮回。

大都城中有天祠二十所，殿堂楼宇层层叠叠，石壁和木头上都雕刻有图像花纹。茂密的树林遮天蔽日，清澈的流水交织如带。黄铜铸成的神像大小不到一百尺，威严庄重，仪态懔然，如生人一般。

大都城东北婆罗痆河西岸有一座佛塔，是无忧王建造的，高一百多尺。塔前建了一根石柱，青翠鲜润如镜，光洁润泽如冰，其中常常出现如来的影像。

一、鹿野伽蓝

婆罗痆河东北行十余里，至鹿野伽蓝[①]。区界八分，连垣周堵，层轩重阁，丽穷规矩。僧徒一千五百人，并学小乘正量部法。大垣中有精舍，高二百余尺，上以黄金隐起[②]，作庵没罗果。石为基阶，砖作层龛，龛匝四周，节级百数[③]，皆有隐起黄金佛像。精舍之中，有鍮石佛像，量等如来身，作转法轮势[④]。

精舍西南有石窣堵波，无忧王建也，基虽倾陷，尚余百尺。前建石柱，高七十余尺。石含玉润，鉴照映彻。殷勤祈请，影见众像[⑤]，善恶之相，时有见者。是如来成正觉已初转法轮处也[⑥]。

其侧不远窣堵波，是阿若憍陈如等见菩萨舍苦行[⑦]，遂不侍卫，来至于此而自习定。

其傍窣堵波，是五百独觉同入涅槃处[⑧]。又三窣堵波，过去三佛坐及经行遗迹之所[⑨]。

【注释】

①鹿野伽蓝：鹿野苑中的一座寺院。鹿野，梵文作 Mrgadāva，在中

天竺波罗奈国。释迦成道后，始来此说四谛之法，度憍陈如等五比丘，故名仙人论处。

②隐起：多用以描状雕刻镶嵌物品的阳文部分，有“凸现出”、“浮现出”的意思。

③节级：这里是“层级”的意思。

④转法轮：指佛陀演说佛法。佛的教法，如车轮旋转，能转凡成圣，能碾碎一切的烦恼；或称佛之说法，不停滞于一人一处，展转传人如车轮，故称“法轮”。故佛说法度众生，叫做“转法轮”。

⑤见：同“现”。

⑥初转法轮：释迦牟尼成佛后第一次演说佛教教义。不少佛教经论都记载了此事，如《妙法莲华经》卷二、《大般涅槃经》卷十四、《大智度论》卷二十六等。

⑦阿若憍陈如：梵文 Ājñāta-kauṇḍinya 的音译，又作阿若多憍陈那、阿若居邻、阿若拘邻等。憍陈如为姓，意译为火器；阿若为名，意译为已知。本为受净饭王派遣卫护释迦牟尼修行的五名侍从之一，后成为佛门最初受济度之五比丘中的上首弟子。

⑧独觉：梵文 Pratyeka-buddha 的意译，又作缘觉，音译为辟支佛，为独自修行、自己觉悟而离生死者。

⑨过去三佛：指释迦牟尼佛以前的三佛，即拘留孙佛、拘那含牟尼佛和迦叶佛。

【译文】

从婆罗痆河往东北前行十余里，来到鹿野寺。整个寺院分为八个部分，墙垣相连，台阁层层重叠，华丽之极，又很得体。僧徒有一千五百人，都研习小乘正量部法。大墙之中有一座精舍，高二百多尺，上面以黄金将凸起部分作成庵没罗果形。用石头砌成塔基和台阶，用砖砌成一层一层的佛龛，佛龛环绕四周，有一百来层，龛中都有凸现的黄金佛像。精舍之中，有黄铜佛像，大小同如来真身，作转法轮的姿势。

精舍西南边有一座佛塔，是无忧王所建，塔基虽然倾斜下沉，仍高百尺有余。塔前建有石柱，高七十多尺。石质晶莹细腻，如玉一般圆润，如镜子一样明亮。如果诚心祈求，就会显示众生影像，或善或恶之相，时常会出现。这里是如来成佛后最初演说佛法之处。

旁边不远处有一座佛塔，是阿若憍陈如等发现菩萨放弃修习苦行时，于是不再侍卫，从而来这里自己修习禅定之处。

旁边还有一座佛塔，是五百位辟支佛同时涅槃之处。另外三座佛塔，是过去三佛的法座和经行的遗迹。

1.慈氏及护明受记窣堵波

三佛经行侧有窣堵波，是梅呾丽耶唐言慈，即姓也。旧曰弥勒，讹略也。菩萨受成佛记处[1]。昔者如来在王舍城鹫峰山告诸苾刍[2]："当来之世，此赡部洲土地平正，人寿八万岁，有婆罗门子慈氏者，身真金色，光明照朗，当舍家成正觉，广为众生，三会说法[3]。其济度者[4]，皆我遗法植福众生也[5]。其于三宝，深敬一心，在家出家，持戒犯戒，皆蒙化导，证果解脱。三会说法之中，度我遗法之徒，然后乃化同缘善友[6]。"是时慈氏菩萨闻佛此说，从座起，白佛言："愿我作彼慈氏世尊。"如来告曰："如汝所言，当证此果。如上所说，皆汝教化之仪也。"

慈氏菩萨受记西有窣堵波，是释迦菩萨受记之处。贤劫中人寿二万岁，迦叶波佛出现于世[7]，转妙法轮，开化含识[8]，授护明菩萨记曰[9]："是菩萨于当来世众生寿命百岁之时，当得成佛，号释迦牟尼。"

释迦菩萨受记南不远，有过去四佛经行遗迹，长五十余步，高可七尺，以青石积成，上作如来经行之像，像形杰异，威严肃然，肉髻之上[10]，特出髻发[11]，灵相无隐，神鉴有征[12]。

于其垣内，圣迹寔多。诸精舍、窣堵波数百余所，略举二三，难用详述。

【注释】

①梅呾丽耶：梵文 Maitreya 的音译，又作弥勒等，意译为慈氏。生于南天竺婆罗门家，继释迦如来之佛位，为补处之菩萨。受成佛记：听受将来成佛的预言。记，即佛记，佛的悬记或记别：佛遥记修行者未来证果、成佛的预言，谓之悬记；就弟子身上分别未来之果报，谓之记别。

②鹫峰山：梵文 Gṛdhrakūṭa 的意译，又作灵鹫山、鹫头山、鹫台等，音译作姞栗陀罗矩吒、耆阇崛，因为此山既栖鹫鸟，又类高台，故名。

③三会说法：指弥勒佛在三次法会上演说佛法、广度众生。据《佛说弥勒大成佛经》，弥勒菩萨在龙华树下成佛时，初会说法，度九十六亿人；二会说法，度九十四亿人；三会说法，度九十二亿人。

④济度：佛教认为众生沉居生死苦海，而佛法可以济而渡之于彼岸。下文“度”同。

⑤遗法：前代流传下来或将来流传下去的佛法。

⑥善友：梵文 Kalyāṇamitra 的意译，音译作贺里也曩蜜怛罗等。佛教对教友的称谓。

⑦迦叶波佛：梵文 Kāśyapa 的音译，又作迦叶、迦摄、迦摄波，意译作饮光，是释迦佛以前之佛，于现世界人寿二万岁时出世而成正觉，为“过去七佛”之一。

⑧含识：佛教称有意识、有感情的生物，即众生。

⑨护明菩萨：护明，梵文 Prabhāpāla 的意译，为释迦牟尼在过去世的前身，生于睹史多天，号护明大士，系迦叶波佛弟子。

⑩肉髻：梵文 Uṣṇīṣa 的意译，音译作乌瑟腻沙，佛顶上有一肉团，

如髻状，为佛陀三十二相中的“无见顶相”。

⑪髾(shāo)发：髻后下垂的发梢。

⑫神鉴有征：神灵有征验，即灵验。神鉴，英明的鉴察力。征，证明，征验。

【译文】

三佛经行处旁边有一座佛塔，是梅呾丽耶唐土称慈，姓。旧称弥勒，误且略。菩萨从如来处听受他将成佛的佛记之处。从前如来在王舍城的鹫峰山上告诉众位比丘：“将来之世，这个赡部洲土地平整，人的寿命八万岁时，有一位婆罗门之子叫做慈氏的，身体为真金颜色，放大光明，敞亮明朗，将出家成佛，广泛地为众生三次演说佛法。他所济度的人，都是我流传下去的佛法所造福的众生。他对于佛、法、僧三宝，深为崇敬，没有杂念，不论是在家的还是出家的、持戒的还是犯戒的信徒，都受他的教化引导，并最终证得果位、得到解脱。在三次说法之中，首先济度我遗法中弟子，然后化度有佛缘的教徒。”当时慈氏菩萨听佛如此说，便从座位上站起来，禀告佛陀说：“希望我能作您说的那位慈氏世尊。”如来告诉他：“依你所说，你将会证得这个果位。我前面所说的话，都是你教化众生的准则。”

慈氏菩萨受佛记处西侧有一座佛塔，是释迦牟尼菩萨听受佛记之处。在贤劫中人的寿命两万岁时，迦叶波佛出现在世间，演说精妙佛法，开导教化众生，为护明菩萨授记道：“你这位菩萨在将来之世中众生寿命一百岁时，定会成佛，号为释迦牟尼。”

释迦菩萨受佛记处南边不远的地方，有过去四佛经行的遗迹，长五十多步，高约七尺，用青石堆积而成，上面有如来经行之像，形貌奇特不凡，威严庄重，头顶的肉髻上垂下的发梢格外突出，圣灵之相显露无遗，神灵时有征验。

在寺院内，佛教的遗迹还有很多，各式精舍和佛塔多达几百所，以上只是略举几处，难以详细地一一描述。

2. 三龙池及释迦遗迹

伽蓝垣西有一清池，周二百余步，如来尝中盥浴。次西大池，周一百八十步，如来尝中涤器。次北有池，周百五十步，如来尝中浣衣。凡此三池，并有龙止。其水既深，其味又甘，澄净皎洁，常无增减。有人慢心濯此池者，金毗罗兽多为之害[①]。若深恭敬，汲用无惧。浣衣池侧大方石上，有如来袈裟之迹，其文明彻，焕如雕镂。诸净信者每来供养。外道凶人轻蹈此石，池中龙王便兴风雨。

【注释】

①金毗罗：梵文 Kumbhira 的音译，又作金毗啰、禁毗罗、宫毗罗等，意译为蛟，即鳄鱼。为药师十二神将之一，即主领夜叉，誓愿守护佛法之夜叉神王上首。

【译文】

鹿野寺墙垣西侧有一口清澈的池塘，方圆二百多步，如来曾在此池中盥洗沐浴。再往西有一口大池塘，方圆一百八十步，如来曾在此池中洗涤器物。再往北还有一口池塘方圆一百五十步，如来曾在此池中洗过衣服。所有这三口池塘中，都有龙王居住。池水不仅很深，而且味道甜美，清澈明亮，水位经常保持不变。如果有人在此池中洗涤而不怀恭敬之心，就常为金毗罗兽所害。如果深怀恭敬之心，则随意取用，没什么可怕。洗衣池边的一块巨大而方正的石头上，有如来晾晒袈裟的痕迹，袈裟的印迹极为清晰，鲜明得如同雕刻而成。许多清净的信徒常常来这里供养。如果有外道凶恶之人轻慢地踏上这块石头，水池中的龙王就会兴风作浪。

3. 象、鸟、鹿王本生故事

池侧不远有窣堵波，是如来修菩萨行时为六牙象王[①]，猎人利其牙也，诈服袈裟，弯弧伺捕，象王为敬袈裟，遂捩牙而授焉[②]。

捩牙侧不远有窣堵波，是如来修菩萨行时愍世无礼，示为鸟身[③]，与彼猕猴、白象，于此相问谁先见是尼拘律树。各言事迹，遂编长幼，化渐远近[④]，人知上下，道俗归依。

【注释】

①六牙象王：六牙，梵文ṣaḍḍanta的意译。在佛经中，“象王”为佛“八十种好”之一，因象有大威力，且其性柔顺，所以菩萨或坐乘六牙之象，或自化六牙之象。

②捩（liè）：折断，扭断。

③鸟身：指迦频阇罗鸟，即野鸡或鹧鸪。这里所讲的故事见于《大智度论》卷十二：“有时阎浮提人，不知礼敬……菩萨自变其身，作迦频阇罗鸟。是鸟有二亲友：一者、大象，二者、猕猴，共在必钵罗树下住。自相问言：‘我等不知谁应为长？’象言：‘我昔见此树在我腹下，今大如是。以此推之，我应为长！’猕猴言：‘我曾蹲地，手挽树头。以是推之，我应为长！’鸟言：‘我于必钵罗林中，食此树果，子随粪出，此树得生。以是推之，我应最长！’鸟复说言：‘先生宿旧，礼应供养！’实时大象背负猕猴，鸟在猴上，周游而行……人亦效之，皆行礼敬。自古及今，化流万世。”

④渐：至于、到达。

【译文】

池边不远处有一座佛塔，如来在这里修菩萨行时，示现为六牙象王，有猎人贪图它的象牙，一面假意穿着袈裟，一面拉开强弓伺机捕杀它，象王因为对袈裟深怀敬意，于是自己折断象牙交给他。

断牙塔边不远处，有一座佛塔，如来在这里修菩萨行时，痛惜世人不讲礼法，于是示现为迦频阇罗鸟，与猕猴、白象在这里相互询问，是谁最先见到这株尼拘律树。于是它们各自讲述事迹，最终排定长幼之序，教化至于远近各地，人们从此懂得上下尊卑，出家者和世俗之人都归依佛法。

其侧不远大林中有窣堵波，是如来昔与提婆达多俱为鹿王断事之处。昔于此处大林之中，有两群鹿，各五百余。时此国王畋游原泽，菩萨鹿王前请王曰[①]："大王挍猎中原[②]，纵燎飞矢，凡我徒属，命尽兹晨，不日腐臭，无所充膳。愿欲次差，日输一鹿。王有割鲜之膳，我延旦夕之命。"王善其言，回驾而返。两群之鹿，更次输命。

提婆群中有怀孕鹿，次当就死，白其王曰："身虽应死，子未次也[③]。"鹿王怒曰："谁不宝命？"雌鹿叹曰："吾王不仁，死无日矣。"乃告急菩萨鹿王。鹿王曰："悲哉慈母之心，恩及未形之子！吾今代汝。"遂至王门。道路之人传声唱曰："彼大鹿王今来入邑。"都人士庶莫不驰观。王之闻也，以为不诚，门者白王，王乃信然。曰："鹿王何遽来耶？"鹿曰："有雌鹿当死，胎子未产，心不能忍，敢以身代。"王闻叹曰："我人身鹿也，尔鹿身人也。"于是悉放诸鹿，不复输命，即以其林为诸鹿薮[④]，因而谓之施鹿林焉。鹿野之号，自此而兴。

【注释】

①菩萨鹿王：即如来变身之鹿王。

②挍（jiào）猎中原：在原野中比赛打猎。挍猎，比赛谁打猎收获多。中原，原野之中，

③未次：按次序还没有轮到。

④薮(sǒu)：人或物大量聚集之处。

【译文】

旁边不远的大树林中有一座佛塔，是如来和提婆达多都作鹿群之王时，用不同方式处理同一件事情的地方。从前，在这里的大树林之中有两个鹿群，每群各有五百多只鹿。这时该国国王来这里打猎游乐，菩萨鹿王上前向国王请求说："大王在原野中比赛打猎，任意放火，箭如雨下，所有我们这些动物，今天早上就会丧命，不几天就腐烂发臭，不能供您食用。希望能让我们根据等级次序，每天向您交纳一头鹿。大王您有新鲜的鹿肉食用，我等也能稍稍延长一点寿命。"国王认为他说得很有道理，于是掉转马头回去了。这两群鹿便轮流向国王交纳活鹿。

提婆鹿王的鹿群中有一头怀孕的母鹿，按顺序应当去死了，她禀告提婆鹿王说："我虽然该死，但腹中胎儿还没有轮到死啊。"提婆鹿王大怒道："谁不把生命看得很宝贵?"雌鹿叹息道："我们的大王不仁慈，我的死期很快要到了。"于是向菩萨鹿王告急。菩萨鹿王说："慈母之心真是悲感动人啊，恩德施加到还未成形的胎儿！我现在替你去死吧。"于是来到国王门前。路上的行人高声传言道："那位大鹿王现在到城里来了。"都城里的士人百姓无不赶来观看。国王起初听到这个消息，还以为是谣言，直到守门人告诉了他，国王才相信。国王问道："鹿王为什么急着来啊?"鹿王说："有一头雌鹿本应来送命的，只是因为胎儿还没生下来，心中实在不忍，所以我冒昧前来代替。"国王听了感叹说："我是一头长着人身的鹿，你是一个长着鹿身的人啊。"于是国王把所有的鹿全部放生，命令不再向他送鹿，并把那片树林作为鹿的聚居之处，因而称之为"施鹿林"。"鹿野"这个名称，从此流传开来。

4.憍陈如等五人迎佛窣堵波

伽蓝西南二三里，有窣堵波，高三百余尺，基趾广峙。

莹饰奇珍，既无层龛，便置覆钵[①]，虽建表柱，而无轮铎[②]。其侧有小窣堵波，是阿若憍陈如等五人弃制迎佛处也。初，萨婆曷剌他悉陁唐言一切义成。旧言悉达多，讹略也。太子逾城之后[③]，栖山隐谷，忘身殉法。净饭王乃命家族三人、舅氏二人曰[④]："我子一切义成舍家修学，孤游山泽，独处林薮，故命尔曹随知所止。内则叔父伯舅，外则既君且臣，凡厥动静，宜知进止。"五人衔命，相望营卫。

因即勤求，欲期出离。每相谓曰："夫修道者，苦证耶？乐证耶[⑤]？"二人曰"安乐为道"，三人曰"勤苦为道"，二三交争，未有以明。于是太子思惟至理，为伏苦行外道，节麻米以支身[⑥]。彼二人者见而言曰："太子所行，非真实法。夫道也者，乐以证之，今乃勤苦，非吾徒也。"舍而远遁，思惟果证。太子六年苦行，未证菩提，欲验苦行非真，受乳糜而证果[⑦]。斯三人者闻而叹曰："功垂成矣，今其退矣[⑧]！六年苦行，一日捐功！"于是相从求访二人，既相见已，匡坐高论[⑨]，更相议曰："昔见太子一切义成出王宫，就荒谷，去珍服，披鹿皮，精勤励志，贞节苦心，求深妙法，期无上果；今乃受牧女乳糜，败道亏志。吾知之矣，无能为也。"彼二人曰："君何见之晚欤？此猖獗人耳[⑩]。夫处乎深宫，安乎尊胜，不能静志，远迹山林，弃转轮王位，为鄙贱人行，何可念哉？言增忉怛耳[⑪]！"

【注释】

①覆钵：倒置的钵盂。为塔顶的一种形制，即覆钵形，一般作为九重金轮的基础。

②轮铎：轮相和铃铎。轮，即轮相，又名空轮、相轮、金刹、金幢、露盘等。为安于塔顶的九重金轮，因一般有九重，所以又称九轮。铎，悬挂在塔檐的风铃。

③萨婆曷剌他悉陁：梵文 Sarvārthaśiddha 的音译，意译作一切义成，释迦佛为太子时之名。

④家族三人、舅氏二人：关于此五人的名称，佛教经论略有不同。据《佛祖统纪》卷二，净饭王派出的五人中，憍陈如、十力迦叶为母系亲属，即“舅氏”；跋提、摩诃男、颇鞞为父系亲属，即“家族”。

⑤证：佛教称参悟、修行以取得果位为“证”。

⑥节麻米以支身：少吃麻、米，仅勉强维持生理的最低需要。麻，即麻子、芝麻。此事诸经有载，如《过去现在因果经》卷三：“尔时太子，心自念言：‘我今日食一麻一米，乃至七日食一麻米，身形消瘦，有若枯木。”

⑦受乳糜：接受牧女的乳糜。此事可参《过去现在因果经》卷三：“时彼林外有一牧牛女人，名难陀波罗。时净居天来下劝言：‘太子今者在于林中，汝可供养。’女人闻已，心大欢喜，于时地中，自然而生千叶莲花，花上有乳糜。女人见此，生奇特心，即取乳糜，至太子所，头面礼足，而以奉上。”

⑧退：即“退转”。佛教称修行者修行意志不坚、退失其所修证而转变其位地。

⑨匡坐：正襟危坐，端坐。匡，端正。

⑩猖獗：失败。

⑪忉怛：忧伤，痛苦。

【译文】

寺院西南两三里处，有一座佛塔，高三百多尺，塔基高大。佛塔装饰着奇珍异宝，没有一层层的佛龛，塔顶为覆钵形，虽然建有华表柱石，却没有轮相和铃铎。旁边有一座小塔，是阿若憍陈如等五人忘记约定而不由自主地迎接佛陀之处。当初，萨婆曷剌他悉陁唐土称一切义成。旧称悉达多，误且略。太子越城而出之后，隐居在山谷之中，舍身求法。净饭王于是吩咐本家族三个人和太子母舅家两个人说："我的儿子一切义成出家修道，独自一人在山泽密林中游走居住，所以我派你们去随时掌握他的动向。于内，你们是叔父伯舅；于外，太子与你们又有君臣关系，他的一切动静，你们都要了解掌握。"五人领命，便远远地跟随太子，以便护卫。

五人因而也精勤求法，希望脱离生死轮回。经常一起讨论说："关于修道，是通过苦行来证取果位呢，还是通过安乐呢？"其中两人认为当以安乐修道，三人认为当以勤苦修道，两人与三人互相争论，最终也没有明确的结果。那时太子思考精深的道理，为了降服修习苦行的外道，他少吃麻米，仅勉强维持生命。那两个认为当"安乐为道"的人见了，说："太子所作所为，并不是真正的修行之法。所谓道法，应当通过安乐来证取，现在他却要通过勤苦证取，跟我们不是一类人。"于是离开太子，跑得远远的，思考证取果位之法。太子通过六年的苦行，未能证取佛果，为了验证苦行不是真正的修行之道，他接受了牧女的乳糜而最终证得佛果。认为当"勤苦为道"的这三人听说了此事，叹息道："大功即将告成，如今反而退转了！修习了六年苦行，一下前功尽弃！"于是一起去寻找另外两人，相见以后，正襟危坐，高谈阔论，三人纷纷说道："从前见一切义成太子逃出王宫，来到荒山野谷，抛弃华丽服饰，身披鹿皮之衣，专心勤奋，志向坚定，坚守节操，心思费尽，是为了探求精深高妙之法，希望证得无上果位；而今竟然接受牧女的乳糜，败坏道行，违背初衷。我们终于明白，他无所作为了。"那两人说："你们为何现在才明白呢？这是一个失败的人。他本来住在深宫，养尊处优，却不安心本志，遁迹于山林之中，舍弃王位，作卑贱人所作的事情，有什么可惜呢？说来只是加深悲伤罢了。"

菩萨浴尼连禅河[①]，坐菩提树，成等正觉[②]，号天人师，寂然宴默，惟察应度，曰："彼郁头蓝子者[③]，证非想定[④]，堪受妙法。"空中诸天寻声报曰："郁头蓝子命终已来，经今七日。"如来叹惜："如何不遇？垂闻妙法，遽从变化[⑤]！"重更观察，营求世界，有阿蓝迦蓝得无所有处定[⑥]，可授至理。诸天又曰："终已五日。"如来再叹，愍其薄祜。又更谛观[⑦]，谁应受教，唯施鹿林中有五人者，可先诱导。如来尔时起菩提树，趣鹿野园。威仪寂静，神光晃曜，毫含玉彩[⑧]，身真金色，安详前进，导彼五人。斯五人遥见如来，互相谓曰："一切义成，彼来者是。岁月遽淹，圣果不证，心期已退，故寻吾徒。宜各默然，勿起迎礼。"如来渐近，威神动物[⑨]，五人忘制，拜迎问讯，侍从如仪。如来渐诱，示之妙理，雨安居毕[⑩]，方获果证。

【注释】

①尼连禅：梵文 Nairañjana 的音译，又作尼连禅那，佛将成道，先在此河中沐浴。

②等正觉：梵文 Samyak-saṁbodhi 的意译，又作正等觉，音译为三藐三菩提，为如来十号之一。详见卷六劫比罗伐窣堵国注释。

③郁头蓝子：梵文作 Udraka Rāmaputra，又译作郁头蓝弗、郁陀伽、优陀罗罗摩子、郁陀罗罗摩子、嗢达洛迦、郁陀罗伽仙人等，意译作猛喜、极喜，佛出家后曾向他问道。

④非想定：非想非非想天的禅定，为"四空定"或"四无色定"之一。《三藏法数》："前识处是有想，无所有处是无想。至此则舍前有想，名非想；舍前无想，名非非想。盖此天既得无所有处天定已，又知此处如痴如醉、如眠如暗，以无明覆蔽，无所觉了，无可爱乐。于是一心专精，即于非有非无，常念不舍，则无所有处定便

自谢灭，加功不已，忽然真实定发，不见有无相貌，泯然寂绝，清净无为，三界定相无有过者，是名非想非非想处天定。”

⑤变化：佛教称旧形质的转化，这里指去世。

⑥阿蓝迦蓝：梵文 Ārāḍakālāma 的音译，又作阿罗逻、阿罗迦、阿蓝等，意译为懈怠，佛出家后最初向此人问道。无所有处定：生无所有处之禅定，又称“不用处定”，为“四空定”或“四无色定”之一。行此定者，认为识无边，能坏于定，唯有无心识处，心无依倚，乃名安稳，于是舍识处，系心无所有处，心与无所有法相应。

⑦谛观：仔细地审视察看。

⑧毫：这里指如来眉间的白色毫毛，为如来三十二相之一。

⑨动物：感动或感化万物。

⑩雨安居：即安居，或称坐夏，指在夏季多雨的三个月中，僧徒们不得随便外出，以便致力于坐禅和修习佛法。

【译文】

菩萨在尼连禅河洗浴之后，坐在菩提树下，成等正觉，号为天、人之师，安闲静默，思考审视可以度化的人，说道：“那位郁头蓝子，曾经证得非想定，可以接受我的妙法。”空中众天神应声答道：“郁头蓝子已经去世七天了。”如来感叹惋惜道：“为何如此不幸？本来很快就可以听到妙法，却忽然去世！”又重新观察，在世界寻找，有阿蓝迦蓝曾经证得无所有处定，可以教他精深道理。众天神又说：“去世已经五天了。”如来又叹息不已，哀怜他福薄命浅。再仔细审视，还有谁可以接受教化，只有施鹿林中的五个人，可以先行诱导。如来这时从菩提树下起身，前往鹿野园。仪貌威严庄重，神光明亮闪耀，眉间白毫光泽如玉，全身金光闪闪，安详前行，去引导那五个人。这五人远远看见如来，彼此商议道：“一切义成太子，那边走过来的就是。日子过得飞快，未能证得圣果，修行意志已经消退，所以前来寻找我们。我们都默不作声，也不要起身迎接礼敬。”如来越走越近，威严的神灵感动万物，五人不由得忘记了约定，行礼迎接问候，根据礼仪侍立跟从。如来循循善诱，讲授精妙佛理，安居结束后，才获得果证。

二、烈士池及传说

施鹿林东行二三里，至窣堵波，傍有涸池，周八十余步，一名救命，又谓烈士。闻诸先志曰：数百年前有一隐士，于此池侧结庐屏迹，博习伎术，究极神理[①]，能使瓦砾为宝，人畜易形，但未能驭风云，陪仙驾。阅图考古，更求仙术。其方曰："夫神仙者，长生之术也。将欲求学，先定其志。筑建坛场，周一丈余。命一烈士，信勇昭著，执长刀，立坛隅，屏息绝言，自昏达旦。求仙者中坛而坐，手按长刀，口诵神咒，收视反听[②]，迟明登仙[③]。所执铦刀变为宝剑，凌虚履空，王诸仙侣。执剑指麾，所欲皆从。无衰无老，不病不死。"

是人既得仙方，行访烈士，营求旷岁，未谐心愿。后于城中遇见一人，悲号逐路。隐士睹其相，心甚庆悦，即而慰问："何至怨伤？"曰："我以贫窭[④]，佣力自济。其主见知，特深信用，期满五岁，当酬重赏。于是忍勤苦，忘艰辛。五年将周，一旦违失，既蒙笞辱，又无所得。以此为心，悲悼谁恤！"隐士命与同游，来至草庐，以术力故，化具肴馔[⑤]。已而令入池浴，服以新衣，又以五百金钱遗之曰："尽当来求，幸无外也。"自时厥后，数加重赂，潜行阴德[⑥]，感激其心。烈士屡求效命，以报知己。隐士曰："我求烈士，弥历岁时，幸而会遇，奇貌应图。非有他故，愿一夕不声耳。"烈士曰："死尚不辞，岂徒屏息？"

【注释】

①神理:神道。指具有无上威力,能显示灵异,赐福降灾的神灵之道。

②收视反听:不看不听,专心致志。

③迟明:黎明,天快亮的时候。

④贫窭(jù):贫乏,贫穷。窭,贫。

⑤化具:使用法术等变化而成。具,备办。

⑥阴德:暗中对人施加恩德,做对别人有利的事。

【译文】

施鹿林往东前行两三里,来到一座佛塔,旁边有一口干涸的池塘,方圆八十多步,名为“救命池”,又称“烈士池”。据先前的记载说:数百年前有一位隐士,在这口池塘边搭建草庐隐居,广泛学习技艺方术,深入研究各种神道,能使瓦砾变成宝物、人畜改变形貌,只是不能驾驭风云,陪伴神仙。于是阅读图籍,考索古代仙人之事,进一步寻求成仙之道。仙方上说:“所谓神仙,是长生不老之术。若要学习,先要使意志坚定。建造一座法坛,方圆一丈多。让一位以诚实勇敢著称的烈士,手执长刀,站在法坛一角,不出声不说话,从傍晚持续到黎明。求仙的人坐在法坛中央,手持长刀,口中念诵咒语,不看不听,专心致志,黎明时分就会成仙。所持利刃变成宝剑,可在虚空之中行走,作众多神仙之主。仗剑指挥,随心所欲。永远不会衰老,也不会生病、死亡。”

此人得到仙方以后,遍行寻访烈士,找了很多年,也没有达成心愿。后来在城中遇见了一个人,一路悲痛地号哭。隐士看见他的长相,心中很是庆幸喜悦,走到跟前安慰他,问道:“什么事让你如此悲伤?”答道:“我因为贫穷,靠给别人帮工谋生。雇主了解我,对我特别信任,约定做满五年,一定重重地酬劳。于是辛勤苦干,忘记艰辛。五年将满,不想偶尔犯了过失,不仅蒙受鞭笞之辱,报酬也一无所获。心里想到这些,哀痛不已,又有谁同情呢!”隐士请他同行,来到草庐,凭借法术,变化出美味佳肴供其食用。之后让他下池洗浴,给他新衣服穿,临行又拿出五百文金钱赠送给他。说:“用完后再来取,千万不要见外。”从此以后,屡次给他很多钱财,对他不知不觉中施以恩德,激发他的感恩之心。烈士多次请求为他效力,来报答他的知遇之恩。隐士说:“我寻访烈士,经历了很多年,有幸遇见了你,你不同凡响的相貌与图籍所载相符。也没有其他要求,只愿你一宿不作声而已。”烈士道:“死都不怕,更何况只是不出声呢?”

于是设坛场,受仙法,依方行事,坐待日曛。曛暮之后,各司其务,隐士诵神咒,烈士按铦刀。殆将晓矣,忽发声叫。是时空中火下,烟焰云蒸,隐士疾引此人入池避难。已而问曰:“诫子无声,何以惊叫?”烈士曰:“受命后,至夜分,昏然若梦,变异更起[1]。见昔事主躬来慰谢,感荷厚恩,忍不报语。彼人震怒,遂见杀害,受中阴身[2],顾尸叹惜。犹愿历世不言,以报厚德。遂见托生南印度大婆罗门家,乃至受胎出胎,备经苦厄。荷恩荷德,尝不出声。洎乎受业、冠婚、丧亲、生子[3],每念前恩,忍而不语。宗亲戚属咸见怪异。年过六十有五,我妻谓曰:‘汝可言矣!若不语者,当杀汝子。’我时惟念,已隔生世,自顾衰老,唯此稚子,因止其妻,令无杀害,遂发此声耳。”隐士曰:“我之过也。此魔娆耳[4]。”烈士感恩,悲事不成,愤恚而死。免火灾难,故曰救命;感恩而死,又谓烈士池。

【注释】

①变异更起:怪异的现象接连出现。变异,怪异的现象。更,连续。

②中阴：佛教指轮回中死后生前的过渡状态。其间虽离形躯，仍有五阴（色、受、想、行、识）。

③洎（jì）乎：等到，及至。冠婚：行冠礼和结婚礼。冠，古代男子到成年则举行加冠礼，叫做冠。

④魔娆（rǎo）：妖魔捣乱。娆，干扰、扰乱。

【译文】

于是布置法坛，领受成仙之法，依照仙方行事，坐等日色昏暗。黄昏之后，二人各司其职，隐士念诵神咒，烈士手持利刃。将近天亮的时候，烈士忽然出声惊叫。这时空中突降大火，烈焰腾腾，隐士急忙拉着烈士跳入池塘躲避火灾。事后隐士问道："告诫你不要出声，为何惊叫？"烈士回答说："接受你的嘱咐之后，到了半夜时分，昏昏欲睡，如在梦中，各种怪异现象接二连三地出现。先是看见从前的雇主亲自前来慰问道歉，我感激你的大恩大德，忍住了不回答他。那人大发雷霆，于是将我杀害，死后变成中阴之身，看着我的尸首叹惜。仍希望一辈子不说话，以报答大恩大德。于是转世投胎在南印度的一个婆罗门的大户人家，直至成胎出生，历经各种苦难。我感恩戴德，不曾出声。待到上学、行冠礼和婚礼、父母去世、生孩子，每每想到你从前的恩德，我都忍着没说过话。亲戚朋友都觉得奇怪。年纪过了六十五岁时，我的妻子对我说：'你可以说话了！如果再不说话，我就杀了你的孩子。'我这时只想，已经是二世为人，顾念自己已经衰老，只有这一个未成年的孩子，于是制止我的妻子，叫她不要杀害孩子，因此发出了那一声惊叫。"隐士说："这是我的过失。乃是妖魔作祟。"烈士感激隐士的恩德，为事情没有做成而悲伤，最后郁郁而终。因为此池免除了火灾，所以叫"救命池"；烈士因感恩而死，所以又称"烈士池。"

三、三兽窣堵波

烈士池西有三兽窣堵波，是如来修菩萨行时烧身之处。

劫初时[1]，于此林野，有狐、兔、猿，异类相悦。时天帝释欲验修菩萨行者，降灵应化为一老夫[2]，谓三兽曰："二三子善安隐乎[3]？无惊惧耶？"曰："涉丰草，游茂林，异类同欢，既安且乐。"老夫曰："闻二三子情厚意密，忘其老弊，故此远寻。今正饥乏，何以馈食？"曰："幸少留此，我躬驰访。"于是同心虚己[4]，分路营求。狐沿水滨，衔一鲜鲤，猿于林树采异花果，俱来至止，同进老夫。惟兔空还，游跃左右。

老夫谓曰："以吾观之，尔曹未和。猿狐同志，各能役心。唯兔空返，独无相馈。以此言之，诚可知也。"兔闻讥议，谓狐、猿曰："多聚蘸苏，方有所作。"狐、猿竞驰，衔草曳木，既已蕰崇[5]，猛焰将炽。兔曰："仁者，我身卑劣，所求难遂，敢以微躬，充此一餐。"辞毕入火，寻即致死。是时老夫复帝释身，除烬收骸，伤叹良久，谓狐、猿曰："一何至此！吾感其心，不泯其迹，寄之月轮，传乎后世。"故彼咸言，月中之兔自斯而有。后人于此建窣堵波。

从此顺殑伽河流东行三百余里，至战主国。中印度境。

【注释】

①劫初："成劫"初期，因为佛教认为一"劫"包括"成"、"住"、"坏"、"空"四个时期。劫，梵文 Kalpa 的音译，指极为久远的时节。

②应化：佛教称佛、菩萨等应随机缘而变化现身。

③安隐：安稳，平安。

④同心虚己：同心协力，奋不顾身。虚己，犹"无我"，忘记自我，奋不顾身。

⑤蕰崇：积聚，堆积。蕰、崇同义，都有"积聚"的意思。

【译文】

烈士池西边有座三兽塔，是如来修菩萨行时焚烧自己的地方。成劫初期，在这片树林中，有一只狐狸、一只兔子和一只猿猴，三兽虽不同类，却彼此亲爱和睦。当时天帝释想考验三兽中修菩萨行的，于是下凡变成一位老头，对三兽说："你们几个还平安吗？没有担惊受怕吧？"三兽答道："我们在丰美的草丛和密林中游玩，不同种类，一同欢欣，真是既平安又快乐啊。"老头说："听说你们几个情深意厚，所以我不顾自己年老体弱，特地从远方来此依附你们。而今又饿又累，你们用什么招待我呢？"三兽说："请在此稍等，我们会抓紧去找食物。"于是三兽同心协力，奋不顾身，兵分三路，各处求食。狐狸沿着河边找，衔回一条鲜活的鲤鱼，猿猴在树林中采摘到奇花异果，一起回来给老人献食。只有兔子空手而归，还在周围游走跳跃。

老人对三兽说："在我看来，你们之间并不和谐。猿猴和狐狸志趣相合，都能用心办事。只有兔子空手而归，没有什么供我食用。从这件事情上说，确实可以了解你们啊。"兔子听了老人的讥讽，对狐狸和猿猴说："多堆积一些柴草，我将做有用的事。"狐狸和猿猴竞相奔走，衔来干草，拽来木柴，堆在一起点燃，烈火烧得很旺。兔子说："仁者啊，我卑贱拙劣，难以找到想要的东西，请让我用自己微小的身躯，权且充当你这顿饭吧。"说完跳入火中，很快就烧死了。这时老人恢复天帝释的本来面貌，除去灰烬，收拾骸骨，悲伤叹息了很久，对狐狸和猿猴说："为何弄到这步田地！我被它的诚心所感动，不能埋没它的功业，我把它存放在月亮之中，以流传后世。"所以那里的人都说，月亮中的兔子，是从那时才有的。后来人们在此建起了佛塔。

从这里沿恒河顺流而下，往东走三百多里，到达战主国。在中印度境内。

战主国

战主国周二千余里[①]。都城临殑伽河,周十余里。居人丰乐,邑里相邻。土地膏腴,稼穑时播。气序和畅,风俗淳质,人性犷烈[②],邪正兼信。伽蓝十余所,僧徒减千人,并皆遵习小乘教法。天祠二十,异道杂居。

【注释】

①战主:梵文 Garjanapati(又作 Garjapur、Garjapatipura)的意译,据考该国都城在今印度的迦齐浦耳(Ghāzipur),在瓦腊纳西以东五十英里,位于恒河北岸。

②犷烈:粗犷暴烈。

【译文】

战主国方圆二千多里。都城靠近恒河,方圆十多里。居民富裕安乐,乡村聚落相邻。土地肥沃,庄稼播种适时。气候温和爽朗,民风淳厚质朴,人的性情粗犷暴烈,邪、正二道均有崇信。寺院有十多所,僧徒不足千人,都信奉、研习小乘佛法。天祠有二十所,各派外道杂居。

一、佛舍利窣堵波

大城西北伽蓝中窣堵波,无忧王之所建也。《印度记》曰[①]:此中有如来舍利一升。昔者世尊尝于此处,七日之中,为天、人众显说妙法。其侧则有过去三佛坐及经行遗迹之处[②]。邻此复有慈氏菩萨像[③],形量虽小,威神嶷然[④],灵鉴潜通[⑤],奇迹间起。

【注释】

①《印度记》：或为古代印度书名（也可能是略名），或为古印度传说，现无可考。

②过去三佛：指释迦牟尼佛以前的三佛，即拘留孙佛、拘那含牟尼佛和迦叶佛。

③慈氏菩萨：即弥勒菩萨，梵文 Maitreya 意译为慈，因其为姓，故称慈氏。

④嶷然：形容仪态端庄。

⑤潜通：冥通，感通神明。

【译文】

大都城西北的寺院中有一座佛塔，是无忧王建造的。据《印度记》称：这座佛塔中有一升如来舍利。从前世尊曾在此地，用七天的时间，为天神、人众演说精妙佛法。旁边则有过去三佛的法座和经行的遗迹。与之相邻的还有一尊弥勒佛像，像形虽然不大，却威严端庄，灵验通神，神异现象时有发生。

二、不穿耳伽蓝

大城东行二百余里，至阿避陁羯刺拏僧伽蓝①。唐言不穿耳。周垣不广，雕饰甚工，花池交影，台阁连甍②。僧徒肃穆，众仪庠序③。闻诸先志曰：昔大雪山北睹货逻国有乐学沙门④，二三同志礼诵余闲⑤，每相谓曰："妙理幽玄，非言谈所究；圣迹昭著，可足趾所寻。宜询莫逆，亲观圣迹。"于是二三交友杖锡同游。既至印度，寓诸伽蓝，轻其边鄙⑥，莫之见舍。外迫风露，内累口腹，颜色憔悴，形容枯槁。

【注释】

①阿避陁羯剌拏：梵文Aviddhakarṇa的音译，意译为不穿耳。穿耳为印度习俗，人们均耳朵穿孔并戴金属耳环。下文言“耳既不穿”，可见睹货逻国人无此习俗。

②甍(méng)：屋脊或屋檐。

③庠序：本指古代的学校，这里为双声连绵词，指举动安详肃穆。《敦煌变文集·维摩诘经讲经文》：“纤手举而淡泞风光，玉步移而威仪庠序。”蒋礼鸿《敦煌变文字义通释·释容体》：“庠序，举动安详肃穆的意思。”

④睹货逻：当是梵文Tukhara的音译，又作吐呼逻、吐火罗、兜佉勒等，详本书卷一。

⑤二三：相当于“几”，约数或不定数，表示较少的数目。

⑥边鄙：偏僻的地方。这里指来自偏僻地方的僧人。

【译文】

大都城往东前行二百多里，到达阿避陁羯剌拏寺。唐土称不穿耳。寺院面积不大，但是雕刻和装饰非常精美，花枝池水相交辉映，亭台楼阁脊檐相连。僧徒整肃庄重，仪态安详肃穆。据先前的记载讲：从前大雪山北面的睹货逻国有一群好学的沙门，几个人志同道合，闲暇时节恭敬地念诵佛经，常常一起商议：“佛理深奥玄妙，不是言谈所能探究清楚的；圣人遗迹还能看到，可以亲往寻找。应当访求知己朋友，亲眼瞻仰圣人遗迹。”于是几个知心道友，手持锡杖一同云游。到达印度以后，本想借宿寺院，本地僧人看不起这些从偏僻地方来的人，没有人肯留宿他们。外受风霜之苦，内受口腹之饥，面容憔悴，身形消瘦。

时此国王出游近郊，见诸客僧[①]，怪而问曰：“何方乞士[②]？何所因来？耳既不穿，衣又垢弊。”沙门对曰：“我睹货逻国人也。恭承遗教，高蹈俗尘[③]，率其同好[④]，观礼圣迹[⑤]。

慨以薄福，众所同弃，印度沙门，莫顾羁旅[6]。欲还本土，巡礼未周，虽迫勤苦，心遂后已。”王闻其说，用增悲感，即斯胜地，建立伽蓝，白氎题书为之制曰[7]：“我惟尊居世上，贵极人中，斯皆三宝之灵祐也。既为人王，受佛付嘱，凡厥染衣[8]，吾当惠济。建此伽蓝，式招羁旅。自今已来，诸穿耳僧，我此伽蓝不得止舍。”因其事迹，故以名焉。

【注释】

①客僧：游方的僧人。

②乞士：比丘的别称。《法华义疏》卷一：“比丘者名为乞士，上从如来乞法以练神，下就俗人乞食以资身，故名乞士。”

③高蹈俗尘：超脱凡俗人世。高蹈，超脱。

④同好：志趣相同的人。

⑤观礼：巡礼，指宗教信徒参拜庙宇或圣地。

⑥羁旅：客居异乡的人。

⑦制：帝王的命令。

⑧染衣：僧人穿着用木兰色等坏色染成的衣服，因以“染衣”代指出家僧人。

【译文】

此时恰逢国王到近郊出游，见了这几位游方僧人，奇怪地问道：“你们是什么地方来的比丘？为什么到这里来？既没有穿耳，衣服又脏又破。”沙门回答说：“我们是睹货逻国人。接受如来遗教，超脱凡俗人世，几个志趣相同的人相约，前来参拜圣人遗迹。可叹的是因为福分太少，为这里的僧众嫌弃，印度的沙门，没有谁肯顾念我们这些外乡人。想要归还本国，又尚未遍观圣迹，尽管为辛劳和困难所迫，还是要了却心愿才罢休。”国王听了他们的话，心中更加伤感，随即在这块风水宝地上，建造了寺院，并用白色细布书写了这样一道命令："朕之所以能在世上居于尊位，在人中最为高贵，这都是因为有佛、法、僧三宝的神灵保祐。既然为人之王，当听从佛陀的嘱托，但凡是僧人，都应该施惠周济。特建造这座寺院，以接待游方的僧人。从此以后，凡是本国的穿耳僧人，不能在朕建的这座寺院停宿。"

三、摩诃娑罗邑及诸遗迹

阿避陁羯剌拏伽蓝东南行百余里，南渡殑伽河，至摩诃娑罗邑①，并婆罗门种，不遵佛法。然见沙门，先访学业，知其强识，方深礼敬。

殑伽河北有那罗延天祠②。重阁层台，奂其丽饰③。诸天之像，镌石而成，工极人谋④，灵应难究。

【注释】

①摩诃娑罗：梵文 Mahāśāla 的音译，意译为大宅主、大家居者。据考该邑在今巴特那以西的阿拉赫西约六英里的马莎尔村（Masār）。

②那罗延天：梵文 Nārāyaṇadeva 的音义混译，原为天上力士之名，或梵天王的异名。

③奂：光彩鲜明的样子。

④工极人谋：工艺巧妙绝伦。人谋，人为的努力。

【译文】

从阿避陁羯剌拏寺往东南前行一百多里，再向南渡过恒河，到达摩诃娑罗镇，这里都是婆罗门种姓，不信奉佛法。然而见了沙门，首先试探他的学识，得知其知识广博，才会深加礼敬。

恒河北岸，有那罗延天祠。亭台楼阁层层叠叠，华丽的装饰光彩鲜明。众天神的神像，是在石头上雕刻而成，工艺巧妙绝伦，神灵应验难以备述。

那罗延天祠东行三十余里，有窣堵波，无忧王之所建也，大半陷地。前建石柱，高余二丈，上作师子之像，刻记伏鬼之事。昔于此处有旷野鬼[①]，恃大威力，啖人血肉，作害生灵，肆极妖祟。如来愍诸众生不得其死[②]，以神通力，诱化诸鬼，导以归依之敬，齐以不杀之戒[③]。诸鬼承教，奉以周旋[④]。于是举石请佛安坐[⑤]，愿闻正法，克念护持[⑥]。自兹厥后，无信之徒竞共推移鬼置石座[⑦]，动以千数，莫之能转。茂林清池，周基左右，人至其侧，无不心惧。

【注释】

①旷野鬼：梵文 Āṭavaka 的意译，音译作阿吒婆拘、阿吒嚩迦等，为十六大夜叉将之一。

②不得其死：不能善终。

③齐：治，整治。

④奉以周旋：以礼敬奉（如来）。周旋：行礼时的进退揖让，这里指礼。

⑤安坐：古代的一种坐姿，即坐于足上，是安稳的坐法。

⑥护持：卫护扶持。

⑦无信之徒：这里指不信奉佛法的人。

【译文】

从那罗延天祠往东走三十多里，有一座佛塔，是无忧王建造的，大半已经沉入地下。塔前建有石柱，高两丈多，上面刻有狮子像，铭文记载了如来降鬼的事迹。从前这里有旷野鬼，依仗其巨大威力，吃人肉、吸人血，残害生灵，疯狂作恶。如来怜悯众生不能善终，凭借神通之力诱导、教化众鬼，用归依佛法的敬畏之心引导他们，用不杀生的戒律整治他们。众鬼接受教诲，以礼敬佛。于是举起大石请佛安坐，希望听受佛法，一心卫护扶持佛法。从此以后，不信佛法的人争相合力推动旷野鬼所放置的这块石头法座，动辄上千人，也不能移动它。茂密的树林和清澈的池塘，遍布在塔基左右，人到了塔边，无不心怀敬畏。

伏鬼侧不远，有数伽蓝，虽多倾毁，尚有僧徒，并皆遵习大乘教法。

从此东南行百余里，至一窣堵波，基已倾陷，余高数丈。昔者如来寂灭之后，八国大王分舍利也①，量舍利婆罗门蜜涂瓶内，分授诸王，而婆罗门持瓶以归，既得所粘舍利，遂建窣堵波，并瓶置内②，因以名焉。后无忧王开取舍利瓶，改建大窣堵波，或至斋日③，时烛光明。

从此东北渡殑伽河，行百四五十里，至吠舍厘国。旧曰毗舍离国，讹也。中印度境。

【注释】

①八国大王分舍利：此事详见本书卷六拘尸那揭罗国有关内容。

②并瓶置内：（将所得舍利）与瓶一起安放在塔中。

③斋日：斋戒的日子。佛教有六斋日、十斋日等，六斋日为每月八日、十四日、十五日、二十三日、二十九日、三十日，十斋日比六斋日多一日、十八日、二十四日、二十八日。

【译文】

伏鬼塔边不远，有不少佛塔，虽然大多倾倒损毁，但还有一些僧人，都信奉和研习大乘佛法。

从这里往东南前行一百多里，到达一座佛塔，塔基已经倾斜下沉，剩下的有几丈高。从前如来涅槃之后，八个国家的大王分发佛骨舍利，负责称量舍利的婆罗门将蜜涂抹在瓶的内壁，把舍利分别交给各位国王以后，这位婆罗门把瓶子带回去，得到了瓶内所粘的舍利，于是建造佛塔，将舍利与瓶一起安放在塔中，于是以此命名为瓶塔。后来无忧王开塔取出舍利瓶，重新建起大塔，每到斋戒的日子，经常放大光明。

从这里向东北方向渡过殑伽河，前行一百四五十里，到达吠舍厘国。旧称毗舍离国，错误。在中印度境。

吠舍厘国

吠舍厘国周五千余里[①]。土地沃壤，花果茂盛。庵没罗果、茂遮果[②]，既多且贵。气序和畅，风俗淳质，好福重学，邪正杂信。伽蓝数百，多已圮坏，存者三五。僧徒稀少。天祠数十，异道杂居，露形之徒[③]，寔繁其党[④]。吠舍厘城已甚倾颓，其故基趾周六七十里，宫城周四五里，少有居人。

【注释】

①吠舍厘：梵文 Vaiśāli 的音译，又作毗耶离、鞞舍离、维耶、维耶离、鞞舍隶夜、薛舍离等，意译为广博、庄严，国名、城名。吠舍厘国为当时十六大国之一，吠舍厘城为维摩大士居住地，佛灭一百年后七百贤圣第二结集之处，同时也是印度耆那教的圣地。

②茂遮：梵文 Moca 的音译，学名 Musa Sapientum，巴蕉科，果实香甜。

③露形：梵文 Nirgrantha 的意译，又作离系、不系、无结，音译作尼虔、尼干、尼健、尼犍陀等，即耆那教天衣派，为六大外道之一，此

外道特修裸形涂灰等苦行。

④寔：同“实”，语气词。

【译文】

吠舍厘国方圆五千多里。土地肥沃，花果茂盛。庵没罗果和茂遮果，不但繁多，而且珍贵。气候温和爽朗，民风淳厚质朴，爱好积福，重视学习，外道和佛教均有信徒。寺院有几百所，大多都已坍塌损坏，保存下来的仅有三五所。僧人稀少。天祠有数十所，各派外道杂居，裸露形体的天衣派信徒，为数最多。吠舍厘城已经严重倒塌，城墙旧基址方圆六七十里，里面的宫城方圆四五里，很少有人居住。

一、佛说毗摩罗诘经所

宫城西北五六里，至一伽蓝，僧徒寡少，习学小乘正量部法。傍有窣堵波，是昔如来说《毗摩罗诘经》[①]，长者子宝积等献宝盖处[②]。其东有窣堵波，舍利子等于此证无学之果[③]。

【注释】

①毗摩罗诘经：通常作《维摩经》、《维摩诘经》、《维摩诘所说经》，梵文名 Vimalakirtinirdeśasūtra，为大乘佛教仅次于《大般若经》的重要经典。毗摩罗诘，梵文 Vimalakirti 的音译，又作维摩诘，意译为无垢称、净名，传说为吠舍厘城中的佛教居士，称为“维摩大士”，与释迦牟尼同时。

②长者子宝积等献宝盖：长者，指毗摩罗诘；宝积，梵文 Ratnākāra 的意译，又作宝性、宝事等，音译作剌那伽罗、罗邻那竭等；宝盖，即伞，宝积献宝盖事可参《维摩诘所说经》卷一：“尔时毘耶离城有长者子，名曰宝积，与五百长者子，俱持七宝盖，来诣佛所，头

面礼足，各以其盖共供养佛。佛之威神，令诸宝盖合成一盖，遍覆三千大千世界。”

③无学之果：即阿罗汉果。阿罗汉为梵文 Arhāñ 的音译，意译为无学，证得此果位者断尽色界、无色界思惑，四智已圆，已出三界，已证涅槃，无法可学，故名“无学”。

【译文】

宫城西北五六里处，有一座佛塔，僧人很少，学习小乘正量部法。旁边有座佛塔，是从前如来演说《毗摩罗诘经》、毗摩罗诘长者的儿子宝积等为佛进献伞盖之处。塔的东边又有一座佛塔，舍利子等曾在这里证成阿罗汉果。

二、佛舍利窣堵波及诸遗迹

舍利子证果东南，有窣堵波，是吠舍厘王之所建也。佛涅槃后，此国先王分得舍利，式修崇建[①]。《印度记》曰：此中旧有如来舍利一斛[②]，无忧王开取九斗，惟留一斗。后有国王复欲开取，方事兴工[③]，寻即地震，遂不敢开。

其西北有窣堵波，无忧王之所建也。傍有石柱，高五六十尺，上作师子之像。石柱南有池，是群猕猴为佛穿也，在昔如来曾住于此。池西不远，有窣堵波，诸猕猴持如来钵上树取蜜之处[④]。池南不远，有窣堵波，是诸猕猴奉佛蜜处。池西北隅犹有猕猴形像。

【注释】

①式修：修建。式，语助词，无实义。

②斛：古代容量单位，一斛为十斗。

③兴工：动工，开工。

④取蜜：关于猕猴取蜜奉佛之事，佛教典籍多有记载，如《中阿含经》卷一、《法苑珠林》卷二九。

【译文】

舍利子证果处东南边，有一座佛塔，是吠舍厘王建造的。佛涅槃后，吠舍厘国的当时的国王分得舍利，恭敬地起塔供养。《印度记》记载：此塔中以前有如来舍利一斛，无忧王开塔取出九斗，只留下一斗。后来还有国王又想开塔取舍利，正要动工的时候，马上就发生了地震，于是再也不敢开塔了。

舍利子证果处西北有一座佛塔，是无忧王建造的。旁边立有石柱，高五六十尺，上面刻有狮子像。石柱南边有一口池塘，是一群猕猴为佛陀开凿的，从前如来曾经居住在这里。池塘西边不远处，有一座佛塔，是众猕猴拿着如来食钵上树取蜜之处。池塘南边不远处，有一座佛塔，是众猕猴为佛献蜜之处。池塘西北角现在还有猕猴雕像。

三、无垢称及宝积故宅

伽蓝东北三四里有窣堵波，是毗摩罗诘唐言无垢称，旧曰净名，然净则无垢，名则是称，义虽取同，名乃有异。旧曰维摩诘，讹略也。故宅基趾，多有灵异。去此不远，有一神舍，其状叠砖，传云积石，即无垢称长者现疾说法之处[①]。去此不远有窣堵波，长者子宝积之故宅也。去此不远有窣堵波，是庵没罗女故宅[②]，佛姨母等诸苾刍尼于此证入涅槃[③]。

【注释】

①无垢称长者现疾说法：关于毗摩罗诘现疾说法，佛经记载颇多，如《维摩诘所说经·方便品》："其以方便，现身有疾。以其疾故，国王大臣、长者居士、婆罗门等，及诸王子并余官属，无数千人，

皆往问疾。其往者,维摩诘因以身疾,广为说法。”。

②庵没罗女:梵文 Amrapālī,音译作庵婆罗婆利、庵婆婆利、阿梵和利等,意译为庵罗卫、庵婆女、庵树女、柰女等。此女由庵罗婆树而生,因称庵罗女,为摩竭陀国频婆娑罗王之妃,生耆婆,后归佛教,献其庵没罗园与佛作为住所。

③佛姨母:即钵逻阇钵底(Prajāpatī 或 Mahāprajāpatī,意译为大爱道、大生主),为释迦牟尼养母,后并皈依佛教,最终成为佛的弟子,为最早的比丘尼。

【译文】

寺院东北三四里处有一座佛塔,是毗摩罗诘唐土称无垢称,旧称净名,然净就是无垢,名就是称,义虽同,名即不同。旧称维摩诘,误且略。的旧居基址,常有灵异现象发生。距这里不远处,有一所神舍,似是用砖累成,传说却称是石头堆积而成,即是毗摩罗诘长者称病而现身说法之处。离这里不远还有一座佛塔,是毗摩罗诘长者的儿子宝积的旧居。离此不远处另有一座佛塔,是庵没罗女的故居,佛陀的姨母等比丘尼在这里涅槃。

四、庵没罗女园及佛预言涅槃处

伽蓝北三四里有窣堵波,是如来将往拘尸那国入般涅槃[①],人与非人随从世尊[②],至此伫立。次西北不远有窣堵波,是佛于此最后观吠舍厘城[③]。其南不远有精舍,前建窣堵波,是庵没罗女园,持以施佛。

【注释】

①拘尸那国:即拘尸那揭罗国,如来在此国涅槃之事详见本书卷六该国。

②非人：在佛教中，相对于人而言，天龙八部及夜叉、恶鬼这些冥众，总称为“非人”。

③最后观吠舍厘城：此事可参《大般涅槃经》卷上：“与诸比丘往干荼村，路经毘耶离城，世尊回顾，向城而笑。阿难即便头顶礼足，而问佛言：‘无上大尊！非无因缘而妄笑也。’佛即答言：‘阿难！我今所以向城笑者，正为最后见此城故。’”

【译文】

寺院以北三四里处有一座佛塔，如来将前往拘尸那国涅槃，人与非人跟随着世尊，曾在这里驻足观望。其西北不远处有佛塔，佛陀曾在这里最后回头遥望吠舍厘城。其南边不远处有一所精舍，前面建有佛塔，这本是庵没罗女的林园，后来施舍与佛。

庵没罗园侧有窣堵波，是如来告涅槃处。佛昔在此告阿难曰：“其得四神足者[①]，能住寿一劫。如来今者，当寿几何？”如是再三，阿难不对，天魔迷惑故也[②]。阿难从坐而起，林中宴默[③]。时魔来请佛曰：“如来在世，教化已久，蒙济流转[④]，数如尘沙[⑤]，寂灭之乐，今其时矣。”世尊以少土置爪上，而告魔曰：“地土多耶？爪土多耶？”对曰：“地土多也。”佛言：“所度者如爪上土，未度者如大地土。却后三月，吾当涅槃。”魔闻欢喜而退。阿难林中忽感异梦[⑥]，来白佛言：“我在林间，梦见大树，枝叶茂盛，荫影蒙密，惊风忽起[⑦]，摧散无余。将非世尊欲入寂灭[⑧]？我心怀惧，故来请问。”佛告阿难：“吾先告汝，汝为魔蔽，不时请留。魔王劝我早入涅槃，已许之期，斯梦是也。”

【注释】

①神足：梵文Ṛddhipāda的意译，又作如意足。四神足是三十七道品中四正勤所修的行品，也就是用四种定力摄心，使定慧均等，神力充沛，所愿皆得，包括：欲神足、勤神足、心神足、观神足。

②天魔：即欲界第六天的魔王，名波旬（Pāpīyas、Pāpāman），有无量眷属，常障碍佛道，为四魔（烦恼魔、阴魔、死魔、天魔）之一。

③宴默：安居静穆。

④流转：梵文Saṁsāra的意译，指因果相续而生起的一切世界现象，包括众生生死在内，即生死轮回。流，相续。转，生起。

⑤尘沙：尘埃和沙子，佛经中常用来形容数量极多。

⑥感：因某种感应而表现出来。

⑦惊风：狂风，猛烈强劲的风。

⑧将非：莫非，表示委婉的语气。

【译文】

庵没罗园旁边有一座佛塔，是如来预言涅槃之处。佛陀从前在这里对阿难说："得到四神足的，能享年一劫之久。现在的如来，应当活多久？"这样问了几次，阿难也没有回答，是受了天魔迷惑的缘故。阿难从坐处站起来，到树林中安然不语。这时天魔前来对佛说："如来在世间教化众生已经很久了，受你济度出离生死轮回的人，数量多如尘土沙子，现在正是享受涅槃快乐的时候啊。"世尊将少量的泥土放在手上，而告诉天魔说："地上的泥土多呢，还是我手上的泥土多呢？"天魔回答说："地上的泥土多。"佛说："我所济度的人少如手上的土，没有济度的人多如大地上的土。三月之后，我将涅槃。"天魔欢天喜地地离开了。阿难在林中忽然做了一个怪梦，于是过来对佛说："我刚才在树林中，梦见一棵大树，本来枝繁叶茂，树荫浓密，忽然狂风四起，大树被摧毁殆尽。莫非世尊将要涅槃么？我内心怀着深深的恐惧，所以前来问您。"佛告诉阿难："我先前就对你说过，但你为天魔所蒙蔽，没有及时挽留我留在世间。魔王劝我早点涅槃，我已许诺了涅槃日期，刚才你做的梦正是此事。”

五、千佛本生故事

告涅槃期侧不远有窣堵波，千子见父母处也。昔有仙人隐居岩谷，仲春之月，鼓濯清流[①]，麀鹿随饮[②]，感生女子，姿貌过人，唯脚似鹿。仙人见已，收而养焉。其后命令求火，至余仙庐，足所履地，迹有莲花。彼仙见已，深以奇之，令其绕庐，方乃得火。鹿女依命，得火而还。时梵豫王畋游见花[③]，寻迹以求，悦其奇怪，同载而返。相师占言，当生千子。余妇闻之，莫不图计[④]。日月既满，生一莲花，花有千叶，叶坐一子。余妇诬罔[⑤]，咸称不祥，投殑伽河，随波泛滥。

乌耆延王下流游观[⑥]，见黄云盖乘波而来[⑦]，取以开视，乃有千子。乳养成立，有大力焉。恃有千子，拓境四方，兵威乘胜，将次此国。时梵豫王闻之，甚怀震惧，兵力不敌，计无所出矣。是时鹿女心知其子，乃谓王曰：“今寇戎临境，上下离心，贱妾愚忠，能败强敌。”王未之信也，忧惧良深。鹿女乃升城楼，以待寇至。千子将兵，围城已匝，鹿女告曰：“莫为逆事！我是汝母，汝是我子。”千子谓曰：“何言之谬？”鹿女手按两乳，流注千岐，天性所感，咸入其口。于是解甲归宗，释兵返族，两国交欢，百姓安乐。

千子归宗侧不远有窣堵波，是如来经行旧迹，指告众曰：“昔吾于此归宗见亲。欲知千子，即贤劫中千佛是也[⑧]。”

【注释】

①鼓濯:这里指在河中沐浴。

②麀(yōu)鹿:雌鹿。

③梵豫王:梵文或当作 Brahmadatta,则此名又可译作梵授王,或谓即波罗痆斯国国王,待考。

④图计:本义为谋划,这里指设法陷害。

⑤诬罔:诬陷毁谤。

⑥乌耆延王:事迹不详。下流:河流的下游。

⑦云盖:绘有云纹的伞盖。

⑧贤劫中千佛:据佛经,过去、现在、未来三住劫,各有一千佛出世。按《佛祖统纪》,现在之贤劫千佛,则住劫有二十增减,其前八增减中,为佛之出世;于第九减劫,始有佛,名拘留孙佛,是为千佛之第一,次为拘那含牟尼佛,次为迦叶佛,次即今之释迦牟尼佛;自此至第十增减之减劫,有弥勒出世,次于第十增减之减劫中,有师子佛等九百九十四佛。次于第二增减之增劫,有楼至佛出世。合计一千佛。

【译文】

告涅槃期塔边不远处有一座佛塔,是一千儿子见父母之处。从前有一位仙人,隐居在山岩深谷中,仲春二月,在清澈的河水中沐浴,有一只雌鹿随后饮用了河水,便因感应而生下一名女子,美貌绝伦,只是脚仍似鹿脚。仙人见了以后,收留了她并将其养大成人。后来叫她出去借火,来到另外一位仙人的草庐前,足迹所到之处,脚印上有莲花。这位仙人见了深感奇怪,告诉她先要绕庐一圈,然后才能取得火种。鹿女照他的话做了,取得火种回去。这时梵豫王正好在打猎游乐,看见了地上的莲花,顺着足迹找到了鹿女,喜欢她奇特的长相,便同车载了回去。看相的人占卜说,将会生一千个儿子。后宫其他嫔妃听了,无不设法陷害她。怀孕期一满,生下一朵莲花,这朵莲花有一千个花瓣,每个花瓣上坐着了个儿子。其他嫔妃便诬陷毁谤，都说这是不吉利的，于是将莲花投入恒河，让它随波逐流。

乌耆延王此时正在下游游览，只见一把黄色的云纹伞盖随波而来，捞起打开一看，原来有一千个孩子。将其哺育成人后，个个勇力非凡。国王依仗他这一千个儿子，向周边大肆扩张，军队的威力势不可挡，很快就轮到攻打梵豫王之国。当时梵豫王听此消息，心中十分震惊恐惧，自知兵力难敌，无计可施。这时鹿女心中明白来敌本是自己的儿子，于是对国王说："如今敌寇大兵压境，国内君臣上下也不同心，贱妾愿效愚忠，能击退强大的敌人。"国王一点也不相信，越发担心恐惧。鹿女于是走上城楼，等候敌军到来。那一千子带领军队，将城围得水泄不通，鹿女告诉他们："不要作忤逆之事！我是你们的母亲，你们是我的儿子。"千子说道："为何说出如此荒诞的话？"鹿女用手按住两个乳房，乳汁流出后分成一千股射出，为母子天性所感，分别都注入千子口中。这一千子于是放下武器，停止作战，并回归本族，两个国家从此交好，百姓安居乐业。

千子归宗塔边不远处有一座佛塔，是如来经行的遗迹，如来在此晓喻众人说："从前我就是在这里见到父母、回归本族的。要知道那一千子是谁，就是贤劫千佛。"

六、重阁讲堂及诸圣迹

述本生东有故基，上建窣堵波，光明时烛，祈请或遂，是如来说《普门陁罗尼》等经[①]，重阁讲堂余趾也。

讲堂侧不远有窣堵波，中有阿难半身舍利[②]。去此不远有数百窣堵波，欲定其数，未有克知，是千独觉入寂灭处[③]。

吠舍厘城内外周隍[④]，圣迹繁多，难以具举。形胜故墟，鱼鳞间峙。岁月骤改，炎凉亟移，林既摧残，池亦枯涸，朽株余迹，其详验焉。

大城西北行五六十里，至大窣堵波，栗呫昌叶反。婆子旧曰离车子，讹也。别如来处⑤。如来自吠舍厘城趣拘尸那国，诸栗呫婆子闻佛将入寂灭，相从号送。世尊既见哀慕，非言可喻，即以神力化作大河，崖岸深绝，波流迅急，诸栗呫婆子悲恸以止，如来留钵，作为追念。

【注释】

①《普门陁罗尼》：梵文作 Samantamukhadhāraṇī，汉译佛经中无此经书，内容未详。

②半身舍利：玄应《一切经音义》卷六："舍利，正音设利罗，译云身骨。舍利有全身者，有碎身者。"半身舍利即属于碎身者。

③独觉：梵文 Pratyeka-buddha 的意译，又作缘觉，音译为辟支佛，为独自修行、自己觉悟而离生死者。

④周隍：犹"周围"。隍，护城的壕沟。

⑤栗呫(chè)婆子：栗呫婆族人。栗呫婆，梵文 Licchavi 的音译，又作利车、离奢、栗唱、隶车、黎昌、律车、梨车毗、离车毗、栗呫毗等，意译为薄皮，因其祖先从一胞肉中生，又译为贵族、豪族等。为吠舍厘城刹帝利种之名。

【译文】

如来述千佛本生处的东边有一处旧基，上面建有佛塔，时时大放光明，若是祈请，或能遂愿，这里是如来演说《普门陁罗尼》等经时的重檐楼阁讲堂遗址。

讲堂边不远处有佛塔，塔中有阿难的半身舍利。离这里不远有几百座佛塔，不知道其确切的数目，这是一千位辟支佛涅槃之处。

吠舍厘城内外周围，佛教胜迹很多，难以一一列举。名胜古迹，如鱼鳞般密布耸立。随着时间的推移，现在树林残败，池塘干枯，只剩下枯朽的树桩和一些遗迹，成为当年兴盛的详实见证。

从大都城往西北前行五六十里，来到一座佛塔，这里是栗呫婆族人旧称离车子，误。送别如来之处。如来从吠舍厘城前往拘尸那国，很多栗呫婆族人听说佛将涅槃，便跟在佛陀后面号哭相送。世尊见他们太过悲伤，知道不是言语能开导的，便用神力在身后变出一条大河，河岸高峻陡峭，水流湍急，众栗呫婆族人只得悲痛地停下来，如来留下食钵，作为留念。

七、故城及大天王本生故事

吠舍厘城西北减二百里，有故城，荒芜岁久，居人旷少。中有窣堵波，是佛在昔为诸菩萨、人、天大众引说本生①，修菩萨行，曾于此城为转轮王，号曰摩诃提婆②。唐言大天。有七宝应③，王四天下④，睹衰变之相，体无常之理，冥怀高蹈，忘情大位⑤，舍国出家，染衣修学⑥。

【注释】

①引说：疑“引”当为“弘”字形误，“弘说”即“广说”。

②摩诃提婆：梵文 Mahādeva 的音译，意译为大天，与佛经中的一位比丘同名异人(本书卷三即有)。关于大天王本生故事，详见《增一阿含经》卷四八、《中阿含经》卷一等。

③七宝应：即轮王七宝的业报。七宝，这里指“轮王七宝”，即：轮宝(cakra)、象宝(hasti)、马宝(asva)、珠宝(mani)、玉女宝(styi)、主藏宝(grahapati)、典兵宝(parinayaka)。

④四天下：指在须弥山东南西北的四大洲，为金轮圣王所领。

⑤大位：帝王之位。

⑥染衣：僧人穿着用木兰色等坏色来染成的缁衣，这里指出家为僧。

【译文】

吠舍厘城西北不到二百里处，有一座旧城，荒芜已经很久了，居民非常稀少。城中有一座佛塔，佛从前为众菩萨、人、天大众广说本生故事，修菩萨行，曾经在此城作转轮王，号为“摩诃提婆”。唐土称大天。有轮王七宝的业报，作四大洲之王，目睹万物衰变现象，领会一切无常的道理，一心想出世隐居，无心于帝王之位，于是放弃君位，出家为僧，修习佛法。

八、七百贤圣结集

城东南行十四五里，至大窣堵波，是七百贤圣重结集处①。佛涅槃后百一十年，吠舍厘城有诸苾刍，远离佛法，谬行戒律。时长老耶舍陁②，住憍萨罗国③，长老三菩伽④，住秣菟罗国⑤，长老厘波多⑥，住韩若国⑦，长老沙罗⑧，住吠舍厘国，长老富阇苏弥罗⑨，住波罗梨弗国⑩。诸大罗汉心得自在，持三藏⑪，得三明⑫，有大名称，众所知识，皆是尊者阿难弟子。

【注释】

①结集：梵文 Saṁgiti 的意译。释迦牟尼生时随机说法，无文字记载。涅槃后，弟子们集会，各诵所闻，汇集成为法藏，故称。相传现有佛经经过四次结集：(1)佛灭后不久，以大迦叶为首的五百比丘在王舍城结集；(2)佛灭后百年，以耶舍陁为首的七百比丘在吠舍厘结集；(3)阿育王时代，以目犍连子帝须为首的一千比丘在华氏城结集；(4)迦腻色迦王时代，以胁比丘为首的五百比

丘在迦湿弥罗结集。“重结集”即指第二次结集。

②耶舍陁：梵文 Yaśoda 的音译，又作耶舍（Yaśa），意译作名闻、名誉等，因提倡严格的十戒律，遂发起吠舍厘城第二次结集。

③憍萨罗：梵文 Kosala 的音译，又作拘萨罗、拘娑罗、居萨罗等，该国详见本书卷十。

④三菩伽：梵文 Sambhoga 的音译，又作商诺迦缚娑、商那和修、舍那和修等，为阿难弟子。

⑤秣菟罗：梵文 Mathurā 的音译，该国详见本书卷四。

⑥厘波多：梵文 Revata 的音译，又作离婆多、梨婆多、隶跋多等，意译为室星，为拘尸那国波婆城长老。

⑦韩若国：此国不见于他书，本书中也仅此一见，其地望不详。

⑧沙罗：梵文 Sāḷhr 的音译，又作沙留、遮楼、沙兰等。

⑨富阇苏弥罗：梵文 Kubjaśobhita 的音译，又作级阇苏弥罗、不阇苏摩、不阇宗等，意译为曲安。生于华氏城，出身婆罗门，后改信佛教。

⑩波罗梨弗：梵文 Pāṭaliputra 的音译，又作波吒厘子城、华氏城，详参卷八摩揭陁国“波吒厘子城”部分注释。

⑪三藏：梵文 Tripiṭaka 的意译，佛典的总称。即经藏（Sūtrapiṭaka）、律藏（Vinayapiṭaka）、论藏（Abhidharmapiṭaka）。

⑫三明：佛教所称的三种智慧，即宿命明、天眼明、漏尽明。宿命明是明白自己和他人一切宿世的事；天眼明是明白自己和他人一切未来世的事；漏尽明是以圣智断尽一切的烦恼。以上三者，在阿罗汉叫做“三明”，在佛即叫做“三达”。

【译文】

从吠舍厘城往东南前行十四五里，到达一座大佛塔，是七百位圣贤第二次结集之处。到佛涅槃之后的第一百一十年，吠舍厘城有很多比丘，背离佛法，奉行错误的戒律。这时长老耶舍陁住在憍萨罗国，长老三菩伽住在秣菟罗国，长老厘波多住在韩若国，长老沙罗住在吠舍厘国，长老富阇苏弥罗住在波罗梨弗国。这些大罗汉获得自在之心，守持经、律、论三藏，有三明智慧，享有崇高的声望，为大众所了解，都是尊者阿难的弟子。

时耶舍陁遣使告诸贤圣，皆可集吠舍厘城。犹少一人，未满七百。是时富阇苏弥罗以天眼见诸大贤圣集议法事①，运神足至法会②。时三菩伽于大众中右袒长跪③，扬言曰："众无哗！钦哉念哉④！昔大圣法王善权寂灭⑤，岁月虽淹，言教尚在。吠舍厘城懈怠苾刍，谬于戒律，有十事出⑥，违十力教⑦。今诸贤者深明持犯，俱承大德阿难指诲，念报佛恩，重宣圣旨。"时彼大众莫不悲感，即召集诸苾刍，依毗奈耶⑧，诃责制止，削除谬法，宣明圣教。

【注释】

①天眼：五眼（肉眼、天眼、慧眼、法眼、佛眼）之一，为天趣之眼，知粗细远近一切诸色及众生未来生死之相，故名天眼。

②神足：即神足通，五通（天眼通、天耳通、他心通、宿命通、神足通）之一。得此通者飞行自在，石壁无碍，又能作化石为金、变火为水等奇变。

③右袒：脱右袖，露出右臂、右肩。为佛教礼仪之一。

④钦哉念哉：即钦念，恭敬而认真地思考。

⑤善权：佛教指谓以灵活方式因人施教，使悟佛法真义，与"方便"义同。

⑥十事：即十事非法。跋耆（跋阇子比丘）所认为的十件合乎佛教戒律的事情，而被长老耶舍陁等指为非法。"十事"的具体内容

诸说不一，可参《根本说一切有部毗奈杂事》卷四十、《十诵律》卷六十。

⑦十力：梵文 Daśabalāni 的意译，指如来所具有的十种智力：一、知觉处非处智力，二、知三世业报智力，三、知诸禅解脱三昧智力，四、知诸根胜劣智力，五、知种种解智力，六、知种种界智力，七、知一切至所道智力，八、知天眼无碍智力，九、知宿命无漏智力，十、知永断习气智力。

⑧毗奈耶：梵文 Vinaya 的音译，又作鼻那夜、毗那耶、毗尼、鞞尼迦等，传说为佛所说的戒律。

【译文】

这时耶舍陁派遣使者告诉各位圣贤，都来吠舍厘城集会。当时还差一人，不足七百之数。这时富阇苏弥罗凭借天眼，看见各位圣贤集会讨论佛事，便运用神足通来到法会。这时三菩伽在众人前袒右长跪，高声说："诸位肃静！请认真想一想啊！从前大圣法王为教化众生而涅槃，时间虽然过去很久，但所讲教义还在。吠舍厘城那些懒散的比丘，奉行错误的戒律，出现了十种不合佛法的事，有背于佛教。而今各位圣贤深深地懂得何为持戒、何为犯戒，都受过大德阿难的指点教诲，为了报答佛的大恩，重新宣扬佛的旨意。"当时众人无不悲伤，立即召集各位比丘，依据佛所说的戒律，对他们进行了谴责和制止，废除错误的戒律，显扬真正的佛法。

九、湿吠多补罗伽蓝

七百贤圣结集南行八九十里，至湿吠多补罗僧伽蓝①，层台轮焕②，重阁翚飞③。僧众清肃，并学大乘。其傍则有过去四佛坐及经行遗迹之处。其侧窣堵波，无忧王之所建也，如来在昔南趣摩揭陁国，北顾吠舍厘城，中途止息遗迹之处。

【注释】

①湿吠多补罗僧伽蓝：梵文Śvetapurasaṃghārāma的音译，意译为白城寺。

②轮焕：美轮美奂。形容屋宇高大众多，语出《礼记·檀弓下》："美哉轮焉，美哉奂焉"。焕，通"奂"。

③翚(huī)飞：形容宫室的高大壮丽。语出《诗经·小雅·斯干》："如翚斯飞。"翚，五彩山雉。

【译文】

七百贤圣结集处往南前行八九十里，来到湿吠多补罗寺，亭台楼阁美轮美奂、高大壮丽。僧人清净整肃，都学习大乘佛法。旁边则有过去四佛法座及经行的遗迹。侧边的佛塔，是无忧王建造的，这里是如来从前南行去摩揭陁国时、向北回望吠舍厘城而中途停歇的遗迹。

十、阿难分身寂灭传说

湿吠多补罗伽蓝东南行三十余里，殑伽河南北岸各有一窣堵波，是尊者阿难陁分身与二国处。阿难陁者，如来之从父弟也，多闻总持[①]，博物强识，佛去世后，继大迦叶任持正法[②]，导进学人。在摩揭陁国，于林中经行，见一沙弥讽诵佛经，章句错谬[③]，文字纷乱。阿难闻已，感慕增怀，徐诣其所，提撕指授[④]。沙弥笑曰："大德耄矣，所言谬矣！我师高明，春秋鼎盛[⑤]，亲承示诲，诚无所误。"阿难默然，退而叹曰："我年虽迈，为诸众生，欲久住世[⑥]，住持正法。然众生垢重[⑦]，难以诲语。久留无利，可速灭度。"于是去摩揭陁国，趣吠舍厘城，渡殑伽河，泛舟中流。

【注释】

①总持：梵文 Dhāraṇi 的意译，又作持、能持能遮等，意思是持善不失，持恶不生，众德具备。

②任持：主持，维持。下文“住持”义同。

③章句：诗文（这里指佛经）的章节和句子。

④提撕（xī）：本义为拉扯，引申为教导、点拨。指授：指导、传授。

⑤春秋鼎盛：形容人正值壮年时期。

⑥住世：身居尘世，留在世间。指活着。

⑦垢：即尘垢，烦恼。即佛经所谓贪、欲、嗔、恚、愚、痴等诸惑。

【译文】

从湿吠多补罗寺往东南方向前行三十多里，恒河南北两岸各有一座佛塔，是尊者阿难陁平分骸骨给两个国家之处。阿难陁，是如来的堂弟，多闻第一，众德具备，博闻强记，佛去世之后，继承大迦叶维护佛法，引导激励后学。在摩揭陁国时，一次在树林中经行，见一个沙弥念诵佛经，章节、句子和文字错误百出、杂乱无章。阿难听了，更加怀念佛陀，缓步走到沙弥那里，进行点拨指导。沙弥笑道：“您已经老了，说得完全不对！我的导师十分高明，正值壮年，我亲受他的指点教诲，确实没有错误。”阿难沉默不语，回来后叹息道：“我虽然年迈，但为了众生，本想久居尘世，维护正法。然而无奈众生烦恼太重，难以教诲。久留无益，不如早点涅槃。”于是离开摩揭陁国，前往吠舍厘城，渡恒河时，船在河中航行。

摩揭陀王闻阿难去，情深恋德，即严戎驾[①]，疾驱追请，数百千众，营军南岸。吠舍厘王闻阿难来，悲喜盈心，亦治军旅，奔驰迎候，数百千众，屯集北岸。两军相对，旌旗翳日。阿难恐斗其兵[②]，更相杀害，从舟中起，上升虚空，示现神变，即入寂灭。化火焚骸，骸又中析[③]，一堕南岸，一堕北岸。于是二王各得一分，举军号恸，俱还本国，起窣堵波，而修供养。

从此东北行五百余里，至弗栗恃国。北人谓三伐恃国，北印度境。

【注释】

①严戎驾：调集兵马。“严驾”为“整备车马”之意。下文“治军旅”与“严戎驾”义近。

②斗其兵：使两军交战。

③中析：从中间一分为二。析，分开。

【译文】

摩揭陀国国王听说阿难离去，心中不舍，当下调集兵马，疾驰追赶，成千上万的兵马，驻扎在恒河南岸。吠舍厘王听说阿难前来，心中悲喜交集，也率领军队，飞奔前去迎接，成千上万的人马，屯兵恒河北岸。两军对垒，旌旗遮天蔽日。阿难担心因为自己而两军交战，互相残杀，于是从船上跃起，腾身飞上虚空之中，显示种种神奇的变化，随即涅槃。又化出烈火焚烧骸骨，而后骸骨从中间一分为二，一半坠落在南岸，一半坠落在北岸。于是两国国王各得一半，全军号啕大哭，各自还军本国，建起佛塔，供养阿难舍利。

从这里往东北前行五百多里，到达弗栗恃国。北方人称三伐恃国，在北印度境内。

弗栗恃国

弗栗恃国周四千余里[①]，东西长，南北狭。土地膏腴，花果茂盛。气序微寒，人性躁急。多敬外道，少信佛法。伽蓝十余所，僧徒减千人，大小二乘兼功通学。天祠数十，外道寔众。国大都城号占戍挐[②]，多已颓毁。故宫城中尚有三千余家，若村若邑也。大河东北有伽蓝，僧徒寡少，学业清高[③]。

【注释】

①弗栗恃：梵文 Vṛji 的音译，又作毗梨祇、佛栗氏、跋祇、跋耆、跋阇等，为古印度十六大国之一，是由八个部族组成的联邦，故上文原注"北人谓三伐恃"，"三伐恃（Samvṛiji）"即是"弗栗恃联邦"；"弗栗恃"也是该联邦中的一个部族。其地大体在现在的达尔般迦（Darbhanga）北部。

②占戍挐：当为梵文 Cañśuna 的音译，又作占戍挐、占伐拏、占戍拏等，其地望不详。

③清高：纯洁高尚。

【译文】

弗栗恃国方圆四千多里，国土狭长，东西宽，南北窄。土地肥沃，花果茂盛。气候稍寒，人们性情急躁。大多敬信外道，很少信奉佛法。寺院有十多所，僧徒不到一千人，大乘和小乘佛法，都研究学习。天祠有几十所，外道信众很多。该国的大都城叫占戍挐，大部分已经倒塌毁坏。在旧王宫宫城内还住着三千多家人，好像村落一样。大河东北有座寺院，僧人很少，学识清纯，操业高尚。

一、化度渔人处及诸遗迹

从此西行，依河之滨有窣堵波，高余三丈，南带长流，大悲世尊度渔人处也。越在佛世[①]，五百渔人结俦附党[②]，渔捕水族，于此河流得一大鱼，有十八头，头各两眼。诸渔人方欲害之，如来在吠舍厘国，天眼见，兴悲心[③]，乘其时而化导，因其机而启悟[4]。告诸大众："弗栗恃国有大鱼，我欲导之，以悟诸渔人。尔宜知时。"于是大众围绕，神足凌虚，至于河滨，如常敷座。遂告诸渔人："尔勿杀鱼！"以神通力，开方便门[5]，威被大鱼，令知宿命，能作人语，贯解人情。尔时如来知而故问："汝在前身，曾作何罪，流转恶趣，受此弊身？"

鱼曰："昔承福庆，生自豪族，大婆罗门劫比他者[6]，我身是也。恃其族姓，凌蔑人伦；恃其博物，鄙贱经法。以轻慢心，毁讟诸佛[7]；以丑恶语，詈辱众僧。引类形比[8]，谓若驼、驴、象、马，诸丑形对。由此恶业[9]，受此弊身。尚资宿善，生遭佛世，目睹圣化，亲承圣教。因而忏谢，悔先作业。"如来随机摄化[10]，如应开导。鱼既闻法，于是命终。承兹福力，上生天宫。于是自观其身，何缘生此，既知宿命，念报佛恩，与诸天众肩随戾止[11]，前礼既毕，右绕退立，以天宝香花持用供养。世尊指告渔人，为说妙法。于即感悟，输诚礼忏，裂网焚舟，归真受法。既服染衣，又闻至教，皆出尘垢，俱证圣果。

【注释】

①越：句首助词，无实意。

②结俦(chóu)附党：即结附俦党，意为众人联合成团体。俦党，指因乡里、亲族或其他关系结成的群体。

③悲心：佛教讲求"慈悲"，"慈能与乐，悲能拔苦"，故"悲心"指愿解除他人痛苦之心。

④机：即根机、机缘等，佛教指本来自身心性已有、而为教法所激发而活动的机缘。

⑤方便：梵文 Upāya 的意译，如来引导和教化众生而随机采用的手

段。《法华义疏》四："一者就理教释之，理正曰方，言巧称便。即是其义深远，其语巧妙，文义合举，故云方便。此释通于大小。二者众生所缘之域为方，如来适化之法称便。盖欲因病授药，藉方施便，机教两举，故名方便。"

⑥劫比他：梵文 Kapitha 的音译，为婆罗门族姓。参本书卷四"劫比他国"。

⑦讟(dú)：诽谤。

⑧引类形比：援引其(这里指僧人)同类来对比或比较。形比，比较、对照，与下文"形对"义同。

⑨恶业：与"善业"相对，指身、口、意所造乖理之行为，能招感现在与未来的苦果。

⑩摄化：佛教指以佛慈悲之力感化救苦众生。

⑪肩随戾止：相随而来。肩随，追随。戾止，到来。

【译文】

从这里向西前行，沿着河边有一座佛塔，高三丈多，南临长河，这是大悲世尊化度渔人之处。从前佛在世之时，有五百位渔民结成一体，捕捞河中生物，在这条河里打上来一条大鱼，有十八个头，每个头上各有两只眼睛。渔民们准备将其杀掉，如来此时正在吠舍厘国，通过天眼见此情景，大发慈悲之心，便趁此时机进行教化引导，以使其醒悟。告诉大家说："弗栗恃国有一条大鱼，我将要开导它，并以此使渔民们醒悟。你们应该知道这正是时候。"于是如来在众人的簇拥下，运用神足凌空而行，来到河边，像平常一样铺设好法座。于是对渔民们说："你们不要杀死这条鱼！"便使用神通之力，大开方便法门，神力施加在大鱼身上，让它知道前世因果，能够像人一样说话，通解人性。这时如来明知故问道："你在前世的时候，曾经作过什么罪孽，以致于转生恶道，变成如此丑恶之身？"

大鱼说："从前承蒙福分，出生在豪门大族，大婆罗门劫比他就是我。依仗优越的族姓，侮辱、轻视人的伦理；仗着博学多识，看不起佛经佛法。用傲慢的心态，诽谤非议众佛；用恶毒的语言，辱骂僧人。将僧人比作畜牲，说他们像骆驼、驴子、大象、马匹，用种种丑物与他们相比。因为这些恶业，所以变成这副丑恶的模样。不过还能借助前世的一点善业，生逢佛陀在世，能亲眼目睹圣人的教化，亲自禀承佛的教诲。因此忏悔谢罪，悔悟前世所作恶业。”如来随机应变，进行教化开导。大鱼听了佛法，于是死去。受如来说法的福分，得以转生天界。于是反观自身，为何得生天界，知道前世因缘之后，一心想报答佛的恩德，便与天人大众，相随而来，先在佛前礼拜，然后向右绕佛，退立一边，将天界珍宝香花，拿来供养如来。世尊又点拨晓喻渔民，为之演说精妙佛法。渔民当即感悟，归依佛教，虔诚忏悔，撕破鱼网，烧毁渔船，归依领受佛法。穿上僧衣后，又聆听佛的教诲，最终都脱离烦恼，证得圣果。

度渔人东北行百余里，故城西有窣堵波，无忧王所建，高百余尺，是佛在昔于此六月说法度诸天人。此北百四五十步，有小窣堵波，如来昔于此处为诸苾刍制戒[①]。次西不远，有如来发爪窣堵波，如来昔于此处，近远邑人相趋辐凑[②]，焚香散花，灯炬不绝[③]。

从此西北千四五百里，逾山入谷，至尼波罗国。中印度境。

【注释】

①制戒：佛对弟子制定戒律。

②辐凑：同“辐辏”，集中、聚集。

③灯炬：灯烛等照明物，这里指供佛的香火。

【译文】

从化度渔民处往东北前行一百多里，在一处旧城的西边有座佛塔，是无忧王建造的，高一百多尺，佛从前在此地说法六个月，以济度天人大众。从这里往北四五十步，有一座小塔，如来从前在此处为比丘们制定戒律。再往西去不远处，有供奉如来头发、指甲的佛塔，从前如来在这里时，远近乡人纷纷来此聚集，烧香散花，香火不断。

从这里往西北走一千四五百里，翻山越岭，进入深谷，来到尼波罗国。在中印度境内。

尼波罗国

尼波罗国周四千余里[①]，在雪山中。国大都城周二十余里。山川连属，宜谷稼，多花果。出赤铜、犛牛、命命鸟[②]。货用赤铜钱。气序寒烈，风俗险诐[③]，人性刚犷，信义轻薄。无学艺，有工巧。形貌丑弊，邪正兼信。伽蓝、天祠接堵连隅[④]。僧徒二千余人，大小二乘，兼功综习。外道异学，其数不详。

【注释】

①尼波罗：梵文 Nepāla 的音译，又作泥婆罗、你波罗、尼八剌等，在今尼泊尔加德满都谷地。此国显然不在中印度境，故《释迦方志》卷上改为“北印度”，两《唐书》均记载了此国。

②犛（máo）牛：野牛，形状毛尾全同牦牛，但比牦牛大；或说就是牦牛。命命鸟：梵文 Jīvajīvaka 的意译，又作生生鸟、共命鸟，音译作耆婆耆婆迦，或说为一身两头之鸟，或说为鹧鸪之类。

③险诐（bì）：阴险邪僻。诐，不正、谄佞。

④接堵连隅：连边接界、鳞次栉比，形容房屋很多。

【译文】

尼波罗国方圆四千多里，在大雪山中。该国大都城方圆二十多里。国土山川相连，适宜于种植庄稼，花果很多。出产赤铜、犛牛、命命鸟。货币用赤铜钱。气候特别寒冷，民风阴险邪僻，人的性情刚直粗犷，信义观念淡薄。不讲学问伎艺，会一些手艺。外貌丑陋，外道、佛教都有信徒。寺院、天祠鳞次栉比。僧徒有两千多人，大乘和小乘佛法，都研究学习。外道异教信徒，数目不详。

一、光胄王制声明论

王刹帝利栗呫婆种也[①]，志学清高，纯信佛法。近代有王，号鸯输伐摩[②]，唐言光胄。硕学聪睿，自制《声明论》，重学敬德，遐迩著闻。

【注释】

①刹帝利栗呫婆种：刹帝利种姓的栗呫婆族人。刹帝利，梵文Kṣātriya的音译。亦省称“刹利”。古印度第二族姓，掌握政治和军事权力。为世俗统治者。栗呫婆，已见本卷“吠舍厘国”。

②鸯输伐摩：梵文Aṃśuvarmā的音译，意译为光胄，本为栗呫婆王朝湿婆提婆（Śivadeva）王的臣子，后自立为王，建立了塔库里王朝。

【译文】

尼波罗国国王，是刹帝利种姓的栗呫婆族人，志向与学问清纯高尚，深信佛法。近代有一位国王，号为鸯输伐摩，唐土称光胄。学识渊博，聪明睿智，亲自撰写了《声明论》，重视学问、崇尚道德，远近闻名。

二、小水池

都城东南有小水池，以人火投之[①]，水即焰起。更投余物，亦变为火。

从此复还吠舍厘国，南渡殑伽河，至摩揭陁国。旧曰摩伽陁，又曰摩竭提，皆讹也。中印度境。

【注释】

①人火：人家所用的火。《释迦方志》卷上、《法苑珠林》卷三十八均作“家火”，由此可见“人火”之义。

【译文】

都城东南边有一口小水池，将人家所用的火投进去，水上立即燃起火焰。再投进别的东西，也会燃烧起来。

从这里又返回到吠舍厘国，向南渡过恒河，到达摩揭陁国。旧称摩伽陁，又称摩竭提，皆误。在中印度境内。

卷第八　一国

【题解】

在整部《大唐西域记》中，玄奘用了两卷的篇幅来记述摩揭陁国，可谓十分详赡。究其原因，主要有两点：一是玄奘本人在摩揭陁国的那烂陀寺习经五年，其间必定游历了很多圣迹；二是摩揭陁国是释迦牟尼成佛之地，不论是传说还是名胜都非常的多。玄奘在此国最先游历的波吒厘子城，曾是佛教的大保护者阿育王的都城，传说阿育王继位之初是位暴君，其后笃信佛教，建起八万四千座佛塔。玄奘记载摩揭陁国境内有三座著名的寺院，即鞮罗择迦伽蓝、德慧伽蓝和戒贤伽蓝。玄奘曾两次造访鞮罗择迦伽蓝，并在寺内习经两月；德慧为唯识十大论师之一，后在那烂陀寺讲学；而戒贤更是主持过那烂陀寺，为戒日王时大乘佛教权威学者，玄奘译有其著作《佛地经》。如来将证正觉，先到钵罗笈菩提山，后受神指点前往菩提树下，于金刚座上成佛，所以菩提树垣周边佛迹甚多。

摩揭陁国上

摩揭陁国周五千余里[①]，城少居人，邑多编户[②]。地沃壤，滋稼穑，有异稻种，其粒粗大，香味殊越[③]，光色特甚，彼俗谓之供大人米[④]。土地垫湿[⑤]，邑居高原。孟夏之后，仲秋之前，平居流水，可以泛舟。风俗淳质，气序温暑。崇重志学，尊敬佛法。伽蓝五十余所，僧徒万有余人，并多宗习大乘法教。天祠数十，异道寔多。

【注释】

①摩揭陁：梵文 Magadha 的音译，又作摩诃陀、默竭陀、摩伽陀、墨竭提、摩竭、摩揭等，意译作无害、无恼害、不恶处、致甘露处、善胜、聪惠、天罗等。古印度十六大国之一，其领域大致相当于今印度比哈尔邦的巴特那（Patna）和加雅（Gayā）两地。该国在西元前七世纪时已经很强大，首都初为王舍城，后迁华氏城。主要经历了童龙王朝、孔雀王朝和笈多王朝，西元六世纪末衰亡。其历史上的一些著名国王，如频毗娑罗王、阿育王（无忧王）对保护与弘扬佛教作出过重大贡献；释迦牟尼一生中大部分时间都在该国度过，故有关佛陀生平的胜迹大都在王舍城附近地区；佛教史上的四次结集，其中第一次和第三次就分别在该国首都王舍城和华氏城举行。所以，摩揭陁国一直被视为佛教圣地。

②编户：编入户籍的人家，这里指一般意义上的住户、人家。

③殊越：特别出众、超乎寻常。

④供大人米：据《慈恩传》卷三，此为一种粳米，只有摩揭陁国出产，“独供国王及多闻大德”，故有此称。

⑤垫湿：低洼潮湿。

【译文】

摩揭陁国方圆五千多里，城中居民很少，村镇住户很多。土地肥沃，适宜庄稼生长，有一种特别的稻子，颗粒粗大，香味超乎寻常，光彩色泽极好，当地俗称“供大人米”。土地低洼潮湿，村镇都座落在高处。孟夏四月之后、仲秋八月之前这段时间，平地涨水，可以撑船。民俗淳厚质朴，气候温暖偏热。崇尚学问，尊敬佛法。寺院有五十多所，僧徒有一万多人，大多都信奉和学习大乘佛教。天祠有几十座，外道也很多。

一、波吒厘子城及传说

殑伽河南有故城，周七十余里，荒芜虽久，基址尚在。

昔者人寿无量岁时，号拘苏摩补罗城[1]，唐言香花宫城。王宫多花，故以名焉。逮乎人寿数千岁，更名波吒厘子城[2]。旧曰巴连弗邑，讹也。

【注释】

①拘苏摩补罗：即本书卷五的拘苏磨补逻(Kusumapura)，又作瞿苏摩补罗、拘苏磨补罗等，意译为花宫、香花宫城等，为羯若鞠阇国的旧都。

②波吒厘子：梵文Pāṭaliputra，波吒厘为Pāṭali的音译，本为树名，子为putra的意译。波吒厘子音译作波吒利弗、波吒罗、波吒梨耶、波罗利弗多罗、巴连弗等，意译为华氏城。此城原为恒河边的一个村庄，名为波吒厘村(Pāṭaligrāma)，为王舍城通往吠舍厘等地的交通要道，在阿阇世王之后的邬陀耶(Udaya)王时才建成城池。其地望在现在的巴特那(Patna)西北至订那浦尔(Dinapore)的中途。为佛教第三次结集之处，故名胜古迹很多。

【译文】

恒河南边有一座旧城，方圆七十多里，虽然已经荒芜很久了，但基址还在。从前人的寿命无限之时，号为拘苏摩补罗城，唐土称香花宫城。因为王宫花多，故以此命名。到了人的寿命几千岁时，更名为波吒厘子城。旧称巴连弗邑，误。

初有婆罗门，高才博学，门人数千，传以授业。诸学徒相从游观，有一书生徘徊怅望[1]，同俦谓曰："夫何忧乎？"曰："盛色方刚[2]，羁游履影[3]，岁月已积[4]，艺业无成。顾此为言，忧心弥剧。"于是学徒戏言之曰："今将为子求娉婚亲。"乃假立二人为男父母，二人为女父母，遂坐波吒厘树，谓女婿树也。采时果，酌清流，陈婚姻之绪[5]，请好合之期[6]。时假女父攀花枝以授书生曰："斯嘉偶也，幸无辞焉。"书生之心欣然自得。日暮言归，怀恋而止。学徒曰："前言戏耳，幸可同归。林中猛兽恐相残害。"书生遂留，往来树侧。

【注释】

①怅望：惆怅地张望或想望。

②盛色方刚：青春年少，血气方刚。盛色，年轻时美好的容颜。方刚，年轻力壮、精力旺盛。

③羁游履影：羁旅无定，形单影只。

④积：久。

⑤绪：情意、情思。

⑥好合：男女结合、成亲。

【译文】

当初，有一位婆罗门，才智过人、学识渊博，为几千个学生传授学业。同学们相随游乐观览，其中有一位书生徘徊不前，惆怅地四处张望，同伴问道："为什么闷闷不乐呢？"书生道："我青春年少，血气方刚，羁旅无定，形单影只，时间过去了这么久，学业却一无所成。一想到这些，不免更加忧愁。"于是同学们便对他开玩笑说："现在就为你求婚娶亲。"于是其中两人假扮男方父母，两人假扮女方父母，坐在波吒厘树下，称这棵树为"女婿树"。采摘时鲜水果，舀取清澈的流水，陈述婚姻之情，约定成亲之期。这时女方父亲的假扮者从波吒厘树上摘下一根花枝交给书生说："这就是你的夫人，希望不要推托。"书生心中非常高兴。黄昏时大家准备回去，书生却依恋万分地要留下来。同学们对他说："之前说的都是戏言，希望你跟我们一起回去。不然的话，树林中猛兽很多，恐怕会伤害你。"书生最终还是留下，在那棵树周围徘徊。

景夕之后[①]，异光烛野，管弦清雅，帷帐陈列。俄见老翁策杖来慰，复有一妪携引少女，并宾从盈路，袨服奏乐[②]。翁乃指少女曰："此君之弱室也[③]。"酣歌乐宴，经七日焉。学徒疑为兽害，往而求之，乃见独坐树阴，若对上客。告与同归，辞不从命。后自入城，拜谒亲故，说其始末，闻者惊骇。与诸友人同往林中，咸见花树是一大第，童仆役使[④]，驰驱往来，而彼老翁从容接对[⑤]，陈馔奏乐，宾主礼备。诸友还城，具告远近。期岁之后，生一子男，谓其妻曰："吾今欲归，未忍离阻[⑥]。适复留止[⑦]，栖寄飘露[⑧]。"其妻既闻，具以白父。翁谓书生曰："人生行乐，讵必故乡？今将筑室，宜无异志。"于是役使灵徒[⑨]，功成不日。香花旧城迁都此邑。由彼子故，神为筑城，自尔之后，因名波吒厘子城焉。

【注释】

①景夕：犹日夕，太阳落山的时候，即黄昏。景：日光、太阳。

②袨(xuàn)服：黑色的礼服。

③弱室：妻子。

④役使：供服役的人、杂役，名词。又可为动词，驱使。

⑤接对：接待应对。

⑥离阻：分离，阻隔。

⑦适：假如，如果。

⑧栖寄飘露：寄居在外，飘泊不定。

⑨灵徒：冥灵之人，鬼神。

【译文】

黄昏之后，奇异的光亮照耀四野，音乐清越高雅，帷幕帐幔有序地排列。旋即只见一位老人拄着拐杖前来问候，又见一位老夫人手牵一位妙龄少女，跟着很多宾客和随从，还有穿着黑色礼服的人在演奏音乐。老人于是指着少女对书生说："这就是你的妻子。"而后大摆宴席，饮酒作乐，一直持续了七天。同学们怀疑书生已为野兽所害，便前去寻找，只见他独自一人坐在树阴下，好像对着贵宾一般。众人请他一起回去，书生婉言拒绝了。后来书生自己回城，拜见亲戚朋友，讲述了事情的经过，听到此事的人无不震惊。书生便与朋友们一起前往树林中，众人只见从前的花树现在是一所豪宅，仆人杂役来来往往地忙碌，而那位老人不慌不忙地接待和应对客人，铺陈佳肴，演奏音乐，宾客、主人礼节周到。朋友们回到城中，一一讲述给远近的人。一年之后，书生得了一个儿子，对他妻子说："我现在想回去，又不忍心与你分开。如果继续留在这里，又有寄居在外、飘忽不定之感。"妻子听了，便一一告诉了她的父亲。老人对书生说："人生享乐，何必定在故乡？我马上为你建造房屋，你不要有别的想法。"于是驱使鬼神，很快就完工了，香花旧城迁都到这里。因为这位书生的缘故，神为之修筑城池，从此以后，就被称为"波吒厘子城"。

二、无忧王地狱处

王故宫北有石柱，高数十尺，是无忧王作地狱处。释迦如来涅槃之后第一百年，有阿输迦唐言无忧，旧曰阿育，讹也。王者[①]，频毗娑罗唐言影坚，旧曰频婆娑罗，讹也。王之曾孙也[②]，自王舍城迁都波吒厘，重筑外郭，周于故城。年代浸远，唯余故基。伽蓝、天祠及窣堵波，余址数百，存者二三。唯故宫北临殑伽河小城中有千余家。

【注释】

①阿输迦王：即阿育王，古印度摩竭陀国孔雀王朝第三代国王，佛

教护法名王。约西元前268年至前232年在位,初奉婆罗门教,后来改信佛教,成为大护法,于国内建八万四千大寺、八万四千宝塔,并派遣宣教师到四方传教。与频毗娑罗分属两个王朝,本文称其为频毗娑罗的曾孙,当为误记,可能是因为孔雀王朝第一个国王旃陀罗笈多之子名宾头娑罗(Bindusāra)与其音近。

②频毗娑罗:梵文Bimbisāra的音译,又作洴沙、瓶沙、萍沙等,意译作影坚、影胜。为西元前六世纪前半期(约前582—前554)摩揭陀国国王,与释迦牟尼同时。佛经称其为佛教的热忱赞助者,而耆那教文献则称他是耆那教信徒。

【译文】

旧王宫北边有一根石柱,高数十尺,是无忧王建造地狱之处。释迦如来涅槃之后的第一百年,有一位国君叫阿输迦唐土称无忧,旧称阿育,误。王,是频毗娑罗唐土称影坚,旧称频婆娑罗,误。王的曾孙,从王舍城迁都至波吒厘城后,重新修筑外城,环绕在旧城周围。由于年代久远,而今只剩下旧基。寺院、天祠和佛塔,遗址有几百处,保存完好的仅两三成。在旧宫城北边的恒河畔有一座小城,其中尚有一千多户人家。

初,无忧王嗣位之后,举措苛暴,乃立地狱,作害生灵。周垣峻峙,隅楼特起①;猛焰洪炉,铦锋利刃,备诸苦具②,拟像幽涂③。招募凶人,立为狱主。初以国中犯法罪人,不校轻重,总入涂炭④;后以行经狱次⑤,擒以诛戮。至者皆死,遂灭口焉。时有沙门初入法众,巡里乞食,遇至狱门⑥,狱吏凶人擒欲残害。沙门惶怖,请得礼忏。俄见一人缚来入狱,斩截手足,磔裂形骸⑦,俯仰之间,肢体糜散。沙门见已,深增悲悼,成无常观⑧,证无学果⑨。

【注释】

①隅楼:角楼。用来瞭望和防守、建于城垣四角的城楼。

②苦具:刑具。

③幽涂:同“幽途”。阴曹地府,在佛经中指六道轮回中的地狱、饿鬼、畜生等三恶道。

④涂炭:泥淖和火炭,比喻极端困苦的境地,这里指地狱。

⑤行经狱次:经过地狱旁边。次,旁边、近旁。

⑥遇:同“偶”,偶然。

⑦磔(zhé)裂:分割,割裂。磔,古代的一种酷刑,即车裂。

⑧无常观:无常智。观,梵文 Vipaśyanā、Vidarśanā 的意译,观察妄惑或达观真理也,即智。

⑨无学果:阿罗汉果。因其学道圆满,不再修学,故称无学果。

【译文】

当初,无忧王继位之后,政治措施严酷暴虐,建造地狱,残害生灵。地狱外围墙高大,角楼耸立;地狱内有熊熊的炉火,锋利的刀剑,各种刑具一应俱全,模仿阴曹地府。招募了一位恶人,封为地狱之长。起初只是国内违法犯罪的人,不论罪行轻重,一律打入地狱;后来凡从地狱旁边经过的人,都捉来杀戮。因为到过这里的人都只有死路一条,所以没有人能说出去。当时有一个沙门,刚刚进入佛门,沿街化缘,偶然来到地狱门前,狱吏和恶人把他擒住,将要加以杀害。沙门惊恐万状,请求先拜佛忏悔。不久只见一个人被捆绑到地狱里来,先是砍断双手双脚,然后分割尸体,转瞬之间,肢体四分五裂。沙门见此情景,深为悲痛,于是悟得无常智,证得阿罗汉果。

狱卒曰:“可以死矣。”沙门既证圣果,心夷生死[①],虽入镬汤[②],若在清池,有大莲花而为之座。狱主惊骇,驰使白王,王遂躬观,深赞灵祐。狱主曰:“大王当死。”王曰:“云何?”对曰:“王先垂命,令监刑狱,凡至狱垣,皆从杀害[3],不云王入而独免死。”王曰:“法已一定,理无再变。我先垂令,岂除汝身?汝久滥生[4],我之咎也。”即命狱卒,投之洪炉。狱主既死,王乃得出,于是颓墙堙堑,废狱宽刑。

【注释】

①心夷生死:心中把生和死看成一样,即没有生死烦恼。

②镬(huò)汤:鼎中的沸水,为佛经所说“十八地狱”之一。镬,无足鼎,用以煮食。

③从:指采取某种方法或措施,如“从斩”之“从”。

④滥生:不当活而活着(即早已该死)。

⑤颓墙堙(yīn)堑(qiàn):推倒围墙、填埋壕沟,这里指毁除地狱。堙,填。堑,同“堑”。

【译文】

狱卒说:“你可以死了吧。”沙门已经证得圣果,心中再没有生死烦恼,虽然被投入鼎中沸水,却好像在清凉的池水中,还生出大莲花作为他的法座。狱长震惊害怕,派人飞报国王,国王于是亲自前来观看,深深赞叹神灵的福祐。狱长说:“大王该死。”国王说:“为什么?”狱长回答说:“国王先前有令,命我掌管地狱,凡是到了地狱之内,一律格杀勿论,没有说唯独国王进来就可免死。”国王说:“法律一经定下来,按理就不能再改变。我先前的命令,难道不包括你?你早该死而活到现在,是我的过失啊。”立即命令狱卒,将他投进大火炉。狱长死了,国王终于脱身,于是推倒围墙、填埋壕沟,废除地狱,放宽刑罚。

三、无忧王建舍利塔

地狱南不远有窣堵波,基址倾陷,惟余覆钵之势,宝为厕饰[①],石作栏槛,即八万四千之一也[②],无忧王以人功建于宫焉。中有如来舍利一升,灵鉴间起,神光时烛。无忧王废狱之后,遇近护大阿罗汉[③],方便善诱,随机导化。王谓罗汉曰:"幸以宿福,位据人尊,慨兹障累[④],不遭佛化。今者如来遗身舍利,欲重修建诸窣堵波。"罗汉曰:"大王以福德力,役使百灵[⑤],以弘誓心,匡护三宝[⑥],是所愿也,今其时矣。"因为广说献土之因[⑦],如来悬记兴建之功[⑧]。

【注释】

①厕饰:杂饰,交错装饰。厕,错杂。

②八万四千:指无忧王兴建的八万四千座佛塔。可参《杂阿含经》卷二三、《智度论》卷十一等。

③近护:梵文 Upagupta 的意译,音译作邬波毱多。付法藏的第四或第五祖。

④障累:佛教指恶业的妨碍和烦恼。障,因烦恼能障碍圣道,故烦恼又称障。

⑤百灵:各种神灵。

⑥匡护:扶持护卫。

⑦献土之因:指无忧王小时候遇佛乞食,以一捧土施佛,因此得到作轮王的果报。参下条注。

⑧如来悬记兴建之功:《贤愚经》卷三"阿输迦施土品第十七":"佛告阿难:'向者小儿,欢喜施土,土足涂污佛房一边,缘斯功德,我般涅槃百岁之后,当作国王,字阿输迦……兴显三宝,广设供养,分布舍利,遍阎浮提,当为我起八万四千塔。'"悬记,佛对将来之事的预言。

【译文】

地狱南边不远处有一座佛塔，塔基已经沉陷，只剩下覆钵部分，用宝物交错装饰，栏杆用石头作成，即是八万四千塔之一，是无忧王用人力修建在王宫内的。塔中藏有一升如来舍利，灵异常常出现，神光不时照耀。无忧王毁掉地狱之后，遇到近护大阿罗汉，罗汉以方便法门循循善诱，随顺机缘开导教化。国王对罗汉说："朕有幸凭借前世的福缘，得以位居一国之尊，可叹的是因为恶业的妨碍和烦恼，没有遇上佛的化度。而今为了供养如来的遗骨舍利，打算重新修建很多佛塔。"罗汉说："大王凭借所修福德，可驱使各种神灵，来达成您的誓愿，扶持护卫三宝，这也是我的愿望，现在正是时候了。"因而为他广说为佛施土的因缘，以及如来对他兴建八万四千佛塔的预言。

无忧王闻以庆悦，召集鬼神而令之曰："法王导利，含灵有庆①，我资宿善，尊极人中。如来遗身，重修供养。今尔鬼神，戮力同心，境极赡部，户满拘胝②，以佛舍利，起窣堵波。心发于我，功成于汝，胜福之利，非欲独有，宜各营构，待后告命！"鬼神受旨，在所兴功，功既成已，咸来请命。无忧王既开八国所建诸窣堵波，分其舍利，付鬼神已，谓罗汉曰："我心所欲，诸处同时藏下舍利③。心虽此冀，事未从欲。"罗汉曰王："命神鬼至所期日④，日有隐蔽，其状如手，此时也，宜下舍利。"王承此旨，宣告鬼神。逮乎期日，无忧王观候光景⑤，日正中时，罗汉以神通力，申手蔽日，营建之所，咸皆瞻仰，同于此时功绩咸毕。

【注释】

①含灵有庆：众生有福。含灵，众生、具有灵性的人类。庆，福泽。

②拘胝(zhī):梵文 Koṭi 的音译,又作拘利、俱利、俱致等,义为百万、亿,为极大的数目。

③藏下:埋藏、放置。藏、下均有埋置的意思,为同义复合。

④所期日:所约定的日期。期,约定。

⑤观候光景:观察日光。观、候,观察。光、景,日光。

【译文】

无忧王听了非常高兴,召集鬼神并下令道:“由于法王的因势利导,众生有福,我依靠前世善业,为人中之王。如来的遗骨舍利,要重新修塔供养。现在你们这些鬼神,要戮力同心,在整个赡部洲境内,所有有人户居住的地方,为佛陀的舍利修建佛塔。善心虽然是我发的,但事业需要你们完成,行善积福的好处,我不愿一人独享,你们先各自营造构建佛塔,等待下一步的命令!”鬼神接到圣旨,各于所在地破土动工,修建完毕,都前来请示。无忧王打开原来八国所建造的佛塔,把其中的舍利分发给各路鬼神以后,对罗汉说:“我心里想的是,各地同时埋藏舍利。心中虽然希望如此,但事情恐难如愿。”罗汉启禀国王说:“您不妨告诉各路鬼神,到了约定的日期,太阳会受到遮蔽,阴影的形状像一只手,这个时候,便可埋藏舍利。”国王听了罗汉的指点,便告诉了鬼神。到了约定的日子,无忧王观察日光,太阳在正中时,罗汉凭借神通之力,伸手遮住太阳,凡是修建佛塔之处,都看到这个景象,同时埋下舍利,大功一时告成。

四、如来足迹石

窣堵波侧不远精舍中,有大石,如来所履,双迹犹存,其长尺有八寸,广余六寸矣。两迹俱有轮相①,十指皆带花文②,鱼形映起③,光明时照。昔者如来将取寂灭,北趣拘尸那城,南顾摩揭陁国,蹈此石上,告阿难曰:“吾今最后留此足迹，将入寂灭，顾摩揭陁也。百岁之后，有无忧王命世君临④，建都此地，匡护三宝，役使百神。”及无忧王之嗣位也，迁都筑邑，掩周迹石，既近宫城，恒亲供养。后诸国王竞欲举归，石虽不大，众莫能转。近者设赏迦王毁坏佛法⑤，遂即石所，欲灭圣迹，凿已还平，文彩如故。于是捐弃殑伽河流，寻复本处。其侧窣堵波，即过去四佛坐及经行遗迹之所。

【注释】

①轮相：佛三十二相之一，谓佛足掌有千辐轮形印纹。

②花文：花纹。据称佛足十指指端有卐字纹及鱼形。

③映起：这里当同“隐起”，即“突出”之意。

④命世君临：主宰天下。

⑤设赏迦王：梵文Śaśāṅka的音译，意译为月，西元六世纪末至七世纪前期为羯罗拏苏伐剌那国国王，信奉湿婆，仇视佛教，见卷五羯若鞠阇国。

【译文】

佛塔旁边不远处的一所精舍中，有一块大石，如来曾经踩踏过，至今保留着一双脚印，长有一尺八寸，宽有六寸多。两只脚印上均有千辐轮相，十指都带有花纹，鱼形突出，不时大放光明。从前如来即将涅槃，往北前去拘尸那城，向南回望摩揭陁国，脚踩这块石头，告诉阿难说：“我现在最后留下这双脚印，将要涅槃，在此回望摩揭陁国。我涅槃一百年后，有位无忧王主宰天下，在此地建都，扶持护卫三宝，驱使众神。”到无忧王继位之后，迁都于此，修筑城邑，在如来足迹石周围筑墙保护，因为离王宫很近，所以国王常常亲自供养。后来诸多国王纷纷要把石头抬回本国，石头虽然不大，都不能搬动它。近来设赏迦王破坏佛法，于是来到石头处，想毁坏圣人遗迹，凿坏以后又平复如初，花纹光彩依旧。于是将它抛进恒河中，可不久又回到原处。大石旁边的佛塔，是过去四佛的法座和经行的遗迹。

五、无忧王大石柱

佛迹精舍侧不远有大石柱，高三十余尺。书记残缺[①]，其大略曰："无忧王信根贞固[②]，三以赡部洲施佛、法、僧，三以诸珍宝重自酬赎[③]。"其辞云云，大略斯在。

【注释】

①书记：这里指石柱上的铭文。

②信根贞固：佛教信仰坚贞牢固。信根，指对佛教三宝四谛的坚定信仰，为五根（信根、精进根、念根、定根、慧根）之一。

③酬赎：以钱物偿值赎回。

【译文】

佛陀足印精舍边不远处，有一根大石柱，高三十多尺。铭文残缺，大概意思是说："无忧王对佛教的信仰坚贞牢固，三次用赡部洲施舍佛、法、僧，三次用各种珍宝赎回。"如此之类的话，大意就是这样。

六、摩醯因陀罗故事

故宫北有大石室，外若崇山，内广数丈，是无忧王为出家弟役使神鬼之所建也。初，无忧王有同母弟，名摩醯因陀罗[①]，唐言大帝。生自贵族，服僭王制[②]，奢侈纵暴，众庶怀怨。国辅老臣进谏王曰："骄弟作威，亦已太甚。夫政平则国治，人和则主安，古之明训，由来久矣。愿存国典，收付执法。"无忧王泣谓弟曰："吾承基绪，覆焘生灵[③]，况尔同胞，岂忘惠爱？不先匡导，已陷刑法。上惧先灵，下迫众议。”摩醯因陁罗稽首谢曰：“不自谨行，敢干国宪，愿赐再生，更宽七日。”于是置诸幽室，严加守卫，珍羞上馔，进奉无亏。

守者唱曰：“已过一日，余有六日。”至第六日已，既深忧惧，更励身心，便获果证。升虚空，示神迹，寻出尘俗，远栖岩谷。无忧王躬往谓曰：“昔拘国制，欲致严刑。岂意清升④，取证圣果。既无滞累，可以还国。”弟曰：“昔羁爱网，心驰声色；今出危城⑤，志悦山谷。愿弃人间，长从丘壑。”王曰：“欲静心虑，岂必幽岩？吾从尔志，当为崇树⑥。”遂召命鬼神而告之曰：“吾于后日广备珍羞，尔曹相率来集我会，各持大石，自为床座⑦。”诸神受命，至期毕萃。众会既已，王告神曰：“石座纵横，宜自积聚。因功不劳⑧，垒为虚室。”诸神受命，不日而成。无忧王躬往迎请，止此山庐。

【注释】

①摩醯因陁罗：梵文 Mahendra 的音译，又作摩哂陀、摩呻提等，意译作大帝。关于其与无忧王的关系，有两种说法：北传佛教（见《阿育王传》卷二、《阿育王经》卷三等）说他是无忧王的同母弟；南传佛教（见《岛史》第七章、《大史》第五章）则认为他是无忧王的长子。

②服僭（jiàn）王制：服饰超过了王朝的规制。僭，同“僭”，僭越，超过规制。

③覆焘：同“覆帱”，覆被、荫护。焘，覆盖、荫庇。

④清升：心中清净，得道登仙。

⑤危城：将被攻破之城。这里比喻危险的处境。

⑥崇树：这里指修建（供修行用的石室）。崇，尊崇，这里为敬辞 。

树，建立。

⑦床座：座位。床，坐具。

⑧因功不劳：依托已经完成的工作，再往下做就不麻烦。这里指利用诸神的石座再修石室就简单了。或为当时俗语。

【译文】

旧宫城北边有一间很大的石室，外观好像一座高山，内部宽有几丈，是无忧王为出家为僧的弟弟而驱使鬼神建造的。当初，无忧王有一个同母弟弟，名叫摩醯因陁罗，唐土称大帝。生在贵族家庭，服饰超过了规制，生活奢侈，放纵凶暴，天怒人怨。有辅国老臣向国王进谏道："陛下的弟弟骄横跋扈、作威作福，也太过分了。只有政治修明，国家才会安定；只有百姓和乐，君王才能安和。这是古人圣明的遗训，由来已久了。希望您维护国法尊严，将他收捕法办。"无忧王哭着对弟弟说："吾继承先王帝业，荫护天下生灵，何况你是我的同胞兄弟，我怎会忘记仁爱？从前没有挽救引导，而今你已触犯刑律。于上我怕祖先神灵怪罪，于下又迫于众人的非议。"摩醯因陁罗稽首谢罪道："我自己行为不谨，而今岂敢扰乱国法，但愿赐以大恩大德，再宽限七天。"于是把他关进黑暗的屋子，严加看守，不过佳肴美味，仍然进献供应，丝毫不少。

看守高声道："已经过去一天，还剩下六天。"到第六天过完，摩醯因陁罗因深怀忧虑和恐惧，更加勤奋地修炼身心，便获得果证。上升到虚空之中，示现种种灵异现象，旋即脱离尘世，远远地栖居山岩深谷中。无忧王亲自前往道："先前受国家制度的约束，竟想对你处以极刑。没想到你心中清净，得道成仙，证取了圣果。既然已经没有牵挂，可以回国了。"弟弟答道："从前我羁恋于贪爱之网，纵情于声色；而今脱离险境，心中喜欢山岩深谷。唯愿永离人间，长居山陵溪谷。"国王说："要使心志宁静，何必一定要在幽深的山中？我依从你的志向，将为你营造修行之所。"于是诏令鬼神，告诉他们说："我将于后天置备大量佳肴美味，你们都要来参加我的集会，各自带上一块大石头，作为自己的座位。"众神闻命，到时全部前来集会。众人集会结束以后，国王告诉众神道："石座分散杂乱，应当搬去堆积起来，既然有现成的石头，不妨再做个简单的事情，有劳大家砌成中空的石室。"众神闻命，很快就修成了。无忧王亲自前往，恭请弟弟居住在这山形的石屋中。

七、无忧王诸营造遗迹

故宫北地狱南有大石槽，是无忧王匠役神功[①]，作为此器，饭僧之时[②]，以储食也。

故宫西南有小石山，周岩谷间，数十石室，无忧王为近护等诸阿罗汉役使鬼神之所建立。傍有故台余基积石，池沼涟漪，清澜澄鉴，邻国远人谓之圣水，若有饮濯，罪垢消灭[③]。

山西南有五窣堵波，崇基已陷，余址尚高，远而望之，郁若山阜，面各数百步，后人于上重更修建小窣堵波。《印度记》曰：昔无忧王建八万四千窣堵波已，尚余五升舍利，故别崇建五窣堵波。制奇诸处，灵异间起，以表如来五分法身[④]。薄信之徒窃相评议，云是昔者难陁王建此五藏，以储七宝。其后有王，不甚淳信，闻先疑议，肆其贪求，兴动军师，躬临发掘。地震山倾，云昏日翳，窣堵波中大声雷震，士卒僵仆，象马惊奔。自兹已降，无敢觊觎。或曰："众议虽多，未为确论。"循古所记，信得其实。

【注释】

①匠役：当作工匠来驱使。

②饭僧：给僧人施舍饭食。饭，动词，给饭吃。

③罪垢：罪恶。佛教认为罪恶污身，犹如尘垢。

④如来五分法身：如来凭借五种功德法，成就佛身，故称“五分法身”。即：一、戒法身，谓如来三业，离一切的过失；二、定法身，谓如来真心寂灭，离一切的妄念；三、慧法身，谓如来真智圆明，通达诸法的性相；四、解脱法身，谓如来的身心，解脱一切的系缚；五、解脱知见法身，谓如来具有了知自己实已解脱的智慧。

【译文】

在旧宫城北面、地狱南面，有一个很大的石槽，是无忧王驱使鬼神作为工匠而作成的器皿，在给僧人施舍饭食的时候，用来存放食物。

在旧宫城西南面有一座小石山，有几十间石室遍布在山谷间，是无忧王为近护等阿罗汉而驱使鬼神建造的。旁边有一座旧台留下的基址和石堆，池塘水波荡漾，清澈明亮，邻国远方之人称之为圣水，如果用来饮用或洗浴，罪恶就会消除。

小石山西南边有五座佛塔，地基已经沉陷，但剩下的遗址还有很高，远远望去，像是密布的山丘，四面各有几百步宽，后人在上面又修了一些小塔。《印度记》说：从前无忧王建成八万四千座佛塔以后，还剩下五升舍利，所以就另外建造了这五座佛塔。其形制比别处的佛塔更为奇特，灵异现象时常出现，五座佛塔用来象征如来的五分法身。不信佛法的人私下议论，说是从前难陁王建起这五座宝库，用来储存各种宝物。其后有位国王，不太相信佛法，听到此前怀疑佛塔为宝库的说法后，放纵自己的贪欲，出动军队，亲自前往发掘。突然间地动山摇，天昏地暗，佛塔中吼声如雷，士兵们纷纷倒地，象和马惊慌地四处逃窜。从此以后，再也没人敢有非分之想。有人说：“众人说法虽然很多，不过都不确切。”寻求古书的记载，才真正知道其实际情形。

八、鸡园僧伽蓝

故城东南有屈居勿反。屈吒阿滥摩唐言鸡园。僧伽蓝[①]，无忧王之所建焉。无忧王初信佛法也，式遵崇建，修殖善种，召集千僧，凡圣两众[②]，四事供养，什物周给[③]。颓毁已久，基址尚在。

【注释】

①屈屈吒阿滥摩：梵文 Kukuṭārāma 的音译，意译作鸡园、鸡林园、鸡林精舍、鸡雀寺、鸡雀精舍、鸡头摩寺等。

②凡圣两众：凡僧和圣僧。众，三人或四人已上之和合僧，《天台观经疏》：“众者，四人已上乃至百千无量。”

③什物：各种物品器具。多指日常生活用品。

【译文】

旧城东南边有屈屈吒阿滥摩寺唐土称鸡园。是无忧王建造的。无忧王开始信奉佛法的时候，恭敬地修建该寺，修福积善，召集了一千名僧人，包括凡僧和圣僧，都以四事供养，各种物品器具全部供给。该寺已倒塌很久了，旧基遗址尚在。

九、阿摩落迦窣堵波

伽蓝侧有大窣堵波，名阿摩落伽[①]。阿摩落伽者，印度药果之名也。无忧王遘疾弥留，知命不济，欲舍珍宝，崇树福田。权臣执政，诫勿从欲。其后因食，留阿摩落果，玩之半烂，握果长息，问诸臣曰：“赡部洲主，今是何人？”诸臣对曰：“唯独大王。”王曰：“不然。我今非主，唯此半果，而得自在。嗟乎！世间富贵，危甚风烛。位据区宇，名高称谓，临终匮乏，见逼强臣，天下非已，半果斯在！”

乃命侍臣而告之曰：“持此半果，诣彼鸡园，施诸众僧，作如是说：‘昔一赡部洲主，今半阿摩落王，稽首大德僧前[②]，愿受最后之施。凡诸所有，皆已丧失，唯斯半果，得少自在。哀愍贫乏，增长福种。'"僧中上座作如是言[③]："无忧大王宿期弘济[④]，疟疾在躬，奸臣擅命，积宝非己，半果为施。承王来命，普施众僧。"即召典事[⑤]，羹中总煮。收其果核，起窣堵波。既荷厚恩，遂旌顾命[⑥]。

【注释】

①阿摩落伽：梵文 Āmalaka 的音译，其果酸而有回甘，我国古称余甘子。即本书卷二的"阿末罗果"。

②大德：梵文 Bhadanta 的意译，音译为婆檀陀，本为佛的别号，后为对精通佛法的高僧的尊称。

③上座：寺僧的职位名，位在住持之下，除了住持以外，因为更无人高出其上，故称"上座"。

④宿期弘济：一直希望广泛施舍。期，希望、打算。济，周济，这里指施舍。

⑤典事：管事，这里指管理寺院总务的僧人。

⑥顾命：临终遗命，多用以称帝王遗诏。这里指无忧王最后的施舍。

【译文】

鸡园寺边有一座大佛塔，叫阿摩落伽。所谓阿摩落伽，是印度一种药果的名称。无忧王生病弥留之际，自知不久于世，打算施舍珍宝，以修善积福。专权的大臣执掌政事，下令不得随王所欲。后来无忧王进食时，留下一个阿摩落果，把玩得都烂了一半时，握着它长声叹息，问众大臣道："赡部洲的君主，如今是谁呢？"众臣回答说："只有大王您啊。"无忧王道："并非如此。我现在不是君主，只有这半颗阿摩落果，是我可以自由支配的。唉，人世间的富贵，比风中的蜡烛更不可靠，我的名位为天下最高，临终时却什么都没有，为强权的大臣所逼，天下已经不是我的了，只有这半颗阿摩落果是我的！”

无忧王于是告诉身边的侍卫大臣说：“你拿着这半颗阿摩落果，前往鸡园寺，施舍给众位僧人，就这样给他们说：‘从前赡部洲的一洲之主，如今的半颗阿摩落果之王，稽首于各位大德高僧之前，希望接受我最后的施舍。我所有的财物，都已经没有了，只有这半颗阿摩落果，还能由我支配。你们要哀怜同情我这贫穷的人，希望以此增长我的福缘。’”僧人中的上座这样说：“无忧大王一直希望广泛施舍，无奈如今疾病在身，奸臣专权，所积珍宝已经不是他的了，所以用这半颗阿摩落果施舍。谨奉大王之命，广施各位僧众。”随即召来寺中管事，在羹汤中放入这半颗药果一起煮。而后捞出果核，起塔供养。因为蒙受了无忧王的大恩，故以此旌表他最后的施舍。

十、建揵椎声窣堵波及提婆故事

阿摩落伽窣堵波西北故伽蓝中，有窣堵波，谓建揵椎声[①]。初，此城内伽蓝百数，僧徒肃穆，学业清高，外道学人，销声缄口[②]。其后僧徒相次殂落，而诸后进莫继前修。外道师资[③]，传训成艺，于是命俦召侣，千计万数，来集僧坊，扬言唱曰：“大击揵椎，招集学人！”群愚同止，谬有扣击，遂白王请校优劣。外道诸师高才达学，僧徒虽众，辞论庸浅。外道曰：“我论胜。自今以后，诸僧伽蓝不得击揵椎以集众也。”王允其请，依先论制。僧徒受耻，忍诟而退，十二年间，不击揵椎。

时南印度那伽阏剌树那菩萨[④]，唐言龙猛，旧译曰龙树，非也。幼传雅誉，长擅高名，舍离欲爱，出家修学，深究妙理，位登初地[⑤]。有大弟子提婆者[⑥]，智慧明敏，机神警悟，白其师曰:"波吒厘城诸学人等,辞屈外道,不击揵椎,日月骤移,十二年矣。敢欲摧邪见山⑦,然正法炬⑧。"龙猛曰:"波吒厘城外道博学,尔非其俦,吾今行矣。"提婆曰:"欲摧腐草,讵必倾山?敢承指诲,黜诸异学。大师立外道义,而我随文破折,详其优劣,然后图行。"龙猛乃扶立外义,提婆随破其理,七日之后,龙猛失宗⑨。已而叹曰:"谬辞易失,邪义难扶,尔其行矣,摧彼必矣!"

【注释】

①揵椎:梵文 Ghaṇṭā 的音译,义为"声鸣"。指寺院中的木鱼、钟、磬之类。

②销声缄口:闭口不言,沉默不语。这里形容外道慑于僧徒的学业而不敢与之争锋。

③师资:师生,师徒。

④那伽阏剌树那:梵文 Nāgārjuna 的音译,又作那伽曷树那,那伽阿周陀那、那伽夷离淳那、那伽阿顺那等,意译作龙树、龙胜、龙猛。生于阿顺那树下,故名。佛灭后七百年出世于南天竺,马鸣弟子迦毗摩罗尊者之弟子,提婆菩萨之师。其生平本书卷十"憍萨罗国"有载。

⑤初地:指菩萨乘五十二位修行中十地的第一地。佛教徒须修十信,进而住于佛地之位,住有十种,称十住或十地;在十地中已渐开佛界,成一切种智,已属圣位,故又名"十圣"。

⑥提婆:梵文 Deva 的音译,意译为天或神。约于西元三世纪生于执师子国,为龙树弟子,付法藏第十四祖。

⑦邪见山:又称"邪山",佛教用高山比喻谬论。

⑧然正法炬:点燃正法火炬。然,"燃"的古字。正法炬,佛教认为

正法(真正的道法)能照生死之昏暗,故比作炬。

⑨失宗:失去辩论时所持的观点,即是辩论失败。古印度的因明学在推理时讲究"支圆",即宗、因、喻三支圆满,宗即相当于观点或结论。

【译文】

阿摩落伽塔西北的旧寺院中,有一座佛塔,名叫建揵椎声。当初,这座城里有寺院几百所,僧徒庄重静穆,学识清纯,操业高尚,各派外道学者,闭口不言,不敢争锋。后来高僧相继去世,而众多弟子没人能继承前贤。而外道师徒相传,学有所成,于是呼朋引伴,成千上万的外道信徒齐集僧舍,高声叫道:"大声敲击揵椎,召集僧人学者!"一群愚昧的僧人聚集起来,又乱敲揵椎,于是禀告国王请求一较高下。外道诸多大师都才能出众、学识渊博,僧徒虽然人多,无奈言辞辩论平淡肤浅。外道说:"我方辩论取胜了。从今以后,所有的寺院不能敲击揵椎来召集众人。"国王答应了他们的请求,并依据先前的规则下达了命令。僧徒蒙受了耻辱,也只好忍辱而去,十二年间,没有敲过揵椎。

那时南印度有位那伽阏剌树那菩萨唐朝语言叫龙猛,旧时译作龙树,不对。小时即有美好的声誉,长大后极负盛名,舍弃爱欲,出家修行,深钻精妙佛理,果位达到了初地。有一位大弟子名叫提婆的,聪明机灵,领悟力强,对他的老师说:"波吒厘城的众多僧人学者,在外道面前理屈词穷,不能敲打揵椎,一晃已经十二年了。弟子斗胆打算摧毁邪见之山,点燃正法的火炬。"龙猛说:"波吒厘城的外道学识渊博,你不是他们的对手,我现在亲自前往。"提婆说:"要毁灭烂草,何必需要推倒大山?但愿承蒙您的指点和教诲,以黜退各派外道异学。大师不妨提出外道观点,而我一一加以批驳,考察二者的优劣,然后计议前往之事。"龙猛于是提出外道论点,提婆一一批驳其根据,七天之后,龙猛辩论失败。辩论结束后,龙猛叹息说:"错误的言辞容易失宗,邪道的观点难以确立,你就前往吧,一定会击败他们!"

提婆菩萨夙擅高名，波吒厘城外道闻之也，即相召集，驰白王曰："大王昔纡听览[①]，制诸沙门不击揵椎，愿垂告命，令诸门候，邻境异僧勿使入城，恐相党援，轻改先制。"王允其言，严加伺候。提婆既至，不得入城。闻其制令，便易衣服，叠僧伽胝[②]，置草束中，褰裳疾驱，负戴而入[③]。既至城中，弃草披衣，至此伽蓝，欲求止息。知人既寡，莫有相舍，遂宿揵椎台上。于晨朝时，便大振击。众闻伺察，乃昨客游比丘。诸僧伽蓝，传声响应。王闻究问，莫得其先，至此伽蓝，咸推提婆。提婆曰："夫揵椎者，击以集众。有而不用，悬之何为？"王人报曰："先时僧众，论议堕负[④]，制之不击，已十二年。"提婆曰："有是乎？吾于今日重声法鼓[⑤]。"使报王曰："有异沙门欲雪前耻。"王乃召集学人而定制曰："论失本宗，杀身以谢。"于是外道竞陈旗鼓，喧谈异议，各曜辞锋[⑥]。提婆菩萨既升论座，听其先说，随义折破，曾不浃辰[⑦]，摧诸异道。国王大臣莫不庆悦，建此灵基，以旌至德。

【注释】

①纡（yū）：犹言"纡尊"，指地位高的人谦卑自抑、屈尊俯就。这里指国王亲临辩论现场。

②僧伽胝：梵文 Saṃghāṭī 的音译，又作僧伽胝、僧伽致、僧伽鵄、僧伽知。意译为重或合，因为是割截而更合重而成。为比丘三衣中最大者，故称为大衣；以其条数最多，称为杂碎衣；入王宫聚落乞食说法时必穿，故又称为入王宫聚落时衣。

③负戴：以背负物，以头顶物。这里指提婆背着草束。

④堕负：失败。

⑤重声法鼓：重新敲响佛法之鼓，含有重振佛法之意。法鼓，本为佛教法器之一，为举行法事时用以集众唱赞的大鼓或禅寺法堂东北角之鼓，与茶鼓相对，常用来比喻佛的教法。

⑥各曜辞锋：纷纷显示辩论的锋芒。各，皆、纷纷。曜，炫耀、显示。辞锋，指如锋芒一样锐利的议论。

⑦浃(jiā)辰：十二天。古代以干支纪日，称从子至亥一个周期的十二日为浃辰。

【译文】

提婆菩萨素负盛名，波吒厘城的外道听说他将前来，立即召集人众，飞快地禀告国王说："大王从前屈尊亲自听了辩论，诏令众沙门不能敲击揵椎，希望您再下一道诏书，命令各个城门的门吏，不准邻国僧人入城，以免内外勾结，轻易更改原来的规定。"国王听从了他们的建议，对外来僧人严加守望和侦察。提婆到了以后，不能进城。听说国王有此命令，便改换衣着，叠好僧衣，放在草把中，撩起衣裳，背着草把，一路飞奔进入城内。到了城中以后，扔掉草把，披上僧衣，来到一所寺院，打算在此住下。寺里缺乏有识之士，没人肯接待他，于是只好住在揵椎台上。到了清晨时分，便大敲揵椎。寺内僧众听到揵椎声后前去打探，原来是昨天那位游方比丘。所有的寺院便纷纷敲击揵椎响应。国王听说此事，便追究查问，都不知道是谁最先敲击揵椎，到了这座寺院，众人异口同声说是提婆。提婆说："所谓揵椎，就是用来敲打以召集众人的。有揵椎而不用，挂在那儿作什么？"国王手下人说："先前的僧人因为辩论失败，国王下令不能敲击揵椎，至今已经十二年了。"提婆说："竟有这等事么？我今天就要重新敲响法鼓。"使者禀报国王说："有一位外国沙门想洗雪从前的耻辱。"国王于是召集各派学者，并作出规定："辩论失败的，要杀头谢罪。"于是外道摆开阵势，高谈阔论，纷纷显示辩论的锋芒。提婆登上论辩座位后，听凭外道先说，而后逐一批驳，不到十二天，使各派外道败下阵来。国王和大臣无不高兴，于是建造了这座佛塔，以旌表提婆的盛德。

十一、马鸣遗迹

建击揵椎窣堵波北有故基，昔鬼辩婆罗门所居处也。初，此城中有婆罗门，葺宇荒薮，不交世路，祠鬼求福，魍魉相依，高论剧谈，雅辞响应[①]。人或激难，垂帷以对。旧学高才，无出其右，士庶翕然[②]，仰之犹圣。有阿湿缚窭沙唐言马鸣。菩萨者[③]，智周万物，道播三乘[④]，每谓人曰："此婆罗门学不师受，艺无稽古[⑤]，屏居幽寂，独擅高名，将非神鬼相依，妖魅所附，何能若是者乎？夫辩资鬼授，言不对人，辞说一闻，莫能再述。吾今往彼，观其举措。"遂即其庐而谓之曰："仰钦盛德，为日已久。幸愿褰帷，敢申宿志。"而婆罗门居然简傲[⑥]，垂帷以对，终不面谈。

马鸣心知鬼魅，情甚自负，辞毕而退，谓诸人曰："吾已知矣，摧彼必矣。"寻往白王："唯愿垂许，与彼居士较论剧谈。"王闻骇曰："斯何人哉！若不证三明[⑦]，具六通[⑧]，何能与彼论乎？"命驾躬临，详鉴辩论。是时马鸣论三藏微言[⑨]，述五明大义[⑩]，妙辩纵横，高论清远。而婆罗门既述辞已，马鸣重曰："失吾旨矣，宜重述之。"时婆罗门默然杜口，马鸣叱曰："何不释难？所事鬼魅宜速授辞！"疾褰其帷，视占其怪[⑪]。婆罗门惶遽而曰："止！止！"马鸣退而言曰："此子今晨声问失坠[⑫]。虚名非久，斯之谓也。"王曰："非夫盛德，谁鉴左道？知人之哲，绝后光前。国有常典，宜旌茂实。"

【注释】

①响应:如回声般应对(比喻应答敏捷)。

②翕然:一致的样子,这里指一致称颂。

③阿湿缚窭沙:梵文 Aśvaghoṣa 的音译,又作阿湿矩沙,意译为马鸣或功胜。古代印度著名的佛教哲学理论家、诗人,约生于西元二世纪,初习婆罗门教典籍,长于哲学思辨,为胁尊者斥破,于是博学佛教经典,在北印度宣扬佛教,影响很大。著作有《大庄严经论》、《佛所行赞》等。

④三乘:指声闻乘、缘觉乘、菩萨乘,因各以其法为乘(运载),运出三界生死,同到真空涅槃,故名三乘。

⑤稽古:与古事相合,有古事、源头可考。

⑥居然:傲慢的样子,与"简傲"义近。居,通"倨"。

⑦三明:佛教所称的三种智慧,即宿命明、天眼明、漏尽明。宿命明是明白自己和他人一切宿世的事;天眼明是明白自己和他人一切未来世的事;漏尽明是以圣智断尽一切的烦恼。

⑧六通:六种神通力,即神境智证通(亦云神足通)、天眼智证通(亦云天眼通)、天耳智证通(亦云天耳通)、他心智证通(亦云他心通)、宿命智证通(亦云宿命通)、漏尽智证通(亦云漏尽通)。

⑧三藏微言:三藏的精髓。三藏,梵文 Tripiṭaka 的意译,佛典的总称,即经藏(Sūtrapiṭaka)、律藏(Vinayapiṭaka)、论藏(Abhidharmapiṭaka)。

⑨五明:五明:梵文 Pañca-vidyā 的意译。佛教所说的古印度五种学问。即:声明、工巧明、医方明、因明、内明。

⑩视占:通常作"占视",观察、察看。

⑪声问:名声。亦作"声闻"。

【译文】

建击揵椎佛塔北边有一处旧基,是从前鬼辩婆罗门所居之地。当初，该城中有一位婆罗门，在荒山野岭中盖屋居住，不与世人交往，祭祀鬼神以求得福缘，鬼魅附身，高谈阔论，言辞优雅，应答敏捷。如果有人猛烈地诘难，就放下帷幕回答。不论是耆旧世学还是饱学之士，都没有能超过他，士人平民一致称颂，敬仰他如同圣人一般。有一位阿湿缚窭沙大唐语言里叫马鸣。菩萨，学识广博，无所不知，通晓佛法，三乘闻名，常常对人说："这位婆罗门，学问和才能不是来自于老师的传授，与古事不合，隐居山野，偏偏享有盛名，若不是有鬼魅神妖之类附身，如何能够这样呢？凡是辩才为鬼魅所授，则说话不能与人对面，言辞一旦说完，就不能再有论述。我现在就去他那里，看看他的举动。"于是来到婆罗门的住处，对他说："在下仰慕你的高尚德行，为时已久。希望您撩起帷幕，让我斗胆表达向来的志愿。"而婆罗门还是一副傲慢的姿态，放下帷幕回答他，始终没有面对面谈论。

马鸣心中清楚婆罗门乃是鬼魅附身，神情非常自信，交谈结束就退了出来，对众人说："我已经搞明白了，一定会驳倒他。"立即前去禀告国王："希望陛下允许我与那位居士辩论，一决高下。"国王听了吃惊地说："你是什么人啊！如果没有证得三明之智，具备六种神通，如何能与他辩论？"于是立即动身亲临现场，审辩双方辩论优劣。这时马鸣论述了三藏的精髓和五明的要义。精妙的论辩纵横捭阖，高明的见解意旨清远。而婆罗门的论述一结束，马鸣又说："你背离了我的主题，应当重新论述。"这时婆罗门默不作声，马鸣喝叱道："为何不解释我提的问题？你所事奉的鬼魅当赶紧教你说话呀！"于是迅速撩起帷幕，察看其中异常。婆罗门惊慌地说："别！别！"马鸣过后说道："这人今天早上名声扫地。虚名不能长久，说的正是这种人啊。"国王说："若不是有崇高的美德，谁能鉴别旁门邪道？识人的英明，可谓空前绝后。按照国家的惯例，应当旌表你盛美的德业。"

十二、鞮罗择迦伽蓝及附近佛遗迹

城西南隅二百余里，有伽蓝余迹。其傍有窣堵波，神光时烛，灵瑞间发，近远众庶，莫不祈请，是过去四佛坐及经行遗迹之所。

故伽蓝西南行百余里，至鞮罗择迦伽蓝[①]。庭宇四院，观阁三层，崇台累仞，重门洞启[②]，频毗娑罗王末孙之所建也[③]。旌召高才[④]，广延俊德。异域学人，远方髦彦，同类相趋，肩随戾止[⑤]。僧徒千数，并学大乘。中门当涂有三精舍，上置轮相，铃铎虚悬；下建层基，轩槛周列。户牖栋梁，壖垣阶陛[⑥]，金铜隐起，厕间庄严。中精舍佛立像高三丈，左多罗菩萨像[⑦]，右观自在菩萨像[⑧]。凡斯三像，鍮石铸成，威神肃然，冥鉴远矣。精舍中各有舍利一升，灵光或照，奇瑞间起。

【注释】

①鞮(dī)罗择迦：梵文 Telāḍhaka 的音译，又作瓶罗荼、低罗择迦、低罗磔迦等，据称该寺位于著名的那烂陀寺以西 21 英里处。

②洞启：敞开、大开。

③频毗娑罗：梵文 Bimbisāra 的音译，又作洴沙、瓶沙、萍沙等，意译作影坚、影胜。为西元前六世纪前半期（约前 582—前 554）摩揭陁国国王，与释迦牟尼同时。

④旌召：同“旌招”，以旌招之，指征召贤士。

⑤肩随戾止：相随而来。肩随，追随。戾止，到来。

⑥壖(ruán)垣阶陛：矮墙和台阶。壖垣，宫外的矮墙。

⑦多罗：梵文 Tārā 的音译，意译为眼、眼瞳，多罗菩萨即多罗观音，为观自在菩萨的化身。观音有定、慧二德，毗俱胝主其慧德，作男性；多罗主定德，作女性。从观如来眼生，故云眼观音。又以人之爱者在于眼，故表爱而谓之眼。按《大日经》：“圣者多罗尊，青白色相杂，中年女人状。合掌持青莲，圆光无不遍。晖发犹净

金，微笑鲜白衣。”

⑧观自在：梵文 Avalokitesvara 的意译，又作观音、观世音、光世音、观世自在等，因其观世人称彼菩萨名之音而垂救，故称观世音；又因观世界而自在拔苦与乐，故称观自在。观音有六观音、七观音乃至三十三观音，但通常所说的观音，指六观音中之圣观音。

【译文】

城西南角二百多里处，有一处寺院遗址。旁边有一座佛塔，神异的灵光时常照耀，灵异的现象时有发生，远近百姓，无不前来祈祷请福，这里是过去四佛的坐处及经行的遗迹。

从寺院遗址往西南前行一百多里，到达鞮罗择迦寺。寺内共有四座庭院，楼阁均为三层，高台数仞，大门重重敞开，此寺为频毗娑罗王最小的孙子所建。征召饱尝之士，广纳贤德之人。国外学者，远方英才，纷纷结伴相随而来。僧徒有千把人，都习学大乘佛法。中门当道处有三所精舍，上面安放着轮相，铃铛悬空；下面建有层层台基，围栏环绕四周。门窗屋梁、矮墙台阶，都有金铜突起，镶嵌装饰。中间的精舍中有佛陀站立之像，高达三丈，佛像左边为多罗菩萨像，右边为观自在菩萨像。所有这三尊像，都是用黄铜铸成，威严端庄，神态清远。三所精舍中各有一升舍利，神异的灵光时常照耀，奇异的现象时有发生。

鞮罗择迦伽蓝西南九十余里，至大山，云石幽蔚[①]，灵仙攸舍[②]。毒蛇暴龙，窟穴其薮；猛兽鸷鸟[③]，栖伏其林。山顶有大磐石，上建窣堵波，其高十余尺，是佛入定处也。昔者如来降神止此，坐斯磐石，入灭尽定[④]，时经宿焉。诸天灵圣，供养如来，鼓天乐，雨天花。如来出定，诸天感慕，以宝金银起窣堵波。去圣逾邈[⑤]，宝变为石。自古迄今，人未有至。遥望高山，乃见异类[⑥]，长蛇猛兽，群从右旋，天仙灵圣，肩随赞礼。

山东岗有窣堵波，在昔如来伫观摩揭陁国所履之处也。

【注释】

①幽蔚：幽深茂密。这里形容很多云、石形成的幽深景致。

②攸舍：所居。攸，所。

③鸷鸟：如鹰、鹞之类凶猛的鸟。

④灭尽定：梵文 Nirodhasamāpatti 的意译，又作灭受想定、灭定、灭尽三昧。为二无心定之一，《大乘义章》卷二："灭尽定者，谓诸圣人患心劳虑，暂灭心识。得一有为非色心法，领补心处，名灭尽定。"

⑤逾邈：遥远。亦作"踰邈"。

⑥异类：指禽兽神鬼之类。

【译文】

鞮罗择迦寺西南九十多里，有一座大山，云蒸霞蔚，山石林立，景致幽深，乃是神灵和仙人所居之处。密林之中，毒蛇恶龙凿窟打洞，猛兽凶鸟栖息潜伏。山顶上有一块巨石，上面建有佛塔，高十多尺，是佛陀入定之处。从前如来在此止息，坐在这块巨石上，入灭尽定，历时一夜。各天界的神灵纷纷前来供养如来，演奏天乐，漫撒天花。如来出定以后，众天神感念仰慕，用金银财宝建起这座佛塔。现在离圣人时代已经很遥远了，宝物变成了石头。从古至今，没有人到过那里。遥望高山，可以看见禽兽鬼神之类，长蛇猛兽、天仙神灵，成群结队地绕石右旋、歌赞礼敬。

大山东边的山岗上有一座佛塔，从前如来伫立于此，远观摩揭陁国，这里就是其脚所踩之处。

十三、德慧伽蓝及遗事

山西北三十余里，山阿有伽蓝，负岭崇基，疏崖峙阁。

僧徒五十余人，并学大乘法教。瞿那末底唐言德慧。菩萨伏外道之处[①]。初，此山中有外道摩沓婆者[②]，祖僧佉之法而习道焉[③]。学穷内外[④]，言极空有[⑤]，名高前列，德重当时，君王珍敬，谓之国宝，臣庶宗仰，咸曰家师。邻国学人，承风仰德，俦之先进[⑥]，诚博达也。食邑二城，环居封建。时南印度德慧菩萨幼而敏达，早擅清徽[⑦]，学通三藏，理穷四谛[⑧]。闻摩沓婆论极幽微，有怀挫锐。命一门人裁书谓曰[⑨]："敬问摩沓婆善安乐也。宜忘劳弊，精习旧学，三年之后，摧汝嘉声。"如是第二、第三年中，每发使报。及将发迹[⑩]，重裁书曰："年期已极，学业何如？吾今至矣，汝宜知之。"摩沓婆甚怀惶惧，诫诸门人及以邑户："自今之后，不得居止沙门异道。递相宣告，勿有犯违。"

【注释】

①瞿那末底：梵文 Guṇamati 的音译，又作窭拏末底、求那摩底等，意译为德慧。为西元六世纪前后的南印度人，佛教瑜伽行宗的著名学者，唯识论十大论师之一。

②摩沓婆：梵文 Mānavaka 的音译，又作摩纳婆、摩婆婆迦、摩纳婆嚩迦、那罗摩那等，意译作儒童、年少等。

③僧佉：梵文 Saṃkhya 的音译，又作僧企野，意译为数、数术、数论等。为婆罗门正宗六论之一，玄应《一切经音义》卷十："僧佉，此语讹也，应云僧企耶，此云数也。其论以二十五根为宗，旧云二十五谛。"相传其始祖为迦毗逻(Kapila)，此派学说见真谛译《金七十论》。

④内外：内道外道或内教外教。佛教自称内教，他教为外教。

⑤空有：空与有的并称。在佛法上，遮遣谓之空，建立谓之有，这是

论理上正反相对的二门。在印度佛教史上，空、有两派常处于对立状态。

⑥俦之先进：将他与前辈相提并论，即看作前辈。先进，前辈。

⑦清徽：清高有美德。一本作“精微”，亦通。

⑧四谛：梵文 Catvāri-Āryasatyāni 的意译，又作四圣谛、四真谛，为圣者所见的真理。即：一、苦谛，为三界六趣之苦报；二、集谛，贪嗔等烦恼及善恶诸业；三、灭谛，即涅槃，灭惑业而离生死之苦，真空寂灭；四、道谛，为八正道，此能通于涅槃，故名道。其中前二者为流转之因果，故又称世间因果；后二者为还灭之因果，又称出世间因果。

⑨裁书：裁笺作书，写信。这里实为草写挑战书。

⑩发迹：启程，出发。

【译文】

在大山西北三十多里，山势转弯处有一座寺院，高大的台基背靠山岭，耸峙的楼阁伸进山崖。僧徒有五十多人，都习学大乘佛法。这里是瞿那末底唐土称德慧。菩萨降伏外道之处。当初，这座山里有一位外道名叫摩沓婆的，遵奉僧佉之法而学习道法。他精研内、外道教法，说尽空、有义理。声誉超过前辈，德望重于一时，国君重视尊敬，称之为“国宝”，臣民宗信景仰，都称之为“家师”。邻国的学者，受其教化，慕其德行，把他看作前辈，确为博学通达之人。其封地有两座城池，住地周围封邦建国。当时南印度有位德慧菩萨，小时即聪敏通达，很早就有清高的美德，学问贯通三藏，义理穷究四谛。听说摩沓婆的论说极其深奥，有心挫败他的锐气。便命一位弟子写信去说：“谨问摩沓婆一切安好。您一定要不辞辛劳，专心研究你的学问，三年之后，我将摧折您的美名。”第二、第三年，每年都像这样遣使通报。到即将启程前往时，再一次写信说：“约定的期限已到，学业进展如何？我现在就去你处，你应该知道了。”摩沓婆心中非常恐慌，告诫众位弟子以及封邑人户：“从今往后,不准留宿沙门异教之徒。相互转告,不得违犯。”

时德慧菩萨杖锡而来,至摩沓婆邑,邑人守约,莫有相舍。诸婆罗门更詈之曰:“断发殊服,何异人乎?宜时速去,勿此止也!”德慧菩萨欲摧异道,冀宿其邑,因以慈心,卑辞谢曰:“尔曹世谛之净行①,我又胜义谛之净行②,净行既同③,何为见拒?”婆罗门因不与言,但事驱逐,逐出邑外,入大林中。林中猛兽,群行为暴。有净信者恐为兽害④,乃束蕴持杖⑤,谓菩萨曰:“南印度有德慧菩萨者,远传声问,欲来论议,故此邑主惧坠嘉声,重垂严制,勿止沙门。恐为物害,故来相援。行矣自安,勿有他虑。”德慧曰:“良告净信,德慧者,我是也。”净信闻已,更深恭敬,谓德慧曰:“诚如所告,宜可速行。”即出深林,止息空泽。净信纵火持弓⑥,周旋左右,夜分已尽,谓德慧曰:“可以行矣。恐人知闻,来相图害⑦。”德慧谢曰:“不敢忘德。”

【注释】

①世谛:又名俗谛、世俗谛,意为世俗间的真理或世俗人所知的道理。谛,梵文 Satya 的意译,即真实不虚的道理。

②胜义谛:即“真谛”,指涅槃寂静的道理,与“世谛”相对。

③净行:本为修婆罗门行者的通称,即梵志。但这里指包括佛教徒在内的修行者。

④净信:这里当指佛教信徒。

⑤束蕴:火把,这里指打着火把。蕴,通“缊”,乱麻,可束以燃火。

⑥纵火持弓:燃起篝火,手挽弓箭。这是防备野兽的措施。

⑦图害：谋害。

【译文】

这时德慧菩萨拄着锡杖，来到摩沓婆的封邑，邑人遵守禁令，都不肯留他住宿。众婆罗门更是骂他说："你剃了头发，穿奇装异服，是什么怪物？趁早赶紧离开，不要在此停留！"德慧菩萨一心想摧败外道，希望在邑内住下，于是大发慈心，低声下气地说："你们是世谛之法的修行者，我是胜义谛的修行者，既然同是修行的人，为何将我拒之门外？"婆罗门于是不再与他说话，只管驱赶他，一直把他赶到封邑外的大森林中。森林中有很多猛兽，常成群结队地害人。有一位佛教徒担心他被野兽所害，于是打着火把，拿着木棒，对德慧菩萨说："南印度有一位德慧菩萨，声名远播，打算前来辩论，所以这个封邑的头领害怕失去美名，多次下达严格的禁令，不准留宿沙门。我担心你为野物所害，所以前来相助。你可以安心地走了，无须有别的顾虑。"德慧说："实不相瞒，你说的德慧，正是我啊。"那位佛教徒听了，更加心生恭敬，对德慧说："确如你所说，就应当赶快走啊。"于是走出深山老林，在空旷的水草地上休息。佛教徒燃起篝火，手挽弓箭，在德慧左右警戒，天快亮的时候，对德慧说："你可以走了。以免有人得到消息，前来谋害您。"德慧感谢他道："我不会忘记你的恩德。"

于是遂行，至王宫，谓门者曰："今有沙门，自远而至，愿王垂许，与摩沓婆论。"王闻惊曰："此妄人耳[①]！"即命使臣往摩沓婆所，宣王旨曰："有异沙门来求谈论，今已莹洒论场[②]，宣告远近。伫望来仪[③]，愿垂降趾。"摩沓婆问王使曰："岂非南印度德慧论师乎？"曰："然。"摩沓婆闻，心甚不悦，事难辞免，遂至论场。国王、大臣、士庶、豪族，咸皆集会，欲听高谈。德慧先立宗义[④]，洎乎景落[⑤]，摩沓婆辞以年衰，智昏捷对[⑥]，请归静思，方酬来难[⑦]。每事言归，及旦升座，竟无异论。至第六日，欧血而死[⑧]。其将终也，顾命妻曰："尔有高才，无忘所耻！"摩沓婆死，匿不发丧，更服鲜绮，来至论会。众咸喧哗，更相谓曰："摩沓婆自负才高，耻对德慧，故遣妇来，优劣明矣。"德慧菩萨谓其妻曰："能制汝者，我已制之。"摩沓婆妻知难而退。

【注释】

①妄人：无知而狂妄的人。

②莹洒：洒扫干净。莹，使明亮洁净。

③来仪：光临。这是对人来临的美称，语出《尚书·益稷》："箫韶九成，凤皇来仪。"

④宗义：义理。

⑤景落：太阳落山。景，太阳。

⑥捷对：迅速的应对回答。

⑦方酬来难：才回答对方的责难。酬，应对，对答。

⑧欧血：吐血。欧，同"呕"。

【译文】

于是就出发，来到王宫，对守门人说："现在有一位沙门，从远方而来，希望大王允许，与摩沓婆辩论。"国王听了惊讶地说："这真是一个无知而狂妄的人！"马上派遣使者前往摩沓婆的住地，宣告国王的旨意道："有异道沙门前来请求辩论，现在已经将论场洒扫干净，并告知远近各地了。翘首期待您的光临，希望您屈驾前来。"摩沓婆问国王的使者道："莫不是南印度来的德慧论师？"使者回答说："正是。"摩沓婆听了，心中很不高兴，但又不能推脱，只好来到论场。国王、大臣、士人百姓和豪门大族，纷纷前来集会，想听听精彩的辩论。德慧首先提出义理，直到太阳落山，摩沓婆借口年老体弱，神智不清，不能迅速应对，请求回家静静地思考后，再来回答对方的责难。每每都说回去思索，但第二天早上登上论席时，却始终提不出不同的见解。到了第六天，竟吐血而死。临终之时，给妻子留下遗言："你有卓越的才能，不要忘记我受的耻辱！"摩沓婆死后，他的妻子秘而不宣，不办理丧事，反而换上鲜艳的衣服，来到辩论会上。听众都喧哗不已，相互间传言道："摩沓婆自恃才高，不屑应对德慧，所以派了他的妻子前来，孰优孰劣已见分晓。"德慧菩萨对摩沓婆的妻子说："能够制服你的人，已经被我制服了。"摩沓婆的妻子知难而退。

王曰："何言之密，彼便默然？"德慧曰："惜哉，摩沓婆死矣！其妻欲来与我论耳。"王曰："何以知之？愿垂指告。"德慧曰："其妻之来也，面有死丧之色，言含哀怨之声，以故知之，摩沓婆死矣。能制汝者，谓其夫也。"王命使往观，果如所议。王乃谢曰："佛法玄妙，英贤继轨①，无为守道②，含识沾化，依先国典，褒德有常。"德慧曰："苟以愚昧，体道居贞③，存止足④，论济物⑤。将弘汲引⑥，先摧傲慢，方便摄化，今其时矣。唯愿大王以摩沓婆邑户子孙千代常充僧伽蓝人⑦，则垂诫来叶⑧，流美无穷。唯彼净信见匡护者，福延于世，食用同僧，以劝清信，以褒厚德。"于是建此伽蓝，式旌胜迹。

【注释】

①继轨：继承前人的轨迹，这里指人才辈出、相继不绝。

②无为：梵文 Asaṃskṛta 的意译。佛教指无因缘造作或无生、住、异、灭四相的造作，即为圣智所证的真理。

③体道居贞：奉行正道，这里指奉行佛法。贞，通"正"，正道。

④存止足：心中知止、知足，不贪求奢望。

⑤论济物：考虑济度众人。物，亦用以指人。

⑥汲引：引导，开导。

⑦僧伽蓝人：侍奉比丘、供寺院驱使的俗人，即通常所称的“净人”。

⑧来叶：后世。

【译文】

国王问道：“你说了什么隐秘的话，她就默不作声了？”德慧说：“可惜啊，摩沓婆已经死了！他的妻子想前来与我辩论。”国王说：“你怎么知道呢？希望不吝赐教。”德慧说：“他的妻子来了后，面带死丧之色，话有哀伤语调，所以我看出来摩沓婆已经死了。我说的‘能制服你的人’，指的是她的丈夫。”国王派使者前去验证，果然如德慧所说。国王于是道歉说：“佛法精深高妙，圣人贤哲人才辈出，用真理坚守正道，众生蒙受教化，依据从前所定国法，褒奖道德高尚的人乃是常规。”德慧说：“虽然我愚昧无知，但一直奉行正道，心中知止知足，考虑济度众人。要广泛引导众生，需先摧败傲慢的人，随机进行教化，现在就正是时候了。希望大王将摩沓婆邑户的子孙千世万代充任寺院净人，则能训诫后世，美名流传无穷。只有那位帮助保护过我的佛教信徒，福禄世代继承，食用与僧人相同，以勉励信佛之人，褒奖道德高尚之人。”于是建起这座寺院，来表彰德慧的不朽功绩。

初，摩沓婆论败之后，十数净行逃难邻国，告诸外道耻辱之事，招募英俊[①]，来雪前耻。王既珍敬德慧，躬往请曰：“今诸外道不自量力，结党连群，敢声论鼓[②]。唯愿大师摧诸异道。”德慧曰：“宜集论者。”于是外道学人欣然相慰：“我曹今日，胜其必矣。”时诸外道阐扬义理，德慧菩萨曰：“今诸外道逃难远游，如王先制，皆是贱人，我今如何与彼对论？”德慧有负座竖[③]，素闻余论[④]，颇闲微言，侍立于侧，听诸高谈。德慧拊其座而言曰："床，汝可论。"众咸惊骇，异其所命。时负座竖便即发难，深义泉涌，清辩响应。三复之后[⑤]，外道失宗，重挫其锐，再折其翮[⑥]。自伏论已来[⑦]，为伽蓝邑户。

【注释】

①英俊：才智出众的人。

②声论鼓：敲响辩论之鼓，意即与人挑战辩论。声，敲击使发出声音。

③负座竖：为主人背座床的童仆，下文径称为"床"，表示对敌手的藐视。竖，童仆。

④余论：宏论，识见广博的论述。

⑤三复：几个回合。三，虚指数目，这里相当于"几"。

⑥"重挫"二句：比喻再一次击败对手。翮(hé)，鸟的翅膀。

⑦伏论：为论辩所折服，即论辩失败。

【译文】

当初，摩沓婆辩论失败之后，几十个梵志逃难到邻国，告诉各派外道蒙受耻辱的事，招募才智出众之人，前来雪耻。国王敬重德慧，亲自前去邀请道："而今众外道不自量力，纠合党徒，胆敢来挑战辩论。希望大师前去摧败众外道。"德慧说："请召集辩论的人。"于是外道学者高兴地互相打气说："我们今天一定稳操胜券。"当时众外道阐发义理，德慧菩萨说："今天到场的众外道曾逃难到外地，根据国王先前所作的规定，都是下贱人，我如今怎么能与这些人平等地辩论？"德慧有一位背座床的童仆，平素时听过德慧的宏论，很熟悉佛理，此时正侍立在德慧身边，听众人高谈阔论。德慧抚摸着他的座床道："座床啊，你可以与他们辩论。"众人都惊诧不已，奇怪他竟有这样的命令。这时背座床的童仆立即对外道发难，深刻的义理如泉水般涌出，辩论清晰，对答敏捷。几个回合之后，外道辩论失败，德慧再次击败对手。自从辩论失败以后，外道一直充当寺院的邑户。

十四、戒贤伽蓝及伏外道事

德慧伽蓝西南二十余里，至孤山，有伽蓝，尸罗跋陁罗唐言戒贤。论师论义得胜[1]，舍邑建焉[2]。竦一危峰[3]，如窣堵波，置佛舍利。

【注释】

①尸罗跋陁罗：梵文Śīlabhadra的音译，意译作戒贤，为摩揭陁国戒日王时代大乘佛教瑜伽行派的著名论师，曾长期主持那烂陁寺，玄奘曾从其受学。

②舍邑：施舍所受的封邑。

③竦(sǒng)：直立，耸立。

【译文】

德慧寺西南二十多里处，有一座孤山，山上有一座寺院，是尸罗跋陁罗唐土称戒贤。论师辩论义理获胜以后，施舍所受封邑建造的。有一座陡峭的山峰巍然耸立，形似佛塔，其中放有佛陀舍利。

论师，三摩呾吒国之王族[1]，婆罗门之种也。少好学，有风操，游诸印度，询求明哲。至此国那烂陁僧伽蓝[2]，遇护法菩萨[3]，闻法信悟[4]，请服染衣，谘以究竟之致[5]，问以解脱之路。既穷至理，亦究微言，名擅当时，声高异域。南印度有外道，探赜索隐，穷幽洞微[6]，闻护法高名，起我慢深嫉[7]，不阻山川，击鼓求论。曰："我南印度人也，承王国内有大论师，我虽不敏，愿与详议！”王曰：“有之，诚如议也。”乃命使臣请护法曰：“南印度有外道，不远千里，来求较论[8]。唯愿降迹，赴集论场。”护法闻已，摄衣将往。

【注释】

①三摩呾吒：梵文 Samataṭa 的音译，印度东北部古国之一，见本书卷十三摩呾吒国。

②那烂陁：梵文 Nālanda 的音译，那烂陁寺是玄奘赴印度的目的地，他曾在该寺留学五年。

③护法：梵文 Dharmapāla 的意译，音译为达磨波罗，约西元六世纪人，为大乘瑜伽行派大理论家，曾主持那烂陁寺。

④信悟：崇信、解悟。

⑤究竟之致：深奥微妙的道理。究竟，犹言至极，即佛典里所指的最高境界。《大智度论》卷七二：“究竟者，所谓诸法实相。”

⑥“探赜”二句：深入探索幽深隐微的事理。探、索、穷、洞，都有探究的意思，赜、隐、幽、微，都指幽深难见的事理。

⑦我慢：梵文 Asmimāna 的意译，佛教称固执我见而矜倨傲慢。

⑧较论：以辩论争胜。

【译文】

尸罗跋陁罗论师是三摩呾吒国的宗室，为婆罗门种姓。从小爱好学习，很有志行操守，游学印度各国，访求圣明贤哲之士。到了该国的那烂陁寺，遇上护法菩萨，听其说法之后崇信解悟，并请求出家为僧，探求深奥微妙的道理，询问解脱苦海的路径。既通精深佛理，又解微妙言辞，名声著于当代，远闻异国。南印度有名外道，深入探索幽深隐微的事理，听说了护法的大名，因固执我见而产生了矜倨傲慢和妒恨之心，不惧山川阻隔，前来挑战辩论。对国王说：“我是南印度的人，听说大王国内有一位著名论师，我虽然不聪明，但愿能与他细细讨论！”国王说：

“是有此人，确实如你所说。”于是派遣使者邀请护法说：“南印度有一位外道，不远千里，前来与你论辩高下。切望您屈尊大驾，前来论场一会。”护法听后，将启程前往。

门人戒贤者，后进之翘楚也①，前进请曰：“何遽行乎？”护法曰：“自慧日潜晖②，传灯寂照③，外道蚁聚，异学蜂飞，故我今者将摧彼论。”戒贤曰：“恭闻余论，敢摧异道。”护法知其俊也，因而允焉。是时戒贤年甫三十，众轻其少，恐难独任。护法知众心之不平，乃解之曰：“有贵高明，无云齿岁④，以今观之，破彼必矣。”逮乎集论之日，远近相趋，少长咸萃。外道弘阐大猷⑤，尽其幽致；戒贤循理责实⑥，深极幽玄。外道辞穷，蒙耻而退。王用酬德，封此邑城。论师辞曰：“染衣之士，事资知足，清净自守，何以邑为？”王曰：“法王晦迹⑦，智舟沦湑⑧，不有旌别⑨，无励后学。为弘正法，愿垂哀纳⑩。”论师辞不获已⑪，受此邑焉。便建伽蓝，穷诸规矩⑫，舍其邑户，式修供养。

【注释】

①后进之翘楚：后辈中的杰出人材。后进，后辈或学识、资历较浅的人。翘楚，本指高出杂树丛的荆树，后用以比喻杰出的人材或突出的事物。

②慧日：智慧之日，比喻佛的智慧。佛教称佛智能照世之盲冥，故比作日。

③传灯：传承佛法。佛法能破暗昧，故比作灯；传法于他人，故称传灯。

④齿岁：年龄。

⑤大猷：本指治国的谋略与方法，这里指外道所奉行的观点、学说。

⑥循理责实：依据事理探求事物本质。

⑦法王晦迹：法王隐匿踪迹，指佛陀离世。法王，即佛陀。

⑧智舟沦湑(xǔ)：智慧之船沉没，比喻佛法不传。因佛法以智慧渡生死苦海，故以舟为喻。沦湑，沦灭、沉没。

⑨旌别：本为分别、区别，这里当指表彰有功之人、以与无功者相区别。

⑩哀纳：因可怜别人而接受，为谦敬之辞。

⑪辞不获已：不能推辞、推脱不掉。不获已，不得已。

⑪穷诸规矩：这里指寺院建设极为壮观华丽。

【译文】

护法的门人戒贤，是后辈中的杰出人材，上前问道："为何急于前往呢？"护法说："自从佛智之日隐没了光辉，佛法之灯不再相传，外道异学如族蚁聚集、如群蜂乱飞，所以我现在要前去摧折他们的谬论。"戒贤说："我听过您的宏论，斗胆请求去摧败异学外道。"护法知道他是个人材，因而答应了他。当时戒贤年仅三十岁，众人轻视他年少，恐怕难以独当重任。护法知道众人心中不服，就开导他们说："关键在于德行高尚，聪明睿智，而不在于年龄大小，从现在的情形来看，他一定能击败外道。"到了集会辩论那天，远近老少纷纷赶来聚集。外道大谈其观点学说，极尽深奥微妙之理；戒贤依据事理探求实质，穷究深幽玄远的佛理。外道最终理屈辞穷，蒙受失败的耻辱而离去。国王为了报答戒贤的大德，将此城邑赐封给他。戒贤论师推辞道："出家之人，凡事不奢求，清心寡欲，坚守节操，封邑对我有什么用处呢？"国王说："法王隐匿了踪迹，智慧之船沉没，若不加以表彰，无以激励后辈学人。为了弘扬佛法，希望您可怜我一片苦心接受封邑吧。"论师推脱不得，接受了这个城邑。便在此建起寺院，极为壮观华丽，并施舍其邑户租税，供养寺院僧人。

十五、伽耶城与伽耶山

戒贤伽蓝西南行四五十里，渡尼连禅河①，至伽耶城②。甚险固，少居人，唯婆罗门有千余家，大仙人之祚胤也③，王所不臣，众咸宗敬。城北三十余里有清泉，印度相传谓之圣水，凡有饮濯，罪垢消除。

城西南五六里，至伽耶山④。溪谷杳冥，峰岩危险，印度国俗，称曰灵山。自昔君王驭宇承统，化洽远人，德隆前代，莫不登封而告成功。山顶上有石窣堵波，高百余尺，无忧王之所建也。灵鉴潜被，神光时烛，昔如来于此演说《宝云》等经⑤。

伽耶山东南有窣堵波，迦叶波本生邑也。其南有二窣堵波，则迦耶迦叶波、捺地迦叶波旧曰那提迦叶，讹也。洎诸迦叶，例无波字，略也。事火之处⑥。

【注释】

①尼连禅：梵文 Nairañjanā 的音译，又作尼连禅那。佛将成道之前，曾于此河中沐浴。现名帕尔古河（Phalgu），由尼拉杰那（Nilājanā）与莫诃那（Mohanā）两河汇合而成。

②伽耶：梵文 Gayā 的音译，今作加雅，现在为了与佛陀成道处的菩提加雅（Bodh Gayā）或佛陀加雅（Buddha Gayā）相区别而称为梵天加雅（Brahma Gayā）。此城因仙人伽耶在此修行而得名。

③祚（zuò）胤：后裔，后代子孙。

④伽耶山：梵文 Gayāśira，伽耶山、伽阇山、伽种山、羯阇尸利沙山

等，因其形如象头，故意译为象头山。在伽耶城南，即现在的Brahmayoni山。

⑤《宝云》等经：《宝云经》汉译本现存三种：题梁曼陀罗仙所译《宝云经》七卷；题梁曼陀罗仙共僧伽婆罗所译《大乘宝云经》七卷；唐达摩流支所译《佛说宝雨经》十卷。

⑥事火：奉祀火神，做事火外道。此外道修行时不断添柴续薪使火不灭。

【译文】

从戒贤寺往西南前行四五十里，渡过尼连禅河，到达伽耶城。此城高峻坚固，居民很少，只有一千多家婆罗门，是大仙人伽耶的后裔，国王尊重他们，不作臣属看待，众人也都尊敬他们。城北三十多里处，有一眼清泉，印度相传为圣水，凡是有人饮用或洗濯，罪孽即会消除。

伽耶城南五六里，有一座伽耶山。溪涧山谷幽深阴晦，峰峦山岩高峻险要，印度民间称之为"灵山"。从前的国君继承帝位、统治天下后，教化施及远方的人，德泽一代比一代隆盛，无不登上此山封禅，向上天禀告所建功业。山顶上有一座石砌的佛塔，高一百多尺，是无忧王建造的。神灵在冥冥中保护众生，神异的光芒不时照耀，从前如来在这里演说过《宝云》等佛教经典。

伽耶山东南边有一座佛塔，是迦叶波兄弟的出生之地。其南边有两座佛塔，则是迦耶迦叶波和捺地迦叶波旧称那提迦叶，误。所有"迦叶"，均无"波"字，为略称。做事火外道之处。

十六、前正觉山及佛成道故事

伽耶迦叶波事火东，渡大河，至钵罗笈菩提山[①]。唐言前正觉山。如来将证正觉，先登此山，故云前正觉也。如来勤求六岁，未成正觉，后舍苦行，示受乳糜[②]，行自东北，游目此山，有怀幽寂，欲证正觉。自东北冈登以至顶，地既震动，山又倾摇。山神惶惧，告菩萨曰："此山者，非成正觉之福地也。若止于此，入金刚定③，地当震陷，山亦倾覆。"菩萨下自西南，止半崖中，背岩面涧，有大石室，菩萨即之，加趺坐焉④，地又震动，山复倾摇。

时净居天空中唱曰⑤："此非如来成正觉处。自此西南十四五里，去苦行处不远，有毕钵罗树⑥，下有金刚座⑦，去来诸佛，咸于此座而成正觉，愿当就彼。"菩萨方起，室中龙曰："斯室清胜，可以证圣，唯愿慈悲，勿有遗弃。"菩萨既知非取证所，为遂龙意，留影而去。影在昔日，贤愚咸睹，洎于今时，或有得见。诸天前导，往菩提树。逮乎无忧王之兴也，菩萨登山上下之迹，皆树旌表，建窣堵波，度量虽殊，灵应莫异，或花雨空中，或光照幽谷。每岁罢安居日，异方法俗，登彼供养，信宿乃还⑧。

【注释】

①钵罗笈菩提：梵文 Prāgbodhi 的音译，意译作前正觉。有人认为此山即现在的莫拉山（Mora Mt.），距伽耶城约三英里，在尼连禅河东岸。

②示受乳糜：指表达欲受美食的愿望并最终接受牧女的乳糜。示，其实只是如来当时心中所想，《佛本行集经》卷二五："尔时，菩萨六年既满，至春二月十六日时，内心自作如是思惟：'我今不应将如是食食已，而证阿耨多罗三藐三菩提。我今更从阿谁边求美好之食？谁能与我如彼美食，令我食已，即便证取阿耨多罗三藐三菩提。'"乳糜，据佛经所载是牛乳和粳米煮成的粥。

③金刚定：又称金刚喻定，金刚三昧。为菩萨于最后位断最极微细烦恼之禅定名，其智用坚利，犹如金刚，故名。

④加趺（fū）坐：通常作“结跏趺坐”。为佛教徒坐禅法，即交迭左右足背于左右股上而坐。分降魔坐与吉祥坐两种：前者先以右趾押左股，后以左趾押右股，手亦左在上，诸禅宗多传此坐；后者先以左趾押右股，后以右趾押左股，令二足掌仰放于二股之上，手亦右押左，安仰跏趺之上，相传即如来成正觉时坐法。

⑤净居天：梵文Śuddhāvāsa的意译，为三界中色界的第四禅天，为证得阿那含果的圣者所生之处。这里指居住于此的天神。

⑥毕钵罗：梵文Pippala的音译，又作必钵罗、庳钵罗，即菩提树。佛于此树下证得菩提，故称菩提树。

⑦金刚座：佛成等正觉时的座位，因入金刚定而得名；一说因此处坚硬而不陷，故名。《俱舍论》卷十一：“唯此洲中有金刚座，上穷地际，下据金轮。一切菩萨将登正觉，皆坐此座上，起金刚喻定。以无余依及余处，有坚固力，能持此故。”

⑧信宿：经过两个晚上。

【译文】

从伽耶迦叶波事火塔往东，渡过一条大河，到达至钵罗笈菩提山。唐土称前正觉山。如来将证正觉，先登上此山，故称前正觉。如来勤苦修行六年，没有修成正觉，后来放弃苦行，表达欲受美食的愿望并最终接受牧女的乳糜，从东北方前来，在此山游览，有感于这里的幽静，打算在此证成正觉。从东北的山冈登上山顶后，大地震动，山体摇晃。山神惊惶失措，告诉菩萨说：“这座山不是证成正觉的好地方。如果留在此处，入金刚定，大地会震动下沉，山体也会倾斜坍塌。”菩萨从西南面下山，在半山石崖处停下，有一个大石窟，背靠山岩，面向溪涧，菩萨进去，结跏趺坐，大地又震动，山体再次摇晃。

这时净居天在空中高声道：“这里不是如来成正觉的地方。从这里往西南走十四五里，离修苦行处不远的地方，有一棵毕钵罗树，树下有一个金刚座，过去与未来众佛，都在这个金刚座上证成正觉，你应当前往那里。"菩萨正要起身，石窟中的龙说道："这间石室清净优美，可以证成圣果，但愿您大发慈悲，不要离开这里。"菩萨已经知道这里不是证成之处，为了满足龙的意愿，留下影像而去。从前不论贤士还是愚人，都可以看见石室的佛影，直到现在，还有人能够看到。于是众天神在前引导，前往菩提树下。到无忧王兴起的时候，凡是菩萨上下山所经遗迹，都树立标志，建造佛塔，大小虽然不同，灵异应验无异，有时天花从空中撒下，有时神光照耀深谷。每年夏安居结束之日，四面八方的僧众与俗人，都登上此山供养，经过两个晚上才回去。

十七、菩提树垣

前正觉山西南行十四五里，至菩提树。周垣垒砖，崇峻险固，东西长，南北狭，周五百余步。奇树名花，连阴接影；细莎异草，弥漫缘被①。正门东辟，对尼连禅河，南门接大花池，西阨险固，北门通大伽蓝。壖垣内地②，圣迹相邻，或窣堵波，或复精舍③，并赡部洲诸国君王、大臣、豪族钦承遗教④，建以记焉。

【注释】

①缘被：覆盖在周围。

②壖(ruán)垣：宫外的矮墙，这里指寺外围墙。

③或复：即"或"。"复"置于其他词后，起凑足音节的作用，无实义。

④遗教：前人遗留下来的教训、学说、主张、著作等，这里指佛法。

【译文】

从前正觉山往西南前行十四五里，到达佛成正觉的菩提树下。菩提树四周用砖砌成的围墙，高大坚固，东西长，南北窄，方圆有五百多步。奇异名贵的树木花卉，阴影相连；纤细的莎草及其他奇异的野草，蔓延、覆盖在围墙周围。围墙正门向东而开，正对尼连禅河，南门连着大花池，西门扼守着险要之处，北门通往大寺院。围墙之内，圣贤的遗迹比比皆是，有佛塔，有精舍，都是赡部洲诸多国家的君王、大臣和豪门贵族因为敬信佛法，而建造起来纪念佛陀的。

1.金刚座

菩提树垣正中有金刚座。昔贤劫初成，与大地俱起，据三千大千世界之中①，下极金轮②，上侵地际，金刚所成，周百余步，贤劫千佛坐之而入金刚定③，故曰金刚座焉。证圣道所，亦曰道场，大地震动，独无倾摇。是故如来将证正觉也，历此四隅，地皆倾动，后至此处，安静不倾。自入末劫，正法浸微，沙土弥覆，无复得见。佛涅槃后，诸国君王传闻佛说金刚座量，遂以两躯观自在菩萨像南北标界④，东面而坐。闻诸耆旧曰："此菩萨像身没不见，佛法当尽。"今南隅菩萨没过胸臆矣⑤。

【注释】

①三千大千世界：即"大千世界"。佛教认为，以须弥山为中心，七山八海交绕，更以铁围山为外郭，称为一小世界，合一千个小世界为小千世界，合一千个小千世界为中千世界，合一千个中千世界为大千世界，总称为三千大千世界。

②金轮：据《俱舍论》卷十一，世界最底层为风轮，风轮之上有水轮，水轮之上有金轮，由轮形金刚而成，故称金轮。

③贤劫千佛：据佛经，过去、现在、未来三住劫，各有一千佛出世。

按《佛祖统纪》，现在之贤劫千佛，则住劫有二十增减，其前八增减中，为佛之出世；于第九减劫，始有佛，名拘留孙佛，是为千佛之第一，次为拘那含牟尼佛，次为迦叶佛，次即今之释迦牟尼佛；自此至第十增减之减劫，有弥勒出世，次于第十增减之减劫中，有师子佛等九百九十四佛。次于第二增减之增劫，有楼至佛出世。合计一千佛。

④躯：尊、座，为佛教塑像量词。

⑤胸臆：胸，胸部。

【译文】

菩提树围墙正中，有一个金刚座。从前贤劫刚刚形成时，金刚座与大地同时出现，位据三千大千世界中央，下至金轮，上达地表，由金刚构成，方圆一百多步，贤劫一千佛坐在它上面而入金刚定，所以称为金刚座。它是证成圣道的场所，所以又称为道场，在大地震动时，只有它不会倾斜摇晃。所以如来将要证成正觉时，走遍四方，大地都倾斜震动，后来到了这里，大地安稳不动。自从进入末劫以来，佛法逐渐衰微，久经沙土覆盖，再也看不见了。佛陀涅槃之后，诸国国王根据传说中佛所说的金刚座的规格，就用两尊观音菩萨像分别标出金刚座南北的边界，菩萨像均面朝东边而坐。听长者说："到这两尊菩萨像的身躯淹没不现的时候，佛法也定当消失。"而今南面的菩萨像已经被淹没至胸部了。

2. 菩提树及其事迹

金刚座上菩提树者，即毕钵罗之树也。昔佛在世，高数百尺，屡经残伐，犹高四五丈。佛坐其下成等正觉，因而谓之菩提树焉。茎干黄白，枝叶青翠，冬夏不凋，光鲜无变。每至如来涅槃之日，叶皆凋落，顷之复故。是日也，诸国君王，异方法俗，数千万众，不召而集，香水香乳，以溉以洗，于是奏音乐，列香花，灯炬继日，竞修供养。如来寂灭之后，无忧王之初嗣位也，信受邪道，毁佛遗迹，兴发兵徒，躬临剪伐。根茎枝叶，分寸斩截，次西数十步而积聚焉，令事火婆罗门烧以祠天。烟焰未静，忽生两树，猛火之中，茂叶含翠，因而谓之灰菩提树。无忧王睹异悔过，以香乳溉余根，洎乎将旦，树生如本。王见灵怪，重深欣庆，躬修供养，乐以忘归。

王妃素信外道，密遣使人，夜分之后，重伐其树。无忧王旦将礼敬，惟见蘖株，深增悲慨，至诚祈请，香乳溉灌，不日还生。王深敬异，垒石周垣，其高十余尺，今犹见在。近设赏迦王者①，信受外道，毁嫉佛法，坏僧伽蓝，伐菩提树，掘至泉水，不尽根柢，乃纵火焚烧，以甘蔗汁沃之，欲其燋烂②，绝灭遗萌③。数月后，摩揭陁国补剌拏伐摩王④，唐言满胄。无忧王之末孙也，闻而叹曰："慧日已隐，惟余佛树，今复摧残，生灵何睹？"举身投地，哀感动物，以数千牛构乳而溉，经夜树生，其高丈余。恐后剪伐，周峙石垣，高二丈四尺。故今菩提树隐于石壁，上出二丈余。

【注释】

①设赏迦：东印度羯罗拏苏伐剌那国（金耳国）国王，设赏迦为梵文Śaśāṅka的音译，意译为月，西元六世纪末至七世纪前期为王，仇视佛教。

②燋（jiāo）：通"焦"，烧焦。

③绝灭遗萌：使其绝后，这里指使其不再生长。

④补剌拏伐摩：当为梵文Pūrṇavarma的音译，意译为满胄。补剌拏伐摩王是无忧王的后代在摩揭陁地方的最后一位藩王，大约在西元七世纪初。

【译文】

金刚座上面的菩提树，就是毕钵罗树。从前佛陀在世之时，高达几百尺，后来经过多次砍伐，还有四五丈高。佛就是坐在这棵树下证成等正觉的，因而称之为菩提树。树干呈黄白色，枝叶青翠，一年四季从不凋谢，光亮鲜嫩从不改变。每到如来涅槃之日，树叶全部落尽，不久又恢复原貌。这一天，各国国王，各地僧侣和俗人，成千上万，不经召集而自行前来聚会，用香水和香乳来浇灌和清洗此树，于是演奏音乐，陈列香花，燃烧灯烛，持续多日，竞相供养。如来涅槃之后，无忧王继位之初，信奉接受邪恶外道，毁坏佛陀遗迹，率领军队，亲自前往砍伐。将树根、树干、树枝和树叶，截成一分一寸长的小段，在其西边几十步远处堆积起来，并令事火婆罗门烧来祭天。烟火尚未平息时，忽然长出两棵树来，在烈火之中，枝繁叶茂，青翠欲滴，因而称之为"灰菩提树"。无忧王见此灵异，心生悔悟，便以香乳浇灌剩下的树根，快到天亮时，树又长成原来的样子。无忧王见此神异，更加欢悦庆幸，亲自参与供养，乐得流连忘返。

无忧王的王妃一向信奉外道，暗中派遣奴仆，在半夜之后，再次砍伐这棵菩提树。无忧王清晨准备礼敬时，只见遍地残枝败叶，深感悲痛，于是虔诚地祈祷，并用香乳浇灌，不久又再生了。无忧王深为敬信，在树周围用石头砌成围墙，高达十多尺，现在仍然存在。近世的设赏迦王，信奉并接受外道，破坏痛恨佛法，捣毁寺院，砍伐这棵菩提树，一直挖到泉水涌出，仍然挖不尽树根，于是放火焚烧，并用甘蔗汁浇灌，企图将树根烧得焦烂，使其不再生长。数月之后，摩揭陁国补剌拏伐摩王，唐土称满胄。即无忧王的最后一位子孙，听说此事后感叹道："智慧的太阳已经隐没，只剩下这棵佛树，而今树又遭受摧残，众生还能见到什么呢？"全身仆倒在地，悲伤之情感人至深，便用几千头牛的乳汁浇灌，一夜之间树又生长出来，高达一丈有余。为了防止其后再受砍伐，在四周砌成石墙，高达二丈四尺。所以现在的菩提树下部隐没在石墙之中，上部高出石墙两丈多。

菩提树东有精舍，高百六七十尺，下基面广二十余步，垒以青砖，涂以石灰。层龛皆有金像，四壁镂作奇制，或连珠形，或天仙像，上置金铜阿摩落迦果[①]。亦谓宝瓶，又称宝壶。东面接为重阁，檐宇特起三层，榱柱栋梁[②]，户扉寮牖[③]，金银雕镂以饰之，珠玉厕错以填之[④]。奥室邃宇，洞户三重。外门左右各有龛室，左则观自在菩萨像，右则慈氏菩萨像，白银铸成，高十余尺。

精舍故地，无忧王先建小精舍，后有婆罗门更广建焉。初，有婆罗门不信佛法，事大自在天[⑤]，传闻天神在雪山中，遂与其弟往求愿焉。天曰："凡诸愿求，有福方果，非汝所祈，非我能遂。"婆罗门曰："修何福可以遂心？"天曰："欲植善种，求胜福田[⑥]，菩提树者，证佛果处也。宜时速返，往菩提树，建大精舍，穿大水池，兴诸供养，所愿当遂。"婆罗门受天命，发大信心，相率而返，兄建精舍，弟凿水池，于是广修供养，勤求心愿，后皆果遂，为王大臣，凡得禄赏，皆入檀舍[⑦]。

精舍既成，招募工人，欲图如来初成佛像。旷以岁月，无人应召。久之，有婆罗门来告众曰："我善图写如来妙相。"众曰："今将造像，夫何所须？"曰："香泥耳，宜置精舍之中，并一灯照我。入已，坚闭其户，六月后乃可开门。"时诸僧众皆如其命。尚余四日，未满六月，众咸骇异，开以观之。见精舍内佛像俨然，结迦趺坐[⑧]，右足居上，左手敛，右手垂，东面而坐，肃然如在。座高四尺二寸，广丈二尺五寸，像高丈一尺五寸，两膝相去八尺八寸，两肩六尺二寸。相好具足[⑨]，慈颜若真，惟右乳上涂莹未周。既不见人，方验神鉴。众咸悲叹，殷勤请知。

【注释】

①阿摩落迦：梵文 Āmrɑ 或波斯语 Amola、Amala 的音译，又作阿末罗、庵摩洛迦等。玄应《一切经音义》卷二十一："阿末罗，旧言庵摩罗，亦作阿摩勒。其叶似小枣，花亦白小。果如胡桃，其味酸而甜，可入药分。"原注"亦谓宝瓶，又称宝壶"，则是指精舍中的阿末罗果形铜瓶。

②榱（cuī）：椽，桷。

③户扉寮牖（yǒu）：门扇窗户。户、扉，门；寮、牖，窗。

④厕错：错杂。

⑤大自在天：自在天外道之主神。梵文 Maheśvara 的意译，音译作摩醯湿伐罗等，在色界之顶，为三千界之主。

⑥"欲植"二句：善种、福田都是佛经中常见的比喻说法，佛经称佛即为众生生福之田地，众生向佛而植善根，则生无量之福果。

⑦檀舍：布施、施舍。檀，梵文 Dūna 的省译，意译为布施、施与，与"舍"同义并列。

⑧结加趺坐：佛教徒坐禅法，即交迭左右足背于左右股上而坐，分降魔坐与吉祥坐两种。

⑨相好：梵文 Lakṣana Vyañjana 的意译，就佛之身体而言，微妙之相状，可了别者，叫做"相"，细相之可爱乐者，叫做"好"。佛身有三十二相，八十种好。

【译文】

菩提树东面有一座精舍，高有一百六七十尺，精舍下的基座四面各宽二十多步,用青砖垒砌,表面涂上石灰。各层壁龛中都有金像,四面墙壁上雕刻成奇特的形状,有的为成串珠子形,有的为天仙像,顶上放着阿末罗果形铜瓶。也称宝瓶、宝壶。东面与之相连的是楼阁,阁檐挑起三层,屋椽柱梁,门扇窗户,都雕刻花纹,用金银装饰,珠玉错杂其间。屋宇深邃,有三道门洞。外门左右各有壁龛,左边为观音菩萨像,右边是弥勒菩萨像,都用白银铸成,高有十多尺。

精舍的旧址上,无忧王先前建有小精舍,后来有位婆罗门又重加扩建。当初,有位婆罗门不信奉佛法,供奉大自在天,听说天神住在大雪山中,于是与他的弟弟前去求愿。天神说:"凡是求愿,需有福缘才能如愿,这不是你能祈求的,也不是我所能遂你心愿的。"婆罗门问道:"要修什么福缘才可以如愿?"天神说:"要想种植善根,求得福田,只有菩提树,才是证成佛果之处。应当赶紧回去,前往菩提树处,建造大精舍,开凿大水池,敬修各种供养,就会如愿以偿。"婆罗门得到天神指点,兴起虔诚的信仰之心,一同回去,兄长建造精舍,弟弟开凿水池,于是大修供养,精勤祈求,后来都实现了心愿,成为国王的大臣,凡是所得一切俸禄和赏赐,全部用来施舍。

精舍建成以后,招募工匠,打算雕塑如来刚刚成佛时的形像。时间过去了很久,也没有人应召。又过了很久,有一位婆罗门前来对众人说:"我擅长描画如来庄严的相貌。"众人问道:"如今准备塑造佛像,需要些什么呢?"婆罗门答道:"需要香泥,放在精舍之中,以及一台灯盏为我照明。我进去以后,你们要关紧门户,六个月后才可以开门。"当时众僧都遵照他的嘱咐。还有四天才到六个月时,众人都感到惊异,打开精舍门察看。只见精舍内佛像庄重严肃,结加趺坐,右脚在上,左手上收,右手下垂,面朝东方而坐,神态庄严,宛如活着一般。佛像底座高四尺二寸,宽一丈二尺五寸,佛像高一丈一尺五寸,两膝相距八尺八寸,两肩宽六尺二寸。相好完全具备,慈善的容颜如同真人,只有右乳上尚未装饰完成。由于找不到那位工匠,方才知道是神人显灵。众人都悲伤哀叹，虔诚地请求神灵告知真相。

有一沙门，宿心淳质，乃感梦见往婆罗门而告曰："我是慈氏菩萨，恐工人之思不测圣容，故我躬来图写佛像。垂右手者，昔如来之将证佛果，天魔来娆[①]，地神告至[②]，其一先出，助佛降魔。如来告曰：'汝勿忧怖，吾以忍力[③]，降彼必矣。'魔王曰：'谁为明证？'如来乃垂手指地言：'此有证。'是时第二地神踊出作证，故今像手仿昔下垂。"众知灵鉴，莫不悲感。于是乳上未周，填厕众宝，珠瓔宝冠，奇珍交饰。

设赏迦王伐菩提树已，欲毁此像，既睹慈颜，心不安忍，回驾将返，命宰臣曰："宜除此佛像，置大自在天形。"宰臣受旨，惧而叹曰："毁佛像则历劫招殃[④]，违王命乃丧身灭族，进退若此，何所宜行？"乃召信心以为役使[⑤]，遂于像前横垒砖壁，心惭冥暗，又置明灯，砖壁之前画自在天。功成报命，王闻心惧，举身生疱，肌肤攫裂，居未久之[⑥]，便丧没矣。宰臣驰返，毁除障壁，时经多日，灯犹不灭。像今尚在，神工不亏[⑦]。既处奥室，灯炬相继，欲睹慈颜，莫由审察，必于晨朝，持大明镜，引光内照，乃睹灵相。夫有见者，自增悲感。

【注释】

①天魔：即欲界第六天的魔王，名波旬（Pāpīyas、Pāpāman），有无量眷属，常障碍佛道，为四魔（烦恼魔、阴魔、死魔、天魔）之一。娆：通"挠"，干扰、破坏。

②地神：地下之神。《重编诸天传》："地神乃总号，安住不动皆地神。"

③忍力：即忍辱力。《法华经·序品》："又见佛子住忍辱力，增上慢人恶骂捶打，皆悉能忍，以求佛道。"

④历劫：佛教称经历宇宙的成毁为"历劫"，后统指经历各种灾难。

⑤信心：本指虔诚的信仰之心，这里指虔诚的信徒。

⑥居未久之：过了没多久。居，如同说"经过"，表示相隔若干时间。

⑦神工不亏：非凡的（绘画）艺术没有损坏。

【译文】

有一位沙门，心地一向敦厚质朴，于是神灵感应，在梦中见到先前雕塑佛像的婆罗门告诉他道："我本是慈氏菩萨，担心工匠难以想像出佛陀的容貌，所以我亲自前来绘制佛像。之所以垂下右手，是因为从前如来将要证成佛果时，天魔前来破坏，其中一位地神先从地下出来，告诉如来天魔将至，并帮助佛陀降伏天魔。如来告诉他说：'你不必担忧，我凭借忍辱之力，一定会降伏天魔的。'魔王说：'谁是证人？'如来便垂手指地道：'这儿有证人。'这时第二位地神从地下跳出来作证，所以今天的佛像右手就像从前那样下垂。"众人知道神灵应验，无不悲伤。于是将右乳上涂饰未满之处，镶嵌上各种宝物，并为之戴上珠宝璎珞作的宝冠，全部用奇珍异宝装饰。

设赏迦王砍伐菩提树后，又想毁坏这尊佛像，但看到佛像慈祥的容貌后，心中不忍做此残忍之事，在即将返回时，命令手下大臣道："要除掉这尊佛像，在这里供设大自在天像。"大臣领到圣旨，害怕地叹息说："毁坏佛像就会经历灾难、招致祸殃，但抗旨不遵又会自身丧命、家族诛灭，如此进退两难，我该怎么作呢？"于是召来虔诚的佛教信徒充当差役，在佛像前面横着砌起一堵砖墙，因为佛像里面光线太暗而心中愧疚，于是又在里面放上明亮的灯盏，在砖墙的前面画上大自在天像。事成之后回去复命，设赏迦王听后心中恐惧，全身长满疱疹，皮肤全被抓破，过了没多久，便命归黄泉。那位大臣赶紧返回去，拆除佛像前的砖墙，虽然时隔多日，灯盏依然没有熄灭。佛像至今还在，非凡的绘画工艺没有损坏。佛像处在幽深的暗室，尽管灯烛不断，但要一睹慈容，还是看不清楚，必须在清晨时分，拿一面大镜子，把光亮引入室内照明，才能看清佛陀神相。凡是看见佛像的人，都不免心生悲伤。

3.如来成道时日

如来以印度吠舍佉月后半八日成等正觉[①]，当此三月八日也。上座部则吠舍佉月后半十五日成等正觉[②]，当此三月十五日也。是时如来年三十矣，或曰年三十五矣[③]。

【注释】

①吠舍佉：梵文 Vaiśākha 的音译，为二月之名，又为佛陀的生月。

②上座部：为小乘十八部之一。

③年三十五：关于释迦牟尼成佛的年龄，说法不一，《普曜经》、《瑞应本起经》、《因果经》及《智度论》等作三十岁；《长阿含经》、《增一阿含经》和《出曜经》等作三十五岁。

【译文】

如来在印度佛历吠舍佉月后半八日成佛，相当于唐历三月八日。上座部则认为是吠舍佉月后半十五日成佛，相当于唐历三月十五日。这时如来三十岁，有的说是三十五岁。

4.如来成道及诸奉佛遗迹

菩提树北，有佛经行之处。如来成正觉已，不起于座，七日寂定[①]。其起也，至菩提树北，七日经行，东西往来，行十余步，异花随迹，十有八文[②]。后人于此垒砖为基，高余三尺。闻诸先志曰：此圣迹基，表人命之修短也。先发诚愿，后乃度量，随寿修短，数有增减。经行基北道左磐石上，大精舍中有佛像，举目上望。昔者如来于此七日观菩提树，目不暂舍。为报树恩，故此瞻望。

菩提树西不远大精舍中，有鍮石佛像，饰以奇珍，东面而立。前有青石，奇文异彩。是昔如来初成正觉，梵王起七宝堂[3]，帝释建七宝座，佛于其上七日思惟，放异光明，照菩提树。去圣悠远，宝变为石。菩提树南不远，有窣堵波，高百余尺，无忧王之所建也。菩萨既濯尼连河[4]，将趣菩提树，窃自思念："何以为座？"寻自发明，当须净草[5]。天帝释化其身为刈草人，荷而逐路。菩萨谓曰："所荷之草，颇能惠耶[6]？"化人闻命，恭以草奉，菩萨受已，执而前进。受草东北不远，有窣堵波，是菩萨将证佛果，青雀群鹿呈祥之处。印度休征[7]，斯为嘉应[8]。故净居天随顺世间，群从飞绕，效灵显圣。

【注释】

①寂定：佛经称脱离妄心、妄想叫寂定。《无量寿经》上："广普寂定深入菩萨法藏。"

②十有八文：十八处花纹。有，同"又"，用于整数与零数之间。

③七宝：七种宝物，不过诸经论所说少异：《法华经·受记品》为"金、银、琉璃、砗磲、玛瑙、真珠、玫瑰"；《无量寿经》上为"金、银、琉璃、玻璃、珊瑚、玛瑙、砗磲"；《智度论》十为"金、银、毗琉璃、颇梨、车渠、马瑙、赤真珠"等等。

④尼连河：即尼连禅河，佛将成道，先在此河中沐浴。

⑤净草：梵文 Kuśa 的意译，又作吉祥草；音译作拘舍、孤沙、固沙等，作祭祀之用。

⑥颇能惠耶：可以略送一些吗？颇，略。惠，赠送，施与。

⑦休征：吉祥的征兆。

⑧嘉应：祥瑞。

【译文】

菩提树北边，有佛陀经行的遗迹。如来成佛以后，并未立即从座位上起身，而是入寂定七天。出定以后，来到菩提树北面，经行七天，在东西方向来回行走十多步，足迹所到之处留下奇异的花纹，共有十八处。后人在这里用砖垒砌台基，高三尺多。据先前的记载说：这处圣迹台基，可显示人寿命的长短。先立下虔诚的誓愿，然后用脚步度量，随人寿命长短的不同，步数也有多有少。经行台基北边道旁的磐石上，有一所大精舍，精舍中有一尊佛像，作抬眼向上观望的样子。从前如来在此凝望菩提树达七天之久，目光一刻也不曾离开。因为报答树的恩德，所以如此瞻仰。

菩提树西边不远处的大精舍中，有一尊黄铜佛像，饰有珍奇宝物，面朝东方而立。像前有青石，色彩鲜艳错杂。从前如来刚刚成佛时，梵天王建起七宝堂，天帝释造出七宝座，佛在座上沉思七天，大放光明，照菩提树。而今距离佛陀时代已很久远，宝物都变成了石头。菩提树南边不远处，有一座佛塔，高一百多尺，是无忧王建造的。菩萨在尼连禅河沐浴之后，将去菩提树下，心中暗自思忖："用什么作为座位？"马上领悟到，应当用净草。这时天帝释摇身一变，化作一位割草人，担着净草赶路。菩萨问他道："你所担的草，能否送我一些呢？"帝释所变之人听了，恭敬地送上净草，菩萨接过以后，拿在手中继续前行。接受净草处东北不远的地方，有一座佛塔，是菩萨即将证得佛果时，青雀、群鹿显示祥瑞之处。在印度吉兆之中，这是一种祥瑞。所以净居天神依照世俗，与众天神绕佛飞舞，以彰显圣灵。

菩提树东大路左右，各一窣堵波，是魔王娆菩萨处也。菩萨将证佛果，魔王劝受轮王，策说不行①，殷忧而返。魔王之女请往诱焉，菩萨威神，衰变冶容[2]，扶羸策杖，相携而退。菩提树西北精舍中，有迦叶波佛像，既称灵圣，时烛光明。闻诸先记曰：若人至诚，旋绕七周，在所生处，得宿命智[3]。迦叶波佛精舍西北二砖室，各有地神之像。昔者如来将成正觉，一报魔至，一为佛证。后人念功，图形旌德。

菩提树垣西北不远，有窣堵波，谓郁金香，高四十余尺，漕矩吒国商主之所建也[4]。昔漕矩吒国有大商主，宗事天神，祠求福利，轻蔑佛法，不信因果[5]。其后将诸商侣，贸迁有无，泛舟南海，遭风失路。波涛飘浪，时经三岁，资粮罄竭，糊口不充。同舟之人，朝不谋夕，戮力同志，念所事天，心虑已劳，冥功不济。俄见大山，崇崖峻岭，两日联晖，重明照朗。时诸商侣更相慰曰："我曹有福，遇此大山，宜于中止，得自安乐。"商主曰："非山也，乃摩竭鱼耳[6]。崇崖峻岭，须鬣也[7]；两日联晖，眼光也。"言声未静，舟帆飘凑。

于是商主告诸侣曰："我闻观自在菩萨于诸危厄，能施安乐。宜各至诚，称其名字。"遂即同声归命称念。崇山既隐，两日亦没。俄见沙门，威仪庠序[8]，杖锡凌虚，而来拯溺，不逾时而至本国矣。因即信心贞固，求福不回，建窣堵波，式修供养，以郁金香泥而周涂上下。既发信心，率其同志，躬礼圣迹，观菩提树。未暇言归[9]，已淹晦朔[10]。商侣同游，更相谓曰："山川悠间[11]，乡国辽远，昔所建立窣堵波者，我曹在此，谁其洒扫？"言讫，旋绕至此，忽见有窣堵波，骇其由致，即前瞻察，乃本国所建窣堵波也。故今印度因以郁金为名。

菩提树垣东南隅尼拘律树侧窣堵波，傍有精舍，中作佛坐像。昔如来初证佛果，大梵天王于此劝请转妙法轮[12]。菩提树垣内四隅皆有大窣堵波。在昔如来受吉祥草已，趣菩提树，先历四隅，大地震动，至金刚座，方得安静。树垣之内，圣迹鳞次[13]，羌难遍举[14]。

【注释】

①策说(shuì)：游说，劝说别人听从自己的意见。

②衰变冶容：使妖艳的容貌变得衰老。关于魔王波旬扰佛及其女变为老妇之事，佛经多有记载，如《普曜经》卷六："尔时波旬告其四女：一名欲妃，二名悦彼，三名快观，四名见从：'汝诣佛树惑乱菩萨，嗟叹爱欲之德，坏其清净之行。'女闻魔言，即诣佛树，住菩萨前，绮言作姿三十有二……其魔王女化成老母，不能自复。"

③宿命智：能知宿命之智，为六通中之宿命通。

④漕矩吒：梵文 Jāguḍa 的音译，又作漕矩，其国都城为鹤悉那，故址在今阿富汗东部的加兹尼。详本书卷十二漕矩吒国。商主：众多商人的管理者或头领。

⑤因果：因缘和果报。根据佛教轮回之说，种什么因，结什么果，《十住毗婆娑论》十二："因以得知，得者成就。果者从因有，事成名为果。"

⑥摩竭：梵文 Makara 的音译，又作摩迦罗、么伽罗等，指鲸或鲨鱼、鳄鱼之类，为传说中的大鱼。《法苑珠林》卷十："摩竭大鱼，身长或三百由旬、四百由旬，乃至极大者长七百由旬。故《阿含经》云，眼如日月，鼻如太山，口如赤谷。"

⑦须鬣(liè)：鱼脊背上的鳍。

⑧庠序：举动安详肃穆。《敦煌变文集·维摩诘经讲经文》："纤手

举而淡泞风光，玉步移而威仪庠序。”蒋礼鸿《敦煌变文字义通释·释容体》：“庠序，举动安详肃穆的意思。”

⑨言归：回归，返回。言，助词，用于动词之前，无实义。

⑩晦朔：此指一个月的时间。晦指每月最后一日，朔指每月初一日。

⑪悠间(jiàn)：远隔。

⑫转妙法轮：演说精妙佛法。佛经称佛的教法如车轮旋转，能转凡成圣，能碾碎一切的烦恼，谓之“法轮”，所以佛说法、度众生，叫做“转法轮”。

⑬鳞次：像鱼鳞那样整齐有序地排列，意为比比皆是。

⑭羌：加强语气的助词，无实义。

【译文】

菩提树东边大路的两旁，各有一座佛塔，是魔王波旬干扰菩萨之处。菩萨即将证得佛果，魔王劝他作世间转轮王，游说不成，抑郁而归。魔王的女儿们请求前往勾引诱惑，菩萨大发神威，使她们娇艳的容貌变得衰老不堪，拖着衰弱的身子，拄着拐杖，相互搀扶着离开。菩提树西北边的精舍中，有迦叶波佛像，以灵异著名，不时大放光明。据先前的记载说：如果人们特别虔诚地绕迦叶波佛七圈，就会在所生之处获得宿命智。迦叶波佛精舍西北面有两间砖砌的房屋，其中各有一尊地神像。从前如来即将成佛时，一位地神来报告天魔将至，一位地神为佛作证。后人怀念他们的功业，绘制了他们的形像以旌表其功德。

菩提树围墙西北不远处，有一座佛塔，叫做“郁金香”，高四十多尺，是漕矩吒国的一位商主建造的。从前漕矩吒国有位大商主，奉祀天神，常祭神求福，而藐视佛法，不相信因果报应。后来带领众多商人，外出贩运货物，行船至南海上，遭遇大风而迷失方向。在大海上随浪飘浮，历经三年，粮食吃光了，无以糊口充饥。同船的人，朝不保夕，于是戮力同心，祈求所奉天神，心力交瘁，终不见应验。忽然看见一座大山，崇山峻岭，二日并出，两重光明照彻天地。这时众商人相互安慰说：“我们有福,遇到这座大山,应当在此山上停留,可以享受平安快乐。”商主说:“这不是山,而是摩竭鱼啊。崇山峻岭,是它背脊上的鳍;两日并出,是它的眼光。”话音未落,船向大鱼飘去。

于是商主告诉众位商人说:“我听说观世音菩萨在人们遇到种种危难时,能给人以平安快乐。大家应当心怀虔诚,念诵他的名号。”于是众人归依菩萨,齐声念诵观音名号。高山隐去了,两个太阳也消失了。不久即见一个沙门,神态威严肃穆,手持锡杖,凌空而来,解救危难,不一会儿便回到本国。于是信佛之心更加坚固,求福的意志坚定不移,建造佛塔,敬修供养,用郁金香泥遍涂佛塔上下。信佛之后,率领其他信徒,亲自前去礼拜圣人的遗迹,瞻仰菩提树。还来不及回去,时间已过去数月。同行的商人们彼此商议道:“山川远隔,故国遥远,我们在这里,先前所建佛塔,谁去打扫呢?”说完,绕行到这里,忽然发现一座佛塔,都很奇怪它是怎么出现的,于是上前仔细察看,原来是他们在本国所建的佛塔。所以现在印度称之为“郁金”。

菩提树围墙东南角的尼拘律树旁有一座佛塔,塔旁有一所精舍,其中供有佛的坐像。从前如来刚刚证得佛果,大梵天王在这里请求他演说精妙的佛法。菩提树围墙内四角都有一座大的佛塔。从前如来接受吉祥草之后,前往菩提树下,先走过四角,大地都发生震动,来到金刚座,大地方才安稳不动。菩提树围墙之内,圣迹比比皆是,实在难以一一列举。

5. 菩提树垣附近诸迹

菩提树垣外,西南窣堵波,奉乳糜二牧女故宅[①]。其侧窣堵波,牧女于此煮糜。次此窣堵波,如来受糜处也。

【注释】

①乳糜:牛乳和粳米煮成的粥。

【译文】

菩提树围墙之外,西南边有一座佛塔,是为佛进献乳糜的两位牧女的旧居。旁边的佛塔,是牧女煮乳糜之处。再过去的一座佛塔,是如来接受乳糜之处。

6.南门外遗迹

菩提树南门外有大池,周七百余步,清澜澄镜,龙鱼潜宅,婆罗门兄弟承大自在天命之所凿也。次南一池,在昔如来初成正觉,方欲浣濯,天帝释为佛化成。池西有大石,佛浣衣已,方欲曝晒,天帝释自大雪山持来也。其侧窣堵波,如来于此纳故衣[①]。次南林中窣堵波,如来受贫老母施故衣处。

帝释化池东林中,有目支邻陁龙王池[②],其水清黑,其味甘美。西岸有小精舍,中作佛像。昔如来初成正觉,于此宴坐[③],七日入定。时此龙王警卫如来,即以其身绕佛七匝,化出多头,俯垂为盖,故池东岸有其室焉。

目支邻陁龙池东林中精舍,有佛羸瘦之像。其侧有经行之所,长七十余步,南北各有毕钵罗树。故今土俗,诸有婴疾[④],香油涂像,多蒙除差[⑤]。是菩萨修苦行处。如来为伏外道,又受魔请,于是苦行六年,日食一麻一麦,形容憔悴,肤体羸瘠,经行往来,攀树后起。

菩萨苦行毕钵罗树侧,有窣堵波,是阿若憍陈如等五人住处[⑥]。初,太子之舍家也,彷徨山泽,栖息林泉,时净饭王乃命五人随瞻侍焉。太子既修苦行,憍陈如等亦即勤求。

【注释】

①纳故衣：缝补破旧的衣服。纳，通“衲”，补缀、缝补。

②目支邻陁：梵文 Mucilinda 的音译，又作文驎、目真、目真邻、目真邻陀等，意译作解脱。据《佛本行集经》卷三十一，目支邻陁龙王曾以身躯为佛遮风蔽雨。

③宴坐：坐禅。《维摩诘所说经·弟子品》：“夫宴坐者，不于三界现身意，是为宴坐。”

④婴疾：疾病缠身，患病。婴，纠缠、遭受。

⑤除差(chài)：痊愈。扬雄《方言》第三：“南楚病愈者谓之差，或谓之除。”

⑥阿若憍陈如：梵文 Ājñāta－kauṇḍinya 的音译，本为受净饭王派遣卫护释迦牟尼修行的五名侍从之一，后成为佛门最初受济度之五比丘中的上首弟子。

【译文】

菩提树围墙南门外有一大水池，方圆七百多步，池水清澈、明净如镜，龙、鱼居住其中，是婆罗门兄弟禀承大自在天之命所开凿的。再往南有口水池，是如来刚刚证成佛果，将要洗涤衣服时，天帝释为佛变化而成的。水池西边有一块大石，是如来洗完衣服之后，正要晾晒时，天帝释从大雪山搬来的。旁边的佛塔，是如来缝补旧衣服之处。再往南的树林中有一座佛塔，是如来接受贫穷老妇施舍旧衣之处。

天帝释所化水池东边的树林中，有一口目支邻陁龙王池，池水清凉色黑，味道甜美。西岸有一所小精舍，其中供有佛像。从前如来刚刚证成佛果时，在这里坐禅，入定七天。当时这位龙王护卫如来，将他的躯体在佛身上绕了七圈，变化出很多头颅，下垂成伞盖形，所以水池东岸有龙王的居室。

目支邻陁龙王池东边树林中有一所精舍，其中有佛陀瘦弱之像。精舍旁有佛经行之处，长七十多步，南北各有一株毕钵罗树。所以现在当地有一种风俗，凡是有人疾病缠身，就用香油涂抹佛像，大多能获痊愈。这里是菩萨修习苦行之处。如来为了降伏外道，又受到魔王的请求，于是修习苦行达六年之久，每天只吃一粒芝麻一粒麦子，外貌憔悴，身体瘦弱，经行走动时，需要攀着树才能站起身来。

菩萨修苦行处的毕钵罗树边，有一座佛塔，是阿若憍陈如等五人的住处。当初，净饭王太子离家后，彷徨于山岭湖泽之间，栖息在树林溪涧之中，这时净饭王就命令这五个人跟随着照顾侍奉。太子修习苦行，憍陈如等人也精勤求道。

憍陈如等住处东南，有窣堵波，菩萨入尼连禅那河沐浴之处。河侧不远，菩萨于此受食乳糜。其侧窣堵波，二长者献麨蜜处[①]。佛在树下结加趺坐，寂然宴默，受解脱乐[②]，过七日后，方从定起。时二商主行次林外，而彼林神告商主曰："释种太子今在此中，初证佛果，心凝寂定，四十九日未有所食，随有奉上，获大善利。"时二商主各持行资麨蜜奉上，世尊纳受。

长者献麨侧，有窣堵波，四天王奉钵处。商主既献麨蜜，世尊思以何器受之，时四天王从四方来，各持金钵，而以奉上。世尊默然而不纳受，以为出家不宜此器。四天王舍金钵，奉银钵，乃至颇胝、琉璃、马脑、车渠、真珠等钵[③]，世尊如是皆不为受。四天王各还宫，奉持石钵，绀青映彻[④]，重以进献。世尊断彼此故，而总受之，次第重垒，按为一钵，故其外侧有四际焉。

四天王献钵侧不远，有窣堵波，如来为母说法处也。如来既成正觉，称天人师[⑤]，其母摩耶自天宫降于此处，世尊随机，示教利喜[6]。其侧涸池岸，有窣堵波，在昔如来现诸神变、化有缘处。

【注释】

①麨(chǎo)蜜：炒熟的米粉或麦粉和以蜜糖的食品。

②解脱：梵文 Mokṣa 的意译，音译作木叉。指脱离束缚而得自在，解惑业之系缚，脱三界之苦果。

③颇胝：梵文 Sphaṭika 的音译，又作颇黎、玻璃、颇胝迦等，一种状如水晶的宝石，为"七宝"之一。车渠：梵文 Musāragalva，又作牟沙罗揭婆、牟沙洛等，为玉石一类的宝石，亦为"七宝"之一。

④绀(gàn)青：天青色，深青透红色。

⑤天人师：梵文 Śāstā devamanuṣyāṇām 的意译，音译作舍多提婆摩菟舍喃，为如来十号之一。为天与人之教师，故名天人师。《智度论》卷二："复名舍多提婆摩菟舍喃。舍多秦言教师，提波言天，摩菟舍喃言人，是名天人教师。云何名天人教师？佛示导是应作是不应作，是善是不善，是人依教行，不舍道法，得烦恼解脱报，是名天人师。"

⑥示教利喜：指示、教导如何(通过修行)获得利益与快乐。

【译文】

憍陈如等人住处的东南边，有一座佛塔，是菩萨进入尼连禅那河沐浴之处。河边不远处，菩萨在此接受并食用乳糜。旁边的佛塔，是两位长者进献麨蜜之处。佛在树下结加趺坐，安静肃穆，享受解脱之乐，过了七天之后，方才出定。这时有两位商主行至树林外，那里的树林之神告诉商主道："释迦族的太子现在正在这片树林中，刚刚证得佛果，凝神静虑、寂然入定，四十九天未曾进食，你们有什么食物不妨献上，会获得很大的好处。"当时两位商主各自拿出所带干粮——麨蜜为佛献上，世尊收下了。

长者进献麨蜜处的旁边，有一座佛塔，是四天王进献钵盂之处。商主献上麨蜜后，世尊正想着用什么器物盛时，四天王从四方赶来，各自手持金钵，献给世尊。世尊默然不语，不肯收下，认为出家人不当使用这种器物。四天王又收起金钵，献上银钵，然后是用颇胝、琉璃、玛瑙、车渠、珍珠等作成的钵，这些世尊都没有收下。四天王各自返回本宫，拿来石钵，青里透红、光洁明亮，再次进献。世尊为了一视同仁，将四个石钵一并收下，依次重叠起来，用手按成一个石钵，所以这个石钵的外侧有四条合缝的线条。

四天王献钵处旁边不远的地方，有一座佛塔，是如来为其母亲演说佛法之处。如来成佛之后，号称为天人师，他的母亲摩耶夫人从天宫中下凡来到此处，世尊顺随机缘，指示、教导她如何通过修行获得利益与快乐。旁边一口干涸的水池岸上，有一座佛塔，是从前如来示现种种神奇的变化和教化有缘之人的地方。

现神变侧有窣堵波，如来度优楼频螺迦叶波三兄弟及千门人处[①]。如来方垂善导，随应降伏。时优楼频螺迦叶波五百门人请受佛教，迦叶波曰："吾亦与尔俱返迷途。"于是相从来至佛所。如来告曰："弃鹿皮衣，舍祭火具[②]。"时诸梵志恭承圣教，以其服用投尼连河[③]。捺地迦叶波见诸祭器随流漂泛，与其门人候兄动静，既见改辙[④]，亦随染衣。伽耶迦叶波与二百门人闻其兄之舍法也，亦至佛所，愿修梵行[⑤]。

度迦叶波兄弟西北窣堵波，是如来伏迦叶波所事火龙处。如来将化其人，先伏所宗，乃止梵志火龙之室。夜分已后，龙吐烟焰，佛既入定，亦起火光，其室洞然[⑥]，猛焰炎炽。诸梵志师恐火害佛，莫不奔赴，悲号愍惜。优楼频螺迦叶波谓其徒曰："以今观之，未必火也，当是沙门伏火龙耳。"如来乃以火龙盛置钵中，清旦持示外道门人。其侧窣堵波，五百独觉同入涅槃处也[⑦]。

目支邻陁龙池南窣堵波，迦叶波救如来溺水处也。迦叶兄弟时推神通，远近仰德，黎庶归心。世尊方导迷徒，大权摄化[⑧]，兴布密云，降澍暴雨[⑨]，周佛所居，令独无水。迦叶是时见此云雨，谓门人曰："沙门住处，将不漂溺[⑩]？"泛舟来救，乃见世尊履水如地，蹈河中流，水分沙现。迦叶见已，心伏而退。

【注释】

①迦叶波三兄弟：优楼频螺迦叶波(Uruvilvā-kāśyapa)、捺地迦叶波(Nadi-kāśyapa)、迦耶迦叶波(Gayā-kāśyapa)，原为事火外道，后都改信佛教，为佛弟子。

②"弃鹿"二句：丢弃鹿皮作的衣服和祭祀火神的用具。意即放弃原来的信仰。

③服用：衣服和用具。这里指上文所说的"鹿皮衣"和"祭火具"。

④改辙：本指更改行车的道路，这里比喻改变原来的信仰。

⑤梵行：清净除欲的修行。

⑥洞然：同"洞燃"，形容烈火熊熊燃烧。

⑦独觉：梵文 Pratyeka-buddha 的意译，又作缘觉，音译为辟支佛，为独自修行、自己觉悟而离生死者。

⑧大权摄化：以方便之法大力感化、救度众生。权，佛教指方便，即适于一时之法。

⑨澍(shù)：降(雨)。

⑩将不漂溺：岂不淹没。将，岂；漂溺，淹没。

【译文】

佛示现神变处的旁边有一座佛塔，是如来化度优楼频螺迦叶波三兄弟及其一千弟子之处。如来善于诱导，外道随即降伏。当时优楼频螺迦叶波的五百位弟子请求接受佛的教化，迦叶波说："我也与你们一起从错误的道路上返回吧。"于是结伴来到佛陀处。如来告诉他们："丢弃你们鹿皮作的衣服和祭祀火神的用具。"当时外道们恭敬地接受佛的教诲，将他们的衣服和用具投进了尼连禅河。捺地迦叶波看见祭祀火神的器物顺着水流漂浮，正与他的弟子伺察兄长的动静，见兄长已经改信佛教，也就跟着出家。伽耶迦叶波与他的两百位弟子听说两位兄长都舍弃了原来的信仰，也来到佛陀处，愿意修习梵行。

化度迦叶波兄弟处西北有一座佛塔，是如来降伏迦叶波所奉祀的火龙之处。如来将要化度那些人，先降伏他们所崇拜的对象，于是住在外道婆罗门所奉祀火龙的居室内。半夜以后，火龙口吐火焰，佛虽然入定，也发出火光，室内烈火熊熊，火焰炽盛。众婆罗门担心烈火会烧死佛陀，无不急急赶来，悲痛号哭，怜悯惋惜。优楼频螺迦叶波对他的门徒说："从现在的形势看，未必是佛陀被火烧死，应当是沙门在降伏火龙。"如来于是将火龙放置在钵盂中，一大早拿出来给外道信徒看。旁边的佛塔，是五百位独觉一同涅槃之处。

目支邻陁龙池南边的佛塔，是迦叶波救助溺水的如来之处。迦叶兄弟当时因神通而为众人所推崇，远近之人都仰慕其道德，黎民百姓诚心依附。世尊为了引导误入歧途的人，以方便之法大力感化、救度众生，于是兴起浓云，降下暴雨，而单单使佛住处周围没有洪水。迦叶这时见此浓云暴雨，对门徒说："沙门的住处，岂不被淹没了？"于是驾船来救，只见世尊在水中如履平地，在河中央走过，河水向两边分去，沙石都露了出来。迦叶见了，真心佩服地离开了。

7. 东门外遗迹

菩提树垣东门外二三里，有盲龙室。此龙者，殃累宿积[1]，报受生盲。如来自前正觉山欲趣菩提树，途次室侧，龙眼忽明，乃见菩萨将趣佛树，谓菩萨曰："仁今不久当成正觉[2]。我眼盲冥，于兹已久，有佛兴世，我眼辄明，贤劫之中，过去三佛出兴世时[3]，已得明视。仁今至此，我眼忽开，以故知之，当成佛矣。"

菩提树垣东门侧，有窣堵波，魔王怖菩萨之处。初，魔王知菩萨将成正觉也，诱乱不遂，忧惶无赖[4]，集诸神众，齐整魔军，治兵振旅，将胁菩萨。于是风雨飘注，雷电晦冥，纵火飞烟，扬沙激石，备矛盾之具，极弦矢之用[5]。菩萨于是入大慈定[6]，凡厥兵杖，变为莲华。魔军怖骇，奔驰退散。其侧不远，有二窣堵波，帝释、梵王之所建也。

【注释】

①殃累：恶业造成的灾祸和烦恼。

②仁：佛教徒对佛、罗汉等的尊称。

③过去三佛：指释迦牟尼佛以前的三佛，即拘留孙佛、拘那含牟尼佛和迦叶佛。

④无赖：无可奈何。

⑤"备矛"二句：指戈矛、盾牌、强弓、利箭等战具全部用上。备、极，尽；具、用，用具，这里指战具。

⑥大慈定：即大慈大悲定。佛教以与乐为慈、拔苦为悲，《智度论》卷二十七："大慈与一切众生乐，大悲拔一切众生苦。"

【译文】

菩提树围墙东门外两三里处，有盲龙的居室。这条龙由于前世积累的恶业所造成的灾祸与烦恼，此生遭到报应，天生就眼瞎。如来从前正觉山出发前往菩提树处，途经此龙居室旁边，龙眼忽然复明，于是看见菩萨将前往菩提树，便对菩萨说："您如今不久将会成佛。我双目失明，至今已经很久了，只要有佛出世，我的眼睛就能见到光明，贤劫之中，过去三佛出世时，我曾经恢复过视力。您现在来到这里，我的眼睛忽然睁开，因此知道您将成佛。"

菩提树围墙东门边，有一座佛塔，是魔王恐吓菩萨之处。当初，魔王知道菩萨即将成佛，诱惑扰乱不成，忧惧恐慌又无可奈何，就召集众多鬼神，纠合魔军，操练士兵，整顿军队，准备武力胁迫菩萨。于是一时狂风大作，暴雨如注，雷电交加，天昏地暗，火光冲天，烟雾弥漫，飞沙走石，戈矛、盾牌、强弓、利箭等战具全部用上。菩萨于是入大慈大悲定，所有使用的兵器，都变成了莲花。魔王的军队惊恐万状，四散奔逃。旁边不远处，有两座佛塔，为天帝释和梵天王所建。

8. 北门外摩诃菩提僧伽蓝

菩提树北门外摩诃菩提僧伽蓝[①]，其先僧伽罗国王之所建也[②]。庭宇六院，观阁三层，周堵垣墙高三四丈，极工人之妙，穷丹青之饰。至于佛像，铸以金银，凡厥庄严，厕以珍宝。诸窣堵波高广妙饰，中有如来舍利。其骨舍利大如手指节，光润鲜白，皎彻中外。其肉舍利，如大真珠，色带红缥[③]。每岁至如来大神变月满之日[④]，出示众人。即印度十二月三十日，当此正月十五日也。此时也，或放光，或雨花。僧徒减千人，习学大乘上座部法[⑤]，律仪清肃，戒行贞明。

昔者南海僧伽罗国，其王淳信佛法，发自天然。有族弟出家，想佛圣迹，远游印度，寓诸伽蓝，咸轻边鄙。于是返迹本国，王躬远迎，沙门悲哽，似不能言。王曰："将何所负，若此殷忧？"沙门曰："凭恃国威，游方问道，羁旅异域，载罹寒暑[⑥]，动遭凌辱，语见讥诮。负斯忧耻，讵得欢心？"王曰："若是者何谓也?”曰:“诚愿大王福田为意,于诸印度建立伽蓝,既旌圣迹,又擅高名,福资先王,恩及后嗣。”曰:“斯事甚美,闻之何晚?”于是以国中重宝献印度王。

【注释】

①摩诃菩提僧伽蓝:梵文 Mahābodhisaṃghārāma 的音译,意译作大觉寺。义净《求法高僧传》上:“金刚座大觉寺,即僧诃罗国王所造。此寺初基才余方堵,其后代国王苗裔相承。造制宏壮,则赡部洲中当今无以加也。”

②僧伽罗:印度俗语 Simghala 的音译,梵文作 Siṃhala,意译作执师子国、师子国,即今斯里兰卡。详见本书卷十一。

③红缥(piǎo):红色和淡青色。

④大神变月:神变月,又称神足月,为正五九三长斋月之异名,诸天于此月以神足巡行四天下,故称神足月或神变月。大神变月即正月,印度历十二月。

⑤大乘上座部法:大乘佛教不像小乘佛教那样分上座部和大众部,所以玄奘的这种说法很是费解,季羡林《关于大乘上座部的问题》一文认为是“受大乘影响的小乘上座部”,可备一说。

⑥载罹:遭受。载,发语词,无实义。

【译文】

菩提树北门外的大觉寺,为从前僧伽罗国国王所建。有六座庭院,三层楼观。四周的围墙高三四丈,建筑与绘画装饰都极为工巧。至于佛像,则用金银铸成,全用珍奇宝物错杂装饰。每座佛塔都高大华丽,里面供有如来舍利。其中骨舍利如手指节一般大,光洁润泽,鲜艳白亮,晶莹剔透。其中的肉舍利,如珍珠大小,红色中带有淡青色。每年到佛历大神变月的满月那天,便拿出来向众人展示。即印度十二月三十日,唐历正月十五日。这时,或者大放光明,或者天降香花。僧众不到一千人,都修习大乘上座部法,戒律和仪则清静整肃,持戒修行信心坚贞。

从前南海僧伽罗国的国王,天生就笃信佛法。有位同族的弟弟出家为僧,由于怀念佛陀圣迹,于是远游印度,想投宿的各个寺院,都看不起他来自边远偏僻之地而将他拒之门外。于是返回本国,国王亲自远迎,沙门悲痛哽咽,几乎说不出话来。国王说:“你莫非受了什么屈辱,以致如此忧伤?”沙门答道:“我仗着国家的威力,云游四方求学问道,客居异国他乡,遭受冷热之苦不说,一言一行都受到凌辱和讥讽。经受这样的耻辱,心中怎能高兴?”国王说:“既然如此,又如何是好呢?”沙门说:“真心希望大王一心广种福田,在印度境内建造佛寺,既能旌表圣迹,又能享有美名,福德有助于先王,恩惠又泽被后世。”国王说:“这事太好了,为什么不早说呢?”于是将国家贵重的财宝献给印度王。

王既纳贡,义存怀远①,谓使臣曰:“我今将何持报来命②?”使臣曰:“僧伽罗王稽首印度大吉祥王③,大王威德远振,惠泽遐被。下土沙门,钦风慕化,敢游上国,展敬圣迹④。寓诸伽蓝,莫之见馆⑤,艰辛已极,蒙耻而归。窃图远谋,贻范来叶⑥,于诸印度建一伽蓝,使客游乞士⑦,息肩有所⑧,两国交欢,行人无替。”王曰:“如来潜化,遗风斯在,圣迹之所,任取一焉。”

使者奉辞报命,群臣拜贺,遂乃集诸沙门,评议建立。沙门曰:“菩提树者,去来诸佛咸此证圣,考之异议,无出此谋。”于是舍国珍宝,建此伽蓝,以其国僧而修供养,乃刻铜为记曰⑨:“夫周给无私,诸佛至教;惠济有缘,先圣明训。今我小子,丕承王业⑩,式建伽蓝,用旌圣迹,福资祖考,惠被黎元。唯我国僧而得自在,及有国人亦同僧例。传之后嗣,永永无穷。”故此伽蓝多执师子国僧也。

【注释】

①怀远：安抚边远的国家或人民。

②来命：本为对人来信的敬称，这里指对方的献赠。

③大吉祥王：即大王，“吉祥”表示对对方的尊敬和赞颂。

④展敬：瞻仰祭拜，省视致敬。

⑤馆：留宿。

⑥贻范来叶：垂范后世。叶，世。

⑦乞士：比丘的别称。《法华义疏》卷一：“比丘者名为乞士，上从如来乞法以练神，下就俗人乞食以资身，故名乞士。”

⑧息肩：本为卸下负担，引申为栖止休息。

⑨记：记述的文字，这里指碑刻铭文。

⑩丕承：承受天命而继承帝位。

【译文】

国王收纳贡物之后，为了安抚边远之人，对使臣说：“我现在用什么来答谢贵国的馈赠呢？”使臣说：“僧伽罗王致敬印度大王，大王声威远播，泽被四方。鄙国一位沙门，因钦慕风德教化，冒昧云游贵国，以瞻仰祭拜圣迹。不曾想投宿各个佛寺，竟没一个肯留宿他，备受艰辛，受辱而归。今不揣冒昧，欲作长远打算，垂范后世，在印度建造一座寺院，使他方远游的比丘，有一个栖止休息的地方，你我两国从此交好，使者往来不绝。”印度王道：“如来潜移默化，遗留下来的风气至今仍在，佛陀圣迹之地，你就任选一处吧。”

使者辞别印度王回国复命，大臣们纷纷朝拜庆贺，于是召集众位沙门，讨论建寺之事。沙门说：“菩提树是过去未来众佛证成圣果之处，考察种种意见，在这里建寺最好。”于是施舍国家的珍宝，建造了这座寺院，并以本国僧人在寺中供养，又在铜牌上刻下铭文：“接济众人而毫无私心，是众佛最好的教导；惠施济度有缘之人，是圣人明白的训诫。在下不才，敬受天命而继承帝位，建造这座寺院，以旌表圣人的遗迹，福缘与恩德上达祖先、下及百姓。我国的僧人可在寺中随意停留，别国僧侣亦同此例。子孙后代，世世相传，永无穷尽。”所以这所寺院中多是执师子国的僧人。

9. 安居日月

菩提树南十余里，圣迹相邻，难以备举。每岁比丘解安居①，四方法俗，百千万众，七日七夜，持香花，鼓音乐，遍游林中，礼拜供养。印度僧徒，依佛圣教，皆以室罗伐拏月前半一日入雨安居②，当此五月十六日；以颎湿缚庾阇月后半十五日解雨安居③，当此八月十五日。印度月名，依星而建，古今不易，诸部无差。良以方言未融，传译有谬④，分时计月，致斯乖异⑤，故以四月十六日入安居，七月十五日解安居也。

【注释】

①解安居：安居结束。安居，梵文 Vārṣika 的意译。又名坐夏或坐腊。僧徒每年在雨季三个月内不外出，静心坐禅修学。安居的日期，因各地气候不同，亦不一。

②室罗伐拏月：梵文Śrāvaṇa 的音译，印度历法五月之名。关于印度历法，本书卷二有详细记载。

③颎湿缚庾阇月：梵文Áśvayuja 的音译，印度历法七月之名。

④传译：翻译，转译。

⑤乖异：差别，不同之处。

【译文】

菩提树南边十多里处，圣迹比比皆是，难以一一列举。每年比丘安居结束时，来自四面八方的僧众俗人，成千上万，在七天七夜之中，手持香花，奏乐鼓吹，游遍树林，礼拜供养。印度的僧人，依照佛教教义，均于室罗伐拏月前半月第一日开始安居，相当于唐历的五月十六日；于颇湿缚庾阇月后半月第十五日结束安居，相当于唐历的八月十五日。印度各月的名称，是依据星相建立起来的，古今从无变化，各部各派也没有不同。只恐是因为语言不通，翻译有误，以致在区分季节与月份上产生差异，所以我国于四月十六日开始安居，于七月十五日结束安居。

卷第九　一国

【题解】

本卷叙述摩揭陁国菩提树垣之后的行程，所记佛教遗迹及相关传说很多，大致可以分为两个区域，一是新旧王舍城，二是那烂陀寺。新旧王舍城在印度宗教史上具有重要地位，许多大事在这一带发生，附近胜迹很多。旧王舍城即上茅宫城，为摩揭陁国古都，五山环绕，景色优美。而后的鹫峰（灵鹫山）是佛教圣地，影响很大，佛陀曾于彼讲《楞伽经》、《法华经》，《西游记》中佛祖所在的灵山就是此山。王舍城是佛陀常游之处，佛陀逝世后，迦叶等率众在这里举行了佛教第一次结集。那烂陁寺是印度最大、最壮丽的佛教寺院，也是当时印度文化的中心，高僧云集，学者辈出。玄奘在那里停留五年，向一百多岁的戒贤法师学习《瑜伽师地论》，并在该寺研读了其他经典。

摩揭陁国下

十八、香象池

菩提树东渡尼连禅那河[①]，大林中有窣堵波，其北有池，香象侍母处也[②]。如来在昔修菩萨行[③]，为香象子，居北山中，游此池侧。其母盲也，采藕根，汲清水，恭行孝养，与时推移。属有一人游林迷路，彷徨往来，悲号恸哭。象子闻而愍焉，导之以示归路。是人既还，遂白王曰："我知香象游舍林薮，此奇货也，可往捕之。"王纳其言，兴兵往狩，是人前异，指象示王，即时两臂堕落，若有斩截者。其王虽惊此异，仍缚象子以归。象子既已维絷多时[④]，而不食水草，典厩者以闻，王遂亲问之。象子曰："我母盲冥，累日饥饿，今见幽厄，讵能甘食？"王愍其情也，故遂放之。

其侧窣堵波前建石柱，是昔迦叶波佛于此宴坐。其侧有过去四佛坐及经行遗迹之所。

【注释】

①尼连禅那河：即尼连禅河，梵文 Nairañjana 之音译。

②香象：梵文为 Gandhahastin 菩萨名，其侍母故事见《杂宝藏经》卷二等处。

③菩萨行：追求"无上菩提"，以成佛为目的的修行，泛指与菩萨观念相应的一切思想行为。亦称"菩萨正行"，梵文 Bodhisattva-caryā。

④维絷(zhí)：系缚，拘扣。维，系，拴缚。絷，捆脚。

【译文】

从菩提树往东，渡过尼连禅那河，大树林中间有座塔，塔北有个池塘，是香象侍养母亲的地方。如来在当初修菩萨行时，转生为小香象，生活在北山里，在这池塘附近游玩。它的母亲眼睛失明，它采藕根，取清水，恭敬地尽孝奉养，随时间流逝一直如此。正好有一人，游览树林时迷路了，彷徨往来，痛哭流涕。小象听见了很是同情，引着他指示回去的路。这人回去后，就报告国王说："我知道香象游玩居住的山林，它是稀有之宝，可以去捕捉。"国王听从了他的话，发兵去猎取，这人在前带路，指象给王看，当时双臂就掉了下来，好像被人劈砍一样。国王虽然对这个异象很惊讶，还是把小象绑了回去。小象被幽囚了很长时间后，也不食水草，掌管象厩的人去报告，国王于是亲自问话。小象说："我母亲失明，饥饿多日了，现在被幽困在这里，哪能美美地吃饭？"国王怜悯它的孝心，因此就放了它。

池边的佛塔前建有石柱，以前迦叶波佛曾在此坐禅。塔侧有过去四佛坐处以及散步的遗迹。

十九、外道发恶愿处

四佛坐东，渡莫诃河[①]，至大林中，有石柱，是外道入定及发恶愿处。昔有外道郁头蓝子者[②]，志逸烟霞，身遗草泽，于此法林栖神匿迹。既具五神通[③]，得第一有定[④]。摩揭陁王特深宗敬，每至中时，请就宫食。郁头蓝子凌虚履空，往来无替。摩揭陁王候时瞻望，亦既至已，捧接置座。王将出游，欲委留事，简擢中宫，无堪承命。有少息女，淑慎令仪，既亲且贤，无出其右。摩揭陁王召而命曰："吾方远游，将有所委，尔宜悉心，慎终其事！彼郁头蓝仙，宿所宗敬，时至来饭，如我所奉。"敕诫既已，便即巡览。少女承旨，瞻候如仪，大仙至已，捧而置座。郁头蓝子既触女人，起欲界染[⑤]，退失神通，饭讫言归，不得虚游。中心愧耻，诡谓女曰："吾比修道业，入定怡神，凌虚往来，略无暇景，国人愿睹，闻之久矣。然先达垂训，利物为务，岂守独善，忘其兼济？今欲从门而出，履地而往，使夫睹见之徒，咸蒙福利。"王女闻已，宣告远近，是时人以驰竞，洒扫衢路，百千万众，伫望来仪。郁头蓝子步自王宫，至彼法林。宴座入定，心驰外境，栖林则鸟鸟嘤啭，临池乃鱼鳖喧声，情散心乱，失神废定。乃生忿恚，即发恶愿："愿我当来为暴恶兽，狸身鸟翼，搏食生类，身广三千里，两翅各广千五百里，投林啖诸羽属，入流食彼水生。"发愿既已，忿心渐息，勤求顷之，复得本定。不久命终，生第一有天[⑥]，寿八万劫。如来记之，天寿毕已，当果昔愿，得此弊身，从是流转恶道[⑦]，未期出离。

【注释】

①莫诃河：有人考定为今柏瓦尔河上游，或以为莫诃即梵文 Mahā，形容河之大，并非确指。

②郁头蓝子：梵文 Udraka Rāmaputra 之音义混译，又译郁头蓝弗、郁陀伽、优陀罗罗摩子等，意译为猛喜、极喜。

③五神通：即天眼通，天耳通，他心通，宿命通，如意通，为佛法与外道共有的神通力。佛教认为尚须完善。亦省作"五通"。

④第一有定：即非想非非想处定，详见本书卷七婆罗痆斯国"非想定"条注。

⑤欲界：原为佛教语。三界之一。包括地狱、人间和六欲天等。以贪欲炽盛为其特征。后用以指尘世，人世。

⑥第一有天：即"有顶天"，指"无色界"的最高有定的第四天，亦即非想非非想处天。

⑦恶道：指六道中的地狱、饿鬼、畜生三道。

【译文】

从过去四佛坐处往东，渡过莫诃河，走到大树林中，有一石柱，是外道入定以及发恶愿的地方。从前有个外道叫做郁头蓝子，爱慕山水烟霞，隐居草泽之中，在这法林中静心隐居。他已经具备了五神通，修得第一有定。摩揭陁王对他特别崇敬，每到中午，便请他来宫中吃饭。郁头蓝子凌空步行，一直如此。摩揭陁王每到午时就迎候，到了之后，亲自接引入座。一天国王将出游，想委托人处理留守事务，在后宫挑选，却没有合适人选。有个小女儿，温惠美丽，既亲近又贤能，没有比她更适合的了。摩揭陁王找她来吩咐说："我将远游，有事打算托给你，你要尽心，谨慎地把事做好！那位郁头蓝仙人，我向来崇敬，每天准时来吃饭时，要像我那样接待他。”告诫完了，便开始游览。小女儿得到托付，便像之前那样恭候，大仙来到，便扶着他就座。郁头蓝子接触到女人后，动了欲界的凡心，便失去了神通，饭后告辞，却不能凌空步行。心中惭愧耻恨，假装跟少女说：“我过去修持大道，入定养神，凌空往来，很少有闲暇，都城里的人想看我，我也很早就听说了。然而过去的贤达告诫我们，要注重惠利他人，岂能只顾独善其身，忘记兼济他人？今天想从大门出去，踏着地面回去，使那些看见的人们，都能蒙受快乐。”国王女儿听后，通告远近，这时候人人奔走，洒扫道路，成千上万的百姓，伫立街头企盼大仙到来的风采。郁头蓝子从王宫走出来，回到他修行的树林。安稳坐下想入定，总是心猿意马，在树林里就会在意嘤嘤鸟鸣，在水边就会满耳鱼鳖的闹声，心情不定，失魂不能入定，于是很生气，就发恶愿说：“愿我来世为凶猛的恶兽，身如山猫，翅膀如鸟，搏杀吞食生灵，身长三千里，两翅各长一千五百里，飞入树林就捕食鸟类，入水就捕食水族。”发愿完了，忿戾的心情渐渐平定，努力了一会儿，又进入了入定的境界。不久寿终死去，生在第一有天，寿命有八万劫。如来记着，等他度完天年，应当偿过去的恶愿，得到丑陋的形体，从此在恶道中轮回，没有出来的时候。

二十、鸡足山及大迦叶故事

莫诃河东，入大林野，行百余里，至屈屈居勿反。吒播陁山[①]，唐言鸡足。亦谓窶卢播陁山[②]。唐言尊足。高峦峭无极，深壑洞无涯，山麓谿涧，乔林罗谷，岗岑岭嶂，繁草被岩，峻起三峰，傍挺绝巘，气将天接，形与云同。其后尊者大迦叶波居中寂灭[③]，不敢指言，故云尊足。摩诃迦叶波者，声闻弟子也[④]，得六神通[⑤]，具八解脱。如来化缘斯毕，垂将涅槃，告迦叶波曰：“我于旷劫，勤修苦行，为诸众生求无上法，昔所愿期，今已果满。我今将欲入大涅槃，以诸法藏嘱累于汝[⑥]，住持宣布，勿有失坠。姨母所献金镂袈裟，慈氏成佛，留以传付。我遗法中诸修行者，若比丘、比丘尼、邬波索迦、唐言近事男。旧曰伊蒲塞，又曰优婆塞，皆讹也。邬波斯迦[⑦]，唐言近事女。旧曰优婆斯，又曰优婆夷，皆讹也。皆先济渡，令离流转。”迦叶承旨，住持正法。结集既已，至第二十年，厌世无常，将入寂灭，乃往鸡足山。山阴而上，屈盘取路，至西南岗。山峰险阻，崖径槃薄，乃以锡扣，剖之如割。山径既开，逐路而进，槃纡曲折，回互斜通，至于山顶，东北面出。既入三峰之中，捧佛袈裟而立，以愿力故，三峰敛覆，故今此山三脊隆起。当来慈氏世尊之兴世也，三会说法之后，余有无量憍慢众生，将登此山，至迦叶所，慈氏弹指，山峰自开。彼诸众生既见迦叶，更增憍慢。时大迦叶授衣致辞，礼敬已毕，身升虚空，示诸神变，化火焚身，遂入寂灭。时众瞻仰，憍慢心除，因而感悟，皆证圣果。故今山上建窣堵波，静夜远望，或见明炬。及有登山，遂无所睹。

【注释】

①屈屈吒播陁：梵文 Kukkuṭapāta 之音译，意为鸡足。

②窭卢播陁：梵文 Gurupāta 之音译，意为尊足。

③大迦叶波：即摩诃迦叶波。

④声闻：佛家称闻佛之言教，证四谛之理的得道者。常指罗汉。

⑤六神通：六种神通力。此下“八解脱”指能摆脱烦恼业障的系缚而复归自在的八种解脱。详解皆见卷二迦腻色迦国注释。

⑥法藏：指佛所说教义，引起含藏无限妙义，故称。

⑦邬波索迦：梵文 Upāsaka 音译，意译近事男、清信士等，指亲近信奉佛法的男子，泛指受过五戒（不杀生、不偷盗、不邪淫、不妄语、不饮酒）的男子。邬波斯迦：梵文 Upāsika 音译，指在俗信女，与“邬波索迦”相对。

【译文】

从莫诃河往东，进入一片大的树林荒野，走一百多里，就到了屈屈吒播陁山，唐土称鸡足。也称窭卢播陁山。唐土称尊足山。高峰耸峙不见峰脊，深谷幽邃难知边涯。山坡溪涧，高大的树木遍布山谷，崇山叠岭，繁茂的草类覆满岩石。三座峻峰高耸，相倚挺出峭壁，气接苍穹，峰入云中。此后尊者大迦叶波在这里寂灭，不敢直呼其名，所以称作尊足。大迦叶波，是如来的亲传弟子，得到六神通，具备八解脱。如来教化众生的因缘都已结束，即将涅槃，对迦叶波说：“我在过去很长时间里勤奋修习苦行，为众生探求无上真理，过去的愿望，现在已经圆满实现。我现在将进入大涅槃，把这些教法托付给你，维护宣扬，别让它衰微。我姨母献上的金镂袈裟，弥勒佛成佛时，留着传给他。我遗法中各种修行者，如比丘、比丘尼、邬波索迦、唐土称近事男。旧称伊蒲塞，又称优婆塞，都是讹误。邬波斯迦，唐土称近事女。旧称优婆斯，又称优婆夷，都是讹误。都先济渡，让他们脱离轮回。”迦叶秉承遗教，维护纯正佛法。结集之后，到第二十年，厌倦世间无常，将要圆寂，就前往鸡足山。从山北往上，盘旋而行，到西南山岗。山峰险绝，崖径萦回，于是用锡杖敲击，剖开山峰就像割物一样。山路辟开后，沿着它前行，盘旋曲折，回环交错，到了山顶，从东北面出来。到达三座高峰中后，捧着如来的袈裟站着，因为佛祖功德的力量，三峰合拢下覆，因此今天这座山三道山脊隆起。后来佛祖出世，三会说法之后，还有无数骄傲轻慢的众生，他们将要攀登此山，到达迦叶住所，佛祖弹指，山峰自动裂开。那些众生见到迦叶后，更为傲慢。大迦叶递衣裳给佛祖后致辞，恭敬地行礼后，他升到空中，显示出种种神妙变化，化出烈火焚烧自身，便进入寂灭。众生仰视此景，不再傲慢，顿时感悟，都证得圣果。现在山上建有宝塔，深夜远望，有时能看到火炬。等登上山，就又看不到了。

二十一、佛陀伐那山及杖林

鸡足山东北行百余里，至佛陀伐那山①。峰崖崇峻，巘崿隐嶙。岩间石室，佛尝降止。傍有磐石，帝释、梵王摩牛头栴檀涂饰如来②，今其石上余香郁烈。五百罗汉潜灵于此，诸有感遇，或得睹见，时作沙弥之形，入里乞食。隐显灵奇之迹，差难以述。

佛陀伐那山空谷中东行三十余里，至泄移结反。瑟知林③。唐言杖林。林竹修劲，被山弥谷。其先有婆罗门闻释迦佛身长丈六，常怀疑惑，未之信也，乃以丈六竹杖，欲量佛身。恒于杖端出过丈六，如是增高，莫能穷实，遂投杖而去，因植根焉。中有大窣堵波，无忧王之所建也。如来在昔于此七日为诸天人现大神通，说深妙法。

【注释】

①佛陀伐那山：梵文 buddhavana 之音译，意为觉林，即今日之佛陀因山（Buddhain）。

②牛头栴檀：一种香料。旃檀，梵文 candana 音译。牛头，指出产地。

③泄瑟知林：意为杖林。泄瑟知，梵文 Yaṣṭi 音译，指杖，即今日 Jeshtiban。

【译文】

从鸡足山往东北走一百多里，到达佛陀伐那山。山崖高峻，峰峦突起。岩石间的石室，佛祖曾经降临驻足。旁边有块磐石，帝释和梵王曾用它磨牛头旃檀，以涂饰如来，至今石上还有浓烈的余香。五百罗汉暗中在这里修行，有感遇的人，有时能看见，有时变作沙弥的样子，到村落行乞。时隐时现，神奇的踪迹，难以描述。

在佛陀伐那山的空谷中向东走三十多里地，到泄瑟知林。唐土称杖林。林中修竹苍劲，漫山遍野。起先有位婆罗门，听说佛祖身高一丈六，总是怀疑，并不相信，就用一根一丈六的竹杖，想量佛祖身高。总是会在杖顶长出一丈六，像这样不断增高，不能算出究竟多高，于是扔下竹杖退去，这便生下根来。林中有座大塔，是无忧王建的。过去如来曾在那里为众多天神和人显现大神通，讲说深妙的佛法。

1.胜军故事

杖林中近有邬波索迦阇耶犀那者[①]，唐言胜军。西印度刹帝利种也，志尚夷简，情悦山林，迹居幻境，心游真际，内外典籍，穷究幽微，辞论清高，仪范闲雅。诸沙门、婆罗门、外道异学、国王、大臣、长者、豪右，相趣通谒，伏膺请益。受业门人，十室而六。年渐七十，耽读不倦，余艺捐废，唯习佛经，策励身心，不舍昼夜。印度之法，香末为泥，作小窣堵波，高五六寸，书写经文，以置其中，谓之法舍利也。数渐盈积，建大窣堵波，总聚于内，常修供养。故胜军之为业也，口则宣说妙法，导诱学人，手乃作窣堵波，式崇胜福，夜又经行礼诵，宴坐思惟，寝食不遑，昼夜无怠。年百岁矣，志业不衰。三十年间，凡作七拘胝唐言亿。法舍利窣堵波[②]。每满一拘胝，建大窣堵波，而总置中，盛修供养，请诸僧众，法会称庆。其时神光烛曜，灵异昭彰。自兹厥后，时放光明。

【注释】

①阇耶犀那：人名。意译为胜军，梵文 Jayasena 音译，博学多才，声满印度，玄奘曾随他学习两年。

②拘胝（zhī）：梵文 Koṭi 的音译，又作拘利、俱利、俱致等，义为百万、亿，为极大的数目。

【译文】

杖林中近来有邬波索迦阇耶犀那，唐土称胜军。是西印度刹帝利种，志趣崇尚简易平淡，喜好山林自然之趣，身居空幻之境，思达真理之界，佛教和其他典籍，都穷尽旨意，谈吐清高，举止娴雅。沙门、婆罗门、外道和其他学者、国王、大臣、长者、豪族大家，纷纷请见，低头求教。受业弟子，十户中有六户。年岁将近七十，好读不倦，撇开其他学艺，只研究佛经，勉励身心，昼夜不懈。印度有种习惯，用香灰做泥，作小塔，高五六寸，书写经文，放入其中，称之为法舍利。数目多了后，建造大塔，总纳其中，经常礼拜。胜军他修习佛法，在口则宣讲妙法，引导后学，在手则建塔，以扬显福业，夜里又踱步礼拜讽诵，打坐冥思，无暇吃睡，昼夜不懈。一百岁了，对事业的执着毫无衰减。三十年里，共作七拘胝唐土称亿。法舍利塔。每当够到一拘胝，就建造大塔，全部纳入其中，盛大地举行礼拜仪式，请僧众们召开法会庆祝。那时便会有神光照耀，灵异显现。此后还不时放出光明。

2. 杖林附近诸迹

杖林西南十余里，大山阳有二温泉，其水甚热。在昔如来化出此水，于中浴焉。今者尚存，清流无减，远近之人，皆来就浴，沉痾宿疹，无不除差。其傍则有窣堵波，如来经行之处也。

杖林东南，行六七里，至大山，横岭之前有石窣堵波。昔如来雨三月为诸人天于此说法，时频毗娑罗王欲来听法[1]，乃疏山积石，垒阶以进，广二十余步，长三四里。

大山北三四里，有孤山，昔广博仙人栖隐于此[2]，凿崖为室，余址尚存。传教门人，遗风犹扇。

孤山东北四五里，有小孤山，山壁石室，广袤可坐千余人矣。如来在昔于此三月说法。石室上有大磐石，帝释、梵王摩牛头栴檀涂饰佛身[3]，石上馀香，于今郁烈。

【注释】

①频毗娑罗：梵文 Bimbisāra 的音译，又作洴沙、瓶沙、萍沙等，意译作影坚、影胜。为公元前六世纪前半期（约前582—前554）摩揭陁国国王，与释迦牟尼同时。

②广博仙人：相传是《吠陀》、《摩诃婆罗多》的编纂者。广博，梵文 Vyāsa，音译为毗耶娑。

③栴（zhān）檀：古书上指檀香。

【译文】

杖林西南十多里，大山南面有两眼温泉，水温很高。过去如来用神通化出泉水，在其中洗澡。现在仍在，清澈的流水并无减少，远近居民，都来洗浴，多年宿病，无不痊愈。旁边有座塔，是如来漫步之处。

从杖林往东南走六七里，到达大山，一道横岭前有座石塔。过去如来雨季中为世间众生在此说法三个月，后来频毗娑罗王要来听法，便凿山堆石，垒阶上山，宽二十多步，长三四里。

大山往北三四里，有孤山，过去广博仙人隐居在此，凿岩为室，遗址尚在。传法的门人，遗风仍然兴盛。

从孤山往东北四五里，有小孤山，山壁上的石室方圆可坐一千多人。如来过去曾在此说法三个月。石室里有大盘石，帝释和梵王曾用它磨牛头旃檀，以涂饰如来，至今石上还有浓烈的余香。

3.阿素洛宫异事

石室西南隅有岩岫，印度谓之阿素洛旧曰阿修罗，又曰阿须伦，又曰阿须罗，皆讹也。宫也[1]。往有好事者，深闲咒术，顾俦命侣，十有四人，约契同志，入此岩岫。行三四十里，廓然大明，乃见城邑台观，皆是金银琉璃。是人至已，有诸少女伫立门侧，欢喜迎接，甚加礼遇。于是渐进，至内城门，有二婢使各捧金盘，盛满花香，而来迎候。谓诸人曰："宜就池浴，涂冠香花，已而后入，斯为美矣。唯彼术士宜时速进。"余十三人遂即沐浴，既入池已，恍若有忘，乃坐稻田中，去此之北平川中已三四十里矣。

【注释】

①阿素洛：一种恶魔。梵文 asura 之音译，又称阿修罗、阿须伦等，意译为无端，容貌丑陋之意。又称无酒、飞天，常与天帝释战斗。

【译文】

石室西南角有岩洞，印度称作阿素洛以前作阿修罗，又叫阿须伦，又叫阿苏罗，都是错的。宫。过去有好事者，精通咒术，召唤朋友，共十四人，相约一道，探索这岩洞。走了三四十里，豁然开朗，看到城市楼观，都是金银琉璃所制。这人到了后，有几位少女迎候门边，高高兴兴地迎接，很受礼遇。于是慢慢走到内城门，有两位婢女各捧金盆，盛满鲜花和香料，向前迎候。对他们说："请到池中洗浴，涂上香料，戴上鲜花，之后再进入，才比较好。只有那位术士可以立即进入。"剩下的十三人便去洗浴，下池之后，恍如隔世，竟是坐在稻田里，离这里北边的平地已有三四十里了。

4.栈道

石室侧有栈道，广十余步，长四五里。昔频毗娑罗王将往佛所，乃斩石通谷，疏崖导川，或垒石，或凿岩，作为阶级①，以至佛所。

【注释】

①阶级：台阶。

【译文】

石洞旁边有栈道，宽十多步，长四五里。从前频毗婆罗王将去佛那里，便开山填谷，，垒石块，凿山岩，铺设台阶，修筑了这条到达佛祖所在的道路。

二十二、上茅宫城（旧王舍城）

从此大山中东行六十余里，至矩奢揭罗补罗城①。唐言上茅宫城。上茅宫城，摩揭陁国之正中，古先君王之所都，多出胜上吉祥香茅，以故谓之上茅城也。崇山四周，以为外郭，西通峡径，北辟山门，东西长，南北狭，周一百五十余里。内城余址周三十余里。羯尼迦树遍诸蹊径②，花含殊馥，色烂黄金，暮春之月，林皆金色。

【注释】

①矩奢揭罗补罗城：梵文为 Kuśāgrapura，意为上茅宫城，因出产上好的香茅得名。此城五山环绕，在印度宗教史上地位重要。故址在今比哈尔邦的腊季吉尔（Rājgir）。

②羯尼迦树：梵文为 kaṇikāra，意译为月作。《慈恩传》卷三："羯尼迦树出处成林，发萼开荣，四时无间，叶如金色。"

【译文】

从这里的大山往东走六十多里，到达矩奢揭罗补罗城。唐土称上茅宫城。上茅宫城，处在摩揭陁国正中央，过去先代君王的都城，盛产上佳的吉祥香茅，因此叫做上茅城。高山环绕，作为外城，西有峡谷外通，北面开辟山门，东西长，南北狭窄，方圆一百五十多里。内城遗址方圆三十多里。山路边种满羯尼迦树，花有异香，颜色绚烂有如黄金，暮春时候，树林全是金色的。

1. 伏醉象遗迹

宫城北门外有窣堵波，是提婆达多与未生怨王共为亲友[①]，乃放护财醉象，欲害如来。如来指端出五师子，醉象于此驯伏而前。

【注释】

①未生怨王：梵文 Ajātaśatru 之意译，音译作阿阇世、阿阇多设咄路。是佛祖时摩揭陁国国王，频毗娑罗王之子。相者言此子必害父，故名未生怨。长大后亲近提婆达多，幽禁父母。后来因害父遭天谴，自悔向佛，对佛教兴盛有帮助。

【译文】

宫城北门外面有座塔，提婆达多与未生怨王亲近友好后，便放出一头护财醉象，想加害如来。如来手指尖化出五只狮子，于是醉象就在这里被驯伏而行。

2. 舍利弗证果故事

伏醉象东北有窣堵波，是舍利子闻阿湿婆恃比丘唐言马胜。说法证果之处[①]。初，舍利子在家也，高才雅量，见重当时，门生学徒，传以受业。此时将入王舍大城，马胜比丘亦方乞食。时舍利子遥见马胜，谓门生曰："彼来者甚庠序[②]，不证圣果。岂斯调寂？宜少伫待，观其进趣。"马胜比丘已证罗汉，心得自在，容止和雅，振锡来仪。舍利子曰："长老善安乐耶？师何人，证何法？若此之悦豫乎？"马胜谓曰"尔不知耶？净饭王太子舍转轮王位③，悲愍六趣，苦行六年，证三菩提④，具一切智⑤，是吾师也。夫法者，非有非空⑥，难用诠叙，惟佛与佛乃能究述，岂伊愚昧，所能详议？"因为颂说，称赞佛法，舍利子闻已，便获果证。

【注释】

①阿湿婆恃比丘：梵文 Aśvajit 之音译，意译马胜。是佛祖亲族，最初受教的五比丘之一。

②庠序：安详肃穆。庠，同"详"。

③净饭：又称白净，梵文Śuddhodana之意译，意译为首图驮那，是劫比罗伐窣堵国国王，佛陀之父。

④三菩提：梵文 Saṁbodhi 之音译，意译为正觉。

⑤一切智：佛祖拥有的三种智慧之一，能知晓一切法。

⑥非有非空：即"中道"观。佛教将认为事物灭后不再兴起的观点称为"断见"，将认为事物永恒不变的观点称为"常见"，这都是片面的，只有佛主张的事物不断变化，而有相续不断，这才是有别于两种"边见"的"中道"观。

【译文】

降伏醉象处东北有塔，是舍利子听阿湿婆恃比丘唐土称马胜。说法而证果之处。起初，舍利子在家时，高妙的才华和宏大的气度，受到世人尊重，门生学徒，递相传授学业。一次刚好将进入王舍大城，马胜比丘也刚好乞食。这时舍利子远远望见马胜，对门生说："来的那人步调安详，若非证得圣果。哪能如此祥和安闲？我们且暂驻足，看看他的举止。"马胜比丘已经证得罗汉果，心中自在，外貌举止温和雅致，拄着锡杖来到面前。舍利子说:“老人家善于安乐吗?师从哪位,通晓什么道理?怎么会如此愉悦呢?”马胜答道:“你不知道吗?净饭王太子舍弃王位,同情六道众生,苦行六年,证得三菩提果,具备了一切智慧,是我的老师。真理,不是有也不是空,难以解释描述,只有佛和佛才能研究叙述,哪是你这种愚昧人能详细讨论的?”便对他讽诵,称赞佛法,舍利子听后,便获得果证。

3.胜密火坑故事

舍利子证果北不远,有大深坑,傍建窣堵波,是室利毱多唐言胜密。以火坑、毒饭欲害佛处[①]。胜密者,宗信外道,深着邪见。诸梵志曰[②]:“乔答摩国人尊敬,遂令我徒无所恃赖。汝今可请至家饭会,门穿大坑,满中纵火,栈以朽木,覆以燥土。凡诸饮食,皆杂毒药,若免火坑,当遭毒食。”胜密承命,便设毒会。城中之人皆知胜密于世尊所起恶害心,咸皆劝请,愿佛勿往。世尊告曰:“无得怀忧。如来之身,物莫能害。”于是受请而往。足履门阃,火坑成池,清澜澄鉴,莲花弥漫。胜密见已,忧惶无措,谓其徒曰:“以术免火,尚有毒食。”世尊饭食已讫,为说妙法,胜密闻已,谢咎归依。

【注释】

①室利毱多:梵文Śrīgupta之音译,意译胜密、吉护等,为尼犍子外道门徒。

②梵志:梵文Brahmqcārin,意为“志求梵天之法者”,即婆罗门教徒。

【译文】

舍利子证果处往北不远,有个大深坑,旁边建有塔,是室利毱多唐土称胜密。用火坑、毒饭想害佛的地方。胜密这人，信奉外道，深执邪见。外道们说："乔答摩为国人尊敬，让我们失去依赖。你现在可以请他来家里吃饭，门口挖大坑，中间点满火，铺上朽木，再用干土覆盖好。所有饮食，都掺入毒药，不掉进火坑，也得毒死。"胜密得到命令，便设下毒宴。城中的人都知道胜密对世尊所起的坏心，都劝说请求，请佛祖别去。世尊说："不必忧心。如来之身，无人能害。"于是受邀赴约。脚刚踏入门口，火坑化为水池，清澈见底，开满莲花。胜密见后，忧慌失措，对同伙说："用法术免于火坑，还有毒食呢。"世尊吃完饭，给他们讲妙法，胜密听后，谢罪归依。

4.时缚迦大医遗迹

胜密火坑东北，山城之曲，有窣堵波，是时缚迦大医旧曰耆婆，讹也。于此为佛建说法堂[1]，周其壖垣，种植花果，余址蘖株，尚有遗迹。如来在世，多于中止。其傍复有时缚迦故宅，余基旧井，墟坎犹存。

【注释】

①时缚迦：梵文Jīvaka之音译，王舍城良医。

【译文】

胜密火坑往东北，山城的角落里，有座塔，是从前时缚迦大医旧称耆婆，是错的。在此为佛祖建造的讲法堂，外墙四周，种满花卉果木。现在基址及树木残枝，还依稀可见。如来在世时，常居住其中。旁边还有时缚迦故居，残墙、枯井、土丘、沟坑等，还存留至今。

二十三、鹫峰及佛迹

宫城东北行十四五里，至姞栗陁罗矩吒山[1]，唐言鹫峰，亦谓鹫台。旧曰耆阇崛山，讹也。接北山之阳，孤标特起，既栖鹫鸟，又类高台，空翠相映，浓淡分色。如来御世，垂五十年，多居此山，广说妙法。频毗娑罗王为闻法故[②]，兴发人徒，自山麓至峰岑，跨谷凌岩，编石为阶，广十余步，长五六里。中路有二小窣堵波，一谓下乘，即王至此徒行以进；一谓退凡，即简凡人不令同往。其山顶则东西长，南北狭。临崖西埵，有砖精舍，高广奇制，东辟其户，如来在昔多居说法。今作说法之像，量等如来之身。

精舍东有长石，如来经行所履也。傍有大石，高丈四五尺，周三十余步，是提婆达多遥掷击佛处也。其南崖下有窣堵波，在昔如来于此说《法华经》[③]。精舍南山崖侧，有大石室，如来在昔于此入定。

佛石室西北，石室前有大磐石，阿难为魔怖处也[④]。尊者阿难于此入定，魔王化作鹫鸟，于黑月夜分，据其大石[⑤]，奋翼惊鸣，以怖尊者。尊者是时惊惧无措，如来鉴见，伸手安慰，通过石壁，摩阿难顶，以大慈言而告之曰："魔所变化，宜无怖惧。"阿难蒙慰，身心安乐。石上鸟迹、崖中通穴，岁月虽久，于今尚存。

精舍侧有数石室，舍利子等诸大罗汉于此入定。舍利子石室前，有一大井，枯涸无水，墟坎犹存。精舍东北石涧中，有大磐石，是如来晒袈裟之处，衣文明彻，皎如雕刻。其傍石上有佛脚迹，轮文虽暗，规模可察。北山顶有窣堵波，是如来望摩揭陀城，于此七日说法。

【注释】

①姞栗陁罗矩吒山：梵文 Gṛdhrakūṭa 之音译，意译灵鹫等。

②频毗娑罗：梵文 Bimbisāra 的音译，又作洴沙、瓶沙、萍沙等，意译作影坚、影胜。为西元前六世纪前半期（约前 582—前 554）摩揭陁国国王，与释迦牟尼同时。

③《法华经》：即《妙法莲花经》，天台宗和日本日莲宗的主要经典。

④阿难：梵文 Ānanda 音译，意为欢喜、喜庆，是佛陀堂弟、十大弟子之一。

⑤黑月：阴历的下半月，又称黑分，上半月称为白月。

【译文】

从宫城往东北走十四五里，到达姞栗陁罗矩吒山，唐土称鹫峰，也叫鹫台。旧称耆阇崛山，是错的。靠近北山的南面，突兀奇崛，栖息着鹫鸟，又像是高台，蓝天与绿林相映，色彩浓淡不同。如来在世近五十年，大多住在这山上，广泛宣讲妙法。频毗娑罗王为听佛法，征发百姓，从山脚到峰顶，跨过山谷，越过岩石，编排石块作为台阶，宽十几步，长五六里。半路中有两座小塔，一个叫做下乘，就是说王到这里要下车舆，徒步前行；一个叫做退凡，就是说留下普通人不许同行。山顶是东西长，南北狭小。西面靠近山崖，有砖制僧舍，高大而风格奇特，门朝东，如来过去常居住这里说法。现在作有说法之像，大小和如来身体相等。

僧舍往东有长石，如来曾漫步其上。旁边有块大石，高一丈四五尺，方圆三十多步，是提婆达多远远扔东西袭击佛的地方。南崖下面有塔，如来过去曾在那儿讲《法华经》。僧舍南山崖的边上有大的石室，如来过去曾在此入定。

佛祖石室西北，石洞前有块大磐石，阿难在那儿被魔鬼吓住。尊者阿难在这里入定，魔王变成鹫鸟，夜半三分站在大石上，展翅尖叫，恐吓尊者。尊者此时惊慌失措，如来见到，伸手安慰，穿过石壁，抚摸阿难头顶，满怀慈爱地对他说："是魔鬼变的，不要害怕。"阿难得到安慰，身心安定愉快。石头上鸟的痕迹、崖壁上佛祖手穿的孔，虽久经岁月，至今仍在。

僧舍旁边有几个石室，舍利子等几位大罗汉在其中入定。舍利子的石室前有一眼大井，干枯无水，基址仍存。僧舍东北方山沟中有块大磐石，是如来晒袈裟的地方，衣裳痕迹的花纹清清楚楚，宛如人工雕刻。旁边石头上有佛祖脚印，轮廓虽然黯淡，大体可以辨识。北山顶上有座塔，如来在其上远望摩揭陁城，在这里说法七天。

二十四、毗布罗山

山城北门西，有毗布罗山[①]。闻之土俗曰：山西南崖阴，昔有五百温泉，今者数十而已，然犹有冷有暖，未尽温也。其泉源发雪山之南无热恼池[②]，潜流至此，水甚清美，味同本池。流经五百枝小热地狱，火势上炎，致斯温热。泉流之口，并皆雕石，或作师子白象之首，或作石筒悬流之道，下乃编石为池。诸方异域，咸来此浴，浴者宿疾多差。

温泉左右，诸窣堵波及精舍，基址鳞次，并是过去四佛坐及经行遗迹之所。此处既山水相带，仁智攸居，隐沦之士，盖亦多矣。

【注释】

①毗布罗：梵文 Vipula 音译，意译为广博胁。

②无热恼池：即阿那婆答多池，详见玄奘自序注释及卷六室罗伐悉底国注释。

【译文】

山城北门的西面，有毗布罗山。听当地人说：此山西南崖的北面，过去有五百眼温泉，而今只有数十眼，而且还有冷有暖，不全是热的。这些泉水源自雪山南面的无热恼池，从地下暗流到这里，水质清澈可口，与发源的池味道相同。流经五百枝小而热的地狱，火势上达，所以泉水温热。泉眼处，都建有石雕，有的作狮子、白象头，有的建好石制管道，下面铺石作池。远方异域都来此洗浴，洗澡者的宿病大多能痊愈。

温泉附近的塔群和僧舍，基址紧密相连，都是过去四佛打坐及散步的遗迹。这里山环水绕，是仁者、智者乐意居住的，所以隐居之士很多。

1. 卑钵罗石室及比丘习定故事

温泉西有卑钵罗石室①，世尊在昔恒居其中。后壁洞穴，是阿素洛宫也。习定比丘，多居此室，时出怪异，龙、蛇、师子之形，见之者心发狂乱。然斯圣地，灵圣所止，蹑迹钦风，忘其灾祸。近有比丘，戒行贞洁，心乐幽寂，欲于此室匿迹习定。或有谏曰："勿往彼也。彼多灾异，为害不少，既难取定，亦恐丧身。宜鉴前事，勿贻后悔！"比丘曰："不然。我方志求佛果，摧伏天魔，若此之害，夫何足言？"便即振锡而往室焉。于是设坛场，诵禁咒。旬日之后，穴出少女，谓比丘曰："尊者染衣守戒，为含识归依，修慧习定，作生灵善导。而今居此，惊惧我曹。如来之教，岂若是耶？"比丘曰："我守净戒，遵圣教也。匿迹山谷，远喧杂也。忽此见讥，其咎安在？"对曰："尊者诵咒声发，火从外入，烧我居室，苦我枝属。唯愿悲愍，勿复诵咒！"比丘曰："诵咒自护，非欲害物。往者行人居此习定，期于圣果，以济幽涂，睹怪惊惧，丧弃身命，汝之辜也。其何辞乎？"对曰："罪障既重，智慧斯浅。自今已来，屏居守分，亦愿尊者勿诵神咒。"比丘于是修定如初，安静无害。

【注释】

①卑钵罗：即菩提树，梵文 Pippala，此洞前有一菩提树，故名。

【译文】

温泉西方有卑钵罗石室，世尊过去常常居住在里面。石室后壁的洞穴是阿素洛宫。很多修习入定的比丘住在这石室里，时常有怪异现象，现出龙、蛇、狮子的形状，看到的人就会变得狂乱。但这里是圣地，是神灵和圣人所居住的，追寻圣迹，缅怀遗风，就会忘记灾祸。近代有位比丘，恪守戒律操行贞洁，乐于深处幽境，想在这石室中隐居修习入定。有人劝告说："不要去那里。那儿有很多灾异，受害的人不少，本来就难以入定，又可能丧身。最好引以为鉴，不要留下悔恨。"比丘说："不是这样。我正一心追求佛果，降伏天魔，像这些危害，有什么好提的"便柱杖前往石室。接着设置法场，诵读禁咒。数天之后，洞穴中现出少女，对比丘说："尊者您穿上僧衣接受戒律，是众生所仰慕依赖的，追求智慧坐禅入定，作生灵向善的引导。现在居住此地，惊吓我辈。如来的教诲，难道是这样的吗？"比丘说："我恪守严格的戒律，是遵从佛祖教诲。隐居山谷，是为了远离尘世喧嚣。忽然这样被讥讽，是哪里错了？"回答说："尊者您诵念咒语的声音发出，火从外面进来，烧到我的房子，家中大小深受其苦。但愿您大发慈悲，不要再念咒语了！"比丘说："念咒语是为防身，而不是害人。之前，修行之人在这里修习入定，想获得圣果，以便拯救堕入恶道者，目击妖怪受到惊吓，因而丧身，是你们的罪过。你还有什么好辩解的吗？"回答说："罪孽很深重，智慧又浅薄。从今以后，安居守分，也请尊者不要念神咒。"比丘便像之前那样坐禅入定，平静而无危险。

2. 其他诸遗迹

毗布罗山上有窣堵波，昔者如来说法之处。今有露形外道多依此住①，修习苦行，夙夜匪懈，自旦至昏，旋转观察。

山城北门左南崖阴，东行二三里，至大石室，昔提婆达多于此入定。

石室东不远，磐石上有斑采，状血染，傍建窣堵波，是习定比丘自害证果之处。昔有比丘，勤励心身，屏居修定，岁月逾远，不证圣果。退而自咎，窃复叹曰："无学之果②，终不时证，有累之身，徒生何益？"便就此石自刺其颈，是时即证阿罗汉果，上升虚空，示现神变，化火焚身，而入寂灭。美其雅操，建以记功。

比丘证果东石崖上，有石窣堵波，习定比丘投崖证果之处。昔在佛世，有一比丘，宴坐山林，修证果定，精勤已久，不得果证。昼夜继念，无忘静定。如来知其根机将发也，遂往彼而成之，自竹林园至山崖下，弹指而召，伫立以待。此比丘遥睹圣众，身意勇悦，投崖而下，犹其净心，敬信佛语，未至于地，已获果证。世尊告曰："宜知是时。"即升虚空，示现神变。用彰净信，故斯封记。

【注释】

①露形外道：为耆那教天衣派，"自旦至昏，旋转观察"是他们的一种修行方式，日出前升上高处，始终对着太阳，随其旋转，直至日落。

②无学：即阿罗汉果，梵文为 Arhān，意译为无学。无学果是声闻乘四果中的第四果，前三果为有学，有学是还要上进修学，无学就是学道圆满，不须再学。

【译文】

毗布罗山上有塔，是过去如来说法之处，现在常有不少露形外道，居住在此，修习苦行，昼夜不懈，从早到晚，旋转观察。

从山城北门左方往南山崖的北面，往东走两三里，到达一个大石室，过去提婆达多曾在那儿入定。

石室东面不远，磐石上有斑点花纹，像是血染过的，旁边建有塔，是修习禅定的比丘自杀证果的地方。过去有比丘，刻苦勉励身心，隐居修习禅定，年岁已久，却不能证得圣果。暗自反思过错，心中叹道："无学果位，终究不能及时证得；有牵累的肉身，空存于世又有何用？"于是对着这块石头自刺颈部，此时当即证得阿罗汉果，飞升空中，显示出神妙幻，化出火焰焚身，由此进入寂灭。后人赞美他的高尚操行，建塔以纪念事迹。

比丘证果处东面石崖上，有石塔，是修习禅定的比丘投崖证果之处。过去佛在世时，有位比丘，在山林中坐禅，修习禅定以求证果，长久以来专心勤勉，却不能得到果证。日夜不停思考，从不忘记坐定。如来知道他的根性将要萌发，便前去成全他，从竹林园走到山崖下，弹指召唤，伫立等待。这位比丘远远望见佛祖等众人，心中勇敢愉悦，跳崖而下，因为他净心，尊奉佛祖的话，尚未落地，已获得果证。世尊说："应该知道是时候了。"即刻便飞升空中，显示出神妙变化。为了彰显他的虔诚信仰，所以建造此塔作为标记。

二十五、迦兰陁竹园

山城北门行一里余，至迦兰陁竹园[①]。今有精舍，石基砖室，东辟其户。如来在世，多居此中，说法开化，导凡拯俗。今作如来之像，量等如来之身。

初，此城中有大长者迦兰陁，时称豪贵，以大竹园施诸外道。及见如来，闻法净信，追惜竹园居彼异众，今天人师无以馆舍[②]。时诸神鬼感其诚心，斥逐外道而告之曰："长者迦兰陁当以竹园起佛精舍，汝宜速去，得免危厄。”外道愤恚，含怒而去。长者于此建立精舍，功成事毕，躬往请佛。如来是时遂受其施。

【注释】

①迦兰陁竹园：因其为迦兰陁长老所有而得名。迦兰陀，是梵文karaṇḍaka音译，意为好声鸟，一说此竹园因多有此鸟而得名。

②天人师：天神与人之师，指佛陀。

【译文】

出山城北门走一里多，到达迦兰陁竹园。现在有精舍，屋基石质，墙壁砖砌，门向东开。如来在世时，常住在里面，讲解佛法，展开教化，引导拯救凡夫俗子。现在制有如来像，形制与如来身材相等。

早先，这城里有位大长者迦兰陁，是当时公认的豪贵，将大竹园施舍给了外道。见到如来后，听了佛法便虔诚信奉，后悔竹园居住着那些外道，以至于天神和人的导师无处居住。此时鬼神们被他的诚心打动，便驱逐外道，并且告诉他们说：“长者迦兰陁将要以竹园起佛精舍，你们最好快点离开，才能免于危难。”外道怨愤，含怒离去。长者在那儿建造僧舍，完工之后，亲自去请佛。如来当时便接受了他的施舍。

1.佛舍利窣堵波

迦兰陁竹园东有窣堵波，阿阇多设咄路王唐言未生怨，旧曰阿阇世，讹略也。之所建也[①]。如来涅槃之后，诸王共分舍利，未生怨王得以持归，式遵崇建，而修供养。无忧王之发信心也，开取舍利，建窣堵波，尚有遗余，时烛光景。

【注释】

①阿阇多设咄路王：梵文Ajātaśatru，即未生怨王，详见本卷上文“上

茅宫城”部分注释。

【译文】

迦兰陁竹园东面有塔，是阿阇多设咄路王唐土称未生怨，过去叫阿阇世，是讹误简略。所建造的。如来涅槃之后，国王们一起分舍利，未生怨王分得后拿回去，恭敬地大兴土木，进行供养。无忧王萌发信仰之心后，开塔取出舍利，另外建塔，塔中还有遗留舍利，有时会放出光明。

2. 阿难半身窣堵波

未生怨王窣堵波侧窣堵波，有尊者阿难半身舍利。昔尊者将寂灭也，去摩揭陁国，趣吠舍厘城①，两国交争，欲兴兵甲。尊者伤愍，遂分其身。摩揭陁王奉归供养，即斯胜地，式修崇建。其傍则有如来经行之处。次此不远有窣堵波，是舍利子及没特伽罗子等安居之所。②

【注释】

①吠舍厘城：吠舍厘国都城，见卷七吠舍厘国注释。

②舍利子：梵文Śāriputra的音义混译，音译作舍利弗多罗、舍利弗等，意译为鹙鹭子，如来佛十大弟子中智慧第一。没特伽罗子：梵文Maudgalaputra的音义混译，音译目犍连，意译为采菽氏，如来佛十大弟子中神通第一。

【译文】

未生怨王塔侧的塔中，有尊者阿难半个身体的舍利。过去尊者将寂灭时，离开摩揭陁国，前往吠舍厘城，两国相争，想要打仗。尊者心生悲悯，只好将自己的身体分开。摩揭陁王奉归供养，就在这上佳的地方，修起建筑以示尊崇。这旁边有如来散步之处。离这不远有座塔，是舍利子与没特伽罗子等人安居的地方。

3.第一结集

竹林园西南行五六里，南山之阴[1]，大竹林中有大石室，是尊者摩诃迦叶波在此与九百九十九大阿罗汉，以如来涅槃后结集三藏[2]。前有故基，未生怨王为集法藏诸大罗汉建此堂宇。

初，大迦叶宴坐山林，忽烛光明，又睹地震，曰："是何祥变，若此之异？"以天眼观，见佛世尊于双树林间入般涅槃[3]。寻命徒属趣拘尸城[4]，路逢梵志[5]，手执天花。迦叶问曰："汝从何来？知我大师今在何处？"梵志对曰："我适从彼拘尸城来，见汝大师已入涅槃。天人大众咸兴供养，我所持花，自彼得也。"迦叶闻已，谓其徒曰："慧日沦照，世界暗冥，善导遐弃，众生颠坠。"懈怠比丘更相贺曰："如来寂灭，我曹安乐，若有所犯，谁能诃制？"迦叶闻已，深更感伤，思集法藏，据教治犯。遂至双树，观佛礼敬。既而法王去世，人天无导，诸大罗汉亦取灭度[6]，时大迦叶作是思惟："承顺佛教，宜集法藏。"于是登苏迷卢山[7]，击大揵椎[8]，唱如是言："今王舍城将有法事，诸证果人宜时速集！"揵椎声中，传迦叶教，遍至三千大千世界[9]，得神通者闻皆集会。是时迦叶告诸众曰："如来寂灭，世界空虚，当集法藏，用报佛恩。今将集法，务从简静，岂恃群居，不成胜业？其有具三明[10]，得六通[11]，闻持不谬，辩才无碍，如斯上人，可应结集。自余果学，各归其居。"于是得九百九十九人。除阿难在学地，大迦叶召而谓曰："汝未尽漏[12]，宜出圣众。"曰："随侍如来，多历年所，每有法议，曾未弃遗。今将结集，而见摈斥。法王寂灭，失所依怙[13]。”迦叶告曰：“勿怀忧恼。汝亲侍佛，诚复多闻，然爱惑未尽[14]，习结未断[15]。”阿难辞屈而出，至空寂处，欲取无学[16]，勤求不证。既已疲怠，便欲假寐，未及伏枕，遂证罗汉。往结集所，叩门白至。迦叶问曰：“汝结尽耶[17]？宜运神通，非门而入。”阿难承命，从钥隙入，礼僧已毕，退而复坐。是时安居初十五日也。于是迦叶扬言曰：“念哉谛听！阿难闻持，如来称赞，集素呾缆旧曰修多罗，讹也。藏[18]。优波厘持律明究，众所知识，集毗奈耶旧曰毗那耶，讹也。藏[19]。我迦叶波集阿毗达磨藏[20]。”雨三月尽，集三藏讫。以大迦叶僧中上座，因而谓之上座部焉[21]。

【注释】

①南山：梵文 Dakṣiṇagiri 意译，即今王舍城南指鞞婆罗（Vaibhāra）山，其北沿有举行第一次结集的七叶窟，此石室因前有七叶树而得名。

②如来涅槃后结集三藏：此即佛教史上的第一次结集，关于这次结集所集藏的部数、参加人数，都有不同记载。多数人赞同是大迦叶波主持，阿难颂出经藏，优波离颂出律藏，参加者为五百人。

③双树林：即双林，娑罗林，佛祖寂灭处，详见卷六拘尸那揭罗国注释。

④拘尸城：梵文 Kuśinagara 的音义混译，义为“角城、茅城”等。

⑤梵志：梵文为 Brahmqcārin，意为“志求梵天之法者”，即婆罗门教徒。

⑥灭度：涅槃的意译，灭烦恼，度苦海。

⑦苏迷卢山：梵文 Sumeru 音译，又作须弥，意译为妙高、善积等，是小世界的中心，详见玄奘自序注释。

⑧揵椎：亦作“犍椎”、“犍槌”等，梵文 Ghaṇṭā 的音译，义为“声鸣”。指寺院中的木鱼、钟、磬之类。

⑨三千大千世界：简称大千世界，以须弥山为中心，同一日月所照的四天下为一小世界。合一千个小世界为小千世界，合一千个小千世界为中千世界，合一千个中千世界为大千世界，亦称三千大千世界或三千世界。三千大千世界为释迦牟尼施行教化的范围。

⑩三明：梵文 Trividyā 的意译。佛教所称的三种智慧，即宿命明、天眼明、漏尽明，即六神通中的三种。

⑪六通：即六神通，六种神通力为：神境智证通（亦云神足通）、天眼智证通（亦云天眼通）、天耳智证通（亦云天耳通）、他心智证通（亦云他心通）、宿命智证通（亦云宿命通）、漏尽智证通（亦云漏尽通）。详见卷二健驮逻国注释。

⑫漏：即烦恼。

⑬怙（hù）：依赖；凭恃。《诗经·小雅·蓼莪》：“无父何怙，无母何恃。”

⑭爱惑：由爱欲产生的惑。惑为迷惑真理之义，此惑不断，就不能明白真理。

⑮习结：即习气，指烦恼的残余成分。一切烦恼皆分现行、种子、习气三者，平息烦恼中的现行者，又断去烦恼之种子，尚有烦恼之余气，表现出烦恼相，这就是“习气”。《大智度论·释初品》：“汝三毒习气未尽，以是故，汝影覆时，恐怖不除。”

⑯无学：即阿罗汉果，不须再学之义，是声闻四果中的最高者。

⑰结：即结缚，烦恼的又称。

⑱素呾缆藏：即经藏，梵文为 Sūtra-piṭaka。

⑲毗奈耶藏：即律藏，梵文为 Vinaya-piṭaka。

⑳阿毗达磨藏：即论藏，梵文为 Abhidharma-piṭaka。

㉑上座部：梵文 Sthaviravāda 之意译，印度佛教声闻根本四部之一，因其圣者种姓系上座故得此名。佛逝世后一百年时，比丘大天提出五条教义新见解，遭到教团内诸长老比丘反对，于是佛教发生最初的分裂，形成大众部和上座部。上座部后来又分出不少流派，一切有部可以作为其代表。传说此部为迦旃延那所传出，主张灭尽定有心，无颠倒识和十无数劫乃至三十劫以内，可以成佛。

【译文】

从竹林园往西南走五六里，南山北面大竹林中，有个大石室，尊者摩诃迦叶波就是在此地与九百九十九大阿罗汉一道，在如来涅槃后编集三藏。前方有旧屋基，未生怨王为编集法藏的各位大罗汉建造了这座大堂。

起初，大迦叶在山林坐禅，忽然光芒照耀，又目睹地震，说："是什么祥瑞变化，如此奇怪？"用天眼观察，看到世尊在双树林间进入涅槃。立即吩咐门下去拘尸城，路上遇到婆罗门，手持天界仙花。迦叶问道："你从哪儿来？知道我导师现在在哪儿吗？"婆罗门答道："我刚从拘尸城来，看到你导师已经进入涅槃。神人大众纷纷献物祭奠，我所拿的花，就得自那儿。"迦叶听后，对门徒说："智慧的太阳已经沦没，世界陷入黑暗，优秀的导师远远地扔下了我们，大众颠仆堕落。"懈怠的比丘互相庆贺道："如来寂灭后，我们就安心愉快了，如果违犯了什么，谁能责骂？"迦叶听后，深深地感伤，想集结佛教经典，根据教法治理犯戒者。于是走到双树，瞻仰佛祖，礼拜致敬。之后佛祖去世，人神失去导师，诸位大罗汉也相继离世，大迦叶这样想道："继承佛祖的教诲，应该编集所有佛教经典。"于是登上苏迷卢山，扣击大揵椎，高声这样说道："现在王舍城将有法事，各位证得果人应迅速集结！"揵椎声中，传递着迦叶的教令，遍达三千大千世界，得到神通的人听说后都来集会。这时迦叶通告大家说："如来寂灭后，世界从此空虚，应当集结佛教经典，以报答佛恩。

现在将集法，务求精简清净，哪能追求人多，却完不成伟大事业？那些已经具有三明，得到六通，接受和秉持的佛法正确，能够自如辩论，这样的上人，可以参加结集。其他果位的人，各自回去。”于是得到九百九十九人。排除了阿难，因为他还在学习阶段，大迦叶召他过来说：“你尚未去尽烦恼，应该离开结集大众。”阿难说：“我随身服侍如来，经历多年，每次讨论佛理，从未遗漏我。现在要结集，却排除我。如来寂灭，我失去了依靠。”迦叶对他说：“不要烦恼。你亲自服侍佛祖，确实见闻广博，但爱惑没有去尽，习气还没有断除。”阿难理屈离去，来到空旷寂静处，想获得无学，勤苦追求，不能证得。疲倦之后，便想小憩，还没伏到枕上，便证得罗汉。走到结集处，叩门报到。迦叶问到：“你的烦恼去尽了吗？请运用神通，不从门进来。”阿难接受命令，从钥匙缝进屋，礼拜各位僧人后，退回坐下。这时是夏安居的第十五天。于是迦叶高声说道：“请仔细听好！阿难对佛法的把握实践，得到如来的称赞，主持集结素呾缆旧曰修多罗，错误。藏。优波厘修持戒律明白细致，众所周知，主持集结毗奈耶旧曰毗那耶，错误。藏。我迦叶波主持集结阿毗达磨藏。”雨三月结束，集结三藏完毕。因为大迦叶是僧人中的上座，所以称为上座部。

大迦叶波结集西北，有窣堵波，是阿难受僧诃责，不预结集，至此宴坐，证罗汉果。证果之后，方乃预焉。

阿难证果西行二十余里，有窣堵波，无忧王之所建也，大众部结集之处[①]。诸学无学数百千人，不预大迦叶结集之众，而来至此，更相谓曰：“如来在世，同一师学，法王寂灭，简异我曹。欲报佛恩，当集法藏。”于是凡圣咸会，贤智毕萃，复集《素呾缆藏》、《毗奈耶藏》、《阿毗达磨藏》、《杂集藏》、《禁咒藏》[②]，别为五藏。而此结集，凡圣同会，因而谓之大众部。

【注释】

①大众部：梵文 Mahāsaṃghika 的意译，音译作摩诃僧祇。从古印度佛教最早分裂出来的一个重要部派，后又分裂出不少部派。据说此部首先由大天比丘所传出，佛灭后众弟子在王舍城灵鹫山七叶窟内外结集经典，在窟内结集的，名"上座部"，在窟外结集的，名"大众部"。此部主张戒律可以方便开禁，取得大多数僧众的支持，故名大众部。

②杂集藏：即杂藏，梵文 Samyukta-piṭaka 之意译，《分别功德论》卷一："杂藏者，非一人说。或佛所说，或弟子说，或诸天颂，或说宿缘三阿僧祇菩萨所生。文义非一，多于三藏，故曰杂藏。"禁咒藏：梵文 Vidya-dhara-piṭaka 之意译，集结有关咒语的文献。

【译文】

大迦叶结集处西北，有座塔，阿难受僧人斥责，不准参与结集，到这里坐禅，求证罗汉果。证果之后，才参与结集。

阿难证果处往西走二十多里，有座塔，为无忧王所建，是大众部结集之处。诸学无学数百千人，未能参与大迦叶结集的人们，来到这里，互相说："如来在世时，跟随同一导师学习，法王寂灭后，排斥歧视我们。想报答佛陀之恩，应当集结法藏。"于是普通人、贤圣都来集会，贤才智慧之人齐聚，也集结素呾缆藏、毗奈耶藏、阿毗达磨藏、杂集藏、禁咒藏，分为五藏。这次结集，普通人、贤圣一同聚集，因而称为大众部。

4.迦兰陁池及石柱

竹林精舍北，行二百余步，至迦兰陁池[①]，如来在昔多此说法。水既清澄，具八功德[②]，佛涅槃后，枯涸无余。

迦兰陁池西北，行二三里，有窣堵波，无忧王所建也，高六十余尺。傍有石柱，刻记立窣堵波事，高五十余尺，上作象形。

【注释】

①迦兰陁池：即迦兰陁竹园附近的池塘。

②八功德：水的八种上好品质，一甘、二凉、三软、四轻、五清净、六不臭、七饮时不损喉、八饮已不伤腹。又见序言部分注释。

【译文】

竹林精舍往北走二百多步，到达迦兰陁池，如来过去多次在这里讲说佛法。池水清澈见底，具备八种上佳品质，佛陀涅槃后，干涸无水。

迦兰陁池往西北走二三里，有座塔，是无忧王所建的，高六十多尺。旁边有根石柱，刻有造塔原委，高五十多尺，上面刻画有象形。

二十六、王舍城

石柱东北不远，至曷罗阇姞利呬城[①]。唐言王舍。外郭已坏，无复遗堵。内城虽毁，基址犹峻，周二十余里，面有一门。

初，频毗娑罗王都在上茆宫城也[②]，编户之家频遭火害。一家纵逸，四邻罹灾。防火不暇，资产废业，众庶嗟怨，不安其居。王曰："我以不德，下民罹患。修何德可以禳之？"群臣曰："大王德化邕穆，政教明察，今兹细民不谨，致此火灾。宜制严科，以清后犯，若有火起，穷究先发，罚其首恶，迁之寒林[③]。寒林者，弃尸之所，俗谓不详之地，人绝游往之迹。令迁于彼，同夫弃尸，既耻陋居，当自谨护。"王曰："善，宜遍宣告居人。"顷之，王宫中先自失火。谓诸臣曰："我其迁矣。"乃命太子监摄留事，欲清国宪，故迁居焉。时吠舍厘王闻频毗娑罗王野处寒林[④]，整集戎旅，欲袭不虞。边候以闻，乃建城邑，以王先舍于此，故称王舍城也。官属士庶，咸徙家焉。或云至未生怨王乃筑此城，未生怨太子既嗣王位，因遂都之。逮无忧王迁都波吒厘城[⑤]，以王舍城施婆罗门。故今城中无复凡民，惟婆罗门减千家耳。

宫城西南隅有二小伽蓝，诸国客僧往来此止，是佛昔日说法之所。次此西北，有窣堵波，殊底色迦唐言星历。旧曰树提伽，讹也。长者本生故里[⑥]。

城南门外，道左有窣堵波，如来于此说法及度罗怙罗[⑦]。

【注释】

①曷罗阇姞利呬城：梵文 Rājagṛha 之音译，即王舍城，本段指王舍新城。

②上茆(máo)宫城：即上茅宫城。"茆"同"茅"。

③寒林：林葬之所，人死后弃尸此地，任鸟兽咬食，见者寒慄，所以名为寒林，梵文为Śitavana。

④吠舍厘：梵文 Vaiśāli 的音译，意译为广博、庄严，是国名、城名。详见见卷七吠舍厘国注释。

⑤波吒厘城：即波吒厘子城。详细见卷八摩揭陀国"波吒厘子城"部分注释。

⑥殊底色迦：梵文 Jyotiṣka 音译，又译树提、树提伽等，也可意译为火生或光明。

⑦罗怙罗：佛祖的儿子、弟子，梵文 Rāhula 的音译，在如来佛十大弟子中密行第一。

【译文】

从石柱往东北不远，到达曷罗阇姞利呬城。唐土称王舍。外城已经坍圮，基址无存。内城虽然已毁，基址仍很高峻，方圆二十多里，每个方向各有一门。

早先，频毗娑罗王的都城在上茆宫城，百姓家频繁遭遇火灾。一家失火，四面邻居都受难。一直忙于防火，难以正常营生，群众怨苦，不能安居。国王说："因为我没有德政，百姓为火所苦。做什么善事才可以避祸呢？"群臣说："大王德政和谐，政务清明，而今小民不谨慎，导致火灾。应制定严格的规矩，以绝后犯，一旦起火，彻查火源，处罚责任人，让他迁到寒林去。寒林是抛弃尸体的地方，大家都认为不祥，无人经过游玩。让迁到那里，就像扔尸体一样。百姓耻于住在那里，自然会小心防火。"国王说："好，应该遍告国人。"不久，王宫中首先失火了。对大臣们说："我要迁走了。"于是命太子监理国事，想让国法严肃，所以要迁居。那时吠舍厘王听说频毗娑罗王野居寒林之中，整顿兵马，想突然袭击。边境守卫报告后，便建造城池，因为国王先舍居此地，所以叫做王舍城。官署人员和各界百姓全都迁来。也有人说到未生怨王时才修筑此城，未生怨太子继承王位后，便迁都这里。等到无忧王迁都波吒厘城后，将王舍城施舍给了婆罗门教。因此现在城里没有平民，只有近千家婆罗门。

宫城的西南角有二座小寺，各国游僧住在这里，是佛祖过去说过法的地方。再往西北有座塔，是殊底色迦唐土称星历。旧称树提伽，有误。长者的出生地。

该城南门外，路的左面有座塔，如来在那儿说过法，并且度化了罗怙罗。

二十七、那烂陁僧伽蓝

从此北行三十余里，至那烂陁唐言施无厌。僧伽蓝[①]。

闻之耆旧曰：此伽蓝南庵没罗林中有池，其龙名那烂陁，傍建伽蓝，因取为称。从其实议，是如来在昔修菩萨行，为大国王，建都此地，悲愍众生，好乐周给，时美其德，号施无厌。由是伽蓝因以为称。其地本庵没罗园，五百商人以十亿金钱买以施佛。佛于此处三月说法，诸商人等亦证圣果。佛涅槃后未久，此国先王铄迦罗阿迭多唐言帝日。敬重一乘[②]，遵崇三宝，式占福地，建此伽蓝。初兴功也，穿伤龙身，时有善占尼乾外道[③]，见而记曰："斯胜地也，建立伽蓝，当必昌盛，为五印度之轨则，逾千载而弥隆。后进学人易以成业，然多欧血，伤龙故也。"其子佛陀毱多王唐言觉护。继体承统[④]，聿遵胜业，次此之南又建伽蓝。呾他揭多毱多王唐言如来。笃修前绪[⑤]，次此之东又建伽蓝。婆罗阿迭多唐言幼日。王之嗣位也[⑥]，次此东北又建伽蓝。功成事毕，福会称庆，输诚幽显，延请凡圣。其会也，五印度僧万里云集，众坐已定，二僧后至，引上第三重阁。或有问曰："王将设会，先请凡圣，大德何方，最后而至？"曰："我至那国也，和上婴疹，饭已方行，受王远请，故来赴会。"闻者惊骇，遽以白王。王心知圣也，躬往问焉。迟上重阁，莫知所去。王更深信，舍国出家。出家既已，位居僧末，心常怏怏，怀不自安："我昔为王，尊居最上；今者出家，卑在众末。"寻往白僧，自述情事。于是众僧和合，令未受戒者以年齿为次。故此伽蓝独有斯制。其王之子伐阇罗唐言金刚。嗣位之后[⑦]，信心贞固，复于此西建立伽蓝。其后中印度王于此北复建大伽蓝。于是周垣峻峙，同为一门。既历代君王继世兴建，穷诸剞劂，诚壮观也。

帝日王大伽蓝者，今置佛像，众中日差四十僧就此而食，以报施主之恩。

僧徒数千，并俊才高学也，德重当时，声驰异域者，数百余矣。戒行清白，律仪淳粹。僧有严制，众咸贞素，印度诸国皆仰则焉。请益谈玄，渴日不足，夙夜警诫，少长相成。其有不谈三藏幽旨者，则形影自愧矣。故异域学人，欲驰声问，咸来稽疑，方流雅誉。是以窃名而游，咸得礼重。殊方异域欲入谈议，门者诘难，多屈而还，学深今古，乃得入焉。于是客游后进，详论艺能，其退飞者，固十七八矣。二三博物，众中次诘，莫不挫其锐，颓其名。若其高才博物，强识多能，明德哲人，联晖继轨。至如护法、护月⑧，振芳尘于遗教；德慧、坚慧⑨，流雅誉于当时。光友之清论⑩，胜友之高谈⑪，智月则风鉴明敏⑫，戒贤乃至德幽邃。若此上人，众所知识，德隆先达，学贯旧章，述作论释，各十数部，并盛流通，见珍当时。

伽蓝四周，圣迹百数，举其二三，可略言矣。

【注释】

①那烂陀：梵文为 Nālandā，意为施无厌。

②铄迦罗阿迭多：梵文Śakrāditya 之音译，意译帝日。Śakrā 即印度神话中众神之首因陀罗，故意义为帝，ditya 指日。

③尼乾外道：梵文 Nigrantha 音译，意译为离系、无结等，是离开三界束缚之意。此指耆那教，有露形、涂灰等苦行方式。

④佛陀毱多王：梵文 Buddhagupta 之音译，意为觉护。

⑤呾他揭多毱多王：梵文 Tathāgatagupta 之音译，意译当作如来护。

Tathāgata意为如来，gupta意为护。

⑥婆罗阿迭多王：即幼日王，梵文Bālāditya之音译。

⑦伐阇罗：梵文Vajra音译，有关此王的记载不多。

⑧护法：梵文Dharmapāla的意译，音译为达磨波罗，约西元六世纪人，为大乘瑜伽行派大理论家，曾主持那烂陀寺，玄奘曾受业于其弟子戒贤。护月：梵文Candragupta，唯识十大论师之一，著有《释辩中边论》。

⑨德慧：梵文Guṇamati之意译，音译作瞿那末底、窭拏末底、求那摩底等，为西元六世纪前后的南印度人，佛教瑜伽行宗的著名学者，唯识论十大论师之一。坚慧：梵文Sāramati之意译，南印度人，著有《究竟一乘宝性论》、《法界无差别论》等。

⑩光友：梵文Prabhāmitra之意译，生平不详。

⑪胜友：梵文Viseṣamitra之意译，音译为毗世沙密多罗。护法之门人，唯识十大论师之一。

⑫智月：梵文Jnānacandra之意译，音译为若那战达罗。护法之门人，唯识十大论师之一。

【译文】

从这里往北走三十多里，到达那烂陁唐土称施无厌。佛寺。听老人们说：此寺南方庵没罗树林中有水池，其中的龙叫做那烂陁，附近建寺，便以此为名。根据事实，是如来过去修习菩萨行，当大国的国王，建都在此，同情怜悯众生，乐于施舍周济，世人赞美他的品德，称作施无厌。因此佛寺以之为名。那地方起初是庵没罗园，五百商人用十亿金钱买下施舍给佛。佛祖在此说法三个月，商人们也证得圣果。佛祖涅槃后不久，该国先王铄迦罗阿迭多唐土称帝日。敬重佛法，崇敬三宝，占卜福地，建造了这座寺。开始施工时，凿地伤到龙身，当时有擅长占卜的尼乾外道，看到后记下："这里是宝地，建立寺庙，必将昌盛，成为全印度的楷模，经千载而愈加兴盛。后进学者便于学成，但不少人会呕血，因为伤到龙了。”他的儿子佛陀毱多王唐土称觉护。继承大统，遵从美好事业，在南面又建造寺庙。呾他揭多毱多王唐土称如来。忠实地继承事业，在东面又建造寺庙。婆罗阿迭多唐土称幼日。王继位后，在这儿东北方又建造寺庙。建成之后，开法会庆贺，知名和无名之士都诚心相待，高僧和一般僧人都予以邀请。这次集会，全印度的僧人万里云集，大家的座位都已排定，两位僧人在后来到，被带上第三重阁。有人问道：“大王召开集会前，高僧和普通僧人事先都受到邀请，大德来自何方，怎么最后才到？”答道：“我是至那国的，和上患病，饭后才动身，受大王远请，所以来赴会。”听到的人很惊讶，赶紧去报告国王。国王明白是位高僧，亲自去慰问。等到登上重阁，已经不知所去。国王对佛教更加深信，舍弃王位而出家。出家之后，位次在众僧最末，心里总是不快，心中不平“我过去是国王，最为尊贵；而今出家，地位低到最下。”不久去禀告僧人，陈述心事。于是众僧商议，让未受戒的根据年龄排位。因而此寺独有这项制度。这位国王的儿子伐阇罗唐言金刚。嗣位之后，坚定地信佛，又在这西面盖起寺庙。后来中印度王在这北面又建起大寺。于是筑起高大的围墙，共用一个门。经过历代君王不断兴建，穷极雕饰之功，实在是壮观。帝日王大寺中，现在置有佛像，僧人们每天派四十人前往就食，以报答施主之恩。

僧人有几千位，都才能出众、学问高深，德行为当世推重，名声显扬于他国的，数目有一百多人。恪守戒律，操行清白，仪范纯粹，制度严格，个个坚贞无瑕，印度各国引为榜样。请教疑难，谈论法理，终日如此，犹感不足，日夜督促，少长相助。有谁不讨论三藏中深奥义理，就会自惭形秽。所以外国学者想要出名，都来请教疑难，才能流传美名。因此冒名游方，都会受到隆重礼遇。远方异国之人想进去谈论，看门人诘问，大多就会理屈而回，只有学问贯通古今，才能进入。因此远方来的后学之士，细说本领能力后，自行退去的就十有七八了。还有两三个博学的，接下来被众人诘问，无不锐气受挫，名声受损。寺中才高博学、记忆超群、才能众多的有德之士、贤能之才，并立竞出，世代相继。至于护法、护月，美名显扬于本教；德慧、坚慧，雅誉流传于当时。光友谈吐清雅，胜友辩论高妙，智月见解深刻准确，戒贤德行深厚。像这些高僧，人所共闻，道德高比先代贤达，学问尽通古代文献，著作和注释各有十多部，都广泛流传，为当时所珍重。

寺庙四周，圣迹数以百计，举述两三个，其他略去。

1.伽蓝附近诸迹

伽蓝西不远有精舍，在昔如来三月止此，为诸天、人广说妙法。次南百余步小窣堵波，远方比丘见佛处。昔有比丘自远方来，至此遇见如来圣众，内发敬心，五体投地[①]。便即发愿求轮王位[②]。如来见已，告诸众曰："彼比丘者，甚可愍惜。福德深远，信心坚固，若求佛果，不久当证。今其发愿，求转轮王，于当来世，必受此报。身体投地，下至金轮[③]，其中所有微尘之数，一一尘是一轮王报也。既耽世乐，圣果斯远。"其南则有观自在菩萨立像。或见执香炉往佛精舍，周旋右绕。

观自在菩萨像南窣堵波中，有如来三月之间剃剪发爪，有婴疾病，旋绕多愈。其西垣外池侧窣堵波，是外道执雀于此问佛死生之事[④]。次东南垣内五十余步，有奇树，高八九尺，其干两披。在昔如来嚼杨枝弃地，因植根柢，岁月虽久，初无增减。次东大精舍，高二百余尺，如来在昔于此四月说诸妙法。次北百余步，精舍中有观自在菩萨像，净信之徒兴供养者，所见不同，莫定其所，或立门侧，或出檐前。诸国法俗，咸来供养。

观自在菩萨精舍北有大精舍，高三百余尺，婆罗阿迭多王之所建也。庄严度量及中佛像,同菩提树下大精舍。其东北窣堵波,在昔如来于此七日演说妙法。西北则有过去四佛坐处。其南鍮石精舍⑤,戒日王之所建立,功虽未毕,然其图量一十丈而后成之。次东二百余步,垣外有铜立佛像,高八十余尺,重阁六层,乃得弥覆,昔满胄王之所作也⑥。

满胄王铜佛像北二三里,砖精舍中有多罗菩萨像⑦。其量既高,其灵甚察。每岁元日,盛兴供养。邻境国王、大臣、豪族,赍妙香花,持宝幡盖,金石递奏,丝竹相和,七日之中,建斯法会。其垣南门内有大井,昔佛在世,有大商侣热渴逼迫,来至佛所,世尊指其地以可得水。商主乃以车轴筑地,地既为陷,水遂泉涌,饮已闻法,皆悟圣果。

【注释】

①五体投地:最恭敬的礼拜方式,过程是:正立合十,屈膝屈肘至地,翻掌,顶礼。"五体投地"致敬的对象一般是佛、菩萨、王者等。"五体"又称"五轮",指双肘、双膝和额顶。

②轮王:即转轮王,因轮宝力,而能统治一切人生,故名。

③金轮:佛教认为世界分为四层,金轮在地表的地轮之下。从水面至金轮,深度有八万由旬。据《俱舍论》卷十,世界之最底为风轮,其上是水轮,水轮上是金轮。金轮由轮形之金刚而成,故名。金轮之上有九山八海,是为地轮。

④外道执雀于此问佛死生:指外道想为难佛陀,手握一雀,问佛是生是死,佛说生,就捏死再出示,佛说死,则直接出示活雀。

⑤鍮(tōu)石:指天然的黄铜矿或自然铜。

⑥满胄王:Pūrṇavarma 的意译,音译为补剌拏伐摩。他是无忧王的后代在摩揭陁地方的最后一位藩王,大约在西元七世纪初。

⑦多罗菩萨：即多罗观音，莲华部之部母。多罗是"眼"义，从观如来眼中生下，所以叫眼观音。又说人之爱集中在眼部，为表达喜爱而称之为眼。

【译文】

寺西不远有僧舍，过去如来曾在此居住三个月，为各位天神和人广泛宣讲妙法。再往南一百多步有一座小塔，是远方比丘见佛之处。过去有比丘从远方来，到这里遇见如来和他的弟子们，心中生敬，于是五体投地，立即发愿想做转轮王。如来看到后，对大家说："那位比丘者很是可惜。福德深远，信心坚固，如果追求佛果，不久就会证得。现在他发愿求转轮王，在来世一定会受到这样的果报。从他身体所投之处往下，直到下面的金轮，一共有多少粒微尘，就能当几次转轮王。既然沉溺于俗世之乐，离圣果也就远了。"这南面有观自在菩萨立像。有时有人看到菩萨像端着香炉前往佛精舍，从左向右在外绕行。

观自在菩萨像南面的塔中，有如来三月之间剃剪下的头发、指甲，患病的人绕行后，大多能痊愈。那烂陀寺西垣外水池边有座塔，外道执雀问佛死生就是在那里。再往东南，垣墙内五十多步，有棵奇树，高八九尺，树干分叉。过去如来嚼杨枝扔在地上，便生下根来，虽然岁月已久，树的大小全无变化。再往东的大精舍，高二百多尺，如来过去那儿讲说各种妙法四个月。再往北一百多步的精舍中，有观自在菩萨像，虔诚的信徒、供养施舍者看到的各不同，在不同地方出现，有的是站在门侧，有的走出屋檐外。各国僧俗都来供养。

观自在菩萨精舍北面有大精舍，高三百多尺，是幼日王所建的。装饰、大小和其中的佛像，与菩提树下的大精舍相同。这东北方的塔处，过去如来曾在那儿演说妙法七天。西北面有过去四佛坐过的地方。这南面的黄铜精舍，是戒日王所建造的，工程虽然没有完成，但它的规划是十丈，准备日后完工。再往东二百多步的垣外，有铜制的立佛像，高八十多尺，其外修六层重阁，才得以遮覆，是过去满胄王兴建的。

满胄王铜佛像往北二三里,一座砖砌精舍中有多罗菩萨像。身量很高,神很灵验。每年元旦,盛大地举行供养。邻国的国王、大臣和豪族,都手捧上好香花,端着宝幡盖,金石乐器不断演奏,丝竹之声互相应和,七天之中,一直举行法会。垣墙南门内有一眼大井。过去佛陀在世,有一大队商人炎热口渴至极,来到佛祖所在,世尊指着地上说能得到水。商队首领便用车轴砸地,地陷下去,水便如泉涌出,饮后听佛说法,都悟得圣果。

二十八、拘理迦邑及目连故里

伽蓝西南行八九里,至拘理迦邑①,中有窣堵波,无忧王之所建也,是尊者没特伽罗子本生故里②。傍有窣堵波,尊者于此入无余涅槃③,其中则有遗身舍利。尊者大婆罗门种,与舍利子少为亲友④。舍利子以才明见贵,尊者以精鉴延誉,才智相比,动止必俱,结要终始,契同去就。相与厌俗,共求舍家,遂师珊阇耶焉⑤。舍利子遇马胜阿罗汉⑥,闻法悟圣,还为尊者重述,闻而悟法,遂证初果。与其徒二百五十人俱到佛所,世尊遥见,指告众曰:“彼来者,我弟子中神足第一。”既至佛所,请入法中。世尊告曰:“善来,比丘!净修梵行,得离苦际。”闻是语时,须发落,俗裳变,戒品清净,威仪调顺。经七日,结漏尽⑦,证罗汉果,得神通力。

【注释】

①拘理迦邑:梵文 kolika,或以为本是没特伽罗子的名号,其故乡以之得名。

②没特伽罗子：梵文 Maudgalaputra 的音义混译，音译目犍连，意译为采菽氏，如来佛十大弟子中神通第一。

③无余涅槃：梵文 Anupadhiśeṣa-nivāṇa 的意译。指身智都灰灭的涅槃。

④舍利子：梵文Śāriputra 的音义混译，音译作舍利弗多罗、舍利弗等，意译为鹙鹭子，如来佛十大弟子中智慧第一。

⑤珊阇耶：是六师外道之一，认为不必求道，只要经历一定的生死轮回，自然可以脱离苦海。

⑥马胜阿罗汉：梵文 Aśvajit 之意译，音译为阿湿婆恃。他是佛祖亲族，最初受教的五比丘之一。

⑦结漏：即烦恼。烦恼束缚身心，所以叫结，从眼耳等六根日夜漏出，所以称漏。

【译文】

从佛寺向西南走八九里，到达拘理迦聚落，聚落中有座塔，是无忧王建造的，是尊者没特伽罗子出生的故里。旁边有塔，尊者在那里进入无余涅槃，塔中则有遗体舍利。尊者是大婆罗门种，和舍利子自幼友善。舍利子因才华识见而出名，尊者因鉴察精准而受誉，才智相近，任何活动都在一起，相约始终如一，一定同进共退。都厌弃俗世，一起想出家，于是师从珊阇耶。舍利子路遇马胜罗汉，听他说法悟得圣果，回去后向尊者复述，尊者听后也悟得大法，于是证得初果。与他的门人二百五十人一起来到佛祖那儿，世尊远远望见，指给众人说："来的那位，是我弟子中神足第一。"见到佛祖后，请求进入法门。佛祖说："欢迎你，比丘！虔诚地按照佛教要求修行，就能脱离苦海。"听到这句话后，胡须头发掉落，俗人的服装变去，恪守戒律，威仪和顺。七天之后，烦恼除尽，证得罗汉果，得到神通之力。

二十九、频毗娑罗王迎佛遗迹

没特伽罗子故里东行三四里，有窣堵波，频毗娑罗王迎见佛处[1]。如来初证佛果，知摩揭陁国人心渴仰，受频毗娑罗王请。于晨朝时，着衣持钵，与千比丘左右围绕，皆是耆旧螺髻梵志[2]，慕法染衣，前后羽从，入王舍城。时帝释天王变身为摩那婆[3]，首冠螺髻，左手执金瓶，右手持宝杖，足蹈虚空，离地四指，在大众中前导佛路。时摩揭陁国频毗娑罗王与其国内诸婆罗门、长者、居士百千万众，前后导从，出王舍城奉迎圣众。

【注释】

①频毗娑罗王：梵文 Bimbisāra 的音译，又作洴沙、瓶沙、萍沙等，意译作影坚、影胜。为西元前六世纪前半期（约前 582—前 554）摩揭陁国国王，与释迦牟尼同时。

②螺髻梵志：相传梵天王留顶发，结成螺形，称作螺髻或螺结，婆罗门多仿效而作螺髻。

③摩那婆：梵文 Mānava 的音译，意译作少年、儒童等。

【译文】

从没特伽罗子故里往东走三四里，有座塔，是频毗娑罗王迎接佛的地方。如来刚刚证得佛果，知道摩揭陁国之人倾心仰慕，接受了频毗娑罗王的邀请，在一天早晨，穿上法衣拿着钵，左右围绕有上千比丘，他们都是年高德劭、头有螺髻的婆罗门，爱慕佛法穿上僧衣，前后护卫随从，进入王舍城。当时帝释天王变身为摩那婆，头顶螺髻，左手捧着金瓶，右手拿着宝杖，脚踩虚空，离地四个指头高，在众人前面为佛引路。这时摩揭陁国频毗娑罗王与他国内成千上万的婆罗门们、长者们、居士们前后引导随从，出王舍城迎接佛祖众人。

三十、迦罗臂拏迦邑及舍利子故里

频毗娑罗王迎佛东南，行二十余里，至迦罗臂拏迦邑[1]，中有窣堵波，无忧王之所建也，是尊者舍利子本生故里，井今尚在。傍有窣堵波，尊者于此寂灭，其中则有遗身舍利。

尊者大婆罗门种，其父高才博识，深鉴精微，凡诸典籍，莫不究习。其妻感梦，具告夫曰："吾昨宵寐，梦感异人，身披铠甲，手执金刚[2]，摧破诸山，退立一山之下。"夫曰："梦甚善。汝当生男，达学贯世，摧诸论师，破其宗致，唯不如一人，为作弟子。"果而有娠，母忽聪明，高论剧谈，言无屈滞。尊者年始八岁，名擅四方，其性淳质，其心慈悲，朽坏结缚[3]，成就智慧。与没特伽罗子少而相友，深厌尘俗，未有所归。于是与没特伽罗子于珊阇耶外道所而修习焉。乃相谓曰："斯非究竟之理，未能穷苦际也。各求明导，先尝甘露，必同其味。"时大阿罗汉马胜执持应器[4]，入城乞食。舍利子见其威仪闲雅，即而问曰："汝师是谁？"曰："释种太子厌世出家，成等正觉[5]，是我师也。"舍利子曰："所说何法，可得闻乎？"曰："我初受教，未达深义。"舍利子曰："愿说所闻。"马胜乃随宜演说，舍利子闻已，即证初果，遂与其徒二百五十人往诣佛所。世尊遥见，指告众曰："我弟子中智慧第一。"至已顶礼，愿从佛法。世尊告曰："善来，比丘！"闻是语时，戒品具足。过半月后，闻佛为长爪梵志说法[6]，闻余论而感悟，遂证罗汉之果。其后阿难承佛告寂灭期，展转相语，各怀悲感。舍利子深增恋仰，不忍见佛入般涅槃，遂请世尊，先入寂灭。世尊告曰："宜知是时。"告谢门人，至本生里，侍者沙弥遍告城邑。未生怨王及其国人莫不风驰[7]，皆悉云会。舍利子广为说法，闻已而去。于后夜分，正意系心，入灭尽定，从定起已而寂灭焉。

迦罗臂拏迦邑东南四五里，有窣堵波，是尊者舍利子门人入涅槃处。或曰：迦叶波佛在世时⑧，有三拘胝拘胝者，唐言亿。大阿罗汉同于此地无余寂灭⑨。

【注释】

①迦罗臂拏迦：梵文可能是 Kālapināka，舍利弗的出生故里，《法显传》称那罗聚落。

②金刚：此指金刚杵。

③结缚：即烦恼，佛教认为烦恼系缚身心，故名。

④应器：梵文 Patra 的意译，音译为钵多罗，通称钵，比丘量腹而食的乞食器。南齐王琰《冥祥记》："下病人于地，卧单席上，以应器置腹上，纻布覆之。"

⑤等正觉：梵文 Samyak-saṁbodhi 的意译，又作正等觉，音译为三藐三菩提，为如来十号之一。详见卷六劫比罗伐窣堵国注释。

⑥长爪梵志：梵文为 Dīrghanakhabrahmācārin，长爪是名，梵志则是指身份为婆罗门，他是舍利弗的舅父。他因辩论败于其姐，发愤往南天竺读书，立誓读尽十八种经，才剪指甲，因而得名长爪。

⑦未生怨王：梵文 Ajātaśatru 之意译，音译作阿阇世、阿阇多设咄路。是佛祖时摩揭陁国国王，频毗娑罗王之子。

⑧迦叶波佛：梵文 Kāśyapa 的音译，又作迦叶、迦摄、迦摄波，意译作饮光，是释迦佛以前之佛，于现世界人寿二万岁时出世而成正觉，为"过去七佛"之一。

⑨拘胝(zhì)：梵文 Koṭi 的音译，又作拘利、俱利、俱致等，义为百万、亿，为极大的数目。无余寂灭：即无余涅槃，梵文 Anupadhiśe ṣa-nivāṇa 的意译。指身智都灰灭的涅槃。

【译文】

频毗娑罗王迎佛处往东南方走二十多里，到达迦罗臂拏迦聚落，里面有座塔，是无忧王所建造的，是尊者舍利子出生的故乡，水井至今尚在。旁边有座塔，尊者在那里寂灭，里面有遗身舍利。

尊者是大婆罗门种，他父亲学问广博才识高妙，洞察事物细致入微，各种典籍无不深入研究。他妻子梦中有感，详告丈夫说："我昨晚睡觉，梦中感应到异人，身上披着铠甲，手拿金刚杵，摧裂一座座山，最后退到一座山下面。"夫曰："这梦很好。你会生儿子，学问博达，举世无比，击败所有精通论藏的人，揭破他们学说的主旨，只是不如一个人，作他的弟子。"不久果然有了身孕，母亲忽然变得聪明，高谈阔论，说话毫不滞碍。尊者年方八岁，名满四方，他性格淳朴，心地慈悲，去除烦恼，臻于智慧。和没特伽罗子年少为友，深深地厌弃俗世，尚未归从一种宗教，于是与没特伽罗子到珊阇耶外道那儿去修习。都认为："这不是终极道理，不能穷尽痛苦的根源。我们各自寻找名师，谁先学得妙理，一定共同体味。"恰好大罗汉马胜拿着钵，进城讨饭。舍利子看见他仪态安闲自得，上前问道："你老师是谁？"罗汉说："释种太子厌倦尘世而出家，拥有了知晓一切的觉悟，是我的老师。"舍利子说："他讲的什么道理，能告诉我吗？"罗汉说："我刚接受教诲，没理解深奥的道理。"舍利子说："请讲讲你听到的。"马胜于是依据教义演示，舍利子听后，立刻就证得初果。便和门人二百五十人去佛祖那儿。世尊远远望见，指给大家说："那人在我的弟子中智慧第一。"到了后便行顶礼，希望能够学习佛法。世尊对他说："欢迎你，比丘！"听到这话后，尊者就具备了所有戒品。过半月后，尊者听佛为长爪梵志解说佛法，听到部分就感悟，便证得罗汉之果。此后阿难蒙佛祖预先告知寂灭的时间，弟子们辗转相告，各自都很悲伤。舍利子深深地留恋仰慕，不忍看到佛祖涅槃，便请示世尊，要求先寂灭。世尊回答说："你该知道现在正是时候。"通告门人，都去他的出生地，随侍的小沙弥便遍告全城。未生怨王和他的百姓全都像风一样赶来，像云一样聚集。舍利子为大家解说佛法，大家听后散去。在下半夜，静心聚神，进入灭尽定，一入定便已寂灭。

从迦罗臂拿迦邑往东南走四五里，有座塔，是尊者舍利子门人入涅槃处。有人说：迦叶波佛在世的时候，有三拘胝拘胝，唐土称亿。位大罗汉在此地一同进入无余寂灭。

三十一、帝释窟

舍利子门人窣堵波东行三十余里，至因陁罗势罗窭诃山[①]。唐言帝释窟。其山岩谷杳冥，花林蓊郁。岭有两峰，岌然特起。西峰南岩间，有大石室，广而不高，昔如来尝于中止，时天帝释以四十二疑事画石请问，佛为演释，其迹犹在。今作此像，拟昔圣仪，入中礼敬者，莫不肃然敬惧。山岩上有过去四佛坐及经行遗迹之所[②]。东峰上有伽蓝，闻诸土俗曰：其中僧众，或于夜分，望见西峰石室佛像前，每有灯炬，常为照烛。

【注释】

①因陁罗势罗窭诃：梵文 Indraśailaguhā 音译，是一种树名，因此山窟前有因陁罗势罗窭诃树而得名。

②过去四佛："过去七佛"中的后四佛，即拘留孙佛、拘那含牟尼佛、迦叶佛和释迦牟尼佛。

【译文】

从舍利子门人塔往东走三十多里，到达因陁罗势罗窭诃山。唐土称帝释窟。这座山山谷幽深，花林茂盛，山有两座峰，高高突起。西峰的岩石间有个大石室，宽广而不高，过去如来曾在其中休憩。天帝释将四十二个疑问画在石头上请教，佛祖为他阐述解释，遗迹仍在存在。现在作有这座像，摹拟过去佛祖的仪容，进去礼拜的人，无不肃然生敬。山岭上有过去四佛坐处和散步的遗迹。东面峰上有座寺，听当地人说：其中的僧人，有时在半夜，望见西峰石室佛像前常有灯烛，总是照耀着。

1.雁窣堵波

因陁罗势罗窭诃山东峰伽蓝前有窣堵波，谓亘许赠反。娑[①]。唐言雁。昔此伽蓝，习玩小乘。小乘渐教也[②]，故开三净之食[③]。而此伽蓝遵而不坠。其后三净，求不时获。有比丘经行，忽见群雁飞翔，戏言曰："今日众僧中食不充，摩诃萨埵宜知是时[④]。"言声未绝，一雁退飞，当其僧前，投身自殒。比丘见已，具白众僧，闻者悲感，咸相谓曰："如来设法，导诱随机。我等守愚，遵行渐教。大乘者，正理也，宜改先执，务从圣旨。此雁垂诫，诚为明导，宜旌厚德，传记终古。"于是建窣堵波，式昭遗烈，以彼死雁，瘗其下焉。

【注释】

①亘娑：梵文 Haṃsa 音译，意译为雁。

②渐教：即小乘教。相对的大乘为顿教。

③三净之食：三种净肉。此谓一般佛教信徒难以立即断除肉食，故小乘戒中设变通之法，允许食用不见杀、不闻杀、不疑为我杀三种肉食。后因称这三种肉为"三净"。

④摩诃萨埵：此为如来修菩萨行时的名号之一。如来为摩诃萨埵太子时，曾舍身饲虎。

【译文】

因陁罗势罗窭诃山东峰上的寺前有座塔，叫做亘娑。唐土称雁。

过去此寺研习小乘,小乘是渐教,所以可以食用三种净肉,这座寺庙沿袭不改。后来三种净肉不能及时获得。有位比丘散步,忽然看见群雁飞翔,玩笑着说:“今天众僧中饭不够,摩诃萨埵应该知道这情况。”话音未落,一只雁飞回来,在这位僧人面前,投身自尽。比丘看到,详细告诉众僧,听到的人都很伤感,相互说道:“如来创造大法,根据情况进行诱导。我们顽笨,奉行渐教。大乘,是正确的道理,应该改掉先前所固守的,务必遵从圣明的旨意。这只雁垂示训诫,的确是明白的引导,应该显扬它的厚德,世世代代流传下去。”于是建起塔,以彰显它遗下的节操,将那只死雁埋在下面。

2. 鸽伽蓝

因陁罗势罗窭诃山东北,行百五六十里,至迦布德迦唐言鸽。伽蓝①。僧徒二百余人,学说一切有部。伽蓝东有窣堵波,无忧王之所建也。昔佛于此,为诸大众一宿说法。时有罗者,于此林中网捕羽族,经日不获,遂作是言:“我惟薄福,恒为弊事。”来至佛所,扬言唱曰:“今日如来于此说法,令我网捕都无所得,妻孥饥饿,其计安出?”如来告曰:“汝应蕴火,当与汝食。”如来是时化作大鸽,投火而死。罗者持归,妻孥共食。其后重往佛所,如来方便摄化②,罗者闻法,悔过自新,舍家修学,便证圣果。因名所建为鸽伽蓝。

【注释】

①迦布德迦:梵文 Kapotaka 之音译,意译为鸽。本段所叙如来化鸽救人故事又见《六度集经》卷六、《智度论》卷十一等处。

②方便:随机设法。摄化:以佛法感化。

【译文】

从因陁罗势罗窭诃山往东北走一百五六十里，到达迦布德迦唐言鸽。寺。寺中有僧众二百多人，修习说一切有部。寺东有座塔，是无忧王建造的。过去佛祖曾在那里给大众讲说佛法一宿。当时有位捕鸟人在林中用网捕鸟，整天没有收获，于是说："我这人福气少，整天做这些无益之事。"来到佛祖那儿，高声说道："今天如来到这里讲说佛法，让我捕鸟一无所获，妻儿饥饿，这该怎么办？"如来说："你应该先生火，会给你吃的。"如来这时化作大鸽子，投入火中而死，捕鸟人拿回去，妻儿一起吃了。之后又到佛祖那儿，佛祖随机设法、开导感化，捕鸟人听到佛法，悔过自新，出家修行，便证得圣果。因而将所建的寺称为鸽寺。

三十二、孤山观自在像

迦布德迦伽蓝南二三里至孤山，其山崇峻，树林郁茂，名花清流，被崖缘壑。上多精舍灵庙，颇极剞劂之工。正中精舍有观自在菩萨像，躯量虽小，威神感肃，手执莲华，顶戴佛像。常有数人，断食要心，求见菩萨。七日，二七日、乃至一月，其有感者，见观自在菩萨妙相庄严，威光赫奕，从像中出，慰喻其人。昔南海僧伽罗国王清旦以镜照面②，不见其身，乃睹赡部洲摩揭陁国多罗林中小山上有此菩萨像③。王深感庆，图以营求。既至此山，寔唯肖似，因建精舍，兴诸供养。自后诸王，尚想遗风，遂于其侧建立精舍灵庙，香花伎乐，供养不绝。

【注释】

②僧伽罗国：即今斯里兰卡，详见卷十一僧伽罗国注释。

③赡部：梵文 Jambū 音译。赡部洲为须弥山南方海中大洲名。此

洲有树，结实堕海，击水发响，音如“赡部”，故名赡部树。此洲因树得名。多罗：梵文 Tāla 之音译，意译为高耸树。是贝多罗树的一种，树高叶茂，果实红色，可食用。其叶可供书写，称贝叶。

【译文】

迦布德迦寺往南两三里，到达孤山。山岭高崇，树林茂密，琪花瑶草，清溪碧涧，遍满崖谷。上面有不少僧舍寺庙，穷极雕饰之功。正中间的精舍中有观自在菩萨像，形制虽小，威严慑人，手持莲花，头戴佛像。常有几个人，断绝食物，约束内心，祈求见菩萨，有七天、两个七天乃至于一个月的，能感应到的，见到观自在菩萨美好的容相十分庄严，威严的光辉炫目闪耀，从像中出来，宽慰晓谕他们。过去南海中的僧伽罗国王早晨用镜子照脸，不见自己，却看到赡部洲摩揭陁国多罗林中的小山上有这座菩萨像。国王深感荣幸，试图寻求。到达这座山后，觉得实在相似，便建起精舍，展开供养。此后的国王追想前代遗风，便在这旁边建造起精舍庙宇，香花和音乐一直供养不断。

三十三、其他佛说法遗迹

孤山观自在菩萨像东南行四十余里，至一伽蓝，僧徒五十余人，并学小乘法教。伽蓝前有大窣堵波，多有灵异，佛昔于此为梵天王等七日说法[①]。其侧则有过去三佛坐及经行遗迹之所[②]。

伽蓝东北行七十余里，殑伽河南，至大聚落，人民殷盛，有数天祠，并穷雕饰。东南不远有大窣堵波，佛昔于此一宿说法。

从此东入山林中，行百余里，至落般腻罗聚落。伽蓝前有大窣堵波，无忧王之所建，佛昔于此三月说法。此北二三里有大池，周三十余里，四色莲花四时开发[③]。

从此东入大山林中，行二百余里，至伊烂拏钵伐多国。中印度境。

【注释】

①梵天王：创造之神，与湿婆、毗湿奴同为婆罗门教三大主神。又称梵王、大梵天王，名为尸弃（Śikhin）。

②过去三佛：指释迦牟尼佛以前的三佛，即拘留孙佛、拘那含牟尼佛和迦叶佛。

③四色莲花：指红莲花（梵文 Padma）、青莲花（梵文 Utpala）、黄莲花（梵文 Kumuda）、白莲花（梵文 Puṇḍarīka）。

【译文】

从孤山观自在菩萨像往东南走四十多里，到达一座佛寺，有僧众五十多人，都修习小乘佛教。佛寺前有座大塔，常显灵异，佛祖过去曾在此为梵天王等人讲述佛法七天。旁边有过去三佛坐处和散步的遗迹。

从该寺往东北走七十多里，在殑伽河南，走到一个大村镇，人口繁多，有数座天祠，都穷尽雕饰之能事。东南不远有座大塔，佛祖过去在那儿说法一夜。

从这里往东进入山林，走一百多里，到达落般腻罗村镇。佛寺前有座大塔，是无忧王建造的，佛祖过去曾在此讲法三个月。这北边两三里有个大水泊，方圆三十多里，四色莲花四季开放。

从这里往东进入大山林，走两百多里，到达伊烂拏钵伐多国。在中印度境内。

卷第十　十七国

【题解】

玄奘离开摩揭陁国后，继续向东。玄奘首先巡游了伊烂拏钵伐多国、瞻波国、羯朱嗢祇罗国、奔那伐弹那国这四个位于中印度恒河流域的国家，伊烂拏钵伐多国有闻二百亿比丘生处，玄奘在此停留一年，学习了《毗婆沙顺正理》等经典。此下的迦摩缕波国、三摩呾吒国、耽摩栗底国、羯罗拏苏伐剌那国、乌荼国、恭御陁国等六国位于东印度。迦摩缕波国在印度东北部，根据《慈恩传》的记载，玄奘贞观十一年游奔那伐弹那国后并前往该国，而是贞观十六年受邀专程前往，该国接近我国西南，与我国关系友好，人种则应接近藏缅。三摩呾吒国以南，人种则为达罗毗荼语系的黑人，语言、文化都不同于雅利安人。玄奘沿次大陆东海岸南下，到达南印度地区的羯餕伽国、憍萨罗国、案达罗国、驮那羯磔迦国、珠利耶国、达罗毗荼国、秣罗矩吒国等七国，其中秣罗矩吒国为听闻而得，在那里游览了龙猛菩萨、陈那菩萨清辩论师、提婆菩萨等先贤的遗迹，并学习了《集量论》和《根本阿毗达磨》。

伊烂拏钵伐多国

伊烂拏钵伐多国周三千余里[①]，国大都城北临殑伽河[②]，周二十余里。稼穑滋植，花果具繁。气序和畅，风俗淳质。伽蓝十余所，僧徒四千余人，多学小乘正量部法[③]。天祠二十余所，异道杂居。近有邻王，废其国君，以大都城持施众僧，于此城中建二伽蓝，各减千僧，并学小乘教说一切有部[④]。

【注释】

①伊烂拿钵伐多：梵文 Iraṇa－parvata 音译，意为荒山。该国都城在今比哈尔邦的孟格尔（Monghyr）。

②殑伽：梵文 Gaṅgā 的音译，意译为“天堂来”，因见其从高处来，故名此河，即今恒河。

③正量部：梵文名 Sammatiya 或 Sammitiya，小乘十八部之一。佛灭后三百年自犊子部流出四部，此为其中第三部。刊定是非名为量，量无邪谬名为正，因此部之所立刊定无误，故名。

④说一切有部：梵文 Sarvāstivāda 的意译，音译为萨婆多（部），简称为有部。小乘二十部之一，佛灭后三百年初，自根本之上座部分出，立有为无为一切诸法之实有，且一一说明其因由为宗，故称说一切有部。

【译文】

伊烂拿钵伐多国方圆三千多里，该国大都城北依殑伽河，方圆二十多里。适宜耕种，花果繁多。气候和顺，风俗淳朴。有佛寺十多所，僧众四千多人，大多学习小乘正量部佛法。有天祠二十多所，外道信徒混杂居住。近代邻国国王废黜了该国国君，将国都施舍给僧人们，在该城中建起两座佛寺，僧员各近千人，都修习小乘佛教的说一切有部。

一、伊烂拿山

大城侧临殑伽河，有伊烂拿山[①]，含吐烟霞，蔽亏日月，古今仙圣继踵栖神。今有天祠，尚遵遗则。在昔如来亦尝居此，为诸天人广说妙法。

大城南有窣堵波，如来于此三月说法。其傍则有过去三佛坐及经行遗迹之所。

【注释】

①伊烂拏山：根据文中描写当是一座火山。

【译文】

大城边临近殑伽河处，有伊烂拏山，云霞缭绕，掩蔽日月，古今仙人圣者相继栖居其间。上面现有天祠，还遵循着古老的规矩。过去如来也曾住在此地，为诸多天神、仙人广说微妙的法义。

大城南面有宝塔，如来曾在那里说法三个月。那旁边有过去三佛打坐和散步的遗迹。

二、二百亿比丘故事

三佛经行西不远，有窣堵波，是室缕多频设底拘胝唐言闻二百亿。旧译曰亿耳，谬也。苾刍生处[①]。

昔此城有长者，豪贵巨富，晚有继嗣，时有报者，辄赐金钱二百亿，因名其子闻二百亿。洎乎成立，未曾履地，故其足跖毛长尺余[②]，光润细软，色若黄金。珍爱此儿，备诸玩好，自其居家以至雪山，亭传连隅[③]，童仆交路，凡须妙药，递相告语，转而以授，曾不逾时。其豪富如此。世尊知其善根将发也，命没特伽罗子而往化焉。既至门下，莫由自通。长者家祠日天，每晨朝时，东向以拜。是时尊者以神通力，从日轮中降立于前。长者子疑日天也[④]，因施香饭而归，其饭香气遍王舍城。时频毗娑罗王骇其异馥，命使历问，乃竹林精舍没特伽罗子自长者家持来。因知长者子有此奇异，乃使召焉。长者承命，思何安步？泛舟鼓棹，有风波之危；乘车驭象，惧蹶踬之患[⑤]。于是自其居家至王舍城，凿渠通漕，流满芥子，御舟安止，长缅以引[⑥]。至王舍城，先礼世尊。世尊告曰："频毗娑罗王命使召汝，无过欲见足下毛耳。王欲观者，宜结跏坐。伸脚向王，国法当死。"长者子受诲而往，引入廷谒。王欲视毛，乃跏趺坐。王善其有礼，特深珍爱。亦既得归，还至佛所，如来是时说法诲喻，闻而感悟，遂即出家。于是精勤修习，思求果证，经行不舍，足遂流血。世尊告曰："汝善男子，在家之时，知鼓琴耶？"曰："知。""若然者，以此为喻。弦急则声不合韵，弦缓则调不和雅。非急非缓，其声乃和。夫修行者亦然。急则身疲心怠，缓则情舒志逸。"承佛指教，奉以周旋，如是不久，便获果证。

【注释】

①室缕多频设底拘胝：梵文Śruta-viṃśati-koṭi的音译，意译当作闻二十亿，本书译作闻二百亿，不确。

②足跖(zhí)：脚底。跖，脚掌。

③亭传(zhuàn)：驿站。

④日天："日天子"之略，相当于太阳神，梵文Sūrya，音译为苏利耶、修利、修野等。又称宝光天子、宝意天子。为观世音菩萨之变化身，住于太阳中，太阳为其宫殿，故名。

⑤蹶踬(juézhì)：跌倒，颠仆。二字同义。

⑥长絙(gēng)：长而粗的绳。絙，粗绳索。

【译文】

三佛散步处往西不远，有塔一座，是室缕多频设底拘胝唐土称闻二百亿。过去译作亿耳，是错的。比丘出生处。

过去这城里有位长者，富贵无比，晚来得子，当时来报喜的人，就赏了金钱二百亿，所以给儿子起名闻二百亿。一直到长大，都没有下过地，所以他脚掌上的毛长一尺多。光滑润泽而又细软，颜色好似黄金。长者爱惜这儿子，各种玩赏的宝贝无不备齐，从他家一直到雪山，中转站布满偏远地区，童仆们相遇于路上，一旦需要良药，继相传话，传递送达，用不了多久。他的豪富到达如此程度。佛祖知道他的善根将要萌发，于是派没特伽罗子前去教化。到了他家门前，无法见面。长者家信奉日天，每天早晨日出时朝东拜神。尊者便在那时候运用神力，从日轮中降下，站他面前。长者儿子怀疑是日天，所以施舍香饭让他带走，那饭的香气散遍王舍城。频毗娑罗王惊异于如此奇香，派使者遍问，原来是竹林精舍没特伽罗子从长者家里带来的。因而知道长者儿子有这样的特异之处，于是派人召见。长者接到诏命，思量该如何代步。乘船前往，有覆舟的危险，乘车骑象，有跌倒的意外。于是从他家，直到王舍城，凿开水渠，铺满芥子，置舟渠上，用长而粗的绳牵引。到王舍城，先拜见佛祖。佛祖告诉他："频毗娑罗王派使者召见你，不过是想看看脚底的毛。国王想看的时候，最好盘腿坐。伸脚朝着王，按法律要处死。"长者之子受教前往，被带进宫中觐见国王。国王想看脚毛，便盘腿坐下，国王喜欢他懂礼貌，尤为珍爱。回来之后，来到佛祖面前，如来这时候说法开导，长者子一听便大悟，于是立即出家。此后他专心勤勉地修习佛法，想要求得果证，不停地走动思考。脚底都磨出了血。佛祖说："你是位善男子，在家时懂得弹琴吗？"回答："懂。""那这样，用它作比喻。琴弦绷得太紧声音就不合韵律，太松音调就不温和雅致。不急不缓，声音才和谐。修行的道理也是这样。急切就会身心疲惫，松懈就会心懒意散。"受到了佛祖教诲，旋绕佛祖致敬，这样不久，就获得了果证。

三、小孤山佛遗迹

国西界殑伽河南，至小孤山，重巘簪岺[①]，昔佛于此三月安居，降薄句罗药叉[②]。山东南岩下大石，上有佛坐迹，入石寸余，长五尺二寸，广二尺一寸。其上则建窣堵波焉。次南石上则有佛置捃稚迦即澡瓶也。旧曰军持，讹略也。迹[3]，深寸余，作八出花文。佛坐迹东南不远，有薄句罗药叉脚迹，长尺五六寸，广七八寸，深减二寸。药叉迹后有石佛坐像，高六七尺。次西不远，有佛经行之处。其山顶上有药叉故室。次北有佛足迹，长尺有八寸，广余六寸，深可半寸。其迹上有窣堵波。如来昔日降伏药叉，令不杀人食肉，敬受佛戒，后得生天。

此西有温泉六七所，其水极热。国南界大山林中，多诸野象，其形伟大。

从此顺殑伽河南岸，东行三百余里，至瞻波国。中印度境。

【注释】

①嶜崟(jīnyín)：高峭之貌。《汉书·扬雄传上》："玉石嶜崟，眩耀青荧。"颜师古注："嶜崟，高锐貌。"

②薄句罗：梵文 Vakkula 之音译。

③捃稚迦：梵文 Kuṇḍikā 之音译，双口瓶，洗澡用。

【译文】

走到该国西部殑伽河南，到达小孤山，重峰高耸，过去佛祖曾在这里安居三个月，降服薄句罗药叉。山的东南岩下有块大石头，上面有佛祖坐的印记，石头陷下去一寸多，坐印长五尺二寸，宽二尺一寸。旁边建有宝塔。再往南石头上有佛祖放捃稚迦就是澡瓶。以前译作军持，是讹误与省略的。的印迹，深一寸多，形成八角花纹。佛祖坐迹东南方不远，有薄句罗药叉脚迹，长一尺五六寸，宽七八寸，深不到二寸。药叉脚迹后面有石雕的佛坐像，高六七尺。再往西不远，有佛祖漫步之处。山顶上有药叉住过的房子。再北面有佛的脚印，长一尺八寸，宽六寸多，深约半寸，脚印边上有座塔。如来过去降伏药叉，命他不杀人吃肉，药叉恭谨地接受佛教戒律,后来药叉得生天。

这西面者温泉六七眼,水温很高。该国南境大山林中有很多野象,个头庞大。

从这里沿着殑伽河南岸往东走三百多里,到达瞻波国。在中印度境内。

瞻波国

瞻波国周四千余里[①],国大都城北背殑伽河,周四十余里。土地垫湿,稼穑滋盛。气序温暑,风俗淳质。伽蓝数十所,多有倾毁。僧徒二百余人,习小乘教。天祠二十余所,异道杂居。

都城垒砖,其高数丈,基址崇峻,却敌高险。在昔劫初,人物伊始,野居穴处,未知宫室。后有天女降迹人中,游殑伽河,濯流自媚,感灵有娠,生四子焉。分赡部洲[②],各擅区宇,建都筑邑,封疆画界,此则一子之国都,赡部洲诸城之始也。

城东百四五十里,殑伽河南,水环孤屿,崖巘崇峻。上有天祠,神多灵感。凿崖为室,引流成沼,花林奇树,巨石危峰,仁智所居,观者忘返。

国南境山林中,野象猛兽群游千数。

自此东行四百余里,至羯朱嗢祇罗国。彼俗或谓羯蝇揭罗国,中印度境。

【注释】

①瞻波国:又作占波、占婆等,梵文 Campā 之音译,意为无胜,本是

城名，为鸯伽国都城，因多瞻波树而得名。

②赡部：梵文 Jambū 的音译，又作阎浮、剡浮。佛教经典中所称的四大洲中的南部洲名，因赡部树得名，为人类等居处。

【译文】

瞻波国方圆四千多里，该国大都城北靠殑伽河，方圆四十多里。土地卑湿，庄稼繁茂。气候温暖炎热，风俗淳朴。佛寺有数十所，不少已经废毁。僧徒有二百多人，修习小乘佛教。天祠有二十多所，外道混杂居住。

都城垒砖砌成，有几丈之高，城基高峻，敌楼险要。过去现今这一劫开始时，人类刚刚出现，居住在野外或洞穴里，还不会盖房屋。后来有天女，降生人间，在殑伽河中游玩时，沐浴清流，自赏媚姿，感应到神灵，因此怀孕，生下四个儿子。划分赡部洲，各自占有一片地区，建城筑都，划分疆界。这就是一个儿子的国都，是赡部洲所有城市中最早的。

城东一百四五十里，殑伽河南面，有一座河水环绕的孤岛，山崖陡峻。上面有天祠，神很灵验。凿开山崖建造房舍，引入河水形成池沼，群花烂漫，树木奇特，岩石巨大，山峰陡峭，住着仁爱、智慧的人，游览者往往欣慕忘返。

该国南部山林中，野象猛兽成群活动，数量上千。

从这里往东四百里，到达羯朱嗢祇罗国。当地土俗又称羯蝇揭罗国，在中印度境内。

羯朱嗢祇罗国

羯朱嗢祇罗国周二千余里①。土地泉湿，稼穑丰盛。气序温，风俗顺，敦尚高才，崇贵学艺。伽蓝六七所，僧徒三百余人。天祠十所，异道杂居。自数百年王族绝嗣，役属邻国，所以城郭丘墟，多居村邑。故戒日王游东印度[2]，于此筑宫，理诸国务。至则葺茅为宇，去则纵火焚烧。国南境多野象。北境去殑伽河不远，有大高台，积垒砖石而以建焉。基址广峙，刻雕奇制，周其方面镂众圣像，佛及天形区别而作。

自此东渡殑伽河，行六百余里，至奔那伐弹那国。中印度境。

【注释】

①羯朱嗢(wà)祇罗国：当是梵文 Kajughira 之音译，其都城故址约在今印度比哈尔邦东部的拉其马哈(Rājmahā)附近。

②戒日王：为佛教护法名王，印度塔内萨尔王国普湿婆提王族第六代国王。戒日是其号尸罗阿迭多(Śilāditya，也作尸罗迭多)的意译。详见卷五羯若鞠阇国注释。

【译文】

羯朱嗢祇罗国方圆二千多里。土地湿润多水，庄稼丰茂。气候温暖，风俗和顺，尊敬才能出众者，崇尚学问技艺。有佛寺六七所，僧众三百多人。有天祠十所，异道混杂居住。从数百年前王族绝后，隶属邻国，因而城市沦为废墟，人民大多住在乡村里。因此戒日王巡游东印度，在这里修建宫殿，处理国事。到的时候就编茅草为屋，离开就放火烧毁。该国南部有很多野象。北部离殑伽河不远，有座很大的高台，堆垒砖石建成，台基广大，雕刻奇丽，沿台基一周雕满圣人像，佛和天神的形象则单独雕刻。

从这里东渡殑伽河，走六百多里，到达奔那伐弹那国。在中印度境内。

奔那伐弹那国

奔那伐弹那国周四千余里[1]，国大都城周三十余里。居人殷盛，池馆花林往往相间。土地卑湿，稼穑滋茂。般橠娑果既多且贵[②]，其果大如冬瓜，熟则黄赤，剖之，中有数十小果，大如鹤卵；又更破之，其汁黄赤，其味甘美。或在树枝，如众果之结实；或在树根，若伏苓之在土。气序调畅，风俗好学。伽蓝二十余所，僧徒三千余人，大小二乘，兼功综习。天祠百所，异道杂居，露形尼乾[③]，寔繁其党。

【注释】

①奔那伐弹那国：梵文 Puṇḍravardhana 的音译，意为正增长，领土包括今孟加拉国北部大部分地区。都城故址在今博格勒(Bogra)城以北约 12 公里的摩诃斯坦(Mahāsthān)。

②般橠(nuó)娑果：梵文 Panasa 的音译。详见卷二印度总述"物产"部分注释。

③露形：耆那教中的一派，认为不因拥有衣服在内的私财，只能以天为衣，故又称天衣派。六大外道之一，此外道特修裸形涂灰等苦行。尼乾：梵文 Nirgrantha 的音译，又作尼虔、尼干、尼健、尼犍陀等，意译为离系、不系、无结，是脱离三界束缚之意。即指耆那教天衣派。

【译文】

奔那伐弹那国方圆四千多里，该国大都城方圆三十多里。居民众多，池塘、馆舍、花卉、林木遍布其间。土地低下潮湿，庄稼繁茂。盛产般橠娑果但价格昂贵，该果大小如冬瓜，熟了就呈黄红色，剖开后其中有数十个小果子，大小如鹤蛋；再剖开，汁水黄红色，味道甜美。有的长在树枝，像其他果树结实；有的长在树根，像茯苓生于土下。该国气候顺畅，风俗好学。有佛寺二十多所，僧众三千多人，大小二乘都有人修习。有天祠百所，外道信徒杂居其中，赤身露体的耆那教徒，数量非常多。

一、跋始婆僧伽蓝

城西二十余里，有跋始婆僧伽蓝[①]，庭宇显敞，台阁崇高。僧徒七百余人，并学大乘教法，东印度境硕学名僧多在于此。

其侧不远，有窣堵波，无忧王之所建也，昔者如来三月在此为诸天人说法之处。或至斋日，时烛光明。其侧则有四佛坐及经行遗迹之所。去此不远，复有精舍，中作观自在菩萨像。神鉴无隐，灵应有征，远近之人，绝粒祈请[②]。

自此东行九百余里，渡大河，至迦摩缕波国。东印度境。

【注释】

①跋始婆僧伽蓝：跋始婆，梵文 Vāśibhā，有火焰、光辉之义。该寺遗址在摩诃斯坦城西北约七公里处的 Bihar 与 Vasu-Bihar 两村之间。

②绝粒：绝食。

【译文】

城西二十多里有跋始婆寺，屋宇宽敞，楼台高耸。僧众有七百多人，都修习大乘佛法，东印度地区的饱学名僧大多在此。

旁边不远有座塔，是无忧王建造的，过去如来曾在此为天神和人们说法三个月。到斋日时，有时会放出光明。旁边有过去四佛打坐和散步的遗迹。距此不远还有僧舍，其中有观自在菩萨之像。此像洞察一切无可隐藏，感应灵妙有根有据，远近居民，绝食祈祷。

从此往东九百多里，渡过大河，到达迦摩缕波国。在东印度境内。

迦摩缕波国

迦摩缕波国周万余里[①]。国大都城周三十余里。土地泉湿，稼穑时播。般椐娑果、那罗鸡罗果[2]，其树虽多，弥复珍贵。河流湖陂，交带城邑。气序和畅，风俗淳质。人形卑小，容貌黧黑，语言少异中印度。性甚犷暴，志存强学，宗事天神，不信佛法。故自佛兴以迄于今，尚未建立伽蓝，招集僧侣。其有净信之徒，但窃念而已。天祠数百，异道数万。

【注释】

①迦摩缕波：梵文 Kāmarūpa 的音译，是东印度较大的古国，其地在今阿萨姆邦西部。都城故址在今阿萨姆邦的高哈蒂(Gauhati)。

②那罗鸡罗果：即那利蓟罗果，梵文 Nārikela 的音译，即椰子。

【译文】

迦摩缕波国方圆一万多里，该国大都城方圆三十多里。土壤低湿，庄稼按时耕种。虽然生长般椐娑果、那罗鸡罗果的树很多，它们仍然珍贵。河流湖泊，交错于城镇之间。气候温和顺畅，风俗淳朴。人种矮小，面色乌黑，语言与中印度略有差异。居民性格很粗暴，志在苦学，信奉天神，不信佛法。所以从佛祖到如今，尚未建立寺庙、招集僧众。有一心信奉佛法的，只能私下归心而已。有天祠数百所，外道数万人。

一、拘摩罗王招请

今王本那罗延天之祚胤[1]，婆罗门之种也，字婆塞羯罗伐摩[2]，唐言日胄。号拘摩罗。唐言童子。自据疆土，奕叶君临，逮于今王，历千世矣。君上好学，众庶从化，远方高才，慕义客游。虽不淳信佛法，然敬高学沙门。初，闻有至那国沙门在摩揭陁那烂陁僧伽蓝[3]，自远方来，学佛深法，殷勤往复者再三，未从来命。时尸罗跋陁罗论师曰[4]："欲报佛恩，当弘正法，子其行矣，勿惮远涉！拘摩罗王世宗外道，今请沙门，斯善事也。因兹改辙，福利弘远。子昔起广大心，发弘誓愿，孤游异域，遗身求法，普济含灵，岂徒乡国？宜忘得丧，勿拘荣辱，宣扬圣教，开导群迷，先物后身，忘名弘法。”于是辞不获免，遂与使偕行，而会见焉。拘摩罗王曰：“虽则不才，常慕高学，闻名雅尚，敢事延请。”曰：“寡能褊智，猥蒙流听。”拘摩罗王曰：“善哉！慕法好学，顾身若浮，逾越重险，远游异域。斯则王化所由，国风尚学。今印度诸国多有歌颂摩诃至那国《秦王破阵乐》者[⑤]，闻之久矣，岂大德之乡国耶？”曰：“然。此歌者，美我君之德也。”拘摩罗王曰：“不意大德是此国人，常慕风化，东望已久，山川道阻，无由自致。”曰：“我大君圣德远洽，仁化遐被，殊俗异域，拜阙称臣者众矣。”拘摩罗王曰：“覆载若斯，心冀朝贡。今戒日王在羯朱嗢祇罗国，将设大施[⑥]，崇树福慧，五印度沙门、婆罗门有学业者，莫不召集。今遣使来请，愿与同行。”于是遂往焉。

【注释】

①那罗延天：梵文 Nārāyaṇa，印度神话中原人之子，遍入天或黑天的别名，一说即梵天王。

②婆塞羯罗伐摩：梵文 Bhāskaravarman，意为日胄，而拘摩罗梵文为 Kumāra，意为童男、青年。见卷五注释。

③至那：梵文 Cina 音译，古印度指中国，又译为支那等。

④尸罗跋陁罗论师：即戒贤论师，见卷八注释。

⑤《秦王破阵乐》：唐代著名乐舞，或名《秦王破阵舞》，又称《七德

舞》。《新唐书·礼乐志》:"《七德舞》者,本名《秦王破阵乐》。太宗为秦王,破刘武周,军中相与作《秦王破阵乐》曲。及即位,宴会必奏之。"

⑥大施:大施会,即无遮大会,梵文 Pañcapariṣad,Pañcavarṣikū-pariṣad 的意译。佛教举行的一种广结善缘,不分贵贱、僧俗、智愚、善恶都一律平等对待的大斋会。

【译文】

现在的国王本是梵天王的后代,为婆罗门种姓,字婆塞羯罗伐摩,唐土称日胄。号为拘摩罗。唐土称童子。自从拥有这片国土,累代为君,王位传到如今,已经历了千代。国王好学,下民随之,远方的高才之士,仰慕他的仁义来奔。虽然不淳信佛法,但敬重学问高深的僧人。起先,听说有中国僧人在摩揭陁国的那烂陁寺,来自远方,深通佛法,再三殷勤地遣使邀请,都没答应来使。这时尸罗跋陁罗论师说:"要报答佛祖之恩,就当弘扬正法,您还是去吧,不要怕远行。拘摩罗王世代宗奉外道,现在邀请僧人,这是好事。如能因此改宗,福泽和好处自然广大深远。您过去起广大之心,发弘大的誓愿,孤身前往远国,不顾性命,追求佛法,广泛帮助众生,哪里只限于家乡本国?应该不计得失,忘却荣辱,宣扬神圣教法,开导困苦众生,先人后己,不计名声弘扬佛法。"我于是推辞不得,便随使者前往。拘摩罗王说:"我虽然没有才能,总是爱慕学问高的人,听说您名声高尚雅致,便冒昧地邀请。"我说:"智能偏少,玷辱了您的耳朵。"拘摩罗王说:"很好啊!爱慕真理喜好学习,看待自身像浮云,越过重重险阻,远游他国。这是因为君王教化所致,国家普遍崇尚学习。而今印度不少国家有歌唱大中国《秦王破阵乐》的,我也久闻此曲,莫非就是大德您祖国的?"我答道:"是的。这乐曲,是赞美我国君王的美德。"拘摩罗王说:"没想到大德是此国之人,我常欣慕风教,心向东方已久,可惜山川险阻,难以传达我意。"我答道:"我国皇帝圣德和洽远方,仁教覆盖极远,异国他邦叩拜宫前称臣的为数甚多。"拘摩罗王说："贵君恩德如此，我很期望朝贡。现在戒日王在羯朱嗢祇罗国，将要大设施舍，尊崇有福气智慧者，全印度僧人、婆罗门中有学问的，无不受邀。现在遣使来邀，我希望与您同行。"于是便前去了。

二、东境风土

此国东，山阜连接，无大国都，境接西南夷，故其人类蛮獠矣。详问土俗，可两月行，入蜀西南之境。然山川险阻，嶂气氛沴[①]，毒蛇毒草，为害滋甚。国之东南，野象群暴，故此国中象军特盛。

从此南行千二三百里，至三摩呾吒国。东印度境。

【注释】

①氛沴(lì)：毒气。氛，恶气；沴，妖气，二字含义类似。

【译文】

该国东部，山丘连绵，没有大都城，境壤与我国的西南夷相接，所以人种类似我国之蛮獠。详细询问当地人，大约走两个月，能到达我国蜀地西南。但山河艰险，瘴气毒气，毒蛇毒草，为害甚大。该国东南部凶暴的野象成群，因而该国的象军非常强大。

从这里向南走一千二三百里，到达三摩呾吒国。在东印度境内。

三摩呾吒国

三摩呾吒国周三千余里[①]，滨近大海，地遂卑湿。国大都城周二十余里。稼穑滋植，花果繁茂。气序和，风俗顺。人性刚烈，形卑色黑，好学勤励，邪正兼信。伽蓝三十余所，僧徒二千余人，并皆遵习上座部学[2]。天祠百所，异道杂居，露形尼乾，其徒甚盛。

去城不远，有窣堵波，无忧王之所建也，昔者如来为诸天人于此七日说深妙法。傍有四佛坐及经行遗迹之所。去此不远，伽蓝中有青玉佛像，其高八尺，相好圆备，灵应时效。

【注释】

①三摩呾吒国：梵文 Samataṭa 之音译，该国地较为平坦。领土包括恒河及梅格纳河三角洲。都城故址在今孟加拉国达卡西南的柯密拉(Gomilla)西面约 20 公里处。

②上座部：梵文 Sthaviravāda 之意译，印度佛教声闻根本四部之一，因其圣者种姓系上座故得此名。详见卷九摩揭陁国"迦兰陁竹园"部分注释。

【译文】

三摩呾吒国方圆三千多里，临近大海，土地因而低湿。该国大都城方圆二十多里。庄稼遍种，花果繁盛。气候和畅，风俗温顺。人民性格刚烈，矮小而肤色黑，勤奋好学，佛教和外道都有人信。有佛寺三十多所，僧众两千多人，都学习上座部佛法。有天祠一百多所，外道混杂居住，耆那教徒数量很多。

离城不远有座塔，是无忧王所建的，过去如来曾在此为天和人讲说妙法七天。旁边有四佛坐和散步的遗迹。离这里不远的寺中有青玉佛像，高八尺，相貌完备美好，常常很灵验。

一、传闻六国

从此东北大海滨山谷中，有室利差呾罗国[1]，次东南大海隅有迦摩浪迦国[2]，次东有堕罗钵底国[3]，次东有伊赏那补罗国[4],次东有摩诃瞻波国[5],即此云林邑是也,次西南有阎摩那洲国[6],凡此六国,山川道阻,不入其境,然风俗壤界,声闻可知。

自三摩呾吒国西行九百余里,至耽摩栗底国。东印度境。

【注释】

①室利差呾罗国:梵文Śrī-kṣetra之音译,即缅甸古都Thare Khettara,其地在今缅甸伊洛瓦底江畔骠蔑(Prome)附近。

②迦摩浪迦国:梵文Kāma-laṅka之音译。即《梁书》卷五四《海南夷传》中的狼牙修国。

③堕罗钵底国:梵文Dvārapatī之音译。即泰国古都Ayuthya。

④伊赏那补罗国:梵文Iśanapura之音译,即今柬埔寨。我国称真腊,印度以其都城之名为国名。《隋书》卷八二《真腊国》:"真腊国,在林邑西南,本扶南之属国也。……其王姓刹利氏,名质多斯那。自其祖渐已强盛,至质多斯那,遂兼扶南而有之。死,子伊奢那先代立。居伊奢那城,郭下二万余家。"

⑤摩诃瞻波国:梵文Mahācampā之音译,Mahā义为大,加之有别于东印度瞻波国。此国我国称占婆、占城。据有今越南南部。

⑥阎摩那洲国:梵文为Yamanadvīpa,在今爪哇、苏门答腊一带。

【译文】

从这里往东北,大海边上的山谷中,有室利差呾罗国,再东南大海湾边有迦摩浪迦国,再东有堕罗钵底国,再东有伊赏那补罗国,再东有摩诃瞻波国,就是我们所称的林邑国,再西南有阎摩那洲国。这六国,山川险阻,未入其境,但风俗和领土大小,由耳闻也能得知。

从三摩呾吒国往西走九百多里,到达耽摩栗底国。在东印度境内。

耽摩栗底国

耽摩栗底国周千四五百里[①]。国大都城周十余里，滨近海垂，土地卑湿。稼穑时播，花果茂盛。气序温暑，风俗躁烈。人性刚勇，邪正兼信。伽蓝十余所，僧众千余人。天祠五十余所，异道杂居。国滨海隅，水陆交会，奇珍异宝，多聚此国，故其国人大抵殷富。

城侧窣堵波，无忧王所建也。其傍则有过去四佛坐及经行遗迹之所。

自此西北行七百余里，至羯罗拿苏伐剌那国。东印度境。

【注释】

①耽摩栗底国：梵文 Tāmraliptī，故都在今西孟加拉邦米德纳普尔县（Midnapur Dist）的塔姆鲁克（Tamluk）附近，是东印度重要海港。

【译文】

耽摩栗底国方圆一千四五百里，该国大都城方圆十多里。临近海边，土地低湿。庄稼按时耕种，花果繁多。气候温暖炎热，风俗急躁刚烈。百姓性格刚猛勇敢，佛教和外道都有人信。有佛寺十多所，僧众一千多人。有天祠五十多所，外道混杂居住。国都临近海湾，处在水陆要冲，很多奇珍异宝，汇聚此国，因而国中百姓大多富裕。

城边的塔，是无忧王所建，那旁边有过去四佛坐和散步的遗迹。

从这里往西北走七百多里，到达羯罗拿苏伐剌那国。在东印度境内。

羯罗拿苏伐剌那国

羯罗拿苏伐剌那国周四千四五百里①。国大都城周二十余里，居人殷盛，家室富饶。土地下湿，稼穑时播。众花滋茂，珍果繁植。气序调畅，风俗淳和，好尚学艺，邪正兼信。伽蓝十余所，僧徒二千余人，习学小乘正量部法②。天祠五十余所，异道寔多。别有三伽蓝，不食乳酪，遵提婆达多遗训也③。

【注释】

①羯罗拿苏伐剌那国：梵文 Karṇasuvarṇa 之音译，意为金耳。该国故都当在今西孟加拉邦穆尔昔达巴德县(Murshidabad)的罗杰巴底登迦(Rajbadidanga)。该国在耽摩栗底国东北，而非西北。

②正量部：梵文名 Sammatiya 或 Sammitiya，小乘十八部之一。佛灭后三百年自犊子部流出四部，此为其中第三部。刊定是非名为量，量无邪谬名为正，因此部之所立刊定无误，故名。

③提婆达多：佛祖堂弟，因反对佛祖，率徒脱离佛祖的僧团，自成一派，不食乳酪便是他的遗训。

【译文】

羯罗拿苏伐剌那国方圆四千四五百里。该国大都城方圆二十多里。户口很多，家家富裕。土壤低湿，庄稼按时播种。百花荣茂，珍贵的果类到处种植。气候和顺，风俗淳朴和睦，爱好崇尚学问艺术，佛教和外道都有人信。有佛寺十多所，僧众两千多人，修习小乘正量部佛法。有天祠五十多所，外道非常多。另有三座佛寺，不吃乳酪，遵循提婆达多的遗训。

一、赤泥僧伽蓝

大城侧有络多末知僧伽蓝[①]，唐言赤泥。庭宇显敞，台阁崇峻，国中高才达学，聪明有闻者，咸集其中，警诫相成，琢磨道德。

初，此国未信佛法时，南印度有一外道，腹锢铜鍱，首戴明炬，杖策高步，来入此城。振击论鼓，求欲论议。或者问曰："首腹何异？"曰："吾学艺多能，恐腹拆裂。悲诸愚暗，所以持照。"时经旬日，人无问者。询访髦彦[②]，莫有其人。王曰："合境之内，岂无明哲？客难不酬，为国深耻。宜更营求，访诸幽隐。"或曰："大林中有异人，其自称曰沙门，强学是务，今屏居幽寂，久矣于兹。非夫体法合德，何能若此者乎？"王闻之，躬往请焉。沙门对曰："我南印度人也，客游止此，学业肤浅，恐黜所闻[③]。敢承来旨，不复固辞，论议无负，请建伽蓝，招集僧徒，光赞佛法。"王曰："敬闻，不敢忘德。"沙门受请，往赴论场。外道于是诵其宗致三万余言，其义远，其文约，苞含名相，网罗视听。沙门一闻究览，辞义无谬，以数百言辩而释之，因问宗致。外道辞穷理屈，杜口不酬。既折其名，负耻而退。王深敬德，建此伽蓝。自时厥后，方弘法教。

伽蓝侧不远有窣堵波，无忧无所建也，在昔如来于此七日说法开导。其侧精舍，过去四佛坐及经行遗迹之所。有数窣堵波，并是如来说经法之处，无忧王之所建也。

从此西南行七百余里，至乌荼国。东印度境。

【注释】

①络多末知：梵文 Raktamṛttikā 之音译，意为赤泥，当因当地田土红色得名。

②髦彦：英才俊士。

③黜(chù)：降低、贬损。这里作“不符”讲。

【译文】

大城旁边有络多末知寺，唐土称赤泥。庭宇宽敞，楼台高峻。国内才学高深通达、聪明知名的，都聚集此中，相互戒勉促进，砥砺道德。

起先，此国未信佛法时，南印度有位外道，肚子上箍着铜带，头上顶着火炬，拄杖昂首阔步，走入此城，敲击求辩的鼓，要与人辩论。有人问道：“你的头和肚子上怎么装饰得如此古怪？”答道：“我才艺广博，怕撑破肚子(所以箍着铜带)。又怜悯大众的愚昧昏暗，所以顶着火炬。”经过了十多天，也无人应战。寻找英才俊士，也不得其人。国王说：“全境之内，难道没有一个智慧之人？外客挑战无人应对，是国家大耻。得继续寻找，可到隐士中访求。”有人说：“大树林中有位奇异之士，他自称是沙门，一心发奋苦学，现在孤居荒野，在那儿已经很久了。如果不是践行佛法道德，哪能坚持如此？”国王听了，亲自去邀请。僧人说：“我是南印度人，客居此地，学业浅薄，恐怕不如您所听到的那样出众。承蒙您亲自前来传旨，我就不再推辞。如果我辩论获胜，请建造寺庙，招集僧徒，帮助光大佛法。”国王说：“谨记所言，不敢忘记您的大恩大德。”僧人受邀，前赴辩论场所。外道便诵念他的主旨，共三万多字，含义深远，文字简洁，涵括了法理和所见所闻。僧人听后先弄清了对方所讲内容，然后用数百字加以辩驳解释，进而追问对方的主旨大义。外道理屈词穷，闭口不答。名声大挫，蒙羞逃去。国王深深敬重沙门的德行，建造了这座寺。自此以后，佛教才在此兴盛。

佛寺旁不远有座塔，是无忧王所建的，过去如来曾在此说法开导七天。旁边的僧舍，有过去四佛坐和散步的遗迹。有数座塔，都是如来讲说大法的地方，是无忧王建造的。

从这里往西南走七百多里，到达乌荼国。在东印度境内。

乌荼国

乌荼国周七千余里[①]。国大都城周二十余里。土地膏腴，谷稼茂盛。凡诸果实，颇大诸国。异草名花，难以称述。气序温暑，风俗犷烈，人貌魁梧，容色厘黮[②]，言辞风调，异中印度。好学不倦，多信佛法。伽蓝百余所，僧徒万余人，并皆习学大乘法教。天祠五十所，异道杂居。诸窣堵波凡十余所，并是如来说法之处，无忧王之所建也。

【注释】

①乌荼国：梵文 Uḍra，约在今印度奥里萨邦北部一带，都城故址可能在今奥里萨邦布巴内斯瓦尔（Burbaneswar）之南约 11 公里的陀武里村（Dhauli）。

②厘黮（dǎn）：黑而带黄。

【译文】

乌荼国方圆七千多里。该国大都城方圆二十多里。土地肥沃，庄稼茂盛。各种果实，都大于别国。奇草名花，难以描述。气候温暖炎热，风俗粗犷刚烈，人民相貌魁梧，肤色乌黑，发音语调，和中印度不同。居民好学不倦，大多信奉佛法。有佛寺一百多所，僧众一万多人，都修学大乘佛法。有天祠五十所，外道混杂居住。佛塔共有十多所，都是如来曾说法的地方，是无忧王所建造的。

一、补涩波祇厘僧伽蓝

国西南境大山中，有补涩波祇厘僧伽蓝[①]。其石窣诸波极多灵异，或至斋日，时烛光明。故诸净信，远近咸会，持妙花盖，竞修供养。承露盘下，覆钵势上，以花盖笴[②]，置之便住，若磁石之吸针也。此西北山伽蓝中有窣堵波，所异同前。此二窣堵波者，神鬼所建，灵奇若斯。

【注释】

①补涩波祇厘：梵文 Puṣpagiri 之音译，意为花山。

②笴（gǎn）：同"杆"，此指花盖之柄。

【译文】

该国西南部大山中，有补涩波祇厘寺。该寺石塔有很多灵异现象，到了斋日，有时会绽放光明。所以远近信众，全都会集此寺，手持鲜花伞盖，竞相施舍财物。在承露盘下，覆钵状体上，将花盖之柄放在上面，便会定住，就像磁石吸针一样。此处西北面山上佛寺中有塔，神异现象和这一样。这两座塔，鬼神所建，如此灵异神奇。

二、折利呾罗城

国东南境临大海滨，有折利呾罗城[①]，唐言发行。周二十余里。入海商人、远方旅客，往来中止之路也。其城坚峻，多诸奇宝。城外鳞次有五伽蓝，台阁崇高，尊像工丽。南去僧伽罗国二万余里，静夜遥望，见彼国佛牙窣堵波上宝珠，光明离然，如明炬之悬烛也。

自此西南大林中行千二百余里，至恭御陁国。东印度境。

【注释】

①折利呾罗：梵文 Caritra 之音译，故址可能在今普里城（Puri），是

一个重要海港。

【译文】

该国东南边境靠近大海之滨，有折利呾罗城，唐土称发行。方圆二十多里。是下海商人、远方游客往来中转的地方。城池坚固高峻，有很多奇宝。城外依次有五所佛寺，楼台高耸，佛像瑰丽。南距僧伽罗国两万多里，夜深时遥望，能看到那国佛牙塔上的宝珠，光彩粲然，如同明亮的火炬悬空照耀。

从该国西南大树林中走一千二百多里，到达恭御陁国。在东印度境内。

恭御陁国

恭御陁国周千余里①，国大都城周二十余里，滨近海隅，山阜隐轸②。土地垫湿，稼穑时播。气序温暑，风俗勇烈。其形伟，其貌黑，粗有礼义，不甚欺诈。至于文字，同中印度，语言风调，颇有异焉。崇敬外道，不信佛法。天祠百余所，异道万余人。国境之内，数十小城，接山岭，据海交，城既坚峻，兵又敢勇，威雄邻境，遂无强敌。国临海滨，多有奇宝，螺贝珠玑，斯为货用。出大青象，超乘致远③。

从此西南入大荒野，深林巨木，干霄蔽日，行千四五百里，至羯餕力甑反。伽国。南印度境。

【注释】

①恭御陁国：梵文 Kongoda 之音译，其地相当于今印度奥里萨邦的甘贾姆(Ganjam)县北部，位于契尔卡(Chilka)湖沿岸，面临孟加拉湾，背负东高止山。

②隐轸：又作“隐赈”，众多貌。

③超乘：形容象凶猛敏捷。

【译文】

恭御陀国方圆一千多里，该国首都方圆二十多里，临近海湾，山丘众多。土地卑湿，庄稼按时耕种。气候温暖炎热，风俗勇猛刚烈。人民体形长大，相貌黧黑，大致有礼仪仁义，很少有欺诈。至于文字，与中印度相同，语音声调，有很大不同。尊崇外道，不信佛法。有天祠一百多所，外道一万多人。国内有数十座小城，连接山岭，扼守海滨，城池本来坚固高峻，士兵又勇敢，威震邻国，所以没有劲敌。国家临近海边，有不少奇宝，贝壳珠玑，作为货币使用。产大青象，凶猛灵活，能载人走很远。

从这里往西南进入大荒野，深林中树木粗大，高入云霄，遮蔽天日，走一千四五百里，到达羯餕伽国。在南印度境内。

羯餕伽国

羯餕伽国周五千余里[①]。国大都城周二十余里。稼穑时播，花果具繁，林薮联绵，动数百里。出青野象，邻国所奇。气序暑热，风俗躁暴，性多狷犷[②]，志存信义。言语轻捷，音调质正，辞旨风则，颇与中印度异焉。少信正法，多遵外道。伽蓝十余所，僧徒五百余人，习学大乘上座部法[③]。天祠百余所，异道甚众，多是尼乾之徒也[④]。

羯餕伽国，在昔之时氓俗殷盛，肩摩毂击，举袂成帷[⑤]。有五通仙栖岩养素[⑥]，人或陵触，退失神通，以恶咒术残害国人，少长无遗，贤愚俱丧，人烟断绝，多历年所。颇渐迁居，犹未充实，故今此国人户尚少。

城南不远有窣堵波，高百余尺，无忧王之所建也，傍有过去四佛坐及经行遗迹之所。

国境北垂大山岭上，有石窣堵波，高百余尺，是劫初时人寿无量岁[⑦]，有独觉于此入寂灭焉[⑧]。

自此西北山林中行千八百余里，至憍萨罗国。中印度境。

【注释】

①羯餕(líng)伽国：梵文 Kaliṅga 之音译，印度东南部沿海的强国，故地在今甘占海岸以南哥达瓦里(Godavari)河下游一带。玄奘时该国都城之址尚未能定，可能在今默卡林甘(Mokhalingam)附近。

②狷犷：犹急暴。狷，偏激耿直。犷，凶猛强悍。

③上座部：梵文 Sthaviravāda 之意译，印度佛教声闻根本四部之一，因其圣者种姓系上座故得此名。详见卷九摩揭陁国"迦兰陁竹园"部分注释。

④尼乾：梵文 Nirgrantha 的意译，又作离系、不系、无结，音译作尼虔、尼干、尼健、尼犍陀等，即耆那教天衣派，为六大外道之一，此外道特修裸形涂灰等苦行。指耆那教徒。

⑤"肩摩"二句：形容城市人口密集。出自《史记》卷六九《苏秦传》对临淄的描写："临菑之涂，车毂击，人肩摩，连衽成帷，举袂成幕，挥汗成雨，家殷人足，志高气扬。"

⑥五通仙：获得五神通的仙人。见卷九注释。

⑦劫：见卷一注释。

⑧独觉：即辟支佛，见卷一注释。

【译文】

羯餕伽国长五千多里，该国大都城方圆二十多里。庄稼按时播种，花果繁多，森林沼泽连绵，动辄数百里。产青色野象，为邻国所珍爱。气候炎热，风俗暴躁，性格耿直凶暴，坚守信义。语言轻快，音调朴质纯正，字词含义和语法规则，跟中印度有较大不同。信仰佛法的少，尊崇外道的多。有佛寺十多所，僧众五百多人，修习大乘上座部佛法。有天祠一百多所，外道很多，大多是尼乾派的。

羯餧伽国在过去户口殷盛，路上的人摩肩接踵，举起的袖子相连像帷幕。有个五通仙人栖居山岩，修身养心，有人触犯他们，让他们失去神通，便用恶毒的咒语法术残害国人，小孩大人无一幸免，贤人愚夫全部丧命，人烟断绝，已经有很多年了。不断有人迁入，但居民还不算密集，所以至今此国户口不多。

城南不远有座佛塔，高一百多尺，是无忧王所建造的。旁边有过去四佛坐以及散步的遗迹。

该国北部边境上大山上，有座石塔，高一百多尺，它是劫之初人寿无量岁时，辟支佛涅槃的地方。

从该国往西北方山林中走一千八百多里，到达憍萨罗国。中印度境。

憍萨罗国

憍萨罗国周六千余里①，山岭周境，林薮连接。国大都城周四十余里。土壤膏腴，地利滋盛。邑里相望，人户殷实。其形伟，其色黑。风俗刚猛，人性勇烈，邪正兼信，学艺高明。王，刹帝利也②，崇敬佛教，仁慈深远。伽蓝百余所，僧徒减万人，并皆习学大乘法教。天祠七十余所，异道杂居。

【注释】

①憍萨罗国：梵文 Kosala 之音译。《慈恩传》卷四称为南憍萨罗国，

因北方的室罗伐悉底国(见本书卷六)亦称憍萨罗国,彼国为北憍萨罗国。该国故地相当于今哥达瓦里河上游的东北部地区,都城可能在哥达瓦里河支流瓦尔达(Wardha)河北岸的昌达(Chandā)。

②刹帝利:印度四种姓中的第二等,见卷二注释。

【译文】

憍萨罗国方圆六千多里,群山环绕,林沼相接。该国大都城方圆四十多里。土地肥沃,农产品丰富。村落相望,百姓殷实。人民体格长大,肤色黧黑。风俗刚猛,百姓性格勇烈,佛法和外道都有人信奉,学问技艺高明。国王是刹帝利种姓,尊崇佛教,心地仁慈,恩泽广被。佛寺一百多所,僧众接近一万人,都修学大乘佛法。有天祠七十多所,外道信徒混杂居住。

一、龙猛与提婆

城南不远,有故伽蓝,傍有窣堵波,无忧王之所建也。昔者如来曾于此处现大神通,摧伏外道。后龙猛菩萨止此伽蓝①。时此国王号娑多婆诃②,唐言引正。珍敬龙猛,周卫门庐。时提婆菩萨自执师子国来求论义③,谓门者曰:“幸为通谒!”时门者遂为白。龙猛雅知其名,盛满钵水,命弟子曰:“汝持是水,示彼提婆。”提婆见水,默而投针。弟子持钵,怀疑而返。龙猛曰:“彼何辞乎?”对曰:“默无所说,但投针于水而已。”龙猛曰:“智矣哉,若人也!知几其人④,察微亚圣,盛德若此,宜速命入。”对曰:“何谓也?无言妙辩,斯之是欤?”曰:“夫水也者,随器方圆,逐物清浊,弥满无间,澄湛莫测。满而示之,比我学之智周也。彼乃投针,遂穷其极。此非常人,宜速召进。”而龙猛风范,懔然肃物,言谈者皆伏抑首。提婆素挹风徽，久希请益，方欲受业，先骋机神，雅惧威严，升堂辟坐，谈玄永日，辞义清高。龙猛曰："后学冠世，妙辩光前，我惟衰耄，遇斯俊彦，诚乃写瓶有寄⑤，传灯不绝⑥，法教弘扬，伊人是赖。幸能前席，雅谈玄奥。"提婆闻命，心独自负，将开义府，先游辩囿，提振辞端，仰视质义。忽睹威颜，忘言杜口，避坐引责，遂请受业。龙猛曰："复坐，今将授子至真妙理，法王诚教。"提婆五体投地，一心归命，曰："而今而后，敢闻命矣。"

【注释】

①龙猛：梵文 Nāgārjuna 的意译，又作龙树、龙胜、龙猛，音译为那伽阏剌树那菩萨、那伽曷树那等。生于阿顺那树下，故名。佛灭后七百年出世于南天竺，马鸣弟子迦毗摩罗尊者之弟子，提婆菩萨之师。

②娑多婆诃：梵文 Sātavāhana 之音译，意为引正。

③提婆：梵文 Deva 的音译，义为"天"。约生活在西元 3 世纪，龙树的弟子，古印度佛教哲学家。

④几(jī)：隐微。多指事物的迹象、先兆。《易・系辞下》："几者，动之微，吉之先见者也。"

⑤写瓶：传授佛法。"写"同"泻"，以瓶喻人，以水喻法。

⑥传灯：同样是比喻佛法相传。佛法如火，灯虽常换，火永不灭。

【译文】

城南不远，有座古寺，旁边有座塔，是无忧王所建造。过去如来曾在此处显示大神通，折伏外道。后来龙猛菩萨在此寺修行。当时该国国王叫做娑多婆诃，唐土称引正。珍视敬重龙猛，周密守卫他的住所。提婆菩萨从执师子国来请求辩论教义，对看门人说："但愿能为我引见。”看门人便替他通报了。龙猛素来知道他的名声，盛满一钵水，唤弟子说：“你拿着这钵水，给提婆看。”提婆看到水，默默地投进针。弟子端着钵，满腹狐疑地回去了。龙猛说：“他有什么话？”回答说：“沉默不语，只是放针到水里了。”龙猛说：“智慧啊，这人！知晓事物变化迹象，达到神奇的程度，察知微妙的道理，简直堪比圣人，道德如此之盛，赶紧请他进来。”回答说：“指的什么？不发一言而巧妙辩论，是这个吗？”说：“水这样东西，随容器而或方或圆，因它物而或清或浊，充满容器不留缝隙，清澄莫测。盛满水给他看，比喻我才智周全，他却投针沉水，显示穷尽了我学问的最深处。这不是一般人，赶紧请进来。”龙猛的风范令人肃然生敬，与他谈论的都屈身俯首。提婆素来景仰龙猛美名，早就期望请教，想受教之前，先显示自己敏捷善辩，很惧怕龙猛的威严，上堂坐在角落里，谈论佛理很久，言辞清雅教义高妙。龙猛说：“后学当世无比，玄妙的辩论超出前人，我已经衰老，遇到你这样的俊才，诚然如泻瓶有所承接，传递佛法如传灯而不灭，弘扬佛法，有赖于君。请您坐到席前，高谈玄理。”提婆听后，心中自负，在阐述教义前，先展开辩论，整理好思绪，仰头想质问。忽然触到龙猛威严的相貌，忘记言辞说不出话，赶紧离席谢过，顺着请求拜师。龙猛说：“还坐下吧，现在将传授你至真妙理，佛祖的真传。”提婆头和四肢触地，一心归顺，说：“从今以后，愿意听您的教诲。”

二、龙猛自刎故事

龙猛菩萨善闲药术，餐饵养生，寿年数百，志貌不衰，引正王既得妙药，寿亦数百。王有稚子，谓其母曰：“如我何时得嗣王位？”母曰：“以今观之，未有期也。父王年寿已数百岁，子孙老终者盖亦多矣。斯皆龙猛福力所加，药术所致。菩萨寂灭，王必殂落。夫龙猛菩萨智慧弘远，慈悲深厚，周给群有，身命若遗。汝宜往彼，试从乞头。若遂此志，当果所愿。”王子恭承母命，来至伽蓝，门者惊惧，故得入焉。时龙猛菩萨方赞诵经行，忽见王子，伫而谓曰：“今夕何夕，降迹僧坊？若危若惧，疾驱来至。”对曰：“我承慈母余论，语及行舍之士，以为含生宝命，经语格言，未有轻舍报身，施诸求欲。我慈母曰：‘不然。十方善逝、三世如来[①]，在昔发心，逮乎证果，勤求佛道，修习戒忍，或投身饲兽，或割肌救鸽，月光王施婆罗门头[②]，慈力王饮饿药叉血[③]，诸若此类，羌难备举。求之先觉，何代无人？’今龙猛菩萨笃斯高志。我有所求，人头为用，招募累岁，未之有舍。欲行暴劫杀，则罪累尤多，虐害无辜，秽德彰显。唯菩萨修习圣道，远期佛果，慈沾有识，惠及无边，轻身若浮，贱身如朽，不违本愿，垂允所求！”龙猛曰：“俞[④]，诚哉是言也！我求佛圣果，我学佛能舍，是身如响，是身如泡，流转四生[⑤]，去来六趣[⑥]，宿契弘誓，不违物欲。然王子，有一不可者，其将若何？我身既终，汝父亦丧，顾斯为意，谁能济之？”龙猛徘徊顾视，求所绝命，以干茅叶自刎其颈，若利剑断割，身首异处。王子见已，惊奔而去。门者上白，具陈始末，王闻哀感，果亦命终。

【注释】

①十方善逝：指分身世界十方、教化各处众生的佛陀。十方，指东、西、南、北、东南、西南、东北、西北、上、下。善逝，佛陀十个称号中的第五个，第一个为如来。三世如来：即三世佛，过去佛为迦叶诸佛，现在佛为释迦牟尼佛，未来佛为弥勒诸佛。

②月光王：释迦佛的前身战达罗钵剌婆王。其施头故事，见于《佛

说月光菩萨经》、《贤愚经》卷六《月光王头施缘品》等,本书卷三呾叉始罗国亦见。

③慈力王:也是释迦佛的前身。他以身血施舍饿药叉的故事,见《贤愚经》卷二《慈力王血施缘品》,本书卷三乌仗那国亦见。

④俞:表示肯定,犹是、对。《尚书·尧典》:"帝曰:'俞,予闻,如何?'"后世多用于帝王或尊者。

⑤四生:佛教分世界众生为四大类:一、胎生,如人畜;二、卵生,如禽鸟鱼鳖;三、湿生,如某些昆虫;四、化生,无所依托,唯借业力而忽然出现者,如诸天与地狱及劫初众生。

⑥六趣:即六道,众生轮回有六种去处:天道、人道、阿修罗道、畜生道、饿鬼道和地狱道。

【译文】

龙猛菩萨精通医药,服药养生,年岁已数百,容貌却未衰老,引正王得到妙药后,寿命也有几百岁。引正王有幼子,对他母亲说:"像我何时才能继承王位呢?"母亲说:"现在看来,没有希望。父王年寿已经有几百岁,子孙老死的也很多了。这都是龙猛福祐之力帮助的,药术的效果。菩萨寂灭,大王必然驾崩。那龙猛菩萨智慧远大,慈悲深厚,遍惠众生,不惜自身。你应该去他那儿,试着要他的头,如能达成此志,就能实现继位的愿望。"王子恭敬地照着母亲的话,来到寺前,看门人被吓住,所以直接进去了。龙猛菩萨正在踱步诵经,忽然见到王子,立住问道:"今天是什么日子,让您屈尊佛寺?好像担心受怕,急匆匆地赶来了。"回答说:"我听母亲说话,谈及施舍之人,认为众生都珍惜生命,经典妙语、格言警句,从未有轻易捐献生命,满足别人要求的。我母亲说:'不是这样。十方佛陀,三世诸佛,过去发愿,直到证果,勤修佛道,行善忍苦,有的投身喂虎,有的割肉救鸽,月光王施舍头给婆罗门,慈力王把自己的血给饿药叉喝,诸如此类,实在难以一一列举。在先代的得道者间寻找,哪代没有这样的人?'而今龙猛菩萨坚定秉持这样高尚的志向。

我有所请求，要人头用，购求多年，无人肯给。想杀人取头，那么罪过很大，杀害无辜，恶行昭著。只有菩萨您修习神圣的佛法，期望证得佛果，慈爱普沾众生，恩惠施及无边，轻看自身如浮云，鄙视身体如朽物，期望您不违背本来的志向，答应我的请求!”龙猛说:“是啊，这话正确啊！我追求成佛的圣果，我学习佛陀肯施舍，此身如声响，此身如幻泡，轮回四生间，来去六道里，向来的自我要求和立下的大誓，都是不违背他人的请求。但是王子，有一点不可以，那要怎么办？我死之后，你父亲也会死，想到这事，谁能救他?”龙猛徘徊张望，寻物自尽，用干茅叶自割脖子，像用利剑切断，身首异处。王子见了，吓得跑走了。看门人上奏，详告始末，国王听了很伤感，果真也去世了。

三、跋逻末罗耆厘山

国西南三百余里，至跋逻末罗耆厘山[①]，唐言黑蜂。岌然特起，峰岩陗险，既无崖谷，宛如全石。引正王为龙猛菩萨凿此山中，建立伽蓝。去山十数里，凿开孔道，当其山下，仰凿疏石。其中则长廊步檐，崇台重阁。阁有五层，层有四院，并建精舍，各铸金像，量等佛身，妙穷工思。自余庄严，唯饰金宝。从山高峰，临注飞泉，周流重阁，交带廊庑，疏寮外穴，明烛中宇。初，引正王建此伽蓝也，人力疲竭，府库空虚，功犹未半，心甚忧感。龙猛谓曰:“大王何故若有忧负?”王曰:“辄运大心，敢树胜福，期之永固，待至慈氏[②]。功绩未成，财用已竭，每怀此恨，坐而待旦。”龙猛曰:“勿忧。崇福胜善，其利不穷，有兴弘愿，无忧不济。今日还宫，当极欢乐，后晨出游，历览山野，已而至此，平议营建。”王既受诲，奉以周旋。龙猛菩萨以神妙药，滴诸大石，并变为金。王游见金，心口相贺，回驾至龙猛所，曰："今日畋游，神鬼所惑，山林之中，时见金聚。"龙猛曰："非鬼惑也，至诚所感，故有此金。宜时取用，济成胜业。"遂以营建，功毕有余。于是五层之中，各铸四大金像，余尚盈积，充诸帑藏。招集千僧，居中礼诵。龙猛菩萨以释迦佛所宣教法及诸菩萨所演述论，鸠集部别，藏在其中。故上第一层唯置佛像及诸经论；下第五层居止净人资产什物[③]；中间三层僧徒所舍。闻诸先志曰：引正王营建已毕，计工人所食盐价，用九拘胝拘胝者，唐言亿。金钱。其后僧徒忿诤，就王平议。时诸净人更相谓曰："僧徒诤起，言议相乖，凶人伺隙，毁坏伽蓝。"于是重关反拒[④]，以摈僧徒。自尔已来，无复僧众。远瞩山岩，莫知门径。时引善医方者入中疗疾，蒙面入出，不识其路。

从此大林中南行九百余里，至案达罗国。南印度境。

【注释】

①跋逻末罗耆厘山：梵文 Bhrūmara-giri 之音译，《法显传》和慧超《往五天竺国传》也有类似记载。

②慈氏：即弥勒菩萨，梵文 Maitreya 意译为慈，因其为姓，故称慈氏。生于南天竺婆罗门家，继释迦如来之佛位，为补处之菩萨。

③净人：供比丘僧役使的俗人。因其为僧作净、免僧有过，故名。

④重关反拒：放两个门闩，反关门。关，指门闩。拒，意为关闭。

【译文】

从该国往西南走三百多里，到达跋逻末罗耆厘山，唐土称黑蜂。孤峰突起，岩石险峻，因为没有断崖山谷，整座山就像块完整的大石。引正王为龙猛菩萨在山中凿开石头，建造寺庙。离山十多里，就开凿山道，通到山下后，再向上凿石。寺中长廊回绕，楼阁高耸。大阁共有五层，每层分为四个院，都建有精舍，各自铸有金像，像的大小与佛身相等，其精妙极尽才思。其他的装饰物，只用黄金、珠宝。从山的高峰处引下飞泉垂注，环绕重阁，穿过长廊，在外壁凿开小窗，光线可以照到里面。起先，引正王建造这座寺，百姓疲惫，国库空虚，工程却未完成一半，心里很是担忧。龙猛对他说："大王为什么看上去有忧愁负担？"王曰："我擅自发下宏愿，斗胆想树下美好的福业，希望它永世长存，能等到慈氏成佛。工程未完成，资金却已耗尽，常常心怀遗憾，坐着直到天亮。"龙猛说："不要担心。树立福业非常美好，会受到无穷的回报，能努力实现宏愿，就没有解决不了的担忧。今天回宫，好好开心一下，后天早上出游，将山林原野都巡视一遍，然后再来这里，商议如何营建。"国王受教后，绕着龙猛右旋致敬。龙猛菩萨用神妙的药，滴在大石头上，石头都变成金子。国王出游看到金子，心中大喜，返驾回到龙猛那里说："今天去打猎游玩，被鬼神迷惑，在山林中，时而能见到成堆的金子。"龙猛说："不是鬼神迷惑，是至诚有所感动，所以会有这金子。应赶紧拿来用，帮助完成美好的大业。"便拿来造寺，造完还有剩余。于是在大阁的五层中，各铸上四座大金像，剩下的黄金还是成堆，便充入国库。招集来一千名僧人，住在寺内礼佛诵经。龙猛菩萨讲释迦佛所宣讲的教义以及众多菩萨的注释讲义，集中起来按类分别，保存在寺中。最上面的第一层只放着佛像及各种经论；最下的第五层给净人居住，摆放资产和什物；中间的三层给僧徒居住。据先代记载说：引正王建造完成后，计算工人所食的盐的价值，就用掉九拘胝拘胝者，唐土称亿。金钱。后来僧众有纠纷，去国王那儿评理。净人们便宣称："僧人们互相争吵，说的话针锋相对，坏人正想趁此机会，破坏寺庙。"于是反锁大门，不接纳僧人。从那以来，不再有僧人居住。远眺山岩，不知路径。净人们有时带擅长医术的人进去看病，但蒙上眼睛，所以没人认识路。

从这里的大树林中往南走九百多里，到达案达罗国。在南印度境内。

案达罗国

案达罗国周三千余里[①]。国大都城周二十余里，号瓶耆罗[②]。土地良沃，稼穑丰盛。气序温暑，风俗猛暴。语言辞调异中印度，至于文字，轨则大同。伽蓝二十余所，僧徒三千余人。天祠三十余所，异道寔多。

【注释】

①案达罗：梵文 Āndhra 之音译。此国约在今印度安德拉邦北部，哥达瓦里河与克里希那河之间。

②瓶耆罗：梵文 Veṅgī 之音译，故址在今艾洛尔（Ellore）以北约 11 公里的贝达维基村（Pedda-Vegī）附近。

【译文】

案达罗国方圆三千多里。该国大都城方圆二十多里，名为瓶耆罗。土地肥沃，作物繁茂。气候温暖炎热，风俗刚猛凶暴。语言声调不同于中印度，至于文字，法则大体相同。有佛寺二十多所，僧众三千多人。有天祠三十多所，外道很多。

一、阿折罗罗汉伽蓝

瓶耆罗城侧不远，有大伽蓝，重阁层台，制穷剞劂[①]。佛像圣容，丽极工思。伽蓝前有石窣堵波，高数百尺，并阿折罗唐言所行。阿罗汉之所建也[②]。

所行罗汉伽蓝西南不远，有窣堵波，无忧王之所建也。如来在昔于此说法，现大神通，度无量众。

【注释】

①剞劂(jī jué)：雕琢刻镂。

②阿折罗：罗汉名，梵文为 Ācāra。

【译文】

瓶耆罗城边不远，有座大寺，楼阁高崇，修建穷尽雕琢刻镂之能事，佛像的容貌，端丽极尽工巧的构思。寺前有石塔，高数百尺，都是阿折罗唐土称所行。罗汉所建造的。

所行罗汉寺西南方不远有塔，是无忧王所建造的。如来曾在那儿说法，显示大神通，教化无数人。

二、陈那与因明论

所行罗汉伽蓝西南，行二十余里，至孤山。山岭有石窣堵波，陈那唐言童授。菩萨于此作《因明论》[①]。陈那菩萨者，佛去世后，承风染衣，智愿广大，慧力深固，愍世无依，思弘圣教。以为因明之论，言深理广，学者虚功，难以成业，乃匿迹幽岩，栖神寂定，观述作之利害，审文义之繁约。是时崖谷震响，烟云变采，山神捧菩萨高数百尺，唱如是言："昔佛世尊善权导物[②]，以慈悲心，说《因明论》，综括妙理，深究微言。如来寂灭，大义泯绝。今者陈那菩萨福智悠远，深达圣旨，因明之论，重弘兹日。"菩萨乃放大光明，照烛幽昧。时此国王深生尊敬，见此光明相，疑入金刚定[③]，因请菩萨证无生果。陈那曰："吾入定观察，欲释深经，心期正觉，非愿无生果也[④]。"王曰："无生之果，众圣欣仰，断三界欲，洞三明智，斯盛事也，愿疾证之！"陈那是时心悦王请，方欲证受无学圣果。时妙吉祥菩萨知而惜焉[⑤]，欲相警诫，乃弹指悟之而告曰："惜哉！如何舍广大心，为狭劣志，从独善之怀，弃兼济之愿！欲为善利，当广传说慈氏菩萨所制《瑜伽师地论》⑥，导诱后学，为利甚大。"陈那菩萨敬受指诲，奉以周旋。于是覃思沈研，广因明论。犹恐学者惧其文微辞约也，乃举其大义，综其微言，作《因明论》，以导后进。自兹已后，宣畅瑜伽盛业，门人有知当世。

从此林野中南行千余里，至驮那羯磔迦国。亦谓大安达逻国，南印度境。

【注释】

①陈那：梵文 Dignāga 之音译，意译亦作域龙。是大乘佛教瑜伽行派论师，新因明学创始人。善于辩论，著作颇丰。《因明论》：全名《因明正理门论》，一卷，有玄奘和义净两种译本，此书在因明理论上有重大突破。

②善权：巧妙的方法，与方便同义。

③金刚定：又名金刚喻定、金刚三昧，即菩萨于最后位时，断除最后一切最细微之烦恼而证得的禅定。此定断除烦恼十分坚利，犹如金刚，因此得名。

④无生果：阿罗汉果的最高智，声闻果十智中的第十智，阿罗汉至此已断三界烦恼，求得涅槃之理，不再受生于三界。

⑤妙吉祥菩萨：即文殊菩萨。

⑥《瑜伽师地论》：一种佛教论书，简称《瑜伽论》。瑜伽师地，意即瑜伽师修行所历的境界（十七地），故亦称《十七地论》。相传为古印度弥勒口述，无著记录。为印度大乘佛教瑜伽行派和中国法相宗的根本论书。亦见卷五阿逾陁国注释。

【译文】

从所行罗汉寺往西南走二十多里，到达孤山，山岭有石塔，陈那唐土称童授。菩萨在那儿创作了《因明论》。陈那菩萨，在佛去世后，接受遗教出家，明智的志向广大，慧根的力量深厚，悲悯世人无所依从，一心光大佛法。认为因明理论，见解深刻道理广大，学者凭空攻习，难以有成，于是隐居山谷，宁神静心，斟酌传承与创新的利害，考量文字语义的繁简。这时崖谷震动发响，现出彩色烟云，山神捧起菩萨，有几百尺高，这样高声说："过去佛陀善于根据情况巧妙地指导人，用慈悲之心，讲解《因明论》，概括地阐述深妙道理，深入地探究细微文字。如来逝去，深奥的道理泯灭于世。而今陈那菩萨福德与智慧深远，深得佛祖意旨，因明的道理，重新光大于今日。"菩萨于是放出光明，照耀幽暗。当时该国国王深起尊敬之心，看到这光明的样子，以为进入了金刚定，便请菩萨证无生果。陈那说："我入定观察，是想解释深奥的经文，期望能够觉悟，并非想求无生果。"国王说："无生果，是圣人们欣慕的，能断绝三界欲念，洞察三种明智，是盛事啊，希望您快点证得！"陈那这时心悦于国王的邀请，正要去证无学之果。这时妙吉祥菩萨得知后为他惋惜，想给他警示，便弹指提醒，告诉他："可惜啊！怎么能舍弃广大之心，遵循狭小志向，顺从完善自身的想法，舍弃兼济众生的愿望！想做好事，应当广泛传播慈氏菩萨所作《瑜伽师地论》，引导后学，好处很大。"陈那菩萨恭敬地接受了教诲，绕着妙吉祥菩萨致礼。于是沉思精研，广泛阐发因明论。又担心学者畏惧他文辞寡少，便勾出大义，概括精深言论，创作《因明论》，用来指导后进。从此以后，宣扬瑜伽派盛大的事业，门人有名于当世。

从这里的林野中往南走一千多里，到达驮那羯磔迦国。也叫做大安达逻国，在南印度境内。

驮那羯磔迦国

驮那羯磔迦国周六千余里[①]。国大都城周四十余里。土地膏腴，稼穑殷盛。荒野多，邑居少。气序温暑，人貌厘黑。性猛烈，好学艺。伽蓝鳞次，荒芜已甚，存者二十余所。僧徒千余人，并多习学大众部法[②]。天祠百余所，异道寔多。

【注释】

①驮那羯磔迦国：梵文 Dhānyakaṭaka 之音译。故地约在今安得拉邦中部克里希那河（Krishna）下游。都城故址可能在今克里希那河下游南岸的阿马拉瓦底（Amāravatī）附近。

②大众部：梵文 Mahāsaṃghika 的意译，音译作摩诃僧祇。从古印度佛教最早分裂出来的一个重要部派，后又分裂出不少部派。据说此部首先由大天比丘所传出，佛灭后众弟子在王舍城灵鹫山七叶窟内外结集经典，在窟内结集的，名"上座部"，在窟外结集的，名"大众部"。此部主张戒律可以方便开禁，取得大多数僧众的支持，故名大众部。

【译文】

驮那羯磔迦国方圆六千多里。该国大都城方圆四十多里。土地肥沃，庄稼繁茂。荒野多，聚落少。气候温暖炎热，百姓相貌黧黑。性情刚猛，喜好学问技艺。佛寺相间，很是荒芜，尚存的有二十多所，僧众一千多人，大多都是修习大众部佛法的。天祠一百多所，外道很多。

一、东山西山二僧伽蓝

城东据山有弗婆势罗唐言东山。僧伽蓝[①]，城西据山有阿伐罗势罗唐言西山。僧伽蓝[②]，此国先王为佛建焉。奠川通径，疏崖峙阁，长廊步簷，枕岩接岫，灵神警卫，圣贤游息。自佛寂灭，千年之内，每岁有千凡夫僧同入安居。其解安居日，皆证罗汉，以神通力，凌虚而去。千年之后，凡圣同居。自百余年，无复僧侣。而山神易形，或作豺狼，或为猨狖，惊恐行人，以故空荒，阒无僧众[③]。

【注释】

①弗婆势罗：梵文 Pūrvaśaila 之音译，意译为东山，该寺被比定为阿马拉瓦底(Amāravatī)西南著名大塔所在地。

②阿伐罗势罗：梵文 Avaraśaila 之音译，意译为西山，该寺被比定为阿马拉瓦底(Amāravatī)西方近 2 公里的驮罗尼廓吒(Dhāraṇīkoṭṭa)。

③阒(qù)：寂静。

【译文】

城东靠山有弗婆势罗唐土称东山。寺，城西靠山有阿伐罗势罗唐土称西山。寺，都是该国先王为佛祖建造的。勘定山川疏通道路，凿开山崖高砌楼阁，长长的廊檐，蜿蜒在峰峦之间，神灵作警卫，圣贤游览栖息。自从佛祖去世后，千年以内，每年有一千位普通僧人到其中夏安居。他们安居结束时，都证得罗汉，凭借神通之力，凌空而去。千年以后，凡人和圣人一同居住。这一百多年来，不再有僧侣。山神也变化形状，有时作豺狼，有时作猿猴，惊吓路人，所以荒芜，静寂而无僧众。

二、清辩故事

城南不远有大山岩，婆毗吠伽唐言清辩。论师住阿素洛宫待见慈氏菩萨成佛之处[①]。论师雅量弘远，至德深邃，外示僧佉之服[②]，内弘龙猛之学[③]。闻摩揭陁国护法菩萨宣扬法教[④]，学徒数千，有怀谈议，杖锡而往。至波吒厘城[⑤]，知护法菩萨在菩提树，论师乃命门人曰："汝行诣菩提树护法菩萨所，如我辞曰：'菩萨宣扬遗教，导诱迷徒，仰德虚心，为日已久，然以宿愿未果，遂乖礼谒。菩提树者，誓不空见，见当有证，称天人师。'"护法菩萨谓其使曰："人世如幻，身命若浮，渴日勤诚[⑥]，未遑谈议。"人信往复，竟不会见。论师既还本土，静而思曰："非慈氏成佛，谁决我疑？"于观自在菩萨像前诵《随心陀罗尼》[⑦]，绝粒饮水，时历三岁。观自在菩萨乃现妙色身[⑧]，谓论师曰："何所志乎？"对曰："愿留此身，待见慈氏！"观自在菩萨曰："人命危脆，世间浮幻，宜修胜善，愿生睹史多天[⑨]，于斯礼覲，尚速待见。"论师曰："志不可夺，心不可贰。"菩萨曰："若然者，宜往驮那羯磔迦国城南山岩执金刚神所[⑩]，至诚诵持《执金刚陀罗尼》者[⑪]，当遂此愿。"论师于是往而诵焉。三岁之后，神乃谓曰："伊何所愿，若斯勤励？"论师曰："愿留此身，待见慈氏。观自在菩萨指遣来请，成我愿者，其在神乎？"神乃授秘方而谓之曰："此岩石内有阿素洛宫，如法行请，石壁当开。开即入中，可以待见。"论师曰："幽居无睹，讵知佛兴？"执金刚曰："慈氏出世，我当相报。"论师受命，专精诵持，复历三岁，初无异想，咒芥子以击石岩壁，豁而洞开。是时百千万众观睹忘返，论师跨其户而告众曰："吾久祈请，待见慈氏，圣灵警祐，大愿斯遂。宜可入此，同见佛兴。"闻者怖骇，莫敢履户，谓是毒蛇之窟，恐丧身命。再三告语，惟有六人从入。论师顾谢时众，从容而入。入之既已，石壁还合。众皆嗟怨，恨前言之过也。

自此西南行千余里，至珠利耶国。南印度境。

【注释】

①婆毗吠伽：梵文 Bhāviveka 之音译，意译又作明辨、分别明等。是6世纪南印度秣剌耶山刹帝利族人，曾到中印度学习大乘佛教各种经典和龙猛的学说。他的著作唐土称译本有《大乘掌珍论》二卷，玄奘译，《般若灯论释》十五卷，波罗颇蜜多罗译。阿素洛宫：阿素洛居处。阿素洛是一种恶魔，梵文 asura 之音译，又称阿修罗、阿须伦等，意译为无端，容貌丑陋之意。又称无酒、飞天，常与天帝释战斗。慈氏菩萨：即弥勒菩萨，梵文 Maitreya 意译为慈，因其为姓，故称慈氏。

②僧佉：梵文 Saṃkhya 的音译，又作僧企野，即外道数论学派，为婆罗门正宗六论之一。详见卷八摩揭陁国"德慧伽蓝及遗事"部分注释。

③龙猛：梵文 Nāgārjuna 的意译，又作龙树、龙胜、龙猛，音译为那伽阏剌树那菩萨、那伽曷树那等。生于阿顺那树下，故名。佛灭后七百年出世于南天竺，马鸣弟子迦毗摩罗尊者之弟子，提婆菩萨之师。

④护法菩萨：即达磨波罗论师，见卷五注释。

⑤波吒厘城：即波吒厘子城。详见卷八摩揭陁国"波吒厘子城"部分注释。

⑥渴日：尽日。渴，通"竭"。

⑦《随心陀罗尼》：梵文 Mahākāruṇikacittadhāraṇi，又名《千手千眼观音大士大悲心陀罗尼》，简称《千手经》，即民间所谓《大悲咒》。

⑧妙色身：美妙的色身。色身，三种身之一。佛教以四大（地、水、风、火）五尘（色、身、香、味、触）等色法之身为色身。

⑨睹史多天：梵文 Tuṣita 的音译，又作即兜率天，意译作妙足天等，是佛教所说欲界六天中的第四天。

⑩执金刚神：梵文 Vadjrpāṇi 之意译，又称执金刚药叉、金刚力士等。手执金刚杖，护帝释天宫门的夜叉神。佛出世后，便来到赡部洲，保护世尊，防守道场。

⑪《执金刚陀罗尼》：梵文经名 Vadjra-maṇḍa-dhūraṇi。殆即《金刚场陀罗尼经》，一卷，隋阇那崛多译。

【译文】

城南不远处有个大山岩，是婆毗吠伽唐土称清辩。论师住在阿素洛宫等待会见慈氏菩萨成佛的地方。论师气量弘大深远，盛德深厚，虽然穿着数论派的服饰，实际却弘扬龙猛的学问。听说摩揭陁国的护法菩萨宣扬佛法，学徒有数千，希望能与他谈论，便柱杖前往。到了波吒厘城，闻知护法菩萨在菩提树，论师便吩咐门人说："你走到菩提树护法菩萨那儿，照我的话说：'菩萨宣扬佛祖遗教，引导困惑的人们，我一心向往菩萨的盛德，已经很久，但因为夙愿未偿，未能拜访。菩提树，我发誓不见，除非我能有所证得，成为天神和人的导师。'"护法菩萨对他的使者说："人生如幻化，生命似浮云，终日尽心勤学，没空谈论。"使者往来，最终还是不肯见。论师回到家乡后，暗自忖思："除非慈氏菩萨成佛，谁还能消除我的疑惑?"在观自在菩萨像前诵读《随心陀罗尼》，不吃饭只喝水，经过了三年。观自在菩萨才现出美好的真身，对论师说："有什么追求?"回答说："想长留此身，等着见慈氏。"观自在菩萨说："人的性命脆弱，世间虚浮空幻，应该多做善事，努力生在兜率陀天，在那儿求见，还能快点等到。"论师说："志不可夺，心不可贰。"菩萨说："这样的话，建议去驮那羯磔迦国都城南面山岩上执金刚神那里，诚心地诵念《执金刚陀罗尼》，应当能达成这个心愿。"论师于是前去那里诵读。三年后，神对他说："你有什么愿望，如此勤奋?"论师说："想长存此身，等着见慈氏菩萨。观自在菩萨指点我来祈请，成全我愿望的，大概就是大神您吧?”神便告诉他秘密方法,对他说:“这岩石里面有阿素洛宫,照着法子请求,石壁就会打开。开了就走进去,能够等到。”论师说:“黑暗中看不到,怎么知道慈氏成佛?”执金刚神说:“慈氏出世时,我会告诉你的。”论师听从此言,专心一志诵读经文,又这样过了三年,全无杂念,以咒术用芥子叩击岩壁,豁然打开一个洞。当时成千上万的人目睹此事,惊奇得忘记回去,论师跨过门对人民说:“我祈求了很久,等着见慈氏,得到神灵的提醒保佑,达成宏愿。你们最好进来,一起看慈氏出世。”听到的人都很害怕,不敢进去,以为是毒蛇窟穴,担心丧命。再三劝告,只有六人跟着进去。论师回头辞别人们,从容走入。进去之后,石壁又合起来。众人都怨叹,悔恨之前的话说错了。

从这里向西南走一千多里,到达珠利耶国。南印度境。

珠利耶国

珠利耶国周二千四五百里[①]。国大都城周十余里。土野空旷,薮泽荒芜,居户寡少,群盗公行。气序温暑,风俗奸宄[②],人性犷烈,崇信外道。伽蓝颓毁,粗有僧徒。天祠数十所,多露形外道也[③]。

城东南不远,有窣堵波,无忧王之所建也。如来在昔尝于此处现大神通,说深妙法,摧伏外道,度诸天人。

【注释】

①珠利耶国:梵文Colya之音译。故地约在今印度安得拉邦东南部佩内尔河(Penner)河口及以南一带。都城故址在佩内尔河南岸的内洛尔(Nellore)。

②奸宄(guǐ):奸诈不法。

③露形：梵文 Nirgrantha 的意译，又作离系、不系、无结，音译作尼虔、尼干、尼健、尼犍陀等，即耆那教天衣派，为六大外道之一，此外道特修裸形涂灰等苦行。

【译文】

珠利耶国方圆两千四五百里。该国都城方圆十多里。境内空旷，湖泽荒芜，人民很少，强盗公然活动。气候温暖炎热，风俗奸诈，百姓性格粗犷刚烈，信仰外道。佛寺大多毁败，僧徒很少。有数十所天祠，大多是裸形耆那教徒。

城东南不远有塔，是无忧王所建造。如来过去曾在此处显现大神通，讲说深奥的妙理。说服外道，度化天神和人。

一、提婆遗事

城西不远，有故伽蓝，提婆菩萨与罗汉论议之处[①]。初，提婆菩萨闻此伽蓝有嗢呾罗唐言上。阿罗汉[②]，得六神通[③]，具八解脱，遂来远寻，观其风范。既至伽蓝，投罗汉宿。罗汉少欲知足，唯置一床。提婆既至，无以为席，乃聚落叶，指令就坐。罗汉入定，夜分方出。提婆于是陈疑请决，罗汉随难为释，提婆寻声重质，第七转已，杜口不酬，窃运通神力，往睹史多天请问慈氏[④]。慈氏为释，因而告曰："彼提婆者，旷劫修行[⑤]，贤劫之中[⑥]，当绍佛位，非尔所知，宜深礼敬。"如弹指顷，还复本座，乃复抑扬妙义，剖析微言。提婆谓曰："此慈氏菩萨圣智之释也，岂仁者所能详究哉？"罗汉曰："然，诚如来旨。"于是避席礼谢，深加敬叹。

从此南入林野中，行千五六百里，至达罗毗荼国。南印度境。

【注释】

①提婆：梵文 Deva 的音译，义为"天"。约生活在西元 3 世纪，龙树的弟子，古印度佛教哲学家。

②嗢呾罗：罗汉名，梵文 Uttara 之音译，意译为上、胜，又译作优多罗、郁多罗等。

③六神通：六种神通力。此下"八解脱"指能摆脱烦恼业障的系缚而复归自在的八种解脱。详解皆见卷二迦腻色迦国注释。

④睹史多天：即兜率天，梵文 Tuṣita 的音译，意译作妙足天等，是佛教所说欲界六天中的第四天。

⑤旷劫：极言时间之长。旷，义为久远。劫，为梵文劫波(kalpa)略称，指极长的时间。古印度传说世界经历若干万年毁灭一次，重新再开始，这样一个周期叫做一"劫"。

⑥贤劫：贤劫：梵文为 Bhadrakalpa，指有释迦佛等千佛出世的现在劫。与过去庄严劫、未来星宿劫并称为三大劫，为佛教宏观的时间观念之一，又名"善劫"。

【译文】

城西不远有座旧寺，是提婆菩萨和罗汉讨论的地方。起初，提婆菩萨听说这寺里有嗢呾罗唐土称上。罗汉，得到六种神通，具备八种解脱，于是远来寻访，瞻仰他的风范。到了寺里，向罗汉投宿。罗汉清心寡欲，只有一张床。提婆到了后，没东西作席子，于是聚拢落叶，让提婆坐下。罗汉入定，半夜才出定。提婆于是说出疑问请求裁断，罗汉逐个解释，提婆随声反问，第七个回合后，罗汉闭口不答，暗中运用神通，去睹史多天请教弥勒佛。弥勒佛为他解释，并告诉他："那提婆，修行很久，在贤劫之中，当继承佛位，他的智慧不是你能及上的，要多加尊敬。"弹指之间，又回到座位，于是再阐发妙语，剖析深义。提婆说："这是弥勒佛的解释，不是仁者您能详察的。"罗汉说："是的，正如你所说的。"便离席起立，行礼致意，深为敬重叹服。

从这里往南进入林野，走一千五六百里，到达达罗毗荼国。在南印度境内。

达罗毗荼国

达罗毗荼国周六千余里①。国大都城号建志补罗②，周三十余里。土地沃壤，稼穑丰盛，多花果，出宝物。气序温暑，风俗勇烈。深笃信义，高尚博识，而语言文字，少异中印度。伽蓝百余所，僧徒万余人，皆遵学上座部法③。天祠八十余所，多露形外道也。如来在世，数游此国，说法度人，故无忧王于诸圣迹，皆建窣堵波。

【注释】

①达罗毗荼：梵文 Draviḍa 之音译，故地约在今印度安得拉邦南部及泰米尔纳德邦北部。

②建志补罗：梵文 Kāñcīpura 之音译，故址在今马德拉斯西南的康契普腊姆(Conjeeveram)。

③上座部：梵文 Sthaviravāda 之意译，印度佛教声闻根本四部之一，因其圣者种姓系上座故得此名。详见卷九摩揭陁国“迦兰陁竹园”部分注释。

【译文】

达罗毗荼国方圆六千多里。该国都城名为建志补罗，方圆三十多里。土地肥沃，作物繁盛，花果很多，出产宝物。气候温暖炎热，风俗勇猛刚烈。非常守信重义，崇尚博学多闻。语言和文字，同中印度稍不同。有佛寺一百多所，僧众一万多人。都遵循修习小乘上座部佛法。有天祠八十多所，大多是暴露身体的耆那教徒。如来在世时，多次游历该国，讲说佛法，教化人民，所以无忧王在各个如来遗迹都建有宝塔。

一、护法遗事

建志补罗城者，即达磨波罗唐言护法。菩萨本生之城[①]。菩萨此国大臣之长子也，幼怀雅量，长而弘远。年方弱冠[②]，王姬下降[③]。礼筵之夕，忧心惨凄，对佛像前殷勤祈请。至诚所感，神负远遁，去此数百里，至山伽蓝，坐佛堂中。有僧开户，见此少年，疑其盗也，更诘问之。菩萨具怀指告，因请出家。众咸惊异，遂允其志。王乃宣命，推求遐迩，乃知菩萨神负远尘。王之知也，增深敬异。自染衣已[④]，笃学精勤，令问风范，语在前记。

城南不远，有大伽蓝，国中聪睿，同类萃止。有窣堵波，高百余尺，无忧王所建也。如来在昔于此说法，摧伏外道，广度人天。其侧则有过去四佛坐及经行遗迹之所[⑤]。

自此南行三千余里，至秣罗矩吒国。亦谓枳秣罗国，南印度境。

【注释】

①达磨波罗：梵文 Dharmapāla 的音译，意为护法、法护，约西元六世纪人，为大乘瑜伽行派大理论家，曾主持那烂陀寺，玄奘曾受业于其弟子戒贤。

②弱冠：指男子二十岁。古时以男子到二十岁为成人，方可戴冠，又因为还不够强壮，所以称弱冠。《礼记·曲礼上》："二十曰弱，冠。"

③王姬下降：公主下嫁。王姬本指周天子女儿，后转指帝王或诸侯

之女。公主嫁人称降。

④染衣：出家。僧人穿着黑色染的缁衣，所以用“染衣”指出家为僧。

⑤过去四佛：“过去七佛”中的后四佛，即拘留孙佛、拘那含牟尼佛、迦叶佛和释迦牟尼佛。经行：类似散步的一种修行方式，指旋绕往返或径直来回于一定之地。佛教徒作此行动，为防坐禅而欲睡眠，或为养身疗病，或表示敬意。

【译文】

建志补罗城，就是达磨波罗唐土称护法。菩萨出生的城市。菩萨是该国大臣的长子，自小气度雅致，成年后志向远大。年方二十，公主下嫁与他。婚礼当晚，忧虑愁苦，朝着佛像诚心祈祷。至诚感动了神灵，神灵背着他远逃，离那儿数百里，到达一座山寺，坐在佛堂之中。有和尚开门，看见这小伙子，怀疑是小偷，便仔细盘问他。菩萨详细地叙述了情况，于是请求出家。和尚们都很惊奇，便应允了他的请求。国王发令，远近搜求，才知道菩萨是被神灵背到了远方。国王知道后，更加地尊敬看重他。自出家后，刻苦勤奋，他的美誉和风范，前文已有记载。

城南不远有大佛寺，国内聪慧之士，群集于此。有座塔，高一百多尺，是无忧王所建造的。如来过去曾在此说法，折服外道，广泛度化神人。这旁边有过去四佛打坐和散步的遗迹。

从这里往南走三千多里，到达秣罗矩吒国。也叫做枳秣罗国，在南印度境内。

秣罗矩吒国

秣罗矩吒国周五千余里①。国大都城周四十余里。土田舄卤②，地利不滋。海渚诸珍，多聚此国。气序炎热，人多黧黑。志性刚烈，邪正兼崇。不尚游艺，唯善逐利。伽蓝故基，寔多余址，存者既少，僧徒亦寡。天祠数百，外道甚众，多露形之徒也。

城东不远，有故伽蓝，庭宇荒芜，基址尚在，无忧王弟大帝之所建也。其东有窣堵波，崇基已陷，覆钵犹存，无忧王之所建立。在昔如来于此说法，现大神通，度无量众，用彰圣迹，故此标建。岁久弥神，祈愿或遂。

【注释】

①秣罗矩吒国：梵文 Malakūṭa 之音译，该国故地在今印度半岛的最南端，都城故址在今印度泰米尔约德的马杜赖(Madura)。

②舄(xì)卤：含有过多盐碱成份不适于耕种的土地。

【译文】

秣罗矩吒国方圆五千多里。该国大都城方圆四十多里。土地盐碱，贫瘠无利。海外各种珍宝，很多汇聚在该国。气候炎热，人民大多乌黑。性格刚烈，佛教、外道都有人尊奉。不崇尚游学求艺，只善于贩卖逐利。佛寺的遗迹，确实很多，现存的却很少，僧众也很少。有天祠数百所，外道非常多，大多是裸形者那教徒。

城东不远处有佛寺遗址，庭院荒芜，地基尚在，是无忧王弟弟大帝建造的。这东面有佛塔，高大的基座已经坍陷，覆钵状体还在，是无忧王所建造的。过去如来在此说法，显示大神通，教化无数人，为了崇显圣人遗迹，所以有此兴建。年岁多了愈加灵验，不少祈请都能如愿。

一、秣剌耶山

国南滨海，有秣剌耶山[①]，崇崖峻岭，洞谷深涧。其中则有白檀香树、栴檀你婆树[②]。树类白檀，不可以别，唯于盛夏，登高远瞻，其有大蛇萦者，于是知之。犹其木性凉冷，故蛇盘也。既望见已，射箭为记，冬蛰之后，方乃采伐。羯布罗香树松身异叶[3]，花果斯别，初采既湿，尚未有香，木干之后，循理而析，其中有香，状若云母，色如冰雪，此所谓龙脑香也。

【注释】

①秣剌耶：梵文 Malaya 之音译，此山以盛产檀香树而著称。

②栴檀你婆：梵文 Candaneva 之音译。因有蛇盘卫，又称蛇卫旃檀，梵文 Uragasūra-candana。

③羯布罗香：梵文 Karpūra 之音译，意译为龙脑香。

【译文】

该国南部近海有秣剌耶山，山崖高峻，涧谷幽深。山中有白檀树、栴檀你婆树。栴檀你婆树类似白檀，难以辨别，只有在盛夏时，据高远望，有大蛇盘绕的，这才能认出。因为白檀木特性寒凉，所以蛇盘绕避暑。看见之后，射箭其上作为记号，入冬之后，才砍伐。羯布罗香树树干类似松树但树叶不同，花果也不同，刚砍伐时较潮湿，还没有香料，木头干燥后，沿着纹理破开，中间有香料，形似云母，颜色像冰雪，这就是所谓龙脑香。

二、布呾落迦山

秣剌耶山东有布呾落迦山[1]，山径危险，岩谷攲倾。山顶有池，其水澄镜，派出大河，周流绕山二十帀，入南海。池侧有石天宫，观自在菩萨往来游舍。其有愿见菩萨者，不顾身命，厉水登山，忘其艰险，能达之者，盖亦寡矣。而山下居人，祈心请见，或作自在天形[2]，或为涂灰外道，慰谕其人，果遂其愿。

从此山东北，海畔有城，是往南海僧伽罗国路。闻诸土俗曰：从此入海，东南可三千余里，至僧伽罗国。唐言执师子，非印度之境。

【注释】

①布呾落迦：梵文 Potalaka 之音译，意译为光明山、海岛山、小花树山。是观音菩萨的住处。

②自在天：自在天外道之主神。梵文 Maheśvara 的意译，音译作摩醯湿伐罗等，在色界之顶，为三千界之主。

【译文】

秣剌耶山的东面有布呾落迦山，山路危险，山谷崎岖倾侧。山顶有湖泊，水很澄清，流出一条大河，环山流二十圈后，注入南海。湖侧有石质天宫，观自在菩萨常来游玩居住。那些想见菩萨的，不顾性命，渡河登山，忘记艰险，能抵达的，也是很少的。而山下百姓，祈祷求见，菩萨有时作自在天的样子，有时变为涂灰外道，劝慰晓谕他们，实现他们的愿望。

从这座山往东北去，海边有座城，是去南海僧伽罗国的路。听当地人说：从那儿下海，往东南约三千多里，到达僧伽罗国。唐土称擒住狮子，不在印度境内。

卷第十一　二十三国

【题解】

玄奘抵达印度次大陆南端后，听说僧伽罗国正处饥荒，且无名僧，便未前往。但由于该国自古佛教兴盛，且与中国频有交往，因而不惜笔墨，详细记述了执师子、僧伽罗、俯首佛像等传说，并描述了该国佛教概况。玄奘离开达罗毗荼国后，折向西北，经过了印度西南部的恭建那补罗国、摩诃剌侘国、跋禄羯呫婆国、摩腊婆国、阿吒厘国、契吒国六国，这六国都属南印度。此后玄奘折向东北历经伐腊毗国、阿难陁补罗国、苏剌侘国、瞿折罗国、邬阇衍那国、掷枳陁国、摩醯湿伐罗补罗国等国后反向再次西行。对应这段返回路程，本卷记载了信度国、茂罗三部卢国、钵伐多国、阿点婆翅罗国、狼揭罗国、波剌斯国、臂多势罗国、阿軬荼国、伐剌拿国等国家。这二十二国大多记载简略，其中恭建那补罗国的多罗树林，出产可供书写的树叶，摩诃剌侘国勇烈善战，摩腊婆国文化兴盛，该国有傲慢的婆罗门活生生陷入地狱的遗迹，波剌斯则是印度之外的大国。

僧伽罗国

僧伽罗国周七千余里[①]。国大都城周四十余里。土地沃壤，气序温暑，稼穑时播，花果具繁。人户殷盛，家产富饶。其形卑黑，其性犷烈。好学尚德，崇善勤福。

【注释】

①僧伽罗国：梵文 Siṃhala 之音译，即今斯里兰卡。该国土壤为红

铜色，所以印度又称之铜色国。斯里兰卡与我国有久远的友好交往史。该国都城在北部的阿努拉达普拉（Anurādhapura），从佛教传入直至西元8世纪末，该城始终作为都城，所以留有不少佛教遗迹。

【译文】

僧伽罗国方圆七千多里。该国的大都城方圆四十多里。土地肥沃，气候温暖炎热，谷物可以按时播种，花果繁多。人口繁盛，家产丰足。人种矮黑，性格刚烈，爱好学习，崇尚美德，尊崇善行，勤于求福。

一、执师子传说

此国本宝渚也[①]，多有珍宝，栖止鬼神。其后南印度有一国王，女娉邻国，吉日送归，路逢师子，侍卫之徒弃女逃难。女在舆中，心甘丧命。时师子王负女而去，入深山，处幽谷，捕鹿采果，以时资给。既积岁月，遂孕男女，形貌同人，性种畜也。男渐长大，力格猛兽。年方弱冠，人智斯发，请其母曰："我何谓乎？父则野兽，母乃是人。既非族类，如何配偶？"母乃述昔事以告其子，子曰："人畜殊途，宜速逃逝。"母曰："我先已逃，不能自济。"其子于后逐师子父，登山逾岭，察其游止，可以逃难。伺父去已，遂担负母妹，下趋人里。母曰："宜各慎密，勿说事源，人或知闻，轻鄙我等。"于是至父本国，国非家族，宗祀已灭。投寄邑人，人谓之曰："尔曹何国人也？"曰："我本此国，流离异域。子母相携，来归故里。"人皆哀愍，更共资给。其师子王还无所见，追恋男女，愤恚既发，便出山谷，往来村邑，咆哮震吼，暴害人物，残毒生类。邑人辄出，遂取而杀。击鼓吹贝，负弩持矛，群从成旅，然后免害。其王惧仁化之不洽也，乃纵猎者，期于擒获。王躬率四兵[②]，众以万计，掩薄林薮，弥跨山谷。师子震吼，人畜僻易。既不擒获，寻复招募，其有擒执师子除国患者，当酬重赏，式旌茂绩。其子闻王之令，乃谓母曰："饥寒已甚，宜可应募，或有所得，以相抚育。"母曰："言不可若是，彼虽畜也，犹谓父焉。岂以艰辛，而兴逆害？"子曰："人畜异类，礼义安在？既以违阻，此心何冀？"乃袖小刀，出应招募。是时千众万骑，云屯雾合。师子踞在林中，人莫敢近。子即其前，父遂驯伏。于是乎亲爱忘怒，乃剚刃于腹中[③]，尚怀慈爱，犹无忿毒。乃至刳腹，含苦而死。王曰："斯何人哉，若此之异也？"诱之以福利，震之以威祸，然后具陈始末，备述情事。王曰："逆哉！父而尚害，况非亲乎？畜种难驯，凶情易动。除民之害，其功大矣；断父之命，其心逆矣。重赏以酬其功，远放以诛其逆，则国典不亏，王言不贰。"于是装二大船，多储粮粮[④]。母留在国，周给赏功。子女各从一舟，随波飘荡。其男船泛海，至此宝渚，见丰珍玉，便于中止。其后商人采宝，复至渚中，乃杀其商主，留其子女。如是繁息，子孙众多，遂立君臣，以位上下，建都筑邑，据有疆域。以其先祖擒执师子，因举元功而为国号。其女船者，泛至波剌斯西[⑤]，神鬼所魅，产育群女，故今西大女国是也。故师子国人形貌卑黑，方颐大颡[⑥]，情性犷烈，安忍鸩毒，斯亦猛兽遗种。故其人多勇健。斯一说也。

【注释】

①宝渚：梵文 Ratnadvīpa 的意译。古印度有该岛盛产珍珠宝石的传说。

②四兵：也称“四军”，指象、马、车、步四个兵种。

③剚(zì)：插，刺。

④糗(qiǔ)：炒熟的米麦，也泛指干粮。

⑤波剌斯：即波斯国。详见本卷下文波剌斯国。

⑥颡(sǎng)：额头。

【译文】

该国本是宝岛，有很多珍宝，栖居着鬼神。后来南印度有一位国王，女儿嫁到邻国去，在一个吉日送嫁，路上遇到狮子，护卫们抛下公主逃跑。公主在轿中，甘心就死。这时狮子王背着公主离去，走入深山，住在幽谷，捕鹿采果，按时供应公主饮食。年岁久了，便生下一男一女，形貌跟人一样，性格种类却是野兽。男孩渐渐长大，力气能与猛兽搏斗。到二十岁，才渐有人的理智，问母亲说：“我算什么呢？父亲是野兽，母亲是人。根本不是一类，怎么能作配偶呢？”母亲于是告诉孩子以前的事，儿子说：“人和野兽不同类，最好赶紧逃走。”母亲说：“我早先逃跑过，逃不掉。”她儿子后来跟踪狮子父亲，登山越岭，观察狮子的行动，觉得可以逃难了。等父亲走远了，就背起母亲与妹妹，下山到人世间。母亲说：“都应保密，不要说事情的原委，有人知道，就会鄙视我们。”于是回到公主父亲原来的国家，已经不是公主家族统治，宗族已经灭亡。投奔乡里，人家问：“你们是哪国人？”说：“我们本是这儿的，流离他国。现在母子相携，回到故里。”人们都很同情，纷纷供给物品。狮子王回去什么也见不着，想念孩子们，愤怒之下，便冲出山谷，横行村落，咆哮怒吼，杀害百姓，毒虐生灵。村里人一出去，就被抓住杀掉。必须敲鼓吹螺，背弩持矛，列队成伍，这才能免于被害。国王忧惧教化不和洽，于是多派猎人，要尽快擒获。国王亲率四种军队，人数上万，悄悄迫近林泽，满山遍谷。狮子怒吼,人马畏退。抓捕失败后,立即招募勇士,如有捕获狮子为国除患的,必定给予重赏,宣扬大功。她儿子听说国王的命令,就对母亲说:“我们很是饥寒,应该去应募,或许可以得赏,用来过日子。”母亲说:“你怎么能说出这种话!它虽是禽畜,毕竟是你父亲。哪能因为艰辛,就起杀心?”儿子说:“人畜异类,哪能谈什么礼义?既然已经很窘迫了,我还有什么希望呢?”于是袖藏小刀,出去应募。当时人马成千上万,像云雾般围住树林。狮子踞坐林中,没人敢靠近。儿子走近它面前,狮子就驯伏。于是等亲热得忘记怒火,就刺刃于腹中,狮子还是怀着慈爱,仍没有生怒发威,一直至于腹部被剖开,痛苦地死去。国王说:“他是什么人,怎么会如此怪异?”用恩惠诱导他,用刑罚恐吓他,这才详述本末,细说实情。国王说:“悖逆啊!父亲都杀害,何况不是亲人的呢?畜类难以教驯,凶性容易发作。为民除害,功劳是很大的;残害父命,居心很是悖逆。以重赏来酬谢他的功劳,用流放惩罚他的悖逆,这样法律不会有碍,国王也不会食言。”于是备好两艘大船,多装食物。母亲留在国内,丰厚供应以酬功劳,子女各乘一船,随波飘荡。儿子的船渡海来到这宝岛,看到美玉,便停留在这里。此后商人来采宝,也到了这岛上,便杀掉商人,留下他的子女。就这样繁衍,子孙众多后,便分出君臣,来区分上下,建造都城,修筑村邑,便占有有这块土地。因为他们的祖先曾擒获狮子,便称说这项大功,作为国名。女儿的船,渡海来到波斯西面,被神鬼迷惑,生下一群女儿,这就形成今日的西大女国。因此狮子国的人形貌矮黑,方下巴大额头,性格粗犷刚烈,残忍毒辣,这也是因为是猛兽的后裔。因此该国人大多骁勇。这也是一种说法。

二、僧伽罗传说

佛法所记,则曰:昔此宝洲大铁城中,五百罗刹女之所居也[①]。城楼之上竖二高幢[②],表吉凶之相。有吉事吉幢动,有凶事凶幢动。恒伺商人至宝洲者,便变为美女,持香花,奏音乐，出迎慰问，诱入铁城。乐燕会已，而置铁牢中，渐取食之。时赡部洲有大商主僧伽者[3]，其子字僧伽罗。父既年老，代知家务，与五百商人入海采宝，风波飘荡，遇至宝洲。时罗刹女望吉幢动，便赍香花，鼓奏音乐，相携迎候，诱入铁城。商主于是对罗刹女王欢娱乐会。自余商侣，各相配合，弥历岁时，皆生一子。诸罗刹女情疏故人，欲幽之铁牢，更伺商侣。时僧伽罗夜感恶梦，知非吉祥，窃求归路，遇至铁牢，乃闻悲号之声。遂升高树，问曰："谁相拘絷而此怨伤？"曰："尔不知耶？城中诸女，并是罗刹。昔诱我曹入城娱乐。君既将至，幽牢我曹，渐充所食，今已太半，君等不久亦遭此祸。"僧伽罗曰："当图何计，可免危难？"对曰："我闻海滨有一天马，至诚祈请，必相济渡。"僧伽罗闻已，窃告商侣，共望海滨，专精求救。是时天马来告人曰："尔辈各执我毛鬣不回顾者，我济汝曹，越海免难，至赡部洲，吉达乡国。"诸商人奉指告，专一无贰，执其髦鬣。天马乃腾骧云路，越济海岸。诸罗刹女忽觉夫逃，遂相告语，异其所去，各携稚子凌虚往来。知诸商人将出海滨，遂相召命，飞行远访。尝未逾时，遇诸商侣，悲喜俱至，涕泪交流，各掩泣而言曰："我惟感遇，幸会良人，室家有庆，恩爱已久。而今远弃，妻子孤遗，悠悠此心，谁其能忍？幸愿留顾，相与还城。"商人之心未肯回虑。诸罗刹女策说无功，遂纵妖媚，备行娇惑。商侣爱恋，情难堪忍，心疑去留，身皆退堕。罗刹诸女更相拜贺，与彼商人，携持而去。僧伽罗者，智慧深固，心无滞累，得越大海，免斯危难。时罗刹女王空还铁城，诸女谓曰："汝无智略，为夫所弃，既寡艺能，宜勿居此。”时罗刹女王持所生子，飞至僧伽罗前，纵极媚惑，诱请令还。僧伽罗口诵神咒，手挥利剑，叱而告曰：“汝是罗刹，我乃是人。人鬼异路，非其匹合。若苦相逼，当断汝命。”罗刹女知诱惑之不遂也，凌虚而去，至僧伽罗家，谓其父僧伽曰：“我是某国王女，僧伽娶我为妻，生一子矣。赍持宝货，来还乡国。泛海遭风，舟楫漂没。惟我子母及僧伽罗，仅而获济。山川道阻，冻馁艰辛，一言忤意，遂见弃遗，詈言不逊，骂为罗刹。归则家国辽远，止则孤遗羁旅。进退无依，敢陈情事！”僧伽曰：“诚如所言，宜时即入室。”居未久，僧伽罗至。父谓之曰：“何重财宝，而轻妻子？”僧伽罗曰：“此罗刹女也。”则以先事具白父母，而亲宗戚属，咸事驱逐。时罗刹女遂以诉王，王欲罪僧伽罗。僧伽罗曰：“罗刹之女，情多妖惑。”王以为不诚也，而情悦其淑美，谓僧伽罗曰：“必弃此女，今留后宫。”僧伽罗曰：“恐为灾祸。斯既罗刹，食唯血肉。”王不听僧伽罗之言，遂纳为妻。其后夜分，飞还宝渚，召余五百罗刹鬼女，共至王宫，以毒咒术，残害宫中，凡诸人畜，食肉饮血，持其余尸，还归宝渚。旦日，群臣朝集，王门閇而不开[④]，候听久之，不闻人语。于是排其户，辟其门，相从趋进，遂至宫庭，阒其无人[⑤]，惟有骸骨。群官僚佐相顾失图，悲号恸哭，莫测祸源。僧伽罗具告始末，臣庶信然，祸自招矣。于是国辅老臣群官宿将，历问明德，推据崇高，咸仰僧伽罗之福智也，乃相议曰：“夫君人者，岂苟且哉？先资福智，次体明哲，非福智无以享宝位，非明哲何以理机务？僧伽罗者，斯其人矣。梦察祸机，感应天马，忠以谏主，智足谋身。历运在兹，惟新成咏。"众庶乐推，尊立为王。僧伽罗辞不获免，允执其中，恭揖群官，遂即王位。于是沿革前弊，表式贤良。乃下令曰："吾先商侣在罗刹国，死生莫测，善恶不分。今将救难，宜整兵甲。拯危恤患，国之福也。收珍藏宝，国之利也。"于是治兵，浮海而往。时铁城上凶幢遂动，诸罗刹女睹而惶怖，便纵妖媚，出迎诱诳。王素知其诈，令诸兵士口诵神咒，身奋武威。诸罗刹女蹎坠退败，或逃隐孤岛，或沉溺洪流。于是毁铁城，破铁牢，救得商人，多获珍宝。招募黎庶，迁居宝洲，建都筑邑，遂有国焉。因以王名而为国号。僧伽罗者，即释迦如来本生之事也。

【注释】

①罗刹：相传原指印度土著，雅利安人征服印度后，凡遇恶人恶事，皆称罗刹，遂成恶鬼名。唐慧琳《一切经音义》卷二五："罗刹，此云恶鬼也，食人血肉，或飞空或地行，捷疾可畏也。"

②幢（chuáng）：佛教的一种柱状标帜，饰以杂彩。

③赡部：梵文 Jambū 的音译，又作阎浮、剡浮。佛教经典中所称的四大洲中的南部洲名，因赡部树得名，为人类等居处。

④閇：闭的俗字。

⑤阒（qù）：空。

【译文】

据佛法记载，说：过去这宝岛的大铁城中，是五百女鬼居住的地方。城楼上立着两面高高的旌旗，显示吉凶的征兆。有吉事则吉旗动，有凶事则凶旗动。一旦等到来宝岛的商人，便变为美女，手持香花，演奏音乐，出来迎接慰问，引诱商人入铁城。欢乐饮宴、交欢之后，就押入铁牢中，慢慢吃掉。有次赡部洲有位大商人叫僧伽的，他的儿子名叫僧伽罗。父亲已年老，就代理家务，带领五百商人下海采宝，在风浪中飘荡，遇到宝岛。这时女鬼看到吉旗飘动，便持着香花，演奏音乐，相率出迎，将商队诱入铁城。商队首领于是和女鬼王寻欢作乐，其他商人也各配女鬼交欢，经年累月，都生下一个孩子。女鬼们渐渐厌倦商人们，想将他们关入铁牢，再等其他商人。这时僧伽罗夜里做了恶梦，知道不妙，偷偷寻找回去的路，刚好走到铁牢，就听到悲惨的号叫声。于是爬上高树，问道："谁拘押你们，怎么这么悲伤？"说："你不知道吗？城里的女人，都是恶鬼。以前引诱我们进城玩乐。你们快到了，就关押我们，不断地将我们充作食物，现在已经死去大半，你们不久也会遭遇这样的灾祸。"僧伽罗说："要怎么办，才能免于危难？"回答说："我听说海边有匹天马，至诚地祈祷请求，一定会带你们渡海。"僧伽罗听说了，偷偷告诉同伴，一起来到海边，专注赤诚地求救。这时天马出现告诉他们说："你们都抓住我的毛鬣，不回头看的人，我就带你们，渡过大海，免于遭害，到赡部洲，安全地返回故乡。"商人们遵从告谕，专一不二，都抓住天马毛鬣。天马于是腾云驾雾，飞离海岸。女鬼们突然察觉丈夫逃走了，便相互告知，很惊讶商人离去，各自带着小孩凌空往来。知道商人将要离开海滨，于是互相召唤，飞行追来。不一会，遇到商人们，既悲又喜，涕泪俱流，各掩面哭道："我因为缘分，幸遇夫君，家庭和睦，恩爱已久。如今弃家远去，妻儿孤苦无依，这种思念之苦，有谁能忍受？希望能回头留下，一起回城。"商人们不肯回心转意，女鬼们劝说无效，便极力表现妖媚，尽展娇姿媚态。商人们心生爱恋，难以忍受，是去是留，心生迟疑，退缩不前。女鬼们互相庆贺，和商人们相携回城。僧伽罗智慧深固，心无挂碍，得以越过大海，免于此难。当时女鬼王独自回到铁城，女鬼都说："你没智谋，被夫君抛弃，既然没能耐，最好不要呆这位子。"女鬼王于是带着所生孩子，飞到僧伽罗面前，极尽媚惑，引诱请求他回去。僧伽罗口诵咒语，手挥利剑，喝道："你是恶鬼，我却是人。人鬼殊途，不该婚配。再苦苦相逼，就取你性命。”女鬼知道诱惑没用，凌空离去，来到僧伽罗家，对他父亲僧伽说：“我是某国的公主，僧伽罗娶我为妻，生了一个孩子。我们带着宝货，准备回乡。渡海时遇到风暴，船只沉没。只剩我们母子和僧伽罗，仅以身免。山川阻隔，路上冻饿艰辛，一时说话忤逆他意，就抛弃了我，狠狠辱骂，说我是恶鬼。回去的话本国太远，停留又孤独无依。进退两难，这才冒昧来陈述实情！”僧伽说：“真如所说，当立即进门。”住不多久，僧伽罗到家了。父亲对他说：“为何看重财宝，而不珍爱妻儿？”僧伽罗说：“她是女鬼。”于是把前事详细禀告父母，亲戚宗族都驱赶女鬼王。女鬼于是向国王控诉，国王想惩罚僧伽罗，僧伽罗说：“这是女鬼，情性善于迷惑人。”国王认为他不诚实，心爱女鬼的美貌，对僧伽罗说：“你一定要抛弃她，我就留她入后宫。”僧伽罗说：“恐怕会兴灾作难。她是恶鬼，只吃血肉。”国王不听僧伽罗的话，收作王妻。之后夜间，女鬼飞回宝岛，召唤五百女鬼，同到王宫，用恶毒的妖术在宫中大肆虐杀，只要是人和牲畜，都残害后吃肉喝血，剩下的尸体，带回宝岛。天亮群臣早朝，国王闭门不开，等候了很长时间不见动静。于是强行推门砸窗，相随而入，走进宫廷，寂静无人，只剩骸骨。群臣僚佐相顾失色，悲痛嚎哭，不知祸从何起。僧伽罗详述始末，臣僚信服，灾祸是自招的。于是辅政、老臣、百官、旧将，遍问聪明有德之人，推选品行崇高之人，大家都敬仰僧伽罗的福气与智慧，于是相互议论说：“选择人君，哪能随随便便？先要看福气与智慧，其次考察远见与谋略，没有福气与智慧就不能享有宝位，没有远见与谋略靠什么处理国事？僧伽罗，就是这样的人。梦中察觉灾难的征兆，精诚打动天马，忠诚地劝告主上，智慧足以保全自身。国家的命运寄托在他身上，新的时代值得歌咏。”大家爱戴，拥立为王。僧伽罗推辞不得，便恪守中道，恭敬地向群臣行礼，便登上王位。此后革除弊政，奖用贤良。于是下令说：“我早先的经商伴侣尚在女鬼国，死生未卜，境遇好坏也不知。现在要营救他们，应整顿兵甲，救济危难是国家之福，获得珍宝是国家之利。”便整理军队，渡海前往。当时铁城上的凶旗便飘动，女鬼们看到很害怕，便尽展妖媚，出来迎接引诱。国王早知她们的诡计，命令士兵们口诵神咒，奋力进攻。女鬼们颠仆败退，有的逃匿孤岛，有的溺死海中。于是毁掉铁城，砸破铁牢，救出商人，得到很多珍宝。招募百姓，迁来宝岛，建都筑城，便据有了这块国土。于是用国王的名字作为国号。僧伽罗，就是如来本生时候的事情。

三、佛教二部

僧伽罗国先时唯宗淫祀。佛去世后第一百年，无忧王弟摩醯因陁罗舍离欲爱[①]，志求圣果，得六神通[②]，具八解脱，足步虚空，来游此国，弘宣正法，流布遗教。自兹已降，风俗淳信。伽蓝数百所，僧徒二万余人，遵行大乘上座部法[③]。佛教至后二百余年，各擅专门，分成二部。一曰摩诃毗诃罗住部[④]，斥大乘，习小教；二曰阿跋耶祇厘住部[⑤]，学兼二乘，弘演三藏，僧徒乃戒行贞洁，定慧凝明，仪范可师，济济如也。

【注释】

①摩醯因陁罗：梵文 Mahendra 的音译，又作摩哂陀、摩呻提等，意译作大帝。详见卷八摩揭陁国“摩醯因陁罗故事”部分注释。

②六神通：六神通：六种神通力。此下“八解脱”指能摆脱烦恼业障的系缚而复归自在的八种解脱。详解皆见卷二迦腻色迦国注释。

③上座部：梵文 Sthaviravāda 之意译，印度佛教声闻根本四部之一，因其圣者种姓系上座故得此名。详见卷九摩揭陁国“迦兰陁竹园”部分注释。

④摩诃毗诃罗：梵文 Mahāvihāra 之音译，意为大寺。摩诃毗诃罗住部即大寺住部，这座大寺为上座部一派的本部。据《善见律毗婆沙》卷三，此大寺本为天爱帝须王的弥迦园。天爱帝须王听从摩哂陀，迎回佛陀伽耶的菩提树和摩哂陀之妹僧伽密多比丘尼，植菩提树于弥迦园中，并建起大寺。《法显传》曾提及师子国此寺："城南七里有一精舍，名摩诃毗可罗，有三千僧住。"

⑤阿跋耶祇厘：梵文 Abhayagiri 之音译，意为无畏山。城北大寺名，此派也是以本部为名。据说此大寺为婆吒迦摩尼王（Vaṭṭagāmani，一名无畏王 Abhaya）所建。

【译文】

僧伽罗国早先只敬奉其他宗教。佛祖去世后第一百年，无忧王的弟弟摩醯因陁罗抛弃尘世欲望，矢志求得圣果，得到六种神通，具备八种解脱，脚踩虚空，来到该国，光大正法，传播遗教。从此以后，风俗淳朴。有佛寺数百所，僧徒两万多人，信奉大乘上座部佛法。佛教到两百年后，各有专攻，分为两部：一是摩诃毗诃罗住部，排斥大乘，研习小乘。二是阿跋耶祇厘住部，兼学大乘小乘，钻研光大三藏。僧众们恪守戒律坚贞无瑕，禅定与智慧明亮耀眼，仪容风范值得效仿，很是庄重严肃。

四、佛牙精舍

王宫侧有佛牙精舍，高数百尺。莹以珍珠，饰之奇宝。精舍上建表柱，置钵昙摩罗伽大宝①，宝光赫奕联晖，照曜昼夜，远望烂若明星。王以佛牙日三灌洗，香水香末，或濯或焚，务极珍奇，式修供养。

【注释】

①钵昙摩罗伽：梵文 padmarāga 之音译，意为红莲花色。钵昙摩

(padma)意为红莲花，罗伽(rāga)意为颜色。

【译文】

王宫旁边有佛牙精舍，高达数百尺，以珍珠使之光莹，装饰着异宝。僧舍上建有刹柱，放着钵昙摩罗伽大宝，宝贝光芒闪耀，互相辉映，日夜放光，远远望去，绚烂得像明亮的星星。国王将佛牙每天灌洗三次，有时用香水洗濯，有时焚烧香末，极尽珍奇，用来供养。

五、俯首佛像传说

佛牙精舍侧有小精舍，亦以众宝而为莹饰。中有金佛像，此国先王等身而铸，肉髻则贵宝饰焉[①]。其后有盗伺欲窃取，而重门周槛，卫守清切。盗乃凿通孔道，入精舍而穴之，遂欲取宝，像渐高远。其盗既不果求，退而叹曰："如来在昔修菩萨行，起广大心，发弘誓愿，上自身命，下至国城，悲愍四生，周给一切。今者如何遗像吝宝？静言于此[②]，不明昔行。"佛乃俯首而授宝焉。是盗得已，寻持货卖，人或见者，咸谓之曰："此宝乃先王金佛像顶髻宝也，尔从何获，来此鬻卖？"遂擒以白王，王问所从得，盗曰："佛自与我，我非盗也。"王以为不诚，命使观验，像犹俯首。王睹圣灵，信心淳固，不罪其人，重赎其宝，庄严像髻，重置顶焉。像因俯首，以至于今。

【注释】

①肉髻：梵文Uṣṇīṣa之意译，音译为乌瑟腻沙。是佛祖头顶隆起的一个肉团，亦即佛祖三十二相中的无间顶相，并不是发髻。

②静言：沉静地思考。《文选·陆机〈猛虎行〉》："静言幽谷底，长啸

高山岑。”李善注引《毛诗》:“静言思之。”

【译文】

佛牙大殿边有座小殿,也用众多珍宝装饰着。其中有座金佛像,比照此国先代国王的体格铸造,肉髻用珍贵的珠宝装饰。后来有小偷想寻机偷取,但门深路绕,守卫森严。小偷于是凿通墙壁,挖洞进入佛殿,就要取宝,佛像渐渐高升远离。这小偷偷盗不成,后退悲叹说:“如来过去修习菩萨行,起了广大的仁心,发下宏伟的誓愿。而今为何遗留下的佛像吝惜珍宝?在此沉静思考,认为您没有发扬过去的善行。”佛像于是俯首将宝给他。这小偷得到后,便拿出去兜售,看到的人都说:“这宝贝是先王金佛像头顶肉髻上的,你怎么得到,到这里卖的?”于是抓住报告国王,国王问从哪里得到,小偷说:“佛像自己给我的,我不是小偷。”国王认为不诚实,派人严查,像依然低着头。国王目睹灵迹,信奉之心更加坚定,不追究他,重金赎宝,装饰佛像肉髻,重新放到了佛像头顶上。佛像由此低头,直到如今。

六、斋僧及采宝

王宫侧建大厨,日营万八千僧食。食时既至,僧徒持钵受馔,既得食已,各还其居。自佛教流被,建斯供养,子孙承统继业至今。十数年来,国中政乱,未有定王[①],乃废斯业。

国滨海隅,地产珍宝,王亲祠祭,神呈奇货。都人士子,往来求采,称其福报[②],所获不同。随得珠玑,赋税有科。

【注释】

①定王:固定的国君。

②福报:福德报应。

【译文】

王宫旁建有大食堂，每天供应一万八千名僧人的饮食。饭时一到，和尚们拿着钵领饭，吃完饭后，各回所居。自从佛教流传到此地，就建立了这样的供养，子孙相承，至今延续这份事业。不过近十几年来，国内政局不定，没有固定的君王，这件事也就被废弃了。

该国临近海边的地方，出产珍宝，国王亲自前往祭祀，神灵就会呈献奇宝。城中国百姓和士子，都去寻采宝贝，与各人的福报相应，获得的宝贝各有不同。所得的宝贝，需征收相应赋税。

七、駿迦山与那罗稽罗洲

国东南隅有駿勒邓反。迦山[①]，岩谷幽峻，神鬼游舍，在昔如来于此说《駿迦经》[②]。旧曰《楞伽经》，讹也。

国南浮海数千里，至那罗稽罗洲[③]。洲人卑小，长余三尺，人身鸟喙。既无谷稼，唯食椰子。

那罗稽罗洲西浮海数千里，孤岛东崖有石佛像，高百余尺，东面坐，以月爱珠为肉髻[④]。月将回照，水即悬流，滂霈崖岭，临注溪壑。时有商侣，遭风飘浪，随波泛滥，遂至孤岛。海咸不可以饮，渴乏者久之。是时月十五日也。像顶流水，众皆获济。以为至诚所感，灵圣拯之，于即留停，遂经数日。每月隐高岩，其水不流。时商主曰："未必为济我曹而流水也。尝闻月爱珠，月光照即水流注耳。将非佛像顶上有此宝耶？"遂登崖而视之，乃以月爱珠为像肉髻。当见其人，说其始末。

国西浮海数千里，至大宝洲，无人居止，唯神栖宅。静夜遥望，光烛山水。商人往之者多矣，咸无所得。

自达罗毗荼国北[5]，入林野中，历孤城，过小邑，凶人结党，作害羁旅，行二千余里，至恭建那补罗国。南印度境。

【注释】

①狻迦：梵文 Laṅkā 之音译，有“不可到”、“难入”之义，也是一种宝贝。

②《狻迦经》：即通常所谓《楞伽经》，梵文名 Laṅkāvatārasūtra，有四种汉译本，今存三种。

③那罗稽罗：梵文 Nārikela 之音译。意为椰子。所在不详，可能是今马尔代夫群岛。

④月爱珠：梵文 Candra-kānta 之意译，又译为水晶、月生石，据说由月光凝结而成，只有受到月光照射时才放出光辉，并且射出凉气。

⑤达罗毗荼国：梵文 Draviḍa 之音译，故地约在今印度安得拉邦南部及泰米尔纳德邦北部。详情见卷十达罗毗荼国。

【译文】

该国东南角有狻迦山，峰峦高峻，山谷幽深，神鬼居住其间，过去如来在那里讲说《狻迦经》。旧称《楞伽经》，是讹误。

从该国渡海南行数千里，到达那罗稽罗岛。岛民矮小，高三尺多，身体同人，嘴却像鸟。不产粮食，只吃椰子。

从那罗稽罗岛渡海西行数千里，一座孤岛的东崖上有石佛像，高一百多尺，朝东而坐，以月爱珠做肉髻。月亮将要照到时，就有瀑布垂直流下，布满山崖，垂注溪谷。一次有支商队，遭遇暴风大浪，随波漂流，来到此岛。海水太咸不能饮用，口渴了很久。当时正是月半，佛像顶上流下水，大家因此都得救了。认为是赤诚有所感应，神灵拯救了他们，于是就留下来，住了好多天。一旦月亮被西面高处的岩石遮住，水就不流。商队首领说：“未必是为了救我们而流水的。我曾听说月爱珠照到月光就会流出水，难道佛像顶上有这种宝贝？”于是登上崖顶查看，原来是用月爱珠做的佛像肉髻。曾遇见那人，听他叙述本末。

从僧伽罗国向西渡海行数千里，到达大宝岛，无人居住，只有神灵栖息。夜深时遥望，光芒映照山水。登岛的商人很多，都无所获得。

从达罗毗荼国向北，走入山林野地，经孤城，过小村，强盗结伙，为害路人。走二千多里，到达恭建那补罗国。在南印度境内。

恭建那补罗国

恭建那补罗国周五千余里[①]。国大都城周三十余里。土地膏腴，稼穑滋盛。气序温暑，风俗躁烈。形貌黧黑，情性犷暴。好学业，尚德艺。伽蓝百余所，僧徒万余人，大小二乘兼功综习。天祠数百，异道杂居。

【注释】

①恭建那补罗：梵文 Koṅkaṇapura 之音译，故地约在今印度西南部果阿地区以西通加巴德腊（Tungabhadra）河流域，都城当在通加巴德腊河北岸的安纳贡底（Annagundi）。

【译文】

恭建那补罗国方圆五千多里。该国大都城方圆三十多里。土地肥沃，庄稼繁盛。气候炎热，风俗急躁刚烈。相貌乌黑，性格粗暴。喜好学习，崇尚道德、艺术。有佛寺一百多所，僧众一万多人，大小二乘都研究学习。有天祠数百所，外道杂居。

一、王城附近诸遗迹

王宫城侧有大伽蓝，僧徒三百余人，实唯俊彦也。伽蓝大精舍高百余尺，中有一切义成太子宝冠[①]，高减二尺，饰以宝珍，盛以宝函。每至斋日，出置高座，香花供养，时放光明。

城侧大伽蓝中有精舍，高五十余尺，中有刻檀慈氏菩萨像[②]，高十余尺。或至斋日，神光照烛，是闻二百亿罗汉之所造也[③]。

城北不远，有多罗树林[④]，周三十余里。其叶长广，其色光润，诸国书写，莫不采用。林中有窣堵波，是过去四佛坐及经行遗迹之所。其侧则有闻二百亿罗汉遗身舍利窣堵波也。

城东不远，有窣堵波，基已倾陷，余高三丈。闻诸先志曰：此中有如来舍利。或至斋日，时烛灵光。在昔如来于此说法，现神通力，度诸群生。

城西南不远，有窣堵波，高百余尺，无忧王之所建也。是闻二百亿罗汉于此现大神通，化度众生。旁有伽蓝，唯余基趾，是彼罗汉之所建也。

从此西北入大林野，猛兽暴害，群盗凶残。行二千四五百里，至摩诃剌侘国。南印度境。

【注释】

①一切义成太子：梵文 Sarvārthasiddha 的意译，即悉达多太子，释迦牟尼少年时期的美称。

②慈氏菩萨：即弥勒菩萨，梵文 Maitreya 意译为慈，因其为姓，故称慈氏。

③闻二百亿罗汉：梵文Śruta-viṃśati-koṭi 的意译，音译为室缕多频设底拘胝。事迹见卷十伊烂拏钵伐多国注释。

④多罗树：梵文 Tāla 之音译，意译为高耸树。是贝多罗树的一种，树高叶茂，果实红色，可食用。其叶可供书写，称贝叶。

【译文】

王宫城旁边有大寺，僧众有三百多人，着实都是贤才。寺中大殿高一百多尺，其中有一切义成太子的宝冠，高不到二尺，装饰着珍宝，用贵重的盒子盛放。每到斋日，取出放在高座上，用香花供养，有时会放出光明。

城边大寺中有座殿，高五十多尺，殿内有雕刻的慈氏菩萨檀木像，高十多尺。有的斋日，会放出神光，是闻二百亿罗汉所造的。

城北不远，有多罗树林，方圆三十多里，叶子宽又长，色泽光润，各国都用它书写。林中有塔，是过去四佛坐和散步的地方。它边上有闻二百亿罗汉遗体舍利塔。

城东不远有座塔，基址已经倾斜下陷，剩下三丈多高。根据古老文献记载：其中有如来舍利，到斋日时，有时会放出灵光。过去如来曾在此说法，显示神通，帮助众生解脱。

城西南不远有座塔，高一百多尺，是无忧王所建造的。闻二百亿罗汉曾在此显示大神通，感化解脱众生。旁边有寺，只剩下基址，是这位罗汉所建的。

从这里往西北进入广袤的荒野林地，猛兽暴虐，群盗凶残。经二千四五百里，到达摩诃剌侘国。在南印度境内。

摩诃剌侘国

摩诃剌侘国周六千余里[①]。国大都城西临大河，周三十余里。土地沃壤，稼穑殷盛。气序温暑，风俗淳质。其形伟大，其性傲逸，有恩必报，有怨必复。人或陵辱，殉命以雠。

窘急投分[②],忘身以济。将复怨也,必先告之。各披坚甲,然后争锋。临阵逐北,不杀已降。兵将失利,无所刑罚,赐之女服,感激自死。国养勇士,有数百人。每将决战,饮酒酣醉,一人摧锋,万夫挫锐。遇人肆害,国刑不加,每出游行,击鼓前导。复飤暴象[③],凡数百头,将欲阵战,亦先饮酒,群驰蹈践,前无坚敌。其王恃此人象,轻陵邻国。王,刹帝利种也[④],名补罗稽舍[⑤],谋猷弘远,仁慈广被。臣下事之,尽其忠矣。今戒日大王东征西伐[⑥],远宾迩肃,惟此国人独不臣伏。屡率五印度甲兵及募召诸国烈将,躬往讨伐,犹未克胜。其兵也如此,其俗也如彼。人知好学,邪正兼崇。伽蓝百余所,僧徒五千余人,大小二乘兼功综习。天祠百所,异道甚多。

【注释】

①摩诃剌侘:梵文 Mahārāṣṭra 之音译,意为大国。都城故址可能是今印度孟买西北的纳西克(Nāsik)。

②投分:意气相合之人。

③飤(sì):"饲"之俗字,喂养。暴象:凶猛的象。

④刹帝利:梵文 Kṣātriya 的音译。亦省称"刹利"。古印度第二族姓,掌握政治和军事权力。为世俗统治者。

⑤补罗稽舍:梵文 Pulakeśin 之音译,印度著名统治者。

⑥戒日大王:即曷利沙伐弹那,梵文为 Harṣavardhana。详见卷五羯若鞠阇国注释。

【译文】

摩诃剌侘国方圆六千多里。该国大都城西依大河,方圆三十多里。土地肥沃,庄稼繁盛。气候温暖炎热,风俗淳朴。百姓体格长大,性格高傲，有恩必还，有仇必报。若有人凌辱，舍命相拼，对窘急的朋友，舍身相助。将复仇时，必定预先告知。各自披上坚固的盔甲，然后互决雌雄。战场上追击逃兵时，不杀已经投降的。对于战败的将士，没有刑罚，送给他们妇女的衣服，他们会羞愧自杀。国内养着勇士，有数百人。每当决战前，都喝得大醉，一人前冲，万夫畏退。有杀人的，也不加死刑，每次国王出游，在前面敲鼓带路。还饲养着凶暴的大象，共数百头。每当打仗对阵前，也先饮酒，群奔践踏，所向披靡。该国国王自恃有这样的猛士暴象，蔑视邻国。国王是刹帝利种的，名叫补罗稽舍，谋略深远，仁爱广布。臣下服事他，尽其忠心。而今戒日王东征西讨，近处恭服，远方称臣，唯有此国不肯臣服。戒日王多次率领印度各地军队，招募各国猛将，亲往讨伐，还是未能获胜。该国的兵是这样，而风俗却是别样的。人民知道好学，佛教和外道都有人信。有佛寺一百多所，僧众五千多人，大乘和小乘都钻研学习。有天祠一百所，外道很多。

一、附近诸迹

大城内外五窣堵波，并过去四佛坐及经行遗迹之所①，无忧王建也。自余石砖诸窣堵波，其数甚多，难用备举。

城南不远，有故伽蓝，中有观自在菩萨石像②，灵鉴潜被，愿求多果。

【注释】

①过去四佛："过去七佛"中的后四佛，即拘留孙佛、拘那含牟尼佛、迦叶佛和释迦牟尼佛。

②观自在菩萨：梵文 Avalokiteśvara 的意译，又作观音、观世音、光世

音、观世自在等，因其观世人称彼菩萨名之音而垂救，故称观世音；又因观世界而自在拔苦与乐，故称观自在。观音有六观音、七观音乃至三十三观音，但通常所说的观音，指六观音中之圣观音。

【译文】

大城内外有五座塔，都是过去四佛打坐和散步的遗迹，是无忧王所建造的。其他石砖砌成的塔，数量很多，难以一一列举。

城南不远有古寺，其中有观自在菩萨的石像。灵妙的感应暗中发生，所求多能达成。

二、阿折罗伽蓝及石窟

国东境有大山，叠岭连嶂，重峦绝巘。爰有伽蓝，基于幽谷，高堂邃宇，疏崖枕峰；重阁层台，背岩面壑，阿折罗唐言所行。阿罗汉所建[①]。罗汉西印度人也，其母既终，观生何趣[②]，见于此国，受女人身。罗汉遂来至此，将欲导化，随机摄受[③]。入里乞食，至母生家，女子持食来施，乳便流汁，亲属既见，以为不祥。罗汉说本因缘，女子便证圣果。罗汉感生育之恩，怀业缘之致，将酬厚德，建此伽蓝。

伽蓝大精舍，高百余尺。中有石佛像，高七十余尺，上有石盖七重，虚悬无缀，盖间相去各三尺余。闻诸先志曰：斯乃罗汉愿力之所持也。或曰神通之力，或曰药术之功。考厥实录，未详其致。精舍四周雕镂石壁，作如来在昔修菩萨行诸因地事。证圣果之祯祥，入寂灭之灵应，巨细无遗，备尽镌镂。伽蓝门外南北左右，各一石象。闻之土俗曰：此象时大声吼，地为震动。昔陈那菩萨多止此伽蓝[④]。

自此西行千余里，渡耐秣陁河[⑤]，至跋禄羯呫昌叶反婆国。南印度境。

【注释】

①阿折罗：罗汉名，梵文为 Ācāra。阿折罗罗汉所建寺即阿折罗伽蓝(Ācārasaṃghārāma)，今称阿旃陀石窟寺(Ajaṇṭā)，石窟规模巨大，浮雕、壁画众多且具有重要历史、艺术价值。

②趣：即道，梵文 Gadi 意译，谓众生死后不同的投生去向。

③摄受：指以慈悲心收取和护持众生。

④陈那菩萨：梵文 Dignāga 之音译，意译童受、域龙。是大乘佛教瑜伽行派论师，新因明学创始人。善于辩论，著作颇丰。

⑤耐秣陁：梵文 Narmadā，即今纳巴达河，是中印度与西印度最重要的河流。

【译文】

该国东部有大山，岭嶂相叠，峰峦险绝。此中有佛寺，见于幽谷，屋堂高广，枕压着凿过的峰崖；楼台林立，倚着山岩面临深壑，是阿折罗唐土称所行。罗汉建造的。罗汉是西印度人，母亲去世后，观察她向哪边投胎，看到在此国得到女人之身。罗汉于是来此，想度化她，看情况引导照顾。走入街巷乞食，到母亲生的人家，女子拿食物来施舍，乳房便流出乳汁，亲属看到了，认为是不祥之兆。罗汉叙说前世因缘，女子便证得圣果。罗汉感激生养之恩，感慨因果因缘的应现，为酬谢母亲的厚德，建造这座佛寺。

佛寺大殿高一百多尺，室内有石佛像，高七十多尺，上面有七重石盖，凭空悬浮不相接，每层盖之间相距三尺多。早先的记载说：这是罗汉的愿力托持着。有人说是神通的力量，有人说是药物法术的效果。考察记录，未知缘由。大殿四周是雕镂过的石壁，刻画着如来昔日为修菩萨行、到达因地之位时做的种种善事。证得圣果的吉祥幸福，进入超脱生死的境界的灵妙际遇，都被巨细无遗、十分详尽地镌刻镂画在上面。佛寺门外南北左右，各有一只石象。听当地人说：这象偶尔会大吼，大地会因之震动。过去陈那菩萨常栖住此寺。

从这里往西走一千多里，渡过耐秣陁河，到跋禄羯呫婆国。在南印度境内。

跋禄羯呫婆国

跋禄羯呫婆国周二千四五百里①。国大都城周二十余里。土地咸卤，草木稀疏，煮海为盐，利海为业。气序暑热，回风飙起②。土俗浇薄，人性诡诈，不知学艺，邪正兼信。伽蓝十余所，僧徒二百余人，习学大乘上座部法③。天祠十余所，异道杂居。

从此西北行二千余里，至摩腊婆国。即南罗罗国，南印度境。

【注释】

①跋禄羯呫婆：梵文 Bharukacchapa 之音译，又译作婆楼割车、婆卢羯车等。国都故址在今纳巴达河口的布罗奇（Broach），自古即是著名海港。

②飙（biāo）：迅疾。

③上座部：梵文 Sthaviravāda 之意译，印度佛教声闻根本四部之一，因其圣者种姓系上座故得此名。详见卷九摩揭陁国“迦兰陁竹园”部分注释。

【译文】

跋禄羯呫婆国方圆两千四五百里。该国大都城方圆二十多里。土地盐碱，植被稀疏。煮海水制盐，赖海为生。气候温暖炎热，常有旋风突起。风俗浮薄，人性诡诈，不知学习艺术，外道、佛法都有人信从。佛寺有十多所，僧徒有二百多人，研习大乘上座部佛法。天祠有十多所，外道混杂居住。

从这里往西北走二千余里，到达摩腊婆国。即南罗罗国，在南印度境内。

摩腊婆国

摩腊婆国周六千余里[①]。国大都城周三十余里，据莫醯河东南[②]。土地膏腴，稼穑殷盛。草木荣茂，花果繁实。特宜宿麦，多食饼麨。人性善顺，大抵聪敏，言辞雅亮，学艺优深。五印度境，两国重学，西南摩腊婆国，东北摩揭陁国[③]，贵德尚仁，明敏强学。而此国也，邪正杂信。伽蓝数百所，僧徒二万余人，习学小乘正量部法[④]。天祠数百，异道寔众，多是涂灰之侣也。

【注释】

①摩腊婆：梵文 Mālava 之音译。该国故地约在今中央邦马尔瓦(Mālwā)到孟买邦卡奇湾(Gulf of Cutch)一带。该国都城所在尚未能确定。

②莫醯河：即今马希河(Mahi)。

③摩揭陁国：恒河中游强国，见卷八摩揭陀国注释。

④正量部：梵文名 Sammatiya 或 Sammitiya，小乘十八部之一。佛灭后三百年自犊子部流出四部，此为其中第三部。刊定是非名为量，量无邪谬名为正，因此部之所立刊定无误，故名。

【译文】

摩腊婆国方圆六千多里。该国大都城方圆三十余里，在莫醯河东南。土地肥沃,庄稼茂盛。草木繁荣,花果众多,特别适宜冬小麦,主要吃饼面。百姓性格和顺,大多聪敏,出语雅致清亮,学问艺术优秀深奥。全印度境内,两个国家重视学习,西南是摩腊婆国,东北是摩揭陁国,推重道德崇尚仁义,聪明勤敏勉力苦学。这个国家,外道与佛教都有人信。有佛寺数百所,僧众两万多人,修习小乘正量部佛法。有天祠数百所,外道非常多,大多是涂灰教派的人。

一、戒日王遗事

国志曰:六十年前,王号尸罗阿迭多①,唐言戒日。机慧高明,才学赡敏,爱育四生②,敬崇三宝。始自诞灵,洎乎没齿,貌无瞋色,手不害生。象马饮水,漉而后饲,恐伤水性也。其仁慈如此。在位五十余年,野兽狎人。举国黎庶,咸不杀害。居宫之侧,建立精舍,穷诸工巧,备尽庄严,中作七佛世尊之像③。每岁恒设无遮大会④,招集四方僧徒,修施四事供养⑤,或以三衣道具⑥,或以七宝珍奇⑦。奕世相承,美业无替。

【注释】

①尸罗阿迭多:即戒日王,是梅特拉迦王朝第八代国王尸罗阿迭多一世,又称法日(Dharmāditya),并非卷五曲女城之戒日王(曷利沙伐弹那)。

②四生:佛教分世界众生为四大类:一、胎生,如人畜;二、卵生,如禽鸟鱼鳖;三、湿生,如某些昆虫;四、化生,无所依托,唯借业力而忽然出现者,如诸天与地狱及劫初众生。

③七佛:指过去的七佛,即毗婆尸佛、尸弃佛、毗舍浮佛、拘留孙佛、拘那含牟尼佛、迦叶佛、释迦牟尼佛。具体名称因翻译不同有不

同写法。

④无遮大会：梵文 Pañcapariṣad，Pañcavarṣikā－pariṣad 的意译。佛教举行的一种广结善缘，不分贵贱、僧俗、智愚、善恶都一律平等对待的大斋会。

⑤四事供养：供奉三宝日常生活所需之四物，指衣服、饮食、卧具、医药，或指衣服、饮食、汤药、房舍等。

⑥三衣：梵文 Tricīvara 的意译。佛教比丘穿的三种衣服。一种叫僧伽梨，即大衣或名众聚时衣，在大众集会或行授戒礼时穿着；一种叫郁多罗僧，即上衣，礼诵、听讲、说戒时穿着；一种叫安陀会，日常作业和安寝时穿用，即内衣。亦泛指僧衣。

⑦七宝：七种宝物，不过诸经论所说少异：《法华经·受记品》为“金、银、琉璃、砗磲、玛瑙、真珠、玫瑰”；《无量寿经》上为“金、银、琉璃、玻璃、珊瑚、玛瑙、砗磲”；《智度论》十为“金、银、毗琉璃、颇梨、车渠、马瑙、赤真珠”等等。

【译文】

国史记载：六十年前的国王，号为尸罗阿迭多，唐土称戒日。聪慧高明，学问丰富才思敏捷，爱护养育四生，尊敬崇拜三宝。从他降生，直到去世，脸无怒色，手不杀生。象和马所的饮水，过滤后才喂，担心伤害水中生物。他是这样地仁慈。在位五十多年，野兽能与人玩戏，全国百姓都不杀生。王宫旁边建起僧殿，穷工巧之奇，尽装饰之美，殿中有过去七佛之像。每年都设无遮大会，召集四方僧人，施舍财物，供养四事，有时给三种僧衣，有时给七宝珍奇。世代相承，美好的传统不曾中断。

二、贤爱破邪论故事

大城西北二十余里，至婆罗门邑，旁有陷坑，秋夏淫滞，弥淹旬日，虽纳众流，而无积水。其旁又建小窣堵波。闻诸先志曰：昔者大慢婆罗门生身陷入地狱之处。昔此邑中有婆罗门，生知博物，学冠时彦。内外典籍，究极幽微，历数玄文，若视诸掌[①]，风范清高，令闻遐被。王甚珍敬，国人宗重。门人千数，味道钦风。每自言曰："吾为世出，述圣导凡。先贤后哲，无与我比。彼大自在天、婆薮天、那罗延天、佛世尊者[②]，人皆风靡，祖述其道，莫不图形，竞修祇敬[③]。我今德逾于彼，名擅于时，不有所异，其何以显？"遂用赤旃檀刻作大自在天、婆薮天、那罗延天、佛世尊等像，为座四足，凡有所至，负以自随，其慢傲也如此。时西印度有苾刍跋陁罗缕支[④]。唐言贤爱。妙极因明[⑤]，深穷异论，道风淳粹，戒香郁烈，少欲知足，无求于物，闻而叹曰："惜哉，时无人矣！令彼愚夫，敢行凶德。"于是荷锡远游，来至此国，以其宿心，具白于王。王见弊服，心未之敬，然高其志，强为之礼。遂设论座，告婆罗门。婆罗门闻而笑曰："彼何人斯，敢怀此志？"命其徒属，来就论场，数百千众，前后侍听。贤爱服弊故衣，敷草而坐。彼婆罗门踞所持座，非斥正法，敷述邪宗。苾刍清辩若流，循环往复。婆罗门久而谢屈。王乃谓曰："久滥虚名，罔上惑众，先典有记，论负当戮。"欲以炉铁，令其坐上。婆罗门窘迫，乃归命求救。贤爱愍之，乃请王曰："大王仁化远洽，颂声载途，当布慈育，勿行残酷，恕其不逮，唯所去就。"王令乘驴巡告城邑。婆罗门耻其戮辱，发愤欧血。苾刍闻已，往慰之曰："尔学苞内外，声闻遐迩，荣辱之事，进退当明。夫名者何实乎？"婆罗门愤恚，深詈苾刍，谤毁大乘，轻蔑先圣。言声未静，地便坼裂，生身坠陷，遗迹斯在。

自此西南入海交，西北行二千四五百里，至阿吒厘国。

南印度境。

【注释】

①视诸掌：形容非常了解，语出《论语·八佾》："或问禘之说。子曰：'不知也。知其说者之于天下也，其如示诸斯乎！'指其掌。"

②大自在天：自在天外道之主神。梵文 Maheśvara 的意译，音译作摩醯湿伐罗等，在色界之顶，为三千界之主。婆薮天：梵文 Vāsu 之音译，通常称为毗湿奴，是婆罗门教的主神之一，即保护神。那罗延：梵文 Nārāyaṇa 音译，印度神话中原人之子，遍入天或黑天的别名，一说即梵天王。

③祗(zhī)敬：恭敬。祗，也是敬的意思。

④跋陁罗缕支：梵文 Bhadraruci 之音译，意译为贤爱。

⑤因明：梵文 Hetuvidya 之意译，音译为醯都费陀。"因"指原因、根据、理由；"明"义为学术。因明即关于逻辑推理的学说。

【译文】

从大城往西北走二十多里，到达婆罗门聚落，聚落边有个陷下的坑，夏秋雨水连绵，常持续十天半月，虽然汇入很多水，却不见积聚。坑边又建有一座小塔。根据先代文献记载：这里是过去一位非常傲慢的婆罗门活生生陷入地狱的地方。过去这聚落上，有位婆罗门，生来十分博学，学问超过当时其他俊才。佛典和教外文献，都能尽窥妙旨，天文历法，娴熟无比，风度仪范清雅高致，美名远播。国王很是珍视尊敬，国人宗奉敬重。门人上千，揣摩学习道理，钦慕他的风采。他自己常说："我为世界而生，传述圣贤学说，引导凡人进步。先代贤人，后世智者，没有能与我相比的。那大自在天、婆薮天、那罗延天、佛世尊者，人们都倾心膜拜，传述他们的学说，都被信徒画形作像，竞相尊奉。现在我的德行已经超过他们，名声独步当今，不做与他们不同的事，怎么能显出我自己呢？"于是用赤旃檀刻作大自在天、婆薮天、那罗延天、佛世尊等人之像，做座位的四脚，不管到哪里，都随身带着。他傲慢到这种程度。当时西印度有位叫跋陁罗缕支。唐土称贤爱。的比丘，尽通因明妙理，深知外道学说，道德风操纯粹，守戒深受美誉，淡薄寡欲，十分知足，对物质没有追求，他听说后慨叹到："可惜啊，当今真是无人！让这样的蠢人，放肆展露凶悖的德行。"于是扛着锡杖远游，来到该国，将他长久以来的愿望，禀告给国王。国王看他衣服破败，心里不很敬重，但欣赏他的志气，勉强加以礼遇。于是设下辩论坐席，通知婆罗门。婆罗门听后笑道："他是什么人，敢有这种抱负？"吩咐徒弟们，服侍他来到辩论场所，成百上千的人，在前后旁听。贤爱穿着破旧的衣服，铺草坐在上面。那位婆罗门坐在带来的座位上，驳斥指责佛法，宣扬外道学说。比丘论辩清雅，口若悬河，往复再三。很久之后婆罗门认输。国王便说："长久以来，欺世盗名，欺骗君上，迷惑百姓，典有明文，辩论失败就当受戮。"准备取烧红的炉铁，让他坐在上面。婆罗门窘迫，便向贤爱屈服求饶。贤爱同情他，请求国王说："大王仁爱的教化令远方和洽，歌颂之声不绝于途，应该施行慈爱教育，不要做残酷的事，宽恕他的失败，随他去哪里。"国王命令婆罗门骑着驴子巡行遍告城乡。婆罗门耻于这样的羞辱，气得吐血。比丘知道了，去劝慰他说："你的学问通晓本教和其他，名声传遍远近，对于个人荣辱，应该清楚如何处理。名声这东西有什么实际意义？"婆罗门恼羞成怒，恶骂比丘，毁谤大乘，轻辱先代圣贤。话音未落，大地开裂，活生生地掉下去了，遗迹至今尚存。

从这里往西南走到海湾，向西北方走两千四五百里，到达阿吒厘国。在南印度境内。

阿吒厘国

阿吒厘国周六千余里[1]。国大都城周二十余里。居人殷盛，珍宝盈积，稼穑虽备，兴贩为业。土地沙卤，花果稀少。出胡椒树②,树叶若蜀椒也③。出薰陆香树④,树叶若棠梨也⑤。气序热,多风埃。人性浇薄,贵财贱德。文字语言,仪形法则,大同摩腊婆国。多不信福,纵有信者,宗事天神。祠馆十余所,异道杂居。

从摩腊婆国西北行三日,至契吒国。南印度境。

【注释】

①阿吒厘:梵文名当是 Aṭali,此国当是传闻之国,玄奘并未亲履,地望未知。

②胡椒树:梵文名 Pippali,胡椒自古为印度西海岸特产,此处所说的是灌木长胡椒。

③蜀椒:落叶灌木,产于四川等地,又称巴椒、川椒。果实光黑,肉厚皮皱,腹里白,气味辛辣,可作香料。

④薰陆香树:梵文名为 Kunduru,薰陆香是由这种树的树脂汁液制成,极为珍贵。

⑤棠梨:俗称野梨。落叶乔木,叶长圆形或菱形,花白色,果实小,略呈球形,有褐色斑点。可用做嫁接各种梨树的砧木。

【译文】

阿吒厘国方圆六千多里。该国大都城方圆二十多里。居民众多,珍宝充盈,虽然种植庄稼,主要依赖经商。土地沙碱,花果稀少。产胡椒树,树叶像蜀椒。产薰陆香树,树叶像野梨。气候炎热,多有风沙。民性浮薄,重财轻德。文字语言,典章法律,类似摩腊婆国。大多不信宗教,即使有信的,敬奉天神。有寺庙十多所,外道杂居。

从摩腊婆国往西北走三百里,到达契吒国。在南印度境内。

契吒国

契吒国周三千余里①。国大都城周二十余里。人户殷盛，家室富饶。无大君长，役属摩腊婆国，风土物产，遂同其俗。伽蓝十余所，僧徒千余人，大小二乘兼功习学。天祠数十，外道众多。

从此北行千余里，至伐腊毗国。即北罗罗国，南印度境。

【注释】

①契吒：该国的原名和地望尚难以确定，梵文名可能是 Kaccha，故地可能在今卡奇地区(Cutch)。

【译文】

契吒国方圆三千多里，该国大都城方圆二十多里。户口众多，家庭富足。没有国王，从属摩腊婆国，风俗物产，因而与之类似。有佛寺十多所，和尚千余人，大乘小乘都有人修习。有天祠数十所，外道众多。

从此往北走一千多里，到达伐腊毗国。即北罗罗国，在南印度境内。

伐腊毗国

伐腊毗国周六千余里[①]。国大都城周三十余里。土地所产，气序所宜，风俗人性，同摩腊婆国。居人殷盛，家室富饶，积财百亿者，乃有百余室矣。远方奇货，多聚其国。伽蓝百余所，僧徒六千余人，多学小乘正量部法[②]。天祠数百，异道寔多。

【注释】

①伐腊毗：梵文 Valabhi 或 Vallabh 之音译。该国故地在今卡提阿

瓦半岛(Kathiawar),都城故址在今包纳加尔(Bhaonagar)西北约30公里的伐腊(Wala)。此国当时是小乘佛教的中心。

②正量部:梵文名 Sammatiya 或 Sammitiya,小乘十八部之一。佛灭后三百年自犊子部流出四部,此为其中第三部。刊定是非名为量,量无邪谬名为正,因此部之所立刊定无误,故名。

【译文】

伐腊毗国方圆六千多里。该国大都城方圆三十多里。土地所生,气候所宜,风俗人情,与摩腊婆国相同。居民众多,家产富饶,累积家产上百亿的,就有一百多家。远方稀有货物,很多聚集在此国。佛寺百余所,僧众六千多人,大多修习小乘正量部佛法。有天祠数百所,外道非常多。

一、附近遗迹

如来在世,屡游此国,故无忧王于佛所止,皆树旌表,建窣堵波。过去三佛坐及经行说法之处,遗迹相间。

【译文】

如来在世时,多次游览此国,因而无忧王在佛祖曾停驻之处,都树立标志,建造宝塔。过去三佛打坐与散步、说法之处,这类遗迹间隔分布。

二、常睿王崇佛

今王,刹帝利种也,即昔摩腊婆国尸罗阿迭多王之侄、今羯若鞠阇国尸罗阿迭多王之子婿,号杜鲁婆跋吒[①]。唐言常睿。情性躁急,智谋浅近。然而淳信三宝,岁设大会七日,以殊珍上味,供养僧众。三衣医药之价[②],七宝奇贵之珍[③],

既以总施，倍价酬赎。贵德尚贤，尊道重学，远方高僧，特加礼敬。

【注释】

①杜鲁婆跋吒：梵文 Dhruvabhaṭṭa 之音译，又名常胄（Dhruvavarman）。

②三衣：梵文 Tricīvara 的意译。佛教比丘穿的三种衣服。详见本卷上文摩腊婆国注释。

③七宝：七种宝物。详见本卷上文摩腊婆国注释。

【译文】

现在的国王，是刹帝利种姓，就是之前摩腊婆国尸罗阿迭多王的侄子、也是现在羯若鞠阇国尸罗阿迭多王的女婿，人称杜鲁婆跋吒。唐土称常睿。他性格急躁，智谋浅短。但是笃信佛教，每年都举办七天的法会，用奇珍异味供养僧人。他将三衣、药物、七宝、奇珍等全部布施给僧众，然后再以成倍的价格赎回。他推崇贤德，尊重佛道，对于远方的高僧，特别礼敬。

三、阿折罗伽蓝

去城不远，有大伽蓝，阿折罗阿罗汉之所建立[①]，德慧、坚慧菩萨之所游止[②]，于中制论，并盛流布。

自此西北行七百余里，至阿难陀补罗国。西印度境。

【注释】

①阿折罗：罗汉名，梵文为 Ācūra。

②德慧：梵文 Guṇamati 之意译，音译作瞿那末底、窭拏末底、求那摩底等，为西元六世纪前后的南印度人，佛教瑜伽行宗的著名学

者，唯识论十大论师之一。坚慧：梵语 Sūramati，南印度人，著有《究竟一乘宝性论》、《法界无差别论》等。

【译文】

离都城不远，有座大寺，是阿折罗罗汉建造的，德慧和坚慧菩萨有时驻锡其中，在此撰写的论著，都广泛流传。

从这里往西北走七百多里，到达阿难陁补罗国。在西印度境内。

阿难陁补罗国

阿难陁补罗国周二千余里①。国大都城周二十余里。人户殷盛，家室富饶。无大君长，役属摩腊婆国。土宜气序，文字法则，遂亦同焉。伽蓝十余所，僧徒减千人，习学小乘正量部法。天祠数十，异道杂居。

从伐腊毗国西行五百余里，至苏剌侘国。西印度境。

【注释】

①阿难陁补罗：梵文 Ānandapura 之音译。该国故地在今卡提阿瓦半岛东北，沙巴马提河（Sabarmati）上游以西的瓦特纳加尔（Vadnagar）及附近一带。都城故址可能是今巴那斯河（Banas）西岸阿布山西麓之阿那得拉（Anadra）。

【译文】

阿难陁补罗国方圆二千多里。该国大都城方圆二十多里。人口殷盛，家庭富裕。没有国王，隶属于摩腊婆国。土地所宜、气候环境，文字的法则，也与之相同。有佛寺十多所，僧众近千人，修习小乘正量部佛法。有天祠数十所，外道混杂居住。

从伐腊毗国向西走五百多里，到了苏剌侘国。在西印度境内。

苏剌侘国

苏剌侘国周四千余里[①]。国大都城周三十余里。西据莫醯河[②]。居人殷盛，家产富饶，役属伐腊毗国。地土咸卤，花果稀少。寒暑虽均，风飘不静。土俗浇薄，人性轻躁，不好学艺，邪正兼信。伽蓝五十余所，僧徒三千余人，多学大乘上座部法[③]。天祠百余所，异道杂居。国当西海之路，人皆资海之利，兴贩为业，贸迁有无。

去城不远，有郁鄯多山[④]。顶有伽蓝，房宇廊庑，多疏崖岭。林树郁茂，泉流交境，圣贤之所游止，灵仙之所集往。

从伐腊毗国北行千八百余里，至瞿折罗国。西印度境。

【注释】

①苏剌侘：梵文 Surāṣṭra 之音译，此国在今卡提阿瓦半岛南部卡奇湾上，当在以港口城市苏拉特为中心的一片区域，苏拉特(Surat)之名即由苏剌侘古名的讹变而来。此国古代有频繁的海外贸易。都城故址在今朱纳加德(Junāgaḍh)。

②莫醯河：即今马希河(Mahi)。

③上座部：梵文 Sthaviravāda 之意译，印度佛教声闻根本四部之一，因其圣者种姓系上座故得此名。详见卷九摩揭陁国"迦兰陁竹园"部分注释。

④郁鄯多：梵文原名当是 Ujjanta，即今日迄尔纳山(Girnār)，是耆那教圣地，也有不少佛教文物。

【译文】

苏剌侘国方圆四千多里。该国大都城方圆三十多里。西临莫醯河。居民众多,家庭富裕,隶属伐腊毗国。土地盐卤,花果稀少。寒暑虽然均匀,但常有暴风。风俗浮薄,百姓性格轻躁,不好学习技艺,外道和佛教都有人信仰。有佛寺五十多所,僧徒三千多人,大多修习大乘上座部佛法。有天祠一百多所,外道混杂居住。此国位于往西海的要道上,百姓都利用靠海的便利,贩运为生,互通有无。

离城不远,有郁鄯多山。山顶有佛寺,屋舍檐廊,大多建在凿开的山崖上。树木茂密,溪泉交错,圣贤多有栖止,神灵常常聚居。

从伐腊毗国往北走一千八百多里,到达瞿折罗国。在西印度境内。

瞿折罗国

瞿折罗国周五千余里[①]。国大都城号毗罗摩罗[②],周三十余里。土宜风俗,同苏剌侘国。居人殷盛,家产富饶。多事外道,少信佛法。伽蓝一所,僧百余人,习学小乘教说一切有部[③]。天祠数十,异道杂居。王,刹帝利种也,年在弱冠,智勇高远,深信佛法,高尚异能。

从此东南行二千八百余里,至邬阇衍那国。南印度境。

【注释】

①瞿折罗:梵文 Gūrjara 之音译,该国故地在今印度拉贾斯坦邦一带。此族人今在印度西北部分布较广。

②毗罗摩罗:梵文 Bhillamāla 之音译,故址在今巴尔默尔(Balmer)。

③说一切有部:小乘流派之一,梵语 Sarvāstivāda,音译萨婆多部,又称说因部。小乘二十部之一。佛灭后三百年初,自根本之上座部分出,立有为无为一切诸法之实有,且一一说明其因由为宗,故称说一切有部。

【译文】

瞿折罗国方圆五千多里。该国大都城名为毗罗摩罗，方圆三十多里。土地所宜和风俗习惯，与苏剌侘国相同。户口密集，百姓富裕。大多信奉外道，很少信佛。有佛寺一所，僧众一百多，修习小乘佛教的一切有部。有天祠数十所，外道混杂居住。国王是刹帝利种的，大约二十岁，智勇超群，深信佛法，尊重有特殊才能的人。

从这里往东南走两千八百多里，到达邬阇衍那国。在南印度境内。

邬阇衍那国

邬阇衍那国周六千余里①。国大都城周三十余里。土宜风俗，同苏剌侘国。居人殷盛，家室富饶。伽蓝数十所，多以圮坏②，存者三五。僧徒三百余人，大小二乘兼功习学。天祠数十，异道杂居。王，婆罗门种也，博览邪书，不信正法。

去城不远，有窣堵波，无忧王作地狱之处③。

从此东北行千余里，至掷枳陁国。南印度境。

【注释】

①邬阇衍那国：梵文 Ujjayanī 之音译。该国故地在今印度中央邦西部。都城则在今中央邦南部的乌贾因(Ujjain)，该城至今是马尔瓦高原上的一个经济中心。

②以：同“已”。

③无忧王作地狱：所谓地狱即监狱，阿育王曾在华氏城建立牢狱，详见卷八摩揭陁国“无忧王地狱处”部分。

【译文】

邬阇衍那国方圆六千多里。该国大都城方圆三十多里。土地所宜和风俗习惯，与苏剌侘国相同。户口密集，百姓富饶。有佛寺数十所，大多已经荒废，现存三五所。有僧众三百多人，大乘和小乘都有人修习。有天祠数十所，外道混杂居住。国王是婆罗门种，博览外道书籍，不信佛法。

离城不远有座塔，是无忧王建造监狱的地方。

从这里往东北走一千多里，到达掷枳陁国。在南印度境内。

掷枳陁国

掷枳陁国周四千余里[①]。国大都城周十五六里。土称沃壤，稼穑滋植，宜菽麦，多花果。气序调畅，人性善顺。多信外道，少敬佛法。伽蓝数十，少有僧徒。天祠十余所，外道千余人。王，婆罗门种也[②]，笃信三宝[③]，尊重有德，诸方博达之士，多集此国。

从此北行九百余里，至摩醯湿伐罗补罗国。中印度境。

【注释】

①掷枳陁：梵文 Jejākabhukti 之音译，该国故地约在今印度中央邦北部的彭德尔甘德(Bundelkhand)地区。都城故址在今卡朱拉霍(Khajurāho)，在曲女城东南约 145 公里处。

②婆罗门：梵文 Brāhmaṇa 的音译，古印度四种姓之一。居于种姓之首，世代以祭祀、诵经、传教为专业，是社会精神生活的统治者，享有种种特权。

③三宝：梵文 Triratna 的意译。指佛宝、法宝、僧宝。

【译文】

掷枳陁国方圆四千多里。该国大都城方圆十五六里。土地素称肥沃，庄稼生长繁茂，适宜豆麦，多有花果，气候风调雨顺，百姓善良温顺。大多相信外道，少数敬崇佛法。有佛寺数十所，少有僧人。有天祠十多所，外道一千余人。国王是婆罗门种的，笃信三宝，尊重德高之人，各地博学闻名之人，很多聚集在该国。

从这里往北走九百多里，到达摩醯湿伐罗补罗国。在中印度境内。

摩醯湿伐罗补罗国

摩醯湿伐罗补罗国周三千余里①。国大都城周二十余里。土宜风俗，同邬阇衍那国。宗敬外道，不信佛法。天祠数十，多有涂灰之侣②。王，婆罗门种也，不甚敬信佛法。

从此还至瞿折罗国，复北行荒野险碛，经千九百余里，渡信度大河，至信度国。西印度境。

【注释】

①摩醯湿伐罗补罗：梵文 Maheśvarapura 之音译，意为大自在城，该国故地相当于今印度拉贾斯坦邦东部的瓜廖尔（Gwālior）一带，都城可能就在今瓜廖尔。

②涂灰：梵文 Pāṃśupata 的意译。因其教徒周身涂灰修苦行，以求升天而得名。该派崇拜湿婆神，故又称湿婆派、自在天派，是印度教中的一派。

【译文】

摩醯湿伐罗补罗国方圆三千多里。该国大都城方圆二十多里。土地所宜、风俗习惯，都同于邬阇衍那国。尊崇外道，不信佛法。有天祠数十所，大多是涂灰外道。国王是婆罗门种，不太尊敬相信佛法。

从这里回到瞿折罗国，继续往北经过荒凉的原野、危险的沙碛，经过一千九百多里，渡过信度大河，来到信度国。在西印度境内。

信度国

信度国周七千余里[①]。国大都城号毗苫婆补罗[②]，周三十余里。宜谷稼，丰宿麦，出金、银、鍮石，宜牛、羊、橐驼、骡畜之属。橐驼卑小，唯有一峰。多出赤盐，色如赤石，白盐、黑盐及白石盐等，异域远方以之为药。人性刚烈而质直，数斗诤，多诽讟。学不好博，深信佛法。伽蓝数百所，僧徒万余人，并学小乘正量部法，大抵懈怠，性行弊秽。其有精勤贤善之徒，独处闲寂，远迹山林，夙夜匪懈，多证圣果。天祠三十余所，异道杂居。王，戍陁罗种也[③]，性淳质，敬佛法。如来在昔颇游此国，故无忧王于圣迹处建窣堵波数十所。乌波毱多大阿罗汉屡游此国[④]，演法开导，所止之处，皆旌遗迹，或建僧伽蓝，或树窣堵波，往往间起，可略而言。

【注释】

①信度：梵文 Sindhu 之音译。该国故地相当于今巴基斯坦旁遮普省的西南部一带，印度河与萨特累季(Sutlaj)河合流地区。

②毗苫婆补罗：可能是梵文 Vichavapura 之音译，一般认为该城故址在苏库尔地区的阿洛尔(Alor)，即今阿洛尔以东约 8 公里处的古城乌奇(Uvh)，据说此城由亚历山大大帝所建。

③戍陁罗：梵文Śūdra 的音译，又作首陀罗，印度四种姓中最低的，没有任何权利，仅从事“低贱”、“卑微”的劳动，或为高级种姓服役。其实际地位无异于奴隶。

④乌波毱多：梵文 Upagupta 音译，是摩揭陁国毱多长者之子，曾为阿育王国师，为付法藏第四祖，广泛宣扬佛教。本书卷四秣菟罗国有其事迹。

【译文】

信度国方圆七千多里。该国大都城名叫毗苫婆补罗，方圆三十多里。适宜谷物，多种冬麦，产金、银、鍮石，适宜牛、羊、骆驼、骡子等牲畜。该国的骆驼矮小，只有一峰。多产红盐，颜色像红石头，白盐、黑盐以及白石盐等，异国远方把它们当作药物。民性刚烈而朴实直爽，频繁争斗，经常毁骂。学问不求广博，深信佛法。佛寺数百所，僧徒一万多人，都研习小乘正量部佛法，大多懈怠，品行低劣。也有专精勤苦贤德善良的僧人，安闲孤寂地独处，远隐山林，日夜不懈怠，大多能证得圣果。天祠有三十多所，外道杂居。国王是首陀罗种，性格淳朴，敬重佛法。如来过去常来该国，因此无忧王在他停息之处建造了数十座塔。乌波毱多大罗汉多次游历该国，宣扬佛法指点迷津，所停留的地方，都标明遗迹，有的是建造佛寺，有的是树立宝塔，常常隔不远就有，可以不用多说。

一、法服俗行户

信度河侧千余里陂泽间，有数百千户，于此宅居，其性刚烈，唯杀是务。牧牛自活，无所系命。若男若女，无贵无贱，剃须发，服袈裟，像类苾刍而行俗事，专执小见，非斥大乘。闻诸先志曰：昔此地民庶安忍，但事凶残。时有罗汉愍其颠坠，为化彼故，乘虚而来，现大神通，示希有事，令众信受，渐导言教。诸人敬悦，愿奉指诲。罗汉知众心顺，为授三归[①]，息其凶暴，悉断生杀，剃发染衣，恭行法教。年代浸远，世易时移，守善既亏，余风不殄[②]，虽服法衣，尝无戒善。子孙奕世，习以成俗。

此东行九百余里，渡信度河东岸，至茂罗三部卢国。西印度境。

【注释】

①三归：皈依佛、法、僧三宝。即以佛为师，以法为药，以僧为友。

②殄（tiǎn）：灭绝；绝尽。

【译文】

信度河边千余里的湖泽间，有数千户人家，在此居住，他们性格刚烈，专行杀戮。放牛为生，没有其他依靠。不分男女，无论贵贱，都剃去毛发，穿上袈裟，外貌像和尚行为却和世俗一样。固执于小乘法理，非难排斥大乘。据较早的记载说："过去此地百姓残忍，专做残暴的事。后来有罗汉同情他们堕落，为了感化他们，凌空飞来，展现出很大的神通，演示稀有的事情，让他们信服，渐以言传身教开导他们。众人心悦诚服，愿意敬奉指教。罗汉知道大家心服，给他们讲三归，停息他们心中的暴虐，让他们都不再杀戮，剃去头发穿上缁衣，恭敬地奉行佛法。年代久远，时代变迁，已不如早先虔诚，但余风未灭，虽穿着僧服，却不劝勉行善。子孙累世，渐成习俗。"

从这里往东走九百多里，渡信度河到东岸，来到茂罗三部卢国。在西印度境内。

茂罗三部卢国

茂罗三部卢国周四千余里[①]。国大都城周三十余里。居人殷盛，家室富饶。役属磔迦国[②]。土田良沃，气序调顺。风俗质直，好学尚德，多事天神，少信佛法。伽蓝十余所，多已圮坏，少有僧徒，学无专习。天祠八所，异道杂居。

【注释】

①茂罗三部卢：梵文 Mūlasthānapura，该国故地在今巴基斯坦旁遮普省中部。都城故址在今木尔坦（Mūltān），位于切纳布河下游，此地至今是连接巴基斯坦各地的交通枢纽。

②磔迦：梵文Ṭakka的音译。其地大致在今巴基斯坦的整个旁遮普平原。详见卷四磔迦国。

【译文】

茂罗三部卢国方圆四千多里。该国大都城方圆三十多里。人口繁多，百姓富足。从属磔迦国。土地肥沃，风调雨顺。风俗朴直，好学敬德，大多信奉天神，少数相信佛法。佛寺十多所，多已颓毁，僧人很少，不专学某一教派。天祠有八所，外道信徒混杂居住。

一、日天祠

有日天祠[①]，庄严甚丽。其日天像铸以黄金，饰以奇宝。灵鉴幽通，神功潜被，女乐递奏，明炬继日，香花供养，初无废绝。五印度国诸王豪族，莫不于此舍施珍宝，建立福舍[②]，以饮食医药给济贫病。诸国之人来此求愿，常有千数。天祠四周，池沼花林，甚可游赏。

从此东北行七百余里，至钵伐多国。北印度境。

【注释】

①日天："日天子"之略，相当于太阳神，梵文 Sūrya，音译为苏利耶、修利、修野等。又称宝光天子、宝意天子。为观世音菩萨之变化身，住于太阳中，太阳为其宫殿，故名。

②福舍：梵文 Puṇyaśala 的意译。佛教所设布施修福的处所。

【译文】

有座日天祠，装饰十分华丽。那座日天像用黄金铸成，用奇宝装饰。灵力暗中作用，神功潜处化物，女乐轮班演奏，明烛日夜燃烧，用香花供养，从无间断。五印度各国王族豪门，无不在此施舍珍宝，建立福舍，用饮食医药救济穷人、病患。各国来此求愿的人，常常上千。天祠周围，有池沼花林，很值得游赏。

从这里往东北走七百多里，到钵伐多国。在北印度境内。

钵伐多国

钵伐多国周五千余里[①]。国大都城周二十余里。居人殷盛，役属磔迦国。多旱稻，宜宿麦。气序调适，风俗质直。人性躁急，言含鄙辞，学艺深博，邪正杂信。伽蓝十余所，僧徒千余人，大小二乘兼功习学。四窣堵波，无忧王之所建也。天祠二十，异道杂居。

【注释】

①钵伐多：梵文 Parvata 音译，意为山岳，都城故址多认为在今巴基斯坦旁遮普省的哈拉巴(Harappa)，该地有著名的“印度河文明”遗址。

【译文】

钵伐多国方圆五千多里。该国大都城方圆二十多里。居民繁多，从属磔迦国。多种旱稻，适宜冬麦。气候宜人，风俗朴直。百姓性格急躁，口带脏话，学问深广，佛教和外道都有人信。有寺庙十多所，僧众一千多人，大乘和小乘都有人修习。有四座塔是无忧王所建造的。有天祠二十所，外道、信徒混杂居住。

一、城侧大伽蓝

城侧有大伽蓝，僧徒百余人，并学大乘教。即是昔慎那弗呾罗唐言最胜子。论师于此制《瑜伽师地释论》①，亦是贤爱论师、德光论师本出家处②。此大伽蓝为天火所烧，摧残荒圮。

从信度国西南行千五六百里，至阿点婆翅罗国。西印度境。

【注释】

①慎那弗呾罗：梵文 Jinaputra 之音译，又作辰那弗多罗，意译为最胜子、最胜真子等，是护法的弟子，唯识十大论师之一。《瑜伽师地释论》：今存《瑜伽师地释论》一卷，玄奘译，最胜子等著。

②贤爱：梵文 Bhadraruci 之意译，音译为跋陁罗缕支。德光：梵文 Guṇaprabha 的意译，音译为瞿拏钵剌婆。西元 6 世纪北印度钵伐多国人，深通律学。

【译文】

城边有大寺，僧徒一百多人，都修学大乘佛法。过去慎那弗呾罗唐土称最胜子论师就是在这里创作了《瑜伽师地释论》，也是贤爱论师、德光论师出家为僧的地方。大寺为天火所烧，残破荒败。

从信度国向西南走一千五六百里，到达阿点婆翅罗国。在西印度境内。

阿点婆翅罗国

阿点婆翅罗国周五千余里①。国大都城号朅䟦湿伐罗[2]，周三十余里，僻在西境，临信度河，邻大海滨。屋宇庄严，多有珍宝。近无君长，统属信度国。地下湿，土斥卤，秽草荒茂，畴垄少垦。谷稼虽备，宿麦特丰。气序微寒，风飙劲烈。宜牛、羊、橐驼、骡畜之类。人性暴急，不好习学。语言微异中印度。其俗淳质，敬崇三宝。伽蓝八十余所，僧徒五千余人，多学小乘正量部法[3]。天祠十所，多是涂灰外道之所居止[4]。

【注释】

①阿点婆翅罗：梵文原名可能是Audumbatira，该国故地在今巴基斯坦南部印度河口一带。

②朅䶗(qiè qí)湿伐罗：梵文原名可能是Kaccheśvara，一般认为即今巴基斯坦最大港口卡拉奇(Karāchī)。

③正量部：梵文名Sammatiya或Sammitiya，小乘十八部之一。佛灭后三百年自犊子部流出四部，此为其中第三部。刊定是非名为量，量无邪谬名为正，因此部之所立刊定无误，故名。

④涂灰：梵文Pāṃśupata的意译。因其教徒周身涂灰修苦行，以求升天而得名。该派崇拜湿婆神，故又称湿婆派、自在天派，是印度教中的一派。

【译文】

阿点婆翅罗国方圆五千多里。该国大都城名为朅䶗湿伐罗，方圆三十多里，偏居西部，靠近印度河，濒临海边。房屋的装饰物，很多是珍宝。近年没有国王，隶属信度国。土壤地下潮湿，又盐碱，杂草丰茂，开发的耕地很少。各种谷物都有，但冬麦特别茂盛。气候略微寒冷，暴风很猛烈。适宜牛、羊、骆驼、骡子等动物。百姓性格急暴，不爱好学习。语言和中印度略有差异。风俗淳朴，尊敬三宝。有佛寺八十多所，僧众五千多人，大多修习小乘正量部佛法。有天祠十所，大多住着涂灰外道。

一、大自在天祠及佛遗迹

城中有大自在天祠[①]，祠宇雕饰，天像灵鉴，涂灰外道游舍其中。

在昔如来颇游此国，说法度人，导凡利俗，故无忧王于圣迹外建六窣堵波焉。

从此西行减二千里，至狼揭罗国。西印度境。

【注释】

①大自在天：即湿婆，自在天外道之主神。梵文 Maheśvara 的意译，音译作摩醯湿伐罗等，在色界之顶，为三千界之主。

【译文】

城中有大自在天祠，房屋雕饰华美，神像很灵验，涂灰外道住在里面。

过去如来常来该国，讲说佛法，度化百姓，引导凡人，造福群众，所以无忧王在如来遗迹边建起六座塔。

从这里往西走不到两千里，到达狼揭罗国。在西印度境内。

狼揭罗国

狼揭罗国东西南北各数千里[①]。国大都城周三十余里，号窣菟黎湿伐罗[②]。土地沃润，稼穑滋盛。气序风俗，同阿点婆翅罗国。居人殷盛，多诸珍宝，临大海滨，入西女国之路也。无大君长，据川自立，不相承命，役属波剌斯国。文字大同印度，语言少异。邪正兼信。伽蓝百余所，僧徒六千余人，大小二乘兼功习学。天祠数百所，涂灰外道，其徒极众。城中有大自在天祠，庄严壮丽，涂灰外道之所宗事。

自此西北至波剌斯国。虽非印度之国，路次附见。旧曰波斯，略也。

【注释】

①狼揭罗：梵文原名可能为 Langala，一般认为在今巴基斯坦俾路支(Palūchistān)省东南部一带。

②窣菟黎湿伐罗：梵文原名可能是 Sambhurīśvara，是大自在天的尊号，故址应在今胡兹达尔(Khozdar)与基拉特(Kilāt)之间的拉柯利安(Lākoriān)地方的大故城废墟。

【译文】

狼揭罗国的东西南北四个方向各有数千里。该国的大都城方圆三十多里，名为窣菟黎湿伐罗。土地肥沃湿润，庄稼繁荣茂盛。气候与风俗，与阿点婆翅罗国相同。户口殷盛，珍宝很多，临近海滨，在去西女国的路上。没有国王，各地自立，不相互听命，都从属于波剌斯国。文字与印度大致相同，语言略有差异。外道和佛教都有人信。有寺庙一百多所，僧众六千多人，大小二乘都钻研修习。有天祠数百所，涂灰外道的信徒非常多。城中有座大自在天祠庙，装饰得壮美华丽，是涂灰外道所尊崇的。

从这里往西北到达波剌斯国。虽然不是印度境内之国，顺路闻知。以前称波斯，是省略。

波剌斯国

波剌斯国周数万里[①]。国大都城号苏剌萨傥那[②]，周四十余里。川土既多，气序亦异，大抵温也。引水为田，人户富饶。出金、银、鍮石、颇胝、水精、奇珍异宝[③]。工织大锦、细褐、氍毹之类[④]，多善马、橐驼。货用大银钱。人性躁暴，俗无礼义。文字语言异于诸国，无学艺，多工技，凡诸造作，邻境所重。婚姻杂乱。死多弃尸。其形伟大，齐发露头，衣皮褐，服锦氎。户课赋税，人四银钱。天祠甚多，提那跋外道之徒为所宗也[⑤]。伽蓝二三，僧徒数百，并学小乘教说一切有部法。释伽佛钵，在此王宫。

国东境有鹤秣城[⑥]，内城不广，外郭周六十余里。居人众，家产富。

西北接拂懔国[⑦]，境壤风俗，同波剌斯。形貌语言，稍有乖异，多珍宝，亦富饶也。

拂懔国西南海岛有西女国[⑧]，皆是女人，略无男子。多诸珍货，附拂懔国，故拂懔王岁遣丈夫配焉。其俗产男皆不举也。

自阿点婆翅罗国北行七百余里，至臂多势罗国。西印度境。

【注释】

①波剌斯：梵文为 Pārsa，旧称波斯（Persīa），即今伊朗，是西亚文明古国。波斯人与进入印度的雅利安人本同源。玄奘在印度时，正当萨珊王朝末期，玄奘回国不久，波斯即为兴起的大食（阿拉伯）所灭。

②苏剌萨傥那：梵文 Surasthāna，意为“神之居所”，此名仅见于本书。通常所知萨珊王朝的都城为泰西封（Ctesiphon）和波斯波利

斯(Persepolis)。

③颇胝:梵文 Sphaṭika 的音译,又作颇黎、玻璃、颇胝迦等,一种状如水晶的宝石,为"七宝"之一。

④氍毹(qú shū),一种毛织或毛与其他材料混织的毯子。可用作地毯、壁毯、床毯、帘幕等。

⑤提那跋:梵文 Dinapati 之音译,意为太阳。即是古代流行于伊朗及中亚的琐罗亚斯德教,亦称祆教、拜火教。该教认为火是神圣之物,善神阿胡拉马兹达之子,所以对它特别尊崇,隋末唐初曾流行我国,我国后来的明教即受此影响。

⑥鹤秣城:Ormus,即今伊朗著名港口霍尔木兹(Hormuz)。

⑦拂懔国:中古波斯语、粟特语 From、Hrum 和 Porum 之音译,均为 Rum(罗马)之讹音,即东罗马帝国。

⑧西女国:关于该国的传说很广泛,中世纪波斯、阿拉伯作家以及马可波罗都有记载,称之为西女国是因为当时我国西南地区也有一女国,称为东女国。

【译文】

波剌斯国方圆数万里。该国大都城名叫苏剌萨傥那,方圆四十多里。领土广大,气候不齐,大多温暖。引水灌田,百姓富饶,出产金、银、鍮石、颇胝、水精和其他奇珍异宝。善于纺织大锦、细褐、氍毹之类。多产善马、骆驼。货币是大银钱。居民性格暴躁,习俗不讲礼义。文字语言和其他国家不同,没有学问艺术,有很多工艺技巧,各种工艺品,都为邻国珍视。婚姻关系混乱。人死了大多扔掉尸体。人形貌长大,留齐发,露额头,穿皮制短衣、彩纹细布。按人头缴税,每人四个银钱。天祠很多,提那跋外道信徒是最受尊崇的。有佛寺两三所,僧众几百人,都修习小乘说一切有部佛法。佛祖的钵在该国王宫中。

该国东部边界上有鹤秣城,内城不大,外郭方圆六十多里。百姓众多,家产富饶。

西北面与拂懔国接壤，拂懔的土地风俗和波剌斯一样。人种相貌和语言，略有不同。多有珍宝，也很富饶。

拂懔国西南方向海岛上有西女国，都是女人，没有男子。各种珍宝很多，依附拂懔国，因此拂懔王每年派男子过去交配。当地风俗生了男孩都不养。

从阿点婆翅罗国向北走七百多里，到达臂多势罗国。在西印度境内。

臂多势罗国

臂多势罗国周三千余里[①]。国大都城周二十余里。居人殷盛，无大君长，役属信度国。土地沙卤，寒风凄劲。多宿麦，少花果。而风俗犷暴，语异中印度。不好艺学，然知淳信。伽蓝五十余所，僧徒三千余人，并学小乘正量部法。天祠二十余所，并涂灰外道也。

【注释】

①臂多势罗：梵文原名可能为 Pāṭāsila，该国故地在今巴基斯坦信德省南部。都城故址当在今海德拉巴德(Hydarabad)。

【译文】

臂多势罗国方圆三千多里。该国大都城方圆二十多里。户口殷盛，没有国王，隶属于信度国。土壤沙碛盐碱，寒风强劲。广种冬麦，少见花果。而且风俗粗暴，语言异于中印度。不好工艺学问，但知道淳朴诚实。有佛寺五十多所，僧徒三千多人，都修习小乘正量部佛法。有天祠二十多所，都住着涂灰外道。

一、城北诸遗迹

城北十五里大林中有窣堵波，高数百尺，无忧王所建也。中有舍利，时放光明。是如来昔作仙人为国王所害之处。

此东不远，有故伽蓝，是昔大迦多延那大阿罗汉之所建立[①]。其傍则有过去四佛座及经行遗迹之处，建窣堵波以为旌表。

从此东北行三百余里，至阿奄荼国。西印度境。

【注释】

①迦多延那：又名迦多衍尼子、迦多衍那等，其父摩诃迦旃延为佛祖十大弟子之一，号称议论第一。

【译文】

城北十五里大树林中有佛塔，高数百尺，是无忧王所造。塔中有舍利子，不时放出光明。是如来昔日作仙人被国王杀害之处。

此东不远，有座古老的寺院，是过去大迦多延那大罗汉所建。它旁边有过去四佛的座位和漫步的遗迹，建有佛塔作为标志。

从这里往东北走三百多里，到达阿奄荼国。在西印度境内。

阿奄荼国

阿奄荼国周二千四五百里[①]。国大都城周二十余里。无大君长，役属信度国。土宜稼穑，宿麦特丰，花果少，草木疏。气序风寒，人性犷烈。言辞朴质，不尚学业，然于三宝，守心淳信。伽蓝二十余所,僧徒二千余人,多学小乘正量部法。天祠五所,并涂灰外道地。

【注释】

①阿奙(fàn)荼:当是梵文 Avaṇḍa 之音译,该国故地在今巴基斯坦信德省北部。都城故址可能在今米尔瓦赫(Mir wah)运河河畔的开尔普尔(Khaipur)附近。

【译文】

阿奙荼国方圆两千四五百里。该国大都城方圆二十多里。没有总的君王,隶属信度国。土壤适宜耕种,冬麦特别丰茂。花果少见,草木稀疏。气候寒冷多风,人民性格粗犷刚烈。言语朴素,不好学习。但对于佛教,一心笃信。有佛寺二十多所,僧徒二千多人,大多学习小乘正量部佛法。有天祠五所,都是涂灰外道的。

一、大竹林附近诸遗迹

城东北不远,大竹林中伽蓝余趾,是如来昔于此处听诸苾刍着亟缚屣[①]。唐言靴。傍有窣堵波,无忧王所建也,基虽倾陷,尚高百余尺。其旁精舍,有青石立佛像,每至斋日,或放神光。次南八百余步。林中有窣堵波,无忧王之所建也。如来昔日止此,夜寒,乃以三衣重覆[②],至明旦,开诸苾刍著复纳衣[③]。此林之中,有佛经行之处,又有诸窣堵波,鳞次相望,并过去四佛坐处也。其窣堵波中有如来发爪,每至斋日,多放光明。

从此东北行九百余里,至伐剌拏国。西印度境。

【注释】

①听：允许。根据佛经记载：释迦摩尼在王舍城说法时，有些比丘来往于山路，脚被岩石、荆棘所伤。因此释迦摩尼允许比丘穿着皮靴。"亟缚屣"盖靴之梵文名称。

②三衣：梵文 Tricīvara 的意译。佛教比丘穿的三种衣服。一种叫僧伽梨，即大衣或名众聚时衣，在大众集会或行授戒礼时穿着；一种叫郁多罗僧，即上衣，礼诵、听讲、说戒时穿着；一种叫安陀会，日常作业和安寝时穿用，即内衣。亦泛指僧衣。

③开：允许。《南齐书·豫章文献王嶷传》："初，沈攸之欲聚众，开民相告，士庶坐执役者甚众。"

【译文】

城东北不远，大竹林中的佛寺遗址，如来昔日是在此允许和尚们穿靴。旁边有宝塔，是无忧王所造，塔基虽然倾斜，但还有百余尺高。此旁大殿，有青石做的立佛像，一到斋日，有时就放出神光。再往南八百多步，树林中有座塔，是无忧王所建造的。过去如来住在这里，夜中寒冷，便将三衣重叠盖上。到第二天早上，便允许僧人重叠穿着法衣。这树林里，有佛祖散步之处，又有不少塔，相间不远，都是过去四佛坐过的地方。有盛放如来头发指甲的塔，一到斋日，常常放出光明。

从这里向东北走九百多里，到达伐刺拏国。在西印度境内。

伐刺拏国

伐刺拏国周四千余里[①]。国大都城周二十余里。居人殷盛，役属迦毕试国[②]。地多山林，稼穑时播。气序微寒，风俗犷烈。性急暴，志鄙弊，语言少同中印度。邪正兼崇，不好学艺。伽蓝数十，荒圮已多，僧徒三百余人，并学大乘法教。天祠五所，多涂灰外道也。

城南不远有故伽蓝，如来在昔于此说法，示教利喜，开悟含生。其侧有过去四佛座及经行遗迹之处。

闻诸土俗曰：从此国西接稽疆那国③，居大山间。川别立主，无大君长，多羊、马，有善马者，其形姝大，诸国希种，邻境所宝。

复此西北逾大山，涉广川，历小城邑，行二千余里，出印度境，至漕矩吒国。亦谓漕利国。

【注释】

①伐剌拿：梵文 Varṇu 之音译，一般认为该国故地在今巴基斯坦西北边境省的班努(Bannu)一带，都城即在班努，该城扼守着巴基斯坦北部重镇白沙瓦通往南方的要道。

②迦毕试：梵文 Kāpiśa 的音译。其地在今阿富汗西部兴都库什山以南的喀布尔河流域。详见卷一迦毕试国注释。

③稽疆那国：此为传说之国，有人认为即阿拉伯史学界所说的 Kykānān 国，又称 Kykan，在今 Chāl 地方，有人则认为在巴基斯坦与阿富汗交界处的瓦齐里斯坦(Waziristan)。

【译文】

伐剌拿国方圆四千多里。该国大都城方圆二十多里。居民殷盛，附属于迦毕试国。境内多山林，作物按时播种。气候略寒，风俗粗犷刚烈。性情急躁，志向鄙陋，语言略同于中印度。外道和佛法都有人信，不喜好学问艺术。有佛寺数十所，大多荒败，僧众三百多人，都学大乘佛法。有天祠五所，大多是涂灰外道。

城南不远有古寺，如来过去曾在此说法，展示佛教的好处便利，开导启发贪迷的众生。寺旁有过去四佛座位以及散步的遗迹。

听当地人说:从此国向西就到稽疆那国,在大山之间。每个山谷都有首领,没有大的君王,多产羊、马,有一种好马,形貌骏美且大,各国视为稀种,邻国很是珍视。

再往西北越过大山,经过宽广的山谷,走过一些小城镇,走二千多里,出印度境,到达漕矩吒国。也称漕利国。

卷第十二　二十二国

【题解】

本卷记玄奘出印度后，归国途中所经西域诸国。行经漕矩吒国和弗栗恃萨傥那国后，玄奘进入睹货逻故地，安呾罗缚国、阔悉多国、活国、瞢健国、阿利尼国、曷逻胡国、讫栗瑟摩国、钵利曷国、呬摩呾罗国、钵铎创那国、淫薄健国、屈浪拿国、达摩悉铁帝国这十三国都位于睹货逻故地。达摩悉铁帝国位于今阿富汗瓦罕走廊，尸弃尼国和商弥国分别位于该国国的北方和南方，玄奘并未亲履。从达摩悉铁帝国向东北穿越帕米尔谷地后，便进入今日新疆境内，沿塔里木盆地南道，经朅盘陁国、乌铩国、佉沙国、斫句迦国，到达境外最后一国瞿萨旦那国。瞿萨旦那国即于阗国，历来是西域大乘佛教的中心，并且是佛教传入内地的重要桥梁。本卷记载了不少新疆少数民族的传说，如汉日天种、鼠壤坟、桑蚕西传、龙断河水等，传奇神秘，反映了我国各族之间自古以来交流密切。

漕矩吒国

漕矩吒国周七千余里[1]。国大都城号鹤悉那[2]，周三十余里；或都鹤萨罗城[3]，城周三十余里。并坚峻险固也。山川隐轸，畴垄爽垲。谷稼时播，宿麦滋丰。草木扶疏，花果茂盛，宜郁金香，出兴瞿草[4]，草生罗摩印度川[5]。鹤萨罗城中踊泉流派，国人利之，以溉田也。气序寒烈，霜雪繁多。人性轻躁，情多诡诈。好学艺，多技术，聪而不明，日诵数万言。文字言辞,异于诸国。多饰虚谈,少成事实。虽祀百神,敬崇三宝。伽蓝数百所,僧徒万余人,并皆习学大乘法教。今王淳信,累叶承统,务兴胜福,敏而好学。无忧王所建窣堵波十余所。

【注释】

①漕矩吒:梵文为Jāguḍa,含义大概是郁金香。国名又作漕矩,其国都城为鹤悉那,故址在今阿富汗东部的加兹尼。

②鹤悉那:当为Ghazni或Ghaznin之音译,即今阿富汗东部的加兹尼,是喀布尔—坎大哈公路上的商业中心。

③鹤萨罗:梵文原文可能是Ghasala,该城故址疑在加兹尼以西的赫尔曼德(Helmand)河流域。

④兴瞿草:梵文Hiṅgu之音译,辛蒜类植物,是佛教禁止僧人食用的"五辛"之一。

⑤罗摩印度川:梵文原文当是Rmendu,可能是今赫尔曼德河。

【译文】

漕矩吒国方圆七千多里。该国大都城叫做鹤悉那,方圆三十多里;有时以鹤萨罗城为都城,方圆也有三十多里,都很坚固险峻。山川富饶,田地高而干燥。庄稼按时播种,冬麦长势丰茂。草木盛多,花果繁茂,适宜种郁金香,产兴瞿草,这种草长在罗摩印度河谷。鹤萨罗城中泉水涌出,分为多条河流,国人受益,用来灌溉田地。气候寒冷酷烈,霜雪很多。人民性格轻躁,心中多诡诈。喜好学习技艺,一人掌握多门技术,聪慧但不明智,每天能诵读数万字。文字语言,和他国不同。常夸饰空谈,很少务实。虽然祀奉各种神灵,但尊崇三宝。有佛寺数百所,僧众一万多人,都修习大乘佛教。现在的国王笃信佛法,累世继承王位,均致力于行善积德,并且聪敏而好学。境内有无忧王建造的宝塔十多所。

一、崇奉稸那天

天祠数十，异道杂居，计多外道，其徒极盛，宗事稸锄句反，下同。那天[①]。其天神昔自迦毕试国阿路猱山徙居此国南界稸那呬罗山中[②]，作威作福，为暴作恶。信求者遂愿，轻蔑者招殃，故远近宗仰，上下祗惧。邻国异俗君臣僚庶，每岁嘉辰，不期而会，或赍金银奇宝，或以牛马驯畜，竞兴贡奉，俱伸诚素。所以金银布地，羊马满谷，无敢觊覦。唯修施奉，宗事外道，克心苦行，天神授其咒术。外道遵行多效，治疗疾病，颇蒙痊愈。

从此北行五百余里，至弗栗恃萨傥那国。

【注释】

①稸(chú)那天：梵文Śuna，婆罗门教中的太阳神。《隋书》卷八三《西域传》漕国："其俗淫祠，葱岭山有顺天神者，仪制极华，金银鍱为屋，以银为地，祠者日有千余人。"顺天神之"顺"疑即"稸那"之异译。阿路猱：梵文 Aruṇācala 的音译，山名。在今阿富汗盖拉莎山脉以西。

②稸那呬罗山：梵文Śunā-śīra 的音译，山名，在今加兹尼东北。

【译文】

有天祠数十所，外道信徒混杂居住，外道种类很多，信众也极多，他们信奉稸那天。这位天神从前从迦毕试国的阿路猱山迁居该国南部边界的稸那呬罗山中，作威作福，杀戮作恶。崇信祈求者便能遂愿，轻蔑不信者就会遭殃，所以远近崇奉，上下敬畏。邻国和异邦的君臣百姓，每年良辰佳节时都自动会集此地，有的带着金银奇宝，有的牵来牛马牲畜,竞相祭奉,都想表现诚心。所以金银散布地上,羊马盈满山谷,却无人敢有非分之想。那些一心施舍贡献,宗奉遵行外道,自我约束刻苦修行的人,天神会授予咒语法术。外道信众遵照使用,大多有效,用来治疗疾病,大多能获得痊愈。

这里往北走五百多里,到达弗栗恃萨傥那国。

弗栗恃萨傥那国

弗栗恃萨傥那国东西二千余里[1],南北千余里。国大都城号护苾那[2],周二十余里。土宜风俗,同漕矩吒国,语言有异。气序寒劲,人性犷烈。王,突厥种也,深信三宝,尚学遵德。

【注释】

①弗栗恃萨傥那:梵文原文可能是Vṛijisthāna,有人认为该国故地在今阿富汗喀布尔河流域。

②护苾那:梵文原文当是Hupiāna,该城故址应是喀布尔以北约50公里处的胡皮安(Hupian或Opian)。

【译文】

弗栗恃萨傥那国东西两千多里,南北一千多里。该国首都名叫护苾那,方圆二十多里。土地所宜和风俗,与漕矩吒国相同,语言有差异。气候寒冷严酷,人民性格粗犷刚烈。国王是突厥种族,他深信佛法、崇尚学问、遵从德行。

婆罗犀那大岭

从此国东北,逾山涉川,越迦毕试国边城小邑,凡数十所，至大雪山婆罗犀那大岭[①]。岭极崇峻，危隥攲倾[②]，蹊径盘迂，岩岫回互。或入深谷，或上高崖，盛夏合冻，凿冰而度。行经三日，方至岭上。寒风凄烈，积雪弥谷，行旅经涉，莫能伫足。飞隼翱翔，不能越度，足趾步履，然后翻飞，下望诸山，若观培塿[③]。赡部洲中[④]，斯岭特高。其巅无树，唯多石峰，攒立藂倚[⑤]，森然若林。

又三日行，方得下岭，至安呾罗缚国。

【注释】

①婆罗犀那：梵文原文可能是 Verasena，当即今阿富汗东北部的卡瓦克山口(Khāwak Pass)，它位于兴都库什山东部，海拔约 3500 米。

②隥(dèng)：险峻的山坡，斜坡。攲(qī)：崎岖，现在习惯作“崎”。

③培塿(lǒu)：小土丘，本作“部娄”。

④赡部：梵文 Jambū 的音译，又作阎浮、剡浮。佛教经典中所称的四大洲中的南部洲名，因赡部树得名，为人类等居处。

⑤藂(cóng)：同“丛”。

【译文】

从该国东北，跋山涉水，越过迦毕试国边境城市和小聚落，大约数十座，到达大雪山的婆罗犀那大岭。该岭极为高峻，险峻的山坡崎岖歪斜，小路盘旋迂曲，山岩峰峦交相环错。一会儿走入深谷，一会儿登上高崖，盛夏冰冻，凿冰前行。攀行三日，才到达岭上。寒风凄冷强劲，积雪堆满山谷，途径的行旅之人，没有敢停留的。猛鹞善于飞行，也不能越过，用脚挪过去，然后再腾飞。往下看其他山，就像是小土丘。赡部洲之中，这座岭尤其高。顶上没有树，只有很多石峰，簇集竖立，互相倚靠，密集而多，犹如树林。

又走了三日，才下了岭，到达安呾罗缚国。

安呾罗缚国

安呾罗缚国[1]，睹货逻国故地，周三千余里。国大都城周十四五里。无大君长，役属突厥。山阜连属，川田隘狭。气序寒烈，风雷凄劲。丰稼穑，宜花果。人性犷暴，俗无纲纪，不知罪福，不尚习学，唯修神祠，少信佛法。伽蓝三所，僧徒数十，然皆遵习大众部法[2]。有一窣堵波，无忧王建也。

从此西北，入谷逾岭，度诸小城，行四百余里，至阔悉多国。

【注释】

①安呾罗缚：伊朗语 Andarāb之音译，该国都城故址在今卡瓦克山口以西的印达拉布(Inderab)。

②大众部：梵文 Mahāsaṃghika 的意译，音译作摩诃僧祇。从古印度佛教最早分裂出来的一个重要部派，后又分裂出不少部派。据说此部首先由大天比丘所传出，佛灭后众弟子在王舍城灵鹫山七叶窟内外结集经典，在窟内结集的，名“上座部”，在窟外结集的，名“大众部”。此部主张戒律可以方便开禁，取得大多数僧众的支持，故名大众部。

【译文】

安呾罗缚国，过去是睹货逻国的领土，方圆三千多里。该国大都城方圆十四五里。没有大的君王，隶属突厥。山丘连绵，田地狭窄。气候严寒，风雷凄冷强劲。庄稼丰茂，适宜花果。民性粗犷，习惯上不讲秩序，不了解罪孽、福德，不崇尚学习，只修学外道，少有尊奉佛法的。有佛寺三所，僧众数十名，但都遵奉修习大众部佛法。有一座塔，是无忧王所建造的。

从这里往西北走，穿谷越岭，经过一些小城，走四百多里，到达阔悉多国。

阔悉多国

阔悉多国[1]，睹货逻国故地也，周减千里。国大都城周十余里。无大君长，役属突厥。山多川狭，风而且寒。谷稼丰，花果盛。人情犷暴，俗无法度。伽蓝三所，僧徒尠少[2]。

从此西北，逾山越谷，度诸城邑，行三百余里，至活国。

【注释】

①阔悉多：当是 Khousta 或 Khost 之音译，该国故地可能在今阿富汗东北部阿姆河上游支流霍斯特(Khost)河流域。

②尠：同“鲜(xiǎn)”，少。

【译文】

阔悉多国，过去是睹货逻国领土，方圆不到一千里。该国大都城方圆十多里。没有大君王，隶属突厥。山地多，平地狭，庄稼茂密，花果繁盛。百姓性格粗暴，习惯上不讲法度，有佛寺三所，僧众很少。

从这里往西北，翻山越谷，穿过一些城市和聚落，走三百多里，到达活国。

活　国

活国[1]，睹货逻国故地也，周二千余里。国大都城周二十余里。无别君长，役属突厥。土地平坦，谷稼时播，草木荣茂，花果具繁。气序和畅，风俗淳质。人性躁烈，衣服毡褐。多信三宝，少事诸神。伽蓝十余所，僧徒数百人，大小二乘兼功综习。其王突厥也，管铁门已南诸小国，迁徙鸟居，不常其邑。

【注释】

①活国：通常认为是 Warwālīz 之音译，又译为遏换、阿缓等，都城在今阿富汗东部的昆都士(Qunduz)附近。

【译文】

活国，过去是睹货逻国领土，方圆两千多里。该国大都城方圆四十多里。没有自己的君主，隶属突厥。土地平坦，庄稼按农时播种，草木茂盛，花果繁多。气候和顺，风俗淳朴，人民性格急躁刚烈。穿毛布大衣。大多信奉佛教，少有遵从外道的。有佛寺十多所，僧众数百人，大乘小乘都有人修习。国王是突厥人，管理铁门以南各小国，像鸟一样随季节迁徙而居，没有固定住所。

葱　岭

从此东入葱岭。葱岭者，据赡部洲中①，南接大雪山，北至热海、千泉②，西至活国，东至乌铩国③，东西南北各数千里。崖岭数百重，幽谷险峻，恒积冰雪，寒风劲烈。多出葱，故谓葱岭，又以山崖葱翠，遂以名焉。

东行百余里，至瞢健国。

【注释】

①赡部：梵文 Jambū 的音译，又作阎浮、剡浮。佛教经典中所称的四大洲中的南部洲名，因赡部树得名，为人类等居处。

②热海：即大清池，今伊塞克湖。位于今吉尔吉斯斯坦共和国的东北部，天山山脉的西部。千泉：突厥语 Bing-yul 的意译，《慈恩传》卷二音译作屏聿。位于今吉尔吉斯山脉北麓，伏龙芝城以西约 120 公里处的 Merke。

③乌铩：回鹘文为 Ušar，当即今新疆莎车县。详见本卷下文注释。

【译文】

从这里往东进入葱岭。葱岭，处在赡部洲中央，南面连着大雪山，北面是热海、千泉，西面到活国，东面到乌铩国，东西和南北都有数千里。山岭有数百重，幽谷非常险峻，总是有寒冰积雪，寒风强劲。长有很多葱，所以叫葱岭，而且山崖是葱绿色的，所以这么称呼。

往东走一百多里，到达瞢健国。

瞢健国

瞢健国[1]，睹货逻国故地也，周四百余里。国大都城周十五六里。土宜风俗，大同活国。无大君长，役属突厥。北至阿利尼国。

【注释】

①瞢（méng）健：梵文 Mungān 的音译，有人认为是今阿富汗东北部的巴达赫尚省的 Munjan 地区；但其故址更可能在今昆都士以东约 65 公里处的塔利汗（Talikhan）。

【译文】

瞢健国，过去是睹货逻国的领土，方圆四百多里。该国大都城方圆十五六里。土地所宜和风俗习惯，与活国大致相同。没有国王，隶属于突厥。往北到达阿利尼国。

阿利尼国

阿利尼国[①]，睹货逻国故地也，带缚刍河两岸[②]，周三百余里。国大都城周十四五里。土宜风俗，大同活国。东至曷逻胡国。

【注释】

①阿利尼：当是 Ārhan 或 Ārhang 之音译，Ārhan 为阿姆河上著名渡口，在今哈兹拉特·伊芒(Haẓrät Imām)附近。

②缚刍河：今喷赤河，阿姆河源头，见序言注释。

【译文】

阿利尼国，过去是睹货逻国的领土，国土沿着缚刍河两岸，方圆三百多里。该国大都城方圆十四五里。土地所宜和风俗习惯，与活国大致相同。往东到达曷逻胡国。

曷逻胡国

曷逻胡国[①]，睹货逻国故地也，北临缚刍河，周二百余里。国大都城周十四五里。土宜风俗，大同活国。

从瞢健国东逾峻岭，越洞谷，历数川城，行三百余里，至讫栗瑟摩国。

【注释】

①曷逻胡：可能是 Rāhula 之音译，故地约在今阿富汗东北部阿姆河

与科克查(Kokcha)河之间。

【译文】

曷逻胡国,过去是睹货逻国的领土,在缚刍河南,方圆二百多里。该国大都城方圆十四五里。土地所宜和风俗习惯,与活国大致相同。

从瞢健国向东,越过高山,走过深谷,经过几座平川上的城池,走三百多里,到达讫栗瑟摩国。

讫栗瑟摩国

讫栗瑟摩国[①],睹货逻国故地也,东西千余里,南北三百余里。国大都城周十五六里。土宜风俗,大同瞢健国,但其人性暴,愚恶有异。

北至钵利曷国。

【注释】

①讫栗瑟摩:当是 Krism 之音译,可能在今阿富汗东北部的基希姆(Kishm)地区。

【译文】

讫栗瑟摩国,过去是睹货逻国的领土,东西长一千多里,南北宽三百多里。该国大都城方圆十五六里。土地所宜和风俗习惯,与瞢健国大致相同,但该国人性格暴躁,在愚恶这点上两国不同。

往北到达钵利曷国。

钵利曷国

钵利曷国[①],睹货逻国故地也,东西百余里,南北三百余里。国大都城周二十余里。土宜风俗,大同讫栗瑟摩国。

从讫栗瑟摩国,逾山越川,行三百余里,至呬摩呾罗国。

【注释】

①钵利曷:可能是Parika之音译,该国故地当在今基希姆以北的科克查河畔。

【译文】

钵利曷国,过去是睹货逻国的领土,东西一百多里,南北三百多里。该国大都城方圆二十多里。土地所宜和风俗习惯,与讫栗瑟摩国大致相同。

从讫栗瑟摩国,跋山涉水,走三百多里,到达呬摩呾罗国。

呬摩呾罗国

呬摩呾罗国[①],睹货逻国故地也,周三千余里。山川逦迤,土地沃壤,宜谷稼,多宿麦。百卉滋茂,众果具繁。气序寒烈,人性暴急,不识罪福。形貌鄙陋。举措威仪,衣毡皮褐,颇同突厥。其妇人首冠木角,高三尺余,前有两岐,表夫父母。上岐表父,下岐表母,随先丧亡,除去一岐。舅姑俱没,角冠全弃。其先强国,王,释种也,葱岭之西,多见臣伏。境邻突厥,遂染其俗。又为侵掠,自守其境,故此国人流离异域,数十坚城,各别立主。穹庐毳帐,迁徙往来。西接讫栗瑟摩国。

东谷行二百余里,至钵铎创那国。

【注释】

①呬摩呾罗：梵文 Himatala 之音译，意为“雪山下”。其国位于兴都库什山之北，靠近阿姆河的主要源头。

【译文】

呬摩呾罗国，过去是睹货逻国的领土，方圆三千多里。山河曲折连绵，土地肥沃，适宜耕种，多种冬麦。百花荣茂，众果繁盛。气候寒冷酷烈，民性暴躁急切，不了解罪过、福德。相貌粗鄙丑陋。举止仪表，穿动物毛皮所制衣服，与突厥差不多。妇女头戴木角，高三尺多，前有两个分叉，代表公婆。上叉代表公公，下叉代表婆婆，谁先去世，就去掉相应一叉。公婆都去世，就不戴角冠。该国起先是强国，国王是释迦族的，葱岭以西，大多臣服。国土与突厥相邻，风俗也受到影响。又被它侵夺，独力守卫国土，所以不少该国人流离他国，有数十座坚固的城市，各自为政。住在穹庐毡帐中，四处迁徙往来。西面与讫栗瑟摩国相邻。

向东在山谷中走二百多里，到达钵铎创那国。

钵铎创那国

钵铎创那国[①]，睹货逻国故地也，周二千余里。国大都城据山崖上，周六七里。山川逦迤，沙石弥漫。土宜菽麦，多蒲陶、胡桃、梨、柰等果。气序寒烈，人性刚猛，俗无礼法，不知学艺。其貌鄙陋，多衣毡褐。伽蓝三四所，僧徒寡少。王性淳质，深信三宝。

从此东南山谷中行二百余里，至淫薄健国。

【注释】

①钵铎创那：为 Badakhshān 之音译，即今阿富汗东北部的巴达赫尚

省地区，地处兴都库什山脉最高处。都城可能在今巴达赫尚省首府法扎巴德(Faizabad)附近。

【译文】

钵铎创那国，过去是睹货逻国的领土，方圆两千多里。该国大都城在山崖之上，方圆六七里。山丘与平地连绵，到处是沙石。土地适宜豆麦，葡萄、胡桃、梨子、柰等果子都很多。气候寒冷酷烈，百姓性格刚猛，习俗不讲礼仪法度，不知道学问艺术。相貌粗鄙丑陋，大多穿着毛布衣服。有佛寺三四所，僧众很少。国王性格淳朴，深信三宝。

从这里向东南，在山谷中走二百多里，到达淫薄健国。

淫薄健国

淫薄健国①，睹货逻国故地也，周千余里。国大都城周十余里。山岭连属，川田隘狭。土地所产，气序所宜，人性之差，同钵铎创那，但言语少异。王性苛暴，不明善恶。

从此东南，逾岭越谷，峡路危险，行三百余里，至屈居勿反。浪拏国。

【注释】

①淫薄健：当是 Yamgān 之音译，有人认为在今科克查(Kokcha)河谷地。都城故址可能是今哲尔姆(Jerm)。

【译文】

淫薄健国，过去是睹货逻国的领土，方圆一千多里。该国大都城方圆十多里。山岭连绵，可耕平地狭小。土地所产之物，是当地气候所适宜的，百姓性格之恶劣，都同于钵铎创那，只是语言有点区别。国王性格暴虐，分不清好坏。

从这里向东南，穿山越谷，经过危险的峡谷，走三百多里，到达屈浪拏国。

屈浪拏国

屈浪拏国，睹货逻国故地也，周二千余里。土地山川，气序时候，同淫薄健国。俗无法度，人性鄙暴，多不营福，少信佛法。其貌丑弊，多服毡褐。有山岩中多出金精②，琢析其石，然后得之。伽蓝既少，僧徒亦寡。其王淳质，敬崇三宝。

从此东北，登山入谷，途路艰险，行五百余里，至达摩悉铁帝国。亦名镇侃，又谓护蜜。

【注释】

①屈浪拏：当是 Kurān，故地当在科克查河最上游的一段河谷。都城可能在今拉杰瓦尔德（Lajward）。

②金精：当即天青石，自古为巴达赫尚地区的名矿。

【译文】

屈浪拏国，过去是睹货逻国的领土，方圆两千多里。地形地貌，气候时序，和淫薄健国相同。习俗不讲法度，人民性格粗鄙暴躁，大多不求福分，很少相信佛法。相貌丑陋，大多穿着毛布衣服。有座山中出产很多金精，剖开石头雕琢，才能得到。佛寺不多，僧人也少。国王淳朴，敬重三宝。

从这里往东北，翻山越谷，道路艰辛，走五百多里，到达达摩悉铁帝国。又称镇侃，也叫护蜜。

达摩悉铁帝国

达摩悉铁帝国在两山间[①]，睹货逻国故地也，东西千五六百余里，南北广四五里，狭则不逾一里。临缚刍河，盘纡曲折，堆阜高下，沙石流漫，寒风凄烈。唯植麦豆，少树林，乏花果。多出善马，马形虽小而耐驰涉。俗无礼义，人性犷暴，形貌鄙陋，衣服毡褐。眼多碧绿，异于诸国。伽蓝十余所，僧徒寡少。

【注释】

①达摩悉铁：亦作达摩悉须多，当源自伊朗语 Dar-i-Mastit，义为铁门。即今阿富汗东北部通向中国的瓦罕走廊，该走廊地形狭长，东西长约 300 公里，南北最窄处仅 15 公里。

【译文】

达摩悉铁帝国在两座大山之间，过去是睹货逻国的领土，东西一千五六百多里，南北四五里宽，狭窄处不超过一里。濒临缚刍河，盘旋曲折，山丘起伏，沙石弥漫，寒风凛冽。只种豆麦，少有树林，罕见花果。产很多好马，体型虽小却耐于远行。习俗不讲礼义，人民性格粗暴，相貌粗俗丑陋，穿毛布衣服，眼珠大多碧绿，和其他国家不同。有佛寺十多所，僧人很少。

一、昏驮多城伽蓝

昏驮多城[①]，国之都也。中有伽蓝，此国先王之所建立，疏崖奠谷，式建堂宇。此国之先，未被佛教，但事邪神，数百年前，肇弘法化。初，此国王爱子婴疾，徒究医术，有加无瘳[②]。王乃躬往天祠，礼请求救。时彼祠主为神下语，必当痊复，良无他虑。王闻喜慰，回驾而归。路逢沙门，容止可观，骇其形服，问所从至。此沙门者，已证圣果，欲弘佛法，故此仪形。而报王曰："我如来弟子，所谓苾刍也。"王既忧心，即先问曰："我子婴疾，生死未分。"沙门曰："王先灵可起，爱子难济。"王曰："天神谓其不死，沙门言其当终，诡俗之人，言何可信？"迟至宫中，爱子已死。匿不发丧，更问神主，犹曰："不死，疹疾当瘳。"王便发怒，缚神主而数曰："汝曹群居长恶，妄行威福。我子已死，尚云当瘳，此而谬惑，孰不可忍？宜戮神主，殄灭灵庙。"于是杀神主，除神像，投缚刍河。回驾而还，又遇沙门。见而敬悦，稽首谢曰："曩无明导，伫足邪途，浇弊虽久，沿革在兹。愿能垂顾，降临居室！"沙门受请，随至中宫。葬子既已，谓沙门曰："人世纠纷，生死流转。我子婴疾，问其去留，神而妄言，当必痊差。先承指告，果无虚说。斯则其法可奉，唯垂哀愍，导此迷徒！"遂请沙门揆度伽蓝[③]，依其规矩，而便建立。自尔之后，佛教方隆。故伽蓝中精舍，为罗汉建也。

伽蓝大精舍中有石佛像，像上悬金铜圆盖，众宝庄严。人有旋绕，盖亦随转，人止盖止，莫测灵鉴。闻诸耆旧曰：或云圣人愿力所持，或谓机关秘术所致。观其堂宇，石壁坚峻。考厥众议，莫知实录。

逾此国大山北，至尸弃尼国。

【注释】

①昏驮多：当是Khamdādh之音译，一般认为故址在今喷赤河南岸的汗杜德(Khandūd)。

②瘳(chōu)：病愈。

③揆(kuí)度：盘算，规划。揆，度量，估测。

【译文】

昏驮多城，是该国都城。城中有座寺，是先代国王所建的，凿崖平谷，建起殿堂。起初该国未流行佛教，只信奉邪神，数百年前，佛教开始光大。起先，国王爱子染病，虽然穷尽医术，病情有增无减。国王只好亲自去外道庙中，行礼求救。庙主代下凡的神传话说，必会痊愈，请勿担忧。国王听后很欣慰，返驾回去。路遇比丘，容貌举止很吸引人，国王因为对他的相貌服饰很惊奇，便问他哪里来。这位比丘，已经证得圣果，一心弘扬佛法，所以展示这样的仪表。回答国王说："我是如来弟子，所谓的比丘。"国王心中怀忧，便先问道："我儿子生病了，生死难料。"比丘说："国王您祖先的魂灵可以召唤，爱子难以救活。"国王说："天神已经说了不会死，比丘却说会死，习性奇怪的人，说的话能信吗？"等到抵达宫中，爱子已死。隐瞒消息不发丧，再去问庙主，还说："不会死，病会好的。"国王于是发怒，绑上庙主问罪，说："你们群聚发展恶行，擅自作威作福。我儿子已经死了，还说会痊愈，如此荒谬，怎能忍受？必须杀掉庙主，拆掉庙宇。"于是杀庙主，撤神像，抛入缚刍河。返驾回宫，又遇到比丘。见到他很是恭敬高兴，赔礼道歉说："过去没有正确的指导，深信邪道，鄙陋的风俗虽然沿袭已久，现在必须改变。希望您能够赏光相助，屈尊居住！"比丘受邀，跟着来到宫中。葬完儿子后，对比丘说："人世纷扰，生死相续，我儿子染病，问他能否得救，神胡说八道，说必然痊愈。早先得到您的告知，果然不假。那么您的宗教值得尊从，希望您大发怜悯，引导我们这些迷惑的人！"便请僧人规划寺庙，依照制度建造起来。自此以后，佛教大兴。寺中的僧舍，就是为这位罗汉建的。

寺中大僧舍中有石佛像，像上面悬浮着金铜制成的圆盖，用各种宝物装饰着。人绕着像转，盖也会随着转，人停盖就停，神妙的感应难以捉摸。听老人们说："有人说是圣人法力所致，有人说是有机关和秘密技术。观察室内，石壁坚固。考察各种说法，不知哪种真实。"

越过这国的大山向北，到达尸弃尼国。

尸弃尼国

尸弃尼国周二千余里①。国大都城周五六里。山川连属，沙石遍野。多宿麦，少谷稼。林树稀疏，花果寡少。气序寒烈，风俗犷勇，忍于杀戮，务于盗窃，不知礼义，不识善恶，迷未来祸福，惧现世灾殃。形貌鄙陋，皮褐为服。文字同睹货逻国，语言有异。

越达摩悉铁帝国大山之南，至商弥国。

【注释】

①尸弃尼：当是 Shughnān 之音译，《新唐书》卷二二一下作识匿、瑟匿。故地在今舒格南(Shighnan)地区。

【译文】

尸弃尼国方圆二千多里。该国大都城方圆五六里。山川连绵，沙石遍野。多种冬麦，少出谷物。林木稀疏，花果很少。气候寒冷酷烈，风粗粗犷勇猛，杀人毫无不忍，一心打劫偷窃，不知礼义，不分善恶，不管来世祸福，只怕现世遭殃。相貌粗鄙丑陋，穿着皮制短衣。文字与睹货逻国相同，语言有差别。

越过达摩悉铁帝国大山向南，到达商弥国。

商弥国

商弥国周二千五六百里[①]。山川相间，堆阜高下。谷稼备植，菽麦弥丰。多蒲陶，出雌黄[②]，凿崖析石，然后得之。山神暴恶，屡为灾害，祀祭后入，平吉往来。若不祈祷，风雹奋发。气序寒，风俗急。人性淳质，俗无礼义，智谋寡狭，伎能浅薄。文字同睹货逻国，语言别异。多衣毡褐。其王释种也，崇重佛法。国人从化，莫不淳信。伽蓝二所，僧徒寡少。

【注释】

①商弥：可能是Sāmbhi之音译，《汉书》作双靡，《洛阳伽蓝记》作赊弥，故地在今巴基斯坦北部的奇特拉尔（Čitral）和马斯图吉（Mastuj）之间。

②雌黄：矿物名。即三硫化二砷，半透明，柠檬黄色，有毒，能杀菌灭虫，可以入药。

【译文】

商弥国方圆两千五六百里。山地与平地相间，山丘起伏。种有各种谷物，豆麦特别繁盛。多葡萄，产雌黄，凿开山崖，取出石头再剖开，才能得到。山神凶暴，经常为害，祭祀后再走入，就会平安往来。如不祈祷，风雹大震。气候严寒，风俗急躁。民性淳朴，习俗不讲礼义，智谋寡少，技能浅薄。文字与睹货逻国相同，语言有差别。大多穿着毛布衣服。国王属于释种，敬重佛法。国人从之向善，无不笃信佛教。有佛寺两所，僧徒很少。

波谜罗川

国境东北，逾山越谷，经危履险，行七百余里，至波谜罗川[①]。东西千余里，南北百余里，狭隘之处不逾十里，据两雪山间，故寒风凄劲，春夏飞雪，昼夜飘风[②]。地碱卤[③]，多砾石[④]，播植不滋，草木稀少，遂致空荒，绝无人止。

波谜罗川中有大龙池，东西三百余里，南北五十余里，据大葱岭内，当赡部洲中，其地最高也。水乃澄清皎镜，莫测其深，色带青黑，味甚甘美。潜居则鲛、螭、鱼、龙、鼋、鼍、龟、鳖[⑤]，浮游乃鸳鸯、鸿雁、驾鹅、鹔、鸨[⑥]。诸鸟大卵，遗彀荒野[⑦]，或草泽间，或沙渚上。池西派一大流，西至达摩悉铁帝国东界，与缚刍河合而西流，故此已右[⑧]，水皆西流。池东派一大流，东北至佉沙国西界，与徙多河合而东流[⑨]，故此已左，水皆东流。

波谜罗川南，越山有钵露罗国[⑩]，多金银，金色如火。

自此川中东南，登山履险，路无人里，唯多冰雪。行五百余里，至朅盘陁国。

【注释】

①波谜罗川：即帕米尔谷地，波谜罗对音为 Pamir。

②飘风：此指暴风，《老子》："飘风不终朝，骤雨不终日。"

③碱卤：盐碱。

④砾(lì)石：小石块；砂石。

⑤鼋(yuán)：大鳖。鼍(tuó)：鳄鱼。

⑥驾鹅：野鹅。鹔：即鹔鹴。一种雁，《淮南子·原道训》："驰骋夷

道，钓射鹔鹴之谓乐乎？”高诱 注：“鹔鹴，鸟名也。长颈绿身，其形似雁。”鸨（bǎo）：鸟名。似雁而略大，头小颈长，背部平，翅阔尾短。颈部为淡灰色，背部有黄褐和黑色斑纹，腹面近白色。《诗经·唐风·鸨羽》：“肃肃鸨羽，集于苞栩。”

⑦鷇（què）：卵。韩愈《纳凉联句》：“篚实摘林珍，盘肴馈禽鷇。”

⑧已：同“以”。

⑨徙多河：即今叶尔羌河，见玄奘自序注释。

⑩钵露罗：Balūra 或 Balora 的音译。故地相当于今达地斯坦以东和以北的巴尔帖斯坦。详细见卷三钵露罗国。

【译文】

从该国东北部，穿山越谷，经历艰险，走七百多里，到达波谜罗山谷。山谷东西一千多里，南北一百多里，狭窄之处不超过十里，在两座雪山之间，所以寒风凛冽，春夏依然飞雪，昼夜有暴风。土地盐碱，到处是砾石，不生长农作物，草木稀少，因此空荒，无人居住。

波谜罗谷中有大龙池，东西长三百多里，南北宽五十多里，处大葱岭内部，在赡部洲中央，它的地势是最高的。池水澄清，皎洁如镜，深不可测，池水带有青黑色，味道很甜美。水下有鲛、螭、鱼、龙、鼋、鼍、龟、鳖，浮游的则有鸳鸯、鸿雁、驾鹅、鹔、鸨。各种鸟的大蛋，散布荒野，有的在沼泽间，有的在沙渚上。池的西面分出一条大河，往西通往达摩悉铁帝国东部，与缚刍河会合后流向西面，所以从此往右，河水都往西流。池的东面分出一条大河，往东北到达佉沙国西部，与徙多河会合后向东流，故从此往左，河水都向东流。

波谜罗谷往南，翻过山有钵露罗国，多产金银，金的颜色像火。

从这山谷往东南走，翻山历险，路上没有人烟，只有遍地的冰雪。走五百多里，到达朅盘陁国。

朅盘陁国

朅盘陁国周二千余里[1]。国大都城基大石岭，背徙多河，周二十余里。山岭连属，川原隘狭。谷稼俭少，菽麦丰多，林树稀，花果少。原隰丘墟，城邑空旷。俗无礼义，人寡学艺，性既犷暴，力亦骁勇。容貌丑弊，衣服毡褐。文字语言大同佉沙国。然知淳信，敬崇佛法。伽蓝十余所，僧徒五百余人，习学小乘教说一切有部[2]。

【注释】

①朅(qiè)盘陁：又译作汉盘陁、诃盘陁、渴盘陁等，即今叶尔羌河上游的塔什库尔干(Tashqurgan)城，塔什库尔干塔吉克自治县治所。

②说一切有部：小乘流派之一，音译萨婆多部，又称说因部。小乘二十部之一。佛灭后三百年初，自根本之上座部分出。立有为无为一切诸法之实有，且一一说明其因由为宗，故称说一切有部。

【译文】

朅盘陁国方圆二千多里。该国大都城建在大石岭上，背依徒多河，方圆二十多里。山岭相连，平地狭窄。谷物很少种，豆麦丰饶，树木和花果都很稀少。原野荒废凋敝，城镇空旷少民。习俗中没有礼义，人民缺乏学问技艺，性格粗暴，也骁勇有力。相貌丑陋，穿毛布衣。文字和语言与佉沙国大致相同。但知道淳朴守信，崇信佛法。有佛寺十多所，僧众五百多人，修习小乘佛法说一切有部。

一、建国传说

今王淳质，敬重三宝，仪容闲雅，笃志好学。建国以来，多历年所，其自称云是至那提婆瞿呾罗[①]。唐言汉日天种。此国之先，葱岭中荒川也。昔波利剌斯国王娶妇汉土，迎归至此。时属兵乱，东西路绝，遂以王女置于孤峰，极危峻，梯崖而上，下设周卫，警昼巡夜。时经三月，寇贼方静，欲趋归路，女已有娠。使臣惶惧，谓徒属曰："王命迎妇，属斯寇乱，野次荒川，朝不谋夕。吾王德感，妖气已静。今将归国，王妇有娠。顾此为忧，不知死地。宜推首恶，或以后诛。"讯问喧哗，莫究其实。时彼侍儿谓使臣曰："勿相尤也[②]，乃神会耳。每日正中，有一丈夫从日轮中乘马会此[③]。"使臣曰："若然者，何以雪罪[④]？归必见诛，留亦来讨，进退若是，何所宜行？"佥曰："斯事不细，谁就深诛？待罪境外，且推旦夕。"于是即石峰上筑宫起馆，周三百余步。环宫筑城，立女为主，建官垂宪[⑤]。至期产男，容貌妍丽。母摄政事，子称尊号。飞行虚空，控驭风云，威德遐被，声教远洽，邻域异国，莫不称臣。其王寿终，葬在此城东南百余里大山岩石室中。其尸干腊[⑥]，今犹不坏，状羸瘠人，俨然如睡，时易衣服，恒置香花。子孙奕世，以迄于今。以其先祖之世，母则汉土之人，父乃日天之种，故其自称汉日天种。然其王族，貌同中国，首饰方冠，身衣胡服。后嗣陵夷，见迫强国。

【注释】

①至那提婆瞿呾罗：梵文 Cīna-deva-gotra 之音译，意为中国与天神之种。

②相尤：互相责怪。

③丈夫：男子。日轮：太阳。

④雪罪：洗刷罪名。

⑤建官垂宪：设置官职，制定法律。

⑥干腊（xī）：风干、晒干。腊，本指干肉，作动词，即为风干、晒干。

【译文】

现在的国王淳朴，敬重三宝，仪表举止安闲文雅，专心一志，爱好学习。自开国以来，已有许多年代，王族自称是至那提婆瞿呾罗。唐土称汉日天种。早先该国处于葱岭中的荒野之上。从前波利剌斯国王从汉地娶了妻子，迎亲队伍到达这里，正遇上战乱，东西方向道路不通，于是便将国王的新娘安置在一座孤峰上，此峰极为陡峭高峻，得攀登山崖上下，孤峰周围有卫兵昼夜巡守。三个月后，兵乱刚刚平息，迎亲队伍想赶紧上路归国，不料新娘已怀有身孕。这下使臣惊恐万分，便对手下说："大王命我们迎接新妇，正值这次战乱，只能在荒野停驻，我们时刻提心吊胆。现仰仗我们大王道德感化，兵乱已经平息。正准备回国，却不料王后怀了身孕了。想到此事就忧惧万分，担心死无葬身之地。大家应该查出首恶，或可暂免一死。"于是互相争吵查询，终究无人能查清事实。这时王后的侍女对使臣说："不要互相责怪了，这是神与王后交合之故。每天正午，就有一男子从太阳中乘马来此与王后相会。"使臣说："即使如此，但我们怎么能洗清罪名？回国我们必然被杀，留在这里，国王也会兴兵来伐，进退维谷，如何是好？"大家都说："此事非同小可，谁愿意回去承受重罚呢？不如暂且滞留国外，拖延时日。"于是众人便在孤峰上筑起方圆三百多步的宫室，宫殿周围筑起城墙，并立王后为君王，设置官职，制定法令。不久，王后产下一子，容貌秀丽。从此，母亲代为处理政务，由其子做了国王。这位国王能凌空飞行，操控风云，威德普闻，声名远扬。邻邦外国，全都俯首称臣。国王寿终之后，葬在该城东南一百多里外大山中的石窟里。尸体风干后，至今没有腐坏，看上去像一个睡熟的干瘦之人。人们不时给他替换衣服，放置鲜花。他的子孙世代相承，一直到如今。因为他们的先祖身世，母亲是汉土人，父亲是太阳神，所以自称汉日天种。该国王族，相貌像中国人，但头戴方冠，身穿胡人衣服。该王族后代逐渐衰微，被强国所制约。

二、童受伽蓝

无忧王命世，即其宫中建窣堵波。其王于后迁居宫东北隅，以其故宫为尊者童受论师建僧伽蓝①。台阁高广，佛像威严。尊者呾叉始罗国人也②，幼而颖悟，早离俗尘，游心典籍，栖神玄旨，日诵三万二千言，兼书三万二千字，故能学冠时彦，名高当世，立正法，摧邪见，高论清举，无难不酬。五印度国咸见推高，其所制论凡数十部，并盛宣行，莫不玩习，即经部本师也③。当此之时，东有马鸣，南有提婆，西有龙猛，北有童受，号为四日照世。故此国王闻尊者盛德，兴兵动众，伐呾叉始罗国，胁而得之，建此伽蓝，式昭瞻仰。

【注释】

①童受论师：即拘摩罗逻多论师，梵文 Kumāralāta。

②呾叉始罗：梵文 Takṣaśilā 的音译。故址在今巴基斯坦共和国伊斯兰堡西部拉瓦尔品第附近一带。详见卷三呾叉始罗国。

③经部本师：创立经量部的大师。经量部为小乘十八部之一，佛灭后四百年由说一切有部分出。

【译文】

无忧王在位时，在该国宫中建塔。该国国王后来迁居王宫东北角，在原来的宫殿处为尊者童受论师建造寺庙。楼台高大，佛像威严。尊者是呾叉始罗国人，幼年聪颖，很早出家，遍览典籍，苦思深旨，每天诵读三万两千字，同时抄三万两千字，所以能学问为当时俊杰之首，名声盛于当世，树立正法，驳倒邪见，辞论清俊，没有难题不能回应。全印度各国都很推崇。他创作的论共计数十部，全都盛行于世，人人研习，他就是经量部的祖师。当时，东有马鸣，南有提婆，西有龙猛，北有童受，号称四日照世。因而该国国王听闻尊者的盛德，兴发大军，攻打呾叉始罗国，胁迫要来尊者，建造此寺，以昭示敬仰之心。

三、二石室入定罗汉

城东南行三百余里，至大石崖，有二石室，各一罗汉于中入灭尽定①，端然而坐，难以动摇。形若羸人，肤骸不朽，已经七百余岁。其须发恒长，故众僧年别为剃发易衣。

【注释】

①灭尽定：梵文 Nirodhasamāpatti，又名灭受想定、灭定，在此定中，以灭受想二心所为主，最后连六识心所亦灭，是九次第定的最后一定。又见卷八摩揭陁国"鞮罗择迦伽蓝及附近佛遗迹"部分注释。

【译文】

从都城往东南走三百多里，到达大石崖，有两个石室，各有一位罗汉在其中进入灭尽定。端正而坐，难以摇动。看着像枯瘦的人，形骸不朽，已然经历了七百多年。他们的胡须头发一直在长，所以僧人们每年为他们剃发换衣。

四、奔穰舍罗

大崖东北，逾岭履险，行二百余里，至奔逋论反。穰舍罗[①]。唐言福舍。葱岭东冈，四山之中，地方百余顷，正中垫下。冬夏积雪，风寒飘劲。畴垅舄卤，稼穑不滋，既无林树，唯有细草。时虽暑热，而多风雪，人徒才入，云雾已兴。商旅往来，苦斯艰险。闻诸耆旧曰："昔有贾客，其徒万余，橐驼数千，赍货逐利，遭风遇雪，人畜俱丧。时朅盘陁国有大罗汉，遥观见之，愍其危厄，欲运神通，拯斯沦溺。适来至此，商人已丧，于是收诸珍宝，集其所有，构立馆舍，储积资财，买地邻国，鬻户边城，以赈往来。故今行人商旅，咸蒙周给。

从此东下葱岭东冈，登危岭，越洞谷，溪径险阻[②]，风雪相继，行八百余里，出葱岭，至乌铩国。

【注释】

①奔穰舍罗：梵文 Puṇyaśala 音译，即福舍。

②溪：同"蹊"，小径。

【译文】

从大山崖往东北，翻过山岭，走过险道，经二百多里，到达至奔穰舍罗。唐土称福舍。在葱岭东面，群山之中，有块一百多顷的地方，低洼下陷。四季积雪，寒风凛冽。土地盐碱，不生庄稼。没有树木，只有小草。时节虽是夏天，风雪却很大，大家一进入，云雾就已经兴起。往来商队，都以此为苦。听当地老人说："过去有商人，队伍有一万多人，几千骆驼，贩货求利，遭遇风雪，人畜全部丧生。"当时朅盘陁国有位大罗汉，远远地看到，怜悯他们的危难，想运用神通，拯救困厄。刚赶到这里，商人已经遇难，于是收起那些珍宝，聚集全部，建造房舍，储积资产，在邻国买地，雇佣边境城市的人，周济往来行人。所以至今过客商人，都能得到帮助。

从这里往东到达葱岭东面，登上高岭，穿越山谷，小径艰险，风雪交加，走八百多里，走出葱岭，到达乌铩国。

乌铩国

乌铩国周千余里①。国大都城周十余里，南临徙多河。地土沃壤，稼穑殷盛，林树郁茂，花果具繁。多出杂玉，则有白玉、黳玉、青玉②。气序和，风雨顺。俗寡礼义，人性刚犷，多诡诈，少廉耻。文字语言少同佉沙国。容貌丑弊，衣服皮褐。然能崇信，敬奉佛法。伽蓝十余所，僧徒减千人，习学小乘教说一切有部。自数百年王族绝嗣，无别君长，役属朅盘陁国。

【注释】

①乌铩：回鹘文为 Ušar，当即今新疆莎车。

②黳玉（yī）：黑玉。黳，黑色。

【译文】

乌铩国方圆一千多里。该国大都城方圆十多里，南依徙多河。土地肥沃，庄稼茂盛，树林茂密，花果繁多。出产很多杂玉，有白玉、黑玉、青玉。气候温和，风调雨顺。习俗很少讲礼义，百姓性格刚猛，多有欺诈，少讲廉耻。文字和语言大略与佉沙国相同。相貌丑陋，穿皮质短衣。但能够尊崇深信，奉行佛法。有佛寺十多所，僧众接近千人，修习小乘佛教说一切有部。自从数百年前王族绝后，就不再有国王，从属于朅盘陁国。

一、罗汉出定神变传说

城西二百余里至大山，山气巃嵸[①]，触石兴云。崖隒峥嵘[②]，将崩未坠。其巅窣堵波，郁然奇制也。闻诸土俗曰：数百年前，山崖崩圮，中有苾刍瞑目而坐，躯量伟大，形容枯槁，须发下垂，被肩蒙面。有田猎者见已白王，王躬观礼。都人士子，不召而至，焚香散花，竞修供养。王曰："斯何人哉，若此伟也！"有苾刍对曰："此须发垂长而被服袈裟，乃入灭心定阿罗汉也[③]。夫入灭心定者，先有期限，或言闻揵椎声[④]，或言待日光照。有兹警察，便从定起。若无警察，寂然不动，定力持身，遂无坏灭。段食之体[⑤]，出定便谢。宜以酥油灌注，令得滋润，然后鼓击，警悟定心。"王曰："俞乎！"乃击犍椎。其声才振，而此罗汉豁然高视，久之乃曰："尔辈何人，形容卑小，被服袈裟？"对曰："我苾刍也。"曰："然我师迦叶波如来今何所在？"对曰："入大涅槃，其来已久。"闻而闭目，怅若有怀，寻重问曰："释迦如来出兴世耶？"对曰："诞灵导世，已从寂灭。"闻复俯首，久之乃起，升虚空，现神变，化火焚身，遗骸坠地。王收其骨，起窣堵波。

从此北行，山碛旷野五百余里，至佉沙国。旧谓疏勒者，乃称其城号也。正音宜云室利讫栗多底。疏勒之言，犹为讹也。

【注释】

①巃嵸(lóng sǒng)：云气蒸腾貌。

②隒(yǎn)：层叠的山崖。《尔雅·释山》："重甗，隒。"郭璞注："谓山形如累两甗。甗，甑山，形状似之，因以名云。"

③灭心定：又名灭受想定、灭定等，在此定中，以灭受想二心所为主，最后连六识心所亦灭，是九次第定的最后一定。

④揵椎：亦作“犍椎”、“犍槌”等，梵文Ghaṇṭā的音译。意为“声鸣”，指寺院中的木鱼、钟、磬之类。

⑤段食：梵文 Piṇḍa 的意译，四食之一，又译抟食、团食。日常食物都是分段食用的，所以称段食。《俱舍论》卷十：“香味触三，一切皆为段食自体，可成段别而饮啖故，谓以口鼻分分受之。”

【译文】

城西两百多里到达大山，山中云雾升腾，触到石壁就会形成云。岩石高峻，像要坠落却掉不下来。山顶有座塔，华美而形制奇特。听当地人说：数百年前，山崖崩塌，其中现出一位比丘，闭眼坐着，身形高大，外表枯槁，头发胡子很长，遮住面部披到肩上。有打猎的见到后报告国王，国王亲自去观看膜拜。都中百姓，纷纷赶来，点香散花，争相供养。国王说：“他是什么人，如此高大！”有位比丘答道：“这位头发胡须长挂又穿着袈裟的，是进入灭心定的罗汉。入灭心定的人，预先有期限，有人说听到犍椎的声音，有人说被日光照到，有这些讯号，就会出定。如果没有讯号，就安静不动，依靠定力维持身体，所以不会毁灭。依靠食物的身体，出定便会死去。应该用酥油灌口，让他得到滋润，再敲击出声，警醒他入定的心。”国王说：“好的！”便敲击犍椎。刚刚发出声音，这位罗汉便张眼傲视，很久之后，才说：“你们是什么人，身材矮小，也穿着袈裟？”答道：“我是比丘。”罗汉说：“那么，我师父迦叶波如来现在在哪儿？”答道：“他涅槃已经很久了。”罗汉听后闭上眼，神色怅然，有所挂念，不久又问道：“如来出世了吗？”答道：“他出世指引苍生，已经寂灭。”听了又低下头，很久才起身，升上虚空，显示神通变化，化出烈焰焚烧身体，遗骸坠落在地。国王收起遗骨，建塔供奉。

从这里往北走，在荒凉的山地沙碛中走五百多里，到达佉沙国。过去称疏勒，是叫的都城名字。正音应该叫室利讫栗多底。疏勒这种叫法，特别错误。

佉沙国

佉沙国周五千余里[1]，多沙碛，少壤土。稼穑殷盛，花果繁茂。出细氈褐，工织细㲲、氍毹[2]。气候和畅，风雨顺序。人性犷暴，俗多诡诈，礼义轻薄，学艺肤浅。其俗生子，押头匾㔸[3]，容貌粗鄙，文身绿睛。而其文字，取则印度，虽有删讹，颇存体势。语言辞调，异于诸国。淳信佛法，勤营福利。伽蓝数百所，僧徒万余人，习学小乘教说一切有部。不究其理，多讽其文，故诵通三藏及《毗婆沙》者多矣。

从此东南行五百余里，济徙多河，逾大沙岭，至斫句迦国。旧曰沮渠。

【注释】

①佉(qū)沙：可能是 Khaṣal 音译，又译作竭石、竭叉，即我国所谓疏勒，在今喀什地区。本书所谓室利讫栗多底，可能是Śrīkrītāti 之音译，第一音节Śrī 意为吉祥，余义不详。

②氍毹(qú shū)：即氍毹，毛织或毛与其他材料混织的一种毯子，可作地毯、壁毯、床毯、帘幕等。

③匾㔸(tī)：薄。这种压扁头的习俗又见卷一屈支国注释。

【译文】

佉沙国方圆五千多里，沙漠居多，土壤很少。庄稼茂盛，花果繁多。出产细毛布大衣，善于织细的毛氍毹。气候和畅，风雨有序。百姓性格粗暴，习俗多有诡诈，礼义观念淡薄，学艺肤浅。该地风俗，生了孩子，要压扁他的头，相貌粗俗丑陋，都纹身，眼珠绿色。文字法则，取自印度，虽然有删减讹变，大体格局还在。语言声调，和别国不同。深信佛法，勤于求福求利。有佛寺数百所，僧众一万多人，修习小乘佛教说一切有部。不研究教理，大体只是讽读经文，因此读通三藏以及《毗婆沙》的人很多。

从这里往东南走五百多里，渡过徙多河，翻越大沙岭，到达斫句迦国。过去称沮渠。

斫句迦国

斫句迦国周千余里[①]。国大都城周十余里，坚峻险固，编户殷盛。山阜连属，砾石弥漫，临带两河[②]，颇以耕植。蒲陶、梨、柰，其果寔繁。时风寒，人躁暴，俗唯诡诈，公行劫盗。文字同瞿萨旦那国，言语有异。礼义轻薄；学艺浅近。淳信三宝，好乐福利。伽蓝数十，毁坏已多。僧徒百余人，习学大乘教。

国南境有大山，崖岭嵯峨，峰峦重叠。草木凌寒，春秋一观。谿涧浚濑[③]，飞流四注。崖龛石室，棋布岩林。印度果人[④]，多运神通，轻举远游，栖止于此。诸阿罗汉寂灭者众，以故多有窣堵波也。今犹现有三阿罗汉居岩穴中，入灭心定，形若羸人，须发恒长，故诸沙门时往为剃。而此国中大乘经典部数尤多，佛法至处，莫斯为盛也。十万颂为部者，凡有十数。自兹已降，其流寔广。

从此而东，逾岭越谷，行八百余里，至瞿萨旦那国。唐言地乳，即其俗之雅言也。俗语谓之汉那国，匈奴谓之于遁，诸胡谓之豁旦，印度谓之屈丹。旧曰于阗，讹也。

【注释】

①斫句迦：梵文Čakukalka音译，又译遮拘迦、遮居迦、周古柯等，又名朱俱波、子合等。该国在今新疆叶城县，都城在县治西南约55公里的奇盘庄。

②临带两河：当指叶尔羌河与提孜那甫河。

③浚濑（lài）：深而急湍。濑，急流。《淮南子·本经训》："抑減怒濑，以扬激波。"高诱注："濑，急流也。"

④果人：修行证得果位之人，有三类，佛、辟支佛与阿罗汉。

【译文】

斫句迦国方圆一千多里。该国大都城方圆十多里，坚固险峻，户口殷盛。山丘连绵，沙石遍野，靠近两条河，充分利用河水耕种。葡萄、梨、柰，这些果类都很多。常有寒风，民性暴躁，风俗多诡诈，公开抢劫。文字与瞿萨旦那国相同，语言有区别。礼义观念淡薄；学问技艺浅少。深信三宝，热心营求福利。有佛寺数十所，毁坏的已很多。僧众一百多人，修习大乘佛教。

该国南部有大山，山崖高峻，峰峦层层。草木在寒冷中生长，四季都如此。溪涧深而湍急，瀑布四处飞溅。山崖上的龛室和石洞，像棋子般错落在岩石间。印度得到果证的人，有许多运用神通，御风远游，停驻在此。在此寂灭的罗汉很多，因此有很多塔。现在仍有三位罗汉坐在岩洞中，进入了灭心定，外表像瘦弱的人，头发胡须一直在生长，所以和尚们常要去剃。该国中大乘的经典著作部数尤其多，佛法覆盖的地方，没有比这里更为兴盛的。十万颂为一部，有十几部。一部少于十万颂的，流传甚为广泛。

从这里往东，翻山越岭，走八百多里，到达瞿萨旦那国。唐土称地乳，这是当地的高雅语言。通俗称为汉那国，匈奴称为于遁，其他胡国称之为豁旦，印度称之为屈丹。以前叫于阗，是错的。

瞿萨旦那国

瞿萨旦那国周四千余里[1]，沙碛太半，壤土隘狭，宜谷稼，多众果。出氍毹细毡[2]，工纺绩絁䌷[3]，又产白玉、黳玉。气序和畅，飘风飞埃。俗知礼义，人性温恭，好学典艺，博达技能。众庶富乐，编户安业。国尚乐音，人好歌儛[4]。少服毛褐毡裘，多衣絁䌷白氎。仪形有体，风则有纪。文字宪章，聿遵印度，微改体势，粗有沿革。语异诸国，崇尚佛法。伽蓝百有余所，僧徒五千余人，并多习学大乘法教。

【注释】

①瞿萨旦那：梵文 Gostana 音译，汉籍称于阗，故地在今新疆和田地区，都城故址在今和田县城东南约 24 公里处的什斯比尔。此国处东西交通要冲，对东西文化交流传播起过重大作用。

②氍毹：毛织或毛与其他材料混织的一种毯子，可作地毯、壁毯、床毯、帘幕等。

③絁(shī)䌷：粗质丝织品。絁，粗绸。“䌷”同“绸”。《宋史·舆服志二》：“民庶止许以毡皮絁䌷为鞯。”

④儛(wǔ)：同“舞”。

【译文】

瞿萨旦那国方圆四千多里，大半是沙漠，好的土地狭小，适宜谷物生长，生产许多果类。出氍毹、细毡，善于纺织粗绸，又产白玉、黑玉。气候和顺，有大风飞沙。习俗讲礼义，百姓性格温顺谦虚，好学知识和艺术，掌握很多技能。百姓富足，人民安居。国家崇尚音乐，百姓爱好歌舞。很少穿皮毛衣料，大多穿粗绸白布。举止得体，行为符合规范。文字法则，遵从印度，略微改动书写风格，大体保持原貌。语言和其他国家不同，崇尚佛法。佛寺一百多所，僧众五千多人，大部分都修习大乘佛法。

一、建国传说

王甚骁武，敬重佛法，自云“毗沙门天之祚胤也”[①]。昔者此国虚旷无人，毗沙门天于此栖止。无忧王太子在呾叉始罗国被抉目已[②]，无忧王怒谴辅佐，迁其豪族，出雪山北，居荒谷间。迁人逐牧，至此西界，推举酋豪，尊立为王。当是时也，东土帝子蒙谴流徙，居此东界，群下劝进，又自称王。岁月已积，风教不通。各因田猎，遇会荒泽，更问宗绪，因而争长。忿形辞语，便欲交兵。或有谏曰：“今何遽乎？因猎决战，未尽兵锋。宜归治兵，期而后集。”于是回驾而返，各归其国，校习戎马[③]，督励士卒，至期兵会，旗鼓相望[④]。旦日合战，西主不利，因而逐北，遂斩其首。东主乘胜，抚集亡国，迁都中地，方建城郭。忧其无土，恐难成功，宣告远近，谁识地理。时有涂炭外道负大瓠[⑤]，盛满水而自进曰：“我知地理。”遂以其水屈曲遗流，周而复始，因即疾驱，忽而不见。依彼水迹，峙其基堵，遂得兴工，即斯国治，今王所都于此城也。城非崇峻，攻击难克，自古已来，未能有胜。

其王迁都作邑，建国安人，功绩已成，齿耋云暮，未有胤嗣，恐绝宗绪。乃往毗沙门天神所，祈祷请嗣。神像额上，剖出婴孩，捧以回驾，国人称庆。既不饮乳，恐其不寿，寻诣神祠，重请育养。神前之地忽然隆起，其状如乳，神童饮吮，遂至成立。智勇光前，风教遐被，遂营神祠，宗先祖也。自兹已降，奕世相承，传国君临，不失其绪。故今神庙多诸珍宝，拜祠享祭，无替于时。地乳所育，因为国号。

【注释】

①毗沙门天：梵文 Vaiśravaṇa-deva 的音义混译，又称多闻天，佛教四天王之一，守护北方之神。

②呾叉始罗：梵文 Takṣaśilā 的音译。故址在今巴基斯坦共和国伊斯兰堡西部拉瓦尔品第附近一带。无忧王怒迁豪族事见卷三呾叉始罗国。

③挍(jiào)："校"的俗写，考核，查点。

④皷：同"鼓"。

⑤瓠(hú)：用短颈大腹的老熟葫芦做的盛器。

【译文】

国王很骁勇善武，敬重佛法，自称是"毗沙门天的后代"。过去该国空旷无人，毗沙门天在此居住。无忧王太子在呾叉始罗国被挖去眼睛后，无忧王怒而贬谪辅佐大臣，将世家大族迁往雪山以北，住在荒谷间。被迁徙者们随水草放牧，来到这里的西部，推举最有势力的，尊为大王。此时东方帝王的儿子受惩罚流放，居住在东面，群臣劝说登位，也自立为王。岁月渐久，风俗文化也没有交流。一次各自田猎，相遇荒泽之中，互问家世，因而争谁上谁下。怒形于色，便想开战。有人劝道："现在何必这样匆促？趁着打猎决战，不能尽展实力。最好回去整顿兵马，约期会战。"于是起驾返回，各归都城，点检兵马，训练士卒，到期两军相会，各自可见对方阵中旗鼓。第二天决战，西方君主失利，东君趁势追击，斩获他的首级。东君挟战胜余威，安抚招集西国臣民，迁都两国中间，便想建城墙。担心缺乏土，难以建成，周告远近，求访熟知地理的。当时有涂炭外道背着大瓠，盛满水自荐说："我通晓地理。"便将这水弯弯曲曲地滴在地上，周而复始，在飞奔时，忽然不见。循着水迹，建造基础，于是得以成功，就是该国都城，现在国王所居。城墙并不高峻，却难以攻克，自古以来，从未被攻破。

这位国王迁都建城，创建国家，安抚百姓，功业已成，年岁也衰暮，却未有子嗣，忧心无人继承。于是前往毗沙门天神庙，祈祷求子。剖开神像额头，得到婴儿，捧着回去，百姓欢欣。却不喝奶，担心夭折，赶紧去神庙，再次请求养育。神像前的地上突然隆起，形如乳房，神童吸吮，得以长大。智慧和勇气超越前人，政教覆盖远方，于是修缮神庙，以尊崇先祖。从此以后，世代相承，君临此国，未有断绝。因而现在神庙中珍宝很多，拜祭奉献，无时无之。因为先王是地乳养育，便以之为国号。

二、毗卢折那伽蓝

王城南十余里，有大伽蓝，此国先王为毗卢折那唐言遍照[①]。阿罗汉建也。昔者此国佛法未被，而阿罗汉自迦湿弥罗国至此林中[②]，宴坐习定。时有见者，骇其容服，具以其状上白于王。王遂躬往，观其容止，曰："尔何人乎，独在幽林?"罗汉曰："我如来弟子，闲居习定。王宜树福，弘赞佛教，建伽蓝，召僧众。"王曰："如来者，有何德？有何神？而汝鸟栖，勤苦奉教。"曰："如来慈愍四生[③]，诱导三界[④]，或显或隐，示生示灭。遵其法者，出离生死。迷其教者，羁缠爱网[⑤]。"王曰："诚如所说，事高言议。既云大圣，为我现形。若得瞻仰，当为建立，罄心归信，弘扬教法。"罗汉曰："王建伽蓝，功成感应。"王苟从其请，建僧伽蓝，远近咸集，法会称庆，而未有揵椎扣击召集。王谓罗汉曰："伽蓝已成，佛在何所?"罗汉曰："王当至诚，圣鉴不远。"王遂礼请，忽见空中佛像下降，授王揵椎。因即诚信，弘扬佛教。

【注释】

①毗卢折那：梵文 Vairocana 之音译，亦译毗卢遮那、毗卢舍等，意译遍照。于阗国转信佛法之事，《洛阳伽蓝记》亦载。

②迦湿弥罗：梵文 Kāsmīra 的音译，即今克什米尔。

③四生：佛教分世界众生为四大类：一、胎生，如人畜；二、卵生，如禽鸟鱼鳖；三、湿生，如某些昆虫；四、化生，无所依托，唯借业力而忽然出现者，如诸天与地狱及劫初众生。

④三界：佛教指众生轮回的欲界、色界和无色界。见《俱舍论・世分别品》。

⑤纒(chán)："缠"之俗写。

【译文】

王城南十多里有大寺，是该国先王为毗卢折那唐土称遍照。罗汉建造的。早先佛法未流此国，罗汉从迦湿弥罗国来到这里的树林中，坐禅入定。有看到的人，对他的样貌服饰很惊讶，便将情况详细禀告国王。于是国王亲自前往，观察他的容貌举止，说："你是什么人，独处幽静的树林中？"罗汉说："我是如来弟子，安居在此，修习禅定。大王应该树立福业，帮助佛教光大，建造佛寺，召集僧众。"国王说："如来这人，有何等道德？何等神妙？让你像鸟一样栖居林中，勤苦地奉行他的教导。"罗汉说："如来怜悯四类生物，引导轮回三界，有时显灵有时隐藏，展示万物生与灭的道理。遵行他教导的，就会脱离生死流转。不信他教导的，就会执着于贪爱。"国王说："果真如您所说，事实当胜于雄辩。既然说是大圣，那么为我现身。如果得以瞻仰，就为佛教建造寺庙，尽心信从，弘扬大法。"罗汉说："大王先建寺庙，建成会有感应。"国王姑且先听从他的请求，建造佛寺，远近群集，设法会庆贺，却缺揵椎敲击以召集人众。国王对罗汉说："寺庙已建成，佛在何方？"罗汉说："国王您应该表现至诚，圣人不久就会现身。”国王于是行礼祈请，忽然见到空中佛像降下，递给国王揵椎。便从此笃信，弘扬佛法。

三、瞿室餕伽山

王城西南二十余里，有瞿室餕伽山①。唐言牛角。山峰两起，岩隒四绝②，于崖谷间建一伽蓝。其中佛像时烛光明。昔如来曾至此处，为诸天人略说法要，悬记此地当建国土③，敬崇遗法，遵习大乘。

牛角山岩有大石室，中有阿罗汉，入灭心定，待慈氏佛，数百年间，供养无替。近者崖崩，掩塞门径。国王兴兵欲除崩石，即黑峰群飞，毒螫人众，以故至今石门不开。

【注释】

①瞿室餕伽：梵文 Gośṛṅga 音译，意为牛角。

②岩隒（yǎn）四绝：山岩的四周都是绝壁。隒：旁边，山边。《广雅·释诂一》：“隒，方也。”王念孙疏证：“方犹旁也。”

③悬记：预测，预言。

【译文】

都城西南二十多里，有瞿室餕伽山。唐土称牛角。有两座峰突起，山岩四面壁立，崖谷间建有一座寺庙。其中的佛像不时放出光明。过去如来曾至此地，为诸位天神和人简略讲解佛法要义，预言此地会建立国家，尊崇佛法，信奉大乘。

牛角山岩石中有大石室，室中有位罗汉，进入了灭心定，等待慈氏佛，数百年中，供养不断。近来山崖崩坠，堵住洞门。国王发兵想搬走落下的石块，就飞来成群的黑蜂，蜇刺人们，所以至今石门封闭。

四、地迦婆缚那伽蓝

王城西南十余里,有地迦婆缚那伽蓝[①]。中有夹纻立佛像[②],本从屈支国而来至止[③]。昔此国中有臣被谴,寓居屈支,恒礼此像。后蒙还国,倾心遥敬,夜分之后[④],像忽自至,其人舍宅建此伽蓝。

【注释】

①地迦婆缚那:可能是梵文 Dīrghabhāvana,意为长宫。

②夹纻:一种塑像方法。先塑成泥胎,再用漆把麻布贴在泥胎外面,待漆干后,反复涂多次,最后把泥胎取空,故又称“脱空像”。这种方法塑像不但柔和逼真,而且质地很轻,因此又称“行像”。

③屈支:梵文 Kuci 的音译。即今我国新疆库车周近地区,古代又称龟兹。

④夜分:夜半,半夜。

【译文】

王城西南方十多里,有地迦婆缚那寺。寺庙里有夹纻立佛像,原本是从屈支国过来停驻在此的。过去该国有大臣被贬斥,寓居在屈支国,一直礼拜这佛像。后来获允回国,远远地尽心礼敬。夜半以后,佛像忽然自己飞来此处,那大臣便捐舍住宅建造了这座佛寺。

五、勃伽夷城

王城西行三百余里,至勃伽夷城[①],中有佛坐像,高七尺余,相好允备,威肃嶷然。首戴宝冠,光明时照。闻诸土俗曰:本在迦湿弥罗国,请移至此。昔有罗汉,其沙弥弟子临命终时,求酢米饼[②]。罗汉以天眼观,见瞿萨旦那国有此味焉。运神通力，至此求获。沙弥啖已，愿生其国。果遂宿心，得为王子。既嗣位已，威摄遐迩，遂逾雪山，伐迦湿弥罗国。迦湿弥罗国王整集戎马，欲御边寇。时阿罗汉谏王："勿斗兵也，我能退之。"寻为瞿萨旦那王说诸法要，王初未信，尚欲兴兵。罗汉遂取此王先身沙弥时衣，而以示之。王既见衣，得宿命智[③]，与迦湿弥罗王谢咎交欢，释兵而返。奉迎沙弥时所供养佛像，随军礼请。像至此地，不可转移，环建伽蓝，式招僧侣，舍宝冠置像顶。今所冠者，即先王所施也。

【注释】

①勃伽夷：有人认为原语为Bhagai、Bhāgya，但都无理据。一般认为该地地望在今皮山县东南的装桂牙(藏桂巴扎)附近。

②酢(cù)米饼：据《摩诃僧祇律》卷二九，饼是出家人可以食用的五种正食之一。酢，酸。

③宿命智：知晓宿命之智，是六神通之一。

【译文】

王城往西走三百多里，到达勃伽夷城，城中有佛的坐像，高七尺多，容相佳妙，威严端庄。头戴宝冠，不时放出光明。听当地人说：此像本来在迦湿弥罗国，被请来这里。过去有位罗汉，他一个尚为沙弥的弟子去世之前，想吃酢米饼。罗汉用天眼查看，看到瞿萨旦那国有这种食物，便运用神通之力，到这里求到。沙弥吃了，求愿想生在该国。果然实现心愿，生为王子。继位之后，威震远近，便越过雪山，进攻迦湿弥罗国。迦湿弥罗国整顿兵马，想抵御进犯边境的敌寇。这时罗汉进谏国王说："不要交战，我能让敌军退去。"不久便来给瞿萨旦那王讲解各种佛法的要点，瞿萨旦那王起初没信，还想交兵。罗汉便取出他前世做沙弥时穿的衣服，给他看。国王见到衣服，得到了宿命智，向迦湿弥罗王谢罪交好，退兵回去。奉迎做沙弥时供养的佛像，随军礼拜。佛像走到这里，便不能挪动，围着它建起寺庙，招来僧侣，国王施舍宝冠放在佛像头上。现在佛像所戴的宝冠，便是先王所施舍的。

六、鼠壤坟传说

王城西百五六十里，大沙碛正路中，有堆阜，并鼠壤坟也。闻之土俗曰：此沙碛中，鼠大如猬，其毛则金银异色，为其群之酋长。每出穴游止[①]，则群鼠为从。昔者匈奴率数十万众，寇掠边城，至鼠坟侧屯军。时瞿萨旦那王率数万兵，恐力不敌，素知碛中鼠奇，而未神也。洎乎寇至[②]，无所求救，君臣震恐，莫知图计，苟复设祭，焚香请鼠，冀其有灵，少加军力。其夜瞿萨旦那王梦见大鼠曰："敬欲相助，愿早治兵。旦日合战，必当克胜。"瞿萨旦那王知有灵祐，遂整戎马，申令将士，未明而行，长驱掩袭。匈奴之闻也，莫不惧焉，方欲驾乘被铠，而诸马鞍、人服、弓弦、甲经綖[③]，凡厥带系，鼠皆啮断。兵寇既临，面缚受戮。于是杀其将，虏其兵，匈奴震慑，以为神灵所祐也。瞿萨旦那王感鼠厚恩，建祠设祭，奕世遵敬，特深珍异。故上自君王，下至黎庶，咸修祀祭，以求福祐。行次其穴，下乘而趋，拜以致敬，祭以祈福。或衣服弓矢，或香花肴膳，亦既输诚，多蒙福利。若无享祭，则逢灾变。

【注释】

①游止：游玩憩息，泛指活动。

②洎(jì):及,至。

③缣(lián):互相绞扭的丝带。

【译文】

王城往西一百五六十里,大沙漠的路中间,有个土堆,都是老鼠挖洞翻出的土堆成的。听当地人说:这沙漠里,有只老鼠像刺猬般大,毛有金银样的奇异颜色,是鼠群之首领,每次出洞活动,群鼠都跟着它。从前匈奴发兵数十万,侵犯边城,到鼠坟边驻扎军队,这时瞿萨旦那王率兵数万,担心实力不敌,向来知道沙漠里的老鼠很奇特,但没认为它有神力。等到敌军来犯,无处求救,君臣恐慌,都毫无办法,姑且设下祭祀,焚香请鼠,希望它有灵,对军队多少有点帮助。当夜瞿萨旦那王梦见大鼠对他说:"很愿意帮你,希望尽早出兵。明天会战,必能得胜。"瞿萨旦那王心知有神灵祐护,便点起兵马,传令将士,天未明就出发,长途奔袭。匈奴得知,无不惊惧,刚要上马披甲,而所有马鞍、衣服、弓弦、甲带,凡是带、系的,都被鼠咬断了。敌军已到,束手待毙。于是斩杀了匈奴将领,俘虏了他们的士兵,匈奴大为震恐,认为是神灵保佑的。瞿萨旦那王感激鼠的大恩,建造祠庙以便祭祀,世代遵行敬重,特别珍视。因此上自国王,下到百姓,都进行祭祀,以求佑护。路过它穴洞边,下车快走,拜礼以致敬,祭祀以求福。有的用衣服、弓箭,有的用香花、食物,只要显出诚心,大多得到佑护。如果没有祭祀,就会遇到灾害异象。

七、娑摩若僧伽蓝

王城西五六里,有娑摩若僧伽蓝[①],中有窣堵波,高百余尺,甚多灵瑞,时烛神光。昔有罗汉自远方来,止此林中,以神通力,放大光明。时王夜在重阁,遥见林中光明照曜。于是历问,佥曰:"有一沙门自远而至,宴坐林中,示现神通。"王遂命驾,躬往观察[②]。既睹明贤,乃心祗敬,钦风不已,请至中宫。沙门曰:“物有所宜,志有所在。幽林薮泽,情之所赏,高堂邃宇,非我攸闻。”王益敬仰,深加宗重,为建伽蓝,起窣堵波。沙门受请,遂止其中。顷之,王感获舍利数百粒,甚庆悦,窃自念曰:“舍利来应,何其晚欤?早得置之窣堵波下,岂非胜迹?”寻诣伽蓝,具白沙门。罗汉曰:“王无忧也。今为置之,宜以金银铜铁大石函等,以次周盛。”王命匠人,不日功毕,载诸宝轝③,送至伽蓝。是时也,王宫导从、庶僚凡百,观送舍利者,动以万计。罗汉乃以右手举窣堵波,置诸掌中,谓王曰:“可以藏下也。”遂坎地安函,其功斯毕。于是下窣堵波,无所倾损。观睹之徒,叹未曾有,信佛之心弥笃,敬法之志斯坚。王谓群官曰:“我尝闻佛力难思,神通难究。或分身百亿,或应迹人天。举世界于掌内,众生无动静之想;演法性于常音,众生有随类之悟。斯则神力不共,智慧绝言。其灵已隐,其教犹传。餐和饮泽,味道钦风,尚获斯灵,深赖其福。勉哉凡百,宜深崇敬。佛法幽深,于是明矣!”

【注释】

①娑摩若:可能是梵文 Samājñā 音译,故址在今姚头冈西方约 1 英里的 Somiya 村,当地有一坟冢,据说即是此寺遗迹。

②徃(wǎng):同“往”。

③轝(yú):同“舆”。

【译文】

王城往西五六里,有娑摩若寺。寺中有座塔,高一百多尺,有很多神奇祥瑞的现象,不时放出神光。过去有位罗汉从远方来,居住在树林中，运用神通，大放光明。当时是夜晚，国王在重阁之上，远远望见树林里面光明照曜，于是遍问臣下，都说："有位沙门从远方来，在树林里坐禅，显示神通。"国王便召唤随从，亲自去察看。目睹高明贤德之人后，心生尊敬，钦慕不已，请到宫中。沙门说："物各有所宜，人各有其志。幽静的树林，山野草泽，我心所好，高堂大屋，非我所闻。"国王更加敬仰，深为崇尚敬重，为他建寺、起塔。沙门接受邀请，便住到寺中。不久，国王感应获得舍利数百粒，很是庆幸，暗自想道："舍利感应而来，是多么晚啊！早点得到放在塔下，不是胜迹吗？"不久来到寺庙，告诉罗汉。罗汉说："大王不要担忧。现在为您放下去，应用金、银、铜、铁、大石函，从里到外按次序周密地盛放好。"国王命令工匠，没几天便做好了，用宝车装着，送到寺中。这时，王宫来的先导、随从，百官群众，观看送舍利的，成千上万。罗汉用右手举起塔，放在掌中，对国王说："可以藏在下面了。"于是凿地、安放好宝函，都一一完成。于是放下塔，无所偏斜损坏。目睹的人们，惊叹从未有过，信仰佛教的心更加笃定，崇敬大法的志向从此坚实。国王对百官说："我曾听说佛的力量难以思量，神通难以推究。有时分身百亿，有时显迹人间天上。将世界举到掌中，众生不觉有动静；用平常的语言讲解法性，众生都各随自己的理解而觉悟。所以说如来的神力不同寻常，智慧难以描述。他的精神已灭，宗教仍然流传。领略和妙，享受甘泽，品味佛法，钦仰佛陀风范，今天仍能得到舍利灵物，深深仰赖佛祖的福赐。努力吧，各位大臣，应该深深地尊崇。佛法的深奥，大家现在可以清楚了。"

八、麻射僧伽蓝及蚕种之传入

王城东南五六里，有麻射僧伽蓝[①]，此国先王妃所立也。昔者此国未知桑蚕，闻东国有也，命使以求。时东国君秘而不赐，严敕关防，无令桑蚕种出也。瞿萨旦那王乃卑辞下礼,求婚东国。国君有怀远之志,遂允其请。瞿萨旦那王命使迎妇,而诫曰:"尔致辞东国君女,我国素无丝绵桑蚕之种,可以持来,自为裳服。"女闻其言,密求其种,以桑蚕之子置帽絮中,既至关防,主者遍索。唯王女帽不敢以验。遂入瞿萨旦那国,止麻射伽蓝故地,方备仪礼,奉迎入宫,以桑蚕种留于此地。阳春告始,乃植其桑,蚕月既临,复事采养。初至也,尚以杂叶饲之,自时厥后[②],桑树连荫。王妃乃刻石为制,不令伤杀。蚕蛾飞尽,乃得治茧。敢有犯违,明神不祐。遂为先蚕建此伽蓝[③]。数株枯桑,云是本种之树也。故今此国有蚕不杀,窃有取丝者,来年辄不宜蚕。

【注释】

①麻射:藏文名 Ma-Za,遗址在姚头冈东南约 1 英里的 Kum-i-Shahidān。这个故事也见于藏文《于阗国史》和《新唐书》卷二二一,斯坦因在旦旦乌里克寺院遗址中也发现了描绘这一传说的板画。

②时:通"是",此,这。"自时厥后"犹"自兹厥后"。

③先蚕:传说中最初教民养蚕之神。封建王朝由皇后主祭先蚕,《后汉书·礼仪志上》:"祠先蚕,礼以少牢。"刘昭注引《汉旧仪》:"祭蚕神曰菀窳妇人、寓氏公主 ,凡二神。"北周以后所祭蚕神为黄帝妃子嫘祖。

【译文】

王城往东南五六里,有麻射寺,是该国先代王妃建造的。过去该国不懂种桑养蚕,听说东边邻国有,遣使去求。东国国王藏起来不肯给,严令边防,不许蚕种出国。瞿萨旦那王于是谦逊地下聘礼,向东国求婚。东国国君有敦睦远方的想法,就答应了他的请求。瞿萨旦那王派遣使者迎接新妇,并且告诫说:“你对东国公主说,我国向来没有生产丝绸的桑蚕之种,可以带过来,自己做衣服。”公主听了后,暗中找好桑蚕之种,将它们放在帽子含絮的夹层中,到了边防后,检查人员彻底搜查。只有公主的帽子不敢细搜。这便进入瞿萨旦那国,住在后来建有麻射寺的地方,做好礼仪准备后,迎入宫中,将桑蚕之种留在这里。一到春天,就种下桑树,到了适宜养蚕的时候,再采叶养蚕。公主刚到时,还杂以其他树叶喂养,从这以后,桑树连绵成荫。王妃便刻石立下制度,不许伤害蚕。蚕蛾都飞出后,才允许取茧做丝。胆敢违反,神明不予庇护。便为蚕神建造了这座寺。有几株枯死的桑树,据说是最初种的树。所以现在该国不许杀蚕,有偷取蚕丝的,第二年就不宜养蚕。

九、龙鼓传说

城东南百余里有大河[①],西北流,国人利之,以用溉田。其后断流,王深怪异。于是命驾问罗汉僧曰:“大河之水,国人取给,今忽断流,其咎安在?为政有不平,德有不洽乎?不然,垂谴何重也[②]!”罗汉曰:“大王治国,政化清和。河水断流,龙所为耳。宜速祠求,当复昔利。”王因回驾,祠祭河龙。忽有一女凌波而至曰:“我夫早丧,主命无从。所以河水绝流,农人失利。王于国内选一贵臣,配我为夫,水流如昔。”王曰:“敬闻,任所欲耳。”龙遂目悦国之大臣。王既回驾,谓群下曰:“大臣者,国之重镇[③]。农务者,人之命食。国失镇则危,人绝食则死。危死之事,何所宜行?”大臣越席跪而对曰:“久已虚薄,谬当重任。常思报国,未遇其时。今而预选,敢塞深责。苟利万姓,何悋一臣[④]?臣者国之佐,人者国之本,愿大王不再思也!幸为修福,建僧伽蓝!”王允所求，功成不日。其臣又请早入龙宫。于是举国僚庶，鼓乐饮饯。其臣乃衣素服，乘白马，与王辞诀，敬谢国人。驱马入河，履水不溺，济乎中流，麾鞭画水，水为中开，自兹没矣。顷之白马浮出，负一栴檀大鼓，封一函书。其书大略曰："大王不遗细微，谬参神选，愿多营福，益国滋臣。以此大鼓，悬城东南。若有寇至，鼓先声震。"河水遂流，至今利用。岁月浸远，龙鼓久无。旧悬之处，今仍有鼓。池侧伽蓝⑤，荒圮无僧。

【注释】

①大河：指今玉龙喀什河，突厥语 Yörüngqaš，意为白玉。

②垂譴：降罪。

③重镇：倚重的大臣。

④恡(lìn)：同"吝"。

⑤池侧伽蓝：据斯坦因《古代和阗》一书描述，姚头冈东南有一湖，湖东南有一大土堆，当地名为 Naghāra-khāna，意为鼓室，当即此寺遗址。

【译文】

城东南一百多里有大河，流向西北，国中百姓颇受其利，引来灌溉农田。后来突然断流了，国王大为怪异。于是移驾去询问罗汉僧，说："大河的水，国中百姓一直取用，现在忽然断流，我的过错出在哪里？是我执政不公平，还是德行不普遍？否则，怎么会降下这么重的惩罚呢！"罗汉说："大王您治理国家，政治清明，德化遍洽。河水断流，乃龙所为。应尽快祭祀祷求，当能恢复以往河水之利。"国王便返驾回去，祭祀河龙。忽然有位女子踏浪而来，说："我丈夫去世得早，没有夫主可以听从，所以河水断流，农民失去利益。请国王在国内选一位尊贵的大臣，作我的丈夫，河水就会像过去一样流淌。"国王说："敬受命，随你挑选哪一位吧。"龙于是用眼神示意看中的一位大臣。国王回去后，对群臣说："大臣，是国家所倚重之人。耕种，关系着人民性命。国家失去重臣就危险，百姓没有食物就会死去。危险和死亡，该如何选择？"被看中的大臣越过席位上前跪答："长期以来尸位素餐，空居高位。常常想报效国家，却没有机会。现在既然被选中，岂能推脱这么重的责任。如果有利于百姓，何必在乎一位大臣？大臣是国家的帮手，百姓是国家的根本，大王请不要再犹豫！请为我求福，修建佛寺！"国王答应了请求，不久建成。这位大臣又请求早日赴龙宫。于是全国官民，击鼓鸣乐，饮酒相送。这位大臣穿着白衣，乘着白马，与国王辞别，向国人致意。策马走入河中，马踩水不沉，走到河中间，对着河水挥鞭，水便分开，从那里沉没下去。过了一会白马浮出，背着一只旃檀大鼓和一封信。信中大致说："大王不遗弃微臣，使我有幸为龙神选中，但愿大王多做福善之事，利国利臣。请将这面大鼓挂在都城东南，若有敌寇入侵，鼓会事先震响。"此后，河水便恢复流淌，百姓受益至今。因为年深岁远，龙鼓早已不在。以前悬挂龙鼓之处，现在仍然挂着一面（新）鼓。而池边的佛寺早就荒废，已无僧人。

十、古战场

王城东三百余里大荒泽中，数十顷地，绝无蘖草①，其土赤黑。闻诸耆旧曰：败军之地也。昔者东国军师百万西伐②，此时瞿萨旦那王亦整齐戎马数十万众，东御强敌。至于此地，两军相遇，因即合战。西兵失利，乘胜残杀，虏其王，杀其将，诛戮士卒，无复孑遗。流血染地，其迹斯在。

【注释】

①蘖（niè）：植物的芽。

②军师：军队，军、师同义复用。

【译文】

都城往东三百多里，一片大的荒沼泽中，有数十顷地，寸草不生，土色红黑。听老人们说：这是西军战败的地方。从前东方之国派军队百万进攻西方，这时瞿萨旦那王也点起数十万兵马，往东抵御强敌。两军在此相遇，便开始交战。西军失利，对方乘胜追击，俘虏国王，击杀将领，诛杀士兵，一个不留。全军的鲜血染透了大地，遗迹至今仍在。

十一、媲摩城雕檀佛像

战地东行三十余里，至媲摩城[①]，有雕檀立佛像，高二丈余，甚多灵应，时烛光明。凡在疾病，随其痛处，金薄帖像，即时痊复。虚心请愿，多亦遂求。闻之土俗曰：此像，昔佛在世憍赏弥国邬陁衍那王所作也。佛去世后，自彼凌空至此国北曷劳落迦城中[②]。初，此城人安乐富饶，深著邪见，而不珍敬。传其自来，神而不贵。后有罗汉礼拜此像。国人惊骇，异其容服，驰以白王。王乃下令，宜以沙土坌此异人。时阿罗汉身蒙沙土，糊口绝粮。时有一人心甚不忍，昔常恭敬尊礼此像，及见罗汉，密以馔之。罗汉将去，谓其人曰："却后七日，当雨沙土，填满此城，略无遗类。尔宜知之，早图出计。犹其坌我[③]，获斯殃耳。"语已便去，忽然不见。其人入城，具告亲故，或有闻者，莫不嗤笑。至第二日，大风忽发，吹去秽壤，雨杂宝满衢路。人更骂所告者。此人心知必然，窃开孔道，出城外而穴之。第七日夜，宵分之后，雨沙土满城中。其人从孔道出，东趣此国，止媲摩城。其人才至，其像亦来，即此供养，不敢迁移。闻诸先记曰：释迦法尽，像入龙宫。今曷劳落迦城为大垍阜[4]，诸国君王，异方豪右，多欲发掘，取其宝物。适至其侧，猛风暴发，烟云四合，道路迷失。

【注释】

①媲摩：或以为得名于梵文 Bhīmā，亦作毗摩、比摩等，是大自在天之妻。此城当即和田多摩克（Domoko）遗址，位于今新疆策勒县以北，距新多摩克村三十里，多数学者认为是唐代于阗军之坎城守捉所在。（《斯坦因第三次中亚探险所获甘肃新疆出土汉文文书——未经马斯伯乐刊布的部分》，62—64 页）

②曷劳落迦：可能是梵文 Rauraka 之音译。此城所在未知。

③犹：同"由"，因为。

④垍（duī）：同"堆"。

【译文】

战场往东走三十多里，到达媲摩城。城中有一尊檀木雕刻的立佛像，高二丈多。此像非常灵验，不时会放出光明。凡是有病的人，根据自己疼痛的部位，用金箔贴在佛像相应位置，当时就会痊愈。诚心祷告祈求，大多也能实现心愿。听当地人说：这尊佛像，是过去佛祖在世时憍赏弥国的邬陁衍那王所雕刻。佛祖去世后，佛像从那边凌空飞到该国北曷劳落迦城中。起初，此城百姓安居乐业，生活富裕，深信外道，并不珍视礼敬佛像。因为听说佛像不请自来，虽然觉得神奇但不知珍视。后来有一位罗汉来礼拜这尊佛像，国中百姓很是惊讶，又见这位罗汉相貌、服饰非同一般，便跑过去报告国王。国王便下令，当用沙土活埋这个怪人。当时罗汉不仅身上被盖满沙土，也早无食物糊口。这时有一人心里很是不忍，他过去一直恭敬地礼拜这尊佛像，见到罗汉蒙难，便暗中用食物喂他。罗汉临离去前，对此人说："我离开后七天，天上将降下沙土，填平此城，全城不会留下一个活口。你要记住，早点设法逃跑。

这是因为城里人用沙埋我，所以引来这场灾祸。”话音刚落，罗汉就不见了踪影。此人走到城里，一一转告亲友，可是听说此事之人，没有不嘲笑他的。到了第二天，大风突起，吹去城中尘土，大街上落满了各类珍宝。人们便更加痛骂那个预告灾难的人。此人心知灾难必到，便偷偷挖了一条地道，通向城外，并且在城外凿好一个地穴。到第七天夜里，夜半之后，天降沙土，覆盖全城，此人从地道中逃出来，向东来到此国，住在媲摩城。此人刚到，佛像也随之跟来。于是他就在此城中供养佛像，不敢再擅自迁移。据文献记载：佛法消亡之后，此像就会进入龙宫。而今曷劳落迦城已经变成一座大土丘，各国国王，远方豪族，都想发掘这一土丘，以获取其中宝贝。可是刚来到土丘边上，就会有狂风突起，烟云笼罩，让人迷失道路。

十二、尼壤城

媲摩川东入沙碛，行二百余里，至尼壤城①，周三四里，在大泽中。泽地热湿，难以履涉。芦草荒茂，无复途径。唯趣城路，仅得通行，故往来者莫不由此城焉。而瞿萨旦那以为东境之关防也②。

【注释】

①尼壤：佉卢文献作 Nina，即汉代之精绝国，遗址在今民丰县喀巴阿斯卡村以北 20 公里的沙漠中，即今著名的尼雅遗址。

②关防：防守的关卡。

【译文】

从媲摩谷地往东进入沙漠，走二百多里，到达尼壤城，此城三四里，处在大沼泽中。沼泽炎热潮湿，难以通过。芦苇荒草丛生，无路可走。只有通向此城的路，勉强可通，所以来往的人都得经过这里。瞿萨旦那国以之作为东部边境的关卡。

大流沙以东行程

从此东行，入大流沙①。沙则流漫②，聚散随风，人行无迹，遂多迷路。四远茫茫，莫知所指，是以往来者聚遗骸以记之。乏水草，多热风。风起则人畜惛迷③，因以成病。时闻歌啸，或闻号哭，视听之间，恍然不知所至，由此屡有丧亡，盖鬼魅之所致也。

行四百余里，至睹货逻故国④。国久空旷，城皆荒芜。

从此东行六百余里，至折摩驮那故国⑤，即沮末地也。城郭岿然，人烟断绝。

复此东北行千余里，至纳缚波故国⑥，即楼兰地也。

【注释】

①大流沙：即今塔克拉玛干大沙漠，它是世界上最大的流动沙漠，非常凶险。

②流漫：遍布，弥漫。

③惛：同“昏”。

④睹货逻：这一记载尚无文献及考古依据，一般所谓睹货逻故国都在葱岭以西，有人认为可能是月氏人西迁留下的部族，斯坦因认为都城在今尼雅以东130多公里的安得悦(Endere)。

⑤折摩驮那：回鹘文为Sarmadan，汉代称且末，唐代为播仙镇，多数学者认为即今且末县治。

⑥纳缚波：季羡林先生认为可能是梵文Navāp之音译，意为新水。此国即鄯善，故址则未定，大致在今新疆若羌县。

【译文】

从这里往东，进入大流沙。黄沙弥漫，随风聚散，人走在上面留不下足迹，所以常会迷路。四野茫茫，没人能辨清方向，所以往来的人只能堆起白骨作为记号。这里缺少水草，常刮燥热之风。一起风人畜就会昏迷，因而生病。有时会听到歌声啸声，有时会听到哭声叫声，幻听幻视，常让人恍惚不知所在，因此来往行人常会丧生，这是因为妖鬼魅惑所致。

再走四百多里，到达从前的睹货逻国。该国早已空旷无人，城郭都已荒废。

从这里往东走六百多里，到达从前的折摩驮那国，也就是沮末国。这里城郭倒依然高耸，但人烟早已断绝。

从此地再往东走一千多里，到达从前的纳缚波国，就是楼兰国。

跋文

推表山川，考采境壤，详国俗之刚柔，系水土之风气，动静无常，取舍不同，事难穷验，非可仰说。随所游至，略书梗概，举其闻见，记诸慕化。斯固日入以来，咸沐惠泽；风行所及，皆仰至德；混同天下，一之宇内，岂徒单车出使，通驿万里者哉！

【译文】

本书考察叙述山川形势，辨析记载境域划分，详载各国风俗的刚柔，罗列水土气候，各地情况不同，所以取舍有所不同，事实难以细究，不是能够举首空谈的。依据游方所到，大略记下梗概，举出所闻所见，记下他国的向慕归化。这是因为日落处往东，都沐浴着圣上的恩泽；风吹到的地方，都景仰完美的德教；陛下一统天下，融合宇内，哪里只是我一人独自出使，云游万里而已！

记赞

记赞曰：大矣哉，法王之应世也！灵化潜运，神道虚通。尽形识于沙界[①]，绝起谢于尘劫[②]。形识尽，虽应生而不生；起谢绝，示寂灭而无灭。岂实迦维降神[③]，娑罗潜化而已[④]。固知应物效灵，感缘垂迹，嗣种刹利，绍胤释迦，继域中之尊，擅方外之道。于是舍金轮而临制法界，摛玉毫而光抚含生[⑤]。道洽十方[⑥]，智周万物，虽出希夷之外[⑦]，将庇视听之中。三转法轮于大千[⑧]，一音振辩于群有[⑨]，八万门之区别[⑩]，十二部之综要[⑪]。是以声教之所沾被，驰骛福林[⑫]；风轨之所鼓扇，载驱寿域[⑬]。圣贤之业盛矣，天人之义备矣！然忘动寂于坚固之林[⑭]，遗去来于幻化之境，莫继乎有待，匪遂乎无物。尊者迦叶妙选应真，将报佛恩，集斯法宝。《四含》总其源流[⑮]，三藏括其枢要。虽部执兹兴，而大宝斯在。越自降生，洎乎潜化，圣迹千变，神瑞万殊。不尽之灵逾显，无为之教弥新，备存经诰，详著记传。然尚群言纷纠，异议舛驰，原始要终，罕能正说。此指事之实录，尚众论之若斯。况正法幽玄，至理冲邈，研核奥旨，文多阙焉。是以前修令德，继轨逸经之学；后进英彦，踵武缺简之文。大义郁而未彰，微言阙而无问。法教流渐，多历年所，始自炎汉，迄于圣代。传译盛业，流美联晖。玄道未摅，真宗犹昧。匪圣教之行藏，固王化之由致。我大唐临训天下，作孚海外，考圣人之遗则，正先王之旧典。阐兹像教，郁为大训，道不虚行，弘在明德。遂使三乘奥义，郁于千载之下；十力遗灵，闷于万里之外。神道无方，圣教有寄，待缘斯显，其言信矣。

【注释】

①形识：身心。形指形色，形体与色相。识指识知，即心。沙界：如恒河沙数的世界。

②尘劫：即尘点劫，喻指非常久远的时间。

③迦维：迦维罗卫城的简称，即劫比罗伐窣堵的异称，为梵文Kapilavastu的音译。是释迦如来降生之地，净饭王所治之境。

④娑罗：娑罗双树的简称，佛祖寂灭处，见卷六拘尸那揭罗国注。

⑤玉毫：如来眉间白色毫毛，佛教认为有巨大神力，常用以指佛祖的祥瑞。

⑥十方：东、西、南、北、东南、西南、东北、西北及上、下。

⑦希夷：不可由视听察知，《老子》："视之不见名曰夷，听之不闻名曰希"。形容佛法抽象难知。

⑧三转法轮：佛成道后，首在鹿野苑，说四谛法，度五比丘，是为初转法轮。之后又重说三次，故亦称三转法轮。三转就苦、集、灭、道四谛劝人，不同处是针对不同资质的人：示转，对利根者；劝转，对中根者；证转，对恐钝根人。

⑨一音：如来之音。

⑩八万门：八万四千法门的简称。佛教认为人有八万四千种烦恼，对应有这么多种佛法消除它们。八万四千是概数，极言其多。

⑪十二部：佛教的一切经，按文体可分为十二种，又叫做十二分教。即长行、重颂、孤起、因缘、本事、本生、未曾有、譬喻、论议、无问自说、方广、授记。

⑫福林：福德的树林。王融《法门颂启》："驱率土于福林，入苍黔于正术。"

⑬寿域：百姓多能长寿的地方，指统治者仁爱、治理有方之处。

⑭坚固之林：即娑罗树林，本是因与"婆罗"相近而误。《一切经音义》卷二三"娑罗林"下："娑罗者，此云高远，以其林木森竦出于余林之上也。旧翻云坚固者，误由娑罗之与婆罗声势相近，若呼坚固，即转舌言之，若呼高远，直尔称之耳也。"

⑮四含：汉传佛教的四种《阿含经》，《长阿含经》、《中阿含经》、《杂阿含经》和《增一阿含经》。

【译文】

记赞是：伟大啊，如来顺应时世的诞生！灵妙的教化暗中施行，神奇的道理无形传布。穷尽无数世界中的身心，断绝久远时间中的生死。身心尽，即使应该出生也不会出生；生死绝，显示寂灭的也并未寂灭。哪里只是降生于迦维罗卫城，入灭于娑罗树林而已。响应事物展现神灵，感触机缘留下遗迹，他是刹帝利种，释迦族后代，可以继承国中尊位，却潜心出世学说。舍弃王位，引导僧界，光辉普照，抚育群生。教理包含十方，智慧遍及万物，虽然佛法不能由视听感受，却涵括了一切可见可闻的事物。在大千世界三转法轮，一己之声辨析各种事理，用八万四千门区分佛法，用十二部经综括要义。因此教化广泛覆盖，风行于福德之林，法度仪范诱导世人，盛传于长寿之域。圣贤的事业达到兴盛了，天人的道义近于完备了！如来在娑罗树林中忘却动静，在幻化之境中不辨来去，无人继承他，不再有人深入钻研佛理。尊者迦叶认真挑选罗汉，为报答佛祖之恩，编纂佛教经文。四种《阿含经》总结了佛教源流，三种藏经概括了教义要旨。虽然各部派兴起，但经典仍在。从佛祖诞生，直至寂灭，圣迹千般不同，祥瑞万种各殊。不可穷尽的神灵愈加显盛，真理之教日见发展，这些都保存在经典中，详载于纪传里。但仍然众口纷纭，异说流行，追溯最先，总结后来，少有能说对的。对于这种事实性的具体记录，尚且有如此多的不同议论。何况佛法幽深玄妙，真理抽象遥远，推究考察奥妙的义理，文献的残缺就很多。因此前代贤哲，递相研究散逸经文，后来俊彦，相继整理残缺文献。重要含义隐而未显，精微言辞缺失而无处寻求。佛教流行传播，经历了很久，始于汉代，至于当今圣朝。从事翻译盛业的，美名递传，辉光相继。但深奥的教理仍未申发，真正的宗旨依然隐晦。这不是因为佛教的消退，而是政府教化所致。我大唐君临天下，诚信播于海外，考究圣人的遗训，校证先王留下的典籍。弘扬佛教，成为兴盛的显教，大道并不虚行，弘扬它有赖于明德之人。于是使三乘深奥的含义，兴盛于千载之后；佛祖留下的教诲，在万里之外获得。神圣的宗教不区别地域，佛教始终有人继承，一遇到机缘就会光大，这话确然无疑。

夫玄奘法师者，疏清流于雷泽[①]，派洪源于妫川[②]。体上德之祯祥，蕴中和之淳粹，履道合德，居贞葺行。福树曩因，命偶昌运。拔迹尘俗，闲居学肆，奉先师之雅训，仰前哲之令德。负笈从学，游方请业，周流燕赵之地[③]，历览鲁卫之郊[④]，背三河而入秦中[⑤]，步三蜀而抵吴会[⑥]。达学髦彦，遍效请益之勤；冠世英贤，屡申求法之志。侧闻余论，考厥众谋，竞党专门之义，俱嫉异道之学。情发讨源，志存详考。属四海之有截[⑦]，会八表之无虞，以贞观三年仲秋朔旦，褰裳遵路，杖锡遐征。资皇化而问道，乘冥祐而孤游，出铁门、石门之厄[⑧]，逾凌山、雪山之险[⑨]。骤移灰管[⑩]，达于印度。宣国风于殊俗，喻大化于异域。亲承梵学，询谋哲人。宿疑则览文明发，奥旨则博问高才，启灵府而究理，廓神衷而体道，闻所未闻，得所未得，为道场之益友，诚法门之匠人者也。

是知道风昭著，德行高明，学蕴三冬，声驰万里。印度学人，咸仰盛德，既曰经笥[11]，亦称法将。小乘学徒，号木叉提婆唐言解脱天。[12]大乘法众，号摩诃耶那提婆。唐言大乘天。[13]期乃高其德而传徽号，敬其人而议嘉名。至若三轮奥义[14]，三请微言[15]，深究源流，妙穷枝叶，奂然慧悟，怡然理顺，质疑之义，详诸别录。既而精义通玄，清风载扇，学已博矣，德已盛矣。于是乎历览山川，徘徊郊邑。出茅城而入鹿菀[16]，游杖林而憩鸡园[17]，回眺迦维之国[18]，流目拘尸之城[19]。降生故基，与川原而膴膴[20]；潜灵旧趾，对郊阜而茫茫。览神迹而增怀，仰玄风而永叹，匪唯麦秀悲殷[21]；黍离愍周而已[22]。是用详释迦之故事，举印度之茂实，颇采风壤，存记异说。岁月遄迈，寒暑屡迁，有怀乐土，无忘返迹。请得如来肉舍利一百五十粒；金佛像一躯，通光座高尺有六寸[23]，拟摩揭陀国前正觉山龙窟影像；金佛像一躯，通光座高三尺三寸，拟婆罗痆斯国鹿野苑初转法轮像；刻檀佛像一躯，通光座高尺有五寸，拟憍赏弥国出爱王思慕如来刻檀写真像；刻檀佛像一躯，通光座高二尺九寸，拟劫比他国如来自天宫降履宝阶像；银佛像一躯，通光座高四尺，拟摩揭陀国鹫峰山说《法花》等经像；金佛像一躯，通光座高三尺五寸，拟那揭罗曷国伏毒龙所留影像；刻檀佛像一躯，通光座高尺有三寸，拟吠舍厘国巡城行化像。大乘经二百二十四部；大乘论一百九十二部；上座部经律论一十四部；大众部经律论一十五部；三弥底部经律论一十五部[24]；弥沙塞部经律论二十二部[25]；迦叶臂耶部经律论一十七部[26]；法密部经律论四十二部[27]；说一切有部经律论六十七部；《因论》三十六部；《声论》一十三部；凡五百二十夹，总六百五十七部。将弘至教，越践畏途，薄言旋轫，载驰归驾。出舍卫之故国㉘，背伽耶之旧郊㉙，逾葱岭之危隥，越沙碛之险路。十九年春正月，达于京邑，谒帝雒阳。肃承明诏，载令宣译。爰召学人，共成胜业。法云再荫，慧日重明，黄图流鹫山之化㉚，赤县演龙宫之教㉛，像运之兴，斯为盛矣。法师妙穷梵学，式赞深经，览文如已，转音犹响。敬顺圣旨，不加文饰。方言不通，梵语无译，务存陶冶，取正典謩，推而考之，恐乖实矣。

【注释】

①雷泽：陈氏的祖先是大舜，舜曾在雷泽劳作过。《史记》卷一《五帝本纪》："舜耕历山，历山之人皆让畔；渔雷泽，雷泽上人皆让居；陶河滨，河滨器皆不苦窳。"

②妫川：大舜娶尧二女后曾居于妫水。《史记》卷三六《陈杞世家》："昔舜为庶人时，尧妻之二女，居于妫汭。"

③燕(yān)赵：大约泛指今河北及山西中北部。本是战国两国名，燕国在今河北省北部和辽宁省西端，赵国据有今山西中部、河北西南部及陕西东北角。

④鲁卫：泛指今山东西南部及河南东北部。本是周代两国名，鲁国故地在今山东兖州东南至江苏省沛县、安徽省泗县一带。卫国先后建都于朝歌(今河南淇县)、楚丘(今河南滑县)、帝丘(今河南濮阳)和野王(今河南沁阳)等地。西元前209年为秦所灭。

⑤三河：汉代对河东、河内、河南三郡的合称，泛指山西南部、河南北部沿黄河地区。秦中：相当于关中，今陕西中部。

⑥三蜀：汉代对蜀、广汉、犍为三郡的合称，此泛指蜀中。吴会：汉

代吴郡、会稽郡大致包含今江苏南部、浙江中北部，此泛指吴越。

⑦有截：形容齐整、划一，“有”是助词。《诗经·商颂·长发》：“苞有三蘖，莫遂莫达，九有有截。”郑玄笺：“九州齐一截然。”白居易《刑礼道策》：“方今华夷有截，内外无虞，人思休和。”

⑧铁门：一处天险，见卷一羯霜那国注释。石门：可能指迦湿弥罗国西门，《慈恩传》卷二：“法师初入其（迦湿弥罗国）境，至石门，彼国西门也。”《西域记》卷三则云迦湿弥罗国：“山极峭峻，虽有门径，而复隘狭，自古邻敌无能攻伐。”

⑨凌山：在今温宿之西80公里的乌什西北方的勃达岭，约高4284米。雪山：指兴都库什山。

⑩灰管：古代候验节气变化的器具，以葭莩之灰置于律管，故名。此代指时序、节侯。

⑪经笥（sì）：形容人满腹诗书，笥，指书箱。典出《后汉书》卷一一〇《边韶传》：“腹便便，‘五经’笥。”

⑫木叉提婆：梵文Mokṣadeva之音译，意译为解脱天。

⑬摩诃耶那提婆：梵文Mahāyānadeva之音译，意译为大乘天。

⑭三轮奥义：指佛教的深奥义理。三轮，指佛祖的身、口、意三业，佛以此三业碾摧众生之惑业，故称三轮。

⑮三请微言：此指佛祖的教诲。据《法华经》卷一《方便品》，舍利弗三次请求，佛祖才为他讲《法华经》。

⑯茅城：即上茅宫城，梵文Kuśāgrapura之意译，音译为矩奢揭罗补罗，因出产上好的香茅得名。鹿苑：即鹿野苑，梵文作Mrgadāva，在中天竺波罗奈国。释迦成道后，始来此说四谛之法，度憍陈如等五比丘，故名仙人论处。

⑰杖林：梵文Yaṣṭi意译，音译泄瑟知林，即今日Jeshtiban。鸡园：即鸡林，梵文Kukuṭārāma的意译，音译为屈屈吒阿滥摩寺。

⑱迦维：迦维罗卫的简称，即劫比罗伐窣堵的异称，为梵文Kapilavastu 的音译。是释迦如来降生之地，净饭王所治之境。

⑲拘尸城：梵文 Kuśinagara 的音义混译，义为"角城、茅城"等。

⑳膴膴（wǔwǔ）：膏腴；肥沃。《诗经·大雅·绵》："周原膴膴，堇荼如饴。"

㉑麦秀悲殷：本指商朝灭亡后，箕子从朝鲜朝见周朝，路过殷墟，感怀宫室废毁，沦为麦田，遂作《麦秀》一诗。此借以感叹佛祖遗迹之不存。

㉒黍离愍周：本指周朝东迁后，一位大夫行役到镐京，感慨都城毁坏，成为农田，作《黍离》一诗。此亦以感叹佛祖遗迹之不存。

㉓通：连同。庾信《周大将军崔说神道碑》："进爵为公，改封万年县，通前二千四百户。"光座：又作光趺，佛像身后之光与台座。

㉔三弥底部：梵文 Sammatiya 或 Sammitiya 之音译，即正量部。

㉕弥沙塞部：梵文 Mahīśāsaka 之音译，即化地部。

㉖迦叶臂耶部：梵文 Kāśyapūya 之音译，即饮光部。

㉗法密部：也叫法藏部，小乘十八部之一。梵文 Dharmaguptaka 的意译。从化地部分出，认为佛虽在僧中，但佛布施的功德大于施僧。

㉘舍卫国：室罗伐悉底国的旧称。详见卷六室罗伐悉底国注释。

㉙伽耶：梵文 Gayā 的音译，今作加雅，现在为了与佛陀成道处的菩提加雅（Bodh Gayā）或佛陀加雅（Buddha Gayā）相区别而称为梵天加雅（Brahma Gayā）。此城因仙人伽耶在此修行而得名。

㉚黄图：隋唐以前有古地理书《三辅黄图》，记载秦汉时三辅（京兆、扶风、冯翊）的城池、宫观、陵庙、明堂、辟雍、郊畤等，间涉及周代旧迹。此以代指京城及周边。

㉛赤县："赤县神州"的省称，指中国。龙宫：指藏有一切佛经佛法的地方。详见于志宁序注释。

【译文】

玄奘法师，是曾住在雷泽的大舜的后裔，是发源于妫水边的陈氏后

人。体现出崇高品德才有的祥瑞，蕴含着中和的淳粹，遵循正道，合乎道德，平居贞正，品行端整。往世种下了福德之因，今生遇上了昌明的盛世。才能超越常人，久居学习场所，尊奉先师正确的教诲，钦仰前哲高尚的德行。背着书箱求学，周游四方请益学业，遍履燕赵之地，历经鲁卫地区，离开三河进入关中，前往三蜀，又抵达吴越。对学问通达的俊才，都能勤加请益；对天下一流的英贤，多次表达求教的志向。从旁了解别人的看法，考察大家的意见，竞相维护各自派别的教义，歧视不同的学说。于是想追寻原本，立志详细考察。恰逢大唐威震四海，八方安宁，在贞观三年八月初一，撩起衣角踏上道路，拄着锡杖开始远行。凭借着皇朝的教化去寻问教理，依赖着冥冥中的佑护孤身远游，经过铁门、石门这样的难关，越过凌山、雪山这样的艰险。屡经寒暑，到达印度。在不同风俗的地方介绍中国风俗，向异域之人晓谕大唐的教化。亲自学习佛学，向哲人讨教。多年的疑惑看到文献后就冰释，深奥的教理就广问博学之士，启发了心灵，穷尽了妙理，拓展了智慧，体悟了真理，听到了从未听到的，懂得了从未懂得的，成为佛教界的有益朋友，确实是佛学界的大师。玄奘法师风操美名远扬，德行崇高突出，在印度学习多年，声誉远播万里。印度学者，都敬慕他的盛德，有的称之为“装满经文的书箱”，又称作“佛教大将”。小乘僧众，称他为木叉提婆唐土称解脱天。大乘僧众，称他为摩诃耶那提婆。唐土称大乘天。这是敬重他的德行而传播的尊号，敬慕他的为人而商定的美名。至于三轮的深奥义理，三次请求佛祖才讲授的精妙言辞，彻底探清它们的源流，正确地辨明脉络，明白地晓悟，愉悦地理清，对于佛理的质疑商讨，详见于别录。法师不久便精通玄妙的佛理，美名如同清风传向四方，学问已经广博，德行已经盛美。于是遍览山川，往来城乡。走出茅宫城，又去鹿野苑，游览杖林，小憩于鸡园寺，回望迦维罗卫国，观览拘尸城。佛祖降生的故里，只能看到一片肥沃的平原；逝去的地方，空留茫茫的丘陵。观看圣人的遗迹增添伤感，仰慕高妙的风操而长叹，不只是像箕子咏《麦秀》悲悼殷朝；东周大夫吟《黍离》悯怀西周而已。因此详记佛祖的事迹，列举印度的盛美，也多记风土人情，记述奇闻异事。岁月如梭，屡经寒暑，虽然留念印度乐土，也未忘返乡。法师请得如来肉舍利一百五十粒；金佛像一尊，连同光座高一尺六寸，模仿摩揭陁国前正觉山龙窟中影像；金佛像一尊，连同光座高三尺三寸，模仿婆罗痆斯国鹿野苑佛祖初转法轮之像；刻檀佛像一躯，连同光座高一尺五寸，模仿憍赏弥国出爱王怀念如来刻檀制作的模仿真容之像；刻檀佛像一尊，连同光座高二尺九寸，模仿劫比他国如来从天宫降临宝阶之像；银佛像一尊，连同光座高四尺，模仿摩揭陁国鹫峰山佛祖讲说《法花》等经之像；金佛像一尊，连同光座高三尺五寸，模仿那揭罗曷国佛祖降伏毒龙所留影像；刻檀佛像一尊，连同光座高一尺三寸，模仿吠舍厘国佛祖巡城行化像。大乘经二百二十四部；大乘论一百九十二部；上座部经、律、论一十四部；大众部经、律、论一十五部；三弥底部经、律、论一十五部；弥沙塞部经、律、论二十二部；迦叶臂耶部经、律、论一十七部；法密部经、律、论四十二部；说一切有部经、律、论六十七部；《因论》三十六部；《声论》一十三部；一共五百二十夹，总计六百五十七部。为了弘扬无上之法，踏上艰辛的旅途，又调转车头，取道回国。途径舍卫国故地，离开伽耶城之旧郊，翻越葱岭崎岖的山坂，穿过沙漠中危险的道路。在贞观十九年春正月，到达京城，到洛阳觐见皇上。恭敬地接受圣明的诏书，奉旨翻译。于是召集学者，共成美好大业。佛法之云再度覆盖，智慧之日重发光明，京畿流布灵鹫山的教化，神州广习印度龙宫的佛法，佛教的兴旺，这时候达到顶点了。法师深通梵文，明晓深奥的经书，阅读梵文如同自己创作，翻译过来的语言仍然很有韵律。恭敬地秉承圣旨，不加辞藻修饰。如果唐土称没有对应表达，梵文没有现成的译法，一定经过推敲琢磨，参酌经典文献，推求考察，唯恐违背原意。

有搢绅先生动色相趣[①]，俨然而进曰：“夫印度之为国也，灵圣之所降集，贤懿之所挺生。书称天书，语为天语。文辞婉密，音韵循环，或一言贯多义，或一义综多言，声有抑扬，调裁清浊。梵文深致，译寄明人，经旨冲玄，义资盛德。若其裁以笔削，调以宫商，实所未安，诚非谠论。传经深旨，务从易晓，苟不违本，斯则为善。文过则艳，质甚则野。谠而不文，辩而不质，则可无大过矣，始可与言译也。李老曰：'美言者则不信，信言者则不美。'韩子曰：'理正者直其言，言饰者昧其理。'是知垂训范物，义本玄同，庶袪蒙滞[②]，将存利喜。违本从文，所害滋甚。率由旧章，法王之至诫也。"缁素佥曰："俞乎，斯言谠矣！昔孔子在位听讼，文辞有与人共者，弗独有也。至于修《春秋》，笔则笔，削则削，游、夏之徒，孔门文学，尝不能赞一辞焉。法师之译经，亦犹是也，非如童寿逍遥之集文[③]，任生、肇、融、睿之笔削。况乎园方为圆之世[④]，斫雕从朴之时，其可增损圣旨，绮藻经文者欤[⑤]？"

【注释】

①搢(jìn)绅：插笏于绅。搢，插。绅，古代仕宦者和儒者围于腰际的大带。后用为官员或儒者的代称。

②袪：本义是衣袖，此同"祛"，去除，消除。

③童寿：鸠摩罗什(Kumārajīva，344—413)的意译，佛教译经四大家之一，至他始有较好的佛经译本。

④园：同"刓"，刻，削。

⑤缲：同"藻"。

【译文】

有位官员表情激动地跑来，严肃地说："印度这个国家，是圣灵屡降，英贤诞生的地方。书称为天书，语称为天语。文字表达委婉缜密，语音韵律回环有致，有时一词含多种意思，有时一个意思有几个词，声音有抑有扬，语调清浊不一。梵文的深奥含义，翻译出来要靠高明的人，经书抽象的宗旨，阐发含义要靠盛德之人。至于加以删改，根据声律调整，实在不妥当，的确不是正确的见解。传达经文的深义，务必遵循易懂的原则，只要不违背愿意，这就是好的。文饰太过就艳丽，朴素过头就粗野。忠实而不华丽，清晰而不质朴，就没什么大问题了，也就可以讨论翻译了。老子说：'美妙的话就不可信，可信的话就不美妙。'韩非子说：'道理正确的语言直接，语言修饰的道理隐晦。'因而可知圣贤垂示教训，示范于人，用意本来一致，只要能解除迷茫困惑，就会得到赞赏喜爱。违背原意，曲求文藻，为害甚多。一切依照原有旨意，是佛祖的重要训诫。"僧俗都说："对的，这话正确！过去孔子在任判官司，行文辞藻有与人相同的，不是都独有。到修《春秋》时，该记就记，该删就删，即使是子游、子夏这些人，是孔门中文学出众的，也不能增加一句。法师翻译佛经，也是这样，不像鸠摩罗什在逍遥园翻译，任由道生、僧肇、道融、僧睿四位弟子删改。何况现在处在削去棱角使方为圆、斫去雕饰追求朴实的时代，哪里能随意增减佛祖的意旨，使经文变得绮丽华藻呢？"

辩机远承轻举之胤，少怀高蹈之节，年方志学[①]，抽簪革服[②]，为大总持寺萨婆多部道岳法师弟子[③]。虽遇匠石[④]，朽木难雕，幸入法流，脂膏不润[⑤]。徒饱食而终日[⑥]，诚面墙而卒岁[⑦]。幸藉时来，属斯嘉会。负鷇雀之资，厕鹓鸿之末[⑧]。爰命庸才，撰斯方志。学非博古，文无丽藻，磨钝励朽，力疲曳蹇。恭承志记，伦次其文，尚书给笔札而撰录焉。浅智褊能，多所阙漏。或有盈辞，尚无刊落。昔司马子长，良史之才也，序《太史公书》，仍父子继业，或名而不字，或县而不郡。故曰一人之精，思繁文重，盖不暇也。其况下愚之智，而能详备哉？若其风土习俗之差，封疆物产之记，性智区品，炎凉节候，则备写优薄，审存根实。至于胡戎姓氏，颇称其国。印度风化，清浊群分，略书梗概，备如前序。宾仪、嘉礼、户口、胜兵、染衣之士，非所详记。然佛以神通接物，灵化垂训，故曰神道洞玄，则理绝人区，灵化幽显，则事出天外。是以诸佛降祥之域，先圣流美之墟，略举遗灵，粗申记注。境路盘纡，疆埸回互，行次即书，不存编比。故诸印度无分境壤，散书国末，略指封域。书行者，亲游践也；举至者，传闻记也。或直书其事，或曲畅其文。优而柔之，推而述之，务从实录，进诚皇极。二十年秋七月，绝笔杀青⑨。文成油素，尘黩圣鉴，讵称天规⑩！然则冒远穷遐，实资朝化；怀奇纂异，诚赖皇灵。逐日八荒，匪专夸父之力；凿空千里，徒闻博望之功。鹫山徙于中州，鹿苑掩于外囿，想千载如目击，览万里若躬游。夐古之所不闻，前载之所未记。至德焘覆，殊俗来王，淳风遐扇，幽荒无外。庶斯地志，补阙《山经》，颁左史之书事⑪，备职方之遍举⑫。

【注释】

①年方志学：年方十五，语出《论语·为政》孔子自述："吾十有五而志于学。"

②抽簪革服：削发，换上僧衣。抽簪是婉曲的说法，剃去头发，自然不用发簪。

③萨婆多部：即说一切有部，梵文 Sarvāstivāda 的音译。

④匠石：本指古代名石的巧匠，此泛指名家。典出《庄子·徐无

鬼》:“郢人垩慢其鼻端,若蝇翼,使匠石斲之。匠石运斤成风,听而斲之,尽垩而鼻不伤,郢人立不失容。”

⑤脂膏不润:指身处有利环境而不能进步。本是指为官清白,不谋私利,《东观汉记·孔奋传》:“奋在姑臧四年,财物不增,惟老母极膳,妻子但菜食。或嘲奋曰:‘直脂膏中,亦不能自润。’而奋不改其操。”

⑥饱食而终日:自谦整日不做有益之事。语出《论语·阳货》:“子曰:‘饱食终日,无所用心,难矣哉!’”

⑦面墙:比喻不学习。《尚书·周官》:“不学墙面,莅事惟烦。”孔安国传:“人而不学,其犹正墙面而立。”不学习,就如同对墙而立,一无所见,遇事难以处置。

⑧鹓鸿:鹓雏和鸿鹄,均是与凤凰同类的神鸟。《史记》卷四八《陈涉世家》:“燕雀安知鸿鹄之志哉!”

⑨杀青:指书籍写定。古人写书,往往草稿写于廉价的竹简上,定稿后誊录于珍贵的绢帛上。后因泛称缮成定本或校刻付印为“杀青”。

⑩天规:上天的法则,天子的要求,《文选》班固《幽通赋》:“既仁得其信然兮,仰天路而同轨。”李善注引刘德曰:“人道既然,仰视天道,又同法也。”

⑪左史:官名,周代史官有左史、右史之分。左史记事,右史记言。

⑫职方:唐宋以下兵部设职方司,掌天下地图与四方职责。

【译文】

辩机的祖先是隐逸之士,年少时就怀有隐居的节操,十五岁时,便剃发换衣,做大总持寺说一切有部道岳法师的弟子。虽然遇到名师,却像朽木难以雕琢,有幸进入法流,却身处脂膏中不能沾润自己。白白地吃饱饭整天浪费时间,确实是整年不学习而像面对墙站着。幸运地因为时机来到,遇到这样的盛会。自身是燕雀般的资质,却厕身鹓雏、鸿雁之后。于是以此庸才，撰写这部方志。学问不能博通古代，文章缺乏华丽辞藻，磨砺顽钝朽烂的资质，拖引疲劳困顿的身心。恭敬地依据记录，编排次序，用尚书提供的纸笔撰写誊录。智慧浅陋，能力狭小，有很多缺漏；又有多余的文辞，尚未删去。过去司马迁，才能算是上好的史家，他撰写《太史公书》，父子两代相继，仍有记人名忘却其字，有县名却无郡名的。所以说凭借一人的精力，思绪繁琐篇幅巨大，就难以处处照应。何况像我这样下等智力的，怎么能记载周全呢？至于各国风土习惯的区别，领土物产的记载，智力、性格的种类，气候炎热或是寒冷，就详记其优劣，审慎地存下事实。至于外国人的姓氏，多称举他们所在的国家。印度的教化，有的清有的浊，大略记下概况，如序言所述。迎宾礼仪、喜庆礼节、户口多少、能作战的人数、僧侣，不是详细记载的。然而佛用神通接触外物，灵妙的教化垂示教训，所以说神妙的大道幽深玄妙，佛理冠绝人世，灵妙的教化或明或暗，感教来自天外。因此诸佛降下祥瑞之处，先代圣贤留下胜迹之地，都大略举出遗迹，简单地记载说明。境域道路曲折盘旋，疆土边界回环交错，随行程记载，没有进行编排。因此印度各国，不分国境领土，在每国之后，大略指出领土范围。写"行"的，是亲身游历的；作"至"的，是根据传闻所记。有时直白记事，有时委婉行文。删选后斟酌文字，推敲后予以记载，务求记载事实，进献可靠的文献给皇上。贞观二十七年秋七月，收笔告成，誊在光滑的白绢上。污染圣上的视线，哪能说是符合圣上的旨意？然则得以深入至远之地，实在有赖于朝廷的德化；能够纂写奇闻异事，确实依靠皇上的威灵。追逐太阳到达八荒之地，不仅仅是夸父个人之力；开拓千里之路，哪里只是张骞的功劳？灵鹫山迁到了中土，鹿野苑等同于皇家的外苑，想象千载之上如同目击，神游万里如同身临，远古以来从未听说，前代书籍从无记载。最盛的德化荫蔽天下，不同习俗的外邦都来朝拜，淳厚的风教播到远方，极远的边荒也不例外。希望这本地志，能补充《山海经》的疏漏，给史官作为考据材料，备职方司查询参考。

中华经典名著

全本全注全译丛书

（已出书目）

周易
尚书
诗经
周礼
仪礼
礼记
左传
韩诗外传
春秋公羊传
春秋穀梁传
孝经·忠经
论语·大学·中庸
尔雅
孟子
春秋繁露
说文解字
释名
国语
晏子春秋
穆天子传
战国策
史记
吴越春秋
越绝书
华阳国志
水经注
洛阳伽蓝记
大唐西域记
史通
贞观政要
营造法式
东京梦华录
唐才子传
大明律
廉吏传
徐霞客游记

读通鉴论
宋论
文史通义
老子
道德经
帛书老子
鹖冠子
黄帝四经·关尹子·尸子
孙子兵法
墨子
管子
孔子家语
曾子·子思子·孔丛子
吴子·司马法
商君书
慎子·太白阴经
列子
鬼谷子
庄子
公孙龙子(外三种)
荀子
六韬
吕氏春秋
韩非子
山海经
黄帝内经
素书
新书
淮南子
九章算术(附海岛算经)
新序
说苑
列仙传
盐铁论
法言
方言
白虎通义
论衡
潜夫论
政论·昌言
风俗通义
申鉴·中论
太平经
伤寒论
周易参同契
人物志
博物志
抱朴子内篇
抱朴子外篇
西京杂记
神仙传
搜神记

拾遗记
世说新语
弘明集
齐民要术
刘子
颜氏家训
中说
群书治要
帝范·臣轨·庭训格言
坛经
大慈恩寺三藏法师传
长短经
蒙求·童蒙须知
茶经·续茶经
玄怪录·续玄怪录
酉阳杂俎
历代名画记
唐摭言
化书·无能子
梦溪笔谈
东坡志林
唐语林
北山酒经(外二种)
折狱龟鉴
容斋随笔
近思录
洗冤集录
传习录
焚书
菜根谭
增广贤文
呻吟语
了凡四训
龙文鞭影
长物志
智囊全集
天工开物
溪山琴况·琴声十六法
温疫论
明夷待访录·破邪论
陶庵梦忆
西湖梦寻
虞初新志
幼学琼林
笠翁对韵
声律启蒙
老老恒言
随园食单
阅微草堂笔记
格言联璧
曾国藩家书
曾国藩家训

劝学篇

楚辞

文心雕龙

文选

玉台新咏

二十四诗品·续诗品

词品

闲情偶寄

古文观止

聊斋志异

唐宋八大家文钞

浮生六记

三字经·百家姓·千字文·弟子规·千家诗

经史百家杂钞